Jürgen Grässlin, geboren 1957, ist Sprecher der Kritischen AktionärInnen Daimler-Benz (KAD) und Vorsitzender des Rüstungs-Informationsbüros Baden-Württemberg (RIB). Er legte in Freiburg die Staatsexamina für das Lehramt an Realschulen ab. Zuletzt veröffentlichte er bei Knaur »Den Tod bringen Waffen aus Deutschland«. Jürgen Grässlin lebt in Freiburg.

Von Jürgen Grässlin ist außerdem erschienen
Den Tod bringen Waffen aus Deutschland (Band 80029)

Dieses Buch wurde auf chlor- und säurefreiem Papier gedruckt.

Originalausgabe Mai 1995
© 1995 Droemersche Verlagsanstalt Th. Knaur Nachf., München
Das Werk einschließlich aller seiner Teile ist urheberrechtlich geschützt.
Jede Verwertung außerhalb der engen Grenzen des Urheberrechtsgesetzes ist ohne
Zustimmung des Verlages unzulässig und strafbar.
Das gilt insbesondere für Vervielfältigungen, Übersetzungen, Mikroverfilmungen
und der Einspeicherung und Verarbeitung in elektronischen Systemen.
Umschlaggestaltung: Agentur ZERO, München
Umschlagfotos: Bildnachweis dpa (2), München; Vario-press Bonn
Satz: Alinea GmbH, München
Druck und Bindung: Ebner Ulm
Printed in Germany
ISBN 3-426-80064-0

5 4 3 2 1

Jürgen Grässlin
Kritische AktionärInnen Daimler-Benz

Daimler-Benz
Der Konzern und seine Republik

Für unsere Kinder
Sandra und Philipp

Inhalt

II. Der Konzern und seine Macht 211

Vorwort:
Machtzentrale Möhringen

Kein anderes Industrieunternehmen in der Bundesrepublik
Deutschland besitzt mehr Macht und Einfluß: Unangefochten hat
sich der 100-Milliarden-DM-Konzern Daimler-Benz die Führungsposition erobert und baut sie Mitte der neunziger Jahre weiter
aus. Mittlerweile erwirtschaftet der Automobil- und Rüstungsgigant einen Umsatz, der so groß ist wie die Länderhaushalte von
Bayern und Baden-Württemberg zusammen.[1]

Dabei verfügt die Daimler-Benz AG nicht nur über immensen
wirtschaftlichen Einfluß, der Konzern bestimmt auch relevante
Entscheidungen in Politik und Gesellschaft. Die Realität ist überraschend wie erschreckend zugleich: Das offizielle Schattenkabinett
sitzt in Bonn, der Daimler-Benz-Vorstand regiert die Republik.
In Stuttgart-Möhringen, dem Stammsitz des Konzerns, sowie in
Frankfurt, dem Sitz des größten Daimler-Aktionärs Deutsche
Bank AG, fallen Entscheidungen, die gesellschaftliche Entwicklungen und damit das Leben Hunderttausender Menschen beeinflussen.

Dabei definieren die Möhringer Machtmänner ihren Markt längst
nicht mehr national, Daimler-Benz ist zum Global Player avanciert:
In Möhringen wird entschieden, daß das neue Werk für das All
Activity Vehicle im Boom Belt der USA für 300 Millionen Dollar
errichtet und daß die neue Produktionsstätte für das Micro Compact Car (Swatch Mobil) für 750 Millionen DM in Frankreich
errichtet wird. Von Möhringen aus startet der Konzern mit fünf
Milliarden DM seine Asien-Offensive, während bei der Daimler-
Tochter Fokker in Holland fast jeder zweite Arbeitsplatz vernichtet
und in Deutschland weitere Dasa-Werke geschlossen werden.

Die Folgen dieser Führungspolitik sind fatal und für die Betroffenen
schicksalhaft: Erstmals in seiner mehr als hundertjährigen

Firmengeschichte mußte der Konzern aufgrund von Management-fehlern Zehntausende von Arbeitsplätzen abbauen. Besonders hart trafen die Fehlentscheidungen die Beschäftigten des teilmilitäri-schen Tochterunternehmens Daimler-Benz Aerospace (Dasa) – des größten deutschen Rüstungskonzerns.

So erlebte das Unternehmen zu Anfang des Jahrzehnts den folgen-schwersten Einbruch seiner Firmengeschichte. Der Lack am ehe-mals leuchtenden Daimler-Stern blätterte, der Umsatz sank, Milli-ardenverluste mußten hingenommen werden. Abgesehen von der Daimler-Benz InterServices (debis) schrieben die Daimler-Unter-nehmensbereiche rote Zahlen – allen voran die Daimler-Benz Ae-rospace (Dasa). Selbst die Nobelmarke Mercedes-Benz, jahrzehnte-lang Garant eines ungebremsten Konzernwachstums, verzeichnete Milliardeneinbußen.

Schuld daran war primär nicht die weltweite Rezession, sondern die verfehlte Geschäftspolitik der Konzernspitze um den bisherigen Vorstandsvorsitzenden Edzard Reuter. Dieser hatte in den vergan-genen Jahren auf eine völlig falsche Produktpalette gesetzt: Unter Reuter wurden die Dinosaurier für Deutschlands Straßen produ-ziert. Mit einem Spritverbauch von bis zu 20 Litern auf 100 Kilometer leisteten und leisten S-Klasse-Fahrzeuge ihren aktiven Beitrag zur programmierten Ökokatastrophe und zum prognosti-zierten Verkehrskollaps. Unter Reuter avancierte die Daimler-Benz AG zum Gemischtwarenladen und diversifizierte vor allem im Rüstungsbereich: Mit dem Aufkauf von Messerschmitt-Bölkow-Blohm (MBB), der Telefunken Systemtechnik (TST) und der Motoren- und Turbinen-Union (MTU) sowie den Mehrheitsbetei-ligungen an Dornier und der AEG stieg Daimler-Benz zur größten deutschen Waffenschmiede auf.

Dabei war bereits Ende der achtziger Jahre offensichtlich, daß Rüstung nicht länger ein zukunftträchtiges Geschäftsfeld sein wür-de. Abgesehen von einigen Alibiprojekten wurden unter Edzard Reuters Führung die zentralen Felder der Zukunftstechnologien einer ökologisch und sozial verträglichen Verkehrstechnik, der Nutzung regenerativer Energiequellen oder der Erweiterung der Medizintechnik sträflich vernachlässigt. Die Bilanz der »Ära Reuter« sieht dementsprechend düster aus: In den acht Jahren seiner Regentschaft propagierte der Vorstandsvorsitzende Visionen und produzierte Katastrophen. Am Ende seiner Karriere bleibt ein Scherbenhaufen, hochtrabend als »integrierter Technologiekonzern« apostrophiert. Konsequenterweise mußte sich Edzard Reuter im Kreis der Führungsebene die peinliche Frage gefallen lassen, ob er seinen Stuhl nicht schon Anfang 1995 zugunsten seines – vom Aufsichtsrat bestimmten – Nachfolgers Jürgen Schrempp räumen wolle. Reuters Antwort, er sei »dem Unternehmen und den Aktionären verpflichtet«, war formal korrekt.[2] In der Sache zeugte sie jedoch von der Verbissenheit und Unbelehrbarkeit, mit der der scheidende Vorsitzende versuchte, in letzter Minute zu retten, was nicht mehr zu retten war: Die Schlacht um den Technologiekonzern war längst verloren.

Mitte der neunziger Jahre scheint sich der Konzern aufgrund der verbesserten Konjunkturlage sowie nach radikalen Umstrukturierungsmaßnahmen bei rücksichtsloser Beschäftigungspolitik von den Folgen der jahrelangen Mißwirtschaft zu erholen. Im Geschäftsjahr 1994 wurde erstmals die 100-Milliarden-Umsatzgrenze überschritten.

Doch der Schein trügt: Die Daimler-Strategen haben noch immer nicht die Zeichen der Zeit erkannt und setzen mehr denn je auf das Prinzip »schneller, weiter, höher«. Der Mercedes-Benz-Vorstand will nicht akzeptieren, daß der Verkehrskollaps auf Deutschlands Straßen programmiert ist, wenn die Mobilitätsprobleme durch vernetzte Verkehrssysteme bei extremer Dominanz des Autos gelöst werden sollen. In hundert Jahren Automobilgeschichte gelang es den Mercedes-Entwicklern nicht, auch nur ein Fahrzeug in Serie zu fertigen, das die Bezeichnung »Ökoauto« verdient hätte. Und die

Rüstungsmanager der Daimler-Benz Aerospace haben noch immer nicht realisiert, daß der Kalte Krieg beendet und der »Feind« verschwunden ist, der Deutschland überfallen könnte.

Mit Sicherheit steht dem größten deutschen Industriekonglomerat ab dem 24. Mai 1995 der schillerndste und zugleich härteste Manager der Republik vor. Doch ob Jürgen Schrempp erkannt hat, wo die strukturellen Schwächen des Konzerns liegen und ob er den Konzern dementsprechend umsteuert, ist äußerst fraglich. Der neue Daimler-Vorstandsvorsitzende müßte viele der Entscheidungen revidieren, die Edzard Reuter zugunsten seines Konzepts des Multi-technologiekonzerns getroffen hat.

Schrempps Wahl zum Vorstandsvorsitzenden des Gesamtkonzerns ist bislang allenfalls die Garantie dafür, daß alle Geschäftsfelder, die sich wirtschaftlich nicht auszahlen, radikal abgebaut werden.

Genau darin aber liegt auch die Chance: Die Zeit für Luxusmobile und Rüstung neigt sich zum Abschluß des 20. Jahrhunderts dem Ende zu. Gefragt sind innovative Fortbewegungsmittel, die die Mobilitätsfrage ökologisch definieren, sowie Fabrikationsanlagen, mit denen der Prozeß der Entmilitarisierung umgesetzt werden kann. Überleben wird nur der Konzern, der rechtzeitig erkennt, daß der Massenmarkt der Zukunft in der Lösung der entscheidenden Menschheitsfragen liegt. Jürgen Schrempp ist klug genug, diese Entwicklung zu analysieren.

Ob er stark genug ist, den behäbigen Daimler-Dampfer ins neue Jahrtausend zu steuern, muß er erst noch beweisen.

I.
Der Konzern und seine Märkte

»Geld ist das Maß aller Dinge.« Robert Musil [1]

1. Kapitel:
Der Konzern als Global Player

Der Konzern und seine Eigner

Auf dem Weg zum integrierten Technologiekonzern

»Am Anfang war der Stern.« Firmenwerbung von Mercedes-Benz[1]

»Die Produkte aus dem Daimler-Benz-Konzern begegnen uns täglich. Woher sie kommen, ist allerdings nicht immer so augenscheinlich wie bei den Automobilen mit dem Mercedes-Stern.« Positioning for the future. *Daimler-Benz Geschäftsbericht 1993* [2]

»Es gibt eine schöne, wenngleich martialische Geschichte von den drei gefährlichsten Waffen, welche die Menschheit in ihrem Krieg gegen sich selbst und gegen die Schöpfung erfunden hat: nämlich die Anonymität des Geldes, die Reichweite des Gewehrs und die Schrankenlosigkeit des Autos.« Hubert Weinzierl, Vorsitzender des Bund für Umwelt und Naturschutz Deutschland (BUND)[3]

Heute blickt das Unternehmen mit Stolz auf seine hundertjährige Geschichte zurück: »Angefangen hat alles am 29. Januar 1886. An diesem Tag erwarb Carl Benz das Reichspatent mit der Nummer 37435 für einen 0,9 PS starken, dreirädrigen Motorwagen – das Automobil war geboren.«

Neben Carl Benz, dem Badener aus Mannheim, darf Gottlieb Daimler, der Schwabe aus Cannstatt, mit seiner Motorkutsche in der Firmengeschichte nicht fehlen. Und so würdigt der Konzern die beiden Helden, die mit »Pioniergeist, gepaart mit einer beharrlichen

Zielstrebigkeit, die Grundlagen der Motorisierung geschaffen haben«.[4]

Doch die Zeiten, da der Konzern fast ausschließlich Fahrzeuge produziert hat, sind längst vorüber. Nach den Beteiligungen bei Dornier (1985), der AEG (1986) und Fokker (1993) sowie den Aufkäufen der Motoren- und Turbinen-Union MTU (1985), von Messerschmitt-Bölkow-Blohm (1989) und der Telefunken Systemtechnik (1989) ist die Daimler-Benz AG zu Deutschlands größtem Luft- und Raumfahrtkonzern mit einem gewichtigen militärischen Produktionsanteil geworden.

Unter der Führung des Vorstandsvorsitzenden Edzard Reuter entstand aus dem Automobilunternehmen Daimler-Benz ein »integrierter Technologiekonzern mit Kompetenz auf den Gebieten Transport und Verkehr«, so die einleitende Feststellung im Geschäftsbericht zur Hauptversammlung im Mai 1994. Auch wenn weithin bekannt ist, daß Daimler-Benz durch seine Diversifikationsstrategie in weit mehr Produktions- und Vertriebssektoren tätig ist, stellt der Vorstand die Kompetenzen im Verkehrsbereich gezielt in den Vordergrund. Der Aufstieg zum – mit deutlichem Abstand – größten deutschen Rüstungskonzern wird wegen des Negativimages der Waffenfertigung gerne zurückhaltend dargestellt.

Nach verschiedenen Phasen der Umstrukturierung gliedert sich das Daimler-Imperium heute in vier Unternehmensbereiche: Die *Mercedes-Benz AG* mit ihren Geschäftsfeldern »Personenwagen« und »Nutzfahrzeuge« gehört zu 100 Prozent zur Daimler-Benz AG. Ebenso die *DaimlerBenz InterServices (debis)*, welche mit dem Geschäftsbereichen »Systemhaus«, »Finanzdienstleistungen«, »Versicherungen«, »Handel«, »Marketing Services«, »Mobilfunkdienste« und »debis Immobilienmanagement« zu 100 Prozent Teil des Konzerns ist. Der Unternehmensbereich *AEG Daimler-Benz Industrie*, mit den fünf Geschäftsfeldern »Bahnsysteme«, »Mikroelektronik«, »Dieselantriebe«, »Automatisierungstechnik« und »Energietechnik«, zählt zu 80,2 Prozent zum Daimler-Benz-Konzern. Und die

Dasa – bis zum 31.12.1994 *Deutsche Aerospace* und seitdem *Daimler-Benz Aerospace* genannt – ist mit ihren fünf Geschäftssektoren »Luftfahrt«, »Raumfahrt«, »Verteidigung und Zivile Systeme«, »Antriebe« und »Zusätzliche Geschäftsgebiete« 93,8prozentige Daimler-Tochter.[5]

Nach den teilweise turbulent verlaufenen Firmenaufkäufen in den achtziger und der schwerpunktmäßig in den neunziger Jahren erfolgten Neustrukturierung zeigt sich der Konzern in der Phase des Wechsels vom Vorstandsvorsitzenden Edzard Reuter zu dem von ihm präferierten Nachfolger Jürgen Schrempp strukturell geschwächt. Wirtschaftlich geht es dem Unternehmen jedoch besser als je zuvor.

Innerhalb von zwei Jahrzehnten ist aus einem Unternehmen mit einem Jahresumsatz von 15,2 Milliarden DM (1974) Deutschlands führender Industriekonzern geworden.[6] Allein in den letzten zehn Jahren war es dem Daimler-Vorstand durch die Erschließung neuer Märkte bei gleichzeitig radikal vollzogenen Rationalisierungsmaßnahmen gelungen, den Umsatz von 43,5 auf 97,7 Milliarden DM mehr als zu verdoppeln.[7]

Deutlich abgeschlagen folgten die Siemens AG mit einem jährlichen Umsatz von 81,6 Milliarden DM, die Volkswagen AG mit einem Umsatz von 76,6 Milliarden DM sowie die Vereinigte Elektrizitäts- und Bergwerksaktiengesellschaft AG (Veba) mit einem Umsatz von 66,3 Milliarden DM. Alle anderen deutschen Großkonzerne rangierten deutlich hinter dem Quartett unter der 50-Milliarden-Marke. Den beiden mächtigsten deutschen Automobilkonzernen, Daimler-Benz und Volkswagen, folgen mit be-

Kinderspiel für den Konzern: Der »integrierte Technologiekonzern« Daimler-Benz präsentiert seine Produktpalette auf dem Geschäftsbericht 1993. Nicht im Bild: Waffensysteme aller Art. (Aus: Daimler-Benz. *Das Geschäftsjahr 1993*, Titelseite)

DaimlerBenz

Das Geschäftsjahr
1993

Positioning for the future

trächtlichem Abstand noch die Aktiengesellschaften Bayerische Motoren Werke (29,0 Mrd. DM), Opel (23,0 Mrd. DM) und Ford (21,2 Mrd. DM) auf den Plätzen 11, 16 und 17 der Statistik der 100 größten Industrieunternehmen der Republik.[8]

Noch 1993 hatte sich die Konzernführung verunsichert über die Geschäftslage des Konzerns gezeigt. Im Geschäftsbericht 1992 wies der Vorstand darauf hin, daß »in den meisten Industrieländern Unsicherheit über die künftige wirtschaftliche Entwicklung« herrsche. Dementsprechend vorsichtig wurde die Entwicklung des Gesamtkonzerns und seiner Tochterunternehmen beurteilt, insgesamt ein »Konzernumsatz auf Vorjahreshöhe« erwartet.[9]

Die Daimler-Führung sollte sich täuschen, die Erwartungen wurden noch unterboten. Für 1993 mußte der Vorstand einen Umsatzrückgang um über 800 Millionen DM auf 97,7 Milliarden DM einräumen. Der Jahresüberschuß reduzierte sich im Vergleich zu den beiden Vorjahren deutlich auf rund 600 Millionen DM, nachdem er 1992 noch rund 1,5 Milliarden DM und 1991 sogar 1,9 Milliarden DM betragen hatte.

Damit erlitt der Konzern nach zwei Jahrzehnten stürmischer Aufwärtsentwicklung erstmals einen für Daimler-Benz ungewöhnlichen Einbruch und verfehlte die angestrebte 100-Milliarden-Umsatzgrenze erneut deutlich, selbst unter der erstmaligen Einbeziehung der Fokker-Milliarden. Ohne diese wäre der Umsatz real um fast vier Prozent abgesunken.

Das für den Konzern bedenkliche Betriebsergebnis drückte sich auch in den Aufwendungen aus, die der Vorstand tätigte. Wie kein anderes deutsches Unternehmen hatte Daimler-Benz in den zurückliegenden Jahren Milliardenbeträge in Sachanlagen investiert. Doch die Rezession Anfang der neunziger Jahre hinterließ gerade auch im Investitionsbereich ihre Spuren. Mit 6,5 Milliarden DM für Investitionen in Sachanlagen wendete der Daimler-Benz-Konzern im Jahre 1993 immerhin 1,5 Milliarden DM weniger auf als im Vorjahr. Ein wesentlich geringerer Rückgang war bei den Zuwendungen für Forschung und Entwicklung zu verzeichnen, die von 1992 auf 1993 von 9,3 auf 9,0 Milliarden DM gesenkt wurden. Und dennoch lag Daimler sowohl bei den Investitionen in Sachanlagen als auch bei den Aufwendungen für Forschung und Entwicklung deutlich vor den folgenden Unternehmen Siemens, RWE und Veba, so die Bilanz der *Zeit*.[10]

Nichtsdestotrotz ist Daimler-Benz zum Vizeeuropameister avanciert. Im Juli 1994 meldet das Wirtschaftsmagazin *!Forbes* in seiner Übersicht über die weltweit 500 größten Unternehmen, daß Deutschlands Superkonzern hinter dem (allerdings mit einem Jahresumsatz von 95,1 Milliarden Dollar deutlich führenden) niederländischen Energiekonzern Royal Dutch/Shell auf dem zweiten Platz der Umsatzgiganten liegt: 59,1 Milliarden Dollar weisen die Bilanzen des deutschen Großkonzerns für 1993 aus. Im weltweiten Vergleich liegt Daimler-Benz damit auf Platz 20 aller Industriekonzerne.[11]

Vergleicht man die Stellung des Konzerns mit der anderer Automobilkonzerne, so wird deutlich, wie erfolgreich die Daimler-Benz AG bei dem Versuch ist, ihre Position national wie international zu verbessern. Die neunziger Jahre begannen für die deutschen Autobauer vergleichsweise gut. Im Gleichschritt mit Wolfsburg konnte die Daimler-Benz AG 1991 ihren Umsatz um 11,1 Prozent auf 95,0 Milliarden DM ausbauen, der Volkswagen-Konzern legte um 12,1 Prozent auf 76,3 Milliarden DM Jahresumsatz zu. Daimler rangierte damit vor Volkswagen, dem italienischen Fiat-Konzern und den japanischen Autoherstellern Nissan und Honda auf Platz 4 der weltweit größten Automobilproduzenten. Einzig die US-Giganten General Motors und Ford Motor auf Platz 1 und 3 sowie das japanische Unternehmen Toyota Motor auf Platz 2 konnten sich noch vor dem deutschen Großkonzern positionieren. Dabei mußten die beiden US-amerikanischen Automobilkonzerne gewaltige Gewinneinbrüche verkraften: General Motors und Ford wiesen einen Verlust von 7,3 bzw. 3,7 Milliarden DM aus.[12]

Trotz der Automobilkrise, die auch bei Mercedes tiefe Spuren hinterlassen hat, ist und bleibt die Fahrzeugproduktion das zentrale Standbein des Konzerns. Mit 61,7 Milliarden DM entfielen 1993 knapp zwei Drittel des Konzernumsatzes auf die Mercedes-Benz AG, wobei die Bereiche Personenwagen 36,3 und Nutzfahrzeuge 25,4 Milliarden DM beisteuerten. Im Vorjahr konnten in beiden Bereichen noch 38,7 bzw. 26,2 Milliarden DM erwirtschaftet werden, der Umsatz lag dementsprechend 1992 beim Fahrzeugbau um über drei Milliarden DM über dem Wert von 1993.

Dabei war die Negativentwicklung der Mercedes-Benz AG kein Einzelfall, 1993 hatte die Autoindustrie insgesamt drastische Einbrüche zu verkraften. Die Talfahrt der Autohersteller drückte sich deutlich in den Schlüsselzahlen aus: In der Bundesrepublik wurden 23 Prozent weniger Automobile produziert sowie 19 Prozent weniger Fahrzeuge zugelassen.[13]

Erst 1994 gab der »Motor Mercedes« wieder Gas. Schon im September 1994 konnte der Konzern insgesamt ein Umsatzplus von neun Prozent für das laufende Geschäftsjahr bilanzieren, so der Zwischenbericht des Vorstands, der insbesondere im Fahrzeugbereich einen immensen Wachstumschub verzeichnen konnte: Der Absatz wuchs im Pkw-Bereich um 29% und bei den Nutzfahrzeugen um 13%.[14]

Bei Mercedes liefen die Motoren wieder auf vollen Touren. »Der Erfolg von Mercedes beschert der Daimler-Benz AG ein kräftiges Wachstum«, kommentierte die Wirtschaftsredaktion der *Welt* den Aufschwung beim größten deutschen Industriekonzern.[15] Dementsprechend konnte der Stuttgarter Automobil- und Rüstungskonzern Ende 1994 dann den endgültigen »Durchbruch« melden: Mit rund 103 Milliarden DM Jahresumsatz gelang es erstmals einem

deutschen Unternehmen, zum 100-Milliarden-DM-Giganten auf-
zusteigen.

Umsatz statt Arbeit

*»Die günstige Absatzsituation im Pkw-Bereich läßt uns an den Grenzen
unserer Kapazitäten produzieren.«* Zwischenbericht des Daimler-
Benz-Vorstands im Oktober 1994

*»Allein in den zurückliegenden zwölf Monaten hat das Unternehmen
in der Bundesrepublik mehr als 23 000 Stellen und im Ausland weitere
2000 Arbeitsplätze abgebaut.«* Die *Stuttgarter Zeitung* zum Zwischenbericht des Daimler-Benz-Vorstands im Oktober 1994[16]

Lange Jahre neigte der Daimler-Vorstand, allen voran Edzard Reuter, dazu, sich auf die Schulter zu klopfen und die eigene Leistung zu
loben. Nachdem die Rezession Mitte der neunziger Jahre weitgehend überwunden scheint und sich die Eckdaten des Konzerns wieder erholt zeigen, betont der Vorstand, wie »konsequent« er »in allen
Unternehmensbereichen« seine Maßnahmen zur Produktivitäts-
steigerung durchgesetzt habe.[17]
Nur allzu gerne vergessen die Daimler-Manager aber darauf hinzuweisen, auf wessen Kosten die Rationalisierungsmaßnahmen in erster Linie gegangen sind. Abgesehen von dem Einbruch nach dem
Zweiten Weltkrieg, hat es bei Daimler-Benz in der mehr als hundertjährigen Geschichte des Konzerns nie einen drastischeren Arbeitsplatzabbau gegeben. Dabei konnte der Großkonzern bis auf das
Geschäftsjahr 1993 jeweils ein deutliches Umsatzplus verzeichnen.
Und dennoch wurden nach 1991 massiv Arbeitsplätze wegrationa-
lisiert, eine Entwicklung, die sich bereits in den achtziger Jahren an-
gedeutet hatte. Während der Konzernumsatz von von 1986 bis
1992 von 65,4 auf satte 98,5 Milliarden DM nach oben schnellte,

wurde die Zahl der Beschäftigten lediglich von 319 965 auf 376 467 gesteigert. Damit war die Daimler-Benz AG als bundesweit umsatzstärkster Konzern nur der zweitgrößte Arbeitgeber, denn die Siemens AG beschäftigte 1993 rund 391 000 Arbeitnehmer.[18]

Der Daimler-Vorstand nutzte im Krisenjahr 1993 die Gelegenheit, das Argument des Umsatzverlustes zu einem drastischen Stellenabbau zu gebrauchen. Allein von 1992 auf 1993 wurde die Beschäftigtenzahl um 9731 gesenkt. Auffallend dabei war, daß besonders die Arbeitnehmer in Deutschland unter den rigiden Entlassungsmaßnahmen zu leiden hatten. Während bei den Niederlassungen im Ausland 8 157 neue Arbeitsplätze geschaffen werden konnten, wurden in der Bundesrepublik genau 17 888 Beschäftigte, davon allein 12 549 bei der Mercedes-Benz AG, mehr oder minder »sozialverträglich« auf die Straße gesetzt oder in den vorzeitigen Ruhestand geschickt. Gleichzeitig erhöhte der verstärkt auf internationalen Einfluß, auf die Globalisierung der Märkte und die Produktion in Billiglohnländern setzende Multi die Zahl seiner Auslandsbeschäftigten um 8157 Arbeitnehmer.[19]

Hintergrund der wachsenden Zahl von ausländischen Arbeitnehmern war allerdings auch die Beteiligung am Luftfahrtkonzern NV Koninklijke Nederlandse Vliegtuigfabriek Fokker in Amsterdam. Dieser beschäftigte 1990 noch 13 300 und 1993 immerhin noch über 12 000 Mitarbeiter, hatte jedoch seinerseits schon bekanntgegeben, weitere 2500 Arbeitnehmer entlassen zu müssen.[20] Der Fall der Fokker setzte sich in den Folgejahren ungebremst fort: Im Februar 1995 kündigte die Dasa an, daß von den verbliebenen 8500 Arbeitsplätzen weitere 2000 gestrichen werden würden.[21]

Im Jahr 1994 nahm dann die Beschäftigtenentwicklung bei Daimler-Benz dramatische Züge an. Obwohl sich der Konzern längst wirtschaftlich stabilisiert zeigte und erstmals in der über hundertjährigen Firmengeschichte die 100-Milliarden-Umsatzgrenze überschritten wurde, setzte die Geschäftsführung ihren unnachgiebigen Konsolidierungskurs auf Kosten der Beschäftigten fort. Im September 1994 gab der Vorstand in seinem Neun-Monats-Bericht bekannt, daß er die Beschäftigtenzahl gegenüber dem Vorjahr um weitere sieben Prozent und damit um rund 25 200 Arbeitnehmer auf nunmehr 338 543 verringert hatte. Damit waren Ende 1994 beim Konzern weniger Arbeitnehmer berufstätig als 1988 als Daimler-Benz noch 338 749 Beschäftigte zählte.[22]

Die Zeiten, da die Arbeitsplätze »beim Daimler« zu den sichersten der Republik gehörten und mit dem Status von Beamten gleichgesetzt wurden, gehören der Vergangenheit an. Besonders drastisch wurden die »Rationalisierungsmaßnahmen« bei der Deutschen Aerospace umgesetzt.

Verläßt man sich auf die Bilanz der Beschäftigtenentwicklung der Daimler-Tochter Dasa, könnte man fälschlicherweise annehmen, die Dasa biete seit ihrer Gründung im Jahre 1989 die konjunkturunabhängigsten Arbeitsplätze: So schnellte die Beschäftigtenzahl von 56 465 (1991) auf 81 872 (1992) und sogar 86 086 (1993) rapide in die Höhe. Doch das Gegenteil ist der Fall. Wer bei der Dasa arbeitet, muß mit Entlassung rechnen, das Firmenkürzel könnte für den makaberen Satz stehen: »D-asa A-rbeiter s-ind a-rbeitslos.«

Die seit 1991 stetig steigende Zahl der Beschäftigten ist einzig auf den Aufkauf bzw. die Beteiligung an den neuen Dasa-Tochterunternehmen zurückzuführen. Rechnet man die bei der neu hinzugekommen Daimler-Tochter Fokker arbeitenden Menschen mit ein, so waren 1992 nicht 81 872 sondern real 94 293 Menschen für das Unternehmen tätig. Die differierenden Angaben im Geschäftsbericht zum Geschäftsjahr 1993 erklären sich durch die Einberechnung der Übernahme der Aktienmehrheit bei Fokker. De facto wurden bei der Deutschen Aerospace allein in einem Jahr 8207 Arbeitsplätze vernichtet.[23] Seit sich die Daimler-Konzernführung im Februar 1993 mit der holländischen Regierung auf eine 51prozentige Mehrheit bei Fokker einigte, wurden im Endeffekt nicht nur gut die Hälfte der ehemals 13 300 Arbeitsplätze vernichtet.[24] »Wir haben keine andere Wahl«, rechtfertigte der Fokker-Vorsitzende Ben van Schaik die Entlassungspolitik des Unternehmens. Mit neuerlichen Rekordverlusten von 460 Millionen Gulden im Geschäftsjahr 1994 setzte Fokker seine Talfahrt fort.[25]

Doch Fokker ist nicht das einzige Sorgenkind des Konzerns, der das Kunststück fertig gebracht hat, ein marodes Unternehmen nach dem anderen aufzukaufen. Auch Mitte der neunziger Jahre kam die AEG Daimler-Benz Industrie weder aus den roten Zahlen noch aus den am Fließband produzierten Negativschlagzeilen heraus. Anstatt durch erfolgreiche Produkte für Erfolgsmeldungen zu sorgen, versuchte der AEG-Vorstand sich gutes Renommee für teures Geld zu erkaufen. Symptomatisch hierfür mag der Versuch des Unternehmens im Januar 1995 stehen, als das Unternehmen plante, »mit Preisnachlässen die positive Darstellung eines Pannenprodukts« zu regulieren. Über zwei Monate nach Inbetriebnahme blieb das »Passagier-Transfer-System« PTS auf dem Frankfurter Flughafen noch immer häufig zwischen dem Abfertigungssgebäude und dem neuen Terminal stecken. Die Flughafen AG stand vor Regreßdrohungen und ließ den Versuch des AEG-Chefs Ernst Stöckl platzen, den Konzern mit 750 000 DM von seiner Schuld freizukaufen. Allein 150 000 DM sollten für eine PTS-Imagekampagne verwendet werden – »unter besonderer Herausstellung« der Vorzüge der AEG-Hochbahn.[26]

Der Fall ist höchst peinlich für den Vorstand, denn die AEG-Aktiengesellschaft hat ihren Sitz in Berlin und in Frankfurt, so daß das PTS-Desaster doppelt schmerzt. Zugleich aber wirft der Vorgang ein bezeichnendes Licht auf den Zustand, den die AEG Daimler-Benz Industrie nach der Mehrheitsbeteiligung durch den Konzern bietet.

Auch wenn der Daimler-Vorstand für das Geschäftsjahr 1987 über die »weniger dynamisch« verlaufende Geschäftsentwicklung in der deutschen Elektroindustrie lamentierte, versprach die Übernahme des Elektrogiganten anfangs zum Erfolg zu werden. Im Jahr nach der Mehrheitsbeteiligung bilanzierte das Unternehmen einen Umsatzzuwachs um 410 Millionen DM auf insgesamt 11,48 Milliarden DM, zudem waren 2300 neue Arbeitnehmer bei der AEG beschäftigt.[27] Seit 1986 konnte der Konzernvorstand die Bereiche Elektronik sowie Elektrotechnik stetig erweitern. Auch die Beteiligung des Daimler-Benz-Konzerns an der AEG wurde von anfangs 56 Prozent (1986) auf 80,2 Prozent (1993) ausgebaut.

Und doch steht der Elektrokonzern heute katastrophal da: Seit dem Rekordjahr 1991, als im Unternehmensbereich AEG ein Umsatz von 13,6 Milliarden DM erzielt wurde, brach der Umsatz auf desaströse 10,7 Milliarden DM (1993) ein. Auch die Zahl der Beschäftigten wurde von 1991 auf 1993 radikal um weit über 17 000 Beschäftigte auf 58 921 Arbeitnehmer abgebaut.[28] Eine Umsatzentwicklung, die nicht nur auf die Verkäufe von Unternehmenssparten, sondern auch auf langjähriges Mißmanagement zurückzuführen ist.

Zur Zeit der Jahreswende 1994/95 spitzte sich die Situation weiter zu, zurückzuführen auf den Schlingerkurs des designierten Reuter-Nachfolgers Jürgen Schrempp in den Monaten vor dessen Wahl zum Vorstandsvorsitzenden des Gesamtkonzerns. Schrempp fühlte sich seinem Ziehvater Reuter verbunden und deckte, in einer für Schrempp ungewöhnlichen Inkonsequenz, sein, den achtziger Jahren verhaftetes Denken. Kaum eine Pressekonferenz verging, ohne daß Schrempp nicht mit Fragen bezüglich seines überzogenen Respekts vor Reuter und dessen Unvermögen bei der Umstrukturierung der AEG gelöchert wurde. Dennoch blieb Schrempp seiner Linie treu und proklamierte aus Verbundenheit zu Reuter artig, »keinen Kurswechsel« vornehmen zu wollen, nur um anschließend doch einen neuen Kurs zu entwerfen.

Ab dem 24. Mai 1995 gehen die Uhren bei Daimler anders, doch bis dahin kam die Schremppsche Entscheidungsschwäche das Unternehmen teuer zu stehen. Unter marktwirtschaftlichen Kriterien hätte der kommende Vorstandsvorsitzende längst Nägel mit Köpfen machen und die AEG »zerschlagen oder nach dem Verkauf ganzer Bereiche auf die Kerne« reduzieren und »mit zukunftsträchtigen Geschäftsfeldern abfedern« müssen, wie das Wirtschaftsmagazin *Capital* analysierte. Auch wenn den Betriebsräten derartige Radikalkuren auf Kosten der Beschäftigten verständlicherweise gegen den Strich gehen, bot die AEG Anfang 1995 ein derart desaströses Bild, daß »das Negativimage vom ausgeschlachteten Konzern« in der Republik die Runde machte, zumal sämtliche Wirtschaftsdaten nach unten zeigten. Nach dem Verkauf der Zählertechnik an Kromschröder, der Lichttechnik an Philips sowie der Hausgerätetechnik an Electrolux wird eine Bilanz vorgetäuscht, die sich in Wirklichkeit düsterer darbietet. Zudem, so Wirtschaftsredakteur Rolf Antrecht, entstünde allein aufgrund der verschobenen Entscheidungen in der ersten Jahreshälfte 1995 ein Schaden in Höhe von rund 100 Millionen.

Um seinen Kopf aus der Schlinge zu ziehen, holte Reuter zum Gegenschlag gegen AEG-Chef Ernst Stöckl aus und forderte dessen Rücktritt. Tatsächlich sei Stöckl für die Verluste der AEG verantwortlich, die 1993 1,2 Milliarden DM und 1994 noch 300 Millionen DM betragen hatten. Wirtschaftsfachleute wie Antrecht dagegen kennen den Schuldigen: Als Aufsichtsratsvorsitzender trage Edzard Reuter die »Verantwortung am AEG-Debakel«, schreibt das Wirtschaftsblatt *Capital* und wirft dem Daimler-Chef vor, »das Problem verschleppt zu haben, um die Vision vom Technologiekonzern zu retten«.[29]

In der Öffentlichkeit am wenigsten bekannt ist der vierte Unternehmensbereich, die zum 1. Juli 1990 gegründete Daimler-Benz Inter-Services (debis), mit der der Konzern »das entscheidendste Kapitel auf dem Weg zum integrierten Technologiekonzern abgeschlossen« haben will. Im Gegensatz zu den anderen drei Unternehmensbereichen bietet die debis hauptsächlich Dienstleistungen an: von »Informationssystemen« über verschiedenste Finanzierungsgeschäfte und Immobilienmanagements bis hin zu »Media- und Messeaktivitäten« sowie mobile Kommunikation. Sowohl den konzerneigenen Unternehmen als auch Dritten sollen »für komplexe Aufgabenstellungen integrierte kundenspezifische Problemlösungen schnell, kostengünstig und mit hoher Qualität« angeboten werden.[30] Zur Daimler-Benz InterServices zählen weltweit über 60 konsolidierte Unternehmen, von denen rund zwei Drittel zu 100 Prozent der debis gehören.[31]

Am Grundkapital der Daimler-Benz AG sind rund 470 000 Aktionäre beteiligt. Diese Gesellschafter verfügen heute über etwa die Hälfte der Aktien des Daimler-Imperiums. Anfang der neunziger Jahre war der Streubesitz noch in den Händen von ca. 300 000 Aktionären gewesen. Damals allerdings hatten weitere rund 50 000 Aktionäre etwa die Hälfte des Aktienanteils an der mittlerweile in die Mercedes-Benz AG überführten Mercedes-Automobil-Holding AG besessen.[32]

Der mit Abstand größte Daimler-Einzelaktionär ist die Deutsche Bank mit Sitz in Frankfurt am Main, die heute noch über 24,4 Prozent des Aktienanteils verfügt. Der ehemalige Anteil von über 28 Prozent wurde im Februar 1993 um rund vier Prozent gesenkt, das »Aktienkapital am amerikanischen Markt plaziert« und damit die Aktionärsbasis in den USA »deutlich verbreitert«, wie der Konzern in seinem Geschäftsbericht zur Hauptversammlung im Mai 1994 ausführte.[33] Mit einem Jahresumsatz von 56,2 Milliarden DM und zweistelligen Zuwachsraten von 11,7 Prozent (1993) ist die Deutsche Bank das mit deutlichem Abstand reichste Geldinstitut der Republik.[34] In Europa rangiert die Großbank auf Platz 15, im weltweiten Vergleich auf Platz 45 der umsatzstärksten Unternehmen.[35] Als größter Einzelaktionär der Daimler-Benz AG stellt die Deutsche Bank den Aufsichtsratsvorsitzenden und nimmt massiv Einfluß auf den Kurs des Konzerns. In der Geschäftswelt werden Macht und Einfluß der Deutschen Bank auf Daimler-Benz als zu groß bewertet.

14 Prozent der Daimler-Aktien besitzt das Emirat Kuwait. Daneben hält der kuwaitische Staat über das in London ansässige Kuwait Investment Office und die Kuwait Petroleum Corporation auch an vielen anderen Aktiengesellschaften in Westeuropa und den USA Minderheitsbeteiligungen, so beispielsweise bei Hoechst. Der Staat, dessen Fläche halb so groß ist wie die Baden-Württembergs und von dessen 1,9 Millionen Einwohnern 60 Prozent Ausländer sind, hat seit 1986 meist mehr Geld aus den Auslandsbeteiligungen eingenommen als durch den Export von Erdöl. Die Kuwait-Aktien stammen vom BMW-Aktionär Herbert Quandt, der 1974 seinen 14-Prozent-Anteil für mehr als eine Milliarde DM an den Emir von Kuwait verkauft hat.[36]

Zunächst blieb der Käufer des Aktienpakets geheim. Quandt gab an, den Käufer nicht zu kennen, und die Dresdner Bank, die die Aktien im Auftrag Kuwaits verwaltet, berief sich auf das Bankgeheimnis. Nachdem diese Geheimhaltung einige Unruhe erzeugt hatte, lüftete die Dresdner Bank mit Einwilligung Kuwaits das Geheimnis: Sie verkündete, Kuwait habe nicht die Absicht, auf die Unternehmenspolitik Einfluß zu nehmen.[37]

Zusammen mit Herbert Quandt hatten Friedrich Flick und Hermann Josef Abs schon in den sechziger Jahren die Macht im Konzern gehalten. Allein Flick besaß damals 39 Prozent der Aktien, deutlich mehr als die Deutsche Bank mit ihren 28,5 Prozent.[38] Kurz nachdem Quandt sein Aktienpaket an Kuwait vergeben hatte, beabsichtigte Flick, seinen Anteil an den Iran zu verkaufen, der damals noch von dem nach innen diktatorischen aber als außenpolitisch berechenbar geltenden Schah Reza Pahlewi regiert wurde. Dennoch zeigte sich der Daimler-Vorstand erleichtert, als die Deutsche Bank diesen Anteil übernahm, um ihn in die zu diesem Zweck gegründete Mercedes-Automobil-Holding AG einzubringen.[39]

Die Münchner Stella-Gesellschaft gehört gleichermaßen zu exakt einem Viertel der Commerzbank AG in Frankfurt am Main, der J. M. Voith GmbH in Heidenheim an der Brenz, der Star Automobil-Beteiligungsgesellschaft mbH in München sowie der Südwest-Star Automobil-Beteiligungsgesellschaft mbH in München. Die Voith GmbH ist voll im Besitz der Familien Voith, die beiden letztgenannten Beteiligungsgesellschaften splitten ihre Anteile weiter auf. So wird der Anteil der Star Automobil-Beteiligungsgesellschaft zu je 25 Prozent von der R+V Allgemeine Versicherung AG in Wiesbaden, der Vereinigte Krankenversicherung AG in Berlin und München, der Baden-Württembergische Bank AG in Stuttgart und der Wüstenrot Bank AG in Ludwigsburg gehalten. Die Südwest-Star Automobil-Beteiligungsgesellschaft ist zu je einem Viertel im Besitz der Landesbank Stuttgart Girozentrale in Stuttgart, der Robert Bosch GmbH in Stuttgart, der Deutsche Effecten- und Wechsel-Beteiligungsgesellschaft AG in Frankfurt sowie der J. M. Voith GmbH.

Bei der 14. außerordentlichen Hauptversammlung, die am 20. Dezember 1993 im Internationalen Congreß Centrum in Berlin stattfand, stimmten die Aktionäre der Verschmelzung zwischen der Daimler-Benz AG und der Mercedes Aktiengesellschaft Holding zu. Seither befindet sich etwa die Hälfte aller Aktien im sogenannten »Streubesitz« der Einzelaktionäre. In den vergangenen zwei Jahrzehnten erwarben Mitarbeiter des Konzerns rund 900 000 Belegschaftsaktien.[40] Der Börsenkurswert der Daimler-Aktien betrug im Februar 1994 rund 37,7 Milliarden DM.

Zunehmend drängt der Konzern an die zentralen Börsen im Ausland. Als erstes deutsches Unternehmen verschaffte sich Daimler-Benz durch die Einführung seiner Aktie an der New York Stock Exchange im Oktober 1993 Zugang zum weltweit größten Kapitalmarkt. Nach den Notierungen in Zürich, Genf und Basel im Jahr 1977 folgten der Einstieg in London und Tokio (1990) sowie in Wien und Paris (1991). Mit den Notierungen »American Depositary Shares« in New York erfolgte der Einstieg in die achte und entscheidende Börse, die nach Einschätzung des Konzerns »sehr positiv« aufgenommen wurde. Auf dem Finanzmarkt Singapur allerdings erlitt der Konzern Schiffbruch. »Die Aktion war ein Flop«, notiert die *Süddeutsche Zeitung* das Liegenbleiben der dortigen Aktien.[41]

Nach dem umsatzträchtigen Vorjahr wurde die Dividende 1993 von 13 auf 8 DM gesenkt. Auch 1991 waren 13 DM Dividende ausgeschüttet worden, obwohl der Umsatz damals mit 95,0 Milliarden DM um 2,7 Milliarden DM noch unter dem von 1993 gelegen hatte. Allerdings war der ausgewiesene Jahresüberschuß von 1991 bis 1993 von 1,9 über 1,4 Milliarden DM und schließlich 615 Millionen DM drastisch eingebrochen und hatte zuletzt gerade noch 0,6 Prozent der Gesamtleistung betragen.[42]

Kopper kontrolliert den Konzern

»Die unfähigste Figur, die jemals an der Spitze einer deutschen Großbank in der Nachkriegsgeschichte gestanden hat.« Ekkehard Wenger über Hilmar Kopper[43]

»Nichtentlastung des Aufsichtsratsvorsitzenden, Herrn Hilmar Kopper. Begründung: Hilmar Kopper ist während der letztjährigen ordentlichen Aktionärshauptversammlng die Leitung der Versammlung entglitten.« Antrag des Aktionärs Benedikt Mechler[44]

Auf Hauptversammlungen muß Hilmar Kopper, der mächtigste Mann im mächtigsten Geldinstitut der Republik, damit leben, daß seine Nichtentlastung gefordert wird – zuletzt nachdem der Deutsche Bank-Chef beim Jahrestreffen 1993 in Stuttgart die Beherrschung verloren und den Konzernkritiker Professor Ekkehard Wenger mit gewaltsamen Mitteln aus dem Saal werfen ließ.

Mazda-Fahrer Wenger hatte es gewagt, die von Kopper auf magere fünf Minuten gestutzte Redezeit deutlich zu überziehen. Wie die Vorstände anderer Konzerne, so reagieren auch die Daimler-Größen äußerst allergisch auf die alljährlich heftig vorgetragene Kritik des Daimler-Aktienmillionärs. Wenger, Inhaber des Lehrstuhls für Bank- und Kreditwirtschaft an der Universität Würzburg, verwaltet Daimler-Aktien eines New Yorker Großanlegers im Wert von etwa 15 Millionen DM, die er bei der Zürcher Privatbank Coutts & Co. deponiert hat.

Nichtsdestotrotz sprach Hans-Joachim Fonk, ehemals Vorstandsmitglied der Mercedes Aktiengesellschaft Holding (MAH), von einem »akademischen Gruselkabinett«, das Wenger in Form seiner Studenten alljährlich zu den Hauptversammlungen mitbringt. Und Edzard Reuter verfiel gar in die Gossensprache, als er Wenger vorwarf, er verbreite »Latrinenparolen«.[45]

Die geballte Wut der Konzernköpfe Kopper und Reuter kann leicht nachvollzogen werden: Mit seinem vergleichbar geringen Aktienpaket hatte Wenger erreicht, daß die Tagesordnung in der außerordentlichen Hauptversammlung im Dezember 1993 erweitert werden mußte. Im Internationalen Congreß Centrum in Berlin stimmten die Aktionäre aber trotz seiner Intervention dem Verschmelzungsvertrag zwischen der Daimler-Benz AG und der MAH zu.[46]

Die Mercedes Aktiengesellschaft Holding war im Jahr 1976 gegründet worden, nachdem Großaktionär Flick seine Aktien abgestoßen hatte. Damals hatten Banker und Manager befürchtet, die Petromilliardäre in den Scheichtümern des Nahen Osten könnten den deutschen Renommierkonzern aufkaufen. In den neunziger Jahren wurde die MAH für die internationale Börsenpräsenz hinderlich und schließlich abgeschafft.[47]

Vergeblich versuchte Wenger auf der Hauptversammlung die Ausschüttung von Rücklagen in Höhe von 11,88 Milliarden DM an die Aktionäre bei gleichzeitiger Kapitalerhöhung durch die Aktio-

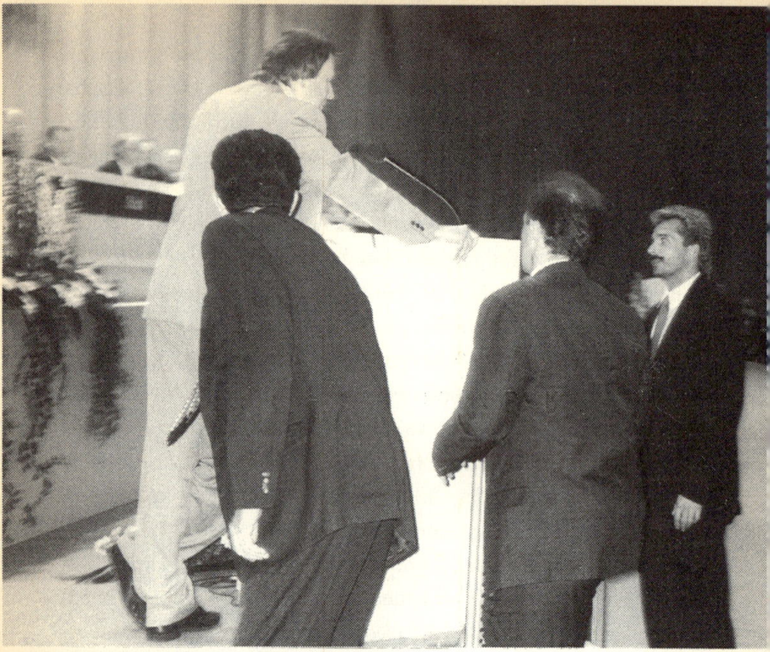

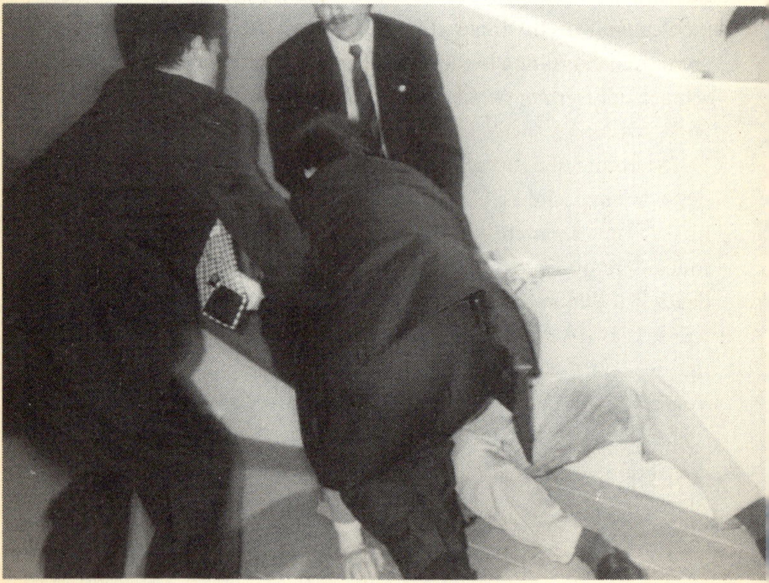

näre zu erreichen. Dennoch bereitete die Wenger-Forderung dem Konzernvorsitzenden beträchtliche Probleme, denn Daimler hatte längst die 56prozentige Körperschaftsteuer für die in den Jahren zuvor angesammelten 11-Milliarden-Rücklagen entrichtet. Zudem waren die Steuersätze für die Einkommen- und Körperschaftsteuer danach gesenkt worden. Genau diesen Differenzbetrag wollte Wenger, zu Lasten des Staates, ausgeschüttet sehen. Am Ende wäre der Bruttobetrag in Höhe von 19 Milliarden DM den Daimler-Aktionären zugute gekommen – bestehend aus den rund 6,8 Milliarden DM der steuerlichen Gutschrift sowie den 11,88 Milliarden Rücklagen. Edzard Reuter, in Berlin urplötzlich Wächter der Staatsinteressen, ließ den Wenger-Antrag ablehnen, obwohl dieser durchaus im Konzerninteresse gestanden hätte.

Vor dem Hintergrund des Wengerschen Milliardenantrags läßt sich Hilmar Koppers rüde Räumungsaktion als Racheakt für die zuvor erteilte öffentliche Rüge erklären. Kopper dürfe »seinen Aktionären von der Deutschen Bank erklären, warum er 750 Millionen Mark zum Fenster herauswirft« hatte Wenger noch vor der Hauptversammlung verkündet. Genau dieser Betrag wäre Deutschlands größter Bank nach Wengers Berechnungen dadurch zugute gekommen, daß gemäß dem Standortsicherungsgesetz lediglich noch eine Körperschaftsteuer von 45 Prozent zu zahlen gewesen wäre. Hilmar Kopper aber warf das Geld zum Fenster heraus – und Wenger durch die Tür gleich hinterher.

Im April 1994 lehnte die für Handelssachen zuständige 7. Kammer am Stuttgarter Landgericht Wengers Anfechtungsklage gegen den Deutsche Bank-Chef Hilmar Kopper ab. Auch in zweiter Instanz

Demokratie à la Daimler: Als der Konzernkritiker Prof. Ekkehard Wenger auf der Hauptversammlung Daimler-Benz im Mai 1993 seine mit fünf Minuten äußerst knapp bemessene Redezeit überschritt, ließ der Aufsichtsratsvorsitzende Hilmar Kopper den Aktionär von Ordnern gewaltsam entfernen. (Foto: © Rüdiger Grölz/Königstein) scheiterte Wenger im Februar 1995 am 3. Zivilsenat des Oberlandesgerichts Stuttgart.[48] Damit war die Entlastung des Leiters der Daimler-Hauptversammlung vom Mai 1993 als rechtens bestätigt, obwohl Kopper die Redezeit des Aktionärs massiv beschränkt und Wenger von Ordnern gewaltsam aus der Hanns-Martin-Schleyer-Halle hatte entfernen lassen.[49]

Im Folgejahr war die Gewaltaktion noch immer nicht vergessen. Bei der erneut in Berlin stattfindenden Hauptversammlung wurde Kopper vorgeworfen, der in den Medien bundesweit kritisierte Gewalteinsatz habe »dem Renommee des Konzerns nachhaltig beträchtlichen Schaden zugefügt«. Zudem sah der Aktionär Benedikt Mechler den Einsatz der Sicherheitskräfte als unnötig und »dilettantisch« an.[50] Mechlers Antrag auf Nichtentlastung des Aufsichtsratsvorsitzenden wurde erwartungsgemäß mit über 99 Prozent der Stimmen abgelehnt.

Made in France

»*Die Stabilität der Mark ist ein Standortvorteil Deutschlands. Das hohe Ausbildungsniveau seiner Beschäftigten und die hohe Arbeitsproduktivität ebenso.*« Aus der Daimler-Benz-Broschüre *Einblick '94*[51]

»*Sie hätten alles getan dafür, daß diese Stadt eine Autofabrik bekommt.*« Hilmar Höhn in der *Badischen Zeitung* über den Versuch, die Swatch-Produktionsstätten nach Lahr zu holen[52]

»*Daimler-Benz Aerospace (Dasa) und Thomson-CSF machen einen gemeinsamen Schritt weit über die bisherige, schon enge deutsch-französische Kooperation hinaus.*« Die *FAZ* zum militärischen Fusionsprojekt von Dasa und Thomson im Januar 1995[53]

Nur diejenigen Unternehmen der Automobilbranche besitzen eine Zukunftsperspektive, die rechtzeitig ökologisch vertretbare Produkte entwickeln, diese am richtigen Ort produzieren und Erfolge auf dem Massenmarkt erzielen. Zur Umsetzung dieser Zielvorgabe haben Mercedes und die Schweizerische Gesellschaft für Mikroelektronik und Uhrenindustrie, kurz SMH genannt, ein neues Konzept gewählt: Der Verkaufserfolg des 2,50 Meter kurzen Ökoautos soll durch die europaweite Vermarktung an rund 90 Regional Centers und sogenannte »Erlebniswelten«, gemeint sind unter anderem Kaufhäuser, gewährleistet werden. In Sachen Swatch-Mobil geht Mercedes-Benz »ganz und gar unkonventionelle Wege,« so Edzard Reuter, »bei denen manchem unserer Vorfahren die Haare zu Berge gestanden hätten«.[54]

Die Neuentwicklung stellte für den weltweit renommiertesten Produzenten von Luxuslimousinen einen derart gewaltigen Quantensprung dar, daß »vom ersten Tag der Konzeption« an feststand, daß das Auto den Namen »Mercedes« nie tragen würde.[55] Um den Standort für das neue Swatch-Werk rissen sich über 75 Länder, Regionen und Städte.[56] Und lange Zeit schien eine Stadt in Südbaden das Rennen zu machen, denn »langfristig stabilere« Faktoren sprachen »eine überzeugende Sprache«. Dementsprechend lautete die Topmeldung in der Lokalzeitung: »Swatch-Auto: Markt spricht für Lahr«. Dort sollten die Produktionsstätten des neuen Micro Compact Car, wie das Swatch-Auto intern heißt, entstehen und damit »eine Aufwertung des Automobillands Baden-Württemberg« mit sich bringen. Doch die Zeiten, da Mercedes dem automatischen Mechanismus des automobilen Marktes folgend dem Standort Deutschland gefrönt hat, sind endgültig passé – auch wenn der Konzern durchaus weiterhin massiv im Ländle investiert: In Bad Cannstatt wird das neue Motorenwerk errichtet, in Sindelfingen das neue Forschungs- und Entwicklungszentrum und in Mannheim ein Zentrum für elektrogetriebene Fahrzeuge.[57]

Die Lahrer aber hat die Wirklichkeit auf den Boden der Tatsachen zurückgeholt, das »Wunder von Hambach«, so die *Stuttgarter Nachrichten*, ist Realität.[58] Für 750 Millionen DM errichtet der Autokonzern aus Schwaben das erste von womöglich mehreren MCC-Werken im lothringischen Hambach bei Saargemünd. Und manch ein Medienvertreter mußte sich in bezug auf die Durchsetzungskraft eines Jürgen Schrempp eines Besseren belehren lassen. So prognostizierte der Kommentator auf der Titelseite der *Badischen Zeitung* im Vorfeld des Entscheids, der Reuter-Nachfolger Jürgen Schrempp werde seinen Amtsantritt kaum »damit belasten wollen, daß – nach Entscheidungen für Mexiko, die USA und Argentinien – eine weitere Fertigung (und damit Arbeitsplätze) ins Ausland verlagert« werden würde.[59] Schrempp wagte den Coup und gewann. Neben der einkalkulierten Kritik aus Politik- und Gewerkschaftskreisen erntete der designierte Vorstandsvorsitzende breiten Zuspruch in der Wirtschaftspresse und bei Redakteuren renommierter Tageszeitungen. In der *Welt* kommentierte Wolfram Baentsch, die Entscheidung »mußte so und durfte nicht anders fallen«, sie sei eine »Abfuhr an alle Kirchturmpolitiker und Lokalpatrioten«.[60] Und Michael Heller, Redakteur der *Frankfurter Allgemeinen Zeitung*, erkannte den Zuschlag für Hambach »bei einer nüchteren Sichtung« der betriebswirtschaftlichen Fakten als »nachvollziehbar« an.[61]

Neben den betriebswirtschaftlichen und verkehrsgeographischen Argumenten aber war vor allem die strategische Frage der Zusammenarbeit mit Unternehmen in Frankreich, insbesondere im Bereich der Telekommunikation und der Luft- und Raumfahrt, von zentraler Bedeutung. Dementsprechend bewertete der ehemalige Industrieminister Gérard Longuet, heute Präsident des lothringischen Regionalrats, den Standort in Frankreich als »weiterer Beweis für die Stärke der deutsch-französischen Achse« bei einem Projekt von »weltweiter Tragweite«.[62]

Bereits einen Monat nach der Entscheidung für Hambach konnte die Daimler-Tochter Dasa einen gemeinsamen Schritt melden, der

Von Kommunikation zu Konfrontation: Bei der Hauptversammlung 1993 noch friedlich vereint, kam es im Dezember 1994 zum offenen Konflikt zwischen dem Mercedes-Vorstandsvorsitzenden Helmut Werner und dem Daimler-Gesamtbetriebsratsvorsitzenden Karl Feuerstein. Heftig kritisierte Feuerstein die »falsche« und »unsoziale« Entscheidung, das Swatch-Mobil in Lothringen bauen zu lassen. (Foto: © Jürgen Grässlin)

weit über die bisherige deutsch-französische Kooperation hinausreichen sollte. Thomson und die Daimler-Benz Aerospace verkündeten ihre Absicht einer »paritätischen Zusammenlegung« von »wichtigen Teilen der Wehrtechnik« in einem gemeinsamen Tochterunternehmen. Schon im ersten Geschäftsjahr rechnet Jean Monford, Président Directeur Géneral der TDA Armements SA, mit einem Umsatz von 350 Millionen DM.[63]

Die Schlacht um den Swatch-Standort mag manchen Politiker oder Gewerkschafter von der Illusion befreit haben, der Konzern stärke

39

durch den Dauerauftrag für Werke in Deutschland den hiesigen Wirtschaftsstandort. Der kommende Absatz- und Produktionsmarkt liegt zumindest in Europa, immer häufiger erstreckt er sich weit darüber hinaus, und Daimler will auf den Märkten präsent sein. Nach dem Motto »Aktuelle Unternehmenslust in Europa« geht die Dasa internationale Allianzen ein und verweist voller Stolz auf das Airbus-Konsortium, den Einstieg beim niederländischen Luftfahrtunternehmen Fokker, die Gründung der deutsch-französischen Eurocopter-Gesellschaft oder das Eurofighter-Projekt, das die Dasa zusammen mit britischen, italienischen und spanischen Partnern durchführt. Und auch die Unternehmensbereiche AEG und debis können eine Vielzahl von erfolgreich anlaufenden internationalen Gemeinschaftsprojekten vermelden.[64]

Für Beschäftigte wie Betriebsräte erwächst aus dem Global Thinking ein durchaus relevantes Problem. Wenn die nationalen Schlagbäume fallen, schwinden auch soziale Schutzzonen, welche Betriebsräte in jahrelangem Kampf errungen haben. Standorte, zuvor nicht nur geographisch getrennt, treten urplötzlich in direkte Konkurrenz. Der Druck auf die noch vergleichsweise sicheren Sozialleistungen und die guten Gehälter wird zukünftig in Deutschland deutlich zunehmen.

Nicht ohne unfreiwillige Komik mutete auf den ersten Blick die Reaktion der katholischen Amtskirche an, die ihre jahrelang gehegte strenge Enthaltsamkeit in bezug auf das wirtschaftspolitische Alltagsgeschäft des Konzerns im Dezember 1994 aufgab. Nach der Entscheidung für den französischen Swatch-Standort warf der Leiter der Betriebsseelsorge im Bistum Rottenburg-Stuttgart, Paul Schobel, dem Daimler-Vorstand vor, die Produktion in Hambach »werde den Druck auf hart erkämpfte soziale Errungenschaften der deutschen Arbeitnehmer noch erhöhen« und titulierte die Mercedes-Manager deshalb als »vaterlandslose Gesellen«.[65] Bislang hatte gerade der Dasa-Vorstand nur allzu gerne den Vorwurf des »Vaterlandsverrats« aus der Schublade gezogen und Vertretern der Bundesregierung entgegengehalten. Im Falle des drohenden Einkaufs von Jagdflugzeugen im europäischen Ausland – beispielsweise der Gripen aus Schweden – wurde genau mit diesem Argument der Druck auf die politischen Entscheidungsgremien im Bundestag erhöht, schließlich drohten die Milliardenzuwendungen für den Eurofighter 2000 an die Daimler-Benz Aerospace verlorenzugehen. Süffisant entlarvte der Stuttgarter Bistumsleiter die Doppelbödigkeit der Daimler-Argumentation.

Doch nicht nur die Kirchenvertreter und Betriebsräte geraten angesichts der internationalen Marktoffensive und dem damit verbundenen Arbeitsplatzroulette des Konzerns zusehends in die Defensive. Auch ökologisches Denken, im Konzern weithin propagiert, wird offensichtlich instrumentalisiert. Selbst dann, wenn ein Produktionsstandort für ein im Vergleich zu den sonstigen Großraumlimousinen ökologisch verträglicheres Fahrzeug wie das Swatch-Mobil gesucht wird, entscheiden sich die Mercedes-Manager für einen Standort in Frankreich. Nicht nur, weil dort die Löhne niedriger sind, sondern weil zudem die Frage der Zerstörung naturnaher Flächen dort kein Thema ist.

Made in America

All activity in Alabama

»*They had formed brainstorming groups – called Querdenker in German, meaning ›diagonal thinkers‹ – to identify radical new ways of designing and building cars.*« David Woodruff und John Templeman in der *Business Week* zur unkonventionellen Ideensuche neuer Mercedes-Modelle[66]

»In Alabamas Städtchen Tuscaloosa, wo Mercedes das All Activity Vehicle bauen wird, herrscht Goldgräber-Stimmung.« Mercedes-Benz Mitarbeiterzeitschrift *intern* im Dezember 1994[67]

»In den Kneipen von Tuscaloosa schwankt die Stimmung zwischen Euphorie und frustrierter Ablehnung.« Georg Kacher in der *Süddeutschen Zeitung* im Januar 1995[68]

Bis die »groundbreaking ceremony« im dritten Anlauf endlich vollzogen werden konnte, mußten nicht nur die schweren Regenfälle im Süden der USA überstanden werden. Als im Mai 1994 endlich der Baubeginn erfolgen konnte, hatten rund 200 Bewerber in 30 US-Bundesstaaten einen harten Selektionsprozeß durchlaufen in der Hoffnung, die Gunst des Stuttgarter Konzerns und damit den lukrativen Millionenauftrag für das neue Automobilwerk samt Trainingszentrum zu gewinnen.[69] Letztendlich konnten die Anbieter in Tuscaloosa das Rennen für sich entscheiden, wobei dem Gouverneur von Alabama, Jim Folsom Jr., kein Mittel zu schade war, um den Mercedes-Managern den Weg in den Bundestaat im Süden der USA zu ebnen. In mehrfachen Treffen mit den Stuttgarter Entscheidungsträgern, bei denen beispielsweise am 3. August 1993 auch Jim Folsom zu einem »hasty lobbying trip« in die baden-württembergische Landeshauptstadt jettete, zog das Politteam aus Alabama sämtliche Register. Extrem niedrige Steuern, eine kostenfrei erstellte Infrastruktur und Zuschüsse für Fortbildungsmaßnahmen der Arbeiter stellten am Ende ein gern gesehenes Zubrot für die wohlsituierten Schwaben dar. Das US-amerikanische Wirtschaftsmagazin *Business Week* meldete sogar die Benennung eines Highwayabschnittes als »the ›Mercedes-Benz Autobahn‹«.[70] Bei Mercedes half schließlich sogar die US-Nationalgarde, das Baugelände zu planieren.[71]

Man habe sich für Tuscaloosa entschieden, weil »das Paket in diesem Bundesstaat insgesamt das beste und ausgewogenste ist«, hieß es aus der Stuttgarter Konzernzentrale, wo man auch den Vorteil zu schätzen weiß, zukünftig vom Wechselspiel des Dollarkurses unabhängig zu sein. Auch wenn der heute 37jährige Projektleiter Andreas Renschler bestreitet, die Behörden des Bundesstaates hätten die Anschaffung von 2500 Mercedes-Limousinen garantiert, kassierte der Konzern Vergünstigungen, von denen kleine und mittelständische Unternehmen nicht einmal zu träumen wagen. Da half es wenig, daß der deutsche Projektleiter postulierte, immer wieder würden »Halbwahrheiten« in die Welt gesetzt.[72] In jedem Fall kam die Stellungnahme zur Ortswahl einem Understatement gleich, denn für Mercedes war das gesamte 253 Millionen Dollar teure Anreizangebot derart attraktiv, daß sich die Firmenleitung mit Freuden für die 300 Millionen Dollar teure Investition im Land der unbegrenzten Kilometer entschied.[73] Letztendlich war es Mercedes gelungen, die rund 200 Bewerber derart geschickt gegeneinander auszuspielen und Folsom zu aberwitzigen Konzessionen zu verführen, daß sich selbst in den USA Widerstand regte. Im Januar 1994 schrieb beispielsweise das *Journal of Commerce and Commercial*, Alabama agiere »too extravagant« und »Sweet Mercedes deal leaves bitter aftertaste«.[74]

The American way of drive

»*Die Zielsetzung für 1995 heißt erneut, um die Meisterschaft zu fahren. Als Triebwerk wird ein 2,65 Liter-V8-Motor zum Einsatz kommen. Mit dem Engagement in der IndyCar-Serie soll die US-Marktoffensive unterstützt werden.*« Mercedes-Mitarbeiterzeitschrift *intern* vom Dezember 1994[75]

»*Die Vorstellung, eine große Summe für ein exotisches Sport- oder Luxusmodell aus Europa auszugeben, fand großen Anklang bei der wohlhabenden amerikanischen Schickeria.*« Richard Lamming[76]

»Da kann ein arroganter deutscher Konzern uns noch so viel Honig um den Bart schmieren.« Ann Bedsole, Gouverneurskandidatin der Republikaner, über ihre Absicht, auch zukünftig nur US-Automobile zu fahren[77]

Für viele US-Amerikaner sind zwei Kriterien von Bedeutung, um beim Autokauf zuzuschlagen: Einerseits muß das Unternehmen den Ruf eines Winner-Typs in sich tragen, andererseits soll das Fahrzeug ein Produkt aus heimischer Fertigung sein. Das weit verbreitete nationalistische Denken veranlaßte die Mercedes-Manager, in den Markt direkt vor Ort einzusteigen. Der Slogan »Buy American« wurde umfunktioniert in »Buy an American Mercedes«. Damit das Image entsprechend poliert wird, hat der deutsche Autokonzern »ein treffsicheres Marketing-Programm« für den Rennsport in den USA entwickelt. Ziel ist es, den Sieg beim Indy-500-Rennen zu wiederholen und damit den »klaren Aufwärtstrend bei den Verkaufszahlen«, so Mercedes-Mann Jürgen Hubbert, auszubauen. Schon heute klopft sich der Vorstand auf die Schulter, denn das USA-Konzept mit der »Kombination von Hochleistungs-Rennsport und modernem Marketing-Management« sei »voll aufgegangen«.[78]

Voller Stolz durfte dann auch Andreas Renschler den ersten Spatenstich des neuen Werkes für das All Activity Vehicle setzen, Pkw-Entwicklungschef Dr. Dieter Zetsche das Baugelände präsentieren und Gouverneur Jim Folson, bestückt mit einem Mercedes-Helm, die Gunst der Stunde nutzen, um in den schillerndsten Farben Wahlkampf zu machen. Mit überzogenen Versprechungen kündigte Alabamas Gouverneur der demokratischen Partei einen Wirtschaftsaufschwung ohnegleichen an: In den nächsten beiden Jahrzehnten würde sich das allgemeine Arbeitsplatzniveau grundlegend steigern, zudem seien Gewinne in Höhe von 7,3 Milliarden Dollar zu erwarten. Garantiert würde Mercedes 15 000 neue Jobs schaffen. Tatsächlich aber wird Mercedes nur 1500 Arbeitnehmer im Pkw-Werk beschäftigen, bis zur Jahrtausendwende könnten noch zwischen 6000 und maximal 13 000 weitere Arbeitsplätze bei der Zulieferindustrie entstehen. Jim Folsom aber hat sich mit dem Mercedes-Deal nicht nur Freunde geschaffen. Umfragen belegten, daß »die Bürger Alabamas ihrem Regierungschef kaum noch über den Weg trauen«, wie Peter de Thier aus Washington berichtet. Der Korrespondent der *Südwest Presse* zitiert eine Befragung in dem Bundesstaat, wonach fast zwei Drittel der Bürgerinnen und Bürger dem Gouverneur vorwerfen, »Mercedes hofiert« zu haben. Und eine republikanische Mitbewerberin für das Amt des Gouverneurs von Alabama, Ann Bedsole, machte bereits im Januar 1994 aus ihrer Absicht keinen Hehl, ihr »ganzes Leben nur Ford, Chrysler oder General Motors« fahren zu wollen.[79] In jedem Fall aber wird der deutsche Autokonzern alsbald der größte Arbeitgeber der Region sein, so daß selbst der *Economist* verkündete: »The invaders are welcome.«[80] Am Ende war dann doch ein weiterer Kandidat der lachende Dritte: Der neue Gouverneur heißt Fob James und schwamm wie vieler seiner Parteigenossen auf der Welle der Sympathie für die Republikaner.

Ab 1997 können im neuen Automobilwerk bei Tuscaloosa »die Bänder mit voller Kraft voraus laufen«, wie die Firmenzeitschrift *intern* meldet. Die Mercedes-Mitarbeiter bauen auf dem fast vier Quadratkilometer großen Werksgelände das All Activity Vehicle (AAV), von dem in drei Jahren zwischen 60 000 und 70 000 Fahrzeuge produziert werden sollen. Vom Käufer werden für das AAV aus Tuscaloosa dann immerhin 45 000 DM aufgebracht werden müssen.[81] Dafür weist das Luxusgefährt die Eigenschaften eines Geländewagens mit Allradantrieb auf, die voll abgestimmt sind auf den weltweit bedeutendsten »Sport-Utility«-Markt, wie die *Frankfurter Rundschau* schrieb.[82] Die Mercedes-Manager sehen im All Activity Vehicle »den ersten Schritt zur Verdeutlichung dieses evolutionären Fahrzeug-Konzeptes«. Nach Einschätzung der

Mercedes-Leitung stehen die Marktchancen für das AAV ganz gut, später soll die Kapazität des Tuscaloosa-Werks auf 150 000 Fahrzeuge erweitert werden.

Und dennoch ist der Typ des AAV-Geländewagens selbst in dem ansonsten so automobilfreundlichen Lobbyblatt *auto motor sport* umstritten: »Der Allradantrieb treibt in die Sinnkrise«, beurteilt Redakteur Gert Hack die Lage und nennt dabei vor allem tatsächlich ökologische Gründe: Weder eine konsequente Leichtbaukonstruktion noch der in Europa so dringend geforderte 3-Liter-Motor für Minicars ließen sich im AAV verwirklichen. Zudem würden »neuartige Anfahrhilfen die aufwendige Vierrad-Antriebstechnik zunehmend entbehrlicher« werden lassen. Hack resümiert skeptisch, »elektronisch eingreifende Bremsen an allen vier Rädern und ein einfaches Ausgleichsgetriebe« würden den Allradantrieb der Zukunft kennzeichnen – »sofern er eine Zukunft hat«.[83]

Wenn überhaupt, dann dürfte das Anti-Ökoauto nur in den USA zum Marktrenner werden. Denn was die ansonsten so zurückhaltenden Schwaben derart jubilieren läßt, ist ein Fahrzeug, »das den Ansprüchen und Erwartungen der Kunden« gerecht werden soll. Dabei wird der Konzernvorstand nicht müde, bei jeder sich bietenden Gelegenheit die klassischen Tugenden der in Deutschland gefertigten Limousinen auch für die Auslandsfahrzeuge zu beschwören. So verspricht die Firma auch für das in Alabama produzierte All Activity Vehicle die »Mercedes-Grundwerte Qualität, Sicherheit, Komfort und Langlebigkeit«.

Die für das Überleben der Menschheit entscheidende ökologische Frage wird in den USA längst nicht in der Intensität wie in Deutschland diskutiert. So war denn auch das vornehmliche Ziel der Stuttgarter Autokonstrukteure, dem »persönlichen Lebensstil« gerecht zu werden. Hierzu haben die AAV-Konstrukteure ein »großzügiges und variables Interieur« mit »Stauraum für verschiedenste Sport- und Freizeit-Aktivitäten« sowie ein »dynamisches Design« entwickelt.[84] Der American way of drive fordert Fun on wheels, Gedanken über spritfressende und abgasproduzierende Geländewagen für zusätzliche Freizeitfahrten macht sich kaum jemand – weder in den USA noch bei den Mercedes-Managern. Und am Ende bleibt die Natur auf der Strecke.

Big Points in den USA

»Herzlichen Glückwunsch zu dem Großauftrag. Wie fühlt man sich, wenn man so einen ›dicken Fisch‹ an Land gezogen hat?« Frage der Redaktion der Dasa-Firmenzeitung *aktuell* vom November 1994[85]

Das 300-Millionen-Dollar-Engagement in Tuscaloosa kann der Großkonzern aus den reichhaltigen Gewinnen seiner knapp 30 nordamerikanischen Tochterunternehmen bestreiten, die allein 1994 einen Umsatz von über 10 Milliarden Dollar erzielten. Gemessen am Umsatz rangiert der Kontinent auf Platz 2 im Daimler-Imperium, das in Nordamerika mittlerweile rund 16 000 Mitarbeiter zählt.[86] Der Präsident der Holding Daimler-Benz North America Corporation (DBNA), Timotheus Pohl, teilte im Sommer 1994 mit, daß die DBNA selbst im Krisenjahr 1993 ihren Umsatz auf 8,3 Milliarden Dollar und die Gewinne auf 98 Millionen und damit um 12 bzw. 15 Prozent steigern konnte. Die DBNA ist zuständig für Bank- und Finanzierungsgeschäfte sowie für die Steuer- und Public Relationsgeschäfte der Daimler-Töchter in Nordamerika. Bei der Umsatzbilanz waren die auf dem nordamerikanischen Markt tätige Deutsche Aerospace sowie die AEG Automation noch nicht einmal in die DBNA einbezogen.

Daimlers Position auf dem US-Markt ist heute beachtlich. Die beiden umsatzstärksten Daimler-Töchter sind die Mercedes-Benz of North America Inc. in Montvale/New Jersey sowie der Nutzfahrzeughersteller Freightliner Corporation in Portland/Oregon. Dabei betrug der Umsatz von Mercedes-Benz North America 1992 5,1

Milliarden Dollar, und selbst Freightliner konnte einen Umsatz von 3,5 Milliarden Dollar erreichen. 1993 legten dann beide Mercedes-Töchter zu: Die nordamerikanische Mercedes-Beteiligungsgesellschaft steigerte ihren Jahresumsatz um 266 Millionen Dollar, Freightliner dagegen erzielte einen sensationellen Zuwachs um über 1,5 Milliarden Dollar auf die Rekordmarke von 5,0 Milliarden Dollar.[87] Das Ergebnis ist um so überraschender, wenn man weiß, daß sich der Preiskampf auf dem nordamerikanischen Markt drastisch verschärft hat und Mercedes-Limousinen in den USA zwischen 5 000 und 6 000 DM billiger als in Deutschland angeboten werden.[88] Beispielsweise kostete ein Mercedes C 220 in Deutschland 54 947 DM, in den USA 46 425 DM. Für den Mercedes S 320 mußten in Deutschland 107 870 DM, in den USA 98 850 DM bezahlt werden.

Gerade die neue C-Klasse entwickelte sich zum Marktrenner. Kaum auf dem nordamerikanischen Markt eingeführt, wurde dem Auto die Auszeichnung »Car of the Year« verliehen. Für den Pkw-Geschäftsbereichsleiter Jürgen Hubbert Anlaß genug, das Auslandsengagement in Tuscaloosa zu würdigen, »denn Nordamerika ist unser größter und damit bedeutendster Exportmarkt«.[89]

Doch auch andere Unternehmensbereiche, allen voran die Dasa mit ihrem Tochterunternehmen Dornier, konnten jüngst beachtliche Erfolge verbuchen. Drei Jahre nach dem Erstflug im Dezember 1991 war der »entscheidende Durchbruch auf dem Flugzeugmarkt in den USA gelungen«. Dasa-Vorstandsmitglied Hartmut Mehdorn wußte den Coup zu feiern. In einer Extrabeilage der Firmenzeitschrift *aktuell* sah sich die Dasa in ihrer Einschätzung bestätigt, daß der nordamerikanische Markt für ihr Turbopropflugzeug Do 328 die »wichtigste Vertriebsregion« sei. Die US-amerikanische *Horizon Air* setzt ihre im Dezember 1993 ausgelieferten acht Regionalflugzeuge im Nordwesten der USA ein. Seit 1995 düsen die neuen Do 328 für die *USAir* durch den amerikanischen Luftraum. Insgesamt hatte die Fluggesellschaft 40 der Kurzstreckenflieger geordert. Bei der Herstellerfirma Dornier wurde der Großauftrag der *USAir*-Tochtergesellschaft *Jetstream International Airlines* über 20 Festbestellungen und 20 Optionen als ein »ganz wichtiges Marktsignal« bewertet. Produktbereichsleiter Hansjörg Kränzle sah in dem US-Auftrag den Beweis dafür, daß Dornier in den USA die »hohen Anforderungen der dort vertretenen Airlines« erfüllt. Für das Flugzeug spricht vor allem auch die Reichweite von 1800 Kilometern – im Land der unbegrenzten Kilometer ein zentraler Aspekt. In den kommenden Jahren will Dornier in die Spitzengruppe unter den weltweit führenden Luftfahrtproduzenten vorstoßen. Mit den Verkäufen an die Schweizer *Air Engadina* und die nigerianische *Afrimex Aviation* sowie die beiden US-Fluggesellschaften ist das Unternehmen auf dem besten Wege dazu. Auch wenn Hartmut Mehdorn trotz der Erfolge propagiert, im Geschäftsfeld Luftfahrt müßte die Dasa die Kosten senken, Durchlaufzeiten verringern und noch stärker auf die Bedürfnisse der Kunden eingehen, kann die Konzernführung Mitte der neunziger Jahre zufrieden die »Spitzenstellung in mehreren Marktbereichen Nordamerikas« bilanzieren.[90]

Brückenkopf Mexiko

»*Der wirtschaftlichen Bedeutung Mexikos – und seinem strategisch günstigen Standort – entsprach die Gründung der Daimler-Benz Regionalholding, die Ende Februar 1994 in der mexikanischen Hauptstadt erfolgte.*« Aus »Mexiko auf Marktkurs« in der Daimler-Broschüre *Einblick '94*[91]

In seinem transamerikanischen Konzept ordnet der Konzern Mexiko eine Brückenkopffunktion zu: »Mexiko kann die Brücke bilden zu unseren vielfältigen industriellen Aktivitäten in den USA, Brasilien und Argentinien.« So der Konzernstratege Dr. Gerhard Liener, der bei seinen Zielvorstellungen vor allem auf die

»günstigen Export- und Wachstumschancen des Landes« setzt. Tatsächlich kommt der Konzern in dem mittelamerikanischen Staat voll auf Touren und kann sich dabei der Unterstützung der Regierung sicher sein. So besuchte der vormalige mexikanische Präsident Carlos Salinas de Gortari persönlich die Eröffnungsfeier in Monterrey, wo der mächtigste deutsche Automobilkonzern ein neues Mercedes-Werk für eine Jahresproduktion von 3 000 Stadt- und Überlandbussen einweihte. Zusammen mit den Mercedes-Vorstandsvorsitzenden Helmut Werner sowie den Vorstandsmitgliedern Dr. Bernd Gottschalk und Peter Fietzek machte Mexikos wichtigster Mann die Zeremonie des Konzerns zum Staatsakt. Und Salinas, bekannt für sein Faible für Fahrzeuge der Marke Mercedes, wußte, daß der Konzern für weitere 100 Millionen DM Werke in Santiago Tianguistenco und Monterrey ausbauen bzw. errichten würde. Helmut Werner nannte die Mercedes-Millionen für Mexiko »einen bedeutenden Beitrag zur wirtschaftlichen und sozialen Entwicklung« des Landes und verriet gänzlich unverblümt, daß Mexiko nach der Entscheidung zugunsten des NAFTA-Freihandelsabkommens ein wichtiger »Wachstumsmarkt der Zukunft« geworden sei. Gemeint war: Im neuen Werk der *Mercedes-Benz Omnibuses Mexico S. A.* werden 850 Arbeiter für wenig Geld gute Fahrzeuge fabrizieren und den Umsatz des 100-Milliarden-Konzerns weiter mehren.[92]

Die Beziehungen der deutschen Automobilindustrie sind trotz der starken Beeinflussung durch die amerikanische Struktur traditionell gut, wie der Automobilexperte Richard Lamming zu berichten weiß. Dabei führt Lamming den »signifikanten deutschen Einfluß« vor allem auf das Engagement von Volkswagen und Daimler-Benz zurück. Der Durchbruch der Stuttgarter Autobauer auf dem Markt in Mexiko resultiert laut Lamming vor allem aus der Übernahme des mexikanischen Lkw-Produzenten FAMSA. Im Februar 1990 hatte Mercedes seine Beteiligung von 49 auf 80 Prozent erhöht.[93]

Wie sehr Mexikos Präsident die guten Verbindungen insbesondere zum mächtigen Konzern im fernen Deutschland zu schätzen weiß, hat Carlos Salinas de Gortari im nachhinein bewiesen, als er den Daimler-Vorstand Dr. Gerhard Liener für dessen »Verdienste bei Aufbau und Entwicklung« der Mercedes-Unternehmungen in dem mittelamerikanischen Staat sowie für »seine Tätigkeit als mexikanischer Honorarkonsul in Baden-Württemberg« mit dem Verdienstorden Aguila Azteca gewürdigt hat.[94]

Unbeirrt setzt der Konzern auf exponentielle Wachstumzahlen. So veröffentlichte Finanzvorstand Gerhard Liener im November 1994 die Vorgaben für die Jahre bis 1997. Laut Liener, Präsident der neugegründeten Holding *Daimler-Benz Mexico, S. A.*, in der die vier Geschäftsbereiche Mercedes-Benz, AEG, Dasa und debis für Mexiko zusammengefaßt sind, wird sich der Konzernumsatz von bislang einer Milliarde DM in den nächsten drei Jahren glattweg verdoppeln.[95]

Seitdem Kanada, die USA und Mexiko das Freihandelsabkommen *North American Free Trade Agreement*, kurz NAFTA, beschlossen und 1994 umgesetzt haben, boomen auch die Exporte. Bereits 1994, im ersten Jahr nach NAFTA, stieg die Zahl der Arbeitsplätze allein in den USA um rund 100 000. Edzard Reuter schwärmte derweil beim Berliner Empfang der Daimler-Benz AG vor den Vertretern der westlichen Alliierten von einem europäisch-amerikanischen Universitätswerk und im wirtschaftspolitischen Bereich von der Einrichtung einer »transatlantischen Freihandelszone« zwischen Europa und den USA – auch um »»gefährliche Konfliktstoffe‹ aus der Welt« zu schaffen.[96] Die Gefahr, daß der Konzern selbst neue Ungerechtigkeiten schafft, durch Niedriglöhne Spannungen erzeugt oder sozialen Sprengstoff zündet, will Edzard Reuter nicht erkennen.

Angesichts des hart umkämpften Weltmarkts, eines gnadenlosen Preiskriegs und der in Deutschland weltweit höchsten Stundenlöhne in der Automobilindustrie nutzt die Konzernführung jede Chance, in Billiglohnländern »für den größten zusammenhängenden Wirtschaftsraum der Welt« zu produzieren, wie die Mercedes-Mitgliederzeitschrift *intern* schreibt.[97]

Dabei könnte die Diskrepanz zwischen den Marktvorteilen für den Hersteller, dem Nutzen für die Arbeiter und dem Produkt nicht größer sein als in Mexiko. Bereits 1993 hatte Edzard Reuter das modernisierte Nutzfahrzeugwerk im mexikanischen Santiago Tianguistenco eröffnet, zu dem auch eine Pkw-Montagelinie für die Fertigung der Nobelkarossen 400 E und 500 SEL zählt.[98] Das Bruttosozialprodukt lag in Mexiko 1993 bei 3030 US-Dollar pro Jahr.[99]

Dem Konzern geht es nicht nur um den Lkw- und Busverkauf, sondern vor allem um den Markt der Luxuslimousinen. Diese sind nach Konzernangaben speziell »für den mexikanischen Markt« und damit für die kleine, aber extrem reiche und weiterhin zahlungskräftige Oberschicht bestimmt. Bei ihren Investitionen ließ sich die Konzernführung auch nicht von den düsteren Prognosen für die demokratische Entwicklung in dem lateinamerikanischen Staat abschrecken: Die knapp 90 Millionen Mexikaner erwartet in der zweiten Hälfte der neunziger Jahre eine schwere wirtschaftliche Krise, wie selbst der seit dem 1. Dezember 1994 regierende Präsident Ernesto Zedillo eingestehen mußte. Schon heute befindet sich das mittelamerikanische Land in einem »wirtschaftlichen Notstand«, so der Verband der mexikanischen Bankiers in seiner Lagebeurteilung. Universitätsvertreter sprechen längst vom drohenden »Pulverfaß« Mexiko.[100] Und, das darf man nicht vergessen, in Mexiko ist Krieg. Der Konflikt zwischen der zapatistischen Bewegung auf der einen Seite und der Regierung des Bundesstaates Chiapas, die massiv von der mexikanischen Bundesregierung unterstützt wird, ist zum Krieg eskaliert. Beim Einmarsch der Bundestruppen in die von Zapatisten kontrollierten Gebiete soll es zu massiven Menschenrechtsverletzungen gekommen sein, und dabei wurden auch aus Deutschland stammende Kriegswaffen benutzt.

Die erschreckende Armut der Bevölkerung im Bundesstaat Chiapas ist ein wesentlicher Grund für den Aufstand. Für Mercedes und den gesamten Daimler-Benz-Konzern spielen derlei Entwicklungen eine untergeordnete Rolle. Die Investitionen von Mercedes-Benz gehen an den Ursachen der Armut in Mexiko vorbei.

Anfang 1995 mußte Mercedes seine Autoproduktion in Mexiko »vorübergehend einstellen«, in allen Werken wurde die Arbeit für eine Woche gestoppt. In der Stuttgarter Konzernzentrale sprach man von einer »Vorsichtsmaßnahme«.[101]

Made in Asia

Mercedes made in Poona

»*Die Regierung Indiens will ihr Land in einen neuen asiatischen › Tiger‹ verwandeln. Nach zwei Jahren Wirtschaftsreform gibt es erste Erfolge.*« Konzernbericht über das Land der »aufgehenden Sterne«[102]

»*Diese Zusammenarbeit zwischen zwei großen Unternehmensgruppen in Deutschland und Japan – mit zusammengerechnet einer Million Beschäftigten – ist einzigartig in der Welt.*« Daimler-Benz zur Allianz mit Mitsubishi[103]

»*Politische Unterdrückung sollte Stabilität garantieren, um Investoren abzusichern.*« Chang Kuo-long, Vorsitzender der Union für Umweltschutz in Taiwan[104]

Um auf den Märkten präsent zu sein, geht die Mercedes-Benz AG gezielt übergreifende Gemeinschaftsunternehmen zwischen verschiedenen Ländern, »Joint-ventures« genannt, ein, wie die Mitarbeiterzeitschrift *intern* zu berichten weiß. Aktuelles Beispiel ist die Montage von E-Klasse-Mercedes »Made in India«, seit 1995 werden auch Mercedes-Motoren von *Mercedes-Benz India* gefertigt. Dabei richten sich die Autobauer »auf die zunehmende wirtschaftliche Bedeutung des indischen Subkontinents ein«, wie Mercedes-Chef Helmut Werner anläßlich der Unterzeichnung des Joint-Venture-Vertrags mit Ratan Tata, dem Chairman der *Tata Engineering und Locomotive Co. (TELCO)*, verkündet. Mit ihrer 51prozentigen Majorität haben sich die deutschen Fahrzeugbauer die industrielle Führerschaft gesichert. Pro Jahr sollen 20 000 E-Klasse-Wagen sowie 50 000 Benzin- und Dieselmotoren im Pkw-Werk bei Poona gefertigt werden. Auch in Indien, betont Werner, wolle der Konzern die »dortigen Standortkosten-Vorteile« nutzen und »zusätzliche Exportpotentiale erschließen, die von Deutschland aus nicht zu bedienen sind«.[105] So verkündete der Vorstandsvorsitzende Edzard Reuter im Januar 1995, Daimler-Benz werde bis zum Jahr 2000 bis zu 1,9 Milliarden DM für Eisenbahn-, Luftfahrt-, Elektronik- und Umweltprojekte in Indien investieren.[106]

Das Mercedes-Engagement baut auf die Prognose, daß die Weltwirtschaft in den kommenden Jahren mit Wachstumszahlen von durchschnittlich über sieben Prozent im Osten und Südosten Asiens boomen wird. Auch Daimler-Benz hat die Signale vernommen und wird Milliarden in Singapur, Südkorea, Taiwan und Hongkong, den vier »Tiger-Staaten«, im »großen ›Drachen‹ China« oder den ASEAN-Staaten Brunei, Indonesien, Malaysia, Philippinen und Thailand investieren.

Und selbst »die sozialistische Republik Vietnam weckt das Interesse der Investoren«, wie der Journalist Klaus G. Wertel im November 1994 verkündete. »Der größte Einzelinvestor«, so Wertel, wird wieder einmal der Daimler-Benz-Konzern sein.[107] Für mehr als 250 Millionen DM will Daimler bis zur Jahrtausendwende Gemeinschaftsunternehmen mitfinanzieren. Pressesprecher Matthias Kleinert verwies auf gemeinsame Projekte vom Bau von Lastwagen,

Kleintransportern und Minibussen bis hin zu Personenwagen. Bei der wirtschaftlichen Eroberung des vietnamesischen Marktes setzt der Konzern auch auf die Sprachkenntnisse und den hohen Ausbildungsstandard der 60 000 in der ehemaligen DDR ausgebildeten Facharbeiter.[108]

Auch auf dem japanischen Markt verfolgt Mercedes »ehrgeizige Pläne«, wie Dieter Schwindenhammer, zuständig für die Marketing-Strategien, offensiv vertritt. Schwindenhammer kennt »den am härtesten umkämpften« Automobilmarkt der Welt. Dort hat Daimler-Benz eine Allianz mit vier Mitsubishi-Unternehmen vereinbart, die seit Anfang der neunziger Jahre besteht. Die Zusammenarbeit mit den japanischen Geschäftspartnern reicht vom Aufbau »eines gemeinsamen Allianz- und Kooperationsnetzwerkes« über »jährliche Top-Meetings der Vorstände«, so beispielsweise im September 1994 in Nagasaki, bis hin zu »Joint Seminaren«. Hierzu trafen sich die Daimler- und Mitsubishi-Vertreter im Frühjahr 1994 im Daimler-Bildungszentrum auf dem Lämmerbückel und im Frühjahr 1995 im japanischen Ise.[109]

Ende 1994 erläuterte das Daimler-Firmenmagazin *Einblick* die großen Erfolgsaussichten, die Daimler-Benz als Grundlage für Milliardengewinne ansieht. So besäßen die Menschen in der Pazifischen Welt den »Ehrgeiz ..., so schnell wie möglich den Lebensstandard der Europäer, Nordamerikaner oder der Japaner« zu erreichen.[110] Aus diesem Streben nach Wohlstand und Besitz leitet die Konzernführung den Auftrag ab, in vorderster Front an dem Milliardengeschäft mitzuverdienen. Moralische Erwägungen, beispielsweise die Frage nach dem Zustand der Demokratie in Asien, werden dabei allenfalls instrumentalisiert, Umweltschutzgedanken weitgehend ignoriert. Der Vorsitzende der Union für Umweltschutz in Taiwan, Chang Kuo-long bringt die asiatische Realität präzise auf den Punkt: Um Investoren ins Land zu locken, habe politische Unterdrückung die Stabilität gewährleisten sollen. Und »Umweltschutz«, so der Physikprofessor, »wurde gleichgestellt mit Propaganda für den Feind«. Laut *Spiegel* hat das »vielgepriesene Wunder in Fernost ein ökologisches Desaster und deformierte Sozialordnungen von bisher nicht gekannten Ausmaßen hinterlassen«. Das Politmagazin kommt zu dem Schluß, westliche Unternehmer nutzten »die billigen Löhne in Fernost, um ihre Fabriken wegen der strengen Umweltgesetzgebung im eigenen Land« auszulagern.[111] Auf Mercedes-Benz trifft diese Aussage womöglich in gleich mehrerer Hinsicht zu. Neue Mercedes-Produktionsstätten werden in der Regel nicht mehr in der Bundesrepublik errichtet. Und im Falle des Daimler-Pokers um die Produktion des neuen Family Car China (FCC) spielen ökologische Aspekte eine untergeordnete und das diktatorische Regime gar keine Rolle.

Milliardenmarkt im Reich der Mitte

»Wer den China-Käfer bauen darf, kann sich auf ein Produktionsvolumen freuen, das, konservativ geschätzt, bei 170 Millionen Fahrzeugen liegt.« Martin Posth, Mitglied im Vorstand der Volkswagen AG[112]

»Wenn nämlich plötzlich 1,2 Milliarden Chinesen 400 Millionen Autos fahren, dann entstünde ein Umweltschaden, den wir mit unserem Umweltschutz in Europa und Amerika nie ausgleichen könnten.« Edzard Reuter als Vorstandsvorsitzender der Daimler-Benz AG[113]

November 1994. Peking hat eingeladen zur Family Car Conference, und seither streiten sich vierundzwanzig internationale Autokonzerne um den Milliardenmarkt, für den ein weltweit einmaliges Wachstumspotential an Individualfahrzeugen, vor allem in der Unterklasse, prognostiziert wird. Als Paradoxie pur erscheint es dabei, daß gerade die beiden schwäbischen Nobelmarken Porsche und Mercedes, weithin bekannt für ihre Luxus- und Sportfahrzeuge in entsprechend exclusiver Preislage, den kommunistischen Massenmarkt im Visier haben. Der billigste Mercedes kostet in Deutschland – wohlgemerkt in der Grundausstattung – über 40 000 DM. Nach oben hin ist die Preisskala offen.

Doch wer die chinesischen Wirtschaftsdaten kennt, der weiß, daß sich in der zweiten Hälfte der neunziger Jahre im bevölkerungsreichsten Land der Welt ein Wachstumsmarkt unbegrenzter Möglichkeiten eröffnet. Zielstrebig entwickelt sich China zur ökonomischen Supermacht mit »sozialistischer Marktwirtschaft«, so die offizielle Version. Wolfgang Hirn, Redakteur des *manager magazin*, bringt die Entwicklung auf den Punkt: »Mao und Marx sind out, Markt und Money in.«[114] Während die Bundesrepublik Deutschland das Bruttosozialprodukt seit 1980 um 40 Prozent gesteigert hat, »boomt China« mit einem Plus von 200 Prozent, wie Katharina Cullmann und Peter Neumann im Wirtschaftsmagazin *impulse* verkünden. China habe die »Wachstumsraten explodieren lassen« und sei für deutsche Schlüsselbranchen »inzwischen der wichtigste Absatzmarkt in Ostasien – sogar noch vor Japan«.

Für die heimische Industrie bekundet der Vorsitzende der Deutsch-Chinesischen Wirtschaftsvereinigung, Hans Henning von Berg, ein »hohes Interesse am China-Geschäft« und vermeldet ein »stark wachsendes Engagement in China«. An der Spitze dessen, was China benötigt, stehen mit klarem Abstand Autos und Autoteile. Schon 1993 betrug der deutsche Exportwert für das Reich der Mitte 1,951 Milliarden DM bei Kfz-Teilen und entsprechenden Serviceausrüstungen. Für diesen Wirtschaftszweig wird bis 1995 immerhin ein jährliches Wachstum von 15 Prozent prognostiziert.[115]

Dabei wird Unterstützung seitens ausländischer Unternehmen im chinesischen Riesenreich dringend herbeigewünscht, schließlich kann die momentane Verkehrssituation nicht nur für europäische Verhältnisse als katastrophal bezeichnet werden. Tickets für die 200 Flugzeuge, welche täglich ausgebucht durch das Riesenreich jetten, sind in China oftmals nur »für Leute mit Beziehungen«

erhältlich, wie das *manager magazin* in seiner September-Ausgabe 1994 zu berichten weiß. Da hilft es auch nicht weiter, wenn im gleichen Heft per Anzeige ein real existierendes Flugstreckennetz für China aufgezeigt wird, »das in puncto Dichte, Zuverlässigkeit und Sicherheit« den Standard westlicher Industrieländer teilweise sogar übertreffe. Für die Dasa-Tochter Airbus ist dabei insbesondere die Fluggesellschaft Dragonair von Bedeutung, die bislang über sieben Flugzeuge vom Typ Airbus A 320-200 verfügt. Wolfgang Hirn sieht die heutige Infrastruktur Chinas auf dem Stand von »vorgestern«: Schienen und Straßen seien überlastet, die Bahn sei »keine Spur besser« als die Situation im Flugverkehr: »Im 50-Stundenkilometer-Schnitt ziehen rumänische Loks überfüllte Waggons aus dem VEB Bautzen durchs Land. Also mit dem Auto? Vorsicht, Stau. Nur 6000 Kilometer gelten als Autobahn.« Die chinesische Regierung will aus diesem Grund für über 100 Milliarden DM ein gewaltiges Infrastrukturprogramm verwirklichen. Im Verkehrsbereich soll ein gigantisches Konzept umgesetzt werden, zu dem der Bau von 40 neuen Flughäfen sowie die Errichtung von U-Bahnen in 14 Millionenstädten zählen. Das Streckennetz der Eisenbahn wird von derzeit 53 000 auf 70 000 Kilometer ausgebaut, auf den zentralen Strecken der Ostküste werden zukünftig Hochgeschwindigkeitszüge verkehren. Für Personen- und Lastkraftfahrzeuge sollen alsbald 200 000 Kilometer neue Straßen gebaut werden.[116]

Im Wissen um die chinesische Verkehrsrevolution wollen Daimler wie Porsche die Mobilitätsprobleme im weltweit drittgrößten Flächenstaat mit marktgerechten neuen Fahrzeugtypen erobern. Wendelin Wiedeking, seit 1993 Vorstandsvorsitzender der Porsche AG, schwärmt dabei von seinem Modell eines viersitzigen Familienwagens, der in der Größe eines VW-Golf als Personen- wie Transportfahrzeug eingesetzt werden kann. Mercedes dagegen setzt mit einer völlig neuen »Auto-Familie« gezielt auf die Anforderungen von 1,2 Milliarden Menschen. Aber zunächst geht die ab 1997 im badischen Rastatt produzierte A-Klasse speziell für den europäischen Kontinent in Serie, so Mercedes-Sprecher Detlef May.[117] Dabei stehen die Chancen für den Family Car China von Mercedes nicht schlecht. Wenn der Konzern die Früchte seiner jahrelang gepflegten China-Connection ernten könnte.

Mercedes statt Mao

»Ich weiß, was Wettbewerb bedeutet, aber wenn wir irgendwo die Verantwortlichkeit von Unternehmen ernst nehmen wollen, dann darf es gerade in China, wo für die ganze Welt eine ungeheure ökologische Belastung entstehen kann, keine Ausreißer der Industrie geben. Wir müssen den Preiskrieg zwischen Autos mit und ohne Katalysator unbedingt vermeiden.« Edzard Reuter zur Frage des Umweltschutzes in China[118]

»Vier Städte in China, dem neuen Super-Tiger, gehören zu den Top-ten der am meisten verschmutzten Metropolen der Welt.« Der Spiegel im Februar 1995[119]

Über Jahre hinweg haben Daimler- sowie MBB-Manager die China-Connection systematisch ausgebaut, mit tatkräftiger Unterstützung von christlich-liberalen Politikern. So bereitete selbst der stramme Antikommunist Franz Josef Strauß 1987 die Eröffnung der internationalen Luft- und Raumfahrtausstellung »Aviation Expo China« in Peking »kraft seiner Ämter und seines Engagements fast wie eine Art inoffizieller deutscher Luftfahrtminister« vor. Bei der Expo traf Bayerns Regierungschef dann auch mit dem damaligen stellvertretenden chinesischen Ministerpräsidenten Li Peng zusammen.[120]

Profitiert hat davon die Messerschmitt-Bölkow-Blohm GmbH aus Ottobrunn, heute Teil des Daimler-Tochterunternehmens Dasa.

Strauß, der 1970 vom sozialdemokratischen Wirtschaftsminister Karl Schiller zum Vorsitzenden der deutschen Airbus-Gesellschaft und noch im selben Jahr zum Vorstandsvorsitzenden des europäischen Gesamtkonzerns der Airbus-Industries berufen wurde, verfügte als MBB-Aufsichtsrat mit der bayerischen Mehrheit im Staatsbetrieb über unbegrenzte Macht im Ottobrunner Rüstungskonzern und war gleichzeitig dessen bester Verkaufsstratege.[121] Begleitet wurde Strauß bei seiner China-Reise 1987 von Hartmut Mehdorn, dem heutigen Dasa-Vorstand für den Bereich Luftfahrt. Damals schon wurde ein Vertrag von MBB und der *China National Aero Technology Im- and Export Corporation (CATIC)* zur Gründung der Gesellschaft *Multi Purpose Commuter-Aircraft GmbH (MPC)* unterzeichnet. An dem Gemeinschaftsunternehmen hielten beide Partner jeweils einen fünfzigprozentigen Anteil.[122] Mit staatlichen Bürgschaften wurde die Vorentwicklung für das »technisch anspruchsvolle« deutsch-chinesische Verkehrsflugzeug MPC-75 mit 75 Sitzplätzen abgesichert. Bis zum Jahr 2005 wird ein Absatzvolumen von rund 1000 Flugzeugen angestrebt.[123] Mit dem MPC-75-Deal trat MBB in direkte Konkurrenz zu den beiden Flugzeugen Fokker 50 und Fokker 100 des niederländischen Luftfahrtkonzerns *Koninklijke Vliegtuifabriek Fokker NV* in Amsterdam. Das Fokker-Problem hat Daimler mittlerweile en passant gelöst: Im Februar 1993 übernahm die Dasa mit 51prozentiger Mehrheit den Konkurrenten aus den Niederlanden.[124] Im Januar 1995 landete der Konzern einen weiteren Big Point auf dem chinesischen Markt: Gemeinsam mit einem staatlichen Luftfahrtunternehmen wird Fokker einen Düsenjet entwickeln, ab der Jahrtausendwende soll das milliardenteure Flugzeug in China fliegen. Langfristig sollen somit die Fokker 70 sowie die Fokker 100 ersetzt werden.[125]

Aber auch im zukunftsträchtigen Geschäft mit Satelliten legte der bayerische Ministerpräsident und MBB-Lobbyist den Grundstein für kommende Connections: Die zukünftig intensive Zusammenarbeit von MBB mit der chinesischen Raumfahrtindustrie wurde mit einem 50-Millionen-DM-Auftrag über die Lieferung von Komponenten des Fernmeldesatelliten DFH-3 aufgenommen.[126]

Schon im folgenden Jahr reiste der MBB-Chef Hanns Arnt Vogels in Begleitung von Hans-Dietrich Genscher nach Peking, diesmal ging es neben dem MBB-CATIC-Kontakt auch um die Errichtung von Windenergieanlagen, die in China gefertigt und zusammengebaut werden sollten.[127] Daß es neben den durchaus sinnvollen zivilen MBB-Aktivitäten auch ums militärische Geschäft gehen sollte, meldete die internationale Presse. So sprach die *Aviation Week & Space Technology* von möglichen militärischen Programmen, die mit dem kommunistischen Geschäftspartner angestrebt würden.[128]

Viereinhalb Jahre nach dem beispiellosen Massaker auf dem Tiananmen-Platz jettete Kanzler Kohl nach Hongkong. Mit von der Partie war Deutschlands Topmanager Nr. 1, Edzard Reuter, der zusammen mit seinen chinesischen Geschäftspartnern »einige neue Projekte und Joint ventures« unterzeichnen wollte. Dazu zählte auch ein Kooperationsvertrag über Kommunikationssatelliten.

Mittlerweile rühmt sich der Daimler-Benz-Konzern, »mit allen vier Unternehmensbereichen, Mercedes-Benz, AEG, Deutsche Aerospace und der Service-Tochter Debis, in China« engagiert zu sein. Im Jahre 1992 konnte der Daimler-Umsatz auf 346 Millionen DM und damit gegenüber dem Vorjahr im Reich der Mitte um fast 40 Prozent gesteigert werden.[129]

Die China-Connection reicht heute bis hin zu Nutzfahrzeugen, mit denen die Mercedes-Benz AG den Markt der Zukunft beliefert. Stolz meldete das Unternehmen in der Firmenzeitschrift *intern* vom März 1993 einen weiteren Erfolg: »Fast 200 Unimog werden in China bei der Exploration neuer Erdöl- und Erdgasfelder sowie der Landvermessung eingesetzt.« Die Fahrzeuge im Wert von immerhin 28 Millionen DM dienen dem Transport zu Probebohrungen in der Wüste Taklamakan, einem »extrem schwer zugänglichen und kaum erforschten Gebiet«.[130]

Daimler-Benz hatte früh erkannt, welch immenses Absatzpotential China bietet. Mit entsprechendem Aufwand will das Unternehmen die Schlacht um den Markt im Osten Asiens gewinnen und steht dabei in hartem Wettbewerb, insbesondere mit der US-amerikanischen und der japanischen Konkurrenz. Dabei kommt der Problematik programmierter ökologischer Zerstörung durch eine Armada Hunderter Millionen neuer Automobile allenfalls verbal Relevanz zu.

Auf die Frage des *taz*-Redakteurs Georg Blume, ob sich »Daimler und Mitsubishi in China an ökologische Normen halten, die gesetzlich nicht gefordert sind«, versprach der Vorstandsvorsitzende Edzard Reuter ein verstärktes umweltpolitisches Engagement. Als leuchtendes Beispiel hierfür nannte Reuter den Einbau von Katalysatoren in die Mercedes-Fahrzeuge. Angesichts einer solchen Haltung hilft es wenig, wenn der bisherige Vorstandsvorsitzende proklamiert, Daimler und Mitsubishi hätten »die Umwelt oben auf unsere Fahnen geschrieben«.[131] Und auch die vollmundigen Erklärungen des Mercedes-Pkw-Vorstands Jürgen Hubbert im Mitarbeitermagazin *intern*, das FCC sei »eine hervorragende Basis« für die »umweltfreundliche Motorisierung Chinas« zerplatzen wie Seifenblasen.[132]

Die tatsächliche Konzernpolitik stand und steht derart pathetischen Verlautbarungen diametral entgegen. Die programmierte ökologische Katastrophe Chinas ließe sich durch die Expansion im Verkehrsbereich allenfalls durch den massiven Ausbau funktionierender Eisenbahnnetze für den Fernverkehr und öffentlicher Personennahverkehrssysteme lösen. Genau diesem Sektor haben die Daimler-Strategen seit der Konzerngründung jedoch bestenfalls marginale Bedeutung zugemessen.

Darüber kann auch das im Geschäftsbericht 1993 so hochgelobte und doppelseitig abgelichtete Metrosystem für Shanghai nicht hinwegtäuschen. »Das U-Bahn-Projekt ist ein Meilenstein auf dem Weg zu einer leistungsfähigen Infrastruktur in der südchinesischen Wachstumsmetropole«, verkündet der Konzern und setzt zugleich auf den Milliardenauftrag von 250 000 Mercedes-Family Car China pro Jahr.[133] »Keine Rede ist mehr vom ›Öko-Auto‹, das nur noch einen Liter für 100 Kilometer verbraucht«, stellt Hermann G. Abmayr fest und kritisiert zugleich, daß der Konzern nichts »von alternativen Verkehrskonzepten oder gar von Verkehrsvermeidung« halte.[134] Dabei hätte der Daimler-Vorstand allen Grund, über die ökologische Entwicklung in China und den Tiger-Staaten besorgt zu sein. Laut *Spiegel* zählen vier von Chinas Megastädten zu den weltweit am meisten verschmutzten, Chinas Hauptstadt Peking »gilt im internationalen Vergleich hinter Mexiko-Stadt als Metropole mit der höchsten Belastung an Schwefeldioxid und Schwebstoffen«. Schuld daran ist Daimler-Benz noch nicht, der Beitrag des Konzerns besteht bislang in einem positiven Beispiel, dem Metrosystem Shanghai, und einem unvergleichlich negativeren, dem Ausbau des automobilen Massenmarktes – falls dem Konzern der FCC-Zuschlag zugesprochen wird.

Dr. Winfried Wolf, parteiloser Verkehrsexperte der PDS-Bundestagsfraktion, wirft den deutschen Autokonzernen sogar vor, in Shanghai, Kanton und Peking eine Politik zu betreiben, »die Fahrradfahrer von den Straßen wegbringen und die Städte mit ihren Autos füllen« würde. In einer Bundestagssitzung im Januar 1995 wies der baden-württembergische Abgeordnete auf die Folgen des Autobooms in China und Indien hin: Wenn die beiden Staaten ihre Pkw-Dichte der der ehemaligen DDR angleichen würden, müßte »sich die Zahl der Pkws weltweit auf 800 Millionen verdoppeln, wodurch der Planet Erde völlig umkippen müßte«.[135] Für den US-amerikanischen Ökoexperten Amory Lovins bedeuten die ständig steigenden Treibhausgifte chinesischer Industrie- und Autoabgase »nicht nur eine Katastrophe für das Land, sondern ein Desaster für die ganze Welt«.[136]

Zudem werden die Menschen in China in den kommenden Jahren

ganz andere Probleme plagen als die Frage nach der automobilen Mobilität, mit oder ohne Katalysator. Anläßlich der Kairoer UNO-Weltbevölkerungskonferenz veröffentlichte das Worldwatch-Institut seine Studie »Full House«, in der prognostiziert wird, daß es in China »in den nächsten 40 Jahren zu einer massiven Nahrungsmittelknappheit kommen« werde.[137] Da half es wenig, wenn der 89jährige Vordenker Deng Xiaoping die Devise ausgegeben hatte: »Habt Mut zum Reichtum.«[138] Die Zukunft sieht für die Mehrheit der Chinesen ganz anders aus. Für sie lautet die zentrale Frage nicht: Brauche ich ein Familienfahrzeug von Daimler-Benz? Diese Frage stellt sich allenfalls für die neureiche kaufkräftige Mittelschicht in den Städten, während die wohlhabende, von der Dikatatur profitierende Oberschicht sogar von Automobilen der Luxusklasse träumen darf. Glaubt man jedoch den Prognosen des Worldwatch-Instituts, dann heißt die zukünftige Überlebensfrage für die meisten Menschen in China: Woher bekomme ich mein Essen für den nächsten Tag?

Den Globus unterm Gaspedal

Mercedes erobert die Massenmärkte

»Es ist ein wichtiger Meilenstein auf unserem Weg zur Globalisierung und zur konsequenten Umsetzung unserer Strategie des ›Made by Mercedes‹.« Andreas Renschler, All Activity Vehicle Fahrzeug-Projektleiter in Tuscaloosa, USA[139]

»Mit der Kooperation wird Mercedes-Benz sein internationales Konzept ›Made by Mercedes‹ auch in Indien realisieren.« Mitarbeiterzeitschrift *intern*[140]

Die Mercedes-Benz AG wird auch in Zukunft die gewinnträchtigste Tochter des Gesamtkonzerns bleiben. Schon heute besitzen die Fahrzeugbauer hundertprozentige Beteiligungsgesellschaften in Spanien, Großbritannien, den Niederlanden, Belgien, Frankreich, der Schweiz (NAW Nutzfahrzeugegesellschaft Arbon & Wetzikon AG), Griechenland, Portugal und Dänemark. Zudem ist die Aktiengesellschaft an der Mercedes-Benz Österreich Vertriebsgesellschaft m. b. H., an der Mercedes-Benz Schweiz AG sowie an der Mercedes-Benz Italia S. p. A. beteiligt.

Das weltweite Netz des Untertürkheimer Automobilkonzerns reicht von Nord-, über Mittel- bis nach Südamerika. Mit den Beteiligungsgesellschaften der Freightliner Corp., der Mercedes-Benz of North America, Inc., und der Mercedes-Benz Canada, Inc., der Mercedes-Benz Mexico S. A. de C. V. und den südamerikanischen Mercedes-Benz do Brasil S. A., der Sociedade Técnica de Fundiçoes Gerais S. A. in Brasilien sowie der Mercedes-Benz Argentina S. A. hat der Konzern den gesamten amerikanischen Markt im Visier. In Afrika ist der einflußreiche Fahrzeughersteller mit der Mercedes-Benz of South Africa (Pty.) Ltd. sowie der Anambra Motor Manufacturing Co. Ltd. in Nigeria vertreten. Der asiatische Markt reicht über die Beteiligungsgesellschaften in der Türkei und dem Iran im Nahen Osten, über Indien, die beiden Beteiligungsgesellschaften in Indonesien bis nach Japan. Und über die Mercedes-Benz (Australia) Pty. Ltd. im fernen Melbourne wird der australische Markt beliefert.

Die Umsatzriesen sitzen zweifelsohne in den USA. Während die Mercedes-Mutter in Stuttgart mit einem Minus von über sechs Milliarden DM einen in dieser Höhe nie gekannten Umsatzeinbruch erlitten hatte, erzielten allein die Mercedes-Benz North America und die Freightliner Corporation 1993 ein Umsatzplus von knapp 1,8 Milliarden DM. Blendend lief der Fahrzeugverkauf auch bei der dem Umsatz nach bemessen drittgrößten Beteiligungsgesellschaft, der Mercedes-Benz do Brasil in Sao Bernando do Campo, die ihren Umsatz von 1992 auf 1993 um 781 Millionen DM auf über 3,4 Milliarden DM hochschrauben konnte. Insgesamt konnte aber auch die Positivbilanz der Auslandsbeteiligungen nicht verhindern, daß der Automobilkonzern aufgrund seiner Milliardenverluste in Deutschland einen Umsatzverlust von 3,1 Millarden DM erlitt.[141]

Angesichts des globalen Netzes an Beteiligungsgesellschaften sowie des massiven Ausbaus der Produktionsstätten – derzeit sind es 46 Mercedes-Fabriken in aller Welt – hat das Gütesiegel »Made in Germany« längst seine Bedeutung verloren. Heute gilt das neue Konzernmotto »Made by Mercedes«, gemeint ist die Automobilfertigung in aller Welt. Die »Multi-Domestic-Strategie«, wonach sich der Konzern »zu Hause in aller Welt« fühlt, sieht selbst die Unternehmensführung mit einem »lachenden und einem weinenden Auge«: Daß es »in Zukunft immer seltener ›Made in Germany‹ und statt dessen ›Made by Mercedes‹« heißt, beurteilte das Firmenmagazin *Einblick* schon 1993 als »einzigen ›Nachteil‹ der erfolgreichen Auslandsaktivitäten«.[142]

Der Gigant im Gefüge der Geoökonomie

»*Die Globalisierung unserer Aktivitäten werden wir dabei mit unvermindertem Elan vorantreiben, um heute schon die Voraussetzungen für eine erfolgreiche Positionierung in den Zukunftsmärkten dieser Welt zu schaffen.*« Edzard Reuter im Geschäftsbericht 1993[143]

»*Wer Weltmeister im Export bleiben will, muß auch dort Fabriken bauen und Arbeitsplätze schaffen, wo die Märkte sind: in Frankreich das Drei-Liter-Mobil für zwei Personen und zwei Kästen Rotwein, in den USA das Spaßauto für den Wilden Westen, in Deutschland die zukünftige A-Klasse, vielleicht die Öko-Familienkutsche.*« Kommentar von Michael Zeiss in den *ARD-Tagesthemen* am 21.12.1994

Der reichste deutsche Großkonzern erhält bei seinem Feldzug rund um den Globus ungeahnte Vergünstigungen angeboten. Die Beispiele aus Lothringen und Tuscaloosa stehen dabei exemplarisch für zwei unter vielen. Wenn eine Unternehmensleitung zwischen 75 Bewerbern für den Swatch-Standort und 200 Angeboten für die Produktionsstätte des All Activity Vehicles auswählen kann, lassen sich die Standorte genüßlich gegeneinander ausspielen. Am Ende bleibt siegreich, wer das im Sinne des Unternehmens umfassendste, billigste und beste Angebotspaket unterbreitet. In Alabama beispielsweise zahlte Mercedes am Ende einen »symbolischen Preis von 100 Dollar« für den rund vierhundert Hektar großen Bauplatz. Peter de Thier, Washingtoner Korrespondent der *Südwest Presse*, berichtet sogar von »mehr als 300« Bewerbern für das AAV-Produktionswerk.[144]

Anders gestaltet sich die Situation auf dem Markt in Südostasien. In China ist die Mercedes-Benz AG ein Anbieter unter insgesamt vierundzwanzig und damit auf die Gunst der Geschäftspartner angewiesen. Doch auch unabhängig vom Erfolg der China-Connection weiß Daimler-Benz den Markt in Ost- und Südostasien zu schätzen. Die Zielrichtung der Globalisierungsstrategie ist eindeutig auf den asiatisch-pazifischen Raum sowie Lateinamerika ausgerichtet. Dort werden jährlich durchschnittliche Wachstumsraten zwischen sieben und acht Prozent prognostiziert, vergleichsweise doppelt so viel wie in den klassischen Industriestaaten.

Dabei erzielt der 100-Milliarden-Konzern bereits heute 63 Prozent seines Umsatzes auf ausländischen Märkten. »All business is local«, lautet die Erkenntnis der Daimler-Benz AG zu den globalen Aktivitäten des Konzerns, alljährlich veröffentlicht in der umfassenden Broschüre *Einblick*.[145] »Der Konzern kauft in rund 70 Beschaffungsmärkten für 56,7 Milliarden DM (1993) ein«, so die beachtlichen Daten der Daimler-Bilanz, bei der zugleich darauf verwiesen wird, daß etwa 60 000 Lieferanten den Unternehmensbereichen Mercedes, AEG und Dasa zuarbeiten.[146] Und tatsächlich greift

Daimlers Globalstrategie: 20 Prozent des Auslandsumsatzes werden in Europa, 18 Prozent in den USA sowie 25 Prozent in Lateinamerika erreicht. Laut Reuter soll der Anteil der Pkw-Auslandsproduktion deutlich gesteigert werden: Derzeit läßt Mercedes nur jedes 50. Fahrzeug im Ausland fertigen, ein Anteil, der bis zum Jahre 2000 auf jedes 10. Automobil steigen soll.[147]

Nicht länger kann der Konzern ausschließlich auf Exporte setzen, denn die politischen Entscheidungsträger in den Tiger-Staaten bestehen auf der Produktion im Land. Und so folgen Reuter und Schrempp dem Ruf der Regierungen und beginnen gemäß ihrer »Multi-Domestic-Strategie« vom Maschinenbau bis zur Automobil- und Luftfahrtindustrie direkt auf den Märkten zu produzieren – zivil wie militärisch. Bis zur Jahrtausendwende wird der Konzern allein in Asien Investitionen in Höhe von fünf Milliarden DM tätigen und setzt dabei auf strategische Partnerschaften statt auf kurzfristige taktische Manöver.[148]

Die Führung des Daimler-Benz-Konzerns denkt global. So soll das Management internationalisiert und selbst der Vorstand mit Managern aus den Staaten künftiger Märkte besetzt werden. Mit John Tucker, der am 1. Juli 1994 Hubert Dunkler als Chef der Motoren- und Turbinen-Union in München ablöste, ist erstmals ein amerikanischer Spitzenmanager in den Dasa-Vorstand berufen worden, wie das Militärmagazin *Soldat und Technik* berichtet. Tucker war seit 1988 Präsident der amerikanischen AEG Transportation Systems Inc. gewesen.[149]

»Wir sind vor vielen Jahren von einem schwäbischen zu einem deutschen Unternehmen geworden«, erläutert Edzard Reuter den Prozeß und ergänzt: »Jetzt sind wir dabei, von Tag zu Tag mehr zu einem internationalen Unternehmen zu werden.«[150]

Recht hat er, auch wenn er verschweigt, auf wessen Kosten dieses Expansionsstreben geht. Für Daimler-Benz gehe es »nicht darum, Beschäftigung in Niedriglohnländer zu transferieren«, zitiert der *Mannheimer Morgen* den bisherigen Konzernchef, der nur zu genau weiß, wie gut Daimler von den billigen Löhnen in den Staaten Asiens und Lateinamerikas profitiert.[151] Heute gilt das Gesetz des Globus. Der Konzern bestimmt, wo, wann und in welchem Umfang Milliardenbeträge investiert und noch höhere Gewinne gemacht werden.

Daimler-Benz weist heute Wachstumszahlen auf wie kein anderes Unternehmen weltweit. Zufrieden verkündet der Konzern das Ergebnis der letzten Zählung von *World Investment Reports 1994*, wonach mittlerweile mehr als 37 000 transnationale Gesellschaften mit über 200 000 Tochterunternehmen im Ausland existieren. »In der Gruppe mit ›rapidem Wachstum‹ (definiert mit einem Wachstum von mehr als zehn Prozent) steht«, so die stolze Botschaft aus Stuttgart, »Daimler-Benz an erster Stelle.«

Die Konzernpolitik fügt sich nahtlos in die globalen Konzentrationsprozesse ein. Jörg Huffschmid, Professor für Wirtschaftswissenschaft an der Universität Bremen, beschreibt die aktive Beteiligung der Daimler-Benz-AG an den weltweiten Prozessen auf Wirtschaftsebene. Diese umfassen »nationale« Konzentrationen, Zusammenschlüsse innerhalb der Europäischen Union – vor allem der einflußreichen EU-Länder Deutschland, Frankreich und Großbritannien – auf Kosten der »Wirtschaftszwerge« Portugal, Spanien und Griechenland, sowie die sogenannten »strategischen Allianzen«. Diese sind »gleichberechtigte« Joint-Ventures der großen »nationalen« Firmen, ohne daß es zu einem direkten Firmenzusammenschluß oder Ankauf kommt.[152]

Inzwischen schickt sich der Konzern an, neben den nationalen Verschmelzungen auch im Bereich der europäischen und weltweiten »strategischen Allianzen« eine Vorreiterrolle zu spielen. Joint Ventures zwischen Mitsubishi und Daimler-Benz, zwischen Thomson-CSF und der Dasa sind nur die wichtigsten Beispiele.

Daimler-Benz stellt sich voll auf die derzeitige Aufteilung der Weltwirtschaft ein. Die Weltwirtschaft wird dominiert von den drei Triadenzentren. Gemeint sind damit die wirtschaftlich starken

Staaten in Westeuropa, zumeist in der Europäischen Union (EU) organisiert, die nordatlantische Freihandelszone (NAFTA) mit den USA, Kanada und Mexiko sowie der asiatisch-pazifische Wirtschaftsraum mit Japan, Hongkong, Südkorea, Singapur und Malaysia. 75% aller Wirtschaftsbeziehungen laufen zwischen den OECD-Ländern ab (Organization for Economic Cooperation and Development: 25 Industrieländer, die in den genannten Triaden liegen). Am stärksten sind die Wirtschaftsbeziehungen innerhalb der jeweiligen Triade (EU, NAFTA, Südasien) und danach aber weit weniger zwischen den drei Triaden. »Der größte Teil des Handels ist regionale Verflechtung, der sogenannte intraregionale Handel, und keine weltweite Globalisierung«, meint etwa die Sozialdemokratin Karin Bauer. Wirtschaftsbeziehungen zu Ländern außerhalb der Triaden spielen kaum eine Rolle. 88,5% aller Exporte auf der Welt sind 1992 von den Staaten und Unternehmen der genannten Triaden betrieben worden. 55,1% des gesamten Welthandels liefen innerhalb der drei Triaden ab. Es gibt also keine wirklich internationale Wirtschaft. Daimler-Benz verhält sich als Vorreiter für den beschriebenen Trend. In diesem Machtgefüge der von Edzard Reuter prognostizierten »Geoökonomie« haben Aktionäre, Parteien – gleich welcher Couleur – Gewerkschaften, Kirchen oder andere gesellschaftlich relevante Gruppierungen das Nachsehen. Von den Menschen in den arm gehaltenen Ländern ganz zu schweigen.[153]

Laut Jürgen Schrempp, dem neuen Daimler-Vorstandsvorsitzenden, »können« der »Trend zur Globalisierung in der Weltwirtschaft und insbesondere das globale Agieren großer Unternehmen« mehr »Sicherheit in einer völlig neuen Qualität hervorbringen«. Aber was sich so wunderbar als Positiventwicklung verkaufen läßt, verdeckt die Kehrseite der Medaille.[154] Denn die Frage, wer diesen Konzern noch kontrollieren, wer ihn gar stoppen kann auf dem Weg zur alles beherrschenden wirtschaftlichen Supermacht, bleibt unbeantwortet.

2. Kapitel:
Mercedes-Benz – Automobilkonzern im Rückwärtsgang

Die Mercedesfamilie –
Auto-Biographien der besonderen Art

Daimler am Lenkrad der Nationalsozialisten

»... weil wir der Meinung sind, daß nur durch die exakte wissenschaftliche Aufarbeitung der Vergangenheit – auch der problematischen Jahre des Dritten Reiches – das bisweilen in der Öffentlichkeit und in Publikationen aller Art einseitig negative Bild der unternehmerischen Wirtschaft differenzierter und damit objektiver gezeichnet werden kann.« Zielsetzung der Studie *Die Daimler-Benz AG in den Jahren 1933 bis 1945*[1]

»Diese Auftragsforschung, eine kleine Zusatzinvestition im riesigen Pool der Ausgaben für das hundertjährige Jubiläum, entwickelt sich jedoch allmählich zum Bumerang für die Daimler-Benz AG.« Angelika Ebbinghaus über die Daimler-Studie von 1987 zur NS-Vergangenheit[2]

»Einige Unternehmensleitungen haben eingesehen, daß eine exakte wissenschaftliche Aufarbeitung auch ihrer Geschichte im Dritten Reich der beste Weg zur Vergangenheitsbewältigung ist.« Hans Pohl über die Studie *Zwangsarbeit bei Daimler-Benz*[3]

Man kann es sich leicht machen, wie die Autoren Simsa und Lewandowski, und sich auf den einfachsten aller Standpunkte zurückziehen: »Es gibt eine Prominenz des Übels; der Name Adolf Hitler steht für viele. Das Automobil sucht sich seine Käufer nicht.« Natürlich läßt es sich nicht verhindern, daß sich die Diktatoren afrikanischer oder südamerikanischer Staaten über Umwege ihre Staatskarossen Marke Mercedes besorgen.

Aber die Ausgangssituation war und ist anders: Schon die Nationalsozialisten hatten im Mercedes ihr Traumauto gefunden. Die Vorliebe der nationalsozialistischen Führung für Fahrzeuge von Mercedes ist bekannt. Allen voran war Adolf Hitler »von Mercedes-Autos begeistert«. Laut Jakob Werlin, seines Zeichens Kontaktmann der Daimler-Benz AG zum Reichskanzler, war Hitler »ein Autonarr, noch mehr als das, er war ein Mercedes-Narr«. Die Daimler-Auftragsstudie zur Konzerngeschichte belegt, daß Hitler »nie einen anderen Wagen gefahren« hat. Daimler-Benz schenkte dem Führer Fahrzeuge, denn der Reichskanzler sei nach der Machtübernahme »einer der prominentesten Werbeträger des Unternehmens« gewesen.[4]

Daimler-Benz begann in den achtziger Jahren ansatzweise mit der Aufarbeitung seiner nationalsozialistischen Vergangenheit. Allerdings stellte die besagte Studie in erster Linie den teuer finanzierten Versuch dar, bei Eingeständnis einer Teilschuld zugleich »Weißwäscherei ohnegleichen« zu betreiben: Die Pohl-Studie sei »ein zeitgeschichtlicher Skandal«, kritisierte Angelika Ebbinghaus von der Hamburger Stiftung für Sozialgeschichte und veröffentlichte ein umfassendes Werk über die aktive Beteiligung in Partei und Staat und über die Unterstützung der Nationalsozialisten durch den Daimler-Benz-Konzern. Darin dokumentierten Karl-Heinz Roth, Helmuth Bauer und Klaus Heidel die historische Schuld des Konzerns während der NS-Zeit und den Aufstieg des Daimler-Benz-Imperiums zur Rüstungsmacht in der Nachkriegszeit.[5]

Tatsächlich hatte Daimler-Benz die wirtschaftsfreundliche Kölner Gesellschaft für Unternehmensgeschichte e. V. (GUG) mit dem Erstellen der NS-Studie beauftragt. Der Vorsitzende des GUG-Kuratoriums, Dr. Wilfried Guth, war zugleich Vorsitzender des Aufsichtsrats der Deutschen Bank, dem größten Anteilseigner der Daimler-Benz AG. Bis zum 3. Juli 1985 war Guth Daimler-Aufsichtsratsvorsitzender gewesen.[6] Mit im Kuratorium befand sich auch Dr. Marcus Bierich, als Vorsitzender der Robert-Bosch-Geschäftsführung ebenfalls einer der einflußreichen Daimler-Anteilseigner. Im GUG-Vorstand waren mit Dr. Manfred Pohl, Direktor der Deutschen Bank, sowie Prof. Werner Breitschwerdt, Vorstandsvorsitzender der Daimler-Benz AG, weitere Garanten für eine konzernkonforme Linie der Vierhundertseitenstudie über die Verwicklungen des Konzerns in die NS-Diktatur.[7] Entsprechend harmlos fielen die Bewertungen zur Frage der Schuld und der Verantwortung des Daimler-Benz-Konzerns aus. So sei »die Geschichte der Daimler-Benz AG von 1933 bis 1945 ein Beispiel dafür, daß der ›Primat der Politik‹ über den wirtschaftlichen Interessen« gestanden habe. Nicht die Wirtschaft habe Hitlers Politik bestimmt, vielmehr sei sie ihr »untergeordnet« gewesen.[8]

Die Historiker der Hamburger Stiftung für Sozialgeschichte hingegen belegten dezidiert die Verwicklungen der Deutschen Bank. Diese habe den Aufsichtsrat beherrscht, der in Wirklichkeit die Daimler-Geschäfte führte. Die Deutschen Banker hätten »alles, was der militärischen und der rüstungswirtschaftlichen Vorbereitung diente«, unterstützt. Mit Erfolg, denn bis Kriegsende konnte die Rüstungsproduktion des vormaligen Automobilkonzerns von 26 Prozent (1933) auf 93 Prozent (1945) gesteigert werden. Daimler selbst habe »bereits ab 1931/32 die Nazibewegung« gefördert, »lange vor der Machtübernahme« seien Konzernspitze und NS-Führung zusammengerückt. Daimler-Benz wußte seine Fahrzeuge gezielt einzusetzen. So habe – um nur ein Beispiel zu nennen – Gauleiter Julius Streicher ein 1,7 Liter Cabriolet erhalten, da er dem Konzern das Monopol für die Reklame auf dem Nürnberger Parteitag im September 1933 zugesprochen hatte.[9]

Tatsächlich sah sich Daimler-Benz nach Veröffentlichung der ersten GUG-Studie derart heftiger Kritik ausgesetzt, daß sich der Vorstand entschloß, wenigstens in der Frage der Zwangsarbeit bei Daimler-Benz die realen Geschehnisse sowie die Schuldfrage glaubwürdiger beleuchten zu lassen. Noch 1969 hatte Edzard Reuter »rundweg geleugnet, Daimler-Benz habe jemals Zwangsarbeiter beschäftigt«, so Radioredakteur Michael Jansen im Südwestfunk. Als Grund für das Interesse an den Schattenseiten der Konzerngeschichte erkannten die Autoren die schnelle Expansion der Daimler-Benz AG sowie die »damit einhergehende Diversifikation in den politisch sensiblen Verteidigungsbereich«. Positiv an dieser zweiten GUG-Studie war vor allem der Ansatz, das Thema »Zwangsarbeit« unter Zuhilfenahme vieler Erlebnisberichte – »also aus der Perspektive der Betroffenen« – zu beschreiben. Die Schlußbetrachtung ist denn auch ein unverbrämtes Zeugnis von der Inhumanität des Konzerns gegenüber den Zwangsarbeitern. Wie sehr das pervertierte Denken in Kategorien vom Überleben des Stärksten zur Leitlinie des Konzerns geworden war, machen die Zielvorstellungen des damaligen Vorstandsvorsitzenden Dr. Wilhelm Haspel deutlich. Dieser hatte im April 1994 geäußert: »Der, der es verstanden hat, sich über den Krieg die Produktionsmittel zu verschaffen, wird der Stärkere sein.«[10]

Bleibt die Frage, warum der Konzernvorstand bis zum heutigen Tag keine Konsequenzen aus der Aufarbeitung seiner Vergangenheit gezogen hat. Seit Ende der achtziger Jahre ist Daimler-Benz erneut zum Rüstungskonzern aufgestiegen – anders als im Dritten Reich diesmal sogar zu Deutschlands Nr. 1. Und auch die Zahl der »Mercedes-Narren« ist seit den Jahren der nationalsozialistischen Herrschaft weiter angestiegen: Scheindemokraten und Diktatoren in aller Welt fahren Mercedes, die Waffen der Militärs in Regionen, wo Menschenrechte keine Rolle spielen, stammen häufig aus der Produktion der Deutschen Aerospace.

Hat das Unternehmen es jemals aus moralischen oder ethischen Gründen abgelehnt, Mercedes-Fahrzeuge oder Dasa-Waffen zu liefern? Bis heute ist die Daimler-Benz AG nicht bereit, dazu öffentlich Stellung zu beziehen. Statt dessen rühmt sich der Konzern, im Juni 1988 den geradezu lächerlichen Betrag von rund 20 Millionen DM als »humnitäre Geste« zur Entschädigung der Zwangsarbeiter gespendet zu haben.[11] Ein 100-Milliarden-Konzern wie die Daimler-Benz AG begleicht derartige Zahlungen aus der Portokasse. Zu individuellen Ausgleichszahlungen, die zwar keine Befreiung von der Schuld sind, jedoch die materielle Seite der Betroffenen verbessern könnten, ist der Konzern nicht bereit: »Es wäre, wenn man die Dinge im einzelnen betrachtet hätte, fast eine Frage des Zufalls gewesen, ob man tatsächlich die richtigen Menschen gefunden hätte, und es wäre eine außerordentlich schwierige Untersuchung jeweils gewesen, ob jemand zu Recht oder zu Unrecht Ansprüche auf Entschädigung hätte stellen können«, so Gerhard Woyzcek, Daimler-Personalreferent im März 1995.[12]

Himmlische Fahrzeuge – auch für teuflische Kunden

»So ist Ihnen ein schönes Weihnachtsfest sicher. Die Pkw-Verkaufsstelle der Mercedes-Benz AG bzw. der MTU in Ihrer Nähe nimmt gerne Ihren Wunschzettel entgegen.« Werbeangebot in der Firmenzeitschrift Dasa-aktuell, Weihnachten 1994[13]

»Papst Johannes Paul II erhält in den vatikanischen Gärten im September 1984 von Hans-Jürgen Hinrichs die Schlüssel für einen Oldtimer aus dem vatikanischen Fahrzeugmuseum.« Kommentar zur Restauration eines Papst-Mercedes[14]

»Nur wird er mittlerweile kaum noch offen gefahren, die Attentatsgefahr wird immer größer. So ist es denn kein Wunder, daß etliche

Staatsoberhäupter – besonders die in diktatorisch geführten oder von Umstürzen bedroten – ihren 600er gepanzert haben.« Mercedes-Panzerung zum Schutz der Prominenz[15]

Bei Mercedes offeriert man ein besonderes Präsent, um das Fest des Friedens und der Fahrzeuge voller Freude zu feiern. Gemäß dem Slogan »Himmlische Angebote für den Gabentisch« bietet die Firma ihren Mitarbeitern die Möglichkeit, sich die Geburt Christi mit einem MietCar-Modell zu versüßen. Doch das Angebot ist die Ausnahme zum besonderen Anlaß, ansonsten haben Käufer sowie Verkäufer andere Interessen, als sich einen Mercedes lediglich zu leihen.[16]

Mercedes-Kunden hegen oft genug den Wunsch, sich als Berühmtheit hinter dem Stern zu präsentieren. Lang ist die Liste derer, die einen Teil ihres Wohlstands in die Stuttgarter Nobelmarke investiert haben: Ob Alexander Onassis, Karim Aga Khan, Ho Chi Minh, Gromyko, der russische Zar oder John F. Kennedy – um nur einige wenige zu nennen -, sie alle fuhren Mercedes. Präsidenten in Europa lassen sich ebenso im Mercedes chauffieren wie eine reiche Oberschicht in den Hungerländern oder die Kokainkönige in Südamerika. So hat das Unternehmen im Handstreich geschafft, was die mächtigsten Regierungen scheitern ließ: Die Grenzen zwischen West und Ost, zwischen Kapitalismus und Kommunismus, zwischen Demokratie und Diktatur fallen dank Daimler-Benz. Denn für das Unternehmen war vor allem ein Verkaufskriterium relevant: das finanzielle. Der Konzern mit dem sauber polierten Stern hat sich kaum darum geschert, welcher Kunde mit welchen Mitteln König oder Diktator geworden ist und woher das Geld für die schwere Limousine oder das flotte Cabrio stammte.

Vom japanischen Kaiser Hirohito, der einen großen Mercedes Typ 770 bestellte, über den König des Irak, der einen Roadster brauchte, bis zum iranischen Schah Reza Pahlewi, der mit seiner 300er

Limousine prahlte – der Stuttgarter Automobilkonzern verkaufte an alle. Ob der diktatorische Staatspräsident Marschall Oscar Carmona aus Portugal oder die Repräsentanten des Dritten Reiches, ob der Chef der panamaischen Streitkräfte, General Noriega oder Chiles Dikator Pinochet mit Mercedes fuhren – dem Unternehmen war das einerlei, solange die Finanzen stimmten.[17]

Die katholische Kirche unterhält seit Jahrzehnten eine enge Liaison zum Luxusunternehmen im Ländle. Schon Papst Pius XI., von 1922 bis 1937 Herrscher über das Reich der Katholiken, ließ sich seine Spezialversion eines »Mercedes-Benz Nürnberg« direkt im Prunkpalast des Vatikans überreichen. Die obersten Zehntausend der Welt – Klerus und Adel, Demokraten wie Diktatoren – liegen dem Konzern zu Füßen.

Doch längst müssen die Luxuslimousinen gegen die Gewalt des Bösen gesichert werden, Ruhm und Reichtum haben ihren Preis, zu groß ist die Kluft zwischen Arm und Reich, zu groß auch die Gefahr, per sniper rifle um den Genuß weiterer Präsentiertouren gebracht zu werden.

Papst Paul VI. konnte das Bad in der Menge noch offen in seinem Sondermodell mit hydraulisch angehobenem Sitz genießen. Der oberste Katholik muß die Herren vom heilig Blechle zu Schwaben wohl in sein Gebet eingeschlossen haben. Denn »obwohl mittlerweile auch etliche andere Firmen dem Papst Fahrzeuge aus ihrer Produktion zum Geschenk gemacht haben, ist dieser 600 Pullman Landaulet noch immer das bevorzugte Fahrzeug des Oberhauptes der katholischen Kirche.«

Auch Papst Johannes Paul II. genießt irdisches Glück hinter dem Stern von Stuttgart. Und damit dem Papst zuweilen auch vergnügliche Stunden beschert werden, ließ er sich den Mercedes-Typ »Nürburg 460« aus dem Jahre 1930 direkt im Vatikan übergeben.[18] Dieser sowie viele andere Päpste ließen und lassen sich in einem Fahrzeugtyp über die Chausseen chauffieren, den die Bundesregie-

Daimler-Benz in Kurdistan: Nach der Bundeswehr verfügt das türkische Militär über die meisten Rüstungs- und Dual-Use-Güter aus Daimler-Benz-Produktion. Die Palette reicht von Mercedes-Militärfahrzeugen über MTU-getriebene Leopard 1-Panzer bis zu Tornado-Aufklärungsflugzeugen des Systemführers MBB/Dasa. Hier sind Mercedes-Unimogs im Einsatz bei der unter starker Militärpräsenz durchgeführten Kommunalwahl am 27. März 1994 in Kurdistan. Auch 1994 setzte die Bundesregierung ihre offensive Rüstungsexportpolitik mit der Lieferung von Stinger-Raketen (Dornier) an die Türkei fort.
(Foto: © Medico Bilderdienst/Wolf Ronda, Berlin)

rung nur für allerhöchste Staatsbesuche anmietet: in der extravaganten 600er Langversion.[19] Die High Society der Kirchenfürsten fährt die Exklusivsten unter den Exklusiven. Den Milliardären im Vatikan ist nur das Beste gut genug.

Als Mercedes-Manager kann man es sich auch leicht machen und einfach darauf verweisen, wie wichtig die gepanzerten Automobile für die Information der Öffentlichkeit sein können. So genießen insbesondere Fernsehjournalisten die Vorzüge der Panzer-Daimler, um die Blutbilder direkt vom Schlachtfeld ins Wohnzimmer senden zu können.

Kluge Geschäftsleute haben den Markt längst erkannt und ein profitables Unternehmen gegründet. Heute fahren Reporter und Fotografen aus aller Welt in Leihlimousinen der Asbeck Armored Vehicles GmbH. *Spiegel*-Redakteur Ulrich Jaeger weiß von den Vorzügen gepanzerter Mercedes-Fahrzeuge im ehemaligen Jugoslawien zu berichten: »Der Gegner im automobilen Zwist griff zur Kalaschnikow und feuerte auf den Mercedes.« Daß der Fernsehjournalist Simon Stanford den Beschuß überlebt hat, verdankt er dem Service der Brüder Frank und Marc Asbeck. Für 750 bis 1800 DM täglich können die beschußsicheren Spezialfahrzeuge beim Bonner Unternehmen gechartert werden. Ein Service, den mittlerweile auch TV-Teams von ABC, ARD, BBC, CBS, CNN und NBC zu schätzen wissen. Inbegriffen im Pauschalpreis sind Beschußschäden durch deutsche G 3-Gewehre, amerikanische M 16, israelische Uzi oder russische Kalaschnikows. Überhaupt verfügen die bis zu 500 000 DM teuren S-Klasse-Panzer über einen Allroundschutz, von den Scheiben über die Fahrgastzelle bis zum Unterboden, der selbst einer Handgranatenexplosionen standhält.[20] Und so hat Mercedes wieder einmal die Kühlerhaube vor dem Konkurrenten aus Bayern. BMW hat das Geschäft mit den Regenten und den Tyrannen verschlafen, denn »BMW, so ein Autohändler in Panama, biete keine Panzerung an«.[21]

Für den Mercedes-Fotografen präsentierte der Sohn des Schah von Persien seine Mercedes-Limousine noch mit offener Türe: »Hatte der Vater vom 300 D über den 300 SL bis hin zum 220 SE Cabrio nahezu alle Modelle besessen, so durfte der Kronprinz den 600er abholen.« Die »Revolutionären Garden« erklärten, daß die Mercedes-Pullman gepanzert seien, um Schah Reza Pahlewi, der eigentlich ein 300 S Cabrio-Fan war, zu schützen. Gerade der Nahe Osten entwickelte sich für den bis 1981 gebauten 600er zum Absatzmarkt Nr. 1.

Unbeantwortet blieb bis heute die Frage, ob die 600er von Mao-Tse-Tung und Leonid Breschnew gepanzert waren. »Der Wagen von Kaiser Bokassa hingegen dürfte garantiert gepanzert gewesen sein – dazu war das Leben dieses Mannes zu gefährdet«, so Jürgen Lewandowski, der zusammen mit Paul Simsa die illustre Sammlung *Sterne, Stars und Majestäten* verfaßt hat.

Die Herren Pinochet & Partner haben die Qualitäten der Automobile made in Stuttgart beim tagtäglichen Survivaltraining längst schätzen gelernt. Ohne seinen gepanzerten Mercedes hätte der Chef des panamaischen Militärs den Putsch Anfang Oktober 1989 nicht überlebt: »Denn der starke Mann Panamas fuhr am Tag des Coups mit zwei gleich aussehenden blauen Mercedes-Benz-Limousinen in sein Hauptquartier.« So kam es, daß die Rebellen das falsche Fahrzeug beschossen. Dennoch hätten »die Kugeln dem ungeliebten Machthaber auch so nichts anhaben können: Noriegas Fahrzeuge sind gepanzert.« Auch ein weiterer lateinamerikanischer Diktator verdankt sein Leben dem guten Stern auf allen Straßen. Augusto Pinochet sollte mit einer Bazooka beseitigt werden, das Attentat mißlang – dank Daimler. Einem anderen Tyrannen aber half selbst der gute Stern auf Nicaraguas Straßen nichts: Anastasio Somoza wurde in einem weißen Mercedes ermordet, trotz der Panzerung. Nach dem Tyrannenmord erbten die Sandinisten gleich vierzig der Luxuslimousinen, die mittlerweile an die Regierung von Violeta Barrios de Chamorro vererbt worden sind.[22]

Das Geschäft mit den mächtigen Männern war für Mercedes ein einkalkulierter Verlust, zu niedrig blieben die Verkaufszahlen der Staatskarossen.[23] Dafür aber profitiert Mercedes bis heute vom unbezahlbaren Werbeeffekt, den die Regenten hinter dem Stern vor laufenden Fernsehkameras erzeugten. Und noch immer gilt die Devise: Auch teuflische Kunden fahren himmlische Mercedes-Fahrzeuge.

Die S-Klasse – Deutschlands umstrittenstes Auto

»Der prominente Mensch hat Anspruch auf prominente Ware.« Paul Simsa und Jürgen Lewandowski[24]

»Es gibt wohl nur wenige Autos, die mit einem so klaren Ziel entwickelt wurden wie unsere S-Klasse: die klassische Reise- und Geschäftslimousine neu zu definieren.« S-Klasse-Werbung von Mercedes-Benz[25]

»Das Dickschiff durchfuhr einen Orkan öffentlicher Schelte.« Allgemeiner Deutscher Automobil-Club e. V./ADAC [26]

»Ein Fahrzeug der neuen S-Klasse bietet seinen Insassen ein Optimum an Wohlbefinden, Sicherheit und Komfort.« Dr. Oliver Worm, Greenpeace[27]

Nach einer Werksbesichtigung im Jahre 1900 schrieb der Generalsekretär des französischen Automobilclubs, Paul Meyan: »Wir sind in die Aera Mercedes eingetreten.« Der Mensch hatte Weitblick, denn seit einhundert Jahren gilt: »Über Rang und Namen läßt sich streiten, doch nicht über den Rang der Namen Daimler, Mercedes und Benz.«[28]

Die Zeiten jedoch, da der Besitz eines Mercedes ausschließlich der High Society vorbehalten war, sind längst vorbei. Heute ist auch die aufstrebende Mittelschicht finanziell in der Lage, für wenig mehr als 42 000 DM einen C 180 Mercedes zu erwerben. Und mit der neuen A-Klasse aus Rastatt will der Konzern noch weiter in die breite Mittelschicht vorstoßen.

Auch wenn die Konkurrenz aus Bayern und in Baden-Württemberg gewachsen ist, Mercedes behält doch die Nase vorn, was durchaus erklärbar ist. Denn einen BMW, einen Audi oder einen Porsche zu besitzen, mag für viele attraktiv sein, der Wagen mit dem Stern aber ist das Statussymbol schlechthin. So will der heutige Mercedes-Fahrer nicht nur das beste aller Autos besitzen, er will auch gesehen und bewundert werden, will prominent sein und teilhaben am mondänen Luxusleben einer reichen Oberschicht. »Fast rührend ist vielfach der Stolz des Prominenten auf seinen noblen Wagen«, analysieren Simsa und Lewandowski und das nutzen die Werbestrategen der S-Klasse, um mit dem Mercedes gleich eine »Philosophie« mitzuverkaufen.

Der Verkehrsexperte der weltweit bekanntesten Umweltschutzorganisation Greenpeace hat keinen Vertrag für die Public-Relations-Abteilung des noblen Automobilkonzerns unterschrieben, auch wenn er die S-Klasse-Mercedes erst einmal mit Lob überschüttet. Worm weiß, daß Daimler den Markt mit einem »nahezu perfekten Automobil« erobert hat, und er weiß, wie schwer es ist, mit sachlichen Argumenten gegen die ungebrochene Kauflust der Kunden anzukommen. Denn Autofahren war immer schon weniger eine Sache des Verstandes als eine Frage der Lebenslust, des Fahrgefühls, des Mannseins, der Präsentation.

Und wenn man den begeisterten High-Speed-Piloten Glauben schenken darf, erfüllen die S-Klasse-Jets tatsächlich sämtliche ihrer Ansprüche: Vom kleinen S 280 Automatik 5-Gang für schnöde 90 604 DM bis zum extravaganten S 600 C mit einem Kaufpreis von 226 435 DM ab Werk (inklusive Mehrwertsteuer) befriedigt die Firma sämtliche Gelüste ihrer Kundschaft aus den exklusiveren Kreisen.[29] Gerade das S 600 Coupé, bewaffnet mit einem 12-Zylinder-V-Motor und 394 PS im Anschlag, spricht manch einem PS-Fetischisten aus der Seele: In 6,6 Sekunden werden die 2240 Kilo Leergewicht plus das der Insassen auf 100 km/h beschleunigt, die Höchstgeschwindigkeit wird bei 250 km/h erreicht.[30]

Den Mercedes-Freaks verspricht die Herstellerfirma das Paradies auf Rädern: »Entsprechend haben wir alles in diesen Wagen hineingedacht, hineinkonstruiert, was wir in über 100 Jahren über die Kunst des Autobauens gelernt haben«, so die Mercedes-»Philoso-

phie«. Dabei wurde die S-Klasse »für die wenigen Menschen entwickelt, die mehr erreichen wollen«. Die Aussage ist wörtlich gemeint, denn solche Menschen sind »naturgemäß besonders viel un-
terwegs und erbringen ein Vielfaches an Fahrleistungen pro Jahr im
Vergleich zum Durchschnittsfahrer: bis zu 100.000 Kilometer«.
Was für die meisten Autofahrer ein Greuel ist – wer fährt schon
gerne zweieinhalbmal im Jahr um die Erde – soll das Wohlbefinden
des S-Klasse-Menschen steigern. »Deshalb haben wir in der S-Klasse
alles eingesetzt, was technisch möglich ist, damit bis zu fünf Personen ihr Ziel entspannt erreichen.« Zu den technischen Feinheiten
zählt u. a. eine Innenraumkonzeption, welche »die Außenwelt mit
Luftverunreinigungen, Lärm, Temperaturschwankungen und Vi-
brationen« dort beläßt, »wo sie herkommt: auf der Straße«.[31]
Die Logik ist die der Werbewelt der Illusionen. Als wäre die
Automobilindustrie völlig unbeteiligt an der steigenden Luftverschmutzung, als wären Autofahrer dem Lärm der Fußgänger und
Radfahrer ausgesetzt und Temperaturschwankungen Attentate ei-
ner bösartigen Natur, entwickelt der Konzern ein Konzept, das all
diese Unannehmlichkeiten außen vor läßt. Dem Fahrer, durch ein
optimales Filter- und Dämpfungssystem in seiner heilen Mercedes-
Welt geschützt, wird vorgegaukelt, er sei das Opfer und nicht der
Täter.
Seiner Fangemeinde Honig ums Maul schmierend fordert das
Mercedes-Team dazu auf, die S-Klasse-Limousinen »mit einem
untrüglichen Testinstrument: Ihren kritischen Augen« zu prüfen.
»Und entscheiden Sie dann selbst, wie nahe wir dem Ideal gekom-
men sind.«[32]

Greenpeace nahm sich den Rat zu Herzen und führte, allen Emo-
tionen und des unermeßlich schönen Fahrfeelings der S-Kläßler
zum Trotz, Argumente an, die selbst einen in sein Statussymbol
Verliebten treffen mußten. Detailliert listete die Hamburger
Umweltorganisation die ökologischen Nachteile der S-Klasse auf –

vom FCKW-Ausstoß »in den Klimaanlagen der Produktionsstätten« bis zur Mercedes-Lackierung, bei der – auch wenn die Verkaufsberater das Gegenteil versprächen – »nichts ohne Lösungsmittel« gehe.

Schwerer noch wiegt die grundsätzliche Kritik: Der »sorglose Materialeinsatz« bringe extrem negative Folgen für unsere Umwelt: »Allein das für ein Modell der S-Klasse benötigte Stahlblech erzeugt einen Abraum von 9,1 Tonnen.« Schlimmer noch: Der Mythos von der recyclebaren S-Klasse sei Augenwischerei, da sich lediglich ein »höchstmöglicher Schrottanteil in der Rohstahlerzeugung« von rund 25 Prozent erzielen lasse. Der Unterbodenschutz bestehe aus etwa 22 Kilogramm PVC, was Industrieabfälle von »stolzen« 420 Kilogramm erzeuge. Greenpeace zog die Bilanz der Belastungen: »Auch bei optimaler Wiederverwertung beschert jedes Fahrzeug der S-Klasse Produktionsrückstände von gut 50 Tonnen.« Und das hohe Gewicht des Nobelschlittens bedinge eine Leistung von 102 PS für jeden Fahrgast.[33]

Mit ihrer Kritik stehen die Umweltschützer nicht alleine da. Für Mercedes zutiefst peinlich, stimmte auch der ADAC, ansonsten weniger im Verdacht autofeindlicher Tendenzen, in den Tenor der Lamentis über die überdimensionierten S-Klasse-Limousinen ein. Fast gehässig kommentierte Deutschlands mächtigster Automobilclub: »Mit der S-Klasse demonstrierten die Stuttgarter 1991 eindrucksvoll (und als warnendes Beispiel), was dabei rauskommt, wenn man nicht auf die schlanke Linie achtet.« Auch wenn der ADAC den Mercedes-Ingenieuren Bemühungen zur Kurskorrektur bescheinigte, um »Deutschlands umstrittenstes Auto aus der Schußlinie« zu bringen, hagelte es dennoch deftige Kritik: »Bei der Schwaben-Diät handelte es sich freilich nicht um ein tiefgreifendes Facelift, sondern um ein dezentes Make-up.« Und das Wirtschaftsmagazin *Capital* urteilte: »Der Mercedes-Dino macht sich mit Retuschen kleiner, bleibt aber enttäuschend.«[34]

Die Front gegen Daimler ist ungewöhnlich und zeigt, wie sehr die Mercedes-Strategen bei der S-Klasse danebengegriffen haben. In seltener Einmütigkeit kritisieren die Hamburger Umweltschützer und die Münchener Autolobbyisten das Gewicht der Giganten made by Daimler: Katastrophal fällt denn auch die ADAC-Bewertung in puncto Verbrauch und Umweltverhalten aus: Mit einer Beurteilung von »3,7« – ab 3,5 gilt bei fünf Wertungsgruppen die Note »mangelhaft« – rangiert die S-Klasse unter rund neunhundert getesteten Fahrzeugtypen am Ende. Zudem sei es »mit der einmaligen Verbauung von zwei Tonnen Material nicht getan – sie wollen auch permanent beschleunigt und wieder abgebremst werden«. An dieser vernichtenden Kritik ändert auch die versöhnliche Kommentierung wenig, die S-Klasse sei »eine perfekte Fahrmaschine«. Das Resümee der ADAC-Prüfer spricht für sich: »Fazit: Weniger kann manchmal mehr sein.«[35]

Zwei-Liter-Visionäre gegen Anti-Auto-Aktivisten

»Die A-Klasse läßt da zu viele Wünsche offen. Für ein Zukunftsauto ist es zu schwer, zu groß, zu durstig und zu teuer.« Journalist Egon Clute-Simon[36]

»Hayek kündigte an, der MCC (Micro Compact Car) werde die ›Botschaften‹ sowohl von Mercedes (Komfort, Sicherheit, Qualität, automobile Kompetenz) als auch von Swatch (positive Provokation, Spaß am Leben, young at heart) vermitteln.« Rolf-Peter Henkel in der *Frankfurter Rundschau*[37]

»Ob Mercedes-Benz das ›Swatch‹-Auto baut oder BMW ein Innenstadtkonzept für München mit riesigen unterirdischen Parkgaragen an der Peripherie plant, beides sind keine Schritte zur Verkehrswende, sondern tragen zur Stabilisierung des auf das Auto ausgerichteten

Verkehrskonzepts in Deutschland bei.« Andrea Meyer, Verkehrsreferentin von Robin Wood[38]

*»Skepsis ist geboten, wenn uns die Marketing-Strategen vom guten Stern
den Winzling Swatch als ökologische Großtat verkaufen wollen. Das ist
er nicht, auch wenn er wirklich nur drei Liter schluckt. Man höre nur
auf den Namen: City-Mobil!«* Rolf-Peter Henkel in der *Frankfurter
Rundschau*[39]

Die A-Klasse hat nicht nur Freunde. Spätestens an der Frage, ob es
für den Mini-Mercedes zukünftig einen Markt gibt, scheiden sich
die Geister. »Daran darf gezweifelt werden«, meint Egon Clute-Simon. Im badischen Rastatt wird die A-Klasse gebaut, abgesetzt
werden soll sie vor allem auf dem europäischen Markt. In seinem
Kommentar zur Entscheidung, die A-Klasse in Deutschland zu
bauen, erteilt der Wirtschaftsredakteur der *Badischen Zeitung* der
Firma den Rat, »mit technologischem Wandel aus der Falle weltweiter Überkapazitäten« herauszukommen. Genau diese Vorgabe
sehen die A-Klassen-Ingenieure längst erfüllt.
Dr. Hans-Joachim Schöpf, bei Mercedes seit Mitte 1994 für die
Entwicklung der A- und der C-Klasse verantwortlich, gerät in der
Daimler-Hauszeitung *HighTechReport* ins Schwärmen, wenn es um
die Vorzüge der nur 3,35 Meter langen »Studie A« geht. So nehme
»der Designvorläufer der künftigen ›A-Klasse‹ nur 5,6 Quadratme-
ter Verkehrsfläche in Anspruch und bietet dennoch im Innenraum
soviel Platz wie eine ausgewachsene Limousine«.[40]

Die A-Klasse wird von der Herstellerfirma primär als Beitrag zum
Erhalt einer Restmobilität in den schon heute total verstopften
Städten verstanden, die Klientel der Erstwagenfahrer ist dabei
lediglich in zweiter Linie interessant. Und wenn Hans-Joachim
Schöpf postuliert, der Mini-Mercedes »eignet sich auch bestens
für Überlandfahrten«, so lenkt er lediglich von der eigentlichen

Zielgruppe der Mercedes-Manager ab: In Möhringen wird vor allem daran gedacht, die A-Klasse als Zweit- oder Drittwagen für Stadt- oder Umlandfahrten an die heutigen Mercedes-Besitzer zu verkaufen.

Damit leistet der Konzern, der weiteren Automobilisierung nachhaltig Vorschub. Die ökologischen Fortschritte von der Verwendung natürlicher, nachwachsender Rohstoffe bis hin zu den emissionsarmen Antrieben helfen bei der Lösung der strukturellen Verkehrsprobleme nur marginal weiter. Wo die S-Klasse keinen Platz mehr findet – von überfüllten Straßen bis zu minimierten Parkflächen –, soll das kleine, wendige und kompakte A-Mobil Abhilfe schaffen. Den Rest erledigt das Dauerbombardement aus der PR-Abteilung von Mercedes-Benz.

Kaum hatte die Hamburger Umweltschutzorganisation 1992 ihre Kampagne »Sparzeuge statt Spritsaurier« für den Bau eines 2-Liter-Ökoautos gestartet, da hagelte es auch schon harsche Kritik – und nicht nur vom politischen Gegner. Das Problem der Greenpeace-Strategen bestand vor allem darin, eine zweischneidige Kampagne initiiert zu haben, die auch bei der Automobilindustrie auf größtes Interesse stieß. Die unübersehbare Zustimmung aus den Reihen der Autobauer lag darin begründet, daß ihnen das Greenpeace-Konzept zumindest im Ansatz durchaus gelegen kam. Denn Ende der neunziger Jahre werden die meisten Autokonzerne mobile Minicars in Serie fertigen, deren Spritverbrauch deutlich unter fünf Litern liegt. Zukünftig sollen dann gerade noch zwischen zwei und drei Liter Sprit auf hundert Kilometer verbraucht werden.

Doch mit der »Sparzeug«-Kampagne fiel Greenpeace all denjenigen Verkehrskritikern in den Rücken, die die automobile Mobilität bislang grundsätzlich in Frage gestellt hatten, wie beispielsweise Andrea Meyer von der Ökoorganisation Robin Wood. Die Verkehrsreferentin der Bremer Umweltaktivisten sieht selbst im spritsparenden Swatch-Auto keine Lösung des Grundsatzproblems.

Denn wenn Mercedes ein Niedrig-Verbrauchs-Auto baue, würden dennoch weiterhin die anderen Modelle bis hin zur S-Klasse gefertigt werden. »Das ›Swatch‹-Auto wird *ein* Modell im Angebot sein, es wird nicht die anderen Modelle ersetzen.«[41]

Die Autobauer bei Mercedes durften sich über den Konflikt in den Reihen der Autokritiker freuen. Und während zwischen den Umwelt- und Verkehrsorganisationen heftig über die technischen Aussichten der schnellstmöglichen Serienfertigung eines Fünf-, Vier- oder Drei-Liter-Fahrzeugs gestritten wird, nutzte die Autolobby die Gelegenheit, alle konsequenten Autogegner als unseriös zu bezeichnen.

Wider Erwarten spielten ökologische Aspekte bei der Diskussion um den Standort für das Fertigungswerk des Swatch-Mobils keinerlei Rolle. Ausschlaggebend dafür waren zwei Gründe: Zum einen ließ die Tatsache, daß die Gesamtbilanz des Minicars aus ökologischer Sicht von allen Parteien und verschiedenen Umweltorganisationen als positiv bewertet wurde, kaum eine kontroverse Diskussion aufkommen. Insbesondere der erhoffte Ersatz umweltschädlicher Großwagen durch ein umweltverträgliches Ökoauto stieß weithin auf große Akzeptanz.

Zum anderen aber, und das war viel entscheidender, kippte der Daimler-Vorstand die baden-württembergischen Standortalternativen Lahr und Villingen-Schwenningen – präferiert und subventioniert von der baden-württembergischen Landesregierung – aus dem Rennen. Die Fabrikationsanlagen sollten gemäß Vorstandsbeschluß im lothringischen Saargmünd-Hambach entstehen – und bekanntermaßen kommt der ökologischen Frage in Frankreich lediglich eine marginale Rolle zu.

»Swatch off nature« hieß ein Schlagwort bei der öffentlichen Diskussion um das Ökoauto, die Frage der Ansiedlung von Arbeitsplätzen im Ausland beherrschte die Schlagzeilen.

Die Mercedes-Manager ließen sich durch die kontroversen Diskussionen über ein ökologisch verträgliches Verkehrssystem und entsprechende Fortbewegungsmittel nicht von ihrem Kurs abbringen. Die neue Generation der Mercedes-Fahrzeuge – die A-Klasse und das Swatch-Auto – werden im lothringischen Hambach bzw. in Rastatt produziert und kommen 1997 mit Sparmotoren auf den Markt.

Bereits für die »Studie A«, Vorläufer-Modell der A-Klasse, standen drei Antriebsvarianten zur Verfügung, die zwischen 3,8 und fünf Liter Diesel bzw. Benzin verbrauchen. Mit dem Elektroantrieb, dessen von der Daimler-Tochter AEG entwickelte Hochtemperaturbatterie für eine Reichweite von 150 Kilometern im Stadtverkehr ausreicht, wurde ein beachtliches Beschleunigungsvermögen sowie 120 Stundenkilometer Höchstgeschwindigkeit erzielt. Dementsprechend wußte Mercedes Vorstand Jürgen Hubbert die Vorzüge des neuen »Subkompaktfahrzeugs« in höchsten Tönen zu preisen. Die »Studie A« liefere »ein deutlich kleineres Automobil« und damit die Chance, daß »die Mobilität in Ballungsräumen auch in Zukunft gesichert bleibt«.[42]

Mit der neuen A-Klasse und dem noch kleineren Swatch-Mobil schafft Mercedes Tatsachen, an denen auch die Ökologen nicht vorbeikommen. Dabei setzen die Entwicklungsingenieure bei Mercedes noch voll auf herkömmliche Diesel- und Benzinmotoren. Neue Antriebssysteme, wie Wasserstoff-, Elektro- und Hybridmotoren, sind noch nicht serienreif. Mercedes-Entwicklungschef Dieter Zetsche wirbt derweil für Dieselmotoren, die er für die »umweltverträglichsten« hält.[43]

Das Grundproblem des Swatch-Mobils ist mit dem der A-Klasse vergleichbar. Kaum ein Kunde wird sich den neuen Mercedes-Typ als einziges Fahrzeug zulegen. Das Swatch-Auto, so die Robin Wood-Verkehrsreferentin Andrea Meyer, würden sich »viele Haushalte als Zweit-, Dritt- oder Viertwagen« anschaffen, zumal es den

Daimler-Kritiker präsentieren Mercedes-Mobil: Auf der Hauptversammlung im Mai 1994 erlaubten sich Vertreter des Dachverbands der Kritischen AktionärInnen Daimler-Benz (KAD) den Spaß, ein Entwicklungsmodell der späteren A-Klasse »vorzuführen«. Die A-Klasse soll als Zweit- oder Drittwagen für Stadt- oder Umlandfahrten den Automobilverkauf steigern.
(Foto: © Dachverband KAD)

Ruf habe, ein Ökomobil zu sein. Tatsächlich setzt die Promotionabteilung des Konzerns auf das Swatch-Auto als Zweitwagen einer wohlsituierten Mittelschicht und sogar als Dritt- oder Viertwagen einer finanzkräftigen Oberschicht. Dabei soll der Micro Compact Car (MCC), der weniger als 20 000 DM kosten wird, vornehmlich die Mobilitätsbedürfnisse der Stadtbewohner befriedigen. Das Verkehrsproblem jedoch wird er kaum lösen können. Genau an diesem Punkt setzt auch Verkehrexperte Wolfgang Lohbeck seine Kritik am »eco-speedster«, so die Mercedes-Bezeichnung, an. Das ursprünglich »faszinierende Projekt« Swatch-Auto sei nunmehr »mit großer Skepsis zu betrachten«, da es »allzu leicht zum Ökoschwindel« degradiert werden könne.[44]

So könnte sich das Ökomobil als Ökolüge entpuppen und, was positiv gemeint war, sich ins Gegenteil verkehren. Der Schweizer Erfinder des Kleinwagens preist die Vorzüge der Endausführung, die »gleichermaßen die Botschaften von Mercedes und Swatch vermitteln« soll.[45] Mit Hilfe des Renommees beider Unternehmen wollen Hayek und der Daimler-Vorstand eine Zielgruppe erreichen, die bislang eher auf den Golf GTI stand. »Bisher kommen die Autos mit dem Stern auch bei zahlungskräftigen Youngstern nicht so recht an«, analysiert Wirtschaftsredakteur Harry Pretzlaff in der *Stuttgarter Zeitung*.

Mit einem erfolgreichen Einstieg über den MCC-Wagen wäre ein Imagewandel zu erzielen, der »auch auf die anderen Modellreihen ausstrahlen« könnte. Damit wäre das Swatch-Mobil aus ökologischer Sicht kontraproduktiv und Edzard Reuters Resümee, die Swatch-Entscheidung sei »von immenser Bedeutung für unser gesamtes Fahrzeuggeschäft«, enthielte einen bedenklichen Beiklang.[46] Watch the Swatch, heißt da die Devise aller Sympathisanten einer ökologischen Verkehrspolitik. Denn die Nachteile einer aufs Auto orientierten Politik bleiben weiterhin bestehen – von der Frage der Versiegelung naturnaher Flächen über das Problem des Lärms bis hin zur Zahl von Verletzten und Verkehrstoten.

Daimler in der Defensive: Mercedes gegen BMW

»Während noch Mitte 1993 die Mercedes C-Klasse ihre letzte Bewährungsprobe im Tal des Todes absolvierte, herrschte auch in diesem Sommer zwischen Beatty und Badwater wieder reichlich Betriebsamkeit.« Peter Hannemann in der *Frankfurter Rundschau*[47]

»Mercedes und BMW fuhren nun mit Vollgas auf Kollisionskurs.«
Walter Junginger[48]

»Als der Motoren-Vertrag dann vorletzten Freitag auf dem Londoner Flughafen Heathrow unterschrieben wurde, knallten in München die Korken – und in Stuttgart gab es lange Gesichter.« Bernd Ostmann, Chefredakteur der Zeitschrift *auto motor sport*[49]

Im Sommer 1994 lieferten sich die Konkurrenten eine heiße Schlacht in der kalifornischen Mojave-Wüste. BMW wie Mercedes testeten ihre Fahrzeugtypen bei Bodentemperaturen bis zu 90 Grad Celsius im Death Valley in Kalifornien. Den Versuchsabteilungen ging es u. a. um Hitzetests für Kühlsysteme und Klimaanlagen. Dabei jagte BMW seinen neuen Roadster über die Wüstenpisten, Mercedes seine Modelle von der E- bis zur C-Klasse.

Doch die Prognosen verheißen für die Mercedes 190 C-Klasse Düsteres im Vergleich zur BMW 3er-Serie. Dabei hatte gerade die C-Klasse den baden-württembergischen Autokonzern im Katastrophenjahr 1993 über die Runden gerettet. Noch im Dezember 1994 warb der Konzern mit ganzseitigen Zeitungsanzeigen, denn »die ganze Mercedes Familie (S-, E- und C-Klasse) lief ausgezeichnet«. Ganz besondere Freude aber, so die Werbetexter des Konzerns, habe ihnen das »Familienmitglied« C-Klasse gemacht. Schließlich habe sie mehr als 20 nationale und internationale Preise errungen.[50]

Doch die Werbestrategen wissen um die Probleme, die in den kommenden Jahren auf den Stuttgarter Automobilkonzern zukommen. Da ist es ganz gut, den Erfolg von 1994 noch vor dem prognostizierten Rückgang zu vermarkten: »Dieses Jahr war C-Klasse«, bilanzierte der Konzern stolz im Dezember 1994.[51] Die Zahl der verkauften C-Klasse-Modelle wird nach Angaben des von Manfred Borscheid geleiteten Prognoseinstituts *Marketing Systems* bis 1998 auf rund 281 000 sinken. BMW dagegen wird den Absatz seiner 3er-Reihe auf rund 392 000 Fahrzeuge deutlich steigern können.[52]

Der Produktionsvergleich ist symptomatisch. Stellt man nur die Bilanzen einander gegenüber, so spräche das Ergebnis eindeutig für die Autobauer aus dem Schwäbischen: Dem Jahresumsatz der Bayerischen Motoren Werke in Höhe von 29,0 Milliarden DM stand 1993 der mit rund 64,7 Milliarden DM mehr als doppelt so hohe von Mercedes gegenüber.[53] Dementsprechend brüstet sich Mercedes-Chef Helmut Werner gerne damit, der »erste Mann im besten Automobilunternehmen der Welt« zu sein.[54]

Doch längst ist die Daimler-Welt in Unordnung geraten. Inzwischen analysiert der Düsseldorfer Unternehmensberater Thierry Hamon den Wertewandel in den Manageretagen: Gehalts- oder Hierarchiestufen seien »am Fuhrpark nicht mehr abzulesen«. Die Autoren des Wirtschaftsmagazins *Capital*, Andreas Hohenester und Sabine Schuchart, sehen in den Bayerischen Motoren Werken den Sieger im Streit unter den Autogiganten, denn die BMW-Modelle hätten sich »in der Gunst der Unternehmer und Manager vor Mercedes geschoben«. Tatsächlich ist die Rangliste auf den Kopf gestellt, die BMW-Modelle der 520er und 525er Reihe haben die Mercedes-Modelle 300 SE und 230 E in der als Dienstwagen zunehmend verdrängt. Noch vor vier Jahren hatte der Mercedes 300 SE die Stoßstange voraus. Den Grund für die Trendwende sehen die beiden *Capital*-Autoren vor allem in der Kostenfrage. Bei Dienstwagen der Oberklasse summiere sich die Kostenersparnis durch die BMW-Wahl auf bis zu 3000 DM monatlich. Diese Entwicklung muß den Mercedes-Managern wie eine Ironie des Schicksals vorkommen, denn die Stuttgarter hatten, als eines der ersten Unternehmen, die freie Fahrzeugwahl für Firmenbeschäftigte eingeführt.[55]

Bereits 1993 entwickelten sich die Bayerischen Motoren Werke mit 534 397 verkauften Fahrzeugen zum weltweit erfolgreichsten Autoproduzenten der Oberklasse. Mercedes-Benz dagegen mußte sich mit 508 100 verkauften Automobilen geschlagen geben. Als BMW 1994 die Rover Group Holdings plc sowie die Rover Group USA Inc. übernahm, stieg der bayerische Automobilkonzern erstmals unter die zwölf größten Autoproduzenten der Welt auf.[56]

Im direkten Vergleich ziehen die Schwaben immer häufiger den kürzeren: Bei durchschnittlich 10,6 pro Mitarbeiter gefertigten Autos kann BMW die höchste Produktivität aller Autobauer Europas aufweisen, Mercedes steht mit 6,0 Fahrzeugen weit hinten. 104 000 Mitarbeiter bauten 1993 bei BMW und Rover 974 000 Personenkraftwagen, dagegen fertigten 209 933 Mercedes-Mitarbeiter lediglich 480 570 Pkw. Die Vorteile von Mercedes – die kreativere Werbung, die größere Kundennähe sowie der fortgeschrittene Grad der Globalisierung – gleichen diese Defizite bei weitem nicht aus.[57]

Und so ist es nicht verwunderlich, daß die BMW-Geschäftsführung manchem Arbeitslosen im Dezember 1994 ein erfreuliches Weihnachtsfest bescheren konnte: Für 1000 neue Mitarbeiter sollten, so der Topbericht in der *auto motor sport*, Arbeitsplätze geschaffen werden. In den drei BMW-Autowerken in Regensburg, Dingolfing und München waren Sonderschichten geplant. Die Meldung machte bundesweit die Runde auf den Titelseiten der Zeitungen, zumal der Erzfeind der schwäbischen Limousinenbauer seine Pkw-Produktion von 574 000 auf über 600 000 Fahrzeuge steigern konnte und ein weiterer Erfolg der bayerischen Motorenbauer zu vermelden war: Den »überraschenden« Zuschlag für die Lieferung von Acht- und Zwölfzylindermotoren an Rolls-Royce bewertete die *Welt* als weiteren »Punktsieg für BMW«.[58]

So hatte die *Financial Times*, für viele Beobachter völlig überraschend, im Dezember 1994 gemeldet: »Rolls-Royce in BMW supply deal«.[59] Daß der Zuschlag für die bayerischen Fahrzeugbauer nicht aufgrund der besseren Motoren, sondern durch massiven Druck zustande gekommen war, enthüllte der *Spiegel* im Januar

1995: 1971 hatte sich Rolls Royce in zwei unabhängige Unternehmen von Triebwerk- und Autoherstellern getrennt. Die britischen Flugzeugbauer, mit denen das bayerische Unternehmen heute über die 50,5 prozentige Mehrheitsbeteiligung an BMW Rolls-Royce in Oberursel im Triebwerksbau kooperiert, behielten die Rechte auf den Namen. Mercedes verhandelte mit dem Vorstand der Automobilproduzenten, BMW mit dem der Triebwerksfirma, was sich als kluger Schachzug entpuppte: Das britische Triebwerk-Unternehmen drohte dem Autokonzern mit dem Entzug des renommierten Namens »Rolls Royce«, falls Mercedes als Motorenlieferant akzeptiert würde. Am Ende mußte sich Helmut Werner, Vorstandsvorsitzender des Stuttgarter Automobilkonzerns, geschlagen geben, obwohl der Vertrag zur Lieferung der Mercedes-Motoren im November 1994 bereits unterschriftsreif vorgelegen hatte.[60] In Großbritannien zog Peter Ward daraufhin Konsequenzen. Da »ein Handschlag unter Partnern dieselbe Bedeutung wie ein ausgehandeltes Vertragswerk« habe und Ward die Zusage an Mercedes nicht einhalten konnte, gab der Rolls-Royce-Chef seinen Rücktritt bekannt. In England gilt eben noch »die feine britische Art«, wie die konservative *Welt* Wards Rücktritt kommentierte.[61]

In Deutschland sind derlei Gentlemen selten; hier wird – gerade auf der Vorstandsebene – mit harten Bandagen und zuweilen »unehrenhaft« Geschäftspolitik betrieben. So hatte Hilmar Kopper, Vorstandsvorsitzender der Deutschen Bank, Edzard Reuter versprochen, den Vorsitz im Daimler-Aufsichtsrat an ihn abzutreten. Kurz darauf wollte sich Kopper nicht an seine Zusage erinnern, und Reuter war öffentlich blamiert. Zurückgetreten aber ist keiner der beiden.

Von der Luxus-Limousine zum Dino-Daimler

»Sparsamkeit ist löblich, wirtschaftliches Denken notwendig, aber nur Verschwendung ist wahrhaft schöpferisch.« Vorstellung des Mercedes-Benz 600 in der *Motor-Revue* im Jahr 1963[62]

Es gibt wohl nur wenige Autos, die mit einem so klaren Ziel entwickelt wurden wie unsere S-Klasse: die klassische Reise- und Geschäftslimousine neu zu definieren.« Vorstellung der Mercedes-Benz S-Klasse in der Konzernwerbung im Jahr 1994[63]

Selig die Zeiten, da Autofreaks noch sagen konnten, was sie dachten, ohne dafür ein nachsichtiges Lächeln oder eine Kanonade knallharter Kritik über sich ergehen lassen zu müssen. Als die Lobbyzeitschrift *Motor-Revue* in den sechziger Jahren das Loblied von Kommerz und Konsum sang, war Widerspruch kein Thema. Die Devise hieß vielmehr: »Das große Auto hört nie auf, geheimer Wunsch des Automobilkonstrukteurs zu sein. Man mag es zehnmal als sinnlos verwerfen: Wegen des Preises, wegen des Benzinverbrauchs, wegen der Parkplätze – alles das sind Gesichtspunkte, die mit dem eigentlichen Zweck eines Automobils nichts zu tun haben.« Mercedes-Benz machte sich den Zeitgeist zunutze und schuf die »Repräsentations-Limousine par excellence«, unvergleichlich erfolgreicher als die Konkurrenz bei Rolls-Royce. Dabei hatte das Luxusgefährt nur einen einzigen Nachteil, der auch heute noch so manchen Möchtegern-Mercedesfahrer von dem Kauf des Nobelgefährts abhält – der Preis. Vier Jahre lang hielt das Unternehmen den Preis von 56 500 DM, dann ging es rapide bergauf.[64] In der nackten Grundausstattung gehen für einen S 600 C heute 226 435 DM über den Ladentisch.[65]

Bis zum neuen Jahrtausend ist der Kurs des Stuttgarter Automobilkonzerns klar abgesteckt, in den Jahren nach 1995 bringt Mercedes eine »Flut von Neuheiten in allen Klassen« auf den Markt. Das

Fachmagazin *auto motor sport* gerät ins Schwärmen, wenn es über Helmut Werners »Tour de Force« mit der schlanken Produktion und der Entwicklung zu »einem exclusiven Full-Line-Anbieter mit hochwertigen Autos in allen Segmenten« berichtet. Dabei soll »die traditionelle Kundschaft« nicht vernachlässigt werden. Allein für die E-Klasse sind drei Milliarden DM Entwicklungskosten investiert sowie ein umfassendes Testprogramm absolviert worden, um »von Anlaufschwierigkeiten wie beim 2,7 Millionen mal gebauten Vorgänger verschont« zu bleiben.

Offensiv versucht Mercedes, seine Marktposition auszubauen: Mit veränderten Motoren sollen von Herbst 1995 neue C-Klasse-Kunden gewonnen werden, im März 1996 folgt ein Kombi auf der C-Klassen-Basis, und noch im selben Jahr wird der SLK-Roadster in Bremen produziert. 1997 sollen die A-Klasse sowie das Micro Compact Car, besser als Swatch-Auto bekannt, auf den Markt kommen. Immerhin: »Bis 1998 verlagert sich der Schwerpunkt der Mercedes-Produktion auf die Kleinen«, schreibt *auto motor sport*-Redakteur Bernd Stegemann.

Doch der vermeintlich positive Trend zu ressourcenfreundlicheren Fahrzeugen kann nicht darüber hinwegtäuschen, daß Mercedes in der Mittel- und Oberklasse »alle Nischen« füllt und dem Marktrenner C-Klasse mit einer geplanten Jahresproduktion von 300 000 Stück die E-Klasse mit jährlich rund 266 000 gefertigten Fahrzeugen zur Seite stellen wird. Zwischen 1995 und 1999 greift die Offensive der Luxuslimousinen: Von der E-Klasse über den Transporter »Viano« und das in den USA gefertigte Freizeitauto All Activity Vehicle bis hin zur verbesserten S-Klasse und dem S-Klasse Cabrio bzw. Coupé erhält der Mercedes-Fan alles, was das Herz begehrt. Statt bei einer erhofften Umweltinitiative sich den Massenmarkt ökologisch sinnvoller Bus- und Schienenprojekte zu erschließen, womöglich in Kombination mit Individualfahrzeugen, weist der Weg des Konzerns weiter in Richtung Luxusliner; ergänzt durch die Variante der Funcars. Alle Proklamationen ökologischer Orientierung werden mit dem Mercedes SL zu Grabe getragen, von dem jährlich, zumindest bis 1999, rund 19 000 Exemplare in den Hochgeschwindigkeitstypen von 193 bis 394 PS gefertigt werden sollen.[66]

Wie lächerlich wirkt angesichts dieses bombastischen PS-Booms die Devise des Firmenmitbegründerns Karl Benz. Der nämlich hatte frühzeitig davor gewarnt, welche Folgen der automobile Geschwindigkeitswahn mit sich bringen wird. »Nichts hat meiner Ansicht nach der ganzen Bewegung so geschadet, wie die enormen Schnelligkeiten«, meinte der Konzernvater und verwies darauf, daß viele Menschen dem Autoverkehr »zum Opfer gefallen« seien.[67]

Der Mercedes – unser beliebtester Arbeitsplatz

»Was für ein Tag: kaum raus aus den Federn und gleich rein in den Stau – den Verkehrsfunk gibt's mittendrin. Tatsache ist: Der deutsche Durchschnittsautofahrer verbringt 65 Stunden pro Jahr im Stau! Der Frust ist programmiert.« stabo-Werbung in *ADAC motorwelt*[68]

»Mercedes für offenherzige Einsteiger: Mit knapp 71.000 Mark kann sich heute (fast) jeder seinen eigenen Open-air-Benz erlauben.«[69] *Cabrio & Sportcoupé*

»Nach 400 Kilometern S-Klasse sind nicht Sie erledigt, sondern Ihre Arbeit.« Mercedes-Werbung[70]

»Auf 1000 Menschen – Kinder und Greise mitgerechnet – kommen dann 700 Autos.« Shell-Prognose für den Grad der Motorisierung in der Bundesrepublik im Jahr 2020[71]

Die Automobilindustrie kennt ihre Kundschaft und hat sich auf deren Bedürfnisse eingestellt: »Sie können sich sehen lassen: die neuen Herbst-Kollektionen der Automobil-Designer. Die Hersteller setzen augenscheinlich auf herausragende Sportlichkeit und tolles Outfit.« Die beiden Redakteure der Fachzeitschrift *Cabrio & Sportcoupé* liefern ihren Lesern »Neues zum Thema Spaßmobil«, eine Story zum Stoff, aus dem die Träume sind: heiße Autos, vom kleinen Mercedes Cabrio für läppische 70 955 DM bis zum 200 100 DM teuren Ferrari. Doch die Autobauer aus Untertürkheim wollen nicht hinten anstehen, schließlich sollten sich »die Piloten ihre Zeit am Steuer so angenehm wie möglich machen dürfen, denn auch das gehört entschieden zur Lebensqualität«. Und so präsentiert uns Mercedes einen »Steckbrief«, der manch Mercedes-Herz höher schlagen läßt: Ganzstahlkarosserie, unter der Kühlerhaube 136 Pferdestärken, von 0 auf 100 km/h in 13,3 Sekunden, Höchstgeschwindigkeit 200 km/h. Das neue Mercedes E 200 Cabriolet bietet alles, was das Herz begehrt, und das zu einem Preis, der in der Mercedes-Mittelklasse liegt. Dabei zählen »Wurzelholzausstattung, Zentralverriegelung, beheizte und elektrisch verstellbare Außenspiegel, elektronisch geregelte Heizung sowie eine beheizte Scheibenwaschanlage« zum Standard. Und auch für Schlechtwettertouren haben die Mercedes-Entwickler vorgesorgt: »Die wetterempfindlichste Stelle des Cabrios wird durch ein elektrohydraulisches Verdeck geschützt, das in Kooperation mit den elektrischen Fensterhebern vorn und hinten bei Bedarf in wenigen Sekunden alle Luken dicht machen kann.« Auf die Nobelfirma ist also Verlaß, kein Wunder, denn »Cabrios rangieren bei Mercedes nicht bloß unter ferner liefen – seit Jahrzehnten gehören sie zum Standardprogramm«. Extra für die Herbst-Kollektion 1994 wurde »der Vertreter der E-Klasse geköpft und profiliert«, und so besitzt »der Neue serienmäßig alle Details an Technik und Komfort wie die gleichnamige Limousine«.[72] Da kommt Freude auf. Stellen Sie sich dieses Fahrgefühl vor, alle Macht dem Motor, high speed auf dem Highway, freie Fahrt für freie Bürger, den Stern stolz gen Himmel gestreckt.

Die Wirklichkeit sieht anders aus: Auf deutschen Autobahnen quält sich oft genug eine nimmerendenwollende Kolonne im Schrittempo quer durchs Land. Schleichender Verkehr und endlose Dauerstaus sind die Realität am Ende des »Jahrhunderts des Automobils«. Aus dem Spaßmobil ist ein Staumobil, aus dem Fahrzeug ein Stehzeug geworden. Standing ovations sind angesagt. Otto Walentas rhetorische Frage im Editorial von *Cabrio & Sportcoupé* »Darf Autofahren Genuß sein?« und seine Antwort: »Wir glauben ja!« hilft zu einer Zeit, da es vor allem um die Frage geht: »Wie gestalte ich meinen Stau?«, wenig weiter. [73]

Selbst die bereits Anfang der neunziger Jahre heftig diskutierte Frage nach gestaffelten Tempolimits beginnt sich ins Absurde zu verkehren. Bald werden sich die Verkehrsexperten fragen müssen, wie sie eine Verkehrsbeschleunigung auf Tempo 100 auf Autobahnen erreichen können. Da hilft es auch nicht weiter, wenn die Stuttgarter Autobauer versprechen, daß man mit einem Mercedes ein Auto bekommt, »das Sie am Ziel ebenso entspannt ankommen läßt, wie Sie losgefahren sind«. [74] Die Frage lautet inzwischen vielmehr, ob – und wenn ja, wann – Sie überhaupt am Ziel ankommen, wenn Sie ein Auto als Fortbewegungsmittel benutzten. Greenpeace antwortet auf solcherlei Fragen mit dem Schuß Humor, den Autofahrer heutzutage dringend benötigen: »Bewegung ist der Abstand zwischen zwei Staus.« [75]

Die Opel-Werbung weiß, »je mehr Zeit Sie in ihrem Auto verbringen, desto wichtiger ist, was Ihr Wagen zu Ihrer Entspannung und Ihrem Fahrgenuß beiträgt«. [76] Und Hans Christoph Rohr, Vorstandsvorsitzender der Klöckner Werke AG, die Kunststoffteile für Pkw-Innenräume fabrizieren, hat erkannt: »Der Innenraum des Autos ist deshalb so wichtig, weil wir auf der Autobahn mehr stehen als fahren. Da muß es innen drin gemütlich sein.« [77] »Speziell für Mercedes- und Audi-Cabrios« gibt es jetzt auch das Soundsystem von Bose inklusive Becker-Radio, ein »Hörgenuß im Auto dank

CD«. Das »Nonplusultra«, wie das Wirtschaftsmagazin *Capital* die Anlage anpreist, kostet gerade mal 5570 DM.[78]

Deutschlands Autoindustrie ist bemüht, das Problem der täglichen Verkehrsblockade und der damit verbundenen Stauzeit mit innovativem Denken und kreativem Erfindergeist anzugehen. Da macht Siemens Werbung für Mobiltelefone, denn »Ausfallzeiten kann ich mir in meinem Geschäft nicht leisten«.[79] Und mit der kindlichen Frage: »Mami, wann sind wir endlich da?« in der *ADAC motorwelt*, werben die Hersteller für eine ganze Palette von Autospielen für die Kleinen.[80] Mittlerweile lebt eine ganze Industrie vom Geschäft mit der Stauzeit. Die Bürozeit des Managers wird künftig auf dem Rücksitz der S-Klasse abgearbeitet, der Chauffeur darf derweil die Banalitäten der Straße erledigen. Mercedes-Motto im *manager magazin*: »Unser beliebtester Arbeitsplatz.«[81]

Und Daimler dreht kräftig auf: Am 25. September 1993 traf sich »eine kleine, verschworene Gruppe deutscher Automanager in abgeschirmten Räumen der Suttgarter Mercedes-Benz AG mit ihren wichtigsten Elektronikzulieferern«. Am Tisch saßen Siemens, Motorola, Philips, Becker, Blaupunkt, Pioneer oder Alpine, wie Burkhard Böndel in der *WirtschaftsWoche* zu berichten weiß. Was bei Mercedes, dem Organisator des Treffens, »wie eine Bombe einschlug, klingt tatsächlich nach Science Fiction und wird dennoch schon ab 1996 Realität sein. In den Mercedes wird der Digital Data Bus (D2B) Optical einziehen, die »datentechnische Revolution aller Informations- und Kommunikationssysteme«. Die technische Revolution der Patentinhaber Philips Car Systems International in Wetzlar, der Becker Automotive Systems in Karlsbad und der C&C Electronics Ltd. aus dem britischen Redhill verspricht einen Datenbus über ein einziges Kabel. Nach der konzerninternen Vorstellung des D2B-Systems zog Daimler umgehend die Konsequenzen und stoppte die Entwicklungsaufträge für andere automobile elektronische Kommunikationssysteme. Die Zukunft heißt D2B, ausgestattet mit einer Spracherkennung und -ausgabe der Deutschen Aerospace. Mit Hilfe des Dasa-Systems können Autofahrer verbal Befehle eingeben. Die Datenübertragung erfolgt per Lichtimpuls durch eine Kunststoffaser, und die neukreierte Multi-Mediaanlage von Radio, CD-Player, Kassettenrecorder, Navigationsgerät, Telefon und Computer tritt in Aktion. Dieses Kombigerät eröffnet völlig neue Perspektiven: Das Auto wird zum Arbeitsplatz, der Stau sekundär. Werner Höß, bei Mercedes zuständig für den Bereich der Kommunikationssysteme, gerät angesichts solcher Perspektiven ins Schwärmen: »Wir können bei allen Herstellern einkaufen und ihre Produkte zu einem System zusammenfügen.« Burkhard Böndel resümiert trocken: »Wer dann im Stau steht, kann sich mit Auto-Kintopp die Zeit vertreiben.«[82]

Seit einiger Zeit plagt sich die Mercedes-Benz AG mit dem Problem, wie »Der Stau aus dem Nichts« entsteht. Schließlich würden Staus nur Zeit und Geld kosten. Daimler-Benz hat deshalb eigens eine Arbeitsgruppe eingerichtet, die sich mit der Verkehrstheorie und eben auch der Staufrage befaßt. Dabei steht für die Mercedes-Wissenschaftler Dr. Boris Kerner und Dr. Peter Konhäuser weniger das Problem im Mittelpunkt, daß der Konzern selbst durch massiv gesteigerte Fahrzeugverkäufe Mitschuld an der Überlastung von Straßen trägt. Kerner und Konhäuser setzen vielmehr auf die Verbesserung von Verkehrsleitsystemen, für die es »inzwischen einen lukrativen Markt« gebe.[83]

Doch ganz so einfach, wie es auf den ersten Blick scheint, kann es sich selbst Mercedes nicht machen. Die Verantwortlichen des Automobilkonzerns haben erkennen müssen, daß dem Individualverkehr der Kollaps droht. Schon 1993 legten 45,5 Millionen Fahrzeuge in Deutschland eine Strecke von rund 486 Milliarden Kilometern zurück. Das überörtliche Straßennetz der Republik weist bereits eine Länge von 227 200 Kilometer auf. Tendenz: stark steigend, vor allem in den Neuen Bundesländern, wohin bis zur Jahrtausendwende 55 Prozent der Mittel für den Straßenbau fließen werden.[84]

Entsprechend konsequent wirken Daimlers Lösungsansätze gegen die Verkehrskatastrophe – zumindest auf den ersten Blick. Mit den von der Europäischen Union initiierten Projekten »Prometheus« und »Drive« sowie dem Unterprojekt Stuttgart Transport Operation by Regional Management (Storm) sucht der Automobilkonzern nach technischen Lösungen durch die sogenannte »intelligente Straße«.

Bei einem Symposium des baden-württembergischen Verkehrsministeriums vertrat der Daimler-Benz-Delegierte Peter Häußermann die Ansicht, das Stuttgarter Storm-Modell könne »zur Lösung verkehrlicher Probleme« beitragen: Das integrierte Verkehrsmanagement im Projekt Storm stehe »für die optimale Nutzung vorhandener Verkehrsinfrastruktur mit Hilfe von Leit-, Informations- und Kommunikationstechnologien, wobei privatwirtschaftliche und öffentliche Kompetenzen gebündelt« würden. Häußermann hofft, im Sinne seines Konzerns, auf die Übertragbarkeit des Storm-Modells auf andere europäische Ballungsräume.[85]

Laut Aussage von Mercedes-Chef Helmut Werner handelt es sich bei Prometheus um ein »erfolgreiches Projekt«, an dem seit Jahren rund 600 Forscher und Entwickler »hochmotiviert und begeistert« mitgearbeitet hätten. Für Daimler-Benz gehe es um die Perspektive »auf dem Feld integrierter Vekehrssysteme«.[86] Doch mit seinen Konzepten setzt der Konzern, ganz im Sinne des optimierten Fahrzeugverkaufs, auch künftig auf die Dominanz des Autos, selbst wenn die freie Wahl der Verkehrsmittel propagiert wird.

»Was tun, um auch morgen noch mobil zu bleiben?« fragten sich Verkehrspolitiker sowie Konzernstrategen. Im Juni 1986 gründeten die europäischen Minister des Außen-, Wirtschafts- und Forschungsbereichs im Rahmen der Londoner Eureka-Konferenz das »Programm für ein europäisches Transportwesen mit höchster Effizienz und unerreichter Sicherheit« (Prometheus). Die Initiative für dieses Projekt ging damals von Daimler-Benz aus.

Ziel des Prometheus-Projekts sollte sein, »die Sicherheit, Leistungsfähigkeit und Umweltverträglichkeit des Straßenverkehrs durch den Einsatz modernster Informations- und Kommunikationstechnik wesentlich zu verbessern«. Die bedeutendsten Forschungsgebiete befaßten sich mit der Fahrsicherheit, der Harmonisierung des Verkehrsflusses und dem Verkehrs- und Transportmanagement. In den kommenden Jahren sollen die Ergebnisse »europaweit harmonisiert« werden, wozu unter anderem das Nachfolgeprojekt »Programme for Mobility and Transportation in Europe« (Promote) dienen soll. Allein die Liste der beteiligten Automobilkonzerne verrät einiges über die wahren Prometheus-Ziele: BMW, Fiat, Jaguar/Ford, MAN, Matra, Opel, Peugeot-Citroën, Porsche, Renault, Saab, Volkswagen, Volvo sowie eben Daimler-Benz gestalten die neue europäische Verkehrspolitik – ganz im Sinne der Mobilität auf vier Rädern.[87]

Im Autocockpit der Prometheus-Fahrzeuge werden die Fahrer mit optischen und akustischen Systemen vollelektronisch über sämtliche bedeutenden Verkehrsdaten informiert: Staus können umfahren werden, der sinnvollste Fahrweg wird bis ins Detail aufgezeigt. »Das Auto lernt das Denken«, lautet die Daimler-Devise.[88]

Das Denken der Daimler-Strategen weist eine entscheidende strukturelle Schwäche auf: Mit Prometheus und dessen Folgeprojekten wird sich zwar der totale Zusammenbruch des automobilen Verkehrs um Jahre verzögern, jedoch keinesfalls verhindern lassen.

Entsprechend deutlich kritisiert der Bund für Umwelt und Naturschutz Deutschland das Prometheus-Projekt: Das Konzept habe »primär die Optimierung des Straßenverkehrs unter Berücksichtigung weiterer prognostizierter Zuwächse« zur Folge und degradiere den Öffentlichen Personennahverkehr (ÖPNV) zum Lückenbüßer: »Erst wenn die Verkehrsnachfrage auf den Straßen nicht mehr befriedigt werden kann, also die Reisezeit auf der Straße durch Staus oder lange Parkplatzsuche höher ist als mit dem ÖPNV, wird dieser vom ›intelligenten‹ Verkehrssystem als Alternative angeboten.« Die

BUND-Verkehrsexperten Boris Krostitz und Dietmar Köther sehen die Rolle des ÖPNV im Konzept der »intelligenten Straße« lediglich als »Feigenblatt«, das, ähnlich wie die Idee von der autogerechten Stadt, »die sich zuspitzenden Verkehrsprobleme nicht lösen« könne.[89]

Lösen aber können die Projekte von Prometheus über Storm bis Promote potentielle Absatzprobleme von Mercedes im nächsten Jahrtausend: Wenn den pseudointelligenten High-Tech-Konzepten der Durchbruch auf dem automobilen Massenmarkt gelingt, dann sind die Umsatzzahlen für die Stuttgarter Autobauer auf Jahrzehnte hinaus gesichert. So werden vernetzte Verkehrssyteme dazu mißbraucht, der europäischen Automobilindustrie im allgemeinen und dem Konzern im besonderen Gewinne in Milliardenhöhe zu sichern. Den entscheidenden Politiker weiß Helmut Werner bereits hinter sich: CDU-Bundesverkehrsminister Matthias Wissmann hat längst sein Wohlwollen für das von Daimler initiierte Projekt signalisiert, wie der Mercedes-Chef sichtlich stolz verkündet.[90]

Während der Stuttgarter Autokonzern einerseits den Umweltschutz lauter denn je als Leitziel propagiert, setzt Mercedes andererseits immer mehr auf das Auto: »Zu einem der Grundprinzipien von Mercedes-Benz gehört der Schutz des Sterns, auf dem wir leben«, verspricht das Stuttgarter Automobilunternehmen in der Werbung für die neue S-Klasse.[91] Jenseits der Werbewelt besteht die Realität in immer neuen Rekordmarken beim Verkauf von Mercedes-Fahrzeugen: »Für uns ist das natürlich positiv«, antwortete Mercedes-Entwicklungschef Dieter Zetsche auf die Frage, wie er zu der Tatsache steht, daß im Jahr 2020 in Deutschland 52 Millionen Autos rollen werden.

Zetsches konzernkonformes Denken wird belohnt: »Der Aufsteiger, gerade erst 41 Jahre alt, gilt bereits als aussichtsreichster Kandidat für die oberste Position bei Mercedes-Benz«, meldeten die

Medien 1995.[92] Mit Zetsche wird auf Jahre hinaus zementiert, was Helmut Werner längst praktiziert. Die Mercedes-Geschäftspolitik wird auch weiterhin heißen: »Auto, Auto über alles.«

Umweltschutz predigen, Umweltzerstörung praktizieren

Umweltschutz aus dem Auspuff?

»*Wir handeln umweltbewußt. Bei Entwicklung, Produktion und Vertrieb unserer Produkte und Leistungen nutzen wir die Ressourcen auf eine umweltschonende und optimale Weise.*« Leitbild der Mercedes-Benz AG vom Mai 1994, veröffentlicht in der Mercedes-Zeitschrift *intern* [93]

»*Die neue S-Klasse ist eben nicht nur ein wunderbares Automobil, sondern auch eine Antwort auf unsere Zukunft.*« Mercedes-Benz-Werbung[94]

»*Für den Fall, daß Ihnen der Vordermann stinkt, schützt Sie übrigens die Smogtaste, mit der Sie die Lüftung auf ›Umluft-Betrieb‹ schalten können.*« Merdeces-Benz-Werbung[95]

»*Ich weiß, daß wir in knapp drei Sekunden von Null auf Hundert beschleunigen werden, dabei habe ich noch ein Atem-Defizit.*« Fahrbericht in einem Sauber-Mercedes, veröffentlicht im *Mythos Mercedes* [96]

Als Daimler-Benz die S-Klasse auf den Markt brachte, zeigte das Unternehmen Witz und Einfallsreichtum bei der Präsentation der neuen Mercedes-Modelle. In Freiburg, der Geburtsstadt des neuen

Vorstandsvorsitzenden Jürgen Schrempp, lud die hiesige Niederlassung in die größte Buchhandlung am Ort zur S-Klassen-Show. Vor den verhüllten Traumautos versammelte sich die High Society, der Bürgermeister, der Polizei-, der IHK- und der ADAC-Präsident sowie kommende Kunden zur musikalischen Lobpreisung bei Schuberts Forellen-Quintett. Der damalige Leiter der Freiburger Niederlassung Gerhard Donth, Vorgänger von Wolfgang Schrempp, äußerte Kritisches: So müsse man sich fragen, ob denn die Entwicklung großer Autos noch sinnvoll sei, wenn diese doch mehr Kraftstoff verbrauchen würden.

Donth gab sich damals die Antwort selbst. Wenn man alles weglasse und die Höchstgeschwindigkeit auf 120 Stundenkilometer beschränke, führe dies zu fürchterlichen Folgen: Dann müsse man auch auf die Sicherheit verzichten, die Straßen würden weiter verstopft, die Unfallgefahr stiege, und die Lebensdauer der Fahrzeuge werde kürzer. Stillstand in der Entwicklung sei Rückstand und Komfort der S-Klasse schließlich kein Luxus.[97]

An diesem Denken aus den Zeiten freier Straßen hat sich bis zum heutigen Tage bei Mercedes wenig geändert. Allenfalls die argumentative Verpackung ist geschickter geworden. Die heutigen Mattglanzprospekte der neuen S-Klasse zeigen voll und ganz den Trend der Ökodiskussion. Daimler plant die Zukunft – im Sinne der Konzerngewinne.

Die Daimler-Ingenieure haben angesichts des heutigen Ökodesasters erst einmal dafür gesorgt, daß die Luft für den Fahrer des Fahrzeugs besser wird: »Damit auch sonst die Luft immer von bester Qualität ist, hat die neue S-Klasse ein Lüftungssystem mit einem großflächigen Elektret-Faserflies.«

Dabei denkt Daimler durchaus auch an diejenigen unter uns, die angesichts verpesteter Außenluft unter akuten Atemproblemen leiden: Und so können »besonders Allergiker aufatmen, denn dieser Filter reinigt die Frischluft von Staubpartikeln und Blütenpollen«.

Und die auf Wunsch lieferbare Klimaanlage besitzt einen Geruchs-
filter mit Aktivkohle, der »die Frischluft von Schadstoffbelastungen
(z.B. Ozon) und sogar von unangenehmen Geruchsbelästigungen«
befreit.[98]
Das System ist genial, zumindest für S-Klasse-Fahrer. Filter reinigen
die Luft in den Fahrzeugen, welche die Autoabgase zuvor verdreckt
haben. Was in der Mercedes-Werbung fehlt, ist die praktische
Anweisung für Fußgänger und Radfahrer, denn das Ökotop wird,
zumindest in Sachen frischer Luft, auf den Innenraum des Fahrzeugs reduziert. Außerhalb der Limousine kämpft die Natur gegen
die Fahrzeugemissionen verzweifelt an.

Neuerdings widmet Mercedes dem Feld der »Umweltverträglichkeit« ein ganzes Kapitel seiner Animationsbroschüre für die S-Klasse. So rühmt sich das Mercedes-Team, daß schon »vom ersten Tag
ihrer Entwicklung an« die neue S-Klasse »konsequent ökologisch
durchdacht« worden sei. »Nicht nur in Konstruktion und Ausstattung, sondern auch in der Produktion wurde im Umweltschutz viel
von dem, was heutzutage machbar ist, realisiert.«
Die Ingenieure wissen um die Legitimationskrise der S-Klasse mit
ihrer PS-Gigantomanie. Mercedes muß darauf reagieren, daß sich
»das Umfeld des Automobils und die Einstellung zum Automobil ...
in den letzten Jahren sehr deutlich gewandelt« hat. Die Jahrzehnte
des Jubels und des unbegrenzten automobilen Wachstums sind
unwiederbringlich vorbei, und so gewinnt »mit ständig zunehmen-
der Verkehrsdichte die Umweltverträglichkeit eines Automobils
mehr und mehr an Bedeutung«. So sehen sich die Mercedes-Strategen dazu genötigt, in dicken Werbeprospekten auszuführen, wie
sich die neue S-Klasse den Herausforderungen am Ende des 20.
Jahrhunderts stelle: mit technischen Lösungen, vom verbesserten
Auspuffkrümmer am 12-Zylinder-Motor bis zu den Stoffbezügen
der neuen S-Klasse mit 45% reiner Schurwolle.[99]
Nach Jahren des Leugnens und Verdrängens räumt die Mercedes-

Benz AG ein, daß zur Zerstörung der Erdatmosphäre das Schadgas FCKW beigetragen hat – allerdings, ohne die Vorwürfe konkret auf sich zu beziehen. So hätten die Fluorchlorkohlenwasserstoffe lange Zeit »als geradezu ideal für sehr viele technische Einsatzzwecke« gegolten. Jetzt aber habe man deren Schädlichkeit erkannt und handle dementsprechend: »Seit jedoch Fluorchlorkohlenwasserstoffe als einer der Hauptverursacher des sogenannten Ozonlochs entlarvt sind, ist ihr Weg in die Verbannung beschlossene Sache.« Daimler setze seit April 1991 das FCKW-freie Kältemittel R134a ein, anstelle des ozonschädigenden R12.[100]

Die S-Klasse-Gegner von Greenpeace sehen das ganz anders: Sie kritisieren den FCKW-Einsatz bei der Produktion vom Lenkrad bis zur Klimaanlage, »obwohl technische Alternativen seit langem bekannt sind«. Daimler dagegen versucht, das Problem herabzuspielen: Einzig Lenkrad und Schalthebel würden »aus Qualitätsgründen übergangsweise noch mit einem Ersatzstoff geschäumt, dessen Ozonabbaupotential jedoch nur bei 5 Prozent des bisherigen Wertes« liege. Daß die FCKW-Problematik bereits seit Jahren öffentlich kontrovers diskutiert wird und Wissenschaftler seit langem vor den Folgen warnen, verschweigen die Werbestrategen des Nobelkonzerns.

Auch die Frage lösungshaltiger Lackierungen bleibt strittig: Mercedes lobt die »schrittweise Umstellung auf Wasserbasislackierungen« und verweist auf Erfolge bei der Verwendung von Autolacken auf Wasserbasis.[101] Die Hamburger Ökologen dagegen meinen, daß »allein bei US-Modellen bislang lösemittelarm auf Wasserbasis lackiert« werde. Überhaupt gehe »bei der Lackierung nichts ohne Lösemittel«. Ganz besonders giftig, so der Greenpeace-Verkehrsexperte Dr. Oliver Worm, seien die Metallic-Farben. Genau die aber will Daimler im Programm halten.

Zu Recht weisen alle S-Klasse-Kritiker auf den enormen Spritverbrauch der S-Klasse-Reihe hin. Die Firma selbst gibt an, daß im

Stadtzyklus bei den Benzinern mindestens 14,5 Liter für den S 320 zu Buche schlagen. Die Limousine vom Typ S 600 braucht 20,7 Liter, um den Dinosaurier mit seinen 2180 Kilogramm plus Fahrgäste und Zulast auf die möglichen 250 Stundenkilometer zu beschleunigen.[102]

Angesichts dieser Zahlen wirken die stolzen Hinweise auf die neuartigen Auspuffkrümmer mit ihrer »doppelwandigen Stahlblechkonstruktion mit dreischichtig isoliertem Zwischenraum« wie ein Versuch, von den eigentlichen Problemen der S-Klasse abzulenken. Die Baureihe ist, so die Mercedes-Kritiker, gnadenlos überdimensioniert und belastet die Umwelt eben doch wesentlich mehr, als die PR-Abteilung des Automobilkonzerns eingestehen will.

Völlig verschwiegen wird auch, daß die neue Katalysatortechnik an dem extremen Kohlendioxid-Ausstoß nichts ändert, der sich nach Greenpeace-Berechnungen auf »45,75 Kilo je gefahrene 100 Kilometer« – und damit auf das Doppelte eines Mittelklassewagens – beläuft.

Die Schlußfolgerung von Greenpeace ist radikal: Von Anfang an habe sich Mercedes-Benz nur das Ziel gesetzt, »das ökologische Bewußtsein seiner Kunden innerhalb exakt abgesteckter Grenzen zu befriedigen. Äußerste dieser Grenzen ist die Fertigungstechnik, innerste die Fahrgastzelle.«[103]

Daimlers Devise, die S-Klasse als eine Antwort auf »*unsere*« Zukunft zu verkaufen, erhält im Kontext der ungeklärten ökologischen Fragen eine neue Bedeutung: »Uns« ist der Konzern, »uns« ist der S-Klasse-Fahrer, und »euch« ist der Rest der Umwelt.

Die Daten über den schleichenden Tod in Deutschlands Wäldern kennt fast jeder. Aber nur wenige wollen wissen, daß die Realität weitaus schlimmer ist, als in der jährlichen »Waldschadenserhebung« der Bundesregierung angegeben wird. »Der Wald wird amtlicherseits ›gesundgelogen‹«, kommentiert Gerd Felser, verantwortlicher Redakteur des BUND-Magazins *Natur und Umwelt*, die aktuelle »Bilanz einer Ohnmacht« kurz vor Weihnachten 1994. Laut Felser wird »das Ausmaß der Katastrophe immer größer«, die offizielle Regierungsbilanz verfälsche das Bild, indem »die Opfer des Waldsterbens« aus der Statistik herausfallen, die abgestorbenen Bäume würden durch »gesunde Nachrücker ersetzt«. Dr. Volker Dorka, Mitarbeiter des BUND-Arbeitskreises Wald, stellt treffend fest: »›Waldsterben‹ ist mehr als das Absterben von Bäumen. Das gesamte ›Ökosystem Wald‹ ist bedroht.«[104]

Doch die »neuartigen Waldschäden«, so die verharmlosende Bezeichnung für die Vernichtung des gesamten Ökosystems, basieren nicht auf irgendwelchen unergründlichen Ursachen. Schuld sind insbesondere die Autos auf Deutschlands Straßen, denn »die Stickoxide aus dem Straßenverkehr setzten den Bäumen und vor allem dem Boden zu«, wie Ökoexperte Andreas Krug weiß. Die Stickoxide verwandeln sich bei Sonneneinstrahlung in bodennahes Ozon, welches auf die Pflanzen toxisch wirkt. In Verbindung mit dem Ozon haben die Stickoxide längst das Schwefeldioxid als maßgeblichen Schadstoff abgelöst. Krug kennt vor allem zwei bedeutende Stickstoffquellen: Ammoniak und NOx-Emissionen. Dabei wird die jährliche Belastung mit Ammoniak aus der Landwirtschaft durch die NOx-Emmissionen aus dem Verkehr übertroffen. Drei Viertel dieser Stickoxide, rund 800 000 Tonnen im Jahr, werden von Verkehrsmitteln ausgestoßen.

»Ohne Übertreibung«, so Klaus-Peter Gussfeld, »kann der Straßenverkehr als Umweltverschmutzer Nr. 1 bezeichnet werden.« Laut Gussfeld sind es dabei jedoch nicht nur die Personenkraftwagen, sondern gerade der Straßengüterverkehr trage in der Bundesrepublik »entscheidend zur Luftbelastung« bei: »Die Tendenz des überproportionalen Anteils des Straßengüterverkehrs an der Umweltbelastung ist weiter steigend«, erläutert der baden-württembergische Verkehrsreferent des BUND.[105]

Andreas Krug teilt diese Ansicht, und so kommt auch der Referent für Land- und Forstwirtschaft zum Ergebnis, daß vor allem »die

Emissionen aus dem Straßenverkehr« Schuld am Waldsterben trügen, »besonders wenn auch noch der Ausstoß von sonstigen Schadstoffen aus dem Auspuff (Kohlenwasserstoffe, Schwermetalle etc.) eingerechnet wird«.[106]

Fünf Umweltbevollmächtigte hat der Konzern zu Wächtern einer intakten Ökobilanz ernannt. Allen voran soll Werner Pollmann für ein sauberes Image des Konzerns sorgen. Für 1993 legte Daimler-Benz erstmals einen Umweltbericht vor, denn »ökologisch verantwortliches Wirtschaften betrachten wir als eine Kernaufgabe der Unternehmensleitung«, versprach der vormalige Vorstandsvorsitzende Edzard Reuter.[107]

Doch selbst wenn der Konzern sich mit allen Mitteln gegen die Realitäten sträubt, bei nüchterner Betrachtung wird Daimler-Benz nicht umhin kommen, eine bislang katastrophale Ökobilanz einzugestehen. Da hilft es auch nicht weiter, wenn sich der Konzernsprecher Matthias Kleinert im Vorfeld der Weltklimakonferenz in Berlin des finanziellen Einsatzes »an anderer Stelle der Erde« rühmt.[108] Mit einem »harmlosen technischen Begleitprogramm«, so die *Junge Welt* über die Journalistenbeförderung per erdgasbetriebenen Bussen, versucht Daimler-Benz das angekratzte Image aufzupolieren.[109] Auf den Punkt brachte derweil Hannes Koch von der *Berliner Morgenpost* die vergebliche Liebesmüh des Konzerns. Insgesamt steige der Verbrauch an Treibstoff bei der Mercedes-Flotte: Noch 1978 habe Mercedes 385 000 Fahrzeuge verkauft, 1994 stieg die Zahl auf 592 000 Wagen. Während die Gewinnabrechnung des Automobilgiganten positiv ausfällt, wird die Umwelt trotz Katalysatortechnik durch den Kohlendioxidausstoß immer stärker belastet: Zwar sank der Durchschnittsverbrauch der Mercedes-Fahrzeuge von 11,8 auf immer noch erschreckende 9,1 Liter pro einhundert Kilometer, doch der »Einspareffekt«, so Hannes Koch, »ist angesichts der großen Zahl neu zugelassener Autos eine relative Größe«.[110]

Der Wald ist tot – Bosch baut die Teststrecke

»Einmal muß man ja auch zur Tat schreiten.« Daimler-Benz Pressesprecher Hans-Georg Kloos zur Polizeiaktion im Assamstädter Wald[111]

»Wer wird diesen mutwilligen Waldfrevel beheben? Wer schützt diejenigen, die den Wald verteidigten und dafür in 93 Fällen mit Strafverfahren bedroht werden?« Flugblatt des Bundschuh[112]

Die Geschichte der Zerstörung intakter Naturräume durch Baumaßnahmen der Mercedes-Benz AG ist lang und läßt sich bis in die Gründerjahre des Automobilunternehmens zurückverfolgen. In über einem Jahrhundert wuchs der Konzern explosionsartig an und zerstörte unablässig wertvolle Naturräume. Das Expansionsstreben konnte so lange vergleichbar unproblematisch befriedigt werden, wie ausreichend Freiflächen zur Verfügung standen. Doch gegen Ende des 20. Jahrunderts begann der Kampf um die verbliebenen natürlichen Reservate der Republik. Daimlers gigantische Bauprojekte, von neuen Werksansiedlungen bis hin zur sechs Kilometer langen Teststrecke für Luxuslimousinen, zogen zumeist breite öffentliche Diskussionen nach sich, beschäftigten jahrelang sämtliche Instanzen deutscher Verwaltungsgerichte und führten die Menschen vor Ort in heftige Feindschaft. Oft genug legte sich der Konzern nicht nur mit den Betroffenen an, sondern auch mit den großen und zumindest in der Bundesrepublik einflußreichen Umweltschutzorganisationen.

Im Falle der geplanten Mercedes-Teststrecke im dünn besiedelten Bauland im Nordosten Baden-Württembergs schien die ökologische Frage von untergeordneter Bedeutung zu sein. Die meisten Anwohner in »Badisch-Sibirien« nahmen das Vorhaben des Konzerns zumindest anfangs wohlwollend auf, versprachen sie sich doch einen beträchtlichen Zuwachs an Arbeitsplätzen in der strukturschwachen Region. Zudem verpflichtete sich der Konzern, die bundesweit bislang höchste naturschutzrechtliche Ausgleichsabgabe in Höhe von 3,5 Millionen DM in den Naturschutzfonds zu zahlen, womit Umweltschutzmaßnahmen bei Boxberg durchgeführt werden sollten.[113]

Am 15. Januar 1986 offenbarte die Mercedes-Benz AG ihre konzerneigene Definition von der Bewahrung einer intakten Umwelt. Gegen Ende des jahrelangen Rechtsstreits fürchtete der Vorstand des Unternehmens, vor dem Karlsruher Bundesverfassungsgericht gegen die Bauern zu unterliegen, die sich im »Bundschuh« zusammengeschlossen hatten, und entschied in aller Eile, die sich auf dem Firmengrundstück befindlichen Wälder radikal zu roden. Pikanterweise erfolgten die Rodungsarbeiten exakt in dem Monat, in welchem der Daimler-Benz-Konzern die einhundertjährige Geschichte des Automobils feierte.[114]

Teststreckengegner reagierten mit gewaltfreien Aktionen, besetzten den Wald und kletterten auf die Bäume. Die Daimler-Führung zeigte sich kompromißlos und ließ das Grundstück im Assamstädter Wald räumen. Daimlers Pressesprecher Hans-Georg Kloos verteidigte die gigantische Polizeiaktion und die folgenden Rodungen, schließlich wolle man »keine taktischen Winkelzüge machen«.[115]

Über eintausend Bereitschaftspolizisten stürmten das Mercedes-Grundstück, anschließend ließ der Konzern die über 90 000 Bäume fällen. Ziel war, so die Analyse der Teststreckengegner, die Karlsruher Verfassungsrichter vor vollendete Tatsachen zu stellen. Am Ende erwies sich die martialische Abholzungsaktion als gewaltiger Fehlschlag. Das Bundesverfassungsgericht gab den Bundschuh-Bauern recht, Daimler durfte nicht bauen und verkaufte das nutzlos gewordene Gelände an das Land Baden-Württemberg.[116]

Der Boxberger Sündenfall läßt tief blicken. Wo der Konzern expandiert, steht die Natur im Weg. Auch knapp ein Jahrzehnt später blieb der Ökofrevel von Boxberg ohne Wiedergutmachung. »Aufgeforstet wurde bis heute nichts«, schrieb die *Frankfurter Rundschau* vorwurfsvoll im Herbst 1994. Dabei hatte die baden-württembergische Landesregierung bereits im April 1991 eingestanden, daß Daimler-Benz »die zu erwartenden Kosten in Höhe von 229 500 DM bezahlt« habe.[117]

Doch der Wunsch des Bundschuh-Vorsitzenden Walter Ruckgaber wurde in die Tat umgesetzt. Ruckgaber hatte, nachdem der Karlsruher Richterspruch gegen die Teststrecke gefallen war, verkündet, seine Organisation wolle »aus dem Boxberggebiet eine Region des ökologischen Landbaus machen«.[118] Längst haben sich in der Bundschuh-Genossenschaft mehr als 30 landwirtschaftliche Betriebe, zumeist Demeter-Höfe, zusammengeschlossen. Die Daimler-Flächen werden nach ökologischen Grundsätzen bewirtschaftet und die landwirtschaftlichen Erzeugnisse über den Naturkosthandel vertrieben. Selbst die First-Class der Lufthansa ist Kunde der Bundschuh-Naturkost GmbH; gesunder Grünkernanbau statt Hochgeschwindigkeitstests. In der Region wird umweltverträglicher Tourismus gefördert, der »Traum-a-Land e. V.« veranstaltet Radtouren »auf den Spuren der Bauernkriegs-Landschaft«. Der Gegensatz zum Bau einer Mercedes-Teststrecke könnte nicht größer sein.[119]

Vergessen schienen die Zeiten, da der Expansionsdrang des Konzerns auch Kirchenvertretern das Leben schwer machte. Ende 1987 hatte sich der protestantische Pfarrer Pöltl auf Anraten des Oberkirchenrates in Karlsruhe entschlossen, seine Pfarrgemeinde in Schwabhausen und Schillingstadt zu verlassen. Pöltl hatte, so der *Spiegel*-Redakteur Hans Joachim Schöps, dem Bundschuh-Verein »nicht nur Freizeit, sondern gelegentlich auch Worte von der Kanzel« gewidmet. Dies wiederum empfand der evangelische Pastor Raulf vom Ortsteil Bobstadt als Affront gegen die Arbeitslosen in der Region – zumal, wenn die Worte von einem Teststreckengegner gepredigt worden seien, der »jeden Monat sein Gehalt kriegt, und das ganz sicher«. Trocken kommentierte Schöps den Pendelverkehr zwischen den Kirchengemeinden: »Christen, die ihrem Ortspfarrer Pöltl den Gleichschritt mit dem ›Bundschuh‹ verübeln, suchen im

Gottesdienst Zuflucht bei Raulf, und andere zieht es jetzt zu Pöltls Predigt.«[120]

Die Konzern-Sympathisanten in der Christengemeinde lehnten die Amtshandlungen von Pfarrer Pöltl bei einer Beerdigung ab, und nicht eine Konfirmation wurde in dem Jahr in seiner Gemeinde gemeldet. Rund 200 Gemeindemitglieder organisierten eine Unterschriftensammlung, in der sie Pöltls Versetzung forderten. Ein Sprecher der Landeskirche erklärte: Pöltls Dienst in Boxberg sei nicht länger möglich. Der Oberkirchenrat stellte die Versetzung des Pfarrers anschließend als »seelsorgerischen Akt« dar, schließlich habe man den Betroffenen »aus dem Schußfeld nehmen wollen«. Robert Pöltl, der sich nach eigener Ansicht stets um die Versöhnung der verfeindeten Lager bemüht hatte, sah die Sache anders. Der Oberkirchenrat, so der Pfarrer, hätte ihn zwangsversetzt, falls er nicht freiwillig gegangen wäre. Dieses Prozedere habe er der Gemeinde ersparen wollen.[121] Dabei hatte die evangelische Kirche vor Ort bewußt eine gemäßigte Linie vertreten. Vor dem Urteil des Bundesverfassungsgerichts wiesen Kirchenvertreter beschwichtigend auf die »tiefen Gräben« hin, die nach den heftigen Diskussionen vor Ort entstanden waren, und beschworen die verfeindeten Parteien eindringlich, »weiter miteinander« zu leben. Die Teststreckenbefürworter verkündeten derweil, die Bundschuh-Mitglieder würden »in der dörflichen Gemeinschaft nur noch geduldet«, wie Wolfgang Plischke im *Evangelischen Presse Dienst* zu berichten wußte.[122]

Tatsächlich fanden nach dem Karlsruher Gerichtserfolg der Teststreckengegner laut Wieland Schmid, Heilbronner Redaktionsmitglied der Stuttgarter Zeitung, »Jagdszenen im Tauberland« statt. Besonders übel wurde dem Bundschuh-Geschäftsführer mitgespielt, den »ein angetrunkener 36 Jahre alter Mann hinterrücks überfiel und niederschlug«. Zudem erhielten die Bundschuh-Aktivisten »anonyme Mord- und Brandstiftungsdrohungen«.[123]

Die Anweisung des Karlsruher Oberkirchenrats jedenfalls führte dazu, daß Robert Pöltl strafversetzt wurde, während der Daimlerkonforme Pastor Raulf weiterhin in Bobstadt tätig sein konnte.

Am Ende aber sollte auch der Konzern klammheimlich seinen Triumph feiern. Im Dezember 1994 meldete die Wochenzeitung *Personal und Wirtschaft* in ihrer Titelgeschichte den Plan des Stuttgarter Elektronikkonzerns Robert Bosch GmbH, in Boxberg ein Fahrzeug-Prüfzentrum zu errichten. Über eine 25prozentige Teilhabe an der Südwest-Star Automobil-Beteiligungsgesellschaft ist die Robert Bosch GmbH einer der bedeutenderen Aktienbesitzer der Daimler-Benz AG.[124] Gegenüber dem ehemals von Mercedes geplanten Prüfparcours wird die Bosch-Rundstrecke allerdings mit 2,9 Kilometern nur halb so lang sein und in einem ausgewiesenen Industriegebiet gebaut werden. Schon in die Planung sollen Umweltexperten miteinbezogen werden, »um die ökologisch orientierte Einbindung des Projekts sicherzustellen«.[125]

Das Moor ist tot – Papenburg will profitieren

»Das geplante Prüfgelände in Papenburg erwies sich letztendlich als die beste Alternative für die MBAG (Mercedes-Benz AG, d. Verf.). Nur hier kann auch das Nutzfahrzeugprogramm zu den anspruchsvollen Prüfbedingungen von Mercedes-Benz getestet werden.« Bericht im Mercedes-Mitarbeitermagazin *intern* [126]

»Das Brunselmeer, in seinem Bestand außerordentlich schützenswert, wird durch den Eingriff in seiner Existenz bedroht und hat vermutlich keine Überlebenschancen.« Gutachten der »Deutschen Projekt Union« im Auftrag von Gerhard Schröder[127]

»Die Teststrecke würde das größte zusammenhängende Moorgebiet Deutschlands zerschneiden und damit erheblich zerstören. Ein Naturschutzgebiet ›Moor‹ wäre ein wertvolles Erholungsgebiet für den Men-

schen und würde den ›Sanften Tourismus‹ fördern.« Manfred Reiners, Oldenburger Teststreckengegner[128]

Gerhard Schröder fackelte nicht lange, als es ihm darum ging, die Mercedes-Teststrecke nach Niedersachsen zu holen. Der SPD-Ministerpräsident, voll des Lobes über den »Musterfall für den ökologischen Umbau«, bewertete die Moore um das elmsländische Papenburg als biologisch tot. Das von der ehemaligen Greenpeace-Aktivistin Monika Griefahn geleitete Umweltministerium sprach vom »Biotopwert Null«.[129] Und selbst Umweltaktivisten mußten eingestehen, daß der industrielle Torfabbau »tatsächlich verheerende Landschaftsschäden« angerichtet hatte.[130]

Um den dennoch vehement gegen die geplante Prüfstrecke der Mercedes-Benz AG intervenierenden Teststreckengegnern argumentativ widerstehen zu können, ließ der Sozialdemokrat die Deutsche Projekt Union GmbH (DPU) ein Gutachten erstellen. Die im August 1991 veröffentlichte Nutzwertanalyse zur Prüfstrecke präsentierte ein Bewertungsverfahren, bei dem mit Hilfe einer Matrix die Folgen für den Raum Papenburg »ohne Mercedes«, mit »normaler« sowie mit »ökologisch optimierter« Autoteststrecke vergleichend aufgezeigt wurden. Überraschenderweise kam die von der rot-grünen Landesregierung finanzierte und eindeutig auf den wirtschaftlichen Nutzen angelegte Studie in der Bewertung des Bereichs »Umweltschutz/Ökologie« zu einem klaren Ergebnis contra Mercedes: Die ökologische Gesamtbilanz war negativ, selbst in der vom Stuttgarter Automobilkonzern angestrebten »ökologisch optimierten« Variante.[131] Die Bewertungsmatrix nach dem dpu-Gutachten ergab 710 Wertungspunkte im Bereich »Naturschutz/Ökologie« bei der Belassung des Geländes »ohne Mercedes«, 690 Punkte für die »ökologisch optimierte« Version der Teststrecke und lediglich 550 Wertungspunkte für die »normale« Mercedes-Prüfstrecke. Insgesamt erbrachte das dpu-Gutachten – selbst mit den von Umweltverbänden deutlich kritisierten Systemschwächen – eine positive Bewertung für die »ökologisch optimierte« Mercedes-Prüf-strecke, was lediglich auf die deutlichen Vorteile für den Sektor »Industrie/Gewerbe« zurückzuführen war.[132] Im Endergebnis erreichte die Region »ohne Mercedes« 2280 Wertungspunkte, mit der »normalen« Teststrecke 2240 und mit dem »ökologisch optimierten« Prüfgelände 2380.

Die Teststreckengegner folgerten aus der Studie der Deutschen Projekt Union, daß es der Schröder-Regierung in Wirklichkeit nicht um die ökologische Frage, sondern um handfeste Wirtschaftsinteressen ging. »Das Gutachten diente lediglich dazu«, so Andreas Speck, einer der Streiter gegen die Mercedes-Prüfstrecke, »die intern schon gefallene Entscheidung der rot-grünen Landesregierung zu legitimieren und die Diskussion zu beenden«.[133]

Da half es wenig, daß die Landesregierung in intensiven Verhandlungen mit dem Konzern vereinbarte, daß der Daimler-Benz-Konzern insgesamt für elf Millionen DM mehr als 1000 Hektar Moorfläche renaturieren müsse. Das umfangreiche Programm reichte vom Wiederaufbau von Hochmooren bis hin zur Wiedererrichtung von Vogelbrutstätten. Die Einnahmen durch das im Landesbesitz befindliche Grundstück sollen »in die Entwicklung des öffentlichen Personennahverkehrs« fließen, wie die *Ems-Zeitung* im Dezember 1994 schrieb.[134] Laut Schröder gingen diese Ausgleichsmaßnahmen »weit über das gesetzlich Vorgeschriebene hinaus«, was letztendlich auch die beiden Grünen-Minister zur Zustimmung bewegte. So konnte der Countdown für die gewaltige Mercedes-Teststrecke zur Jahreswende 1994/95 anlaufen.

»Hier kann uns keiner mehr stoppen«, verkündete Mercedes-Projektleiter Wedig von Below stolz, der die Bedingungen für das Prüfgelände als »genau richtig« ansah. Als persönlichen Beitrag zum Umweltschutz vor Ort will von Below persönlich eine Birkhühner-Familie aussetzen, »um die Arten im Moor zu vermehren«, so das Lobbyblatt der Automobilindustrie *auto motor sport*.[135] Im Papenburger Moor wurde nunmehr eine Teststrecke mit Handlingkurs,

Akustik- und Bremsstrecke, einer Fahrdynamikplatte, einer Steigerungsstrecke sowie dem 12,8 Kilometer langen Ovalrundkurs gebaut. Auf dem Parcours soll beispielsweise das Fahrverhalten der Mercedes-Limousinen in extremen Situationen geprüft werden. Die Fahrbahn, deren Breite der einer achtspurigen Autobahn entspricht, erlaubt bei Bremsstrecken von 1,25 Kilometern Geschwindigkeitstest bei 300 km/h. Im Krisenfall kann die Papenburger Piste der Luftwaffe auch als Landebahn dienen.[136]

Doch selbst die ökologischen Ausgleichsmaßnahmen blieben bei Ökoorganisationen durchaus umstritten. Der Bund für Umwelt und Naturschutz Deutschland (BUND) verurteilte die Teststreckenbefürwortung durch die verantwortlichen Politiker in Hannover. Der ökologische Schaden, so die Umweltexperten des BUND, könne nicht durch Ausgleichsflächen wettgemacht werden.[137] Überhaupt stelle das für die Teststrecke veranschlagte Gelände inmitten eines der größten zusammenhängenden Moorgebiete der Republik für die Umweltschützer eine »in Jahrtausenden gewachsene Landschaft von unschätzbarem ökologischen Wert« dar. In dem Komplex auf »einer Fläche von der Größe von rund 2 000 Fußballfeldern ... mit Hochgeschwindigkeitskurs, Bremsstrecken, Kurvenbahnen und mehr« sahen die Aktivisten vom Arbeitskreis Teststrecke einen »Meilenstein einer verantwortungslosen Verkehrspolitik, die ungeachtet der ökologischen Katastrophe, auf die wir zusteuern, auf immer schnellere und immer größere Automobile baut«. »Jede Teststrecke«, so die Gegner, fördere »die Fortführung einer falschen Verkehrspolitik, die allen Warnungen zum Trotz weiterhin auf einen flächenfressenden und umweltzerstörenden motorisierten Individualverkehr setzt«.[138]

Das niedersächsische Ministerium für Ernährung, Landwirtschaft und Forsten hatte 1989 festgestellt, daß sich »für Niedersachsen – auch aus Sicht der Bundesrepublik Deutschland – die besondere Verpflichtung« ergebe, »Moore zu erhalten und dauerhaft zu sichern«. Zwei Jahre vor dem Konflikt um die Mercedes-Prüfstrecke

Polizei gegen Utopien: Am 8. Januar 1995 räumten an die 350 Polizisten das Hüttendorf »Anatopia«, das von rund 70 Gegnern der Papenburger Teststrecke verteidigt wurde. Ab 1996 will Mercedes-Benz die niedersächsische Prüfstrecke in Betrieb nehmen.
(Foto: © Hermann-Josef Mammes, Papenburg)

hatte das Ministerium noch verlauten lassen, der »in der Vergangenheit zu beobachtende drastische Rückgang naturnaher Hochmoorflächen« mache es erforderlich, »alle noch vorhandenen naturnahen Hochmoorflächen zu erhalten«.[139] Auf dem Teststreckengelände konnte, basierend auf einer von Mercedes-Benz vorgelegten Umweltverträglichkeitsstudie, nachgewiesen werden, daß hier über einhundert auf der »Roten Liste Niedersachsens« stehende vom Aussterben bedrohte Tier- und Pflanzenarten gedeihen.[140]
Trotz ihrer begrenzten Einflußmöglichkeiten auf die Politik der rot-grünen Landesregierung und die Entscheidung des Konzerns besetzten die Teststreckengegner im Juli 1991 das Baugelände und

errichteten dort das alternative Hüttendorf »Anatopia«.[141] Am 7. Januar 1995 meldeten die Medien bundesweit den Einsatz von 350 Polizisten gegen eine Gruppe von maximal 70 Teststreckengegnern. Die Polizei, so der Vorwurf der Anatopia-Sympathisanten im *Neuen Deutschland*, habe dabei begonnen, »das besetzte Gelände mit Video-Kameras zu filmen und die Demonstranten mit tieffliegenden Hubschraubern zu jagen«.[142]» In Richtung der Polizisten«, meldete die *Deutsche Presse-Agentur*, sollen »Steine, Flaschen und Stahlkugeln« geflogen sein.[143] Wie schon in Boxberg mußte Mercedes auch im Falle des Papenburger Teststreckengeländes den Konzernwillen mit Polizeimacht durchsetzen lassen.

Diesmal allerdings eskalierte die Kette der Gewalt. Der brutalen polizeilichen Räumungsaktion folgten 1995 bundesweit Anschläge einer Gruppe, namens »Anatopias Rache«.[144] Bei verschiedenen Mercedes-Niederlassungen entstand Sachschaden, der in die Hunderttausende ging. An die Wände wurden Parolen wie »Stoppt Mercedes« gesprüht.[145]

Im nachhinein betrachtet blieben die Widerstandsbemühungen in Papenburg jedoch vergleichbar gering. Genau »das war dem Konzern bewußt«, so die Teststreckengegner, die Mercedes eine erfolgreiche Werbekampagne attestierten, die »perfekt auf die Mentalität, Probleme und Bedürfnisse der EmsländerInnen abgestimmt« worden war. So wurde der Widerstand gegen die ökologischen Zerstörungen durch die Mercedes-Teststrecke »zum großen Teil von Menschen außerhalb der Region getragen« und war damit auch zum Scheitern verurteilt.[146]

Die Berliner *tageszeitung* meldete noch im Januar 1995, daß Mercedes-Benz von der mittlerweile allein regierenden SPD-Landesregierung sogar noch teilweise von der Verpflichtung befreit wurde, Ausgleichsflächen zu erstehen.[147] Und der *Daimler-Benz High Tech Report* berichtete zufrieden über den Baubeginn der Mercedes-Teststrecke. Ab 1996 jagt der Automobilkonzern dann die ersten Limousinen über den Parcours. Den ökologisch orientierten Menschen hat Mercedes zugesichert, die Testfahrzeuge umweltfreundlich per Bahn von Stuttgart nach Papenburg transportieren zu wollen.[148]

Fortschritt für Fahrzeugfertiger und Falterfreunde

»Man riecht es kaum, man hört es kaum, und selbst die Schmetterlinge stört es nicht.« Mercedes-Benz-Werbung im Sommer 1992[149]

»Über 100 Millionen Mark für die Natur.« Pressemitteilung der Aktionsgemeinschaft Natur- und Umweltschutz Baden-Württemberg zur Unterstützung der Landesregierung[150]

Wider Erwarten spielten ökologische Aspekte bei der Diskussion um den Standort für das Fertigungswerk des Swatch-Mobils im Dezember 1994 keinerlei Rolle. Ausschlagebend dafür waren zwei Gründe: Zum einen ließ die Tatsache, daß die Gesamtbilanz des Minicars aus ökologischer Sicht von allen Parteien und verschiedenen Umweltorganisationen als positiv bewertet wurde, kaum eine kontroverse Diskussion aufkommen. Insbesondere der erhoffte Ersatz umweltschädlicher Großwagen durch ein umweltverträgliches Ökoauto stieß weithin auf große Akzeptanz.

Zum anderen aber, und das war viel entscheidender, kippte der Daimler-Vorstand die baden-württembergischen Standortalternativen Lahr und Villingen-Schwenningen kurzerhand aus dem Rennen. Die Fabrikationsanlagen entstehen gemäß dem Vorstandsbeschluß im lothringischen Saargmünd-Hambach – und bekanntermaßen kommt ökologischen Fragen in Frankreich noch immer lediglich eine marginale Rolle zu. »Swatch off nature« hieß die Devise bei der öffentlichen Diskussion um das Ökoauto, dagegen beherrschte die Frage der Ansiedlung von Arbeitsplätzen im Ausland wochenlang die Schlagzeilen. Der Entscheidung um die Produktionsstätten für die neue A-Klasse dagegen waren heftige Dispute der Konzernrepräsentanten mit Ökoorganisationen vorausgegangen.

Die Zeitung vor Ort feierte das neue Mercedes-Werk im Mittelbadischen als »eine der am besten eingegrünten Industriesiedlungen«. Redakteur Rainer Haendle ließ in seinem Sympathiebericht »Das Licht strahlt ›falterfreundlich‹« den Mercedes-Vertreter Martin Schorsch die Taten des Konzerns loben: »Wir tun nicht nur das, was zwingend erforderlich ist, sondern einiges darüber hinaus.«[151] Und in der *Frankfurter Rundschau* resümierte Redakteur Rolf-Peter Henkel, die Einigung zeige auch, »daß es ganz so schlimm nicht bestellt ist mit dem Eigensinn der Ökologen«.[152]

Von Anfang an hatte der Konzern mit einer geschickten Ökokampagne und forschen Vorwürfen versucht, den Widerstand in der Region zu spalten. Vor allem Mercedes-Vorstand Werner Niefer wetterte gegen die Umweltschützer, die sich fragen lassen mußten, ob »sie mit ihrer einseitigen Haltung richtig« lägen.[153] Die Konzernstrategie zeigte Erfolg, denn in Rastatt konnte die »Bürgeraktion zur Erhaltung der Landschaft für die Zukunft«, kurz »BENZ« genannt, »nur zwei größere Veranstaltungen« erfolgreich organisieren: die Gründungsversammlung sowie eine Ortsbegehung, wie die dem Unternehmen wohlgesonnenen *Badischen Neuesten Nachrichten* zu berichten wußten.[154]

Auch CDU-Minister Erwin Vetter fand zuletzt lobende Worte, denn in Rastatt sei »ein tragfähiger und sinnvoller Kompromiß im Interesse von Ökologie und Ökonomie gefunden« worden.[155]

In seiner Erklärung verschwieg Vetter tunlichst, daß sich die christdemokratische Landesregierung dem Druck der mächtigen Mercedes-Benz AG nicht entziehen konnte und wollte. Am 25. September 1986 entschied sich der Landtag mit der Mehrheit der CDU-Stimmen »wegen der überragenden strukturpolitischen Bedeutung des Vorhabens« für die Unterstützung des Pkw-Werks in Rastatt, obwohl die vorgesehenen Ansiedlungsflächen »im Regionalplan als Räume mit hoher und höchster ökologischer Bedeutung« ausgewiesen waren.

De facto werden die wenigen in der Rheinebene verbliebenen ökologisch intakten Restflächen von Konzern und Landesregierung nach Bedarf hin- und hergeschoben. Die Stuttgarter Regierung rühmt sich sogar, mit Mercedes »weitreichende Ausgleichs- und Ersatzmaßnahmen« vereinbart zu haben, »um eine weitestgehend die Natur und Umwelt schonende Realisierung der Industrieansiedlung zu ermöglichen«.[156]

Und selbst die Ökoorganisationen – vom Landesnaturschutzverband (LNV) über den Deutschen Bund für Vogelschutz (DBV) bis hin zum Aueninstitut des World Wide Fund For Nature (WWF) – sowie das baden-württembergische Umweltministerium beugten sich dem Druck des Großkonzerns. Dabei hatte sich vor allem der LNV enttäuscht darüber geäußert, daß »im Falle von Daimler-Benz in Rastatt« erst mit den Verbänden gesprochen wurde, »als alles schon entschieden« und »der ökologisch ungünstige Standort in der Rheinniederung« ohne Umweltverträglichkeitsprüfung auserkoren worden war.[157] Das Aueninstitut hatte Rastatt derweil als den »schlechtesten unter allen Alternativstandorten« bezeichnet.[158] Schließlich hatte der WWF in einer umfangreichen Untersuchung die Rastatter Bevölkerung befragt und alternative Standorte untersucht.[159]

Die Bemühungen des World Wide Fund For Nature blieben jedoch bei Mercedes wie der Landesregierung ohne Erfolg, obwohl sich der SPD-Abgeordnete Ulrich Maurer in einer Aktuellen Debatte im Landtag vehement für die Initiative des Aueninstituts eingesetzt hatte.[160] Dementsprechend harsch war die WWF-Kritik: »Daß dem Patienten nur zwei Beine amputiert würden, darüber könne man doch nicht befriedigt sein.«[161]

Im Oktober 1987 meldeten die Medien bundesweit »Grünes Licht für Rastatt«. Erst hatte der Rastatter Gemeinderat dem für das Mercedes-Werk notwendigen Bau einer Umgehungs- und Zufahrtsstraße zugestimmt.[162] Danach unterzeichneten die Umweltverbände eine gemeinsame Erklärung in der Erkenntnis, daß »wirtschaftlich-strukturellen Defiziten« in der Region Mittelbaden entgegengewirkt und »die am Standort Rastatt unvermeidbaren Eingriffe in Natur und Landschaft« gemindert werden müßten.[163] Einzig der Bund für Umwelt und Naturschutz (BUND) verweigerte dem Papier die Zustimmung, eine Entscheidung, die selbst in den eigenen Reihen umstritten war. Laut Landesgeschäftsführer Erhard Schulz scheiterten die Verhandlungen des BUND mit der Landesregierung, da die Landesregierung die Forderung des BUND nach einem Verbandsklagerecht abgelehnt hatte.[164] Die BUND-Entscheidung führte zu einem offenen Konflikt unter den Umweltschützern. DBV-Vertreter Wolfgang Huber, laut *Spiegel* »ein aktiver CDU-Mann«, der »nichts gegen Daimler, nichts gegen Autos« habe, warf dem BUND sogar »Sabotage am Umweltschutz« vor.[165] Die Geister trennten sich vor allem an der Frage, ob es gelungen war, Mercedes und der Landesregierung ausreichende Zugeständnisse abzuringen, oder ob der Konzern zu guter Letzt seine Interessen durchgesetzt hatte. Den Umweltschützern aus den Reihen des LNV und des DBV war es in den Rastatter Vereinbarungen unter anderem gelungen, aus dem Etat des Landes satte 100 Millionen DM »für die Natur in der Region« herauszuschlagen – ein Betrag, der für die Naturschützer vor Ort einen lukrativen Zuschuß für die Naturschutzarbeit darstellte. Zudem würden, so die Umweltverbände, »neue, nach einem festen Zeitplan auszuweisende Natur- und Landschaftsschutzgebiete... den Siedlungsdruck im Rheinauenbereich mindern«. Dabei mußte der Ornithologe Wolfgang Huber eingestehen, daß die Zustimmung der Ökoverbände durchaus unter indirektem Druck des Konzerns zustande gekommen war. So hätten die Naturschützer »versucht, die naturvernichtende Ansiedlung eines Pkw-Montagewerks von Daimler-Benz in der Rheinniederung bei Rastatt zu verhindern«. Chancen dazu hatten bestanden, da der DBV ein Sperrgrundstück auf dem zukünftigen Werksgelände geerbt hatte und ein mögliches Normenkontrollverfahren »sehr langfristig und mit vielen Unwägbarkeiten behaftet« gewesen wäre. Doch der Konzern kannte seine Machtmittel und wußte sie zu gebrauchen.

»So war voraussehbar, daß mit der Rodung der Trasse und den Bauarbeiten für die Zufahrtsstraße quer durch den ›Ötigheimer Wald‹ schon im Herbst 1987 begonnen wird!« analysierte Gunter Kaufmann von der *Aktionsgemeinschaft Natur- und Umweltschutz Baden-Württemberg*.[166] Die Umweltschützer vor Ort fürchteten, vor vollendete Tatsachen gestellt zu werden, und beugten sich letztendlich dem Druck aus der Mercedes-Zentrale.

Zum Schluß waren dennoch fast alle zufrieden. Die Umweltschützer feierten die Verhandlungsergebnisse mit Mercedes-Benz als Erfolg. Schließlich sei es gelungen, neben den »leider nicht mehr vermeidbaren Eingriffen« am Rastatter Oberwald »die umliegende Rheinniederung als Kleinod zu bewahren«, so Vogelschützer Volker Späth. Und Prof. Dr. Günther Reichelt vom Landesnaturschutzverband gestand, daß »ökologischer Schaden nicht vermieden«, wohl aber »minimiert« worden sei.[167]

Vor allem aber konnte die Mercedes-Benz AG das neue Werk weidlich als gelungenes Modell für die Verbindung von Ökologie und Ökonomie verkaufen. Um den breiten öffentlichen Widerstand gegen die Autofabrik in den ökologisch besonders wertvollen Niederungen des Rheins zu brechen, richtete Mercedes eigens ein Servicetelefon ein. In einer offensiv verfaßten Werbeschrift rühmte sich der Konzern, in Sachen Umweltschutz »jeden Tag einen Schritt nach vorne zu machen«: »Damit die Anwohner in der Nachbarschaft ruhig schlafen können«, wurden rundum Lärmschutzmaßnahmen durchgeführt. Damit »Ausschachtungen und Erdbewegungen« im Untergrund vermieden werden, wurde das Werk im Pfahlbausystem auf Betonpfeilern errichtet. Damit das überall benötigte »Wasser der höchsten Qualitätsstufe« nicht unnötig vergeudet wird, richtete das Unternehmen geschlossene Wasserkreisläufe ein.[168]

Entscheidend für den Mercedes-Erfolg dürfte die Tatsache gewesen sein, daß – im Gegensatz zur juristischen Blockade in Boxberg – die Verhandlungen in Rastatt vergleichsweise problemlos über die Bühne gingen. Im baden-württembergischen Bauland hatte »eine Handvoll trotziger Bauern, die ihre Grundstücke auf keinen Fall herausrücken wollten«, den Eigeninteressen des Großkonzerns erfolgreich widerstanden, »ein überraschendes Ende – ein schwerer Schock für Daimler und die Landesregierung«. Deshalb, so Sybille Peine in der *Zeit*, »war es so wichtig, daß wenigstens Rastatt ein Erfolg würde«.[169]

1997 werden in Rastatt A-Klasse-Mercedes aus der Halle rollen. Autos, die optimal geeignet sind, den durch die Schwemme traditioneller Autos gehemmten Stadtverkehr mit mobilen Mini-Cars zu beschleunigen. All denjenigen Ökologen, die gezielt auf den Umstieg vom Auto auf den Öffentlichen Personennahverkehr setzen, haben die Rastatter Vereinbarungen einen Bärendienst erwiesen.

Am Ende blieben einzig der BUND und die drei Stadträte der Alternativen Liste bei ihrer ablehnenden Haltung. Der BUND wehrte sich »mit Zähnen und Klauen« gegen das Rastatter Daimler-Werk, so der Bundesvorsitzende Hubert Weinzierl, der im *Süddeutschen Rundfunk* konstatierte: Wenn Mercedes in Rastatt baue, dann »bitte lieber gegen uns, als mit uns«.[170]

Global denken, lokal danken?

»Denn Fortschritt kann leicht zum Rückschritt werden, wenn kostbare Güter wie Luft, Wasser und Boden scheinbar kostenlos in Anspruch genommen werden. Heute ist wohl jedem klar, daß weder Ressourcen noch die Selbstheilungskräfte der Natur unbegrenzt sind.« Mercedes-Benz Eigenwerbung[171]

»Daimler-Benz und die Landesregierung konfrontierten die Öffentlichkeit mit vollendeten Tatsachen, zogen die Pläne so gut wie fertig aus der Schublade und drängten damit lästige Kritiker von Anfang an in die Defensive.« Die Zeit[172]

Die Naturschutzverbände stehen angesichts der Macht der Möhringer Autobauer mit dem Rücken an der Wand. Einzelnen Erfolgen bei der Verhinderung von Mercedes-Großprojekten steht eine Serie schwerer Niederlagen gegenüber. Vor allem mußten sich die Umweltschützer die für Daimler charakteristische Denkweise in umweltpolitischen Segmenten aufzwingen lassen. Dem Mercedes-Verständnis vom Umweltschutz als selektivem Puzzlespiel steht die Notwendigkeit gegenüber, in ökologischen Zusammenhängen zu denken und zu handeln. Genau das aber ist für einen Autokonzern im allgemeinen und für den Nobelkarossenhersteller Mercedes im besonderen nur begrenzt möglich.

Weinzierls wehrhafter Standpunkt gegen das Rastatter Mercedes-Werk hat sich bei den meisten Umweltverbänden längst zur Haltung »lieber mit uns, auch wenn wir wenig erreichen« verkehrt. Der Widerstand gegen flächendeckende Naturzerstörung droht zum Kampf um die letzten Biotope zu verkommen. Anstatt das »Produkt Auto« zu hinterfragen, streiten die Verbände über eine einheitliche Linie und lassen sich gleichzeitig von den Versprechungen der Daimler-Manager einschläfern. Die Mercedes-Maschine produziert derweil auf Hochtouren: So belief sich die Tagesfertigung im neuen Rastatter Mercedes-Werk Ende 1993 auf 200 Autos, bis 1996 wird sich diese Zahl glattweg verdoppeln.[173]

Am Ende dieser Entwicklung wird eine High-Tech-Republik stehen, die sich aus purer Überlebensnotwendigkeit ökologische Restflächen bewahrt. Selbst wenn, wie im Falle des Baus des Rastatter Pkw-Werks, die Vertreter der Umweltverbände und des Konzerns gemeinsam nach »verträglichen« Lösungen suchen, einigen sich fast alle Beteiligten im Ergebnis auf einen sogenannten »Kompromiß«.

In dessen Folge kann anschließend eine vermeintliche Ökofabrik, umgeben von einem 40 Meter breiten Grünstreifen inmitten eines der wenigen verbliebenen Naturreservate errichtet werden.

In der *Zeit* zeigte Sibylle Peine die Probleme des Rastatter Kompromisses auf. Die Journalistin verwies auf die Funktion der Rheinaue als einer der »letzten intakten Flußauen Europas«, die von Vögeln, Insekten und Reptilien als Rückzugsgebiet benötigt wird. Neunzig Prozent dieser Flächen seien bereits unwiederbringlich verloren: »Jeder weitere Verlust ist dabei kaum mit Geld und Ausgleichsmaßnahmen aufzuwiegen.«[174]

Der Konzern hat sich in dem immer härter werdenden Kampf mit den Naturschützern um die in der hochindustrialisierten Bundesrepublik verbleibenden Restflächen für ein offensives Vorgehen entschieden. Laut Mercedes sei der »Umweltschutz in den vergangenen Jahren zum Modewort geworden«, doch »Lippenbekenntnisse reichen zur Lösung längst nicht mehr aus«. Die Strategie der Vornewegverteidigung scheint aufzugehen. Dem Unternehmen gelingt es zusehends, den Graben zwischen verschiedenen Umwelt- und Verkehrsverbänden, die dem Autokonzern kritisch gegenüberstehen, tief aufzureißen. »Ohne ökologische Verträglichkeit wird in Zukunft eine ökonomische Produktion schlichtweg nicht mehr möglich sein«, verkündet die Daimler-Werbung für das neue Pkw-Werk in den ökologisch unersetzlichen Auewäldern.

Das Rastatter Prinzip hat sich bewährt und läßt sich bestens übertragen: Ökologische Zerstörung vor Ort soll durch ausgleichende Renaturierungsmaßnahmen anderswo ausgeglichen werden. Im Fall der Mercedes-Teststrecke im Emsland leistete der Konzern mit seinen ausgleichenden Naturschutzmaßnahmen nur das, was laut niedersächsischem Naturschutzgesetz sowieso hätte erfolgen müssen – die Renaturierung des Abtorfungsgebietes der sogenannten Esterweger Dose. Daß diese dank der aktiven Unterstützung der mittlerweile allein regierenden SPD nur noch teilweise erfolgen muß und daß dem Konzern auch hier noch nachgegeben wurde, zeugt eindringlich von der Macht des Automobilgiganten.

Geht es nach dem Willen der Mercedes-Manager, so wird das Rastatter Modell zukünftig immer dann Anwendung finden, wenn es darum geht, den Widerstand der Menschen vor Ort zu brechen. Daß die Natur dabei zur Manövriermasse im Sinne des Konzerns degradiert wird, ist für Politiker belanglos, die es gewohnt sind, in Vierjahreskategorien zu denken. Und ansonsten gilt das Motto: »Nach mir die Sintflut«. Der Konzern mit dem Stern wird's seinen Günstlingen zu danken wissen.

3. Kapitel:
Daimler-Benz Aerospace –
Deutschlands größte Waffenschmiede

Leitfirma im Luft- und Raumfahrtbereich

Made by Daimler-Benz Aerospace

»*Für die Marktoffensive der Dasa und eine zu schaffende volle Etablierung auf allen Märkten der Welt wirkt auch der exzellente Ruf und die Bonität von Deutschlands Industriekonzern Nummer 1 im Firmennamen als zusätzlicher Schub.*« Dasa-Firmenzeitschrift *aktuell* Oktober 1994

»*Und daraus entstehen Produkte, die überall einen guten Namen haben – zu Wasser, zu Lande, in der Luft und im All.*« Dasa-Werbung in *Soldat und Technik* 1/1991

»*Go where the markets are.*« Matthias Kleinert, Pressesprecher der Daimler-Benz AG[1]

Seit Januar 1995 trägt sie einen neuen Namen: Aus der Deutschen Aerospace AG ist die »Daimler-Benz Aerospace AG« geworden, das Kürzel »Dasa« wurde beibehalten. Für den Dasa-Vorstand waren gewichtige Argumente ausschlaggebend, dem Konzern auch nominell ein anderes Outfit zu verpassen. Mit den neuen Allianzen und Partnerschaften und vor allem mit dem Aufkauf der 51prozentigen Aktienmehrheit beim niederländischen Luftfahrtkonzern Fokker hatte die nationale »Deutsche« Aerospace längst internationale Strukturen erhalten. Dabei hatte sich der Dasa-Vorstand zum Ziel gesetzt, Fokker als integralen Bestandteil des Dasa-Luftfahrtbereichs in »die Systemführung für das Segment der 65- bis 120-sitzigen Regionaljets« einzugliedern.[2]

Für die globale Marktoffensive war der alte Name hinderlich, vom geänderten versprachen sich die Dasa-Strategen »bei ihren Aktivitäten im In- und Ausland nur Vorteile«.[3] Der neue Name ist Programm und dokumentiert den Wandel vom deutschen Unternehmen zum weltweit agierenden Global Player Daimler-Benz Aerospace.

Das 21. Jahrhundert fest im Visier, hat der Dasa-Vorstand auch die Geschäftsfelder ausgelotet, für die er sich im nächsten Jahrtausend die besten Wachstumschancen ausrechnet. Zu diesen »Zukunftsindustrien« zählen die militärische wie die nichtmilitärische Luft- und Raumfahrt gleichermaßen. Im Zivilbereich sind die Ziele hoch gesteckt: Mit Verkehrs- und Transportflugzeugen, von 20 Passagieren an aufwärts, soll durch Kooperationsgeschäfte – vor allem im Airbus-Konsortium – ein dauerhafter Weltmarktanteil von zumindest 30 Prozent erreicht werden. Schließlich gilt der Luftverkehr bei der Daimler-Benz Aerospace als »eine der herausragenden Wachstumsbranchen«.

Während die Dasa bei den zivilen Flugzeugen ihre Produktionspalette in Kooperation mit europäischen Partnern entwickeln und fertigen wird, versteht sich der Konzern bei Militärflugzeugen zu Recht als systemfähige »nationale Leitfirma für die Bearbeitung von Aufgaben der luftgestützten Verteidigung«.[4] Tatsächlich ist die Daimler-Benz Aerospace bei allen relevanten Beschaffungen der Bundesluftwaffe der Systemführer. Bei Kooperationsprojekten leitet die Dasa das Programm der deutschen Seite. Dementsprechend bewertet die Dasa-Führung den Bereich der Rüstungsproduktion und des -exports – wenn auch unter der verharmlosenden Bezeichnung »Verteidigungstechnik« – als Kerngeschäftsfeld. Im »Leitbild des Daimler-Benz-Konzerns« bestätigt der Vorstand ausdrücklich die Zielvorgabe, im Rüstungsbereich weiterhin »zu den weltweit führenden Wettbewerbern« zählen zu wollen.[5] In seiner Zeit als Dasa-Vorstandsvorsitzender ist es Jürgen Schrempp gelungen, rund 70 Prozent aller Luft- und Raumfahrtkapazitäten bei der Dasa zu vereinen.[6]

Tatsächlich ist es der Dasa insbesondere im Hubschraubergeschäft gelungen, über die Eurocopter-Gruppe eine »Spitzenposition am Weltmarkt« zu erlangen. Zusätzliche Einnahmen werden über die Betreuung und Instandhaltung ziviler und militärischer Flugzeuge erzielt.

Im Wissen, daß die zivile wie die militärische Luftfahrt sowohl in der Frage der ökologischen Belastung als auch in bezug auf den Rohstoffverbrauch äußerst schädlich sind, stellt die Dasa im Geschäftsfeld »Raumfahrt« gezielt den Beitrag »zum Umweltschutz und dem Erhalt der Ressourcen« in den Vordergrund. Historisch und von der Produktionspalette her gesehen wirkt der Hinweis auf die Funktion der Raumfahrt als eine Komponente der »Friedenssicherung« eher makaber. Die Dornier GmbH ist, z. B. bei der Satellitenentwicklung, im europäischen Vergleich führend – sowohl im Bereich der zivilen Erderkundung als auch bei der militärischen Erdüberwachung.

Tatsächlich ist die Produktpalette von den Satelliten über das Trägerraketenprogramm Ariane, in dem die Dasa für die Systemproduktion und die Antriebe verantwortlich zeichnet, bis hin zu verschiedensten Equipments für Experimente weit gestreut. Die Raumfahrtprojekte werden in Kooperation mit den Eurofirmen Arianespace, Eurohermesspace und der Eurocolumbus umgesetzt. Bei der orbitalen Infrastruktur sieht sich die Daimler-Benz Aerospace hinsichtlich der Entwicklung, Bau und Betrieb als »europäische Leitfirma«.

In den Bereichen Kommunikation und Erdbeobachtung arbeitet sie eng mit den europäischen Partnerfimen Aerospatiale und Alcatel aus Frankreich, Alenia aus Italien sowie dem US-Unternehmen

Space Systems Loral (SSL) zusammen. Offensiv setzt die Konzernführung auf die sogenannten »Schlüsseltechnologien«, bei denen sich das Unternehmen heute als »unverzichtbarer Partner im europäischen Raumfahrtprogramm« versteht.

Auf dem Sektor der Antriebe steht für die Dasa-Strategen die »Gesamtkompetenz für Programme der Bundeswehr im Vordergrund«. Doch das Argument der »Aufrechterhaltung der Systemfähigkeit«, vom Konzernvorstand insbesondere beim Werben um neuerliche Großaufträge auf politischer Ebene mit Nachdruck eingesetzt, relativiert die Dasa selbst durch ihr Eingeständnis, längst bei allen Programmen der Bundeswehr eine »führende Rolle« einzunehmen. Diese Führungsrolle trifft auch für »Komplettlösungen auf der Basis Dieselmotor« zu, die weiter ausgebaut werden sollen. Dabei erstreckt sich die Verwendung militärischer Dieselmotoren schwerpunktmäßig auf den Panzerbau sowie Antriebe für die Marine.

Auch ein zweites Argument wird von den Dasa-Vorständen gezielt eingesetzt, um in den Genuß weiterer Milliardenaufträge des Verteidigungsministeriums zu gelangen: Laut Dasa-Verlautbarung schaffe die Führungsposition für militärische Triebwerke »wesentliche Grundlagen für die Aktivitäten im zivilen Bereich«. Wie unseriös sich das Argument in Wirklichkeit darstellt und wie sehr es für andere Zwecke instrumentalisiert wird, dokumentierte Jürgen Schrempp im Januar 1995: Der damalige Dasa-Vorstandsvorsitzende konfrontierte Verteidigungsminister Volker Rühe mit der Drohung, die Daimler-Benz Aerospace würde aus dem Milliardenprojekt des Eurofighter 2000 aussteigen, falls die Hardthöhe die für den Konzern entstandenen Zusatzkosten nicht übernähme.[7] Entgegen aller früheren Argumente von der Notwendigkeit militärischer Produktion zur Sicherung des zivilen Bereichs, stand das Projekt des neuen europäischen Jagdflugzeugs selbst bei der Dasa zur Disposition.

Und so stellt sich denn auch die Allianz mit dem führenden

US-amerikanischen Triebwerkshersteller Pratt & Whitney im zivilen Triebwerksbau nicht als Ergebnis militärischer Erfolge dar, sondern folgt schlicht der Notwendigkeit zur Kooperation im Luftfahrtbereich, angesichts der starken Konkurrenz auf dem nordamerikanischen Markt.

Angesichts der Anfang der neunziger Jahre schrumpfenden investiven Ausgaben in den Verteidigungshaushalten auch der anderen Nato-Partner, propagiert die Dasa gebetsmühlenartig die Notwendigkeit, das »militärische Stammgeschäft« an die »neuen Schwerpunkte der Sicherheitspolitik« anzupassen. In den schillerndsten Farben malt die PR-Abteilung des größten deutschen Rüstungsproduzenten und -exporteurs die neuen Zielsetzungen aus, die da lauten: »Krisenmanagement und Krisenprävention« sowie »Konfliktverhinderung und Konfliktbegrenzung«.

Bei der rechtzeitigen Vermeidung von Konflikten und der Deeskalation bereits laufender militärischer Handlungen wird weniger auf den Erfolg politischer Maßnahmen gesetzt. Ganz im Sinne einer zunehmend wieder in militärischen Kategorien denkenden Außenpolitik der christlich-liberalen Bundesregierung übernimmt die Daimler-Tochter Dasa dabei den Begriff der »erweiterten Sicherheitspolitik«.[8]

Krisenmanagement im Dasa-Sinne soll durch die Drohung mit und gegebenenfalls den Einsatz von High-Tech-Waffensystemen der deutschen Rüstungsleitfirma bewältigt werden. Hierzu entwickelt, fertigt und verkauft die Daimler-Benz Aerospace ihre High-Tech-Waffen – mit beachtlichem Erfolg.

Auf dem Weg zur Rüstungsmacht

»*Der Autohersteller hat sich in einen Rüstungs- und High-Tech-Konzern internationalen Formats verwandelt.*« Aus der Broschüre *Rü-*

stungsriese Daimler-Benz der Kampagne »Produzieren für das Leben – Rüstungsexporte stoppen«[9]

»Bereinigen heißt auch, das Angebot dort zu ergänzen, wo Synergien zu erwarten sind und dadurch das Gesamtergebnis gesteigert werden kann.« Georg Giersberg in der *Frankfurter Allgemeinen Zeitung*[10]

Deutschlands Rüstungs- und Militärlobbyisten hatten allen Grund zu gratulieren: Im neuen Jahrbuch *Sipri Yearbook 1994* meldete das renommierte Friedensforschungsinstitut Stockholm International Peace Research Institute (Sipri) den weiteren Aufstieg der größten deutschen Waffenschmiede zu einem der weltweit erfolgreichsten Rüstungsproduzenten und -exporteure. Die Deutsche Aerospace blieb nicht nur mit deutlichem Abstand Deutschlands Rüstungsproduzent Nr. 1, sondern konnte ihre Position weiter ausbauen. Im Jahre 1992 stieß das Daimler-Tochterunternehmen von Platz 15 auf Platz 12 der weltweit größten rüstungsproduzierenden Konzerne vor, in Europa »verbesserte« sich die Dasa deutlich auf einen bislang unerreichten dritten Platz.[11]

Noch in den Jahren 1990 und 1991 hatte die Dasa mit Rüstungstransfers im Wert von 3720 bzw. 3620 Millionen Dollar – Lieferungen an die Bundeswehr inbegriffen – auf Platz 16 der weltgrößten Waffenproduzenten gelegen und damit Anfang der neunziger Jahre hinter den englischen Konkurrenten British Aerospace und GEC sowie Thomson-CSF und DNC aus Frankreich auf Platz 5 in Europa rangiert. Unter Einbeziehung aller Rüstungslieferungen lag der Gesamtkonzern Daimler-Benz mit 4020 (1990) bzw. 3920 (1991) Millionen Dollar sogar schon damals auf Platz 15 der weltweit führenden rüstungsproduzierenden Großkonzerne.[12]

Dabei verwies der Dasa-Vorstand nur allzu gerne auf den »Erfolg«, den Rüstungsanteil bei der Deutschen Aerospace von 49 Prozent (1991) auf 37 Prozent (1992) gesenkt zu haben. Matthias Kleinert, der Generalbevollmächtigte des Gesamtkonzerns, sprach 1995 bei einem Vortrag gar davon, daß die Daimler-Benz AG »Rüstungskonversion« betreibe und von der Waffenproduktion immer weiter wegkomme.[13] Dabei konnte der Rüstungsanteil mittlerweile zwar auf rund 25 Prozent gesenkt werden, an einer weiteren Verringerung jedoch hat der Dasa-Vorstand aufgrund der gesicherten Großaufträge keinerlei Interesse.

Zudem belegte Sipri die Tatsache, daß das Daimler-Tochterunternehmen Dasa unter Schrempps Führung Waffen in nie zuvor erreichtem Umfang an die Bundeswehr und in alle Welt geliefert hatte. Entgegen den öffentlichen Verlautbarungen über drastischen Abbau der Rüstungskapazitäten war es dem Daimler-Vorstand 1992 gelungen, weitere Waffengeschäfte in Höhe von insgesamt 4120 Millionen Dollar zu tätigen. Davon entfiel allein auf die Dasa ein Anteil von 4060 Millionen Dollar. Dabei wurden die Rüstungsverkäufe der Deutschen Aerospace 1992 maßgeblich durch die zur Dasa gehörenden Unternehmen Motoren- und Turbinen-Union MTU mit 690 und Dornier mit 640 Millionen Dollar getragen, deren Rüstungsanteile an der Gesamtproduktion damit bei 30 bzw. 37 Prozent lagen.

Bereits in seiner Ausgabe *Sipri Yearbook 1993* hatte das Stockholmer Friedensforschungsinstitut auf den militärischen Anteil der Dasa-Tochter Telefunken Systemtechnik (TST) in Höhe von 810 bzw. 920 Millionen Dollar für 1991 bzw. 1990 verwiesen. Mit 82 Prozent Rüstungsproduktion war die TST ein fast ausschließlich waffenfertigendes Unternehmen.[14]

Mit diesen umfassenden Waffenlieferungen rangierten Daimler-Benz und die Dasa deutlich vor den zweit- und drittgrößten deutschen Rüstungsproduzenten, der Münchener Siemens AG und der Nürnberger Firmengruppe Diehl, welche 1992 Waffen im Wert von 930 bzw. 840 Millionen Dollar verkauft hatten. Siemens positionierte sich damit deutlich hinter der Dasa auf Platz 50, Diehl auf Platz 53 der Waffenexporteure weltweit.[15] Allen Verharmlosungen von Jürgen Schrempp zum Trotz bleibt die Dasa Deutschlands Waffenschmiede Nr. 1.

Klimakiller auf dem Ökotrip

»Unser Turbopropflugzeug zeichnet sich durch eine hohe Reisegeschwindigkeit, niedrige Betriebskosten und einen bequemen Komfort in der Passagiermaschine aus.« Hansjörg Kränzle, Dasa-Produktbereichsleiter über die Vorzüge der Dornier Do 328[16]

»Bald nach dem Jahr 2000 wird der Luftverkehr der Deutschen klimaschädlicher sein als der Autoverkehr.« Dr. Karl Otto Schallaböck, Wuppertaler Klimaexperte[17]

»In 15 Jahren, schneller geht es nicht, könnten wir ein Flugzeug mit umweltfreundlichem Antrieb entwickeln, dessen Abgase die Ozonschicht nicht zerstören.« Alois Schwarz, Dasa-Gesamtbetriebsratsvorsitzender[18]

Die Dornier-Manager sind stolz auf die jüngsten Verkaufserfolge. Ihre Turbopropmaschinen vom Typ Do 328 fliegen bereits bei vier Fluggesellschaften weltweit. Ende 1994 zog das Unternehmen eine entsprechend positive Bilanz: 143 Orders seien bereits erfolgt, davon 72 Festbestellungen und 71 Optionen von insgesamt 16 verschiedenen Kunden. Schon heute setzt die Eastwest Airlines in Frankfurt das Flugzeug im deutschen Regionalflugverkehr ein, damit Manager oder Politiker bei Geschäfts- oder Urlaubstouren mit bis zu 620 km/h von München nach Berlin oder Sylt jetten können. Allerdings sind die Preise im innerdeutschen Flugverkehr in den vergangenen Jahren derart drastisch gesunken, daß auch weniger finanzkräftige Bürgerinnen und Bürger mittler-

weile für 99 DM einen Kurztrip durch die Republik genießen
können.

Dabei belasten sich die Fluggäste weniger mit der Frage, welchen
ökologischen Schaden diese vermeidbaren Kurzstreckenflüge verur-
sachen. Und für den Dornier-Vorstand zählt primär die Verkaufs-
bilanz – und da sieht es nach langen Jahren ganz gut aus. Zudem
verspricht sich Produktbereichsleiter Hansjörg Kränzle von den
über 100 Regionalflugzeugen, die bei den verschiedenen Airlines in
den kommenden Jahren im Einsatz sein werden, »eine Signalwir-
kung auf weitere interessierte Kunden«.[19]

Da ist es noch weit bis zur Einsicht in die Forderung des Bund für
Umwelt und Naturschutz Deutschland (BUND), daß zumindest
die vermeidbaren Kurzstreckenflüge – vor allem bis 500 Kilometer – »ersatzlos gestrichen« und die Kapazitäten der Flughäfen entsprechend reduziert werden sollen. Der Trend geht in die entgegengesetzte Richtung, wie Ökoexperte Axel Mayer zu berichten weiß.
Als die Lufthansa im Oktober 1994 ankündigte, eine Flugverbin-
dung vom Euro-Airport Basel-Mulhouse-Freiburg ins 339 Kilometer entfernte Frankfurt einzurichten, wies der BUND-Aktivist auf
die ökologischen Folgeschäden hin: Bei einem Flug von 500 Kilometern würden pro Person rund 130 Kilogramm Kohlendioxid
freigesetzt, beim Zug entstünden lediglich 19 Kilogramm.[20] Axel
Mayer sieht in einem gut ausgebauten Schienennetz eine sinnvolle
Alternative, durch die sich beispielsweise auch die Sylter »Hauptstadt« in kürzester Zeit erreichen ließe.

Und wahrlich sprächen gute Argumente für einen völligen Verzicht
der von Dornier gepriesenen Flüge innerhalb der Republik: »Rund
170 Millionen Tonnen Treibstoff verdüste die zivile Luftfahrt
1990«, analysiert Michael Baufeld vom BUND. Trotz sparsamerer
Triebwerke sei der Kraftstoffverbrauch in den letzten zwölf Jahren
um 73 Prozent angestiegen. Immerhin 13 Prozent des weltweiten
Treibstoffverbrauchs entfielen auf den Flugverkehr – Tendenz steigend. Schon heute, so der Vorwurf der Umweltorganisation, checke

sich »jeder Fünfte für einen kurzen Luftsprung zum Geschäftsessen, Face-washing beim Vorstand oder zum Brainstorming des Creativ-Teams innerhalb des Landes« ein.[21]

Die Dornier- und MTU-Vorstände fühlen sich derweil frei von jeglicher Schuld. Glaubt man ihren Beteuerungen, so unternimmt der Konzern seit Jahren alles in seiner Macht Stehende, um den Schadstoffausstoß ebenso wie die Lärmentfaltung nachhaltig zu vermindern. Tatsächlich gelang es den Dornier-Ingenieuren, den Treibstoffverbrauch zu mindern und für eine bessere Regelung der Verbrennung zu sorgen.[22] So stößt das Triebwerk des Airbus A 320 »nur« noch die Hälfte der Stickoxidmenge aus, die von der »Internationalen Organisation für Zivile Flugfahrt« (ICAO) als Obergrenze vorgeschrieben ist. Bei der MTU will man diesen Wert bis 1997 auf 25 Prozent senken.[23]

Der BUND beurteilt diese Anstrengungen als nicht ausreichend, die Umweltaktivisten wissen um die erschreckende Ökobilanz: Selbst wenn es gelingt, die Triebwerke weiterzuentwickeln, nimmt der Schadstoffausstoß insgesamt weiter zu, da immer mehr Flugzeuge die Atmosphäre verpesten. Bis zum Jahr 2005 soll sich der Flugverkehr über Deutschland verdoppeln, bereits heute erfolgen pro Jahr 840 000 Flugbewegungen mit 80 Millionen Passagieren in der Republik. »Flugzeugabgase«, so Angelika Zahrnt, Vizevorsitzende des BUND, »gefährden unser Klima heftiger als bislang wahrgenommen.«[24] Auch die Bundesregierung läßt es an den dringend notwendigen Schritten zur Ökowende fehlen: Anstatt die Milliardenbeträge für die Entwicklung eines neuen Jagdflugzeugs der Erforschung und Entwicklung alternativer Treibstoffe wie Wasserstoff und Methan oder der Verbesserung der ICE-Züge zukommen zu lassen, wird mit dem Eurofighter ein milliardenteures Luftverschmutzungsprogramm gefördert. Dabei müßten in Berlin und Bonn endlich Nägel mit Köpfen gemacht werden: Durch das Verbot von Kurzstrecken- und Interkontinentalflügen in der Stratosphäre über die Besteuerung des Flugzeugtreibstoffs bis hin zum Stop von Tiefflügen müßten die verantwortlichen Politiker endlich ökologisch orientierte Rahmenbedingungen für eine Verkehrswende schaffen. In Schweden wurden bereits Anfang der neunziger Jahre drastische Umweltabgaben eingeführt: Allein für einen vierzigminütigen Kurzstreckenflug mit einer Fokker F.28 müssen seither zusätzliche 320 DM entrichtet werden. So kommt der Flugverkehr den realen Kosten nahe.[25] Die schwedische Regierung hatte schon damals erkannt, daß Fliegen teurer und damit zum Luxusgut werden muß, das nur noch in Ausnahmefällen und nicht als billige Alternative zur Wahl steht.

Die katastrophalen Zustände auf Deutschlands Straßen verleiten Deutschlands Führungselite zu kontraproduktivem Verhalten. »Immer mehr Manager weichen den infarktgefährdeten Verkehrssystemen aus und gehen in die Luft«, stellte Jörg Walberer im *manager magazin* fest. Denn »wer zu spät kommt, den bestraft das Geschäftsleben.« Ironische Pointe am Rande: Die Daimler-Manager fliehen vor den Folgen der eigenen Geschäftspolitik und jetten mit der Münchener MTM Aviation GmbH von einem Termin zum nächsten. Währenddessen trägt die Mercedes-Benz AG mit immer neuen Rekordverkäufen weiter zum Verkehrskollaps auf den Straßen bei.[26]

Tatsächlich liegt in der Entwicklung neuer, drastisch schadstoffreduzierter Triebwerke für die zivile Luftfahrt die einzige Chance für das Unternehmen, sinnvolle Arbeitsplätze zu schaffen: Wenn es gelingt, weltweit führend ein Flugzeug mit extrem abgasarmem Antrieb zu entwickeln, kann der Konzern die Konkurrenz schlagen. Doch der Dasa-Gesamtbetriebsratsvorsitzende sieht schwarz, was die Umsetzung seiner Idee anbetrifft. Denn wie weit die Dasa-Führung von derlei Visionen entfernt ist, weiß Alois Schwarz selbst: »Leider haben die Wirtschaftsbosse und die Regierung zu wenig Mut.«[27]

Den Vogel schießt derweil das *Luftwaffen-Forum* ab. Laut Aussage des Luftfahrtmagazins setzt die Motoren- und Turbinen-Union München voll auf den Trend der Zeit und entwickelt aus ökologischen Gründen rauchfreie und leisere Triebwerke für den Jäger 90/ Eurofighter. Obwohl es keine »Emissionsgrenzwerte für militärische Triebwerke« gebe, würden sich die Entwickler in der Rüstungsindustrie »immer mehr um den Umweltschutz« mühen.

Voll des Lobes über das »grüne« EJ 200-Triebwerk für das neue Jagdflugzeug der Bundesluftwaffe, verrät das Luftfahrtmagazin die wahren Gründe für das Engagement der MTU-Entwicklungsabteilung. Mit dem EJ 200 würden »zwei Fliegen mit einer Klappe« geschlagen: Neben dem Ökoaspekt hätten die geringeren Emissionswerte, die verminderte Rauchentwicklung und der reduzierte Lärm »auch militärisch nutzbare Vorteile«. Die effizienteren Brennkammersysteme trügen zur Verminderung des Treibstoffverbrauchs bei, ließen das Triebwerk wirtschaftlicher arbeiten und würden die Betriebskosten insgesamt senken.

Diese Tatsachen entlarven das nur vermeintlich ökologische Denken der Triebwerksentwickler bei der Daimler-Benz Aerospace: Ähnlich der Pseudodiskussion bei Mercedes-Benz über das vermeintliche Ökoauto aus Hambach, wird der Aspekt der Umweltverschmutzung auch bei der Dasa instrumentalisiert, um die Eigeninteressen nicht zur Disposition stellen zu müssen. Der Dasa geht es primär nicht um die Reinhaltung der Luft, sondern in allererster Linie um den Profit. Wenn die Daimler-Benz Aerospace ihren Beitrag zur Reinhaltung der Luft leisten wollte, müßte sie auf die Entwicklung militärischer Triebwerke von vornherein verzichten. Denn der Eurofighter ist kein »grünes« Luftreinhaltungs-, sondern ein Militärprogramm für die Bundesluftwaffe mit einer desaströsen Ökobilanz.

Das *Luftwaffen-Forum* bringt den Sachverhalt auf den Punkt. Öko ist die Fassade, militärische Schlagkraft das Ziel: »Flugzeuge mit rauchfreien Triebwerken sind schlechter zu erkennen, und leisere hört der Gegner später.«[28]

Jäger light in teurem Tiefflug

Vom heavy Jäger zum Jäger light

»*Die Entwicklung und Beschaffung des MRCA-Tornados galten bislang als ›größtes Rüstungsprogramm seit Christi Geburt‹. Die Bundesregierung im Verein mit CDU, CSU und FDP hat es geschafft, diesen ›Rekord‹ noch zu übertreffen.*« Aus einer Großen Anfrage der Fraktion der Grünen[29]

»*Eigentlich ist es einfach: Um im Luftkampf zu siegen, empfiehlt es sich, früher schießen und treffen zu können als der Gegner, und falls dies zunächst nicht gelingt, länger und genauer schießen zu können, ob mit Flugkörpern oder Kanone, als der Gegner.*« Erhard Heckmann, Chef vom Dienst der *Wehrtechnik* über die Anforderungen an den Jäger 90[30]

»*Sie dachten, der Jäger 90 sei abgestürzt? Vorhaben unrühmlich beendet? Modell im Museum? Zu teuer, zu wenig Leistung fürs notwendige Geld und verspätet gegenüber allen Terminplänen? Weit gefehlt.*« Otfried Nassauer, Friedensforscher, zum Jäger 90-Projekt[31]

Im Jahre 1976 hatte der Bundestag noch nicht einmal die Beschaffung des Jagdbombers *Multiple Role Combat Aircraft* – kurz MRCA-Tornado genannt – beschlossen, als die Militärs schon die Entwicklung eines neuen Jagdflugzeugs für die Bundesluftwaffe planten. Der MRCA war ein trilaterales Gemeinschaftsprojekt der Herstellerländer Großbritannien, Italien und der Bundesrepublik, wobei die spätere Dasa-Tochter Messerschmitt-Bölkow-Blohm GmbH in Deutschland als Systemführer fungierte.

Für das neue Jäger-Projekt wurde gleich Mitte der siebziger Jahre eine Arbeitsgruppe gegründet, an der neben Großbritannien und

Deutschland auch Frankreich, Holland und Belgien beteiligt waren.[32]

Einigung in Grundsatzfragen erzielten Großbritannien, Frankreich und Deutschland dann 1977 über die Frage des Bedarfs an einem in Kooperation herzustellenden europäischen Jagdflugzeug. Holland und Belgien hatten derweil ihre Ambitionen aufgegeben, und überraschenderweise verabschiedete sich später auch Frankreich aus dem Projekt, um ein voll auf den Export ausgerichtetes Flugzeug zu entwickeln. Dafür erklärten Italien und Spanien ihre Beteiligung an der Entwicklung des Großwaffensystems.

Am 16. Dezember 1983 wurden die operativen Forderungen an das europäische Jagdflugzeug seitens der Luftwaffenchefs der fünf Partnerstaaten festgelegt: Der Jäger mußte unter anderem über »hohe Einsatzwirksamkeit, flexible Einsatzführung, hohe Überlebensfähigkeit und schnelles Reaktionsvermögen« verfügen.

1986 unterzeichneten die vier verbliebenen Teilnehmerländer eine Grundsatz-Regierungsvereinbarung und beschlossen, eine gemeinsame Definitionsphase durchzuführen. Nach »eingehender Prüfung und Bewertung«, so der Parlamentarische Staatssekretär Jörg Schönbohm in einem internen Schreiben an den vormaligen Vorsitzenden des Verteidigungsausschusses, Fritz Wittmann, habe man festgestellt, daß das Flugzeug »den Erwartungen« entspreche und »den Eintritt in die Entwicklung« rechtfertige. Die vier Rüstungskonzerne British Aerospace (BAe), Deutsche Aerospace (Dasa), Alenia und CASA gründeten die Eurofighter GmbH, welche die Entwicklung des Waffensystems leiten sollte. BAe und die Dasa waren mit jeweils 33 Prozent an der Entwicklung beteiligt, die italienische Alenia mit 21 und die spanische CASA mit 13 Prozent.[33]

Nachdem die zuständigen Bundestagsausschüsse am 4. Mai 1988 die Regierungsvereinbarung zur Jäger-Entwicklung »zustimmend zur Kenntnis genommen« hatten, wurden für 1988 bis 1999 insgesamt 5,85 Milliarden DM an Entwicklungsgeldern bewilligt.[34]

Noch im selben Jahr beschlossen die vier Partnerstaaten eine Regierungsvereinbarung für die gemeinsame Entwicklung des European Fighter Aircraft (EFA), weithin bekannt unter der Bezeichnung Jäger 90. Am 23. November wurden dann die Industrieverträge mit der NATO European Fighter Management Agency (NEFMA) sowie mit den internationalen Konsortien der beteiligten Rüstungskonzerne geschlossen. Dabei handelte es sich um die Eurofighter Jagdflugzeug GmbH (EF), zuständig für das Flugzeug, sowie die Eurojet Turbo GmbH (EJ), verantwortlich für das Triebwerk. Als deutscher Systemführer war die Deutsche Aerospace sowohl an der Flugzeugentwicklung wie auch über das Tochterunternehmen Motoren- und Turbinen-Union MTU an Eurojet beteiligt. Bei der Triebwerksentwicklung kooperierte MTU mit dem britischen Motorenhersteller Rolls Royce, mit der Fiat Avio, dem Geschäftsbereich Flugtechnik des italienischen Autofabrikanten, sowie mit dem spanischen Triebwerkshersteller Sener.

Die jährliche Kostenobergrenze für die Fortschreibung des EFA-Projekts wurde auf 3,5 Prozent begrenzt. Damit sollten Preisexplosionen wie bei den vorherigen Flugzeugprogrammen definitiv ausgeschlossen werden. Allerdings wurde der Industrie das Recht zugestanden, Verhandlungen neu aufzunehmen, »falls sich die relevanten volkswirtschaftlichen Indizes über die Laufzeit des Programms signifikant verändern« sollten.[35]

In den neunziger Jahren führte diese vertragliche Vereinbarung zu jahrelangen Kontroversen hinter den Kulissen und zuweilen öffentlich ausgetragenen Konfrontationen.

1992 dann schien das Projekt aufgrund der unbezahlbar gewordenen Kosten und vor allem aufgrund der gänzlich geänderten Sicherheitslage nach der Auflösung des Warschauer Pakts zu scheitern. Nach Kräften mühten sich Militär, Industrie und Regierungspolitik, das Programm mit neuem Namen und unter marginal geänderten Leistungsanforderungen fortzuführen.

Die parlamentarische Arbeitsgruppe zur Untersuchung von Alternativen zum Jäger 90 nannte am 30. Juni 1992 vier wesentliche Punkte, die den European Fighter Aircraft/EFA (Jäger 90) beerdigen und den New European Fighter Aircraft/NEFA (Eurofighter 2000 oder Jäger light) gebären sollten: So sei ein Ersatz für die F-4F Phantommaschinen der Luftwaffe bis zur Jahrtausendwende unumgänglich. Neben bodengestützten müßten zusätzlich auch luftgestützte Waffensysteme – gemeint sind Jagdflugzeuge – militärischen Schutz bieten. Da der Jäger 90 in seiner ursprünglichen Konfiguration zu teuer sei und sich die politischen Konstellationen geändert hätten, könnten die Anforderungen »quantitativ reduziert und qualitativ angepaßt werden«. In jedem Falle aber müsse die Kooperation der vier Partnerländer fortgesetzt, und »wenn möglich, unter Hinzuziehung« weiterer Partner ausgebaut« werden. Die technischen Ergebnisse und die noch vorhandenen finanziellen Ressourcen sollten für die Entwicklung der abgespeckten Jäger-Variante weiterverwendet werden.

Im nachhinein betrachtet kann festgestellt werden, daß viele der Vorgaben nicht erfüllt wurden und damals lediglich dazu dienten, das in der Öffentlichkeit äußerst kontrovers diskutierte Milliardenprojekt auf vermeintlich niedrigerem Niveau weiter zu betreiben. Auch konnte kein neuer Kooperationspartner gefunden werden, was – angesichts der für die meisten Staaten unbezahlbaren Kosten – nicht weiter verwundert.

Beim Ministertreffen am 4. August 1992 in Madrid fiel dann die Entscheidung zur »Umsteuerung« des Kooperationsprogramms von EFA zu NEFA. Am 10. Dezember des Jahres einigten sich die Minister auf eine Kostenminderung von bis zu 30 Prozent.[36]

Die Beschaffungsentscheidung in Deutschland wurde auf 1995 vertagt, was vor allem mit den Bundestagswahlen im Oktober 1994 zusammenhing. Umfrageergebnisse hatten angesichts des zeitgleich betriebenen Sozialabbaus eine breite Mehrheit gegen das größte deutsche Rüstungsprojekt aller Zeiten ergeben, so daß die Regierungskoalition unter Bundeskanzler Helmut Kohl einen negativen Einfluß auf die Wahlen befürchtete. Nach Kräften versucht die Regierungspolitik eine grundsätzliche Diskussion über das Jagdflugzeug-Programm zu verhindern, und sie weiß warum. »Der Eurofighter 2000 ist der Jäger 90, so wie dieser in den siebziger Jahren als TKF, als Taktisches Kampfflugzeug der Zukunft, bezeichnet wurde«, meint Otfried Nassauer. Der heutige Leiter des Berliner Informationszentrums für Transatlantische Sicherheit (BITS) urteilt über die Täuschungsmanöver der Dasa und der Bundesregierung aus der Erfahrung der vergangenen Jahrzehnte: »Der Jäger 90 reiht sich problemlos in die Erfolgsgeschichte deutscher Kampfflugzeugskandale ein: Starfighter, Tornado und nun Jäger 90.«[37]

Poker um Preis und Leistung

»*Die Dasa liefert den EF 2000 zum Fly-away-Preis von 58,7 Millionen Mark. Nur diese Kosten können von der Industrie mit beeinflußt werden, so kann industrieseitig auch nur dieser Preis genannt werden.*« Aus den *new-tech news 1994* der Dasa[38]

»*... ist nach Auffassung des Bundesrechnungshofes zur Zeit noch davon auszugehen, daß der Preis für ein vollständig ausgerüstetes Flugzeug des Waffensystems EF 2000, auf Preisstand 1993 berechnet, in der Größenordnung von 150 Mio. DM liegen dürfte.*« Der Bundesrechnungshof in seinem Dritten Bericht zum Jagdflugzeug im Juli 1994[39]

»*Das ist so, als wenn Sie zu ihrem Autohändler gehen und einen VW-Golf kaufen, der weder Räder hat, noch ein Steuerrad hat, noch Blinker hat. Und hinterher haben Sie einen guten Preis bezahlt und müssen das alles für teures Geld nachrüsten.*« Der Bundestagsabgeordnete Gernot Erler über Tricks bei der Eurofighter-Beschaffung[40]

Die nimmer enden wollende Kritik am New European Fighter Aircaft zielte und zielt neben den – von der Daimler-Benz Aerospace zu verantwortenden – technischen Verzögerungen auch auf die von der Dasa immer wieder veränderten Kostenfestlegungen, die zu unseriösen Kostenschätzungen zwischen 20 und 200 Millionen DM pro Flugzeug führten. 1994 bezifferte die Dasa den Fly-away-Preis auf 58,7 Millionen DM. Dabei handelte es sich um die Kosten für einen Eurofighter mit vollständiger Zelle, mit Ausrüstungsteilen sowie dem Triebwerk. Der Preis täuscht, denn das Fly-away-Flugzeug ist zwar zum Take-off bereit, doch entscheidende Komponenten müssen noch hinzugekauft werden, der Jäger ist noch nicht einmal betankt.

Schon der Geräte-Stückpreis gibt Aufschluß über die höheren finanziellen Aufwendungen: Neben der Mehrwertsteuer müssen auch die Serienvorbereitungskosten miteinberechnet werden, dementsprechend werden die Ausgaben auf rund 95 Millionen DM beziffert.[41] Über die realen Kosten für den Steuerzahler beliebt sich die Daimler-Benz Aerospace auszuschweigen: Die alles entscheidende Angabe betrifft den Systempreis, der den gesamten Komplex der Logistik, des Supports, der Ersatzteile, der Ausbildung und der Bodengeräte umfaßt. Der Systempreis, d. h. der Geräte-Stückpreis inclusive dem unumgänglichen »Systemzuschlag«, liegt nach seriösen Schätzungen bei mindestens 133 Millionen DM, wie die Bundesluftwaffe 1992 errechnete.

Die Dasa weigerte sich bislang, über den definitiven Systempreis Auskunft zu geben, schließlich sei der Systemzuschlag Angelegenheit des Abnehmers und nicht des Anbieters. Im Endeffekt zogen sich die Verantwortlichen der Daimler-Benz Aerospace 1994 auf den Standpunkt zurück, der Rüstungskonzern könne »zum jetzigen Zeitpunkt nur den eben genannten Fly-away-Preis beziffern«.[42]

Die verhaltene Stellungnahme der Dasa-Vertreter ist verständlich, denn Verteidigungsminister Volker Rühe hat die »Schmerzgrenze«

für den Systempreis auf 100 Millionen DM festgelegt. Dagegen ging der Bundesrechnungshof in seinem Dritten Bericht vom 7. Juli 1994 davon aus, daß der Systempreis des Eurofighters zumindest bei 150 Millionen DM liegen werde. Bei einem mittlerweile auf 12,6 Milliarden DM zurückgeführten Ansatz der Haushaltsmittel ließen sich somit lediglich 85 Flugzeuge statt der zwischenzeitlich geplanten 140 kaufen. Ursprünglich hatte die Bundesluftwaffe 250 Jäger 90 als ein unbedingtes Muß zur militärischen Landesverteidigung propagiert.[43] Da aber – laut Aussage des Vorsitzenden des Verteidigungsausschusses, Klaus Rose – der Feind erst noch gefunden werden müsse, sind nunmehr weniger Eurofighter vonnöten, um die Gelüste der Generäle für Einsätze außerhalb des Nato-Vertragsgebiets (Out of Area) zu befriedigen.

Auch die kaum kontrollierbaren Kostenzuwächse nach der »Reorganisierung« vom Jäger 90 zum Eurofighter 2000 waren seit der Unterzeichnung der ersten EFA-Entwicklungsverträge Gegenstand heftiger öffentlicher Kontroversen. Dabei verwies das Verteidigungsministerium zwar regelmäßig auf die Preisfortschreibungsvorgabe von 3,5 Prozent, sah sich aber dennoch deftigen Nachzahlungsforderungen der Rüstungsindustrie ausgesetzt.

Am 21. Juni 1993 vereinbarten das Bundesministerium für Verteidigung (BMVg) und die Dasa sowie deren Tochterunternehmen MTU einen Zahlungsplan über das »EF 2000 Jahresbudget 1993/94«. In dem Vertragswerk – vom Dasa-Vorstandsmitglied Hartmut Mehdorn sowie dem Leiter der Hauptabteilung Rüstung im Bundesverteidigungsminsterium, Ministerialdirektor Gunnar Simon, unterzeichnet – wurde ein »geänderter zeitlicher Ablauf des Programms« sowie »eine Reihe von Änderungen der Waffensystem-Spezifikation« festgeschrieben. Dabei einigten sich die beiden Vertragspartner neben der vagen Annahme der »Einigung über die Konditionen der Reorientierung im internationalen Rahmen« sowie der »hieraus resultierenden Konsequenzen« auch auf konkrete Zahlungen für das laufende und das folgende Jahr: Der Flugzeughersteller Dasa und der Triebwerksproduzent MTU sollten »für die Durchführung des EF 2000 Entwicklungsprogramms vom BMVg in 1993 520 Mio. DM und in 1994 740 Mio. DM« erhalten.[44]

Auch die ursprüngliche Beteiligung Deutschlands an den Entwickungskosten erhöhte sich von 5,85 (Preisstand Dezember 1987) auf 6,79 Milliarden DM (Preisstand Dezember 1993). Im Haushalt des Jahres 1994 mußte neben den 6,79 Milliarden DM für die EFA-Entwicklung ein weiterer Betrag von rund 811 Millionen DM für die Konzept- und Definitionsphase hinzugerechnet werden. Die Gesamtkosten belaufen sich dementsprechend auf rund 7,6 Milliarden DM. Im Endeffekt werden die real anfallenden Kosten schon allein aufgrund der Preissteigerung in den Folgejahren weiter steigen. Von diesen 7,6 Milliarden DM Steuergeldern waren bis August 1994 4,29 Milliarden DM ausgegeben worden, welche über den Systemführer Deutsche Aerospace vor allem in die Kasse der Daimler-Benz AG gewandert waren.

Trotz der reichlich fließenden Milliardenzuwendungen brach Ende des Jahres 1994 ein offener Konflikt zwischen dem Bundesverteidigungsministerium und der Dasa aus. Die Industrie – allen voran der Münchener Rüstungskonzern – machte von den ehemals völlig überzogenen Mehrforderungen für die Entwicklung des Jäger 90 zum Eurofighter 2 000 in Höhe von über einer Milliarde DM weiterhin 570 Millionen DM geltend: 128 Millionen DM für die »Eskalation«, 145 Millionen DM für »Streckungskosten«, 220 Millionen DM für »programmbezogene Kosten« sowie 77 Millionen DM für die Berechnung nach der »Bonner Formel«. Selbst das Bundesverteidigungsministerium wertete in einer ersten Stellungnahme lediglich 185 Millionen DM als »berechtigt«, wie Jörg Schönbohm in einem vertraulichen Schreiben mitteilte.[45]

Im Januar 1995 eskalierte der Konflikt zwischen der Münchener

Waffenschmiede und der Bonner Hardthöhe: Von nunmehr insgesamt 1,3 Milliarden DM an Nachzahlungsforderungen bestand die Dasa weiterhin auf dem »Nachschlag« von 570 Millionen DM. Auf der Hardthöhe schob Verteidigungsminister Volker Rühe die Schuld für die Millionenverteuerungen vornehmlich dem Systemführer Dasa zu. Die Zusatzansprüche – so die Forderung der Daimler-Tochter – sollten in den neuen Bundeshaushalt aufgenommen werden. Entsprechend deftig kommentierten die Medien den Dauerstreit um die stetig steigenden Kosten für das neue europäische Jagdflugzeug: »Die Eurofighter-Kosten fliegen davon«, lauteten die Schlagzeilen bundesweit.[46] Und mancherorts wurde hoffnungsfroh gefragt: »Stürzt der Eurofighter ab?«[47] Doch der Schein trog: Was sich hinter den Kulissen abspielte, war der Kampf um die Millionen. Der Fight um die Milliarden für den Eurofighter war längst entschieden. Angelika Beer, Mitglied im Verteidigungsausschuß, sah im Februar 1995 schon die Entwicklung der kommenden Monate voraus: Die bündnisgrüne Rüstungsfachfrau warf dem Verteidigungsminister »bewußte Umgehung des Parlaments vor«, denn Rühe habe nur die Haushaltsdebatte 1995 abwarten wollen. Erst danach sollten die realen Entwicklungskosten des Eurofighters offengelegt werden. Am Ende, so Angelika Beer, hätten die Abgeordneten »nach Rühes Plan die Entscheidung nur noch abzunicken«.[48]

Urspünglich hatten sich die vier Kooperationspartner gezwungen gesehen, den Systempreis um 30 Prozent zu senken, um den Jäger 90 vor dem Absturz zu retten. Hierfür sollte nach 1992 eine »deutliche Reduzierung der qualitativen und quantitativen Forderung« in Kauf genommen und das gesamte Programm gestreckt werden.[49]

Letztendlich legte die Dasa ein Kürzungsprogramm vor, wie die Kosten minimiert werden könnten, das dann wiederum von den Militärs der Kooperationsstaaten zusammengestrichen wurde. Am

Ende mußte das Verteidigungsministerium eingestehen, daß lediglich sieben Änderungen von allen vier Partnerländern akzeptiert worden waren: so wurde beispielsweise die Steigleistung reduziert, die Kurzstart- und Landestrecke verlängert, die Freund-Feind-Kennung auf marktverfügbares Gerät reduziert und auf die radargesteuerte Rumpfzielfähigkeit der Bordkanone verzichtet.

Zwei Jahre später wollte Staatssekretär Jörg Schönbohm auf eine interne Anfrage von Walter Kolbow, dem verteidigungspolitischen Sprecher der SPD-Bundestagsfraktion, noch immer keine genaueren Angaben zu den nunmehr anfallenden Kosten mitteilen. Als Kolbow sich im September 1994 direkt an Schönbohm wandte, um den Kostenverzicht Deutschlands »im einzelnen« zu erfahren, erhielt der Sozialdemokrat nur die albern anmutende Antwort, der Systempreis könne »nicht auf einzelne Spezifikationswerte oder Fähigkeiten aufgeschlüsselt werden«.[50]

Gerade die waffentechnische Überlegenheit gegenüber den herkömmlichen Jagdflugzeugen stellte lange Zeit ein gewichtiges Argument der NEFA-Befürworter dar. Um so tiefer saß der Schlag, der allen Militärfetischisten verpaßt wurde, als offensichtlich wurde, daß der Eurofighter zwar fliegen, jedoch kaum schießen konnte. »Für die Jäger von morgen nur Waffen von vorgestern?« fragte *associated press*-Redakteur Detlef Rudel und traf damit einen weiteren wunden Punkt in der »Problem-Story« des Eurojägers. Selbst Verteidigungsminister Rühe gehe »offenbar davon aus, daß die als modernster Jäger der Welt konzipierte Maschine ein Tiger ohne Zähne bleiben soll«, schockte Rudel die Öffentlichkeit mit der immer weiter auseinanderklaffenden Schere zwischen Preis und Leistung. »Wir können nur das beschaffen, wofür wir Geld haben«, hatte ein Sprecher des Verteidigungsministeriums auf die Frage nach der NEFA-Bewaffnung geantwortet und damit der Diskussion um Sinn und Zweck des Jäger light weiteren Auftrieb gegeben.[51]

Als auch die Mitglieder des Verteidigungsausschusses im Februar 1995 von Volker Rühe erneut mit »Null-Informationen« über den aktuellen Stand des NEFA-Projekts unterrichtet wurden, erntete Rühes Vorgehen nicht nur von Angelika Beer heftige Kritik. Am Ende sah sich selbst der Ausschußvorsitzende Klaus Rose, CSU-Abgeordneter aus Vilshofen, außerstande, auf die Frage nach den EF-Kosten kompetent zu antworten: Das Thema Finanzen sei in dieser Richtung »immer noch nicht geklärt«, er kenne die genauen Zahlen nicht. »Ich fürchte, und das sage ich auch kritisch, daß man es nicht schafft bis zur Bereinigungssitzung«, so Klaus Rose in seiner Ministerschelte.

Den tatsächlichen Hintergrund des peinlichen Pokers um Preis und Leistung legte Gernot Erler, bei den Sozialdemokraten für den Eurofighter zuständiger Berichterstatter, in der TV-Sendung *Kennzeichen D* offen: Natürlich gehe es beim Eurofighter um ein komplexes Waffensystem, »aber der Trick« zur Konsensbildung sei der, »daß man möglichst immer alles rausschmeißt aus dem Projekt«, um anschließend »eine abgespeckte Version für die parlamentarischen Verhandlungen« zu präsentieren. Auf diesem Wege würden die Kosten, »die eigentlich in die Entwicklung gehören, rausgedrängt in die Beschaffung«. Diese zum Systempaket gehörenden Leistungen sollen dann erst »viel später beraten und vom Steuerzahler bezahlt werden«. Treffend charakterisierte der Sozialdemokrat die Strategie des Verteidigungsministers: Hinterher müsse dann ein »Anpassen an die Technologie« erfolgen, »was natürlich ein Betrugsmanöver« sei.[52]

Neue Dasa-Waffen für die Krisenreaktionskräfte

Auf der Suche nach dem Feind

»Dieses Flugzeug diente den Regierungsvertretern der ehemaligen DDR als VIP-Transporter und wurde danach als Transportflugzeug der Flugbereitschaft des Bundesministeriums der Verteidigung eingesetzt.« Dasa-Firmenzeitschrift *aktuell*[53]

»Für Deutschland ist die existentielle Bedrohung des Kalten Krieges irreversibel überwunden.« Verteidigungsminister Volker Rühe in den *Verteidigungspolitischen Richtlinien (VPR)* von 1992[54]

»Nach dem historischen Umbruch in Mittel- und Osteuropa gehört die politische Ordnung des Kalten Krieges der Vergangenheit an.« *Weißbuch 1994* des Bundesministeriums der Verteidigung[55]

Der Kalte Krieg ist beendet, die Warschauer Vertragsorganisation hat sich am 1. Juli 1991 aufgelöst, die traditionellen Feindbilder sind weitgehend verschwunden. Längst hat der Mercedes-Vorstand die Chancen des Massenmarkts Rußland erkannt, auch wenn der Aufbau der dortigen Wirtschaft noch Jahre, wenn nicht Jahrzehnte in Anspruch nehmen wird. 1993 verkaufte der Autokonzern gerade einmal 2900 Personen- und 650 Nutzfahrzeuge im russischen Riesenreich. Zumindest im Pkw-Bereich konnte die Zahl im Folgejahr mehr als verdoppelt werden, die Hälfte der verkauften Limousinen waren große S-Klasse-Wagen. Seit Mai 1993 werden im 40 Kilometer westlich von Moskau gelegenen Werk Golizyno beim Busfabrikanten Avtrokon Mercedes-Busse vom Typ O 303 in Lizenz gefertigt. Im Dezember 1994 gründete das Stuttgarter Automobilunternehmen in Moskau die Mercedes-Benz Avtomobili AOST. Mit der eigenen Vertriebsgesellschaft sollen der Verkauf von

Fahrzeugen der gesamten Pkw- und Nutzfahrzeugpalette forciert und das noch schwach bestückte Netz der Service- und Händlerstationen erweitert werden. Ein zentrales Versorgungs- und Ersatzteillager wird folgen.[56]

Der Kapitalismus hält Einzug in Ronald Reagans »Reich des Bösen«, mit dem früheren Feind lassen sich zumindest langfristig gute Geschäfte machen. Der bisherige Erfolg und das Wissen um den Markt der Zukunft führten 1995 zur Eröffnung einer Repräsentanz in Moskau. Immerhin hatte Daimler-Benz in Rußland bereits 1994 einen Umsatz von einer Milliarde DM erzielt.

Zeitgleich mit der Gründung der Moskauer Konzernrepräsentanz verwirklichte die Daimler-Benz Aerospace nach zweijährigen Verhandlungen das Joint Venture Davia. Das Ziel der Davia, zu je 50 Prozent im Besitz der Dasa sowie der russischen Firma Aviapribor, besteht in der Entwicklung, der Produktion und dem Vertrieb von Avionik- und Flugzeugausrüstungen für die gesamte Gemeinschaft Unabhängiger Staaten (GUS). Neben der GUS soll später auch der Westmarkt beliefert werden. Als konkretes Projekt ist die Entwicklung eines neuartigen Systems des Navigations-Managements geplant, das bei Flugzeugen wie Hubschraubern zum Einsatz kommen soll. Für russische Acht-Tonnen-Hubschrauber werden komplette Avionikausrüstungen gefertigt.[57]

Dabei dürfte die Vorstellung, russische Militärhubschrauber könnten in Zukunft mit der Dasa-Technologie Kampfeinsätze fliegen, nicht nur in deutschen Militärkreisen mit Verwunderung registriert werden.

In der Folge des zaghaft voranschreitenden Abrüstungsprozesses kommt es auch zu überraschenden Konstellationen ganz anderer Art. So erhielt die Dasa-Tochter Elbe Flugzeugwerke in Dresden den Auftrag, eine Tupolev TU-154M in ein Beobachtungssystem umzurüsten. Wer die Historie dieses Flugzeuges kennt, kann die Bedeutung dieser Umrüstungsmaßnahme im Rahmen der Konferenz über Sicherheit und Zusammenarbeit in Europa (KSZE) erkennen. Früher zum Transport von Repräsentanten des SED-Staates verwandt, erhält die Tupolev nunmehr für Beobachtungsaufgaben optische Kameras sowie Videokameras als Sensoren, »mit denen über den KSZE-Partnerländern die Politik des offenen Himmels (Open Skies) verwirklicht werden soll«.

Bei Messerschmitt-Bölkow-Blohm wurden noch nach der Fusion mit dem Daimler-Benz-Konzern Kampfflugzeuge für den Krieg gegen den Kommunismus produziert. Heute aber rüstet die Dasa Flugzeuge des Ostens – als »vertrauensbildende Maßnahme« – vom VIP- zum Video-Einsatz um.[58]

Als Volker Rühe im November 1992 seine *Verteidigungspolitischen Richtlinien (VPR)* publizierte, mußte der Verteidigungsminister eingestehen, »der bedrohlichste Fall einer großangelegten Aggression« sei »höchst unwahrscheinlich« geworden. Eine Gefährdung der Bundesrepublik oder verbündeter Staaten durch die russische Armee sei »auf absehbare Zeit auszuschließen«. Bundeswehr und Rüstungsindustrie stellt dieses Szenario vor den Worst-case. Denn eine Armee ohne konkreten Feind ist sinnlos, Waffenschmieden ohne Kunden müssen konvertieren oder Konkurs anmelden.

Dennoch, konnte Volker Rühe seine Mitstreiter in Kasernen und Konzernen beruhigen. In seiner Neudefinition der »vitalen Interessen« der Bundesrepublik Deutschland wies der Verteidigungsminister der Bundeswehr zugleich erweiterte neue Aufgabenbereiche zu, welche gerade in der Münchener Dasa-Zentrale mit Freuden aufgenommen werden durften: Bundeswehrsoldaten sollten von nun an auch zur »Aufrechterhaltung des freien Welthandels und des ungehinderten Zugangs zu Märkten und Rohstoffen in aller Welt im Rahmen einer gerechten Weltwirtschaftsordnung« eingesetzt werden können.[59] Die »Maßnahmen zur Sicherheitsvorsorge« müßten zukünftig »im erweiterten geographischen Umfeld« erfolgen.[60]

Damit folgte Rühe den auf der Tagung des Nordatlantikrats im

November 1991 beschlossenen Vereinbarungen: In Rom hatten die Staats- und Regierungschefs die Sicherheitsinteressen des Bündnisses neu festgelegt. Zur Gefährdung der Sicherheit wurden unter anderem auch das Eingreifen bei »Unterbrechung der Zufuhr lebenswichtiger Ressourcen« gezählt.[61] Seither können die Unterbrechung der Erdölzufuhr über den Persischen Golf oder der Rohstoffwege aus den Staaten der Dritten Welt Anlaß für eine militärische Intervention der Nato sein.

Um die so erweiterte Aufgabenstellung erfüllen zu können, mußte nicht nur die Bundeswehr in Hauptverteidigungs- und Krisenreaktionskräfte umstrukturiert werden, sondern eine völlig neuartige Generation von Handfeuerwaffen und Großwaffensystemen beschafft werden.

Die Krise der Rüstungsindustrie direkt nach dem Ende des Kalten Krieges neigt sich dem Ende zu, der Rückgang der staatlichen Aufträge für die deutsche Rüstungsindustrie kann gestoppt werden. Allen voran die Dasa, als umsatzstärkster deutscher Rüstungskonzern, darf wieder erwartungsvoll in die Zukunft blicken: Die VPR stellen eine »verbindliche Grundlage« für die künftige Geschäftspolitik dar, und zudem finden sich sämtliche Vorgaben im neuen Weißbuch des Bundesverteidigungsministeriums.[62] Spätestens damit zählen sie zum Regierungsprogramm.

Dasa-Waffen – auch Out of Area

»*Klima und geographische Bedingungen außerhalb Europas erfordern entsprechende materielle Ausstattung und persönliche Ausrüstung der Soldaten.*« Weißbuch 1994 des Bundesministeriums der Verteidigung, Punkt 573

»*Mit der Aufstellung von Krisenreaktionskräften schafft das Heer eine ausgewogene Mischung von mechanisierten, luftbeweglichen und zum*

Feuerkampf aus der Luft befähigten Kampftruppen.« Weißbuch 1994
des Bundesministeriums der Verteidigung, Punkt 581

»*Die Bundeswehr soll ›krisenreaktionsfähig‹, sprich kriegsfähig, ge-
macht werden – und das genau 50 Jahre nach Kriegsende.*« Tobias
Pflüger, Sprecher des Dachverbandes der Kritischen AktionärInnen
Daimler-Benz[63]

Der eingeleitete Abrüstungsprozeß wird allseits begrüßt. Doch was
der globalen Entmilitarisierung diametral entgegensteht, ist der
Wunsch der Bundeswehrführung, sich trotz eines fehlenden Feindes in Europa weiterhin mit weltweit führenden High-Tech-Waffen auszurüsten. Um diesen Spagat zu bewältigen, wird quantitativ
abgerüstet und – von der Öffentlichkeit weitgehend unbemerkt –
zugleich qualitativ aufgerüstet.
Im *Weißbuch 1994* führt das Bundesverteidigungsministerium die
Ausrüstungsplanung der Streitkräfte aus. Dabei wird der »Krisen-
bewältigung außerhalb Deutschlands« sowie der »Ausrüstung der
Krisenreaktionskräfte« (KRK) absolute Priorität beigemessen. Denjenigen Fähigkeiten, »die für Einsätze in der internationalen Krisen-
bewältigung notwendig« seien, wird Vorrang eingeräumt. Dabei
werden an Mensch und Material beim Einsatz »außerhalb Europas«
hohe Anforderungen gestellt: Schließlich seien deutsche Soldaten
in den multinationalen Verbänden »Repräsentanten des modernen
Industriestaates Deutschland«.[64]

Verteidigungsminister Volker Rühe verlangt im *Weißbuch 1994* die
entsprechenden Waffen für die Krisenreaktionskräfte der Bundeswehr: »Die materielle Neuausrichtung der Marine« orientiere sich
»in erster Linie an der Aufgabe, mit See- und Luftstreitkräften zur
Krisenreaktionsfähigkeit beizutragen«.[65] Mitte der neunziger Jahre
ist die Ausrüstung der KRK für die zukünftigen Out-of-Area-Einsätze angelaufen, die Dasa ist für viele der Aufrüstungsprojekte der

Marine und des Heeres sowie bei allen Luftwaffenprojekten der Hauptauftragnehmer.

So liefert die Motoren- und Turbinen-Union (MTU) in Friedrichshafen Schiffsantriebe: »Qualität zeigt Flagge«, lautet die Devise. Sichtlich stolz brüstet sich das Daimler-Tochterunternehmen, schon heute weltweit mehr als 15 000 Dieselmotoren für den Antrieb von Patrouillenbooten wie Fregatten geliefert zu haben.[66] In den kommenden Jahren werden die Kassen bei der MTU klingeln.

Die Zerstörer der Hamburg-Klasse sollen von den vier neuen Fregatten der Brandenburg-Klasse abgelöst werden. Neben den neuen Minenjagdbooten der Frankenthal-Klasse werden Tender der Elbe-Klasse angeschafft. Zur Jahrtausendwende werden die Zerstörer der Lütjens-Klasse durch die in Kooperation gefertigten Fregatten der Klasse 124 sowie die bisherigen U-Boote der Klassen 206 und 206 A durch neue U-Boote der 212-Klasse ersetzt. Diese sollen mit einem »hochmodernen, weitestgehend außenluftunabhängigen Antrieb« abgelöst werden. »Zur Unterstützung heimatfern operierender Einsatzgruppen« bei Zerstörer- und Fregatteneinsätzen sieht das Bundesverteidigungsministerium die Beschaffung von »speziellen Einsatzgruppenversorgern« als erforderlich an. Hierzu wird der SAR-Hubschrauber Seaking durch den Nato-Hubschrauber NH 90 ersetzt werden.[67]

Zu Lande soll der in seinem Kampfwert gesteigerte Leopard 2-Panzer von Krauss Maffei in München den Krisenreaktionskräften den Weg ebnen.[68] Dank MTU zählt die Daimler-Benz Aerospace auch bei den Bodentruppen zu den treibenden Kräften: Der Kampfpanzer ist mit einem 12-Zylinder-Motor MB 873 von MTU ausgestattet.[69]

Die Panzerhaubitze 2000 (PzH) stellt das größte Beschaffungsprojekt des Heeres bis zur Jahrtausendwende dar. Allein die Entwicklung dieses Panzerartilleriegeschützes kostete 550 Millionen DM –

100 Millionen DM mehr als veranschlagt. Teilhaber an dem Projekt ist – neben Wegmann, MaK, Rheinmetall und Honeywell – ebenfalls die Motoren- und Turbinen-Union.[70] Dabei stellt MTU das 736 KW-leistungsstarke Triebwerk vom Typ MT 881 Ka-501 her.[71] Das »renommierte Unternehmen«, so die *Wehrtechnik*, ist an dem »letzten großen Heeresvorhaben dieses Jahrzehnts« beteiligt. »Ein besseres Panzerartilleriegeschütz in diesem Reifegrad« gebe es derzeit mit Sicherheit nicht, lobt die Militärpresse das Dasa-Waffensystem Panzerhaubitze 2000.[72] Besonderes Kennzeichen der Panzerhaubitze 2000 wird deren Fähigkeit zum »Feuerkampf aus schnell wechselnden Stellungen« bei »überdurchschnittlich hoher Reaktionsschnelligkeit« sein. Ab 1998 soll das erste Los von 185 PzH-Kettenpanzern bei der Bundeswehr eingeführt werden.[73]

Zur Verbesserung der Schlagkraft der KRK soll das amerikanische Flugabwehrraketensystem Hawk zu einem späteren Zeitpunkt durch ein neueres abgelöst werden. Die Dasa war bislang für die Lizenzfertigung des Hawk-Systems zuständig. Vorerst noch wird auch das Zusammenspiel der Hawk- und Patriot-Systeme im German Hawk Operations Center (GEHOC) weiter optimiert: GEHOC hat die Aufgabe, »für die Kampfführung bedeutsame Informationen zu verknüpfen«.[74] Heute werden im Ulmer Dasa-Werk zudem Sensoren – beispielsweise für Drohnen, RAM- und Kormoran-II-Raketen – gefertigt.[75]
Noch aber ist Hawk bei der Bundeswehr im Einsatz, und Dornier verdient bestens daran: 1994 hat die Dasa-Tochter einen Auftrag über die Lieferung von 24 Antennenmastanlagen für das Flugabwehrraktensystem Hawk erhalten. Die 26 Millionen DM teuren Informations- und Kommunikationssysteme werden bis 1997 geliefert und dienen dem Verbund von Hawk- und Patriot-Systemen. Bei den Patriot-Einheiten sind bereits über 80 Dasa-Antennenmastanlagen eingeführt.[76] Wenn das Unternehmen in seinem Werbeprospekt würdigend erwähnt, an die Mobilen Antennen- und

Sensor-Träger (Mast) würden »bei Windbelastungen höchste Anforderungen gestellt« und zugleich die »Mobilität« des Systems garantiert, wird klar, daß die Mast-Systeme nicht nur für den Mobilfunk der Telekom optimal geeignet sind.[77] Bereits nach 20 Minuten sind die neuen Dornier-Maste der Bundeswehr betriebsbereit und bei Windgeschwindigkeiten bis zu 133 km/h einsatzfähig – ideal also für die Krisenreaktionskräfte bei ihren Out-of-Area-Einsätzen unter extremen Klimabedingungen.[78]

Geplant ist, ungefähr ab dem Jahr 2004 das Taktische Luftverteidigungssystem TVLS als Hawk-Nachfolger bei der Bundeswehr einzuführen. Siemens und die Daimler-Benz Aerospace sollen die Auftragnehmer sein.[79] Die Anforderungen an das TVLS orientieren sich an denen der KRK: Das Taktische Luftverteidigungssystem muß »hochmobil, luftverlastbar und auch zur wirksamen Abwehr von taktischen Flugkörpern geeignet« sein.

Dabei ist das Waffensystem selbst unter Militärs umstritten. Der Brigadegeneral a.D. Dr. Hermann Hagena wundert sich über die »lapidare Begründung des TVLS«. Hagena schließt aus den Anforderungen, daß das TVLS »eher marginal« der Verteidigung deutschen Territoriums dienen soll und »wohl in erster Linie für den Schutz von Streitkräften im Einsatz außerhalb von Deutschland optimiert« sei.[80] Der Streit unter den Militärs zeugt von tiefgreifenden Divergenzen. Während für einen Teil der Offiziere der militärische Schutz der Bundesrepublik im Vordergrund steht, streben Rühe und die Bundeswehrführung nach einer Politik militärischer Stärke in den Krisengebieten in aller Welt. Die Dasa orientiert sich dabei an der Rühe-Linie, schließlich versprechen die gestiegenen Anforderungen an Mensch und Material mehr Profit als die Bedürfnisse der ausschließlichen Landesverteidigung.

Mit der Aufstellung von Krisenreaktionskräften kommt den Flugabwehrsystemen Roland und TVLS eine weitaus größere Bedeutung zu. Der Flugabwehrraketenpanzer Roland ist eine deutsch-französische Gemeinschaftsentwicklung, an der schon die heutige

Dasa-Tochter Messerschmitt-Bölkow-Blohm beteiligt war. Im September 1987 wurde der erste der allwetterfähigen Roland-Radpanzer an die Bundeswehr übergeben. Das Waffensystem paßt dank »kurzer Reaktionszeit bei der Herstellung der Einsatzbereitschaft und beim Bekämpfungsablauf« bei »hoher Treffgenauigkeit« sowie »hoher Mobilität« bestens in das Out-of-Area-Konzept der Bundeswehr.[81] In Ulm werden neben elektronischen Bestandteilen für das Waffensystem Roland auch Sensoren für das Raketensystem RALS gefertigt.[82]

Einen Rückschlag dagegen mußte die Dasa in der Frage der Munitionsbeschaffung hinnehmen: Nach katastrophalen Testergebnissen seitens des Bundesrechnungshofes soll das Programm der Rolling Air-Frame Missile (RAM) zusammengestrichen werden. Betroffen davon sind die Herstellerfirmen Hughes Company, Diehl und eben die Dasa.[83]

Mit der Flugabwehrrakete Stinger produziert und exportiert die Dornier GmbH Friedrichshafen eine Waffe in Lizenz, welche als fahrzeuggestützte Version auch für die Rapid Reaction Forces von Interesse ist.[84] Im April 1994 wurden zwölf Stinger-Raketen in die Türkei exportiert. Die legale Lieferung der von Dornier in Friedrichshafen produzierten Waffen erfolgte über den Hamburger Hafen.[85] Der Verkauf von Stinger-Raketen trug in der Vergangenheit nachhaltig zur finanziellen Konsolidierung der Dornier GmbH in Friedrichshafen bei. Dank eines Nachbauprogramms der Flugabwehrrakete konnte der Firmenumsatz der Dasa-Tochter 1993 gegenüber dem Vorjahr um 310 Millionen DM auf 2,68 Milliarden DM gesteigert werden.[86]

Insgesamt sollen von der – seit 1992 bei mehreren europäischen Lizenznehmern gefertigten – amerikanischen Fliegerfaust bis zur Jahrtausendwende über 12 000 Exemplare produziert werden. Auch bei Luft-Boden-Raketen meldet die Dasa weitere »Fortschritte«, wobei die in Zusammenarbeit mit der schwedischen »Behörde für Entwicklung und Beschaffung von Verteidigungsmaterial« entwickelten Raketensysteme für Kampfeinsätze in aller Welt bestens geeignet sind: Im Dezember 1994 feierte die Deutsche Aerospace Ottobrunn die erfolgreich verlaufenen Schußtests der Kinetic Energy Penetration Destroyer (KEPD) sowie des Target Adaptive Dispenser System (TADS). KEPD und TADS zählen zu »einer neuen Familie« von Luft-/Boden-Waffensystemen der mittleren und größeren Reichweite. Dabei rühmt sich die Dasa, mit der KEPD über »eine extrem präzise Punktzielwaffe gegen sogenannte ›gehärtete Strukturen‹ wie gegnerische Kommandozentralen, Bunker und Brücken« zu verfügen.[87]

Auch an Transportsystemen für die kommenden Out-of-Area-Einsätze von Bundeswehrsoldaten ist der Konzern beteiligt. Zwar wird das Wechselladersystem MULTI – das Kürzel steht für Mechanisierte Umschlag-, Lager- und Transport-Integration – von den Firmen MAN und Iveco Magirus hergestellt.[88] Doch andere bedeutende Transportmittelsysteme werden von Mercedes-Benz gefertigt, so im Fall der Sattelzugmaschine SAnh Flachbett für den Containertransport.[89]

Auch die »highly mobile long-range systems« der Telefunken Systemtechnik sind bestens bei extraterritorialen Militäraktionen einsetzbar. »Up to 4,000 targets can be displayed simultaneously«, preist die Ulmer Dasa-Tochter die Vielfacherfassung feindlicher Objekte an.[90] Gerade bei den elektronischen Radar- und Aufklärungssystemen ist das Ulmer Dasa-Werk führend. Vom Tornado Nose Radar (TNR) über Elektronikteile zur Kampfkraftsteigerung (»Improved Combat Efficiency«) der bei der Bundeswehr eingeführten Phantom F-4F bis hin zum Radarsystem für den European Fighter Aircraft rühmt sich die Ulmer Waffenschmiede, die »Lead Company for airborne radars for the German Air Force« zu sein.[91]

Der elektronischen Kriegsführung dient das Dasa-Radar Warning

Equipment, das in Tornados, Phantoms und Helikopter gleichermaßen eingebaut wird.[92] Mit dem sogenannten EloKa-Radarsystem wird der schnelle Datentransfer im sogenannten C³I-System integriert.[93]

Doch die Dasa stellt sich nicht nur die Aufgabe, die gegnerischen Streitkräfte optimal zu erfassen, sie kann auch die Militärschläge der Bundeswehr koordinieren: Über das Wideband Combat Operations Network wird eine bessere Feindüberwachung gewährleistet (»increasing effectiveness of enemy surveillance«) bei verbesserter Mobilität der eigenen Kampfeinsätze. Mit dem »mm waveband« wird die optimierte Kommunikation der Marineeinheiten garantiert, über die VFL Radio Transmission der Kontakt zu den U-Booten hergestellt. An Land verbinden beispielsweise mobile Network Interworking Systeme die Einheiten des Heers. Damit dienen Kommunikationssysteme der Dasa allen drei Teilstreitkräften der Bundeswehr und ermöglichen deren Kooperation – gerade bei Out-of-Area-Einsätzen. Dabei ist der Kundenkreis der Radio-Kommunikationstechnik weit gefaßt: »The army, air force, navy, intelligence services, security organisations, Foreign Office and other organisations and departments all need to communicate«, was die Dasa dankenswerterweise ermöglicht.[94]

Gute Mine zum blutigen Spiel

»*Schätzungsweise 100 Millionen bisher nicht entschärfte Minen wurden auf der Welt verlegt. Die amerikanische Daimler-Benz-Tochtergesellschaft CMS, ein in Florida ansässiger Produzent von Minen und Minenräumgeräten, spricht von 120 Millionen.*« Bundesdeutscher Trägerkreis der Kampagne gegen Landminen[95]

»*Das Minenräumfahrzeug ist in der Lage, innerhalb kurzer Zeit eine über viereinhalb Meter breite Gasse durch jede Art von Minenfeld zu*

*schlagen und gilt als das derzeit leistungsfähigste und sicherste Minen-
räumgerät.«* Soldat und Technik über den MTU-getriebenen Minenräumpanzer Keiler[96]

»Deployable from all fighter aircraft with the appropriate dispensers.«
Minenwerbung der Raketen Technik GmbH (RTG) in Unterhaching[97]

Neben leichten Flugabwehrsystemen und dem Transportfahrzeug
vom Typ Multi legt die Bundeswehr Wert auf die Beschaffung von
Minenräumpanzern des Typs Keiler für die Krisenreaktionskräfte.[98]
Anfang 1996 werden dementsprechend 24 Keiler der MaK System
Gesellschaft mbH an das Heer ausgeliefert.[99]
Menschen in minenverseuchten Gebieten setzen große Hoffnungen
auf die Fähigkeiten des Räumfahrzeugs: Jacques Diouf, Generaldirektor der Vereinten Nationen, feiert das MaK-Waffensystem, da
der Keiler ganze Regionen minenfrei räumen könne.[100] Die Daimler-Benz Aerospace ist über die MTU-Triebwerke vom Typ MB
871 Ka-501 an der Fertigung der Minenräumpanzer Keiler beteiligt.[101] Auch auf ganz andere Art engagiert sich Daimler-Benz aktiv
bei der Lösung des globalen Minenproblems: Holger Meinel, Refe-
ratsleiter bei der Dasa in Ulm, plant ein Projekt, bei dem Minen
aus der Luft geortet und zerstört werden sollen. Die Idee ist anspre-
chend, und doch sollte Meinel erst einmal vor seiner eigenen Türe
kehren.
Die ganze Schizophrenie militärischen Denkens offenbart sich in
der Tatsache, daß Daimler-Benz sowohl am Minenräumfahrzeug
Keiler als auch an der Produktion und am Verkauf von Landminen
verdient.[102] Denn neben den Firmen Diehl, Junghans, Honeywell
und Rheinmetall verfügt auch die Daimler-Benz Aerospace über
»hervorragende Kapazitäten« bei der Minenproduktion.[103]
Dabei kann das Unternehmen auf eine lange Tradition verweisen:
Schon vor der Fusion mit Daimler-Benz war die Messerschmitt-

Bölkow-Blohm eine der ersten Adressen bei der Produktion von Landminen: MBB entwickelte die Mehrzweckwaffe MW 1. Diese dient zum »flächendeckenden Abwurf minenähnlicher Submunitionen durch moderne Kampfflugzeuge«, wie Uwe Strobach, Mitarbeiter der Bremer BUKO-Kampagne »Stoppt den Rüstungsexport« erläutert.[104]

Als Submunition dienen beispielsweise die Landminen der Raketen Technik GmbH in Unterhaching. Das Unternehmen, an dem vormals die Messerschmitt-Bölkow-Blohm GmbH beteiligt war und das heute zu 50 Prozent der Daimler-Benz Aerospace gehört, liefert eine ganze Palette martialischer Landminen: die Musa-Mine mit einer Splitterladung »zur Bekämpfung halbharter Ziele«, die Stabo-Mine als Startbahnbombe »zur Zerstörung der Startbahnen und Rollwege«, die Muspa-Mine als Splitter-Flächensperrmine »zur Bekämpfung rollender, startender oder landender Flugzeuge«, die KB-44-Mine als Hohlladungs-Kleinbombe »zur Bekämpfung gepanzerter Ziele mit zusätzlichem Splittereffekt« oder die Panzermine Miff mit »hochentwickeltem Sensorsystem«.[105] Produktionsstandort der MBB-Minen war das Werk Schrobenhausen.

Auch in den neunziger Jahren belegen Statistiken über die Minenpatente der Dasa eine rege Tätigkeit der Waffenschmiede, welche vom Bonner Beschaffungshaushalt für Minentechnologie in Höhe von 350 Millionen DM (1995) profitiert. »Klammheimlich«, so Thomas Küchenmeister vom Berliner Informationszentrum für Transnationale Sicherheit (BITS), sei das Minenkampfprojekt David »unter der Bezeichnung Minenverlege- und Räumsystem (MiVRsys)« weitereentwickelt worden. Auch das MiVRsys ist optimal für den Einsatz der Krisenreaktionskräfte verwendbar. Zudem ist die Dasa an den Minenverlegesystemen MLRS und MW-1 beteiligt, mit denen Anti-Personenminen verlegt werden können. Mit Recht kann festgestellt werden, daß die Daimler-Benz Aerospace zu den »unfeinsten« Adressen der internationalen Minen-Branche gezählt werden muß.

Der Berliner Rüstungsexperte des BITS kritisiert aber auch den Funktionswandel der Dasa-Minen und ihres Einsatzes: »Die Mine, einst defensives Waffensystem, soll zukünftig auch unter offensiven Vorzeichen in den Mittelpunkt zunehmend (voll)automatisierter Gefechte rücken«, so Küchenmeister, der die Strategie der Daimler-Benz Aerospace längst entlarvt hat. So stellten die vollmundigen Bekundungen einer humanitären Geschäftspolitik nichts anderes als den Versuch dar, den zukünftigen Absatzmarkt für die eigenen Minen zu schaffen: Denn seien »die ›alten, einfachen Minen‹, die millionenfach in der Dritten Welt verstreut liegen« dank entsprechender UN-Konventionen erst einmal geächtet, würde damit der Weg frei »für die neuen, von Industrieseite gern als für Zivilisten ›ungefährlich‹ bezeichneten, High-Tech-Minen«.[106]

Tatsächlich scheint es der Dasa aber nicht nur bei der Minenproduktion, sondern auch beim Minenräumen weniger um humanitäre als um handfeste finanzielle und militärische Interessen zu gehen:

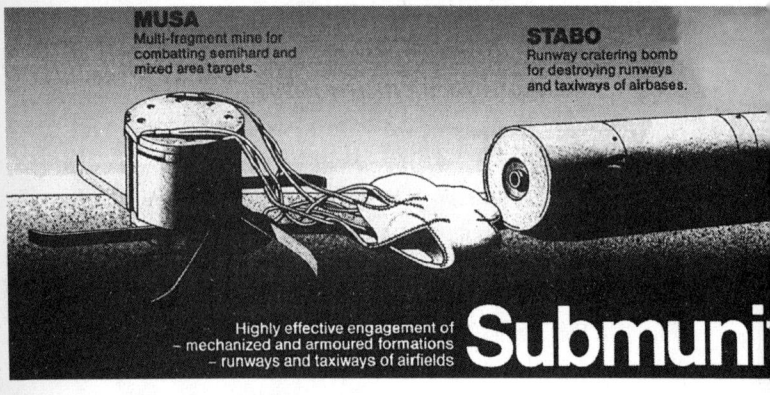

Komplettangebot Minen: Die Dasa verdient sowohl an der Produktion von Landminen als auch am Verkauf der für die Minenbeseitigung benötigten Räumfahrzeuge. An der Raketen Technik GmbH (RTG) hält die Dasa 50 Prozent der Anteile.
(Anzeige der RTG in: *Military Technology* 1/1993)

In der Vergangenheit stand die Bundeswehr bei ihren Out-of-Area-Einsätzen in Somalia oder Kambodscha der Sprengkraft der Minen schutzlos gegenüber: »Bislang werden verdeckte Minen nur durch unbeabsichtige Auslösung aufgeklärt«, gesteht die *Wehrtechnik*.[107] Dem Manko soll abgeholfen werden, denn der Keiler gilt als »extrem zuverlässiges Räumsystem«.[108] Damit ist der Räumpanzer nicht nur für humanitäre Aktionen der Vereinten Nationen bestens geeignet. Auch den Krisenreaktionskräften ebnet der MTU-getriebene Räumpanzer den Weg Out of Area.

Die Meldungen vom »guten« Minenräumgerät gegen die »bösen« Sprengladungen lassen sich für das Renommee des Konzerns bestens vermarkten. Darüber, daß die Dasa selbst vom Verkauf von Minen profitiert, beliebt das Unternehmen hingegen gerne zu schweigen. Tatsächlich werden Mitte der neunziger Jahre Panzerabwehrrichtminen der Typ PARM 1 und PARM 2 für die Pioniertruppe der Bundeswehr beschafft, an deren Produktion die Dasa beteiligt ist.[109]

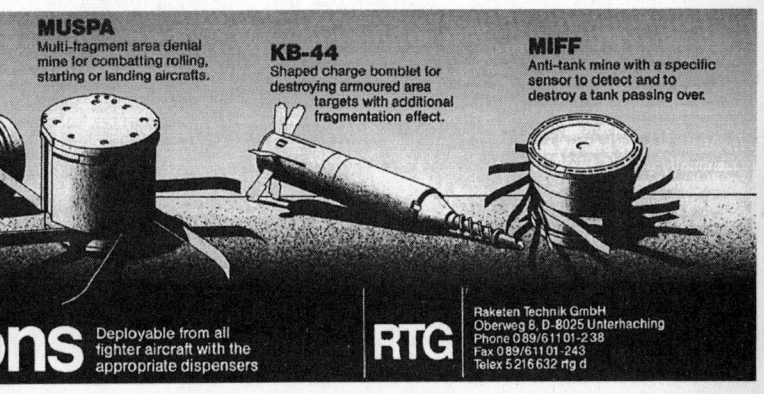

French-Connection für das Gefechtsfeld

» *The key event at Eurosatory from the industrial and technological point of view has certainly been the official presentation by GIAT, Krauss Maffei, Mercedes Benz and Panhard of the Franco/German GTK/VBM programme for a new family of wheeled vehicles.*« Military Technology vom August 1994[110]

»*Die Beweglichkeit und Unterstützung der Krisenreaktionskräfte im Einsatz wird durch den geplanten Unterstützungshubschrauber Tiger (UHU) und den Transporthubschrauber NH 90 verbessert.*« *Weißbuch 1994* des Bundesministeriums der Verteidigung, Punkt 581

»*Er soll mit Pars 3 und HOT, Maschinenkanone, Luft-Luft-Flugkörpern Stinger und ungelenkten Raketen bewaffnet werden und ist sowohl für reine Kampf- als auch Unterstützungsaufgaben vorgesehen.*« Wolfdietrich Hoeveler, Chefredakteur der *Flug-Revue* über den »Tiger«[111]

» *The costs of Eurofighter and the FLA alone will run into billions, plus the requested indirect aid for technological research. Aerospace industry coordinator Dr. Reinhard Göhner says that it has not yet been decided where this money will come from.*« Brian Davidson im Luftfahrtmagazin *interavia*[112]

Den »tapferen Freiwilligen« mußte Mut bescheinigt werden. Wagten sie es doch, dem Feind aus Frankreich auf dem Schlachtfeld zu begegnen. Dort besaß dieser sämtliche Vorteile, denn die Franzosen probten den Fight bereits in den Schulen. Und so siegten die Mitarbeiter der Aerospatiale deutlich mit 30:15 über die Mannschaft der Deutschen Aerospace Airbus.[113]
Was sich völlig harmlos und »just for fun« bei dem Rugbyspiel

französischer und deutscher Mitarbeiter der Airbus-Partner abspielte, entbehrt nicht einer gewissen Symbolik. Längst kooperieren die ehemaligen Erzfeinde Deutschland und Frankreich auf politischer Ebene in der Europäischen Union und auch die industrielle Kooperation französischer Waffenschmieden mit der deutschen Dasa klappt hervorragend. Den Kampf gegeneinander gibt es allenfalls im freundschaftlichen Wettkampf auf dem Spielfeld, ansonsten geht es um das gemeinsame Geschäft. Vom gemeinschaftlichen Panzerbau bis zur zivilen sowie militärischen Luftfahrt werden Brücken geschlagen – nicht nur im übertragenen Sinne.

Im Dezember 1992 gründeten die Dornier GmbH, Produktbereich Führungs- und Informationssysteme, und die französische Firma »Constructions Industrielles de la Mediterranée« (CNIM) die »Eurobridge Mobile Brücken GmbH«. Die Anteile der Eurobridge sind zu je 50 Prozent im Besitz der beiden Gründungsfirmen, welche seit Jahren im militärischen Brückenbau tätig sind. Sitz des Gemeinschaftsunternehmens ist Friedrichshafen am Bodensee. Die Eurobridge hat sich die Produktion und die Vermarktung der bei Dornier entwickelten Faltbrücken vom Typ DoFB zum Ziel gesetzt. Zudem sollen weitere Brückenbauprogramme, insbesondere Panzerbrücken, realisiert werden.[114]

Die Festfaltbrücken mit einer Standardspannweite von 40 Metern sollen auch den Krisenreaktionskräften zur Kampfunterstützung dienen. Von 1997 bis zum Jahr 2000 werden zehn Brückensätze beschafft.[115] Dank ihrer Tragkraft können Schleppzüge von zwei Kampfpanzern mit 110 Tonnen Gesamtgewicht die deutsch-französischen Brücken überqueren. »Sowohl das Falten als auch das Entfalten geschieht automatisch«, wirbt Eurobridge. Dabei hatte die Bundeswehr hohe Ansprüche gestellt, bevor sie dem Auftrag zustimmen wollte: So sollte die Aufbauzeit der Festfaltbrücke lediglich 30 statt zuvor 45 Minuten betragen.[116] Krisenreaktionskräfte müssen schnell zuschlagen können, jede Minute zählt.

Bei der Rüstungsmesse Eurosatory 1994 stellten die deutsch-französischen Kooperationspartner Mercedes-Benz und Krauss Maffei sowie die Giat Industries und Panhard ihr Konzept eines neuen gepanzerten Radfahrzeugs vor. Die Fachzeitschrift *Europäische Sicherheit* stellte zufrieden fest, daß der Radpanzer den französischen Anforderungen des Véhicule Blindé Modulaire-Programms (VBM) sowie der deutschen Vorgabe des Programms Gepanzertes Transport-Kraftfahrzeug (GTK) entspreche. Ab 1996 soll das Panzerfahrzeug entwickelt werden. Mercedes-Benz liefert die mechanischen Komponenten für die bis zu 10 000 Exemplare. Entsprechend lukrativ wird das Militärgeschäft ab der Jahrtausendwende, wenn die GTK-Fahrzeuge ab dem Jahr 2002 in Serie gefertigt und bei den Krisenreaktionskräften der jeweiligen Armeen eingeführt werden.[117] Die technischen Anforderungen an das GTK sind eindeutig an den Bedürfnissen der Krisenreaktionskräfte ausgerichtet: Die gepanzerten Fahrzeuge müssen »hochbeweglich und lufttransportfähig« sein und einen »ununterbrochenen Einsatz auch unter extremen Klimabedingungen« garantieren.[118]

Einen »gemeinsamen Schritt weit über die bisherige, schon enge deutsch-französische Kooperation hinaus« stellt die Gründung eines neuen Wehrtechnik-Unternehmens dar. »Keiner der beiden verkauft, keiner der beiden kauft den anderen«, schreibt die *Frankfurter Allgemeine Zeitung* und preist den Vorteil der Fusion, welche keine Ausgleichszahlungen nötig mache. Bei dem Unternehmenszusammenschluß treffen sich zwei bislang durchaus erfolgreich operierende Firmentöchter: Der Sektor der »Antriebe« wird zur »Bayern-Chemie Gesellschaft für Flugchemische Antriebe mbH« in Aschau (Inn) verlegt, die Rüstungsproduktion erfolgt nach französischem Recht in Vélizy-Villacoublay bei der »TDA Armements SA«. Um den Führungseinfluß zu sichern, stellen die beiden Rüstungsgiganten Dasa und Thomson jeweils den Generaldirektor beim Unternehmen im eigenen Land. Hintergrund des Joint Ventures, an dem die Großkonzerne zu je 50 Prozent beteiligt sind, ist die Furcht vor Kürzungen in den Wehretats und damit verbundenen finanziellen Einbrüchen.

Mit Thomson und der Dasa haben sich zwei Unternehmen zusammengefunden, welche von den industriellen Voraussetzungen her optimal zusammenpassen. Die Mitarbeiter verfügen über einen hohen Qualifikationsgrad, und die Produktionsbereiche sind weitgehend identisch: Von der Fertigung von Minen, Mörsern und Panzerfäusten bis hin zu Entwicklung, Fertigung und Verkauf von Raketen und weiteren Luftwaffensystemen bieten die Rüstungskonzerne alles, was der Generäle Herz begehrt.[119]

Bereits 1992 wurde ein Konsortium gegründet, an dem neben Dassault, British Aerospace, Alenia und Casa auch die heutige Dasa-Tochter Fokker sowie die Daimler-Benz Aerospace selbst beteiligt sind. Ziel und Aufgabe ist es, den zukünftigen Luftwaffenbedarf in Europa »langfristig zu untersuchen«.[120] Beim größten deutschen Luftfahrtkonzern hat man frühzeitig erkannt, womit in den kommenden Jahren Milliardenbeträge zu verdienen sind. So sollen die schnellen Eingreiftruppen der Bundeswehr neben gepanzerten Transportfahrzeugen und hochmobilen Spähfahrzeugen auch ihr Pendant im Luftraum erhalten: Dort können dann die neuen Unterstützungshubschrauber Tiger (UHU) Angriffe der KRK fliegen, begleitet vom neuen Transporthubschrauber NH 90.[121]

Das Konzept für den Tiger – in der Militärsprache Panzerabwehrhubschrauber 2 (PAH 2) genannt – stammt noch aus den Zeiten des Kalten Krieges. Das Nachfolgemodell des weltweit erfolgreichen Exportschlagers PAH 1 (BO 105) von der mittlerweile zur Dasa zählenden Messerschmitt-Bölkow-Blohm GmbH sollte ursprünglich die befürchteten Angriffe der Truppen der Warschauer Vertragsorganisation abfangen. Nach dem Zusammenbruch des kommunistischen Systems wurde der PAH 2 kurzerhand zum Nato-Unterstützungshubschrauber (UHU) umfunktioniert. Nun-

mehr sollen 139 PAH 2-Hubschrauber, produziert in Kooperation mit dem französischen Rüstungskonzern Aerospatiale, für die
Bundeswehr und deren Krisenreaktionskräfte angeschafft werden.[122]

Die Berliner *antimilitarismus information* beurteilt die Vorgehensweise des Bundesverteidigungsministeriums im Fall des UHU als
reine Taktik: Im Endeffekt würde bis zum Jahr 2001 ein Angriffs-
hubschrauber bewilligt, der im Moment als »harmloser Unterstützungshubschrauber verkauft« werde.[123] Offen formuliert auch die
Fachpresse die Aufgaben des PAH 2/UHU. Er solle neben Unterstützungsaufgaben auch für reine Kampfeinsätze ausgerüstet werden. Dabei werden Zelle, Bug- und Heckteil, Hauptrotor sowie
Pilotenvisionik von der Daimler-Benz Aerospace und Unterauftrag-
nehmern gefertigt. Auch beim Triebwerk vom Typ MTR 390 ist
die Dasa über das Münchener MTU-Werk beteiligt.[124] Doch der
PAH 2 fliegt nicht nur dank der Dasa, er schießt auch mit Dasa-
Waffen: Die Boden-Boden-Raketen vom Typ PARS 3 mittlerer
und längerer Reichweite werden von der Daimler-Benz Aerospace
in deutsch-französischer Kooperation gefertigt.[125]

Die Eurocopter France, 1991 noch ganz zur französischen Waffenschmiede Aerospatiale gehörend, ist ein aufstrebendes Rüstungsunternehmen. Von den Gesamtverkäufen in Höhe von 1723 Millionen Dollar entfielen 42 Prozent auf den Export militärischer Güter.[126] Waffen im Wert von 720 Millionen Dollar wurden
exportiert, ein Anteil, der im folgenden Jahr noch deutlich gesteigert
werden konnte. Gemeinsam hatten die Dasa und Aerospatiale das
Kooperationsunternehmen Eurocopter SA gegründet. Die Eurocopter SA schraubte ihre Rüstungsexporte 1992 auf einen Wert
von 1290 Millionen Dollar hoch, was einem Anteil von mittlerweile
59 Prozent an der Gesamtproduktion entsprach.[127]

Dabei erhofft sich die französische Waffenschmiede weitere Verkaufserfolge durch den Nato-Hubschrauber NH 90, von dem ab

2002 insgesamt 770 Einheiten gefertigt werden sollen. Allein die Bundesluftwaffe soll 272 der Helikopter erhalten – bestens geeignet für Militäreinsätze in aller Welt.

Die zügige Entwicklung des NH 90 läßt die Industrie jubeln, zumal sich allein der Entwicklungsauftrag, inclusive eines Eurocopter-Eigenanteils von 17 Prozent, auf rund 1,4 Milliarden Ecu beläuft. Am 20. September 1994 wurde das Rumpfmittelteil für den ersten Prototyp vom bayerischen Entwicklungszentrum in Ottobrunn den französischen Kooperationspartnern übergeben. Die Endmontage erfolgt im Werk Marignane, Ende 1995 wird der Erstflug des Transport- und Marinehubschraubers NH 90 erfolgen. Während die vier beteiligten Regierungen durch die »Nato Helicopter Management Agency« (Nahema) involviert sind, steuern die vier beteiligten Industrieunternehmen das Programm durch die Managementfirma NH Industries im südfranzösischen Aix-en-Provence. Als Vertreter der Daimler-Aerospace fungiert die Eurocopter Deutschland mit einem Anteil von 24 Pozent, wobei diesem Anteil noch die 6,7 Prozent der niederländischen Dasa-Tochter Fokker hinzugerechnet werden müssen. Eurocopter France und der italienische Rüstungsproduzent Augusta sind mit 42,4 bzw. 26,9 Prozent am NH 90-Projekt beteiligt. Die Hinweise zur eigentlichen Funktion des neuen Hubschraubers der Neun-Tonnen-Klasse bleiben im Dasa-Firmenblatt *aktuell* bewußt spärlich. Als »vielseitiges Basisgerät« werde der Nato-Hubschrauber der neunziger Jahre entwickelt, »das dann für die jeweiligen Bedarfsträger angepaßt« werde.[128] Klarer drückt sich da die Militärpresse aus: »Je nach Missionsausrüstung kann der NH 90 als Truppentransporter oder zur U-Boot- und Schiffsbekämpfung eingesetzt werden.« Dabei kann die Marineversion, »deren Hauptaufgabe die autonome Bekämpfung von U-Booten und Unterwasserschiffen« ist, Torpedos und Raketen bis zu 700 Kilogramm mitführen.[129]

Für die Eurocopter GmbH, welche über die deutsch-französischen Kooperationspartner zu exakt zwei Dritteln am Programm beteiligt ist, stellt der militärische Großauftrag einen »maßgeblichen Baustein zur Zukunftssicherung« dar. Dabei wird »Friedenssicherung« wieder einmal militärisch und nicht politisch definiert. Nicht globale Abrüstung steht beim NH 90 im Mittelpunkt, sondern handfeste Interessen der beteiligten Waffenschmieden.

Im September 1994 schreckte die Agenturmeldung, das europäische Luftfahrtkonsortium Airbus werde nunmehr »auch Militärflugzeuge bauen«, Rüstungsgegner in der Bundesrepublik sowie Subventionskritiker in Übersee auf.[130] Dabei hatte Hartmut Mehdorn, im Dasa-Vorstand zuständig für das Geschäftsfeld Luftfahrt bereits im Sommer des Jahres im Militärfachmagazin *Luftwaffen-Forum* offensiv für die Verwirklichung des neuen militärischen Kooperationsprojekts geworben. Nach Mehdorns Willen soll das viermotorige Future Large Aircraft (FLA) die aus »Altersgründen« ausscheidenden Flieger C-160 Transall, C-130-Hercules und Alenia G 222 ersetzen. Dabei wird das FLA ab dem Jahr 2003 als neues europäisches Logistikflugzeug eingesetzt werden. Die Dasa kommt damit den Wünschen der Luftwaffe nach: Im *Weißbuch 1994* wird gefordert, die Fähigkeit des schnellen und weiträumigen Lufttransports zu verbessern.[131]

»Aufgrund ihrer limitierten Transportkapazität und Reichweite« seien die bisherigen Militärtransporter »für geänderte Aufgabenstellungen nicht mehr voll geeignet«, so die Ansicht von Militär und Rüstungsindustrie. Dementsprechend gründete ein Firmenkonsortium die in Rom ansässige European Future Large Aircraft Group (Euroflag S.r.L.). Mit British Aerospace, der spanischen Casa, der französischen Aerospatiale sowie der Daimler-Beteiligungsgesellschaft Dasa kooperieren die großen europäischen Luftfahrtkonzerne beim FLA-Milliardengeschäft. »Eingeladen« haben die vier Airbus-Partner auch den italienischen Triebwerksproduzenten Alenia. Bis 1996 soll die FLA-Entwicklung abgeschlossen sein, in den Jahren von 2000 bis 2015 für die Staaten der Westeuropäischen

Verteidigungsunion (WEU) zwischen 300 und 350 FLA-Transporter gefertigt und ab dem Jahr 2003 an die Armeen ausgeliefert werden. Das neue Transportflugzeug für die Krisenreaktionskräfte der Bundeswehr und die schnellen Eingreiftruppen anderer Nato-Armeen wird von vornherein in der Erwartung zusätzlicher Einnahmen durch Rüstungsexporte konzipiert. Hartmut Mehdorn rechnet mit einem »zusätzlichen Absatz von weiteren 300 bis 400 Flugzeugen auf Drittmärkten«. Die FLA-Fertigung läßt nach Ansicht des Dasa-Vorstandsmitglieds »gute Exportchancen« erwarten.[132]

Das Triebwerk des Truppentransporters wurde 1994 erstmals bei einer Pressekonferenz auf der Luftfahrtausstellung im britischen Farnborough vorgestellt. Laut Dasa-Mitarbeiterzeitschrift *aktuell* zeichnet sich der Antrieb durch einen vergleichsweise geringen Kraftstoffverbrauch aus. Im Trend der Zeit liegend, soll der von der Dasa-Tochter Motoren- und Turbinen-Union MTU sowie den Triebwerksherstellern Snecma und FiatAvio gefertigte Turboprop-Antrieb den Umweltvorschriften der International Civil Aviation Organization (ICAO) entsprechen.[133] So können dank des Dreierkonsortiums die Out-of-area-Einsätze der Bundeswehr und anderer Nato-Armeen gemäß den ökologischen ICAO-Mindeststandards erfolgen. Bereits zwei Monate nach dem Urteil des Bundesverfassungsgerichts zugunsten von Auslandseinsätzen der Bundeswehr drängte die Dasa auf die Beschaffung eines größeren und schnelleren Transportflugzeuges, das nunmehr um so dringender benötigt werde.[134]

VS – Nur für den Dienstgebrauch: Der Jäger für die KRK

»*Darüber hinaus werden Jagdkräfte im Verteidigungsfall auch für den Begleitschutz der eigenen Gegenangriffe herangezogen.*« Jörg Schönbohm, Parlamentarischer Staatssekretär im Bundesverteidigungsministerium, über den Eurofighter-Einsatz in Krisenfall[135]

»Nur Flugzeuge sind in der Lage, die Flexibilität und die rasche Konzentration von Kräften in der Luftverteidigung sicherzustellen und im Frieden lufthoheitliche Aufgaben zu übernehmen.« Begründung aus der Dasa-Broschüre *8 gute Gründe für EFA*[136]

»Das Projekt ›Jäger 90‹ stammt aus den Zeiten des Kalten Krieges.« Gernot Erler, Mitglied im Verteidigungsausschuß[137]

Die Bundesluftwaffe propagiert vorrangig die Fähigkeit zur Krisenreaktion und verlangt nach neuem Kriegsgerät: »Luftverteidigung, Präzisionsbewaffnung und weiträumige Führungsfähigkeit« stehen dabei im Mittelpunkt des sogenannten Modernisierungsbedarfs. Dabei waren bereits im Juni 1994 89,8 Millionen DM für Flug- und Taktiksimulatoren des Kampfflugzeugs Tornado ausgegeben worden. Um die taktische Luftaufklärungsfähigkeit des Tornados zu verbessern, genehmigten der Haushalts- sowie der Verteidigungsausschuß für Entwicklungsverträge weitere 120,8 Millionen. Davon profitiert nicht zuletzt auch die Daimler-Benz Aerospace, die – neben der spanischen CASA und der British Aerospace – Systemführer bei dem Kampfflugzeug-Programm ist. Dabei soll der Tornado Interdictor Strike (IDS) auch zum Kampfaufklärer umfunktioniert werden. In seiner ursprünglichen Konzeption wurde der Tornado IDS als Abriegelungs- und Angriffsversion entwickelt, der auch militärische Schläge im Hinterland des »Gegners« durchführen könnte.[138]

Die Zuwendungen werden auch Mitte der neunziger Jahre weiterhin reichlich fließen: 1995 werden 133 Millionen DM und in den drei Folgejahren 181 Millionen DM in Tornado-Entwicklungsprojekte investiert. Damit nicht genug: Mit 175 Millionen DM wird die Beschaffung und Serienfertigung der Aufklärungsanlage RAMA für den Tornado IDS finanziert.[139]

Zudem soll die Einsatzfähigkeit der Luftwaffe durch neue Lenkflugkörper für die kampfwertgesteigerten F-4F Phantom verbessert werden. Mit höchster Priorität fordert die Hardthöhe die Beschaffung des Jagdflugzeugs Eurofighter 2000 – denn die Bedeutung der Luftverteidigung habe zugenommen.[140]

Nach traditionellem Denken kommt den Jagdflugzeugen in einem Luftverteidigungskonzept eine Schlüsselfunktion zu: Mit ihnen soll der Raumschutz gewährleistet werden und Flexibilität gewahrt bleiben. So können sie beispielsweise zur Einhaltung von Über- oder Einflugsverboten eingesetzt werden.

Im Krisenfall gilt der Eurofighter 2000 als »ein kurzfristig verfügbares, weiträumig und relativ rasch verlegbares Mittel für Soforteinsätze im Rahmen des Krisenmanagements«. Unterstützt werden die Soforteinsätze durch Nato-Einheiten der Immediate Reaction Forces (Air). Im Kriegsfall wäre der Eurofighter sowohl für die sofortige Abwehr auf eigenem Territorium als auch für den Begleitschutz bei Gegenangriffen bestens geeignet. So heißt es in der vertraulichen Mitteilung für den Dienstgebrauch vom August 1994, mit der sich der Staatssekretär im Bundesverteidigungsministerium Jörg Schönbohm an den vormaligen Vorsitzenden des Verteidigungsausschusses Dr. Fritz Wittmann wandte.[141] Die Behauptung, es handle sich bei dem EF 2000 um ein defensives Waffensystem, einzig anzuschaffen zum Schutz der Bundesrepublik und ihrer europäischen Verbündeten, ist schlichtweg falsch. Damit wird die Öffentlichkeit über die realen Einsatzfähigkeiten des Eurofighters getäuscht.

Mit dem European Fighter Aircraft und seinem Nachfolgemodell Eurofighter 2000 bietet die Dasa das ideale Flugzeug zur Bekämpfung des Feindes. Und dieser steht bekanntlich noch immer im Osten Europas: In der – Anfang 1995 weiterhin gültigen – Broschüre *8 gute Gründe für EFA* hält die Dasa selbst nach dem Zusammenbruch des Warschauer Vertragsorganisation und der Auflösung der Sowjetunion an ihrem alten Feindbild fest: »EFA ist in seinem Leistungsniveau ausgerichtet auf die erfolgreiche Bekämpfung der modernsten Flugzeuge der Sowjetunion, die auch bei Einsätzen ›Out of Region/Out of Area‹ als Luftkampfgegner zu erwarten sind.«[142] Der Konzern strebt danach, die Wünsche der Militärs zu erfüllen und den Piloten der Bundesluftwaffe ein Flugzeug zu liefern, mit dem Kampfeinsätze Out of Area – außerhalb des Nato-Territoriums – geflogen werden sollen.

Die Forderungen an die Funktionsfähigkeit des Eurofighters, vorausgeplant bis zum Jahr 2040, bestehen gemäß Schönbohm in der »Einsatzfähigkeit in einem weiten Spektrum denkbarer Konfliktszenarien« und in der »Mehrfachzielbekämpfung jenseits der Sichtweise bei Tag und Nacht unter allen meteorologischen Bedingungen«.[143] Eine ergänzende Auftragsbeschreibung lieferte Verteidigungsminister Volker Rühe im Oktober 1994, als er die wichtigsten Eigenschaften des Eurofighters umriß: NEFA müsse »für den flexiblen und wirkungsvollen Einsatz« autonomiefähig sein und in der »Grundauslegung mit Wachstumspotential zur bedrohungsgerechten Nachrüstung des Waffensystems im Bedarfsfall« gefertigt werden.[144]

Rühes Ausführungen lassen sämtlichen Gedankenspielen freien Lauf. Gerade Großbritannien drängte seit Jahren auf die Bomberfähigkeit des als reines Jagdflugzeug konzipierten Eurofighters. Auch die Geschäftsführung von Messerschmitt-Bölkow-Blohm hatte, mit Datum vom 23. Juni 1988, dem Aufsichtsrat eine entsprechende Beschlußvorlage präsentiert. »Streng vertraulich« sollte sich die spätere Dasa-Tochter an der Gründung der Alliance Defence Corporation (ADC) beteiligen. Der Hamburger Friedensforscher Otfried Nassauer verweist auf damalige Planungen der ADC, Generalunternehmer für die Modulare Abstandswaffe MAW/MSOW zu werden. Die Luft-Boden-Waffe würde für Jagdbombereinsätze benötigt.[145]

Aus der Idee eines Mehrzweckflugzeuges mit Jäger- und Jagdbombereigenschaften wurde erst einmal nichts. Und doch wäre beim

Eurofighter 2000 durchaus die »Aufwuchsfähigkeit« gegeben, um im Rahmen einer neuen Konfiguration oder einer späteren Kampfwertsteigerung ein entsprechendes Nachrüstprogramm aufzulegen. Technisch gesehen würde eine solche Umrüstung vom Jagdflugzeug zum Jagdbomber kein Problem darstellen und wäre jederzeit machbar. Genau in diesem Sinne könnte Rühes fahrige Äußerung von der »Nachrüstung des Waffensystems im Bedarfsfall« später einmal interessant werden.

Die Daimler-Tochter Dasa mühte sich nach Kräften, den erweiterten militärischen Anforderungen der Hardthöhe gerecht zu werden. Mit Erfolg, wie die Dasa bereits 1991 melden konnte. Stolz verkündete das Unternehmen, »Kampfeinsätze ›Out of Region/Out of Area‹« würden »keine Änderungen der Flugzeugauslegung« erfordern. Schließlich, so die Dasa in ihrem Lobbypapier *8 gute Gründe für EFA*, würden sich »die taktischen und operativen Anforderungen an Jagdflugzeuge in Einsatzgebieten außerhalb Zentraleuropas grundsätzlich nicht von denen in Zentraleuropa« unterscheiden.[146]

Dasa und Hardthöhe steuerten im Parallelflug denselben Kurs: Das neue Jagdflugzeug soll, entgegen der üblichen Proklamationen vom Luftkampf über deutschem Territorium, für die militärisch definierte Außenpolitik entwickelt werden. Das erklärt die Verve, mit der sich Militärs, Rüstungsindustrie und Bundesregierung 1992 für den Fortbestand des Jäger-Programms einsetzten.

Bei der sogenannten »Reorientierung« – gemeint ist die Neufassung des Jäger 90- zum Eurofighter-Konzept – »war die Entwicklung von Zelle, Triebwerk und wichtigen Ausrüstungsteilen bereits weit vorangeschritten« und hätte, so die Darstellung der Militärs, »ohne aufwendige und damit teure Rückentwicklungen nicht mehr verändert werden können«.[147] Mit anderen Worten: Die Rüstungsindustrie – in Deutschland vor allem der Systemführer Deutsche Aerospace – hatte bereits derart weitgehende Vorleistungen für die

Flugzeugentwicklung erbracht, daß entscheidende Veränderungen zwar möglich, aber nicht mehr finanzierbar waren.

Unter dem Finanzdruck wurden sowohl die Münchener Waffenschmiede als auch die Unterauftragnehmer aufgefordert, konkrete Vorschläge zur Kostenreduzierung zu unterbreiten, was sie auch taten. Nun aber intervenierte das Bundesverteidigungsministerium, denn die Militärs fürchteten den Kampfkraftverlust ihres Lieblingsvogels: Angesichts der geplanten Reduzierungen beim Hilfsantriebssystem bis hin zur Kanonenanlage wehrten sie sich vehement gegen ein Abspecken des unbezahlbar gewordenen Mammutprojekts. Und auch bei den Out-of-area-Fähigkeiten des Eurofighters wollten sie keine Abstriche hinnehmen.

Der Grund für Schönbohms Schreiben an den Vorsitzenden des Verteidigungsausschusses war klar. Ehemals entwickelt für den Luftkampf gegen die russischen MiG 29, besitzt der Eurofighter zwar zwei Triebwerke, um entsprechend schnell an Höhe zu gewinnen. NEFA verfügt jedoch lediglich über eine Reichweite von 560 Kilometern. Nunmehr aber wolle die Bundesluftwaffe »ein Flugzeug, das von Italien nach Jugoslawien fliegen kann und dort auf Patrouille geht«, analysiert der Berliner Militärexperte Professor Ulrich Albrecht die neuen Anforderungen an den Jäger light. Genau dafür aber sei »das Flugzeug nicht geeignet«, folgert Albrecht.[148]

Aus Interesse an einer schnellen Verlegbarkeit und entsprechend erweiterten Reichweite verwies Staatssekretär Schönbohm auf die als »geheim« eingestufte Studie der Chiefs of Defense (CHOD). In der CHOD-Geheimstudie waren »eine schnelle Verlegefähigkeit über größere Distanzen, ausgedehnte Air-Patrol-Einsätze und verbundene Luftkriegsoperationen gefordert« worden. Die Anforderungen setzten die Notwendigkeit der Luftbetankung voraus, entsprechende Reduzierungen beim Luftbetankungssystem des Jagdflugzeugs seien »nicht akzeptabel«.[149]

Das Dilemma aller Beteiligten ist offensichtlich: Die Militärs wollen einen neuen Jäger – auch für zukünftige Out-of-Area-Einsätze. Die Bundesregierung wäre bereit zu zahlen, wenn ihr nicht eine Wählerschaft im Genick säße, die deutliche Ablehnung signalisiert. Dem Verteidigungsminister ist der »Patient Eurofighter« derweil längst außer Kontrolle geraten. Denn die Dasa nimmt alle neuen Anforderungen dankend entgegen, will ihre Leistungen aber in immer weiteren Millionenzuwendungen bei extremen Preissteigerungen lukrativ vergütet sehen.

Bei seinen Anforderungen an die Beschaffung neuer Waffensysteme setzt das Bundesverteidigungsministerium die »Notwendigkeit von Spitzentechnologie« voraus. Deshalb bleibe Deutschland »auf eine moderne, wettbewerbsfähige und leistungsfähige Industrie« angewiesen. Auch wenn die von den Nato-Partnern oder der russischen Rüstungsindustrie angebotenen Waffensysteme häufig technisch annähernd gleichwertig, dabei jedoch deutlich kostengünstiger sind, besteht das Verteidigungsministerium auf einer »nationalen Rüstungsbasis« und begründet diese Forderung sicherheitspolitisch. Auf diese Weise sollen »ungewünschte Abhängigkeiten« vermieden werden.[150]

Der Hintergrund dieser Forderungen ist offensichtlich: Die deutschen Generäle brauchen für ihre militärisch definierte Außenpolitik neue High-Tech-Waffen mit bislang unerreichter Zerstörungskraft. Da sich die Bundeswehr weder in Abhängigkeit der russischen noch der US-amerikanischen Rüstungsindustrie begeben will, sollen die Waffen in Deutschland sowie in europäischer Kooperation entwickelt und beschafft werden. Hierfür ist eine starke deutsche Rüstungsindustrie vonnöten. Systemführer bei den meisten der genannten Waffensysteme wird die Daimler-Benz Aerospace sein, die sich gleich in zweierlei Hinsicht auf das Milliardengeschäft vorbereiten darf: Neben einem bislang unerreichten Auftragsboom geht es um die Anforderung, Waffen zu produzieren, die »unter allen im Bündnisgebiet herrschenden klimatischen Bedigungen einsetzbar« sein sollen.[151] Mit den erhöhten Anforderungen an das Material werden die Preise und die Gewinnspanne steigen.

Der neue Vorstandsvorsitzende der Daimler-Benz AG Jürgen Schrempp weiß, warum er wieder selbstbewußt in die Zukunft blicken kann: Das Bundesverteidigungsministerium setzt seine Forderungen nach einer Militär- und Rüstungsmacht Deutschland mit Erfolg durch; und damit stehen der Dasa mit ihren teilmilitärischen Tochterunternehmen MTU, Dornier und Telefunken Systemtechnik rosige Zeiten bevor. Spätestens Mitte der neunziger Jahre hat sich damit bewahrheitet, was das Bundeskartellamt sechs Jahre zuvor als Schreckgespenst an die Wand gemalt hatte: 1989 äußerten die staatlichen Kontrolleure die Befürchtung, das Bundesministerium der Verteidigung gerate »als Nachfrager nach Rüstungsgütern in eine weitgehende Abhängigkeit« von der Daimler-Benz AG und ihren teilmilitärischen Tochterunternehmen.[152]

Im Gegensatz zum Bundeskartellamt sehen die deutschen Generäle und ihr oberster Dienstherr darin jedoch keine Gefahr, sondern eine sinnvolle Kooperation zu beiderseitigem Nutzen. Die Steuerzahler werden tief in die Tasche greifen müssen, um die Gelüste der Bundeswehrführung, des Dasa-Vorstands und des Verteidigungsministers befriedigen zu können. Der Grundstock dafür ist bereits gelegt. Gerade der Bereich der »investiven Ausgaben«, der die Neubeschaffung von Waffensystemen betrifft, soll in den kommenden Jahren nachhaltig aufgestockt werden: Werden 1995 10,3 Milliarden DM aufgewendet, so erhöht sich die Summe in den Folgejahren rasant auf 11,4 (1996), 12,0 (1997), 13,0 (1998), 13,7 (1999) und auf jeweils 14,7 Milliarden DM (2000 und 2001).[153]

Noch Anfang 1994 hatte Jürgen Schrempp massiv auf die Beschaffung neuer Waffensysteme gedrängt: »Wir leben nicht auf der Insel der Glück- und Friedseligen«, so der Dasa-Chef, der die deutschen Sicherheitsansprüche und -anforderungen nicht »beliebig lange und

	94	95	96	97	98	99
EF 2000 (DASA München)						
Entwicklung	–	–	302	432	676	846
FLA (Deutsche Airbus, Hamburg						
Entwicklung	–	–	–	150	200	–
(zum HH 95 nachgemeldet ›Definition‹)						
PAH-2 (Fa. Eurocopter Deutschland, München)						
Entwicklung	242	230	199	156	168	96
Beschaffung	–	–	17	63	116	116
(›nur SV‹ zum HH angemeldet)						
NH-90 (Fa. Eurocopter Deutschland, München)						
Entwicklung	120	130	120	100	40	20
Beschaffung						
Marine (BwPl 95)	–	–	–	13	20	21
Heer (BwPl 95)	–	–	–	14	36	42
Lw	–	–	–	14	25	36
(›SV‹ noch nicht zum HH angemeldet)						

HH = Haushalr
SV = Serienvorbereitung

Quelle: Entwurf BwPl 95 (soweit nichts anderes angegeben)
Bundesministerium der Verteidigung Juni 1994

beliebig ausdauernd« diskutiert sehen wollte. Schrempps Devise war eindeutig: »Wir müssen handlungsfähig bleiben!«[154] Nun mehr weiß Schrempp, warum er bei der Dasa ab 1996 erstmals schwarze Zahlen versprechen kann. Die investiven Ausgaben werden deutlich aufgestockt, mit der Rüstungsproduktion bei der Daimler-Benz Aerospace wird es beträchtlich bergauf gehen. Im Entwurf des

Bundeswehrplans 1996 des Bundesverteidigungsministeriums sind vor allem für die Dasa-Luftwaffenprojekte gewaltige Zuwachsraten festgelegt: Allein für die Entwicklung und Beschaffung des Eurofighters, des Future Large Aircrafts, des Panzerabwehrhubschraubers 2 sowie des Nato-Hubschraubers NH 90 werden bis zur Jahrtausendwende rund 7,7 Milliarden DM veranschlagt.[155] Die Beschaffungszuwendungen werden in den ersten Jahren des neuen Jahrtausends dann massiv ansteigen.

Nicht nur um die Umbruchphase unbeschadet zu überstehen, sondern auch aus Gründen der Gewinnmaximierung setzt der Dasa-Vorstand auf gesteigerte Exportzahlen. Offensiv wird der Waffentransfer forciert. Doch Jürgen Schrempp weiß nur zu genau: Selbst bei gesteigerten investiven Zuwendungen aus dem Verteidigungsetat ist die Daimler-Benz Aerospace allein mit nationalen Aufträgen nicht existenzfähig. Die Münchener Waffenschmiede müßte konvertieren und auf zivile Produkte umsteigen oder Konkurs anmelden – weder am einen noch am anderen hat die Dasa Interesse.

Mit den besten Grüßen an Suharto & Co.

MTU als Motor kommender Kriege

»*Sie tragen zur Grundauslastung des Unternehmens bei und ermöglichen zusammen mit anderen Exportaufträgen die Aufrechterhaltung der wehrtechnischen Fertigungs- und Versorgungskapazitäten.*« Dasa-Mitarbeiterzeitschrift *aktuell* über die Lieferung von MTU-Panzermotoren bis zum Jahr 2000[156]

»*During 1993, this vehicle successfully completed a series of trials under extreme climatic conditions, driving over 1,600 km and firing 140 main gun rounds.*« Kommentar in der Fachzeitschrift *Military Technology* zu den Leclerc-Panzern für die Vereinigten Arabischen Emirate[157]

»*Es gibt eine glänzende Zukunft für ein aktives und engagiertes Unternehmen in diesem Markt.*« John Tucker, Geschäftsführer der Motoren- und Turbinen-Union MTU, 1995[158]

MTU-Motoren sind längst zum weltweiten Exportschlager avanciert: Erst hatte die Bundeswehr einen Auftrag zur Kampfwertsteigerung für 225 Leopard 2-Panzer erteilt, dann orderte die niederländische Armee dieselben Verbesserungen für 330 ihrer Leo-Kampfpanzer. Und im März 1994 verkündete das Dasa-Mitarbeiterblatt *aktuell* mit größter Zufriedenheit die Neubestellung weiterer 120 Leopard 2-II-Panzer für die schwedische Armee, die »mit dem bewährten 12-Zylinder-MTU-Motor MB 873« ausgestattet werden sollten. Neben den MTU-Motoren ist die Dasa beim Kampfpanzer Leopard 2 beispielsweise auch über die Elektronikausstattung mit dem Tactical VHF Radio beteiligt.[159]

Für den Hauptauftragnehmer – die Münchener Panzerbauer von Krauss Maffei – bedeuteten die Großaufträge den Erhalt der »Systemfähigkeit« für den Bau von Kampfpanzern. Der weitere Umstellungsprozeß auf die Fertigung ziviler Produkte erlitt damit einen kräftigen Rückschlag. Von 1983 bis 1993 war der militärische Produktionsanteil mangels Aufträgen bei der Krauss Maffei AG von 80 Prozent auf etwa ein Drittel gesenkt worden. Mit Erfolg konnten zivile Alternativen entwickelt werden.[160]

Doch nicht nur die Beschäftigten des Münchener Panzerbauers, sondern auch die Belegschaft der Dasa-Tochter Motoren- und Turbinen-Union in Friedrichshafen durfte die Sektkorken knallen lassen. Nach Jahren schlechter Betriebsergebnisse garantierte der Großauftrag für Krauss Maffei sowie für MTU ein profitables Geschäft: In den Jahren von 1996 bis zur Jahrtausendwende verspricht allein diese Lieferung der 1 500-PS-starken MTU-Motoren Einnahmen in Höhe von 70 Millionen DM. Erfreulich zudem für die Rüstungsschmiede vom Bodensee ist die Vereinbarung einer Option auf 90 weitere Kampfpanzer. Ausschlaggebend für den Entscheid zugunsten des Krauss-Maffei-Panzers war eine erfolgreich absolvierte »außerordentlich harte Wintererprobung«, welche die Skandinavier von den Qualitäten des deutschen Großwaffensystems überzeugte.[161] Der Leopard 2 hatte in der kampfwertgesteigerten Version damit den M-1A2-Panzer von General Dynamics aus den USA sowie den französischen Leclerc-Panzer von GIAT Industries aus Frankreich ausgestochen.[162]

Im November 1994 wurden die MTU-Rüstungsproduzenten von einer weiteren guten Nachricht überrascht: Am Rande der EU-Verteidigungsministertagung in Den Haag wurde die leihweise Überlassung von 100 Leopard-2-Panzern aus Bundeswehrbeständen an Spanien vereinbart. Der Deal war Voraussetzung für den Verkauf weiterer 200 bis 300 Kampfpanzer an Spanien.[163]

Die Friedrichshafener Motorenproduzenten zeigten auch keine Skrupel, einen weiteren Milliardenauftrag höchst erfreut anzunehmen: Anfang 1993 wurde die Bestellung von 436 französischen AMX Leclerc-Panzern für die Vereinigten Arabischen Emirate publik; ein Großauftrag, an dem die französischen Panzerbauer mehrere Milliarden DM verdienen. Die Motoren für die Kampf- und Bergepanzer werden erneut von der MTU in Friedrichshafen geliefert.[164] »Das Geschäft kam nur zustande«, so das Wochenmagazin *Focus*, weil die arabischen Verhandlungspartner auf »einem deut-

---

Für die Schlachtfelder der Welt: In Armeen von 20 Staaten sind MTU-Panzermotoren im Einsatz – durch den MTU-Export über Frankreich in die Vereinigten Arabischen Emirate bald auch im Krisengebiet Naher Osten. Arbeitsplätze in Friedrichshafen sind durch Kriege in anderen Regionen der Erde gesichert. (MTU-Anzeige in: *Military Technology*, Sonderheft »Defence Procurement in Sweden – FMV: The Swedish Defence Material Administration«, o.J., S. 20)

MTU Powerpacks
Integrated Propulsion Systems

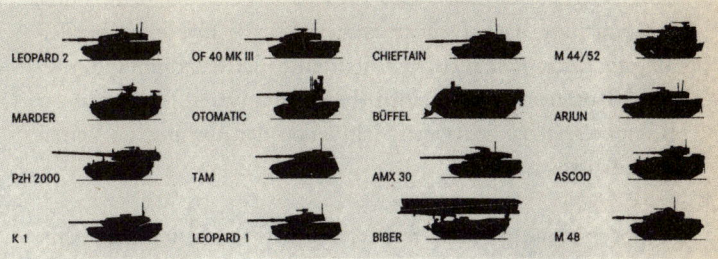

LEOPARD 2	OF 40 MK III	CHIEFTAIN	M 44/52
MARDER	OTOMATIC	BÜFFEL	ARJUN
PzH 2000	TAM	AMX 30	ASCOD
K 1	LEOPARD 1	BIBER	M 48

The inherent advantages of MTU diesel propulsion systems result from the integration of all the component and subsystem functions during the conception, definition and development phases into a so-called Powerpack. The engine, transmission, and all essential peripherals such as the air filtration system, cooling system, preheating device and electronic monitoring and control system, are considered as a unit – the optimal performance of the entire propulsion system being the major concern. This objective can only be fulfilled by complementing the advances in diesel engine technology with adequate technical pro-

MTU Powerpack for Leopard 2

gress made at the subsystem level.

The advantages of such Powerpack design have meanwhile been well recognized worldwide, and are increasingly adopted for modern tank concepts and repowering programmes of existing vehicle fleets. Some 19,000 MTU engines have been produced and delivered for service in the armed forces of 20 nations.

MTU Motoren- und
Turbinen-Union
Friedrichshafen GmbH
Department VF
88040 Friedrichshafen/Germany
Phone (0 75 41) 90-0
Fax (0 75 41) 90 22 47

mtu
Deutsche Aerospace

schen Antriebsaggregat bestanden« hatten. Insgesamt beläuft sich das lukrative Auftragsvolumen für die MTU und den Augsburger Getriebehersteller Renk auf rund 1,2 Milliarden DM. Die Genehmigung dieses Rüstungsexports seitens des Bundessicherheitsrats am 8. Dezember 1992 ließ selbst die internationale Medienwelt mit Verwunderung nach Deutschland blicken.[165] Das britische Rüstungsmagazin *Jane's Defence* beurteilte die Zustimmung zum MTU-Motorenexport als einen »bemerkenswerten Wandel in der traditionell starren deutschen Haltung bei der Ausfuhr von Verteidigungsausrüstung«.[166]

Mitte der neunziger Jahre zeigt sich die Motoren- und Turbinen-Union vom Tief der Vorjahre erholt. Und so hatte die MTU München am 11. Juli 1994 einen doppelten Grund, »die 25. Wiederkehr ihrer Gründung« zu feiern. Im bayerischen MTU-Werk sind die Kapazitäten für Entwicklung und Fertigung von Triebwerken der Militärflugzeuge angesiedelt. Neben den Lizenzfabrikationen wurde auch das Tornado-Triebwerk hier gebaut, und auch der Eurofighter soll mit den EJ 200-Triebwerken der MTU München fliegen.[167]

Dabei sind Exportgeschäfte mit dem Eurofighter bereits fest eingeplant. Michael Ecker, Mitglied der Kommission »Rüstungsexport« der deutschen Sektion von Pax Christi, prognostiziert NEFA-Exporte in einem Umfang, die weit über den Absatzzahlen für die vier Kooperationsstaaten liegen: Für bis zu 1400 Eurofighter sollen laut Ecker Abnehmer in aller Welt gefunden werden – von den Kunden in mehreren ASEAN-Staaten bis hin zu den Interessenten im Nahen Osten, die allesamt zahlungskräftige Käufer seien.[168]

Eckers Prognosen mögen zu hoch angesetzt sein, wenn man sie mit den Exporten des Mehrzweckkampfflugzeugs MRCA Tornado vergleicht: Von dem von Großbritannien, Italien und der deutschen Messerschmitt-Bölkow-Blohm GmbH gebauten Jagdbomber wurden seit 1986 zumindest 72 Flugzeuge an die Royal

Saudi Air Force exportiert. Die saudische Luftwaffe setzte die Flugzeuge dann im zweiten Golfkrieg gegen den Irak ein.[169] Doch nachdem die Bundeswehr zur Verteidigung des eigenen Territoriums nur noch vergleichsweise geringe Stückzahlen neuer Großwaffensysteme benötigt und statt dessen die vorhandenen im Kampfwert steigern läßt, ist der Zwang zum Rüstungsexport für die Dasa systemimmanent geworden. Der Eurofighter muß, so seine Beschaffung beschlossen werden sollte, zum Exportschlager werden. Die vier Kooperationsunternehmen werden alles in ihrer Macht Stehende versuchen, um dem NEFA zum Erfolg auf dem Weltmarkt zu verhelfen.

Im Bodenseewerk werden bislang die Hochleistungs-Dieselmotoren für Marine und Heer gefertigt. Allerdings wird der Motorenbau in Friedrichshafen der AEG Daimler-Benz Industrie zugeordnet, was nach Ansicht der Fachzeitschrift *Wehrtechnik* »eine Stärkung der AEG und eine Schwächung der Dasa« bedeutet.[170]

Für die Opfer der – von den Daimler-Motoren bewegten – Panzer, Fregatten oder Kampfbomber dürfte diese betriebsinterne Verlagerung allerdings von marginaler Bedeutung sein. Bedeutend wäre dagegen die Entscheidung gewesen, in Zukunft keine militärischen Motoren mehr zu produzieren und damit auch auf die Profite durch den Rüstungsxport zu verzichten. Einer solchen Zielvorgabe stehen jedoch auch die Bonner »Harmonisierungsbestrebungen« für Waffentransfers diametral entgegen. Mit der Angleichung der gesetzlichen Kontrollgesetze auf EU-Ebene wird der MTU-Verkaufspolitik Tür und Tor geöffnet. Schon heute versucht die Dasa-Tochter MTU mit einer aggressiven Werbestrategie den Absatz auf den weltweiten Waffenmärkten zu forcieren. Unumwunden wirbt das Unternehmen für die Kampfkraft seiner Produkte und preist dabei das Vertriebsnetz »by 160 international service representatives« rund um den Globus an.

Tatsächlich bewegen sich immer mehr MTU-getriebene Kriegsschiffe durch die Weltmeere und MTU-getriebene Panzer durch

Wüsten, und so lobt die Waffenschmiede die Fähigkeiten der Militärmotoren stolz in höchsten Tönen: »›The propulsion comes from MTU‹ for territorial protection and defensive tasks where reliability and power without compromise are of the highest importance.«[171] Nach den Vereinigten Arabischen Emiraten zeigten auch Saudi-Arabien und Israel Interesse an den MTU-Dieselmotoren des Typs 883. Sollten auch diese Lieferungen erfolgen und im Pulverfaß Nahost der dritte Golfkrieg ausbrechen, so könnten die Panzermotoren dann bei den jeweils verfeindeten Konfliktparteien zum Einsatz kommen. Diese Gefahr aber wird in Rüstungs- und Militärkreisen üblicherweise ignoriert. Waffenlieferungen an verfeindete Staaten gelten gemeinhin als Beitrag zur Stabilität in der konfliktträchtigen Krisenregion.

Die Friedrichshafener Exporteure von Dieselmotoren für Heer und Marine können schon heute auf eine erfolgreiche Bilanz verweisen: 51 Staaten wurden bislang mit den Militärmotoren versorgt.[172] Der MTU-Vorstand John Tucker darf optimistisch in die Zukunft blicken, zumal allein im Bereich Luftfahrtantriebe der Umsatz im Münchener Werk bis 1997 um rund 400 Millionen DM auf etwa zwei Milliarden DM gesteigert werden soll.[173]

Intimfreunde in Indonesien

»Hohen Besuch von der indonesischen Marine konnte die MTU Friedrichshafen begrüßen. Dabei betonten beide Seiten die langjährigen und freundschaftlichen Geschäftsbeziehungen zur indonesischen Marine.« Dasa-Mitarbeiterzeitschrift *aktuell* im Januar 1992[174]

»Hinsichtlich des U-Boot-Projekts kann die Bundesregierung aus Gründen des Wettbewerbschutzes nicht Stellung nehmen.« Antwort der Bundesregierung auf eine Kleine Anfrage der SPD-Bundestagsfraktion im Dezember 1993[175]

Über die ersten Erfolge der »Nutzfahrzeug-Produkt-Offensive Asien« spricht Bernd Gottschalk, im Mercedes-Vorstand für den Nutzfahrzeugbereich zuständig, mit Freuden. Der Prototyp für »die Markterschließung im noch schwach mit Sternen bestückten Asien« wird seit Juni 1994 in Form des Leichtkraftwagens MB 700 bei der Mercedes-Beteiligungsgesellschaft PT German Motor Manufacturing in Jakarta gefertigt, an der die Daimler-Benz AG über 33 Prozent der Anteile hält.[176] Dabei gilt der MB 700 als »Musterbeispiel der neuen Strategie«, wie die *Süddeutsche Zeitung* kommentiert: Die Motoren werden aus Brasilien eingeschifft, Achsen und Getriebe kommen aus Indien und die Servolenkung aus Japan.[177]

Bei der Konzernstrategie auf dem »Weg zu einem angemessenen Marktanteil« scheut sich Mercedes-Benz nicht, den MB 700 zu »japanischen Preisen« für 19 000 US-Dollar zu verkaufen, obwohl ein entsprechendes Fahrzeug aus Deutschland mehr als 40 000 US-Dollar kosten würde. Auch die Produktion von Omnibussen mit 12 bis 32 Sitzen in der Landeshauptstadt wird in der Firmenzeitschrift *Einblick '94* als Teil der globalen Multi-Domestic-Strategie des Unternehmens gewürdigt.[178]

Weitgehend verschwiegen wird dagegen das massive militärische Engagement der Daimler-Tochter Dasa, welche sich in den neunziger Jahren nachhaltig um den Ausbau der bilateralen Geschäftsbeziehungen auf dem militärischen Sektor bemüht hat. Im Oktober 1994 meldet die Dasa-Firmenzeitschrift *aktuell*, daß »Vertreter des indonesischen Flugzeugherstellers IPTN in Bandung ein vom Produktionsbereich Militärflugzeuge (LM) entwickeltes Flatterwindkanalmodell für das Transport- und Verkehrsflugzeug N-250 übernommen« haben. Wie so oft sind auch bei diesem Projekt der Indonesian Aircraft Industrie (IPTN) die Grenzen zwischen ziviler und militärischer Nutzung fließend. So beinhaltet die LM-Lieferung »auch die Einweisung von Spezialisten der IPTN in die Flatterversuchstechnik mit einem ursprünglich für das Tornado-Programm gefertigten Flattermodell«. Die Dasa führt den Zuschlag auf ihre »enorme Erfahrung des Produktionsbereichs« zurück, welche nicht nur in der zivilen Airbus-Entwicklung, sondern auch beim militärischen AMX-Trainer und beim Tornado erlangt werden konnte.[179] Die aktuellen Verkaufserfolge des Konzerns auf dem indonesischen Markt verweisen auf eine traurige Tradition. Der Konzern hat in der Vergangenheit nicht davor zurückgeschreckt, ein intensives und kooperatives Verhältnis zu den Militärs des Landes aufzubauen und dabei die Frage schrecklicher Menschenrechtsverletzungen durch die indonesischen Streitkräfte aus der konzerninternen Diskussion völlig zu verbannen. Seit Jahrzehnten haben die heutigen Daimler-Benz-Töchter Mercedes-Benz, AEG, MBB und Fokker durch ihre Lieferungen von Dual-Use- und Rüstungsgütern sowie von Waffen an die berüchtigten Militärs des Inselstaates ein unrühmliches Renommee erworben. Von den Mercedes-Militärunimogs und den sandfarben angestrichenen Lkws mit Mercedes-Motoren über die Torpedos der AEG bis zu den beim indonesischen Luftfahrtkonzern IPTN in Lizenz zusammengebauten BO 105- und BK-117-Hubschraubern reicht die Exportpalette der süddeutschen Automobil- und Waffenschmiede. Die Armee verfügt heute über 39 Polizeieinheiten über weitere sieben BO 105-Hubschrauber, weitere 84 BO 105-Hubschrauber sind exportiert worden.[180]

Die MBB-Hubschrauber sind bis heute bei allen drei Teilstreitkräften im Einsatz. Das Fachblatt *Military Technology* verweist zudem auf die Bewaffnung von Marineeinheiten mit französischen Exocet-Abwehrraketen, welche mit wesentlichen Bestandteilen von MBB entwickelt und 1986 geliefert worden sind.[181] Das heutige Dasa-Tochterunternehmen Fokker hat seit 1976 Transportflugzeuge an Indonesien geliefert. Sieben Fokker F-27 werden nach wie vor von der indonesischen Luftwaffe eingesetzt.[182]

Die guten Beziehungen zwischen der deutschen Politik und Rüstungsindustrie zu den Militärs in Indonesien liegen, neben einer zugesagten Polizeihilfe in Millionenhöhe und der Ausbildung indonesischer Offiziere bei der Bundeswehr, in der Person des derzeitigen indonesischen Ministers für Forschung und Technologie begründet. Jusuf Habibie traf sich zur Vorbereitung der Hannover-Messe 1995 mit SPD-Ministerpräsident Gerhard Schröder. Laut *Watch Indonesia*, einer wohlinformierten Menschenrechtsorganisation mit Sitz in Berlin, wollten die beiden Politiker dabei den Auftritt von Präsident Suharto vorbereiten. Denn dieser wird »die Ehre erhalten, neben Helmut Kohl eine Ansprache halten zu dürfen«.[183] Derlei gute Kontakte wurden in den vergangenen Jahrzehnten gezielt aufgebaut: Habibie war unter anderem Abteilungsleiter bei der inzwischen zur Dasa gehörenden Waffenschmiede Messerschmitt-Bölkow-Blohm, ehe er 1974 nach der Rückkehr in sein Heimatland die MBB-Kontakte zum Aufbau der landeseigenen Rüstungsindustrie nutzte. Wie die Kampagne »Stoppt den Rüstungsexport« des Bundeskongreß entwicklungspolitischer Aktionsgruppen (BUKO) aus Bremen zu berichten weiß, ist Habibie auch zum Direktor des Luftfahrtunternehmens Nurtiano aufgestiegen und Geschäftsführer der New Transport Technology (NTT) geworden, einem Gemeinschaftsunternehmen von MBB und dem Luftfahrtkonzern IPTN.[184] Mittlerweile sind in dem Unternehmen 13 000 Arbeitnehmer beschäftigt, bis zum Jahr 2000 sollen es 60 000 Arbeitsplätze werden.[185]

Roland Mierzwa, Rüstungsexperte von Pax Christi, weist darauf hin, daß »die Zahl der von MBB an Nurtiano ausgeliehenen Experten« bei mehreren hundert liege.[186] Worin aber der eigentliche Zweck der MBB-Fluggeräte liegt, darüber hat der Rüstungskonzern nie Zweifel aufkommen lassen: Der acht- bis elfsitzige Mehrzweckhubschrauber BK 117 dient unter anderem für Executive-Missionen und Polizeieinsätze, wie MBB offen eingesteht.[187] »Der Militärhubschrauber BO 105« verfügt über eine »unübertroffene Manövrierfähigkeit« und »ausgezeichnete Leistungsreserven unter extremen Einsatzbedingungen« – so die Firmenwerbung im Militärmagazin *Wehrtechnik*.[188]

Auch die Zusammenarbeit mit der indonesischen Marine hat eine jahrzehntelange Tradition. Seit den fünfziger Jahren wurden eine Vielzahl der von Deutschland gelieferten Schnellboote sowie U-Boote für die indonesischen Militärs mit MTU-Motoren ausgerüstet. Schon die 1981 an Indonesien exportierten U-Boote des Typs 209/1300 der Howaldt Deutsche Werft AG Kiel (HDW) waren mit Motoren von MTU bestückt.[189] Mierzwa verweist auf den Export von HDW-Schiffen des Typs 206.

So ist es auch nicht verwunderlich, daß im Januar 1992 eine indonesische Militärdelegation unter der Leitung des Stabschefs Admiral Arifin das Bodenseewerk der Motoren- und Turbinen-Union MTU in Friedrichshafen besucht hat. Wie selbstverständlich Offiziere scheindemokratischer und diktatorischer Regime bei der Dasa hofiert werden, belegt der freundliche Empfang, der den indonesischen Militärs seitens des Leiters der MTU-Hauptabteilung Verkauf Schiffsantriebe, Volker Jost, bereitet wurde.

Unumwunden beschreibt der Konzern unumwunden in seinem Beitrag in der Firmenzeitschrift *aktuell*, wie gut das Geschäft der Dasa heute mit den Machthabern im diktatorisch regierten Indonesien funktioniert. Voller Stolz wird dort berichtet, daß in den vergangenen Jahrzehnten bereits 127 Schiffsdieselmotoren an die indonesische Marine exportiert wurden. Diese kommen seither »unter anderem in Patrouillenbooten, Schnellbooten und Landungsschiffen« zum Einsatz.[190] Und damit die indonesische Marine auch in Zukunft bestens mit MTU-Motoren versorgt sein wird, produziert die Staatswerft PT PAL in Surabaya unter anderem Patrouillenboote nach Lizenzen der deutschen Lürssen-Werft. Die Motoren stammen von der Motoren- und Turbinen-Union MTU, die Einnahmen fließen an die Konzernzentrale der Daimler-Benz AG in Stuttgart.[191]

In der Liste der größten Waffenlieferanten für das indonesische Militär rangiert Deutschland an vierter Stelle. Nur die USA,

Großbritannien und die Niederlande spielen eine noch unrühmlichere Rolle.[192] Im Februar 1993 aber wurde ein weiterer Coup der Bundesregierung bekannt: Da Deutschland und Indonesien »vielfältige Beziehungen« verbinden, werde die Bundesregierung »einen Beitrag zur Stabilisierung der Zusammenarbeit mit den ASEAN-Staaten« leisten. Dabei sei »die Zugehörigkeit Indonesiens zu ASEAN ein wichtiges Element bei Entscheidungen der Bundesregierung über den Export von Rüstungsgütern«.[193] Mit dieser Begründung legitimierte die Bundesregierung den Export von 39 nur teilweise demilitarisierten Kriegsschiffen aus den Beständen der ehemaligen Nationalen Volksarmee der DDR, die in den Besitz der Bundesrepublik übergangen waren, an die indonesischen Militärs. Die Lieferung sollte auch 5000 Tonnen Munition sowie Ersatzteile für die nächsten fünf Jahre umfassen, wie die *Frankfurter Rundschau* *berichtete*.[194] Zusätzlich war beabsichtigt, weitere neue U-Boote der HDW in Kiel zu fertigen und an die indonesische Marine auszuliefern, wobei die Bundesregierung jegliche Auskunft über diesen Waffenhandel verweigerte. Dafür sollte das Exportgeschäft laut Angaben der Menschenrechtsorganisation *terre des hommes* mit Hermes-Bürgschaften von bis zu 1,2 Milliarden DM aus dem Bundesetat abgesichert werden.[195]

Die Bremer Antirüstungsexport-Aktivisten kennen den Kern des Problems. Zivile Geschäfte würden »auch über Rüstungsexporte« vorbereitet, so Andrea Kolling von der Buko-Kampagne im Interview mit der *Jungen Welt*.[196] Doch noch besteht Aussicht auf Hoffnung: Zumindest der U-Boot-Deal ist noch offen. Zwar existiert eine Option der indonesischen Armee bei HDW, und auch die Genehmigung seitens der Bundesregierung für den U-Boot-Export liegt vor. Dennoch ist das Projekt noch völlig offen, denn Indonesiens Militärs können ihre weitreichenden Waffengelüste kaum noch finanzieren.

Vitale Wirtschaftsinteressen in Indonesien

»*Folterungen und Mißhandlungen an politischen Gefangenen, friedlichen Demonstranten und strafiatverdächtigen Personen waren an der Tagesordnung und haben in einigen Fällen den Tod der Opfer zur Folge gehabt. Erneut gingen Berichte über extralegale Hinrichtungen ein.*« Aus dem Jahresbericht 1994 der Menschenrechtsorganisation *amnesty international* zur Situation in Indonesien[197]

»*Bekannterweise setzt Indonesien auch auf Fluggerät aus den Planungsbüros im Hause MBB bei den auf Ost-Timor durchgeführten ›search and destroy‹-Aktionen.*« *die tageszeitung*[198]

»*Ihre Anzeige vom 08.08.1994 nebst Anlagen habe ich geprüft, ich vermag ihr jedoch keine Folge zu geben.*« Aus der Ablehnung der Strafanzeige von Dr. Gerhard Weidringer wegen Waffenexporten nach Indonesien[199]

Wer die jahrelange Indonesien-Connection des Konzerns, von den Waffenexporten des Dasa-Vorläufers MBB bis hin zu den heutigen MTU- und Mercedes-Produkten, bewerten will, muß die politische Lage des Inselstaates kennen. Allein die Menschenrechtsbilanz der christlichen Kampagne »Produzieren für das Leben – Rüstungsexporte stoppen« für den Gebetstag am 10. Dezember 1994 liest sich wie ein Kabinett des Grauens: Im rohstoffreichen Irian Jaya, dem westlichen Teil der Insel Papua-Neuguinea, wehren sich die Menschen bereits seit den sechziger Jahren gegen die indonesische Annexion, 150 000 Einwohner wurden bislang von den Militäreinheiten Indonesiens umgebracht. Auch in der Provinz Aceh, im Norden Sumatras gelegen, werden Widerstandsbewegungen von den indonesischen Militärs grausam unterdrückt. Über 2000 Menschen sollen bereits hingerichtet oder auf andere Weise umgebracht worden sein. Im Jahr 1975 führte die Armee Indonesiens eine völkerrechtswidrige Invasion auf Osttimor durch, und seither hält sie diesen Teil der Insel besetzt. In den letzten zwanzig Jahren haben die Militärs über 200 000 der rund 700 000 Timoresen ermordet.[200]

Die Fakten sind öffentlich bekannt: In Indonesien herrscht eine Regierung, die politische Gegner öffentlich hinrichten läßt, verstümmelte Körper von Opfern zur Schau stellt und zerschundene Leichen sichtbar verwesen läßt.[201]

»Die einschlägigen Berichte der Nicht-Regierungsorganisationen, die sich mit den menschenrechtlichen Fragen in Indonesien und Ost-Timor befassen«, seien bekannt, erklärt die Bundesregierung in ihrer Antwort auf eine SPD-Bundestagsanfrage.[202] Geholfen hat die Aufklärungskampagne bislang nichts. Der Bundessicherheitsrat hat dem Export von NVA-Kriegsschiffen und Munition an die indonesischen Militärs dennoch zugestimmt. Und auch bei den Verantwortlichen der MTU in Friedrichshafen sind die Aktivisten aus Kirchengruppen sowie Friedens- und Menschenrechtsorganisationen bislang auf taube Ohren gestoßen. Daß die MTU-Geschäftsführung 1992 die Militärdelegation aus dem Diktatorenreich empfing und stolz marineverkünden konnte, an die Marine bisher 127 Schiffsdieselmotoren geliefert zu haben, zeugte von eiskaltem Kalkül: Während die ausländischen Militärs die Optimierung ihrer Waffensysteme durch deutsches Know-how anstrebten, versuchte der Daimler-Benz-Konzern die finanziellen Verluste der Dasa durch weitere Rüstungsexporte zu minimieren. Dabei zählt der Waffenhandel mit dem dienstältesten Diktator der Welt zum Alltagsgeschäft. Die Schergen des Diktators sind auf deutsche Waffen angewiesen, um die demokratischen Kräfte im eigenen Land zu unterdrücken, um die Annexion von Irian Jaya zu sichern und um die Besetzung von Osttimor mit militärischen Mitteln aufrechtzuerhalten. Mit den MTU-Motoren werden Kriegsschiffe bewegt, welche unter anderem indonesische Soldaten nach Osttimor bringen. Mit den Mercedes-Unimogs patrouillieren indonesische Militäreinheiten in der osttimoresischen Hauptstadt Dili.[203] Mit den MBB-Hubschraubern führt die indonesische Luftwaffe Verfolgungsaktionen gegen Oppositionelle im Hinterland Osttimors durch. Der Militärapparat funktioniert optimal – dank der Funktionstüchtigkeit der Daimler-Waffen.

Als im Sommer 1993 öffentlich bekannt wurde, daß die Bundesregierung den Transport von nur teilweise demilitarisierten Schiffen der Nationalen Volksarmee an das Regime in Indonesien genehmigt hatte, besetzten Gegner des Rüstungsexports die im Peenemünder Hafen liegenden Kriegsschiffe. Ein halbes Jahr zuvor hatten CSU-Staatssekretär Erich Riedl sowie Dasa-Vorstand Karl Dersch in Peenemünde eine Gedenkfeier für Hitlers V 2-Rakete geplant, die jedoch wegen massiver öffentlicher Proteste abgesagt werden mußte. Der Protest an den Pfingstfeiertagen 1993, getragen von der Gruppe »Timor und kein Trupp« und einer Vielzahl von Menschenrechtlern, richtete sich nicht nur gegen den angekündigten Waffenexport, sondern auch gegen den Bau neuer U-Boote für die Marineeinheiten des indonesischen Diktators Suharto.

Was beim Geschäft mit Indonesien zählt, sind die vitalen Wirtschaftsinteressen der Bundesregierung und des Konzerns. Juristische Wege scheinen indes aussichtslos: Im November 1994 lehnte die Staatsanwaltschaft Ansbach die Strafanzeige von Dr. Gerhard Weidringer ab. Dieser hatte wegen der »Lieferung von Hilfsmitteln zur Tötung von Menschen« an Indonesien Anzeige »gegen Unbekannt« erstattet. Der Leitende Oberstaatsanwalt Fürhäußer lehnte Weidringers Unterfangen mit der Begründung ab, daß »keine deutsche Staatsanwaltschaft eine Strafverfolgungsbefugnis bzw. Strafverfolgungszuständigkeit« besäße. »Dafür, daß etwaige Waffenlieferungen aus Deutschland nach Indonesien bewußt zur Unterstützung und Vornahme dortiger Straftaten erfolgten«, bestünden laut Fürhäußer »keinerlei strafrechtlich relevante Anhaltspunkte«.[204]

Damit bleibt dem Wittelshofener Arzt Gerhard Weidinger nur die Gewißheit, mit seiner spektakulären Anzeige bundesweit auf die Exportskandale nach Indonesien aufmerksam gemacht zu haben. Die Menschenrechtsorganisation *Watch Indonesia* läßt derweil keine Zweifel darüber aufkommen, wie sie Rüstungsexporte an Indonesien beurteilt: »Lippenbekenntnisse für die Achtung der Menschenrechte im allgemeinen und in Ost-Timor im besonderen sind vergessen, wenn es ums Geldverdienen geht.«[205]

Daimler kontrolliert Daimler

»*Wenngleich nur ein sehr geringer Teil unserer Exporte verteidigungstechnischer Güter an Nicht-NATO-Länder, also nicht ins ›sicherheitspolitische Inland‹, fließen, betrachten wir die Waffenexportfrage mit großem Ernst und aller Sorgfalt, weil uns ihre Problematik sehr bewußt ist.*« Jürgen Schrempp in seinem Beitrag »Rüstung und Verantwortung – ein unlösbarer Konflikt?«[206]

»*Wir haben Anfang 1990 sofort im gesamten Daimler-Benz-Konzern strikte Exportkontroll-Richtlinien eingeführt und die Verantwortung für solche Geschäfte dort angesiedelt, wo sie hingehört, nämlich im Vorstand.*« Jürgen Schrempp als Dasa-Vorstandsvorsitzender[207]

»*Und wenn sich die Bundesrepublik Deutschland deutlich absetzt von dem, was andere Länder tun, dann sind wir keine verläßlichen Kooperationspartner mehr.*« Jürgen Schrempp im *manager magazin*[208]

In seiner fünfjährigen Amtszeit als Dasa-Vorstandsvorsitzender hat Jürgen Schrempp eine Vielzahl von Interviews dazu genutzt, öffentlich seinen Unmut über die bisherige Bonner Rüstungsexportpraxis zu äußern, sein Bedauern über deren Folgen auszudrücken und politische Konsequenzen einzuklagen. Im Januar 1991 wurde

Schrempp im Interview mit dem Wochenmagazin *Stern* gefragt, welche Konsequenzen ein Konzern wie der seine, »der nach dem Einstieg bei MBB immerhin über 60 Prozent der deutschen Rüstungs-Produktion ausmacht«, aus den Vorwürfen zöge, die Deutschen würden »in aller Welt als Händler des Todes verurteilt«. Schrempp verweist bei derlei Fragen gerne auf die bei der Dasa damals neu eingeführten hausinternen Exportkontrollrichtlinien. Schließlich benötige man »dringend totale Transparenz und Offenheit«. Dabei sieht sich Schrempp in seinem Unternehmen als Wächter über Recht und Gesetz. Im Jahr 1989 sei man seinen Vorstellungen noch nicht gefolgt, erst mit ihm an der Konzernspitze sei »Einsicht« eingezogen: »Wenn man mir Mitte 1989 zugehört hätte, hätten wir möglicherweise schon andere Exportrichtlinien.« Und völlig zutreffend kritisierte Schrempp nicht nur die Waffentransfers in den Irak, sondern auch die Unterstützung für Saudi-Arabien. Denn wer garantiere, »daß wir dort nicht in fünf Jahren, was ich nicht hoffe, eine Situation wie im Irak haben?«[209]

Niemand wird dem heutigen Daimler-Vorstandsvorsitzenden eine solche Garantie geben können. Konsequenterweise müßten die deutschen Rüstungsexporte daher nicht nur nach Saudi-Arabien, sondern als Übergangslösung bis zu einem vollständigen Rüstungsexportstopp zumindest in alle Spannungsgebiete und an alle menschenrechtsverletzenden Regime sofort eingestellt werden. Die vor allem von SPD-Bundestagsabgeordneten wiederholt beantragte Zwischenlösung, Rüstungsexporte ausschließlich in Nato-Staaten zu genehmigen, beurteilt Jürgen Schrempp positiv. Er signalisiert »volle Unterstützung«, praktiziert aber gleichzeitig genau das Gegenteil: Unter Schrempps Führung stieg die Deutsche Aerospace nach Angaben des Friedensforschungsinstituts Sipri 1992 erstmals auf Platz 12 der weltweit größten Rüstungslieferanten.[210] Auch wenn die Mehrzahl der Exporte tatsächlich in Nato-Staaten erfolgt ist, finden sich doch immer wieder auch menschenrechtsverletzende Regierungen unter den Empfängern der Dasa-Waffen.

Unter ihrem Vorstandsvorsitzenden Jürgen Schrempp hat die Dasa den vielbeschworenen »Geist der Gesetze« weiterhin im Sinne der Gewinnmaximierung interpretiert, wie auch die Lieferung von MTU-Panzermotoren für den französischen Geschäftspartner GIAT belegt. GIAT vereinbarte bei der Wehrtechnikmesse IDEX in Dubai die Lieferung von 436 Kampf- und Bergepanzer an die Vereinigten Arabischen Emirate. Dabei hatte Schrempp im Januar 1991 noch unmißverständlich geäußert, er würde »grundsätzlich nicht in Spannungsgebiete liefern«, und dazu zähle er auch den Nahen Osten.[211] Vor dem Hintergrund, daß der Empfänger im Spannungsgebiet Naher Osten schon vor dem Export der MTU-Motoren bekannt war und daß die Menschenrechtslage in den Emiraten erwiesenermaßen katastrophal ist, entpuppt sich die MTU-Motorenlieferung an den Militärpartner Frankreich als Farce.[212] Auch die vielzähligen weiteren Rüstungsexporte in Nicht-Nato-Staaten während der Ära Schrempp sprechen eine eindeutige Sprache.

Wird Schrempp mit derartigen Beispielen direkt konfrontiert, verweist er geflissentlich auf die politischen Entscheidungsträger. Schon 1991 stellte der *Stern* treffend fest, daß Schrempp »eben nichts nach Saudi-Arabien liefern« dürfte, wenn er seine eigenen Aussagen ernst nähme. Der Dasa-Chef verschanzte sich hinter den von ihm ansonsten so heftig kritisierten Regierungspolitikern: »Wer sind wir denn hier am Tisch«, so Schrempp plötzlich in der Defensive, »daß wir demokratisch gefällte Entscheidungen der Bundesrepublik nicht zur Kenntnis nehmen?« Dem Journalisten blieb da nur die spröde Erkenntnis, der Dasa-Vorstandsvorsitzende drücke sich um die Frage einer Firmenmoral bei Daimler-Benz. Schrempps Verweis auf Verträge mit der Bundesregierung bezüglich der Lieferungsverpflichtung an die Bundeswehr bewegt sich auf der selben Ebene wie die Zuweisung einer Mitverantwortung für Exporte durch die Kooperationspartner Frankreich und Großbritannien. Denn genau bei den Exporten von Dasa-Waffen bzw. von deren

Bestandteilen in die Vereinigten Arabischen Emirate, nach Taiwan oder Indonesien hätte Schrempp tatsächlich die Möglichkeit zur Exportverweigerung besessen. Man kann Schrempp nur beipflichten, wenn er feststellt, seit Beginn der neunziger Jahre habe der »Vorstand die direkte Verantwortung« für die Rüstungsexporte übernommen.[213] Dieses Eingeständnis kommt einem Schuldbekenntnis gleich. Der Dasa-Vorstandsvorsitzende hätte die Menschenrechtslage im Empfängerland oder das Kriterium »Spannungsgebiet« zum Ablehnungsgrund machen können. Das hat er nicht getan.

Offen bleibt darum die Frage: Welche anderen Faktoren sind denn relevant genug, um einen Rüstungsexport zu untersagen?

Jürgen Schrempp sieht die Daimler-Benz Aerospace beim Rüstungsexport im Vergleich zu anderen europäischen Staaten benachteiligt. Hintergrund ist die Tatsache, daß bislang fast ausnahmslos alle Großwaffensysteme in Kooperation gefertigt werden. Anschließend erfolgt der Rüstungstransfer von Frankreich oder Großbritannien aus, wo die Endmontage der Waffensysteme stattfindet. Da diese Staaten über noch exportfreundlichere Kontrollgesetze als die Bundesrepublik verfügen, können die Waffen dann auch direkt an scheindemokratische und diktatorische Regime der Dritten Welt geliefert wurden. Jürgen Schrempp und mit ihm die Regierungspolitiker wissen, wie sensibel die bundesdeutsche Öffentlichkeit auf Forderungen nach Entschärfung der Kontrollgesetze reagiert. Dementsprechend werden alle Aufweichungen in entsprechender Rhetorik verpackt.

So sah sich der Dasa-Chef auch im Interview mit dem *manager magazin* mit durchaus kritischen Fragen konfrontiert: »Nun haben Sie ja auch ein paar tödliche Hochtechnologien im Programm«, welche das Unternehmen »nicht besonders wählerisch exportieren« würde. Jürgen Schrempp antwortete geschickt: Rüstungsexporte bewegten sich »in jedem Fall im Rahmen der gesetzlichen Vorgaben«, Rüstungsexporte würden »restriktiv gehandhabt«. Die Verantwortlichen müßten »möglichst schnell eine gemeinsame europäische Politik für den Export von Rüstungsgütern definieren«. Schrempp wußte nur zu genau, daß eine europaweit abgestimmte Rüstungsexportpolitik dann auf einen wesentlich niedriger definierten Kontrollniveau der EU-Partner erfolgen würde. Dementsprechend konnte er seine Forderung wesentlich höher ansetzen: »Mir wäre am liebsten, die deutsche Position von heute würde dabei europäischer Maßstab.« Die Zielrichtung der Argumentation war derart durchsichtig, daß das Wirtschaftsmagazin bilanzierte, gerade die neue Dasa-Tochter habe Gesetze umgangen, und »internationale Kooperationen haben ja oft auch diesen Zweck«.[214]

Zwei Jahre später, im Januar 1991, tobte der zweite Golfkrieg. Die verfeindeten Armee bekriegten sich auch mit Waffen, die von der Deutschen Aerospace bzw. Messerschmitt-Bölkow-Blohm produziert worden und mit Wissen und zumeist der christlich-liberalen Bundesregierung in den Nahen Osten exportiert worden waren. Die Tatsache als solche durfte nicht weiter verwundern: Kaum ein Krieg findet statt, in dem nicht deutsche Waffen auf beiden Seiten im Einsatz sind.[215]

Entsprechend kritisch wurde Jürgen Schrempp befragt, ob die Dasa wirklich nur Waffen an Staaten liefere, »die ganz eindeutig eine demokratisch gefestigte Struktur« hätten. Schrempps Antwort war so unmißverständlich wie falsch: »Ich unterschreibe Ihnen das sofort.« So gebe es im Konzern »eine Liste mit Ländern, bei denen wir über Lieferungen gar nicht diskutieren«. Bei deratigen Anträgen »heißt es gleich: Antrag abgelehnt«.[216]

Auf die Frage des *Hamburger Abendblatts* im Interview vom Januar 1993, wie Politik wieder glaubhaft betrieben werden könne, antwortet Schrempp, man müsse »ganz offen und ehrlich« sagen, was die Problemstellung sei. Die Politik solle sich »weniger an wählerfreundlichem Populismus« orientieren und dafür »mehr weitblickendes Verantwortungsbewußtsein für die Zukunft unseres Gemeinwesens« zeigen.[217]

Im Endeffekt entschied sich Schrempp für die Strategie des Vielfrontenkampfs: Die Öffentlichkeit sollte über eine breit angelegte Medienkampagne beeinflußt und die Bundesregierung damit auf den Weg der Gesetzesentschärfung gedrängt werden. Bereits Anfang 1994 konnte Schrempp eine erste positive Zwischenbilanz ziehen: Bei der »Harmonisierung des Außenwirtschaftsgesetzes« habe man Grund, »optimistisch zu sein«, denn »hier werden wir ürigens in großem Umfang quer durch alle Parteien unterstützt.« Grund für diesen breiten Konsens und die Zustimmung zur Konzernpolitik war unter anderem die »Offensive in der Öffentlichkeit«, welche ab September 1993 gestartet worden war.[218]

Auch am 7. Februar 1995 durfte der Dasa-Vorstand jubeln: Wirtschaftsminister Günter Rexrodt hatte der Daimler-Benz Aerospace mit seiner Gesetzesentschärfung zur »Harmonisierung« von Dual-Use-Exporten Märkte geöffnet, die seit dem zweiten Golfkrieg legal nicht erreichbar gewesen waren. Angeblich nötig geworden war die Gesetzesänderung aufgrund der seit Anfang des Jahres 1995 von den EU-Ministern ausgehandelten Regelung zur »Harmonisierung« der Dual-use-Exportkontrollen. Rexrodts Ministerium feierte die Änderung des Außenwirtschaftsrechts als einen deutschen Erfolg, schließlich habe man »einen hohen Kontrollstandard« europaweit durchgesetzt.[219]

Gerade die Bedeutung der Dual-use-Exporte wird in der Öffentlichkeit weithin unterschätzt. 1990 betrug der Anteil dieser »sensiblen Technologien mit 20,6 Milliarden DM mehr als das 13fache« der legalen Rüstungsexporte, so die Feststellung der PDS/LL-Abgeordneten Dr. Ruth Fuchs bei einer Bundestagsdebatte Ende 1993.[220] Laut Aussage des Freiburger Fachmanns für Fragen der Verteidigungspolitik, Gernot Erler, ist der Anteil der Dual-use-Exporte 1993 gegenüber den Vorjahren noch deutlich gestiegen.[221]

In der Folge des zweiten Golfkriegs machte das Wort von den deutschen »Händlern des Todes« weltweit die Runde. Deutschlands Rüstungskonzern Nr. 1 reagierte auf die gegen die Verantwortlichen des ehemaligen MBB- bzw. folgenden Dasa-Vorstands mit der Verabschiedung konzerninterner Richtlinien zur Kontrolle zukünftiger Rüstungsexporte. Diese sollte sicherstellen, daß »Geschäfte dieser Art nicht nur nach dem Wortlaut der Gesetze, sondern auch nach dem Geist der Gesetze beurteilt werden«, so der Dasa-Vorstandsvorsitzende Jürgen Schrempp.[222] Mit dieser Kontroll-Kommission wird einerseits die Entscheidungvorlage auf eine untere Ebene verlagert. Diese frägt, laut Jürgen Schrempp, dann »nicht nur Juristen: Geht das, oder geht das nicht?« Die Verantwortung liege seither beim Vorstand.[223]

»Es geht vieles«, stellte Holger Rothbauer, Sprecher des Dachverbandes der kritischen Aktionäre Daimler-Benz (KAD) fest. Anfang 1992 lieferte Mercedes-Benz über die Firma Merex 100 Unimog-Fahrzeuge vom Typ 1750 L 38 an Saudi-Arabien. Tatsächliches und geplantes Endziel war aber das Bürgerkriegsland Sudan. Die Unimogs wurden offiziell als zivil deklariert und per Sammelausfuhrgenehmigung ohne Kontrolle exportiert. Doch die Informanten des KAD hatten herausbekommen, daß die Unimogs einen olivgrünen Tarnanstrich hatten, daß das Führerhaus verstärkt war und eine rundum schwenkbare Dachluke sowie zwei Gewehrhalterungen zur Ausrüstung gehörten. Der Dachverband der kritischen Aktionäre Daimler-Benz stellte am 21. 4. 1994 Strafanzeige gegen den Daimler-Benz-Konzern. Als Jurist der Kritiker begründete Holger Rothbauer diesen Schritt damit, daß Fahrzeuge »dieser Sonderausstattung« eine »›besonders für militärische Zwecke‹ abgeänderte Ware im Sine der Ausfuhrliste (AL) Teil I Abschnitt A Nr. 0006« seien. [224]

Alles sprach für Rothbauers Rechtsauffassung. Trotz Aufnahme der Ermittlungen, die den von Rothenbauer vorgetragenen Sachverhalt nicht entkräften konnten, mußte die Staatsanwaltschaft Stuttgart mit Datum vom 30. 6. 1994 das Verfahren gegen den Daimler-Benz-Konzern aus rechtlichen Gründen einstellen. Begründung war, daß Unimogs mit Tarnanstrich, verstärktem Führerhaus, rundum schwenkbarer Dachluke und mit Gewehrhalterungen nur dann »besonders für militärische Zwecke konstruiert« seien, wenn sie ausschließlich für militärische Zwecke gebaut worden seien. »Die Gewehrhalterungen dienen lediglich zur Aufbewahrung von Gewehren während der Fahrt.«[225] Interessant war auch die Begründung der ungewöhnlich langen achtseitigen Einstellungsverfügung der Staatsanwaltschaft, in der offen formuliert wird, daß das Problem nicht beim Konzern, sondern bei den Genehmigungsbehörden liege, der Konzern hätte wohl auch für direkte Exporte dieser Militärfahrzeuge vom Bundesausfuhramt in Eschborn eine Genehmigung erhalten.

Zweifel an einer wirkungsvollen Kontrolle von Rüstungsexporten sind demnach angebracht. Geprüft werden bei Rüstungsexporten offensichtlich wohl nur die Papiere, wie der Prozeß gegen den ehemaligen Geschäftsführer von Heckler & Koch, Walter Lamp, im Jahr 1994 vor dem Rottweiler Landgericht zeigte. Dort wurden Mitarbeiter des Bundesamts für Wirtschaft als Zeugen vernommen. Sie gaben vor Gericht an, daß 150 Anträge am Tag auf ihrem Tisch lägen und es ihnen nur möglich wäre, zu überprüfen, ob die Papiere richtig ausgefüllt seien. Der Vorsitzende Richter im Rottweiler Prozeß stellte fest, daß das Problem beim Gesetzgeber liege.

Dieser Sudan-Export ist leider typisch für den Umgang von Verwaltung und Justiz mit dem Daimler-Benz-Konzern.

Der Daimler-Benz AG geht es wie der Friedensbewegung: Sie weiß nicht, woran sie mit der Bundesregierung ist. Kritik ist angebracht, berechtigte Kritik, und darin sind sich Befürworter wie Gegner von Waffenexporten einig. Damit finden die Gemeinsamkeiten bedauerlicherweise schon ein Ende. Denn Daimler-Benz führt anderes im Schilde, als das, was der stellvertretende Vorsitzende der

Mercedes-Benz AG, Helmut Werner, so großmundig verkündete. So sei Daimler »im Rahmen des Gesetzes höchst sensibilisiert«. Jeder Fall werde zukünftig durch ein Sieb gedrückt. »In diesem Netz werden Fälle, die uns nicht gefallen, eingefangen.«[226] Der Gedanke klingt zu reizvoll: In Anbetracht der Tatsache, daß die Bundesregierung sämtliche Hühneraugen bei der Exportkontrolle zudrückt, überwacht die Rüstungsindustrie sich selbst. Tatsächlich sind die Vorgaben der hausinternen Exportkontrolle klar definiert und würden eine restriktive Linie ermöglichen. Letzlich kann sie beispielsweise »für besonders sensible Geschäftsfallarten Zwangssteuermechanismen vorschrieben, die eine Abwicklung einzelner Geschäftsfälle ohne Freigabe durch die Exportkontrollstelle ausschließen«, so die Richtlinie Nr. 5 der Mercedes-Benz AG.[227]

Die Realität ist leider eine andere. Das Exportnetz, das Daimler gewoben hat, eignet sich nicht einmal zum Fang von U-Booten. Flugzeuge fliegen locker drüber hinweg, Mercedes-Militärtransporter rasen hindurch und Panzer walzen es platt – allesamt auf dem Weg in Spannungsgebiete.

Würde der Daimler-Vorstand auch nur einen Teil seiner positiven Zielvorgaben umsetzen, so wäre ein sofortiger völliger Stopp aller Exporte von Waffen und Rüstungsgütern vonnöten – anfangs zumindest in Staaten, welche die Menschenrechte verletzen. Letztendlich aber müßte der Konzern auf die Produktion von Waffen verzichten und deshalb die Rüstungskonversion, die Umstellung der militärischen auf eine sinnvolle zivile Fertigung einleiten.

II.
Der Konzern und seine Macht

»*Macht ist eine unglaubliche Belastung.*« Jürgen Schrempp, Vorstandsvorsitzender[1]

4. Kapitel:
Daimler-Benz – Männer an der Macht

Edzard Reuter – Mann ohne Macht

Den Kalten Krieg im Kopf

»Nur ein Narr kann leugnen, daß Entwicklungen eingetreten sind, die wir so nicht vorhergesehen haben.« Edzard Reuter im März 1995[1]

Bis Anfang der neunziger Jahre konnte sich der Topmanager einer zumeist positiven, zuweilen euphorischen Berichterstattung in den Medien gewiß sein. Das Blatt wendete sich zusehends, als sich Reuters zwölf Milliarden DM teure Diversifizierungsstrategie als fataler Fehlschlag entpuppte und der Denker den Konzern in die tiefste Krise der Firmengeschichte gesteuert hatte. Anstatt auf die vielbeschworenen Zukunftstechnologien zu setzen, beteiligte sich Daimler-Benz unter der Reuter-Regentschaft an den größten süddeutschen Rüstungsriesen oder kaufte diese, soweit möglich, gleich auf.

Reuter selbst stellte 1991 die Frage, wer »nicht das Gefühl der Leere« kenne, »wenn ein lange verfolgtes Ziel erreicht und ein lange gehegtes Feindbild zerbrochen« sei. Zwei Jahre zuvor hatte er noch mit Macht für den Aufkauf von Messerschmitt-Bölkow-Blohm gekämpft und letztendlich ein Unternehmen erworben, das dem Konzern heftige Kritik und einen katastrophalen Renommeeverlust einbrachte. »Wir alle hatten uns ja doch mit einer Welt in festgefügten Blöcken eingerichtet, alle unsere Pläne und Strategien waren durch sie bestimmt«, rechtfertigte sich Reuter, der die Schuld in der globalen Entspannungslage suchte:

»Wer dachte denn schon ernsthaft über etwas nach, was über die Nachkriegsordnung, über die Ost-West-Konfrontation hinauszielte?« Selbst der Reuter-Biograph Hans Jürgen Jakobs zeigte sich angesichts des »langsamen Siechtums« von MBB verwundert über die Verve, mit welcher der Konzernchef »einst um das Rüstungsunternehmen kämpfte«.[2]

Tatsächlich war es dem bisherigen Vorstandsvorsitzenden innerhalb weniger Jahre gelungen, sein bisheriges Ansehen nachhaltig zu ruinieren und seine bislang unangefochtene Führungsposition zu demontieren. Je länger Reuter an der Spitze des Konzerns stand, desto offensichtlicher zeigten sich die Folgen seines Mißmanagements – von der fünfprozentigen Beteiligung an Frankreichs Waffenschmiede Matra über die unsäglichen Querelen mit der Dornier-Dynastie und deren weidlich genutzter Sperrminorität bis hin zu den hilflosen Rechtfertigungen der alljährlich bilanzierten Milliardenverluste der Dasa. So hatte der Umbau vom Automobil- zum High-Tech-Giganten mit breiter Produktionspalette nicht nur die Ära des »Rüstungsriesen Daimler-Benz«, sondern zugleich auch Reuters Niedergang in Etappen eingeleitet.

Am Ende sollte ein geschlagener Mann stehen, vom mächtigsten Manager Deutschlands zum Prügelknaben der Wirtschaftswelt degradiert.

Die Demontage des Vorstandsvorsitzenden

»An 1994 werden wir uns gern zurückerinnern.« Werbeanzeige der Mercedes-Benz AG[3]

»Reuters peinliche Politambitionen, seine töricht herbeigeredete Aufsichtsratskandidatur sowie Lieners Rausschmiß haben sein Ansehen beschädigt und Daimlers Ruf zerkratzt.« Rolf Antrecht im Wirtschaftsmagazin *Capital*[4]

»Erst nicht zum Vorsitzenden des Kontrollgremiums berufen, dann nicht einmal ins Präsidium aufgenommen – wer wollte da noch bis zum Vertragsende Vorstandschef bleiben und dann als gewöhnliches Mitglied in den Daimler-Aufsichtsrat einziehen?« Andreas Richter in der *Stuttgarter Zeitung*[5]

Wo Reuter auftrat, stieß er zusehends auf heftige und bisweilen hämische Kritik. Dabei war es nicht nur der Würzburger Professor Ekkehard Wenger, der den Konzernvorsitzenden bei Hauptversammlungen mit spitzer Zunge angriff. Wenger hatte im Vorfeld der außerordentlichen Hauptversammlung im Dezember 1993 gewettert, Reuter leide »an maßloser Selbstüberschätzung«.[6] Schmerzlicher waren die in aller Öffentlichkeit verteilten Ohrfeigen in den letzten eineinhalb Jahren seiner Amtszeit.

Noch Anfang 1994 schien sich Reuter aus einer Position vermeintlicher Stärke heraus aussuchen zu können, ob er an die Spitze des Daimler-Aufsichtsrats oder in die hohe Politik wechseln wollte. Politkontakte waren für ihn schließlich nichts Neues. Hätten die Sozialdemokraten in den achtziger Jahre bei den Bundestagswahlen den Regierungswechsel geschafft, wäre ein Bundesfinanz- oder -wirtschaftsminister namens Edzard Reuter nicht überraschend gekommen. Reuter-Sympathisanten hatten dem Konzernvorsitzenden auch zugetraut, »Superminister der beiden Ressorts« werden zu können. Dabei vermutet Reuter-Fan Jakobs zu Recht, daß selbst diese Position für den Daimler-Vorstandsvorsitzenden Anfang der neunziger Jahre wohl auszuschließen gewesen wäre. Schließlich sei Reuter schon »auf einer anderen Karriereebene angekommen«.[7]

Statt dessen entwickelte sich das Jahr 1994 für den Unternehmensvorsitzenden zur puren Katastrophe, die besonders auf das ungestüme Vorpreschen des Konzernsprechers Matthias Kleinert zurückgeht. Edzard Reuter hatte schon bald nach Kleinerts Amtsantritt dessen Qualitäten und Beziehungen schätzen gelernt, obwohl die beiden gebürtigen Berliner anfangs gar nicht zusammenzupassen schien. Der begnadete Philosoph Reuter, ausgestattet mit dem Drang zur Vision, und der profane Politprofi Kleinert, ausgestattet mit dem Drang zum Pragmatismus, konnten kaum unterschiedlicher sein. Doch die gegensätzlichen Pole ergänzten sich und entwickelten ein vertrautes Verhältnis zueinander. Letztendlich galt Kleinert als Reuters engster Berater und war zugleich doch massiv für dessen Fall mitverantwortlich.

»Ich bin ansprechbar, wenn eine Regierung gebildet wird«, hatte Reuter im *Spiegel*-Interview mit Wolfgang Bayer und Jan Fleischhauer selbstbewußt verkündet. Doch kaum war die Leine ausgelegt, legte Reuter gleich eine Vielzahl von Fangnetzen aus, die eine erfolgreiche Kandidatur verhindern mußten. »Ein eindeutiges Votum der Parteien« sei Voraussetzung und zudem eine Regierung, die keine derart »unsinnigen Diskussionen über Geschwindigkeitsbeschränkungen gegen Ozonbelastung« führe. Gemeint war eine große Koalition in Berlin mit einem Regierenden SPD-Oberbürgermeister namens Reuter, der kein Parteisoldat, sondern autonomer Steuermann sein wollte. Um den begehrten Posten im Roten Rathaus zu ergattern, stehe er »mit Sicherheit nicht für einen Wahlkampf zur Verfügung«, verkündete Reuter und erntete dafür eine verdient kritische Medienresonanz.[8]
Kurz darauf kartete der Daimler-Chef nochmals nach. Wieder war es der *Spiegel*, den Reuter für die Verbreitung seiner langgehegten Sehnsüchte wählte. Schon Vater Ernst war einst Regierender Bürgermeister in der Stadt an der Spree gewesen, und noch 1984 hatte Sohn Edzard das Angebot des Berliner SPD-Landesvorsitzenden Peter Ullrich für den Berliner Bürgermeistersessel in den Wind geschlagen und die lukrativere Karriere in Daimlers Diensten bevorzugt.[9] Nur drei Wochen nach der Verkündung seiner Berlinambitionen stand der Konzernchef dann auch für einen Kabinettsposten in Bonn bereit: »Ich bin ansprechbar«, verkündete Reuter, der bereits mit der SPD-Troika Scharping, Schröder und Lafontaine

gesprochen hatte. »Es drängt den Daimler-Vorstand nachgerade zu einem Wechsel in die Politik«, kommentierte *Spiegel*-Redakteur Dietmar Hawranek, so als müsse Reuter sich und dem Rest der Republik »noch etwas beweisen«.[10]

Angesichts der durchaus labilen politischen Machtverhältnisse in der Bundeshauptstadt und dem zumindest dort unbefleckten Ruf des Namens »Reuter« hätte der Sohn durchaus realistische Chancen besessen, in die Fußstapfen seines renommierten Vaters zu treten. Reuters Devise, »Ich bewerbe mich um kein politisches Amt«, kostete ihn den Berliner Bürgermeistersessel.[11] In kaum überbietbarer Arroganz verspielte der Daimler-Chef seine Chancen. Wo andere monatelang einen aufreibenden und engagierten Wahlkampf führen müssen, wollte sich der Vorstandsvorsitzende des mächtigsten deutschen Konzerns an den gemachten Tisch bitten lassen und dort nach Gutdünken regieren.

Entsprechend rüde reagierten die Berliner Bündnisgrünen auf dieses Politikverständnis: Er solle bleiben, »wo der Pfeffer wächst«, verkündete die Partei.[12] »Reuters einsamer Husarenritt ins Ungewisse«, so der Kommentar von Hermann Rudolph im *Tagesspiegel*, sei nicht nur gegen jede Spielregel, sondern werde »ins Leere gehen«.[13] Deutlich auch die Kritik des alternativen Berliner *zitty*-Magazins: »Reuter soll neuer Diepgen werden«, und dazu arbeite eine verfilzte Große Koalition an einem gemeinsamen Spitzenkandidaten. *Zitty*-Mitarbeiter Tom Kuppinger durchschaute den Politpoker und erkannte in Matthias Kleinert den Drahtzieher des »Geheimkomplotts«.[14] Tatsächlich hatte der Generalbevollmächtigte seinem Boß einen Bärendienst erwiesen: Damit Kleinert womöglich in seiner Heimatstadt Berlin einen Senatorenposten würde ergattern können, mußte Reuter Regierender Bürgermeister werden. Dementsprechend hatte sich Kleinert nach Kräften für dessen Berlinambitionen stark gemacht: Immer schon habe Reuter über die politische Verantwortung von Unternehmern philosophiert und den »Unternehmer als Staatsbürger« propagiert.

Die Art und Weise, wie Reuter seine Berlinbewerbung angegangen hatte, ließ jedoch eine ganz andere Annahme zu: In Wirklichkeit ging es dem Daimler-Chef nicht um den Sessel im Roten Rathaus, sondern um den Posten des Daimler-Aufsichtsratsvorsitzenden. Im Konflikt mit Hilmar Kopper konnte das Berlinargument bestens dazu verwandt werden, den Chef der Deutschen Bank unter Druck zu setzen.

Am Ende sollten Kleinert wie Reuter mit leeren Händen dastehen. Als möglicher Kleinert-Nachfolger war schon im März 1995 Andreas Fritzenkötter im Gespräch. Der 38jährige war Bonner Korrespondent der *Rheinischen Post*, ehe der damals neue CDU-Generalsekretär Volker Rühe ihn im Oktober 1989 zum CDU-Sprecher auserkor. Später holte ihn Helmut Kohl als Medienberater ins Kanzleramt. Fritzenkötter, den, wie er sagt, »die Pflicht zur Bewahrung der Schöpfung« zum Konservativen machte, wäre nicht zuletzt durch seine Kontakte zum heutigen Verteidigungsminister insbesondere für die Dasa interessant gewesen. Fritzenkötter lehnte jedoch das Angebot des Konzerns ab.[15]

Reuters Zukunftsvisionen zerplatzten allesamt wie Seifenblasen. Der ehemals mächtigste Mann in Möhringen sah sich nicht nur monatelanger Medienschelte ausgesetzt. Edzard Reuter wurde auch mit einem deftigen Tritt aus der Frankfurter Machtzentrale in die wirtschaftspolitisch zweite Garnitur zurückversetzt.

Die Hauptversammlung 1994 hatte Reuter noch mit ungwohnter Offenheit hinter sich gebracht: Bemerkenswert selbstkritisch legte der Konzernvorsitzende die defizitären Wirtschaftsdaten des Vorjahres dar. Dennoch blickten Reuter die Dauerattacken – von Einzelaktionären über die Vertreter der Management- + Informationssysteme GmbH (M.I.S.) bis hin zum Dachverband der Kritischen AktionärInnen Daimler-Benz (KAD) – nicht erspart. Letztere warfen Reuter seine verfehlte Diversifikationsstrategie vor: Statt auf die Zukunftsfelder einer ökologisch und sozial orientierten Marktwirtschaft zu setzen, steuerte Reuter den Konzern weiter auf Kurs Rüstung und Luxusautomobile. Für den KAD lobte Sprecher Tobias Pflüger Reuters freimütiges Bekenntnis zu den Konzernverlusten und forderte, »aus dieser Selbstkritik müssen auch Konsequenzen gezogen werden«.[16] Selbst in Wirtschaftskreisen rührte sich vehemente Kritik an Reuter und seinem Finanzvorstand Gerhard Liener. »Zwei Mitgliedern des Vorstandes, den Herren Edzard Reuter und Dr. Liener wird die Entlastung verweigert«, forderte ein Vertreter der Management- + Informationssysteme GmbH und begründete seinen Antrag mit der »Kapitalvernichtung in Milliardenhöhe«.[17] Doch Reuter reagierte nicht, das Drama um den Vorstandsvorsitzenden und den Daimler-Vorstand Gerhard Liener setzte sich nach der Berliner Hauptversammlung fort.

Im Endeffekt fiel nicht nur Reuters Gesamtbilanz kläglich aus, allein die langen Monate bis zum Wechsel des Vorstandsvorsitzenden kosteten den Konzern weitere Millionen. Schuld daran war auch das rücksichtsvolle Zögern des Reuter-Nachfolgers Jürgen Schrempp in der Frage der Umstrukturierungen der Konzerntochter AEG Daimler-Benz Industrie. Taktvoll hielt sich dieser zurück, um Reuter eine weitere Blamage zu ersparen.

Die immensen Verluste der Übergangsmonate riefen Gerhard Liener, den damals härtesten Reuter-Gegner, auf den Plan. Lieners Vorwurf, Reuters Verbleiben an der Konzernspitze brächte dem Unternehmen wirtschaftspolitischen Schaden, verletzte den noch amtierenden Vorsitzenden schwer. Mit dem Frontalangriff revanchierte sich Liener dafür, daß Edzard Reuter konsequenterweise beschlossen hatte, den Daimler-Finanzvorstand nach einer Vielzahl peinlicher Eskapaden im Sommer 1995 vorzeitig in den Ruhestand zu schicken. Lieners Vertrag hätte noch zweieinhalb Jahre gewährt, doch nach dem Machtwort des Konzernchefs sollte Liener nach

In Treue fest zum Ziehvater; Die monatelange Lähmung bis zum Wechsel an der Konzernspitze im Mai 1995 kostete Daimler-Benz – vor allem aufgrund Reuters Entscheidungsschwäche – Millionen. Dennoch hielt Jürgen Schrempp sich mit Kritik zurück, zu tief fühlte sich der neue Daimler-Chef seinem Vorgänger verbunden.

(Foto: © dpa/Mächler)

zehnjähriger Tätigkeit als Ressortleiter für »Finanzen und Material« sang- und klanglos abdanken. Wie sehr sich Liener zuvor verkalkuliert hatte, belegt dessen Aussage, sein Vertrag laufe bis Ende 1997, »und bis dahin werde ich Finanzchef bei Daimler-Benz bleiben«.[18] Liener ließ seinem Frust dementsprechend freien Lauf und nutzte ein Führungstreffen, um dem Vorstandsvorsitzenden vor beider Abgang eine gezielte Breitseite zu verpassen: Je früher Schrempp antrete, zitierte das Wirtschaftsfachblatt *Capital* den Finanzvorstand, desto schneller würden »lähmende Unsicherheiten über den Kurs des Unternehmens beseitigt, Machtkämpfe und Intrigen gestoppt«.[19]

Noch 1992 hatte die *FAZ* Liener mit Lob überschüttet und ihm anläßlich seines sechzigsten Geburtstags attestiert, wenn der Daimler-Benz-Konzern »trotz seines ungestümen Wachstums in den vergangenen Jahren den Pfad finanzieller Stärke nicht verlassen« habe, sei dies »nicht zuletzt das Verdienst von Dr. Gerhard Liener«.[20] Nur zwei Jahre später hatte sich das Blatt grundlegend gewendet. »Gerhard Liener ist im Vorstand der Mann für Pleiten und Pannen«, so der *Spiegel*, der Lieners Eskapaden nicht auf Pech, sondern auf Unvermögen zurückführte.[21] Hinter der Meldung stand Reuter persönlich, mit dem sich *Spiegel*-Redakteure in dessen Feriendomizil am Bodensee getroffen hatten.

Tatsächlich hatte Liener kein Fettnäpfchen ausgelassen: von verfehlten Kontakten mit dubiosen Sportsponsoren über den desaströsen Vertrag mit den Dornier-Erben bis hin zur Vorveröffentlichung von Massenentlassungen.

In seiner einseitigen Selbsteinschätzung sah Liener denn auch den Gang an die New Yorker Börse noch als »das Beste«, was er geleistet habe. Trotz alledem wollte der gebürtige Stuttgarter keinen Grund erkennen, warum ihn der Deutsche Bank-Chef – durchaus im Interesse Reuters – feuern sollte. Auf die Frage von Rolf Antrecht vom Monatsmagazin *Capital*, was der Grund für sein Ausscheiden sei, behauptete Liener schlichtweg: »Ich weiß es nicht.« Hilmar Kopper habe ihm mitgeteilt, man erwarte, daß er »gleichzeitig mit Edzard Reuter das Unternehmen verlasse«, eine Begründung habe er nicht erhalten. Offen gestand Liener das gestörte Verhältnis zu Reuter ein, das »nicht einfach« gewesen sei, und führte als Begründung die Differenzen »zwischen dem visionären Vorsitzenden und dem eher im Bremserhäuschen sitzenden Finanzvorstand« ins Feld.[22]

Am Ende verband Liener und Reuter doch noch eine einzige Gemeinsamkeit: der steile Abstieg vom vielbeachteten Superstar zur vielgeschmähten Randfigur der Wirtschaftswelt.

Reuter wird Rentner

»*Ich vertraue auf das Wort von Herrn Kopper.*« Edzard Reuter zur Frage, ob er den Vorsitz im Daimler-Aufsichtsrat übernehmen wolle[23]

»*Reuter wird verstehen müssen, daß uns die Entwicklung des Konzerns sehr wichtig ist und wir uns einfach nicht zurückziehen können angesichts der anstehenden Probleme.*« Hilmar Kopper zur Frage, ob Edzard Reuter den Vorsitz im Daimler-Aufsichtsrat übernehmen dürfe[24]

»*So knallhart geht es in den obersten Etagen der deutschen Wirtschaft selten zu.*« Heinz Blüthmann und Hans Otto Eglau in der *Zeit*[25]

Reuters Wechsel vom Vorstands- zum Aufsichtsratsvorsitzenden schien fest vorprogrammiert, schließlich hatte Hilmar Kopper als amtierender Vorsitzender des Kontrollgremiums dem Daimler-Chef zugesagt, zu dessen Gunsten zurückzutreten. Die Deutsche Bank wollte sich nach der permanenten Kritik an der Macht der Geldhäuser aus ihrer exponierten Stellung in den Hintergrund zurückziehen.

Dabei hätte Reuter eigentlich gewarnt sein müssen, denn seine Erfahrungen mit den Chefs der Deutschen Bank waren in den vergangenen eineinhalb Jahrzehnten denkbar schlecht gewesen. Reuters Versuche, 1979 und 1983 den Vorstandsvorsitz des Konzerns zu übernehmen, scheiterten beide Male an Wilfried Guth. Als Chef der Deutschen Bank, Daimlers größtem Anteilseigner, verhinderte der Aufsichtsratsvorsitzende Guth einen frühen Aufstieg Reuters an die Konzernspitze und sorgte dafür, daß erst Joachim Zahn und danach Gerhard Prinz die Daimler-Regentschaft übernehmen konnten.

Trotz dieser Negativerfahrungen schien sich Reuter lange Zeit über den Tatbestand zu täuschen, daß einige der Banker in den Reihen der Aufsichtsratsmitglieder keinesfalls auf seiner Seite standen und seine Kandidatur auf vehementen Widerstand stoßen könnte. Vor allem die beiden Bankenchefs, Jürgen Sarrazin von der Dresdner und Martin Kohlhausen von der Commerzbank, sträubten sich gegen Reuter als Ratsherren und warfen ihm massives Mißmanagement vor. Sarrazin und Kohlhausen befürchteten, als Aufsichtsratsvorsitzender könne Reuter seine über Jahre hinweg begangenen Fehler übertünchen. Doch auch die Arbeitnehmerseite, allen voran der Vorsitzende des Konzernbetriebsrats, sprach sich gegen Reuter aus: »Ich bin für Hilmar Kopper«, bekannte Karl Feuerstein unmißverständlich. Feuerstein begründete sein Votum mit dem Umstand, daß der Vorsitzende »Gewicht haben« müsse, und das sei »in der Regel der Vertreter des größten Anteilseigners.«[26]

Als Reuter seine Felle im Kampf um die Führungsposition im Aufsichtsrat von dannen schwimmen sah, ging er in die Offensive: »Ich habe Herrn Kopper gesagt, wenn das so gewünscht wird, stehe ich zur Verfügung.« Und nachdem ihm Kopper den Aufsichtsratsvorsitz zugesagt habe, vertraue er auf dessen Wort. Die Strategie war leicht durchschaubar und höchst dilettantisch: Kopper sollte auf sein Wort verpflichtet oder andernfalls des Wortbruchs bezichtigt werden. Doch Reuters Vorgehen erwies sich als Bumerang, aus

Frankfurt schoß die Deutsche Bank mit einer wütenden Salve zurück: Reuters Fauxpas sei »ziemlich einmalig in der deutschen Unternehmenslandschaft«. Es sei kein Fall bekannt, bei dem in derart aggressiver Form versucht worden sei, eine Aufsichtsratssitzung zu beeinflussen.[27]

Intern hatte sich der Deutsche Bank-Chef längst dem Druck aus Bankerkreisen gebeugt und sich gegen Reuter entschieden. In einer für den Betroffenen brüskierenden Art, zeigte Kopper, wer Herr im Hause Daimler-Benz ist: Die anstehenden Probleme müsse die Deutsche Bank schon selbst erledigen. Gemeint war, Reuter sei dazu schlicht und einfach unfähig. Um dem Daimler-Vorsitzenden die weitreichende Entscheidung mitzuteilen, nutzte Kopper nicht den direkten Draht, sondern die Öffentlichkeit, was eine weitere Eskalation im Kampf Kopper gegen Reuter bedeutete.

In seiner Sitzung am 18. Oktober 1994 beschloß der Aufsichtsrat verbindlich, Reuter nicht zum Vorsitzenden zu küren. Auf Drängen seiner Bankerkollegen sollte Kopper nunmehr bis 1998 Aufsichtsratsvorsitzender bleiben, erst dann wird sein 1993 verlängerter Vertrag auslaufen.

Die Medienwelt durfte sich über den, selbst für diesen krisengeschüttelten Konzern in ungewöhnlicher Härte ausgefochtenen persönlichen Clinch der ehemaligen Geschäftsfreunde freuen. Kurz und knapp brachte das Fachmagazin der Automobilfans *auto motor sport* im Januar 1995 den Tenor der unzähligen Pressemeldungen auf den Punkt: »Was nun, Herr Reuter? Ruhebank, Ersatzbank, lange Bank, Deutsche Bank?« und verbuchte das Reuter-Roulette unter der Rubrik »Flops«.[28] Trocken kommentierte das *manager magazin* den tiefen Sturz des ehemaligen Daimler-Regenten Reuter: »Nach all den Querelen« werde der ehemalige Konzernvorsitzende »nun wenigstens als einfaches Aufsichtsratsmitglied die Konsolidierung seines Technologiekonzerns begleiten können«.[29] Die *Stuttgarter Zeitung* attestierte Reuter »eine Demontage in Raten«.[30] Auch der Dachverband der Kritischen AktionärInnen Daimler-Benz (KAD) bewertete Reuters Rolle negativ: »Das Reutersche Konzept ›Technologiekonzern mit Synergieeffekt‹ ist umfassend gescheitert«, so der KAD-Sprecher Tobias Pflüger. Dieser forderte auf der Berliner Hauptversammlung 1994 konsequenterweise die Nichtentlassung des damaligen Vorstandsvorsitzenden.[31]

Für einen Menschen in dieser Machtposition kamen derlei Kommentare einem Nekrolog zu Lebzeiten gleich.

Zwei Monate vor dem Wechsel an der Daimler-Spitze, im März 1995, hatte sich Reuter wieder gefangen und präsentierte sich scheinbar unbeeindruckt vom Desaster des Vorjahres. Schließlich habe er sich nicht um das Amt des Aufsichtsratsvorsitzenden beworben, sondern sei »gefragt worden«, ob er dafür zur Verfügung stehe.[32] Und doch hatte »der Alte« in einer für ihn zentralen Zukunftsfrage eine »peinliche Niederlage«, so der taktlose *Spiegel*-Kommentar, erlitten. Statt ihm den erhofften Vorsitz im Daimler-Kontrollgremium zu verschaffen, verkürzte der Aufsichtsrat Reuters Vertrag, der ursprünglich erst Ende 1995 auslaufen sollte.[33] Das Katastrophenjahr 1994 hatte seinen dramatischen Abschluß gefunden.

Die Gründe für Reuters Scheitern sind vielzählig. Seine eigentliche Schwäche aber begleitete den langjährigen Daimler-Chef bis zu seinem Abgang: »Ich bin unbelehrbar«, hatte Reuter noch 1994 verkündet und diese Selbsteinschätzung im März 1995 auf eindrückliche Art und Weise bekräftigt. Auf die Frage, ob ihm nie Zweifel an seiner Diversifikationsstrategie gekommen seien, antwortete er: »In keiner Weise grundsätzliche Zweifel.«

Dafür bleibt ihm am Ende seiner Karriere »viel Muße zum Nachdenken und zum Schreiben«.[34] Und bevor Reuter vom Aufsichtsratsvorständler vollends zum Ruheständler wird, darf er als Mitglied im vierköpfigen Präsidium des Aufsichtsrates noch begrenzten Einfluß auf die Konzernpolitik nehmen.

Jürgen Schrempp –
Der neue Stern am Daimler-Himmel

Wolfgang zu Daimler, Günter zu den Genossen

»*Das hätte ich mir früher nie träumen lassen, daß ich so erfolgreiche Buben haben könnte.*« Ernst Schrempp über seine drei Söhne[35]

»*Ich bin sehr glücklich, daß der Vorstand es für sinnvoll hielt, einen Freiburger nach Freiburg zu schicken.*« Wolfgang Schrempp[36]

Jürgen Schrempp wurde am 15. September 1944 in Freiburg geboren, wo er auch aufwuchs und seine berufliche Laufbahn in der Automobilbranche startete: Mit dreizehn Jahren begann Jürgen Schrempp bei der örtlichen Mercedes-Niederlassung eine Kfz-Lehre. Die Eltern Monika und Ernst Schrempp wohnen in Freiburg. Stolz spricht der Vater, ehemals an der Freiburger Universität und später beim Staatlichen Prüfungsamt angestellt, über seine drei Buben, denn sie alle haben Karriere gemacht. Er sei immer »mehr Kamerad als Vater« gewesen, und deshalb »ist was aus ihnen geworden«, zitiert das Wirtschaftsmagazin *!Forbes* Vater Ernst, der heute Ehrenvorsitzender des Sport-Club Freiburg ist.[37]

Im November 1993 übernahm Jürgen Schrempps fünf Jahre jüngerer Bruder Wolfgang die Leitung des Autohauses im Südbadischen. Wolfgang Schrempp wurde Nachfolger von Ralf Hartung, der anschließend die Niederlassung Stuttgart, eine der größten in Deutschland, führen sollte. Mitte der siebziger Jahre hatte Karl Dersch, der 1992 durch das Hissen der Reichskriegsflagge bundesweit für Negativschlagzeilen sorgen sollte, die Freiburger Niederlassung geleitet.[38]

Im Gegensatz zu seinem Bruder Jürgen, der am 19. April 1989 zum Vorstandsmitglied der Daimler-Benz AG und exakt einen Monat später zum Vorstandsvorsitzenden der Dasa in München ernannt wurde, trat Wolfgang Schrempp 1989 überhaupt erst in die Mercedes-Benz AG ein. Zuvor hatte er elf Jahre als Diplomingenieur an einer Gewerbeschule unterrichtet.[39] Wolfgang Schrempp hatte allen Grund, sich beim Konzern zu bedanken, denn erstaunlich schnell machte er Karriere: Nach seinem Einstieg bei Mercedes leitete er sogleich die Abteilung »Produktschulung Nutzfahrzeuge« und wurde 1991 zum Hauptabteilungsleiter »Technik-Training und Produktinformation« befördert. Bevor er in die Heimatstadt der Familie wechselte, war er als Leiter des »weltweit zuständigen Bereichs Vertriebstraining« im Geschäftsbereich Nutzfahrzeuge tätig, so die Presseinformation der Mercedes-Benz AG anläßlich Schrempps Wechsel in den Chefsessel der Freiburger Niederlassung.[40] Der neue Direktor, Chef über 330 Mitarbeiter, weiß seine guten Kontakte und das Renommee seiner Brüder zu nutzen, »vielleicht auch, weil der Name Schrempp bekannt ist«.[41]

Dafür sorgen nicht zuletzt seine beiden noch erfolgreicheren älteren Brüder. Auch der weltoffene Günter Schrempp ist weithin bekannt, zumindest in Baden-Württemberg. Seit 1980 war der älteste der drei Schrempp-Brüder Mitglied der sozialdemokratischen Landtagsfraktion und Sprecher für Wohnungs- und Städtebau sowie für innere Sicherheit. Von 1988 bis 1992 war Schrempp Vorsitzender des Arbeitskreises Innenpolitik, der auch für Verkehrsfragen zuständig ist. Im Mai 1992 wurde der SPD-Landtagsabgeordnete zum stellvertretenden Vorsitzenden der SPD-Landtagsfraktion ernannt. Zu Recht rühmte er sich in seiner Bewerbung für den Vorstand der Freiburger Verkehrs AG, »sehr gute Verbindungen zu den Behörden und den zuständigen Ministerien« zu besitzen.

Wie sehr Günter Schrempp als SPD-Abgeordneter und Daimler-Sympathisant zwischen alle Räder kommen kann, zeigte sich beispielsweise bei der Boxberg-Abstimmung im Landtag, wo es hieß, Farbe zu bekennen. Als die Grünen-Fraktion beantragte, bis zur »endgültigen Rechtssprechung durch das Bundesverfassungsgericht keine weiteren Entscheidungen zu treffen bzw. Maßnahmen zu ergreifen, die im Zusammenhang stehen mit dem geplanten Bau einer Teststrecke der Firma Daimler-Benz bei Boxberg«, enthielt sich Günter Schrempp der Stimme, während seine Fraktion für den Antrag votierte.[42]

Doch im Normalfall, wenn es nicht um naturvernichtende Daimler-Großprojekte geht, hat Günter Schrempp weit weniger Probleme mit dem Straßenbau: Als ehemaliger Angestellter beim Regierungspräsidium Freiburg, Referat Brückenbau, als Referendar und späterer Bauleiter beim Straßenbauamt Freiburg sowie als Mitglied in der Vereinigung der Straßenbau- und Straßenverkehrsingenieure in Baden-Württemberg e.V. schlägt sein Herz im Zweifel für Daimler.

Die Gebrüder Schrempp betreiben Politik, zumeist mit beachtlichem, zuweilen auch mit überzogenem Offensivgeist. Wolfgang Schrempp, in der Freiburger Niederlassung zuständig für die Region Südbaden, hat eine PR-Strategie entwickeln lassen, die selbst vor der Vermarktung des Freiburger Münsterturms als Mercedes-Werbelogo nicht zurückschreckt.[43] In Stuttgart war Wolfgang erfolgreich: Für den Neubau der Mercedes-Niederlassung hat der Konzern rund 40 Millionen DM investiert, und tatsächlich rollt der Rubel mit Verkaufszuwächsen von bis zu 40 Prozent.[44]

Der diktatorische Demokrat

»*Jürgen Schrempp ist keiner, der sich hinter einer Maske versteckt, und schon gar keiner, der ein Blatt vor den Mund nimmt.*« Siegfried Bauer, Redakteur der *Südwest Presse*[45]

»*Wir müssen die Kosten reduzieren, die Arbeitsabläufe optimieren, das Management straffen, bei Entscheidungen schneller sein.*« Jürgen

Die Wahl von Jürgen Schrempp zum neuen Vorstandsvorsitzenden der Daimler-Benz AG macht manchem Kritiker des Konzerns das Leben schwerer und nicht leichter. Bei Verhandlungen mit Geschäftspartnern tritt er ebenso konsequent auf wie bei Streitgesprächen mit Konzerngegnern. Dabei bietet der Pragmatiker Schrempp weit weniger Angriffsflächen als sein Vorgänger Edzard Reuter, der allzu gerne auf eine intellektuelle Diskussionsebene ausweicht. Schrempp dagegen hält nichts von einem theoretischen Meinungsaustausch, für ihn zählen einzig harte Fakten und die Frage: Was nutzt oder schadet dem Konzern? Hier allerdings zeigt er sich allerdings festgefahren, stur zuweilen, auch wenn er eloquent die Waffen spitzer Ironie und gezielter Provokation einzusetzen weiß.

Für seine Untergebenen, und das sind mit seiner Wahl zum Vorstandsvorsitzenden des Gesamtkonzerns am 24. Mai 1995 weltweit mehr als 300 000 Menschen, kann Jürgen Schrempp trotz allen Humors und seiner badischen Lebensfreude ein äußerst unangenehmer Chef sein. So unangenehm, daß er in einem Redaktionsgespräch bei der *Südwest Presse* in Ulm seinen Führungsstil selbst als »demokratische Diktatur oder diktatorische Demokratie« charakterisierte.[47]

Dieses Eingeständnis basiert nicht zuletzt auf seinem persönlichen Verhältnis zur Macht. Wie bei seinem Amtsvorgänger im mächtigsten deutschen Industriekonzern ist Schrempps Verhältnis zur Macht ein zwiespältiges. Schon Reuter war sich seiner Macht bewußt, als er eingestand, er »wäre ein Heuchler«, würde er sie leugnen. Aber »Macht im politischen Sinne«, so Reuter, sei »eine Unterstellung«, die er »noch nie verstanden habe«.[48] In einem Pressegespräch mit der *Schwäbischen Zeitung* formuliert Schrempp eine altbekannte Binsenweisheit: Es komme auf den Machtgebrauch und nicht auf deren Besitz an. Dabei sieht sich der Mann an der Spitze des mächtigsten Konzerns der Republik und eines der mächtigsten Unternehmen der Welt von »unterschiedlichen Beratungskünstlern« umgeben. Seine Aufgabe sei es, die Dinge zu objektivieren, die Beeinflussung nach Gesichtspunkten der Plausibilität zu prüfen, entsprechende Entscheidungen zu treffen und seine Macht gezielt einzusetzen. »Das heißt aber auch, wenn etwas schiefgeht, bin ich dafür verantwortlich«, erklärt der Dasa-Vorstandsvorsitzende im Gespräch mit Redakteur Hanns Funk.[49]

Doch wird der redegewandte Schrempp mit Kritik an der Konzernführung oder möglichen Fehlentscheidungen seinerseits konfrontiert, gerät selbst er in die Defensive. Nicht immmer gelingt es dem Vollblutmanager, sich mit einer argumentativen Kombination aus emotionaler Betroffenheit und rationaler Analyse zu wehren. »Dies sind schmerzliche, dramatische Entscheidungen, die einen persönlich nicht unberührt lassen«, antwortete Schrempp in der Firmenzeitung *aktuell* auf die Frage nach der sogenannten »Freistellung« – gemeint sind Entlassungen – von 16 000 Mitarbeitern und der Schließung von sechs Dasa-Werken Anfang 1994. »Aber«, so Schrempp in einem Atemzug, der Vorstand habe »eine unternehmerische, eine betriebswirtschaftliche, eine gesamtwirtschaftliche Verantwortung.«[50]

 Höchst unpassend zum Weihnachtsfest 1992 verkündet der damalige Vorstandsvorsitzende der Deutschen Aerospace einen drastischen Personalabbau, begründet mit einem »knallharten Verdrängungswettbewerb« auf dem Weltmarkt. Nur wenige Zeilen nach seinem scheinbaren Mitempfinden und dem Eingeständnis, daß die Entlassungen »hart für die Betroffenen« seien, würdigt Schrempp die steigende Stärke des Unternehmens sowie dessen »gute Perspektiven«.[51] Für ein Dasa-Vorstandsmitglied, das 1992 ein Jahressalär von weit über einer Million DM hatte und von überproportionalen Gehaltssteigerungen von 13,1 Prozent profitieren durfte, scheinen die Sorgen und Nöte der »freigestellten« Dasa-Mitarbeiter selbst bei bestem Willen kaum nachvollziehbar zu sein.[52]

Finanzielle Sorgen oder existentielle Nöte sind Jürgen Schrempp, abgesehen von den fernen Kindheitstagen der Nachkriegszeit, fremd geblieben. Nach der Lehre als Kfz-Mechaniker bei Mercedes absolvierte er ein Ingenieurstudium an der Fachhochschule im badischen Offenburg. 1974, sieben Jahre nach seinem Eintritt in die Dienste des Konzerns, war Jürgen Schrempp bereits für den Kundendienst der Mercedes-Benz of South Africa zuständig. Sechs Jahre später wurde er zum Vorstandsmitglied des Daimler-Tochterunternehmens im südafrikanischen Pretoria befördert, verantwortlich für den Bereich »Technik«. Seither wies Schrempps Traumkarriere steil nach oben. In Cleveland/Ohio sanierte er die angeschlagene Euclid Incorporation, damals als Hersteller schwerer Nutzfahrzeuge ein hundertprozentiges Tochterunternehmen der Daimler-Benz AG. Wieder zurückgekehrt nach Südafrika, wurde Schrempp 1984 zum Vizepräsidenten und 1985 zum Vorstandsvorsitzenden der dortigen Mercedes-Benz of South Africa berufen.

Nach zwanzigjähriger Betriebszugehörigkeit hatte er sich 1987 zum für den Vertrieb verantwortlichen Bereichsleiter im Geschäftsbereich Nutzfahrzeuge hochgearbeitet. Hier erwarb er sich den Ruf, zur »Nutzfahrzeug-Fraktion« zu zählen. Andreas Richter von der *Stuttgarter Zeitung* bescheinigt Schrempp dementsprechend »Durchsetzungsfreude, Belastbarkeit und Rauhbeinigkeit«.[53] Bereits zwei Jahre später saß Jürgen Schrempp als ordentliches Mitglied im Daimler-Vorstand und wurde zum Dasa-Vorstandsvorsitzenden gekürt. Als er Ende 1989 noch dazu Vorsitzender des MBB- und des Dornier-Aufsichtsrats in Ottobrunn und in Friedrichshafen sowie Mitglied in den Aufsichtsräten der MTU-München und Friedrichshafen, der TST in Ulm sowie 1990 der Airbus Industries wurde, konnte er seine Machtposition unangreifbar ausbauen.

Schrempp ist ein Winner-Typ, gesellschaftliche Verlierer liegen kaum auf seiner Wellenlänge.

An den wenigen freien Wochenenden genießt Schrempp unter anderem, mit dem Extremsportler Reinhold Messner im alpinen Hochgebirge zum Ortler zu touren, das Fallschirmspringen zu lernen oder ausgelassen die Jazz-Trompete zu blasen. Dem *Hamburger Abendblatt* gestand er, am Sonnabend sei er »nicht bereit, über das Geschäft nachzudenken«; da habe die Familie Vorrang.[54] Die Worte persönlicher Betroffenheit müssen für viele der 16 000 Entlassenen bei der Dasa wie hohle Floskeln klingen, geboren aus der Notwendigkeit, finanzielle und personelle Einbrüche einer kritischen Öffentlichkeit möglichst akzeptabel zu servieren. Nicht umsonst hat die *Deutsche Presse-Agentur* die Entlassungspolitik des neuen Denkers an der Spitze des Daimler-Imperiums als »kompromißlos« gekennzeichnet. Die Berliner *tageszeitung* sieht Schrempp derweil »mit dem eisernen Besen« Arbeitsplätze wegfegen.[55] Schrempp hat sein Image, und er pflegt es. Die Medienurteile vom »knallharten Verhandlungspartner« bis zum »Troupier vom Daimler« sind nicht nur zutreffend, sondern auch im Sinne des Gewürdigten.[56]

Trotz seiner konsequenten Rationalisierungspolitik hat der Daimler-Aufsichtsrat in seiner Sitzung am 2. November 1994 Schrempp einstimmig für fünf Jahre zum neuen Vorstandsvorsitzenden des Gesamtkonzerns und damit zum Reuter-Nachfolger nominiert. Daß der Freiburger auch mit den Stimmen der Arbeitnehmervertreter und dem Zuspruch des Gesamtbetriebsratsvorsitzenden Karl Feuerstein zum kommenden Konzernchef gewählt worden ist, läßt sich vor allem mit einer charakteristischen Eigenschaft erklären: Wie kein anderer deutscher Spitzenmanager vermag Jürgen Schrempp über den eigenen Schatten zu springen – vom Engagement für die Schwarzen in Südafrika über den direkten Draht zu den Gewerkschaftern bis hin zu seinem Verhalten gegenüber Konzernkritikern. »Ausgerechnet mit penetranten Pazifisten«, so der *Spiegel*, »die keine Hauptversammlung auslassen, um das Geschäft der Dasa als menschenverachtend anzuprangern, setzte er sich stundenlang auseinander«.[57] Tatsächlich ging der Impuls zum Gespräch mit Vertretern des Dachverbands der kritischen Daimler-Aktionäre auf der Hauptversammlung im Mai 1994 vom Vorstandsvorsitzenden der Dasa aus. Schrempp machte sein Versprechen wahr und suchte im April 1994 den kontroversen Dialog mit den Kritikern von Luxuslimousinen und Waffenexporten.

Schrempp als Beschützer der Schwarzen?

»*Die Mobilität der Truppen und Ausrüstung hat in Südafrika höchste Priorität, da militärische Konflikte überall im Lande sowie an allen Grenzen auftreten können.*« Der Berliner Friedensforscher Prof. Ulrich Albrecht zur Lieferung von Zugmaschinen für Tieflader für den Panzertransport, an der Daimler-Benz beteiligt war.[58]

»*Schrempp sagte, er sei bei seinem ersten Einsatz in Südafrika 1974 gerne dorthin gegangen: Er liebe es, dort zu sein, ›wo es heiße Zeiten gibt‹.*« Die *Frankfurter Allgemeine Zeitung* anläßlich der Eröffnung der südafrikanischen Dasa-Konzernrepräsentanz im August 1994[59]

»*In Südafrika hat er zeitig die Apartheid aus den Daimler-Werken verbannt.*« Fritz Fiehler, *Neues Deutschland*[60]

Immer wieder wird Jürgen Schrempp mit der Frage konfrontiert, wie sich ein Konzern gegenüber einer Regierung verhalten soll, welche massiv die Menschenrechte verletzt. In derlei Fällen verweist der neue Daimler-Vorstandsvorsitzende gerne auf seine Aktivitäten, als er in Südafrika in das Mercedes-Management berufen wurde und sich nach elfjähriger Tätigkeit zum Vorstandsvorsitzenden der

Mercedes-Benz of South Africa hocharbeitete. Manager könnten sich nicht aus der Politik heraushalten, verkündet Schrempp und betont, wie engagiert er sich sowohl gegen die Herren der Apartheid als auch gegen deutsche Apartheidgegner zur Wehr gesetzt hat. So vertritt der Konzernchef die Ansicht, Investitionen der Industrieunternehmen brächten den Wandel zum Guten, ein Wirtschaftsboykott dagegen sei kontraproduktiv. Diese Position stößt in der Bundesrepublik außerhalb der konservativen Politik und außerhalb der nach Gewinnmaximierung strebenden Wirtschaftskreise auf vehementen Widerspruch. Steht sie doch im Verdacht, aus Konzerninteressen heraus die Menschenrechtsfrage zu instrumentalisieren. Dennoch überzeugt Schrempps Engagement in Südafrika die Journalisten von Fritz Fiehler, dem Redakteur der linksgerichteten Tageszeitung *Neues Deutschland*, bis zum *Spiegel*-Redakteur Dietmar Hawranek. »In Südafrika konnte er den täglichen Rassismus nicht übersehen: die Parkbänke, Busse und Postschalter, die für Weiße reserviert waren«, schreibt Hawranek anerkennend. Schrempp habe sich »nicht ins Office setzen und Geld zählen« wollen angesichts der Jobreservierung für Weiße.[61]

Und doch mutet das Lob der Medien für den neuen Daimler-Chef seltsam an. Während Schrempp sich in den Jahren seit 1974 an die Spitze der Mercedes-Benz of South Africa hocharbeitete, tobte am Kap der Guten Hoffnung der blanke Rassenhaß. »Der Kampf ist schwer«, so die Anti-Apartheid-Bewegung in der Bundesrepublik, »da Südafrika trotz seiner unmenschlichen Politik immer noch Freunde hat.« Die Gegner der Rassentrennung sahen im Mercedes-Benz-Konzern einen der Hauptverantwortlichen für die Macht der Weißen. Denn das Unternehmen lieferte trotz des im November 1977 vom UN-Sicherheitsrat verhängten Waffenembargos Militärtransporter und zusammen mit MAN und Magirus-Deutz Zugmaschinen zum Panzertransport und verkaufte zudem Lizenzen zum Eigenbau von Motoren für die Fahrzeuge der Militäreinheiten. In unzähligen Vor-Ort-Berichten und Photodokumenten belegten

Menschenrechtsgruppen und Gewerkschaftsvertreter, daß Mercedes-Militärfahrzeuge im blutigen Einsatz gegen die unterdrückte Mehrheit der Schwarzen gebraucht wurden. Den südafrikanischen Automobilkonzern unter der Führung von Jürgen Schrempp hinderte das Massenmorden mit Mercedes-Material nicht im mindesten daran, weiterhin Luxusfahrzeuge an die weißen Unterdrücker zu verkaufen.[62]

Peter Reinhardt, Korrespondent des *Mannheimer Morgen*, betrachtet das Wirken des Wirtschaftsführers im Apartheidstaat unter persönlichem Aspekt: »Mit seinem Versuch, im Unternehmen die Apartheid aufzubrechen«, habe sich Schrempp den »Unmut vieler Stuttgarter Zentralos« zugezogen.[63] Und Schrempp selbst wird bis zum heutigen Tag nicht müde, die für ihn negativen Folgen seines Engagements gegen das Regime hervorzuheben. Er könne nicht Teil »einer Gesellschaft in Südafrika sein und Apartheid nicht zur Kenntnis nehmen«, so Schrempp auf die entsprechende Frage der *Schwäbischen Zeitung*. Gemeinsam mit den Gewerkschaften, so Schrempp, habe er einen Zehn-Punkte-Plan zur Verbesserung der Menschenrechtslage der Schwarzen »durchgesetzt«. Das aber könne man nur erreichen, wenn man vor Ort präsent sei. Nicht Isolation, sondern Aktion sei angebracht.[64] »Mehrmals«, so Schrempp, habe er von der Stuttgarter Daimler-Führung »eins auf die Nase« bekommen und sei, so der *Spiegel*, gefragt worden, »wer vor Ort denn die Wagen mit dem Stern kaufe, die Schwarzen oder die Weißen?« Die Frage beantwortete Südafrika-Kenner Willi Germund in seinem Beitrag »Deutsche Luxuslimousinen für die Wohlhabenden am Kap«. Tatsächlich hatte die südafrikanische Regierung zur Sicherung der Arbeitsplätze die Auflage erteilt, daß drei Viertel der Fahrzeuge im Land produziert werden müssen. Deshalb habe man sich bei Mercedes entschlossen, die S-Klasse für die weißen Apartheidherren vor Ort herzustellen.[65] Zwei Jahre später verkündete das Unternehmen stolz, daß seit der Einführung der C-Klasse im Au gust 1994 der Verkauf von 300 bis 400 auf 1800 Einheiten monatlich gestiegen sei und daß seit dem Wegfall der Handelsbarrieren im südlichen Afrika allein 1994 »Fahrzeuge für etwa 90 Millionen Mark in die Nachbarländer exportiert werden« konnten.[66]

Tatsächlich hielt Schrempp den Kontakt zu Nelson Mandela, dem »die Arbeiter in unserem Werk in East London einen Mercedes ganz persönlich« für Mandela gefertigt haben, wie Schrempp Ende 1994 stolz im Interview verkündete.[67] Dabei hatte der ehemalige Mitarbeiter der Vereinten Nationen (VN), Holger Rothbauer, den damaligen Oppositionsführer bereits im September 1993 auf dessen sonderbares Verhalten in bezug auf Mercedes-Benz aufmerksam gemacht. Am Rande der VN-Vollversammlung in New York brachte Rothbauer seine Verwunderung gegenüber Mandela zum Ausdruck, der von 1962 bis 1990 für seine konsequente Einstellung inhaftiert worden war. Rothbauer befragte Mandela bei dem Treffen in der VIP-Loge zum Umstand, daß Mandela nach seiner Wahl zum Vorsitzenden des African National Congreß (ANC) eine rote Daimler-Limousine als Präsent angenommen hatte. »Dies war für uns in der deutschen Anti-Apartheidbewegung«, so Rothbauer, »die wir uns mit öffentlichen Aktionen gegen die Rüstungskooperation von Daimler-Benz mit dem Apartheidregime stark engagiert hatten, eine symbolische Niederlage.« Mandela antwortete erst nach einigem Zögern. »Oh, ja, junger Mann, was kann man tun, wenn Dir ein Anhänger ein Geschenk machen will. Man muß es halt annehmen.«

Überhaupt bewies Jürgen Schrempp viel Fingerspitzengefühl bei seinen Entscheidungen. Die Wandlung des Südafrika-Fans Schrempp Ende der siebziger Jahre zum Gegner des Apartheidsystems erklärt die *tageszeitung* mit dessen Erkenntnis, daß die Herrschaft der Buren »keine Zukunft mehr hatte«.[68] Wenn der Mann an der Daimler-Spitze heute Bilanz zieht, dann muß er zum Schluß kommen, daß sich die Strategie des Schweigens über den

Einsatz der Mercedes-Militärfahrzeuge bei gleichzeitigem konzern-
internem Engagement gegen die Rassentrennung allemal gelohnt
hat.

Damals wurde Edzard Reuter auf ihn aufmerksam; der Konzernchef
bewunderte Schrempps Rückgrat im Einsatz gegen die Benachtei-
lung der Schwarzen bei der Mercedes-Benz South Africa und förderte die Karriere des Freiburgers, bis dieser letztlich sein Nachfolger
wurde.[69]

Trotz der martialischen Menschenrechtsverletzungen zur Zeit seines Südafrika-Engagements empfiehlt Schrempp noch heute eine
tiefe Verbundenheit mit dem Land, das ihm im Jahrzehnt seines
dortigen Wirkens zur »zweiten Heimat« geworden sei. In Kapstadt
besitzt Schrempp ein Haus, in dem er bei Gelegenheit seinen Urlaub
verbringt. Selbst acht Jahre nach seiner südafrikanischen Vorstands-
tätigkeit wird die Eröffnung der neuen Dasa-Konzernrepräsentanz
für ihn zum »emotionalen« Erlebnis. Und, typisch für ihn, selbst in
solchen Situationen vergißt der Daimler-Chef in keiner Minute die
geschäftliche Seite seines Auftrags: So werde die Dasa »kaltblütig
beim Gewinnemachen und warmherzig in ihren Träumen« sein.[70]
Tatsächlich will die Daimler-Benz Aerospace »Millionen in südafrikanische Produktionsstätten investieren und in fünf Jahren 4000
bis 5000 Mitarbeiter beschäftigen«, wie der Mann an der Dasa-Spit-
ze im November 1994 stolz verkündete. Die Chancen dafür stehen
gut. Tasso Enzweiler vom *manager magazin* prognostiziert nach
dem Sieg über die Apartheid und satten Wachstumsraten sogar das
Erstarken des »ersten afrikanischen Tigers«.[71] Angesichts der hohen
Gewinnerwartungen möchte sich der Konzern an die Spitze der
Kassierer stellen und betätigt sich dementsprechend rücksichtslos
als Streikbrecher, wie die *Badische Zeitung* in Schrempps Heimatstadt Freiburg mißmutig anmerkt. Im August 1994 traten die
Beschäftigten der gesamten südafrikanischen Automobilindustrie
in den Streik, was Schrempp aber nicht davon abhalten konnte,

zeitgleich die Dasa-Konzernrepräsentanz zu eröffnen. *BZ*-Korrespondent Willi Germund übte deutliche Kritik am Verhalten des Konzerns: »Mercedes-Benz ist gewillt, in der südafrikanischen Automobilindustrie den Vorkämpfer gegen die Gewerkschaften zu spielen«, so Germund über die Arbeitsniederlegungen im Mercedes-Werk East London.[72]

Jürgen Schrempp bleibt dennoch optimistisch: Mitte der neunziger Jahre vergleicht er die südafrikanische Situation gerne mit der chinesischen. Auch in China, heute so undemokratisch regiert wie Südafrika zur Zeit der Apartheid, müsse Daimler-Benz präsent sein, um Einfluß nehmen zu können. Dabei unterschlägt der Manager schlichtweg die Tatsache, daß weder er noch sein Konzern in China bislang erkennbare Aktivitäten zur Unterstützung der Demokratiebewegung unternommen, derweil jedoch gewaltig am Geschäft mit den Diktatoren mitverdient haben.

Von Ehrenmann zu Ehrenmann

»*Insgesamt erfuhr amnesty international 1993 von 2564 Todesurteilen und 1419 Hinrichtungen, vermutete jedoch, daß die tatsächlichen Zahlen weit höher lagen. Einige der Todeskandidaten wurden kurz vor ihrer Hinrichtung auf Massenveranstaltungen vorgeführt oder vor den Augen der Öffentlichkeit durch die Straßen gefahren ...*« amnesty international über die Menschenrechtssituation in China.[73]

»*Wir wollen nicht über Politik reden.*« Stellungnahme des chinesischen Ministerpräsidenten Li Peng bei seinem Deutschlandbesuch im Juli 1994.[74]

Der Mann hat Rückgrat. Unmißverständlich und mit einem kräftigen Schuß Kritik formuliert er, was ethische Grundsätze einem jedem Demokraten gebieten: Die Menschen in Deutschland würden sich »übervorsichtig« verhalten, die Bundesrepublik dürfe auch nach der Wiedervereinigung »andere Völker, denen man die Freiheit bis heute vorenthält, nicht im Stich lassen«. Die Rede ist nicht von Jürgen Schrempp, vielmehr hat der stellvertretende Fraktionsvorsitzende der CDU-Bundestagsfraktion ausgesprochen, was die meisten seiner Fraktionskollegen und die Vorständler der Dasa tunlichst vermieden haben.[75]

Heiner Geißlers Stellungnahme in der *Frankfurter Allgemeinen Zeitung* bleibt eine Ausnahme im Lager der Regierungspolitiker und der Wirtschaftsgrößen. Bereits 1992 hatte der FDP-Außenminister Klaus Kinkel die neue Linie umrissen. Die Beziehungen, so Kinkel, würden von nun an wieder in »normalen Bahnen verlaufen«.[76]

Die allgemeine Devise lautet seither, »Reden ist Silber, Schweigen bringt Geld«. Anstatt die Gelegenheit zu nutzen und auf die inhumane Menschenrechtssituation in China aufmerksam zu machen, wurde der vom *Spiegel* als »Henker der Demokratiebewegung« apostrophierte chinesische Ministerpräsident empfangen, als sei er der Papst oder der Präsident der Vereinigten Staaten persönlich. »Fünf Jahre und einen Monat nach dem Tiananmen-Massakertag, dem 4. Juni 1989, fällt Li diese Woche mit 150 Begleitern in Bonn ein, auf rotem Teppich empfangen von seinem deutschen Kollegen Helmut Kohl«, so der trockene *Spiegel*-Kommentar. Den Grund lieferte das Wochenmagazin gleich mit. So sei die Bundesrepublik 1993 mit einem Handelsvolumen von 23 Milliarden DM zu Chinas größtem europäischen Geschäftspartner avanciert, die deutschen Exporte seien um 67 Prozent gestiegen.[77]

Auch in der bajuwarischen Dasa-Zentrale wurde dem Tiananmen-Tyrannen ein prunkvoller Empfang bereit. Für Gastgeber Jürgen Schrempp stand dabei das Geschäft im Mittelpunkt des Interesses, unangenehme Fragen konnten von seinem Besucher nur als störend empfunden werden. »Ein joviales Lächeln, ein Toast auf das neue Milliardenprojekt«, so schilderte Journalist Martin Wocher von der Agentur *Associated Press* die Stimmung bei der Deutschen Aerospace. Dabei dürfte das Verhalten des Dasa-Vorstandsvorsitzenden als besonders unrühmliches Lowlight in die Annalen eingehen: »Herzlich fiel dann auch die Begrüßung vor dem Dasa-Hauptgebäude aus, und Schrempp ließ es sich nach einem 15minütigen Gespräch unter vier Augen nicht nehmen, den Gast selbst durch die Ausstellungsräume mit den Modellen der jüngsten Dasa-Produkte herumzuführen und die Fragen geduldig zu beantworten.« In dieser privaten Atmosphäre konnten keine kritischen Fragen aufkommen, sie waren auch nicht gewünscht. Alsbald machte sich denn auch Erleichterung unter der Dasa-Delegation breit, »als Li Peng etwas länger als vorgesehen blieb und anschließend nichts auf eine Verstimmung der Chinesen schließen ließ.«

Noch einen Tag vor dem Li Peng-Besuch hatte die Menschenrechtsorganisation amnesty international ein »Dokument wider das Wegsehen«, so die Berliner *tageszeitung*, veröffentlicht. Der Jahresbericht 1994 wies auf staatlichen Terror extremen Ausmaßes hin: In China waren Tausende politischer Gefangener mit unvorstellbaren Foltermethoden – von Schlägen bis zur Bewußtlosigkeit bis hin zu Elektroschocks – gemartert worden. Zur Erpressung von Geständnissen würden die Gefangenen, so amnesty international, oft extremer Hitze oder Kälte ausgesetzt.[78] Insgesamt publizierte die Menschenrechtsorganisation eine Vielzahl von Berichten, wonach im Jahr 1993 »1831 Gefangene in 32 Ländern hingerichtet« worden seien – allein 1419, also drei Viertel davon, in der Volksrepublik China. »Einige der Todeskandidaten wurden kurz vor ihrer Hinrichtung auf Massenveranstaltungen vorgeführt oder vor den Augen der Öffentlichkeit durch die Straßen gefahren.«[79]

Abb. auf der folgenden Doppelseite

Geschäfte mit dem Krieg: Die Exportpolitik des Dasa-Vorsitzenden Schrempp prägte die Jahre von 1989 bis 1994.
(Plakat des Dachverbands der Kritischen AktionärInnen Daimler-Benz)

DAIMLER TÖTET* SIE

* Übrigens: Wußten Sie schon, daß die Daimler-Benz AG – mit ihrer 85,3 %igen Beteiligung an der Deutschen Aerospace (DASA, vormals Dornier, MTU, MBB) und der 80,2 %igen Beteiligung an der AEG – der größte deutsche Rüstungskonzern ist.

Auch nach dem Ende des Kalten Krieges fördern die Rüstungsexporte in zahlreiche Länder und Krisenregionen rund um den Globus die Fortsetzung der „heißen Kriege".

Die Daimler-Benz AG trägt dadurch Mitverantwortung an vielen bewaffneten Auseinandersetzungen und am Tod unzähliger Menschen.

sollten sich überlegen, ob Sie Ihr nächstes Auto bei Mercedes-Benz oder Ihren neuen Kühlschrank bei AEG kaufen wollen.

1945 Daimler-Benz kann dank seiner Rüstungsproduktion im „Dritten Reich" einen Gewinn von 1,14 Mrd. RM verzeichnen.

1952 Daimler Benz erhält den ersten Rüstungsexportauftrag nach ´45 – Panzermotoren in die Schweiz.

1974 Lieferung von 2500 Militärlastwagen und 137 Zugmaschinen für Panzertransporte nach Südafrika.

1979 El Salvador erhält 20 Radpanzer vom Typ UR-416.

1976–86 Das Südafrikanische Apartheidregime erhält insgesamt 3624 militärisch nutzbare Geländewagen, Unimogs und LKWs.

1976–86 Lieferung von insgesamt 6737 Unimogs, Geländewagen und LKWs an den Irak. Der Iran erhält im gleichen Zeitraum 12.645 Fahrzeuge.

1980 Äthiopien wird mit Panzern vom Typ UR-416 beliefert.

1982–84 450 Radpanzer CONDOR werden nach Malaysia verschifft.

1987 Der Iran wird mit Sattelschleppern für Luftabwehrraketen ausgestattet.

1987 Die Daimler-Tochter MTU beliefert Indien mit 1600 Panzermotoren.

1988 Lieferung von Motoren für Korvetten und Dieselaggregate für U-Boote an Brasilien.

1989 Lieferung von 80 militärisch ausgerüsteten LKWs an die islamischen Fundamentalisten im Iran.

1989 Lieferung von Hubschraubern BH117 der Daimler-Tochter MBB an den Irak.

1983 Lieferung von 3000 Militärlastwagen und Unimogs an den Irak.

1986 Lieferung von Raketentechnik nach Libyen durch die Daimler-Tochter Dornier.

1986 Lieferung von Fahrgestellen für Kommandowagen der chilenischen Spezialeinheiten.

1986 Die Daimler-Tochter AEG exportiert 60 Flugabwehrsysteme „Wildcat" nach Saudi-Arabien.

1991 Napalm-Einsatz aus B105-Kampfhubschraubern, Marke Daimler/MBB, gegen kurdische Flüchtlinge in der Schlucht Galie Dola.

1993 436 französische Leclerc-Panzer, ausgestattet mit MTU-Motoren, werden von den Vereinigten Arabischen Emiraten geordert. Umsatz: 3,5 Mrd US-Dollar.

1993 Taiwan erhält Luftabwehrraketen vom Typ „Patriot" und „RAM". Die Antriebs- und Steuerungstechnik liefert die Daimler-Tochter DASA.

1992–94 Die türkische Luftwaffe wird mit 46 Militärflugzeugen vom Typ RF-4E-Phantom beliefert – ausgestattet mit modernster Technik der Daimler-Tochter DASA.

1996 Serienfertigung und Export des Eurofighters 2000, ehemals Jäger 90, u.a. nach Saudi-Arabien. Die DASA gehört zu den Herstellern.

1997 Serienfertigung und Export des Panzerabwehrhubschraubers PAH-2, genannt „Tiger". Bei MTU entstehen die Triebwerke.

Das Lächeln des Diktators Li Peng, so Schrempps Hoffnung, sollte sich in barer Münze auszahlen. Im Jahr 2010 werden, prognostiziert Martin Wocher, rund die Hälfte der weltweiten Flugbewegungen im asiatischen Luftraum stattfinden. Für den Vorsitzenden des größten deutschen Luftfahrtkonzerns war diese Aussicht Schweigegeld genug.[80] Dafür nahm Jürgen Schrempp in Kauf, daß mit Li Peng einer der schlimmsten lebenden Massenmörder als wohlhofierter Gast bei der Dasa weilte.

Menschenrechte gegen gutes Geld?

»*Kein Kommentar.*« Jürgen Schrempp, Dasa-Vorstandsvorsitzender; Antwort auf die Frage, ob sich die Proteste gegen den Besuch von Li Peng auf die deutsch-chinesischen Wirtschaftsbeziehungen auswirken würden.[81]

»*Die Dasa macht Li Peng, an dessen Schuhen das Blut Zehntausender Menschen klebt, hoffähig.*« Paul Russmann, Sprecher des *Dachverbands der Kritischen AktionärInnen Daimler-Benz*[82]

Ministerpräsident Li Peng nutzte seine Visite, um zu verkünden, China habe die Absicht, den »1979 eingeschlagenen Weg der Öffnung und der Reformen unbeirrbar fortsetzen«. Schließlich sei es »nicht nur ein Unglück für das chinesische Volk, sondern auch eine schlimme Katastrophe für die ganze Welt«, falls in China ein Chaos ausbräche.[83]

Schrempps Schweigen wurde fürstlich belohnt, aus wirtschaftspolitischer Sicht konnte sich die Bilanz der Li Peng-Visite sehen lassen: »Die Daimler-Benz-Tochter Dasa hat mit der chinesischen Raumfahrtgesellschaft *China Aerospace Corp. (CASC), Peking*, die gemeinsame Satellitengesellschaft *EurasSpace – Gesellschaft für Raumfahrttechnik mbH* mit Sitz in München gegründet, an der die beiden Unternehmen zu je 50% beteiligt sind.« Das geplante Geschäftsvolumen belaufe sich bis zum Jahr 2006 auf 1,6 Milliarden DM, mit einem Dasa-Anteil von 500 Millionen DM. In einem Gespräch mit Li Peng hatte der Vorsitzende der Deutschen Aerospace »die gesamte Bandbreite weiterer Kooperationsmöglichkeiten diskutiert«, so die *Süddeutsche Zeitung*. Dabei mußten selbst die Daimler-Manager eingestehen, daß die Beschäftigungseffekte der neu vereinbarten Kooperationsgeschäfte nur minimal sein würden. Lediglich 150 Arbeitsplätze könnten in Deutschland gesichert werden.[84]

Als die Proteste über den Schweigepakt der Politik mit der Wirtschaft zumindest in den neuen Bundesländern unüberhörbar wurden, erhielten Schrempp und Kohl Rückendeckung von Otto Wolff von Amerongen, dem Vorsitzenden des Ostausschusses der Deutschen Wirtschaft, der die Proteste für »übertrieben« hielt.[85] Im Wirtschaftsmagazin *impulse* durfte von Amerongen seine Position zum Umgang mit dem »Henker der Demokratiebewegung« darlegen: »China darf nicht von der weltwirtschaftlichen Integration ausgeschlossen werden, sondern muß voll in die internationale Arbeitsteilung eingebunden werden.«[86] Und im Fachblatt *Capital* erteilte Ralf-Dieter Brunowsky der wirtschaftlichen China-Connection volle Absolution in dem Wissen, daß die Menschenrechte dort »am schlimmsten« verletzt werden: »Sollen wir auf diese Geschäfte verzichten?« so die rein rhetorische Frage. Denn die Antwort lautete: »Natürlich nicht, wir wären Toren«, zumal »nach Einschätzung vieler Führungskräfte der chinesische Markt mit seinen Wachstumsraten das Jahr 2000 dominieren wird«.[87]

In einem Leserbrief bezog Volkmar Deile, seit 1990 Generalsekretär der deutschen Sektion von amnesty international, Stellung zur wirtschaftspolitischen Position »Wandel durch Handel« in *Capital*. So könnten Konsumgüter durchaus »diktatur-verträglich« sein: »Wir kennen eine Reihe von Staaten, in denen schwere Menschenrechtsverletzungen trotz westlichen Konsums gang und gäbe sind.«[88]

Schrempp beliebt es, derartige Anwürfe schlichtweg zu ignorieren, China ist fern, und die Menschenrechtsverletzungen sind nicht seine Sache. Der Kommentar des neuen Vorstandsvorsitzenden des Gesamtkonzerns bezüglich weiterer China-Kontakte spricht für sich: »Für uns ist es wichtig, daß die Gespräche auf wirtschaftlicher Ebene fortgesetzt werden«, so Schrempp ungerührt.[89]

Doch selbst die fürsorgliche Betreuung bei der Daimler-Tochter Dasa half wenig, am Ende brach der Diktator seinen Besuch vorzeitig ab. »Li Peng scheint über ein ungewöhnliches Gemüt zu verfügen. Blut läßt ihn kalt, ein paar Pappschilder bringen ihn in Wallung«, kommentiert die *tageszeitung*, die treffend analysiert: »Demonstrationen, so der bis gestern in hiesigen Landen gültige Lehrsatz, ändern nicht viel. Eine kleine Gruppe Demonstranten am Brandenburger Tor hat gezeigt, daß dieser Satz nicht stimmt. Die Bürgerrechtler haben sich einfach an ihre eigene Geschichte erinnert.«[90]

Genau die hatte Schrempp im Sommer 1994 schlichtweg verdrängt. Noch heute rühmt er sich seiner mutigen und offenen Kritik am südafrikanischen Apartheidsystem. In Südafrika aber ging es nicht darum, ob er oder sein Mitkonkurrent Helmut Werner zum neuen Vorstandsvorsitzenden des größten deutschen Industriekonzerns gewählt werden würde. Schrempps Offerte an den Diktator hat sich in doppeltem Sinne ausgezahlt – für den Konzern und das eigene Konto. Schließlich verdient Schrempp nach seiner Wahl zum Daimler-Vorstandsvorsitzenden im Mai 1995 satte 1,5 Millionen DM pro Jahr und damit nochmals rund 400 000 DM mehr als die anderen Daimler-Vorstandsmitglieder.[91] Bereits Edzard Reuter verdiente als Daimler-Vorstandsvorsitzender 1,57 Millionen DM jährlich.

So konnte Schrempp die öffentlichen Vorwürfe beruhigt an sich vorüberziehen lassen. Auch die Aufforderung von Paul Russmann, einem der Sprecher des *Dachverbands der Kritischen AktionärInnen Daimler-Benz*, »keine weiteren Geschäfte mit China abzuschließen«, solange dort die Menschenrechte verletzt würden, verhallte ohne jegliche Reaktion aus der Münchener Konzernzentrale.[92] Geholfen hat der öffentliche Druck auf Schrempp und den Daimler-Vorstand de facto nichts: Die Verhandlungen wurden »erfolgreich« abgeschlossen, die Verträge unterzeichnet, die Moral zu Grabe getragen. Geld regiert die Welt.

Wachablösung – Die Schrempp-Generation steigt auf

Kampf hinter den Kulissen

»*Intrigen und Heimlichkeiten, Tricks und Trotz, Versprechungen und Wortbruch – das ist der Stoff, aus dem in Hollywood Seifenopern inszeniert werden. In Stuttgart, so scheint es, gibt es eine Hollywood-Außenstelle.*« Das Wirtschaftsmagazin *Top Business* über die Querelen bei Daimler-Benz [93]

»*Ein Manager räumt auf.*« Das Wochenmagazin *Focus* über die Versuche Jürgen Schrempps, die Querelen zu beenden[94]

»*Ein so großer Konzern ist sinnvoll nur zu führen, wenn die einzelnen Firmen ein sehr hohes Maß an Selbständigkeit und Verantwortung haben. Dieses Prinzip wird nicht gekippt werden.*« Helmut Werner im *Spiegel* über Zündstoff für zukünftige Querelen [95]

Der kommende Vorstandsvorsitzende gab sich alle Mühe, den Konflikt im Konzern nicht zu offensichtlich werden zu lassen, und so verfuhr er erst einmal nach der für ihn untypischen Gießkannenmethode: Lob für alle, gleichgültig wie das persönliche Verhältnis in Wirklichkeit war. »Vor diesem Mann ziehe ich den Hut«, ließ

Schrempp über seinen Vorgänger und langjährigen Gönner Edzard Reuter verlauten. »Wir sind gute Freunde. Er hat mir in der Vergangenheit viel durch seinen Rat und sein Beispiel vorgegeben«, so Schrempp zu Recht, denn Reuter hatte den Dasa-Chef nach Möhringen geholt.[96]

Auch den Mercedes-Vorstandsvorsitzenden und härtesten Mitkonkurrenten um den Daimler-Chefsessel, Helmut Werner, nannte er schlichtweg einen »Freund«. Und mit Hilmar Kopper, der sich mit Reuter ein knallhartes Gefecht um den Vorsitz im Aufsichtsrat geliefert und wochenlang Negativschlagzeilen am Fließband produziert hatte, habe er »überhaupt keine Probleme«.[97]

»Optik und Tradition«, so Volker Wörl in der *Süddeutschen Zeitung*, hätten es »eigentlich nahegelegt«, den 70prozentigen Beitrag der Mercedes-Benz AG zum Umsatz des Gesamtkonzerns in persona Helmut Werner »zu honorieren«.[98] Schrempp, für unbedarfte Beobachter überraschender Sieger im Duell mit dem Chef der umsatzstärksten Daimler-Tochter, und Helmut Werner verbanden ehemals enge Bande. Aus taktischen Gründen nutzt der neue Vorstandsvorsitzende nun jede Gelegenheit, um zu betonen, daß »die Chemie« zwischen ihm und Werner stimme.[99]

Dabei gibt es ein entscheidendes Argument, das den Daimler-Benz-Aufsichtsrat am 2. November 1994 für Schrempp und gegen Werner als neuen Vorstandsvorsitzenden votieren ließen: Der Freiburger steht für die Fortsetzung der Reuterschen Diversifizierungspolitik, welcher Werner als Hüter der Mercedes-Monokultur wenig entgegenzusetzen hat.

So gelang Schrempp nicht nur das Kunststück, die Kapital-, sondern auch die Arbeitnehmerseite für sich zu gewinnen. Trotz der zuvor radikal vollzogenen Rationalisierungsmaßnahmen wurde er im Aufsichtsrat einstimmig zum Reuter-Nachfolger nominiert.

Helmut Werner hatte seine Niederlage längst nicht so locker weggesteckt, wie Schrempp dies der Öffentlichkeit weismachen wollte. Bereits im Vorfeld der vorentscheidenden Aufsichtsratssitzung am

29. Juni 1994 nutzte Werner die Publicity des *Spiegels*, um eine volle Breitseite gegen den Macher in München abzufeuern. Als »erster Mann im besten Automobilunternehmen der Welt« wußte Werner sein Revier gegenüber Schrempp abzugrenzen: 70 Prozent des Gesamtumsatzes seien lediglich der Ausgangspunkt, um »diesen Anteil sogar noch deutlich zu steigern«. En passant wischte Werner Reuters Vision vom integrierten Technologiekonzern vom Tisch. Die Welt habe sich geändert, die Aufträge im Verteidigungsbereich seien drastisch gesunken, und jetzt seien »andere Weichenstellungen« angebracht. Massiv drängte der leidenschaftliche Mercedes-Mann auf den Abbau von Hierarchieebenen der Holding, die aus Gründen der Effizienzsteigerung »schlanker werden« müsse. Unumwunden warnte Werner den kommenden Konzernchef vor Einmischungen in seine Angelegenheiten: Das Prinzip der Selbständigkeit der einzelnen Unternehmensbereiche müsse gewahrt bleiben, denn Schrempps Intervention »wäre schlecht für alle Tochtergesellschaften und den gesamten Konzern«.[100]

Zwar hatte Schrempp die Schlacht um den Chefsessel in Möhringen gewonnen, doch die Message kam an. Auch Reuter war es nach Niederlagen gegen Joachim Zahn, Gerhard Prinz und Werner Breitschwerdt erst im vierten Anlauf gelungen, den Daimler-Thron zu besteigen. Noch war Jürgen Schrempp nicht gewählt, und schon machte Werner seine Ansprüche auf dessen Nachfolge geltend. Der Daimler-Vorstand, das zeigte sich schon vor Schrempps Wahl, würde auch in den folgenden Jahren nicht zur Ruhe kommen. Der Schwabe hatte dem Badener den Kampf erklärt, den ersten Fehltritt Schrempps würde er gezielt für sich ausnutzen.

In der Möhringer Konzernzentrale kursierte Anfang 1995 das Bonmot, »Daimler produziere täglich mehr Intrigen als Autos«. Tatsächlich war die Umbruchphase für Jürgen Schrempp kein Zuckerschlecken. Schrempp, bis zur Hauptversammlung am 24. Mai 1995 formal ausschließlich für die Geschäfte der Dasa in München verantwortlich, klagte, er brauche in Stuttgart Vertraute, denen er »auch mal den Rücken zudrehen könne«.[101]

Edzard Reuters Abgang hatte hinter den Kulissen zu einem knallhart ausgetragenen Machtkampf um Posten und Einfluß gesorgt und für manch erfolgverwöhnten Reuter-Zögling einen deutlichen Karriereknick gebracht. Doch die Klagen der neuen Nr. 1 im mächtigsten deutschen Konzern waren nur bedingt verständlich. Schrempp hielt die Zügel fest in der Hand und hatte seine Mannschaft aufgestellt, mit der er den Konzern gezielt in Richtung des machtvollen Global Players steuern wollte.

Bereits 1993 hatte der Konzern ernstgemacht mit der Forderung nach Lean-Management. Im Oktober des Jahres unterrichtete der Mercedes-Vorstand den Aufsichtsrat über die beschlossene Reduzierung der Vorstandsposten von fünf auf vier Mitglieder in den Geschäftsbereichen »Personenwagen« und »Nutzfahrzeuge«.[102] Auch an der Daimler-Spitze werden sich die Entscheidungen in Zukunft konzentrieren, zumal der Konzernvorstand von ehemals neun schrittweise auf nunmehr sieben Mitglieder verkleinert worden ist. Nachdem der damalige Mercedes-Chef Werner Niefer im September 1993 verstorben war, blieb dessen Posten als Stellvertretender Vorstandsvorsitzender unbesetzt. Mit dem Mai 1995 fiel Manfred Gentz, dem bisherigen Chef des Dienstleistungsunternehmens Daimler-Benz Inter-Services (debis), Gerhard Lieners Finanzressort sowie die Zuständigkeit für den Personalbereich zu.

Nach der Entscheidung für eine Doppelfunktion von Gentz mußte auch der bisherige Personalvorstand Hans-Wolfgang Hirschbrunn seinen Platz räumen. Hirschbrunn, der 1990 in den Vorstand aufgerückt und dessen vertragliche Verpflichtung als Personalchef zumindest bis 1996 vertraglich festgeschrieben war, wurde im Sommer 1995 vorzeitig in den Ruhestand geschickt.

Zumindest an einem Punkt folgte der Aufsichtsrat den Wünschen

Edzard Reuters. Dieser hatte zwei Monate vor seinem Abgang im Mai 1995 geäußert, in bezug auf die AEG müsse man in Zukunft »schneller und härter handeln«.[103] Die Empfehlung ist längst umgesetzt: Die Opfer dieser rauheren Linie heißen Gerhard Liener sowie Hans-Wolfgang Hirschbrunn – und eben Edzard Reuter.

Machtmänner in Möhringen und München

»Kleinert, erst im vergangenen Jahr mit einem frischen Fünfjahresvertrag ausgestattet, war wegen seiner extremen Nähe zu dem noch amtierenden Konzernchef Edzard Reuter in Schrempps Personalplanung zunächst als Wackelkandidat angesehen worden.« auto motor sport über Matthias Kleinert[104]

»Er hat dort einen mächtigen Freund, den designierten Daimler-Chef Jürgen E. Schrempp.« Dieter Hünerkoch über Klaus Mangold[105]

»Daß Bischoff die höheren Weihen des Dasa-Chefs erhalten würde, war vor allem wegen seiner engen und effizienten Zusammenarbeit mit Schrempp erwartet worden.« Rolf Dietrich über Manfred Bischoff[106]

»Es werden bereits Wetten abgeschlossen, daß der Posten eines Generalbevollmächtigten bei der Dasa für seine Karriere noch nicht das Ende der Fahnenstange bedeutet.« Erhard Heckmann über Wolfgang Piller[107]

Zweifelsohne gehörte der »Matt« nicht zu Schrempps Wunschkandidaten, doch entgegen so mancher Medienprognose kam der neue Vorstandsvorsitzende nicht umhin, den Reuter-Getreuen Kleinert als Pressesprecher für fünf weitere Jahre vertraglich zu binden. Ein Umstand, der weniger auf Schrempps Sympathien für den gebürtigen Berliner zurückzuführen war, denn ursprünglich sollte der langjährige Dasa-Sprecher und Schrempp-Vertraute Detmar Grosse-Leege seinem Vorgesetzten aus Münchener Tagen nach Möhringen folgen. Doch Grosse-Leege mußte die Offerte aus gesundheitlichen Gründen ablehnen, er hatte bereits einen Herzinfarkt hinter sich. Grosse-Leege hat sich derweil selbständig gemacht, soll aber seinem alten Dienstherren Schrempp weiterhin beratend helfen.[108]

Auch die Neubesetzung an der debis-Spitze steht in direktem Zusammenhang mit dem Wechsel in der Konzernführung. Der bisherige debis-Vorsitzende Manfred Gentz übernimmt die Daimler-Vorstandsressorts Finanzen und Personal. Mit dem 51jährigen Klaus Mangold tritt ein Mann die Gentz-Nachfolge an, den Schrempp bereits vor zehn Jahren in Gesprächsrunden von Wirtschaftsvertretern in Baden-Baden kennengelernt hatte. Längst zählt Mangold zum engsten Vertrautenkreis des neuen Konzernvorsitzenden. Der gelernte Jurist, seit 1991 Vorstandschef beim Versandhaus Quelle Schickedanz AG & Co in Fürth, hatte beim größten Warenhauskonzern Europas einen konsequenten Investitionskurs gefahren und sich dort den Ruf eines Managers mit Visionen erworben. Als Mangold zur debis wechselte, standen wegweisende Entscheidungen an, vor allem die Frage, ob Daimler weiterhin in das französische Softwareunternehmen Cap Gemini investieren sollte. Für über eine Milliarde DM hatte der Konzern 1991 34 Prozent der Cap Gemini-Anteile aufgekauft. Das Unternehmen erwies sich allerdings als völlig marode.[109]

Bevor der Freiburger seine bayerische Wahlheimat verlassen und in den Chefsessel nach Möhringen einziehen konnte, bestellte er noch »das eigene Haus«, wie *Focus* unter Anspielung auf die wachsende Kritik am Luftfahrtvorstand Hartmut Mehdorn formulierte. Dieser sei »unfähig zu delegieren und viel zu selten an seinem Schreibtisch in Ottobrunn anzutreffen«. Dabei hatte Mehdorn Glück gehabt, denn im Dezember 1994 konnte die Dasa-Tochter Dornier 72 Festbestellungen und 71 Optionen bei seinen Turbopropmaschinen Do 328 melden und damit die getrübte Bilanz im Luftfahrtbereich etwas aufhellen.

Zuvor hatte Mehdorn im Schußfeld heftiger Kritik gestanden: Meldungen wie »Zoff im Dasa-Vorstand« rauschten durch den deutschen Blätterwald. Mehdorn war dabei das Ausbleiben von Erfolgen angekreidet worden, und seine hausinternen Konkurrenten, Fokker-Chef Ben van Schaik und der MTU-Vorstandsvorsitzende John Tucker, hatten Oberwasser gewonnen.[110] Bereits zum 1. Januar 1994 hatte Mehdorn seinen Posten als Vorsitzender der Geschäftsführung der Deutschen Aerospace Airbus GmbH in Hamburg aufgegeben.[111] Mitte des Jahres verlor er dann auch die Schlacht um den Posten des Dasa-Vorstandsvorsitzenden. Immerhin konnte er weiterhin Ansprüche auf seine Vorstandsmitgliedschaft bei der Daimler-Benz Aerospace geltend machen – dank der Do 328-Verkaufserfolge.

In München aber sollte ein anderer unangefochten und unaufhaltsam die Karrieretreppe der Dasa hinaufsteigen: Manfred Bischoff, der bereits den ersten Coup verkünden ließ, bevor er sein Amt angetreten hatte. So war es dem Schrempp-Nachfolger im Januar 1995 gelungen, mit einem chinesischen Staatsunternehmen und der Dasa-Tochter Fokker ein Milliarden-Geschäft, den Bau eines gemeinsamen Düsenjets, zu vereinbaren.[112] »Wir sind lieber diejenigen, die von Anfang an dabei sind«, zitierte das *Handelsblatt* den zukünftigen Dasa-Chef, dessen Ziel es ist, besser abzuschneiden »als einer, der zu spät kommt«.[113]

Die Nominierung kam insofern überraschend, als der 1942 im schwäbischen Calw geborene Manfred Bischoff öffentlich kaum in Erscheiung getreten und selbst in der Rüstungsfachpresse allenfalls in Randspalten aufgetaucht war. Der promovierte Volkswirt und gelernte Jurist begann 1976 seine konzerninterne Karriere bei der

Daimler-Benz AG, danach ging es steil bergauf: Von der Projekt-betreuung eines Geländewagens in Kooperation mit Steyr-Daimler-Puch aus Österreich über Beteiligungsaufgaben im Finanzbereich hatte sich Bischoff 1988 zum Finanzchef der Mercedes-Benz do Brasil hochgearbeitet. Bei der drittstärksten Auslandsvertretung des Konzerns übernahm Bischoff das Controlling. Bereits ein Jahr später war er Finanzvorstand der Dasa und seit Sommer 1995 deren Vorstandsvorsitzender. Die *WirtschaftsWoche* überschlug sich schier, als sie die Qualitäten des »besessenen Ökonomen« beschrieb: »Da ist ihm das Rechnen mit Kosten und internen Zinsfüßen in Fleisch und Blut übergegangen, die Methode Gewinn zu erwirtschaften und nicht einfach beim Preis draufzuschlagen, selbstverständlich.«[114]

Mit Bischoff scheint Schrempp einen neuen Dasa-Chef gefunden zu haben, mit dem er sich bestens ergänzt und den er deshalb von Brasilien in die Dasa-Zentrale holte. Schrempps strategisches Konzept des radikalen Umbaus der Deutschen zur Daimler-Benz Aerospace bewältigten die beiden Konzernköpfe im Duo, wobei Bischoff die finanzielle Seite des Geschäftes zu regeln suchte. Dabei hat die Dasa seit ihrer Gründung noch in keinem Jahr schwarze Zahlen geschrieben. Im Gegenteil: Von 1992 auf 1993 war der Umsatz weiter real gesunken, auch wenn das Unternehmen ein Plus von 1,3 Milliarden DM meldete. Die Steigerung konnte lediglich durch die 51prozentige Mehrheitsbeteiligung beim niederländischen Luftfahrtkonzern Fokker errechnet werden. De facto war der Umsatz von 17,2 auf 15,2 Milliarden DM gesunken.[115]

Geradezu absurd wirken Bischoffs Äußerungen, mit denen er im *manager magazin* die Schuld an den Verlusten des Unternehmens nicht auf die verfehlte Geschäftspolitik zurückführt, sondern sie den Betroffenen zuweist. Die Dasa hätte »jetzt die Vereinbarung über die Freisetzung von 10 300 Mitarbeitern beschlossen«. Jedermann könne »leicht nachvollziehen, welchen Aufwand die Umsetzung für ein Unternehmen bedeuten« müsse und daß »die

Jahresergebnisse dramatisch belastet« würden. So Bischoffs skandalöser Vorwurf, mit dem er die Opfer der Dasa-Geschäftspolitik zu Tätern erklärte.[116]

Angesichts dieser desaströsen Bilanz muten die allseitigen Lobeshymnen mancher Medienvertreter für Manfred Bischoff geradezu lächerlich an. Zieht man von dem geschönten Ergebnis zudem die milliardenfachen Zuwendungen aus dem Bonner Forschungs- und Verteidigungsetat ab, ohne die die Dasa längst Konkurs hätte anmelden müssen, dann bleiben von der vermeintlichen Positivbilanz der sechsjährigen Arbeit des Finanzvorstands Manfred Bischoff allenfalls ein paar rote Zahlen übrig.

Wer ihn kennt, weiß um die Stringenz seiner Argumentation. Wie Schrempp ist Dr. Wolfgang Piller einer der aufstrebenden drahtigen Manager, die um ihrer Geschäftinteressen willen kompromißlos alle Widerstände aus dem Weg räumen.

Den Ruf als Hüter der Industrieinteressen erwarb sich Piller in seiner Funktion als Präsident des mächtigen Bundesverbandes der Deutschen Luft-, Raumfahrt- und Ausrüstungsindustrie (BDLI). Angesichts des anfangs kaum bekannten neuen Gesichts, hegten Rüstungslobbyisten in Bonn 1993 Zweifel am Durchsetzungswillen und der Überzeugungskraft des neuen BDLI-Chefs, die dieser jedoch schon bei seinem ersten Auftreten auf der Bonner Bühne aus der Welt räumte. »Der Auftritt von Dr. Piller war überzeugend«, kommentierte der damalige *Wehrtechnik*-Chefredakteur Erhard Heckmann Pillers Grundsatzreferat über die High-Tech-Industrie, die als Chance und nicht als Bedrohung verstanden werden müsse. Heckmann, selbst bekannt als einer der konsequentesten Verfechter von Militärinteressen, ließ sich von Pillers Positionen zu den Defiziten der Regierungspolitik überzeugen und prognostizierte ihm eine steile Karriere bei der Dasa.

Tatsächlich hatte der neugewählte BDLI-Präsident eine Geschäftspolitik ganz im Sinne des *Wehrtechnik*-Chefredakteurs betrieben. »Aus industrieller Sicht haben wir jetzt das Stadium der Unplanbarkeit endgültig erreicht«, so Piller, der forsch forderte, die »politische Diskussion über die Zukunft und die Aufgaben der wehrtechnischen Industrie« müsse endlich beginnen. »Eine verantwortliche Unternehmensführung« sei bei vielen im BDLI vertretenen Unternehmen längst nicht mehr möglich, vielmehr müßten klare Aussagen getroffen werden. Was folgte, war das Signal zum Sturm auf Bonn und die Hardthöhe: Deutschland brauche »auch weiterhin Streitkräfte zur Landesverteidigung« und diese benötigten Waffen, schließlich warteten »Zehntausende der Menschen, die in dieser Industrie tätig sind«, auf Zugeständnisse der politisch Verantwortlichen. Danach feuerte Piller die im BDLI-Umfeld gern gesehene Breitseite gegen Verteidigungsminister Rühe ab.[117] Dessen Zögern in der Frage der Jäger 90-Beschaffung hatte weite Kreise der Militärs und der Rüstungsindustrie gegen sich aufgebracht. Piller dagegen eroberte mit seinen Stahlhelmpositionen die Sympathien im Sturm.

Auch als das Bundeswirtschaftsministerium im Januar 1994 zum »Forum für Luft- und Raumfahrt« einlud, zeigte Piller vor den rund dreihundert Vertretern aus Wirtschaft, Politik und der Medienwelt Flagge: Die nationale Luftfahrtförderung müsse der amerikanischen angepaßt, Luftfahrttechnik im EU-Forschungsprogramm stärker berücksichtigt und die Rüstungsexporte »harmonisiert« werden, so das Fachmagazin *Luftwaffen-Forum*.[118]

Jürgen Schrempp weiß, warum er Wolfgang Piller, den ehemaligen MBB-Finanzchef, zum neuen Dasa-Finanzvorstand benannt hat: Zum einen fällt dem Hardliner die Funktion zu, als öffentlicher Eisbrecher das durchzusetzen, was andere nur moderat zu sagen pflegen. Piller, der von 1979 bis 1988 das Büro des Rüstungslobbyisten Franz-Josef Strauß leitete, hatte die harte Schule des bayerischen Ministerpräsidenten mit Bravour gemeistert.[119]

Zum anderen, und das ist mit Sicherheit seine zentrale Funktion, ist der BDLI-Präsident der richtige Mann, um in Bonn die massiv eingeforderten Milliarden für die marode Dasa freizusetzen. Auch diese Rolle, so scheint heute schon sicher, wird Piller noch erfolgreicher als seine Vorgänger ausfüllen. Das Vorstandsgehalt des neuen Dasa-»Finanzministers« wird dieser zum Wohle der Luft- und Raumfahrtindustrie um ein Vielfaches wieder hereinholen.

1995 wurde Finanzchef Manfred Bischoff zum Dasa-Vorstandsvorsitzenden gewählt, sein Nachfolger heißt Wolfgang Piller. Die Prognose liegt nahe, daß der neue Dasa-Chef in einigen Jahren ebenfalls Piller heißen könnte.

Sprungbrett Späth-Regierung

Kleinerts Aufstieg zum Konzernsprecher

»*Wenn Späths Staatssekretär aus der Regierungszentrale in die Konzernzentrale – das eigentliche Machtzentrum des Landes? – wechselt, werden schließlich die vielfältigen Bindungen zwischen der Villa Reitzenstein und dem Untertürkheimer Mercedes-Hochhaus noch enger geknüpft. Anderswo würde man von Filz sprechen, in Stuttgart beläßt man's beim ›Gschmäckle‹*«. Uwe Vorkötter in der *Stuttgarter Zeitung* zum Wechsel Kleinerts vom Pressesprecher der CDU-Landesregierung zum Leiter der Daimler-Öffentlichkeitsarbeit[120]

»*Da dies aber die IOC-Regeln verbieten, nutzte Konzern-Sprecher Matthias Kleinert seine Verbindungen aus früheren Regierungssprecher-Zeiten und wurde beim Land Baden-Württemberg fündig.*« Agenturmeldung von Günter Müller und Wolf Günther zum Daimler-Benz-Engagement bei den Olympischen Spielen in Barcelona[121]

Für Matthias Kleinert gab es gleich mehrere triftige Gründe, Anfang 1988 das Angebot des damaligen Mercedes-Chefs Werner Niefer anzunehmen, um bei Daimler-Benz den Direktionsbereich Öffentlichkeitsarbeit zu übernehmen und sich zudem um Fragen der Wirtschafts- und Verkehrspolitik zu kümmern. Drei Monate vor der baden-württembergischen Landtagswahl kam dieser Schritt selbst für Kleinert-Kenner überraschend und zeigte einmal mehr den ausgeprägten Machtinstinkt des Politprofis.

Kleinerts Wechsel ins eigentliche Machtzentrum des Landes war wohlkalkuliert. Da ging es nicht nur darum, »eine große persönliche und berufliche Chance und Herausforderung anzunehmen«, auf dem Spiel stand weitaus mehr. Kleinert wußte schon immer Ruhm und Renommee zu mehren. Und er hatte das Feeling dafür, das sinkende Schiff der Christdemokraten rechtzeitig zu verlassen, zumal das Verhältnis zu seinem langjährigen Freund und Vertrauten Lothar Späth längst nicht mehr so ungestört war.

Jahrelang hatte der »Matt«, wie er in CDU-Kreisen gemeinhin genannt wurde, dem »Lothar« den Rücken freigehalten, war dessen einziger wirklicher Vertrauter gewesen und hatte oft genug für Späth entschieden, was zu machen sei. Das Duo der Macher hatte derartig eng harmonisiert, daß der Wirtschaftsjournalist Jörg Bischoff in der *Zeit* räsonierte, »›Matt‹ sei der einzige Vorgesetzte, den Späth über sich dulde«.[122] Dennoch mußte Kleinert jahrelang ertragen, im Licht der Öffentlichkeit hinter Späth zu stehen. Auch wenn er selbst die Fäden in der Hand hielt, der Medienstar hieß Lothar Späth. Da nützte es auch nichts, daß Kleinert sich in der CDU nach oben gearbeitet hatte, stellvertretender Kreisvorsitzender der CDU Ludwigsburg und Vorsitzender der Medienkommission seiner Partei geworden war, sich für seine Fraktion in den Rundfunkrat des Süddeutschen Rundfunks hatte wählen lassen und 1984 zum politischen Staatssekretär gekürt worden war.

Kleinerts Versuch, in der Politik auch per Mandat Fuß zu fassen und sich damit ein Stück Eigenständigkeit gegenüber »dem größeren siamesischen Zwillingsbruder«, so der Journalist Klaus G. Wertel in der *Badischen Zeitung*, zu verschaffen, ging kläglich daneben.[123] Seine gescheiterten Bemühungen um ein Landtagsmandat im Stuttgarter Wahlkreis IV waren eine herbe persönliche Niederlage, wobei sich Kleinert zu Recht den Vorwurf gefallen lassen mußte, für das Abstimmungsergebnis selbst verantwortlich zu sein. Zwar hatte er sich den Segen von Stuttgarts Oberbürgermeister Manfred Rommel eingeholt und sich der Zustimmung des einflußreichen CDU-Rechtsaußen Gerhard Mayer-Vorfelder versichert, doch er vergaß schlichtweg, mit seiner Parteibasis zu sprechen. Da half selbst die Rückendeckung des Kreisvorsitzenden Mayer-Vorfelder wenig. Kleinerts Wahlbegehren endete mit einem »Debakel« und einer »schallenden Ohrfeige«, wie Rainer Laubig in der Landespresse kommentierte. Gerade mal 68 Stimmen konnte Kleinert für sich verbuchen, der bislang unbekannte Hausmatador Franz Longin erhielt sensationelle 143 Stimmen. Das ansonsten »obrigkeitshörige« Fußvolk der CDU, so die *Stuttgarter Zeitung*, hatte kräftig gegen den Fremdkandidaten Kleinert aufgemuckt.[124]

Kleinert reduzierte daraufhin seine Ehe mit der Landes-CDU auf den Status einer eheähnlichen Gemeinschaft und profitierte dennoch kräftig davon. Aus der Not eine Tugend machend, wechselte er in die Wirtschaft. Die schmerzliche Niederlage sollte sich alsbald in einen grandiosen Sieg verkehren. Denn wer beim mächtigsten Konzern der Republik Öffentlichkeitsreferent wird, verdient nicht nur deutlich mehr, er fällt auch die Karriereleiter hinauf – selbst wenn er zuvor Pressesprecher der baden-württembergischen Landesregierung gewesen ist.

Als Kleinert in die Konzernzentrale aufstieg, fand Späth durchaus doppeldeutige Worte: »Meine freundschaftlichen Bindungen an meinen langjährigen engsten Weggefährten bleiben von dem beruflichen Wechsel von Matthias Kleinert völlig unberührt.« Will sagen: Auch wenn die Freundschaft nicht mehr wie früher ist, unser politischer Kontakt wird intensiv bleiben.

Doch nicht nur Kleinert profitierte von dem Wechsel. Die Entscheidung der Daimler-Zentrale, einen Medienprofi einzukaufen, sollte sich auch für den Konzern auszahlen. Kleinert hatte schon als Redakteur des *Sender Freies Berlin* eine journalistische Ausbildung erfahren, bevor der damalige CDU-Fraktionsvorsitzende Erich Ganzenmüller den Diplom-Politologen als Pressesprecher nach Stuttgart vermittelte. 1978 ernannte der Senkrechtstarter Späth Kleinert zum Regierungssprecher. Wohl auch in dem Wissen, daß sich der »Matt« mit einer Reihe von Journalisten aufs beste versteht und sie duzt, wie Xing-Hu Kuo in der *Welt* zu berichten wußte.[125]

Einen solchen Mann vom Fach hatte Daimler dringend gesucht, und mit Kleinert kaufte der Konzern nicht nur einen versierten Journalisten, sondern auch den direkten Draht zu einer Reihe von Politik- und Wirtschaftsjournalisten ein. Ende 1987 sollte der bisherige Leiter der Stabsstelle Öffentlichkeit, Bernd Gottschalk, zum Kaufmännischen Leiter des Mannheimer Mercedes-Werks werden. Gottschalk, so hieß es, wollte »operative Aufgaben« im Konzern übernehmen und war der »politischen Arbeit überdrüssig«. In Wirklichkeit sah sich Gottschalk auch dem Dauerfeuer der Öffentlichkeit ausgesetzt: Die 100-Jahr-Feiern des Konzerns hatten sich als Fernsehflop erwiesen, die Rodungen im Bereich der Boxberger Teststrecke sowie der Bau des Mercedes-Werks in den Rastatter Rheinauen hatten Ökologen verprellt, und zudem tobten an der Konzernspitze die Querelen zwischen Werner Breitschwerdt und Edzard Reuter.
Der »mit allen Wassern gewaschene Pressesprecher«, so Klaus Fischer in der *Stuttgarter Zeitung*, brachte neuen Schwung für Daimler. Bei einer Pressekonferenz im Staatsministerium schwärmte Matthias Kleinert nicht nur von der Faszination seines neuen Berufs, sondern versprach zugleich, dem »Land Baden-Württemberg den Zugang ins Jahr 2000« zu eröffnen.[126] Das Angebot des neuen Konzernsprechers verriet vieles über das Verhältnis von

Daimler-Benz zum Land Baden-Württemberg. Kleinert kam nicht nur die Aufgabe zu, seine im Umgang mit den Medien gesammelten Erfahrungen einzubringen, sondern er sollte auch als Persona grata die Achse Daimler-Landesregierung-CDU (und zu den ultrakonservativen Kreisen darüber hinaus) wahrnehmen.

Einen kleinen Einblick in die hervorragend ineinander greifenden Zahnräder von Konzern und Landesregierung boten die olympischen Sommerspiele 1992 in Barcelona. »Über dem Montjuic leuchtet der Stern aus Untertürkheim«, beschrieben Günter Müller und Wolf Günther die olympische Präsenz in der Nähe des Miró-Museums. Die beiden *dpa*-Korrespondenten verwiesen dabei auf den von Daimler-Benz und der baden-württembergischen Landesregierung geleiteten »Treffpunkt Barcelona«, in dem Konzern- und Regierungsvertreter »um die Gunst von Sportlern, Funktionären, Journalisten, VIPs und anderen Besuchern buhlen«. Da das ursprüngliche Vorhaben, den »Treffpunkt Barcelona« mit Olympiabewerber Berlin zusammen zu gestalten, gemäß den Regeln des Internationalen Olympischen Komitees (IOC) untersagt worden war, spielte Kleinert seine Kontakte zur Stuttgarter Landesregierung und zum neuen Ministerpräsidenten Erwin Teufel aus, um den teuren »Treffpunkt« zu gründen. Die Steuerzahler kostete der Spaß 3,7 Millionen DM, und Daimler-Benz war das Gemeinschaftsvergnügen ganze fünf Millionen DM wert. In der schwarz-roten Landesregierung führte der Daimler-Treffpunkt zum üblichen Schattenboxen: Erwin Teufel würdigte die Millionenzuwendung als »gute Investition im Hinblick auf den Export«, SPD-Wirtschaftsminister Dieter Spöri »appellierte ans Maßhalten«.[127]

Wie gut Kleinert das Unterfangen gelungen ist, den Kontaktmann zur baden-württembergischen Landesregierung zu spielen, belegt der neue Fünfjahresvertrag aufs beste. So hat der »Matt« nicht nur für sich ausgesorgt, wenn er 1998 seinen sechzigsten Geburtstag feiert. Durch seinen Einfluß auf die Landesregierung wird er auch weiterhin dafür gesorgt haben, daß dem Automobilkonzern dank der Landesregierung die Straßen in Überbreite gepflastert werden. Viele seiner Kritiker hätten Matthias Kleinert den Erfolg nicht zugetraut. Denn die Vorbehalte gegen den oftmals derb und ungehobelt wirkenden Staatssekretär, vormals für seine Qualitäten als trinkfester Skatspieler besser bekannt als für seine Vorkenntnisse in Sachen Automobilindustrie und Betriebswirtschaftslehre, waren immens. Auch in den neunziger Jahren steht Kleinert permanent im Kreuzfeuer der Kritik und muß an allen Fronten kämpfen: In der Hohenheimer Universität schlägt er sich mit Hunderten von Studenten herum, die den Konzern als »Händler des Todes« bezeichnen. Nach der Berliner Hauptversammlung trifft er sich mit den Kritischen Daimler-Aktionären und spritzt Gift und Galle über deren Anzeige gegen den Konzern wegen vermeintlich illegaler Lieferungen von Militärfahrzeugen in den Sudan, und ansonsten versteht er sich bestens mit den Sportfunktionären der Republik zu duellieren.

Der gewiefte Schwabe aus Berlin weiß, daß er sich selbst nach der Vertragsverlängerung keinesfalls ausruhen darf. Das Prinzip aus alten Späth-Zeiten, schlechte Schlagzeilen sind besser als gar keine, gilt nichts unter Jürgen Schrempp.[128] Für den Badener Schrempp zählt der Erfolg, und nur der Erfolg.

Kleinert ködert Morlok

»*Herr Präsident! Meine sehr verehrten Damen und Herren! Ich werde bei der Abstimmung dem Antrag der CDU-Fraktion zustimmen und mich bei den Anträgen der SPD- und der FDP/DVP-Fraktion der Stimme enthalten.*« Jürgen Morlok, wirtschaftspolitischer Sprecher der FDP-Landtagsfraktion, zu den Millionenzuwendungen des Landes Baden-Württemberg für das neue Mercedes-Pkw-Werk in Rastatt[129]

»Ich bin froh, daß mich jeder kennt und sagt, das ist der Morlok von Daimler-Benz, von dem will ich eine Visitenkarte.« Jürgen Morlok als Konzernrepräsentant von Daimler-Benz[130]

»Auf Wunsch des Daimler-Benz-Direktors für Öffentlichkeitsarbeit, Matthias Kleinert, soll Morlok zum 1. April 1992 die Leitung einer der vier Kleinert unterstehenden Fachbereiche übernehmen: den Fachbereich Außenbeziehungen«. Stefan Hupka in der *Badischen Zeitung* [131]

Die kurze Meldung aus dem Hause Daimler-Benz verfehlte ihre Wirkung nicht und verdrängte am Tag ihrer Verbreitung zeitweilig sogar die Kommmunalwahlergebnisse aus den Medien im Südwesten der Republik. Wie bei Kleinerts Überraschungscoup kam auch der Wechsel des früheren wirtschaftspolitischen Sprechers der baden-württembergischen FDP-Landtagsfraktion zur Daimler-Benz AG für die Öffentlichkeit und selbst für Insider unerwartet.
Dabei hatte sich der Abschied des Freidemokraten aus der Landes- und Bundespolitik in Raten vollzogen.
Schon früh verdiente sich Morlok politische Lorbeeren. Nachdem er 1964, im Alter von 19 Jahren, der FDP beigetreten war, stieg er vom stellvertretenden Vorsitzenden des Kreisverbands Karlsruhe und dortigen Stadtrat zum Mitglied im baden-württembergischen Landesvorstand auf, wurde bereits 1972 Mitglied des Landtags, in dem er über drei Legislaturperioden hinweg in mehreren Ausschüssen wirkte. Von April 1978 bis Dezember 1984 avancierte Morlok zum Landesvorsitzenden der FDP/DVP in deren Stammland Baden-Württemberg. Der Zögling von Bundesaußenminister Hans-Dietrich Genscher war von 1978 bis 1980 Mitglied im FDP-Bundesvorstand, bis 1982 Mitglied im FDP-Bundespräsidium, von 1982 bis 1985 stellvertretender Bundesvorsitzender der Liberalen und kannte die Bonner Szene. Mit Jürgen Morlok verschaffte sich Daimler dementsprechend die besten Drähte zur Bundes-FDP.

Die Wende kam 1985, denn der CDU-Ministerpräsident Lothar Späth hatte den FDP-Politiker für den wohldotierten Posten des Geschäftsführers der Landesentwicklungsgesellschaft Baden-Württemberg für Städtebau und Wohnungswesen mbH (LEG) gewinnen können.[132] Damit war der LEG-Chef Späth seit dem 1. Januar 1985 Morloks Vorgesetzter geworden, entsprechend wohlwollend verhielt sich der Vorsitzende der FDP/DVP-Fraktion gegenüber dem Ministerpräsidenten.

Bei der Landtagsdebatte bezüglich weiterer Unterstützungsmaßnahmen für die Daimler-Teststrecke in Boxberg machte sich Morlok die ablehnende CDU-Haltung zueigen und verteidigte die Konzerninteressen: So sei es »nicht zu bestreiten, daß die Firma Daimler-Benz durch diese Entscheidung auch einen erheblichen Beitrag zur Strukturförderung und zur wirtschaftlichen Belebung« der Boxberger Region geleistet habe.«[133] Kleinert selbst hatte sich im Fall Boxberg als damaliger Regierungssprecher schon aktiv für die Interessen seines späteren Arbeitgebers eingesetzt. Die Rückkaufgarantie des Landes Baden-Württemberg für die Boxbergflächen sei »sinnvoll und vernünftig«, die Landesregierung trage die Verantwortung für »die Sicherung der wichtigen Subventionsentscheidung«.[134]

Morloks Anpasserkurs an die Späth-Regierung, die gerade bei den für Daimler-Benz relevanten Fragen offensichtlich zutage trat, brachte ihm in den Reihen seiner Parteikollegen beträchtlichen Ärger ein. Im Juli 1986 forderte der FDP-Bundestagsabgeordnete Wolfgang Weng den wirtschaftspolitischen Sprecher der FDP-Landtagsfraktion auf, das Amt umgehend zur Verfügung zu stellen. Schließlich könne Wirtschaftssprecher Morlok wegen seiner beruflichen Abhängigkeit die Industriepolitik des CDU-Ministerpräsidenten Lothar Späth nicht entsprechend deutlich kritisieren. Wengs Vorstoß wurde sowohl von der Landtagsfraktion als auch vom Landesvorstand abgeschmettert, Morloks Position damit weiter gefestigt.

Doch Morloks Erfolg sollte sich alsbald als Pyrrhussieg herausstellen, denn der erweiterte Landesvorstand hatte bei seiner Klausurtagung auch festgelegt, Späths Wirtschaftspolitik im kommenden Landtagswahlkampf »nicht frontal anzugreifen«. Morlok nahm die Empfehlung zu wörtlich und stimmte im baden-württembergischen Landtag gegen seine Fraktion und mit den Christdemokraten für deren Antrag auf Subventionierung der Mercedes-Ansiedlung in Rastatt. In einer erstaunlich freimütigen Rede legte Morlok die Gründe für seine Daimler-Unterstützung dar, ohne auch nur einmal den Konzern namentlich zu erwähnen: »Ich halte die Infrastrukturmaßnahme für die Stadt Rastatt sowohl von der Höhe her für gerechtfertigt wie auch von den Konditionen her für angemessen und von der strukturpolitischen Bedeutung her für notwendig.«[135] Mit der Unterstützung der christdemokratischen Subventionspolitik für Deutschlands finanzkräftigsten Konzern stempelten Morloks Kritiker den Wirtschaftsfachmann »endgültig als einen Mann Späths ab«, so der Journalist Hans Krump in der *Welt*.[136]

Im Gegensatz zur vehementen Kritik in der eigenen Partei verschaffte sich Morlok in der Wirtschaftswelt einen Namen als profilierter und einflußreicher Repräsentant der Interessen der Industrie. Mit dem 1. Januar 1987 wurde Morlok geschäftsführendes Vorstandsmitglied der Stiftung Außenwirtschaft Baden-Württemberg, welche sich unter anderem um die Förderung des Exports der mittelständischen Wirtschaft im Ländle bemüht. Morlok mischte kräftig mit in der Wirtschaftsszene, so als Mitglied im Verwaltungsrat der Reinhold-Maier-Stiftung, als Mitglied im Kuratorium der Friedrich-Naumann Stiftung sowie der Steinbeis-Stiftung für Wirtschaftsförderung und zu guter Letzt als Mitglied im Wirtschaftsausschuß des Landtags.

Morloks umfassende wirtschaftspolitische Erfahrung ließ die Medien bundesweit über seine zukünftige Karriere spekulieren, denn »viele im Südwesten könnten sich Morlok als idealen FDP-Wirtschaftsminister in einem christdemokratisch-liberalen Kabinett vorstellen, falls die Union 1988 die absolute Mehrheit in Baden-Württemberg verliert«.[137] Die Vorstellung blieb Vision, die CDU konnte nach dieser Landtagswahl noch einmal alleine weiterregieren.

Morloks Traum vom Aufstieg außerhalb seiner Partei ließ sich an lukrativerer Stelle verwirklichen. Daimler-Benz wußte dem liberalen Dissidenten für dessen Unterstützung während seiner Landtagszeit zu danken. Zwei Jahre nach dem Aufstieg des Christdemokraten Kleinert von der Landespolitik in die Führungsebene des mächtigsten deutschen Industriekonzerns, folgte der landes- sowie bundespolitisch versierte FDP-Politiker Jürgen Morlok den Sirenengesängen aus der Stuttgarter Konzernzentrale. Mit Wirkung vom 1. Januar 1990 übernahm Morlok die Leitung der Daimler-Benz-Konzernrepräsentanz in Bonn.[138]

Dort wollte er dafür sorgen, daß die Entscheidungsträger Politik und Wirtschaft »nicht aneinander vorbeireden«. Dabei verstand Morlok seine Rolle nicht als »Undercoveragent«, sondern als Repräsentant des Hauses Daimler-Benz: »Und das«, so Morlok, »mache ich Tag und Nacht und nicht mit verdeckter Maske«.[139]

Für den Auserwählten selbst war der Wechsel kein schwerwiegender Entschluß: »Sein – neben Späth – zweiter Vorgesetzter, der Vorsitzende des Stiftungsrats der Stiftung Außenwirtschaft, Werner Niefer, bleibt auch künftig Morloks Chef: Schließlich ist Niefer der Stellvertreter des Daimler-Benz-Vorstandsvorsitzenden Edzard Reuter«, so Journalist Klaus G. Wertel in der Landespresse.[140]

Reichhaltige Kenntnisse in Sachen Friedens- und Außenpolitik hatte Morlok bereits Anfang der achtziger Jahre sammeln können, als er in seiner Funktion als FDP-Landesvorsitzender mit seiner Partei über den Nato-Doppelbeschluß und das Konzept der atomwaffenfreien Zone diskutieren mußte. Diese Erfahrungen kamen Morlok zugute, als er in einer Phase zu Daimler-Benz wechselte, da der Konzern durch den Einstieg bei Dornier, den Aufkauf der

Motoren- und Turbinenunion MTU und des maroden Elektronik-konzerns AEG sowie des Luftfahrt- und Rüstungskonzerns Messer-schmitt-Bölkow-Blohm (MBB) in den Jahren von 1985 bis 1989 zur größten deutschen Waffenschmiede gewachsen war.

Erwartungsgemäß hatte Morlok keine Schwierigkeiten, sich in die neue Rolle einzupassen. Als sich der promovierte Diplom-Volkswirt 1992 öffentlicher Kritik am Projekt des Jagdflugzeugs European Fighter Aircraft, kurz Jäger 90 genannt, ausgesetzt sah, beantwortete er persönliche Anschreiben ganz im Sinne seines Brötchengebers: »Eine wesentlich kleinere Bundeswehr hat den Auftrag, das erheb-lich größer gewordene Bundesgebiet zu schützen. Dazu braucht sie mehr Beweglichkeit, diese würde durch den European Fighter Aircraft für lange Zeit gewährleistet.«[141]

Im Sommer 1991 gab der Konzern dann bekannt, Morlok würde auf Kleinerts Wunsch hin das Ressort Außenbeziehungen überneh-men.[142]

Wider Erwarten scheiterte Kleinert dennoch mit seinem Versuch, Morloks Politconnections für den Konzern zu nutzen. Der ehe-mals einflußreiche Freidemokrat kehrte Anfang 1994 Kleinert und dem Konzern den Rücken zu. Zur Verwunderung vieler verdient der Wanderer zischen den Welten seine Brötchen mitt-lerweile als geschäftsführender Gesellschafter der im Februar des Jahres gegründeten Kanal- und Kabelbaufirma Flow Net Mana-gement & Consult GmbH. Auch wenn er aus Loyalität zu Daim-ler-Benz offene Kritik vermeidet, empfindet Morlok doch »eine ungeheure Befreiung von bürokratischen Zwängen, hierarchi-schem Getue und wirklichkeitsfernen Sandkastenspielen«, wie Südwest Presse-Redakteur Klaus G. Wertel Morloks Abkehr vom Konzern kommentiert.[143]

Am Ende gebührt Morlok Lob für seinen Mut: Nur wenige Daim-ler-Beschäftige stellen die Freude an einer gewagten Firmengrün-dung über den Firmenfrust bei glänzendem Gehalt.

Morlok war damals der vierte Fall aus dem Kreis der Vertrauten Lothar Späths, der sich »auf die Lohnliste des Stuttgarter Konzerns transferieren läßt«, schrieb der Journalist Klaus G. Wertel. Kurz nach seinem eigenen Wechsel in die Daimler-Zentrale holte sich Matthias Kleinert seinen ehemaligen Stellvertreter im Amt des Regierungssprechers, Friedrich Lösch, aus dem Staatsministerium in den Konzern. Und als Lothar Späth die Expertin für Computer-fragen, Heike von Benda, ins Innenministerium abschieben wollte, wechselte diese kurzerhand in die Leitung des Daimler-Forschungs-zentrums auf dem Ulmer Eselsberg.[144]

So gab es durchaus individuelle Gründe, welche die Getreuen des baden-württembergischen Ministerpräsidenten den Arbeitsplatz in Stuttgart wechseln ließen. Ein ausschlaggebendes Argument für den Wechsel aber war mit Sicherheit jedesmal die Tatsache, daß bei Daimler-Benz wesentlich besser verdient wird, als in der Verwal-tung oder in der Politik. Dem neuen Konzernrepräsentanten Morlok beispielsweise versüßte Daimler-Benz den Wechsel in die Bonner Friedrich-Ebert-Allee mit einem Jahressalär von rund 400 000 DM.[145] Das Wirtschaftsmagazin *Top Business* weiß zu berichten, daß der Konzernsprecher Matthias Kleinert 1994 rund 650 000 DM verdiente.[146] Der Kampf für Nobelkarossen und Kriegsflugzeuge wird beim Konzern fürstlich entlohnt.

5. Kapitel:
Daimler-Benz –
Der Konzern regiert

Zwischen allen Stühlen – Die SPD und der Konzern

Der Kampf um den letzten Zuhörer

»*SPD-Chef Lang und seine Truppe werden in Wahlkampfveranstaltungen aufpassen müssen, daß noch ein Zuhörer da ist, wenn es gelungen ist, das komplizierte Geflecht der sozialdemokratischen Rastatt-Position aufzudröseln. Zumal es auch noch Risse gibt in der Fraktion.*« Zeitungskommentar von Wilhelm Hölkemeier[1]

»*Spöri rechnete dem Konzernvorstand genau vor, was die Landesregierung bisher für Daimler-Benz und Mercedes-Benz getan habe.*« Meldung des *lsw/Landesdienst Südwest* [2]

Hans Beerstecher, Ludwigsburger Landtagsabgeordneter der SPD und zur damaligen Zeit deren stellvertretender Fraktionsvorsitzender, konnte seine Freude über die Zusage für das Rastatter Mercedes-Werk nicht verhehlen. Beerstecher erklärte, von dem neuen Werk würden »auch Zulieferbetriebe und das Handwerk in der Region profitieren«. Der Sozialdemokrat versicherte gleichzeitig, er und seine Kollegen würden bei der Haushaltsberatung allerdings darauf achten, daß die Subventionen nicht direkt an den Konzern flössen, sondern für die Errichtung der Infrastruktur auf dem zukünftigen Rastatter Daimler-Gelände verwendet würden.[3] Beerstechers Meinung blieb nicht die einzige in dieser Richtung, und zwei lange Wochen hatte der Landes- und Fraktionsvorsitzende der baden-württembergischen Sozialdemokraten, Ulrich Lang, alle Mühe, die Position seiner Parteifreunde öffentlich zurechtzurücken: Zwar liege die Investition »im Interesse des Landes«, die SPD habe »aber von Anfang an darauf hingewiesen, daß wir in einer öffentlichen Subvention dieser Größenordnung erhebliche Probleme sehen«.[4]

Einen Monat später befaßte sich der Landtag mit den Anträgen der Fraktionen zu den Mercedes-Subventionen im Falle Rastatts. Lang hatte es mittlerweile geschafft, »Beerstecher zu einem klaren Nein zu bringen« und seine Fraktion bei nur einer Enthaltung gegen den Daimler-Kurs der Christdemokraten einzustimmen.

Dennoch blamierte sich Lang in der Sitzung wie kaum zuvor. Als Ministerpräsident Späth süffisant verkündete, selbst Mannheims SPD-Oberbürgermeister Widder stehe auf seiner Seite, und den Sozialdemokraten zudem vorwarf, die »Parteiweisungen« seien aus Bonn gekommen, schlug Lang für die baden-württembergische SPD ungewohnt harte Töne an: »Entweder ist die Landesregierung von Daimler erpreßt worden, oder, Herr Ministerpräsident, Sie saßen in den Verhandlungen auf der anderen Seite des Tisches.« Späth, äußerlich zutiefst verletzt, warf Lang vor, dies sei der »miserabelste Stil, den je ein Oppositionsführer gewählt« habe.

Die Landtagsaussprache über die Konzernzuwendungen entwickelte sich für die SPD zum Desaster, Lang mußte widerrufen und Späth das Feld überlassen: »Ich wollte Sie nicht als bestechlich zeichnen, und ich wollte auch nicht sagen, Daimler-Benz erpresse das Land.«

Dabei hätte der SPD-Landeschef durchaus allen Grund gehabt, dem Konzern letzteres vorzuwerfen. Späth hatte nämlich in der Sitzung eingestanden, daß der Landeszuschuß in Höhe von weit über 100 Millionen DM an den größten Konzern im Ländle Voraussetzung für den Konzernentscheid für Rastatt und damit gegen Bremen gewesen war.[5]

Das sozialdemokratische Drama im Fall Rastatt ist lediglich Spiegelbid einer von unübersehbaren internen Kontroversen gekennzeichneten Haltung zum mächtigsten deutschen Konzern im Musterländle. Schon in den achtziger Jahren hatte der Konflikt um den Bau der Teststrecke im fränkischen Boxberg die Partei in eine tiefe Krise geführt. Damals allerdings war es nur eine kleine Minderheit, die den früheren Fraktionsvorsitzenden Erhard Eppler in seiner ablehnenden Haltung gegen die Prüfstrecke der Mercedes-Limousinen unterstützte. Mit Eppler stimmten lediglich zwei weitere SPD-Abgeordnete für den Antrag von Wolf-Dieter Hasenclever und der Grünen-Fraktion, im Falle der geplanten Daimler-Prüfstrecke in Boxberg einen parlamentarischen Untersuchungsausschuß einzusetzen, um das »Planungstheater« näher zu untersuchen.[6]

Der Vorsitzende des Wirtschaftsausschusses, Claus Weyrosta aus Bietigheim-Bissingen, begründete die konzernfreundliche Haltung seiner sozialdemokratischen Fraktion. Der Untersuchungsausschuß, das scharfe Schwert des Parlaments, dürfe nicht inflationär verschwendet werden. Die SPD stehe dafür gemeinsam mit einer weltbekannten Produktionsstätte an der Schwelle einer neuen Fahrzeuggeneration.[7] Im Daimler-Vorstand dürften derartige Sympathieerklärungen auf großes Wohlwollen gestoßen sein.

Am 9. Oktober 1985 debattierte der baden-württembergische Landtag über den Antrag der Grünen-Fraktion, auf weitere Maßnahmen im Zusammenhang mit der Boxberg-Teststrecke zu verzichten, bis das Bundesverfassungsgericht endgültig entschieden habe.[8] Mit ihrem Änderungsantrag versuchte die SPD-Fraktion vergeblich, die Landtagsmehrheit für Verhandlungen mit der Firma Daimler-Benz zu gewinnen, wonach »die in Aussicht gestellten zusätzlichen tausend Arbeitsplätze im Zulieferbereich mindestens bis zum Jahr 1995 durch entsprechende Aufträge der Daimler-Benz AG garantiert werden« müssen.[9]

In der folgenden Aussprache vertrat die Sinsheimer SPD-Abgeordnete Brigitte Adler die gewohnt wohlwollende Position ihrer Partei: »Wir Sozialdemokraten haben in der Vergangenheit immer wieder klargemacht, daß wir zu dieser Teststrecke stehen und unter welchen Bedingungen wir die Teststrecke überhaupt für akzeptabel halten.« So sei das Ausmaß des Betonparcours dank der SPD »deutlich reduziert« worden. Dabei machte sich die SPD-Repräsentantin die Daimler-Argumentation zu eigen, wonach »die Notwendigkeit für ein technisch verbessertes, sichereres, ein umweltfreundlicheres und energiesparenderes Auto« unabweisbar wäre. »Wir haben unser Ja schweren Herzens gesagt«, meinte die Sozialdemokratin und brachte damit das Kernproblem ihrer Partei auf den Punkt.[10]

Geld stinkt nicht

»*Offensichtlich ist der SPD-Wirtschaftsminister des Landes Baden-Württemberg, Dieter Spöri, in das Lager der Rüstungslobbyisten übergelaufen.*« Reinhard Hackl, Landtagsabgeordneter, im Januar 1995[11]

Bis zum heutigen Tag hat die SPD im Ländle keine klare Linie im Spannungsfeld zwischen Ökonomie und Ökologie gefunden. In den vergangenen Jahren hat sich der wirtschaftskonservative Flügel der baden-württembergischen SPD, der ökonomisches Wachstum über die ökologische Frage stellt, als weitaus einflußreicher als die ernsthaften Umweltschützer in der Landespartei erwiesen.
Seit 1992 regiert die SPD in einer großen Koalition im Daimler-Land Baden-Württemberg. Das Sagen haben seither die Konzerngetreuen unter der Führung von Wirtschaftsminister Dieter Spöri und seinem Politischen Staatssekretär Rainer Brechtken aus Waiblingen. Der subventionskritische Flügel der Partei ist mehr denn je zum Stillschweigen verurteilt. Dabei zählte Brechtken 1986, als

die Sozialdemokraten noch die harte Oppositionsbank drückten, zu den Gegnern der Daimler-Subventionen für das dritte Pkw-Werk in Rastatt. In der namentlichen Abstimmung über den CDU-Antrag lehnte Brechtken die Unterstützung für den Konzern ab.

Doch vorbei sind die Zeiten, da die sozialdemokratische Landtagsfraktion öffentlich über die Millionenzuwendungen aus dem Landesetat lamentierte. Rainer Brechtken und Dieter Spöri bemühen sich nach Kräften, nahtlos in die Fußstapfen des vorigen christdemokratischen Wirtschaftsministers Hermann Schaufler zu treten. So bestätigte Spöri im November 1994, daß die Landesregierung Daimler-Benz ein »attraktives Angebot« gemacht habe, um Lahr und Villingen-Schwenningen, die beiden baden-württembergischen Mitkonkurrenten für die Produktionsstätte des Swatch-Mobils, nachhaltig zu unterstützen. In einem Gespräch mit Mercedes-Managern versicherte Spöri, daß die Landesregierung alle Möglichkeiten des EU-Rechts ausschöpfen werde, um das Swatch-Werk ins Ländle zu holen.[12] Rolf-Peter Henkel, Baden-Württemberg-Korrespondent der *Frankfurter Rundschau*, verkündete: »Spöri soll rund 30 Millionen DM angeboten haben.«[13]

Der SPD-Wirtschaftsminister hatte Angst, der Vorstand der Mercedes-Benz AG könne sich dennoch für einen kostengünstigeren elsässischen Standort – damals war Molsheim westlich von Straßburg heißer Kandidat – entscheiden. Deshalb versuchte Spöri seinerseits den Daimler-Vorstand zu beeinflussen: »Wir haben in den Produktionsstandort von Mercedes in Rastatt über 200 Millionen DM investiert«, verkündete Spöri. Gemeint waren allerdings die früheren Unterstützungsmaßnahmen der damals noch allein regierenden christdemokratischen Landesregierung. Seine Fraktion hatte sich sechs Jahre zuvor über die Millionen aus dem Landesetat für das Rastatter Mercedes-Werk heillos zerstritten und im Landtag in ungewöhnlicher Schärfe gegen die damals allein regierende CDU protestiert.

Hemmungsloser als selbst ein Lothar Späth klagte der sozialdemokratische Wirtschaftsminister im Herbst 1994 die Verpflichtungen des Konzerns gegenüber der Landesregierung ein. Schließlich habe diese in den vergangenen Jahren – von der Erschließung des Geländes für das neue Motorenwerk in Stuttgart-Untertürkheim bis hin zur Übernahme des Ulmer Omnibusproduzenten Kässbohrer – umfassende Hilfe geleistet und dem Konzern auch in schwierigen Zeiten »öffentlich immer die Stange gehalten«. Dabei sei die Landesregierung über ihren Schatten gesprungen und habe selbst die marktnahen Produktionen in den USA, in Mexiko oder China unterstützt. Deshalb, so Sozialdemokrat Spöri, könne er nunmehr »kein Verständnis« mehr zeigen, »wenn Mercedes jetzt jedoch beim Bau eines Pkw, dessen Hauptabsatzmarkt Deutschland sein soll, einen ausländischen Produktionsstandort« bevorzuge.[14]

Angesichts der Globalisierungsstrategie des Konzerns sind die Anstrengungen der baden-württembergischen Sozialdemokratie eher marginal. Im Mai 1994 beispielsweise stellte SPD-Partei- und Fraktionschef Ulrich Maurer den Kauf von mehr als eintausend Swatch-Mobilen »für den Landesfuhrpark sowie weitere Markteinführungshilfen« in Aussicht.[15]
Selbst das umfassende Gesamtpaket der schwarz-roten Landesregierung konnte den Konzern nicht von seinem Kurs abbringen. In seiner Sitzung am 20. Dezember 1994 entschied sich der Daimler-Vorstand endgültig für den Standort im lothringischen Hambach. Nachdem die Meldung von der French-Connection bereits Tage zuvor durch die Medien gegeistert war, reagierte Dieter Spöri scheinbar gefaßt und signalisierte, entgegen seiner vorigen Verlautbarungen, Verständnis. Der Konzern wolle »hier eine ganz offensive Geste« machen, »im Hinblick auf die französische Regierung, im Hinblick auf den französischen Markt, für die gesamte Produktpalette des Daimler-Konzerns«.[16]
Der Versuch, das eigene Scheitern zu vertuschen, mißglückte, und

zumindest in Baden-Württemberg mußte Spöri einige Mißmuts-
äußerungen über sich ergehen lassen. Reinhard Hackl, Landtagsabgeordneter der Grünen-Fraktion aus dem Daimler-Kreis Böblingen, kritisierte den Wirtschaftsminister wegen dessen unverkennbar
konzernnaher Politik. Spöri wolle gegenüber »dem Stern gut Wetter
machen«, doch »vorauseilender Gehorsam« lohne sich nicht, wie die
versuchte, jedoch gescheiterte sozialdemokratische Subventionspolitik gezeigt habe. Und als das SPD-geführte Wirtschaftsministerium eine Große Anfrage der Bündnisgrünen zu Macht und Einfluß
der Rüstungsindustrie in Baden-Württemberg voll und ganz im
Stile seiner christdemokratischen Vorgänger beantwortete, warf
Hackl dem Sozialdemokraten Spöri vor, nun endgültig zum »Rüstungslobbyisten« geworden zu sein.[17]

Tatsächlich hatte das Wirtschaftsministerium im September 1994
die Grünen-Anfrage bezüglich des Rüstungsexports baden-württembergischer Unternehmen, allen voran Daimler-Benz, ausgesprochen oberflächlich beantwortet.

Hatte die SPD-Bundestagsfraktion in den vergangenen Jahren eine
größere Transparenz bei Waffentransfers gefordert, so sah SPD-
Staatssekretär Rainer Brechtken, der für die Bearbeitung der
Großen Anfrage verantwortlich zeichnete, die Öffentlichkeit »sowohl im Rahmen der politischen Diskussion zum Thema Wehr-
technikexporte als auch durch die Berichterstattung in den Medien,
insbesondere in der wirtschaftspolitischen Presse, ausreichend informiert«. Und bei der zukünftig entscheidenden Frage der »Harmonisierung« der Rüstungsexporte, gab es laut Brechtken »keine
Veranlassung, in den Abstimmungsprozeß« einzugreifen.

Selbst die von den Bonner Genossen so heftig kritisierten Waffenlieferungen in die Türkei wollte Brechtken nicht einmal namentlich
benennen. Dabei waren im April des Jahres zwölf Stinger-Luftab-
wehrraketen, produziert von der Daimler-Tochter Dornier in
Friedrichshafen, legal an die Türkei ausgeliefert worden, wie der
Dachverband der Kritischen AktionärInnen Daimler-Benz veröf-

fentlicht hatte.[18] Brechtken sprach derweil von »Materiallieferungen an bestimmte Nato-Länder«.[19] In der Möhringer Konzernzentrale wird eine derart konzernfreundliche Strategie, deren Schattierungen von duldender Appeasementpolitik bis hin zu offener Konzernsubvention reicht, mit Genugtuung verfolgt.

»Geld stinkt nicht«, hatte Reinhard Hackl über eine SPD auf CDU-Kurs geurteilt.

Konzernkonforme Politik in Niedersachsen

»*Ich bin der Auffassung, daß das Automobil trotz der ökologischen Probleme eine entscheidende Rolle im Transport und bei den verschiedenen Verkehrsträgern behalten wird.*« Gerhard Schröder, Ministerpräsident von Niedersachsen[20]

Als das Bundesverfassungsgericht im März 1987 die Enteignung der Boxberger Bauern für unrechtmäßig erklärte, kam »ein besonders unsinniger, nicht einmal komischer Vorschlag«, so Dirk Kurbjuweit in der *Zeit*, von einem Sozialdemokraten. Um dem Konzern aus der Klemme zu helfen, schlug ein SPD-Stadtrat aus Hofgeismar bei Göttingen vor, »das Beton-Oval auf der nahegelegenen Staatsdomäne Beberbeck« bauen zu lassen, »einem erfolgreichen Musterbetrieb für die Kombination von konventionellem und ökologischem Anbau«.[21]

Das Rennen aber machte ein einflußreicherer Sozialdemokrat, der sich mit den Konzern-Oberen seit Jahren bestens versteht. Gerhard Schröder zählt bekanntermaßen zu den Politikern, die über einen direkten Draht zum Reuter-Nachfolger Jürgen Schrempp verfügen. Auch wenn Schrempp damals noch ausschließlich für die Dasa-Geschäfte zuständig war, hatten der niedersächsische Ministerpräsident und der Vorstandsvorsitzende der Münchner Waffenschmiede dennoch enge Kontakte aufgrund der beabsichtigten Schließung von Dasa-Werken in Niedersachsen. Seit diesen Tagen der Lemwerder-Verhandlungen gelten Schrempp und Schröder als enge Duzfreunde.[22] Derlei Sympathie läßt sich der Konzern auch gern etwas kosten: Allein 1993 überwies Daimler-Benz 400 000 DM an Spendengeldern auf das Konto der Sozialdemokraten.[23]

Und so kam es auch nicht überraschend, daß Ministerpräsident Gerhard Schröder die grünen Koalitionspartner derart unter Druck setzte, daß diese sich – um des Erhalts der Regierungsmehrheit willen – dem Drängen Schröders beugten und der Papenburger Mercedes-Teststrecke zustimmten. Dabei ist die Frage, ob Daimler die Teststrecke tatsächlich existentiell benötigt, bis zum heutigen Tage nicht eindeutig geklärt. Die Argumente aus Boxberger Tagen haben sich längst als unsinnig erwiesen, meinen die Gegner des Mammutprojekts. Im Januar 1986 hatten die Mercedes-Manager, allen voran der Leiter der Öffentlichkeitsabteilung, die Notwendigkeit einer solchen Prüfstrecke als »dringender denn je« bezeichnet. Über 15 Millionen Kilometer jährlich, so Bernd Gottschalk, müßten die Mercedes-Testwagen auf öffentlichen Straßen zurücklegen. Und »die gute Position auf den Weltmärkten« sei nur dann zu halten, wenn optimale Voraussetzungen für die Qualitäts- und Dauererprobung geschaffen würden.[24]

Die Entscheidung der Karlsruher Verfassungsrichter sowie die Realitäten haben das Dringlichkeitsargument längst ad absurdum geführt. Zehn Jahre sollten vergehen, ehe die ersten Mercedes-Testfahrzeuge im Emsland über die Hochgeschwindigkeitsstrecke gejagt werden konnten. Allen Umsatzschüben zum Trotz wiederholten die Konzernvertreter gebetsmühlenartig die unveränderte Notwendigkeit des Teststreckenbaus. Dabei schlossen sie kategorisch aus, das VW-Testgelände in der Lüneburger Heide mitzubenutzen. Hauptargument gegen den Vorschlag der Boxberg-Bauern war die große Entfernung nach Niedersachsen, wie Journalist Klaus G. Wertel in der baden-württembergischen Presse meldete.[25] Am Ende entpuppte sich auch das Distanzargument als unsinnig, Mercedes baute die Teststrecke eben doch in Niedersachsen. Und in nicht einmal zehn Jahren steigerte die Mercedes-Benz AG ihren Umsatz im Fahrzeugbereich von 49,1 Milliarden DM (1986) auf 61,6 Milliarden DM (1993) – und das trotz einer nie gekannten Rezession in der Automobilbranche.[26]

Konservative Konzerngenossen

»Heute, wenige Wochen vor der von Bangemanns Nachfolger Helmut Haussmann zu fällenden endgültigen Entscheidung, fühle ich mich verpflichtet, zur Klärung der Argumente ein positives, öffentliches Wort beizutragen.« Auszug aus dem Plädoyer von Helmut Schmidt für eine Verschmelzung von MBB mit Daimler-Benz [27]

»Der Mann, dem dieser Band von einigen seiner Freunde gewidmet ist, hält es nicht nur für sein Recht, sondern für seine Pflicht, seine eigenen unternehmerischen Erfahrungen und seine politischen Einsichten öffentlich hörbar anzubieten.« Helmut Schmidt in der Festschrift *Edzard Reuter zum Sechzigsten*[28]

Edzard Reuter entstammt einem sozialdemokratisch geprägten Elternhaus. Vater Ernst mußte mit seiner Familie in die Türkei flüchten, um den Nationalsozialisten zu entkommen, die ihn zweimal ins Konzentrationslager Lichtenburg verbannt hatten. Ein Jahr nach der Rückkehr aus dem türkischen Exil wurde Ernst Reuter im Sommer 1947 nach einem von der SPD erfolgreich initiierten Mißtrauensvotum zum Nachfolger von Otto Ostrowski als Berliner Oberbürgermeister gewählt.
Doch obwohl Reuter durch seinen Vater im Sinne der Sozialdemokratie vorgeprägt war, hat er bis zum heutigen Tage bewußt Abstand zur SPD bewahrt. Bei seiner Gedenkansprache anläßlich des 30. Todestages seines Vaters distanzierte er sich zugleich von

der Partei, denn er sei lediglich »das einfache, politisch nicht tätige Mitglied«.[29]

Ganz aber möchte sich Reuter von der Sozialdemokratie nicht lossagen. An drei Tagen im Dezember 1993 und im Februar 1994 trafen sich Reuter, Schmidt und der Stuttgarter Historiker Professor Eberhard Jäckel zu einem ausführlichen Meinungsaustausch, dokumentiert in dem Buch *Was wird aus Deutschland?*. Dabei gestand Reuter ein, daß er immerhin »ein bewußtes Mitglied der SPD« sei.[30]

Als Edzard Reuter nach zuvor vergeblichen 1987 dank des Einsatzes von Alfred Herrhausen Versuchen an die Konzernspitze gewählt wurde, hatten die Jahre der sozialliberalen Koalition längst den Boden für diese Entscheidung bereitet. Noch in den siebziger Jahren waren die Vorbehalte in der deutschen Wirtschaft gegenüber der Sozialdemokratie extrem gewesen. Dennoch erklärte die *Süddeutsche Zeitung* den neuen Vorstandsvorsitzenden zur »Ausnahme«, denn ein Sozialdemokrat als Daimler-Chef sei »zumindest überraschend für einen Konzern, in dem Aktionäre der Deutschen Bank tonangebend« seien.[31]

Reuter-Biograph Hans Jürgen Jakobs schlägt in die gleiche Bresche und hält Reuter »schon wegen seiner SPD-Parteimitgliedschaft in der Nadelstreifenanzug-Welt« für eine »ungewöhnliche Erscheinung«.[32]

Johannes Rau, Oskar Lafontaine und Rudolf Scharping – sie alle wollten und keiner konnte Edzard Reuter davon überzeugen, Wirtschaftsminister in einem sozialdemokratisch geführten Bundeskabinett zu werden. Reuter sollte »Ruhm, Kompetenz und Erfolgsaussichten der SPD mehren«, kommentierte der Bonner Redakteur Wolfgang Storz die vergeblichen Liebesmühen. Und jedesmal – »So ein Pech« – weigerte sich der Vielumworbene. Doch Storz kennt Reuter und die Sozialdemokratie gut genug, um zu wissen, daß man der SPD diesen Wirtschaftspolitiker – ausgestattet mit Ministermacht – besser nicht zumuten sollte. Einen kleinen Vorgeschmack auf potentielle Folgen durfte Rudolf Scharping im Spätsommer 1994 hautnah erfahren, nachdem er für die SPD zum Kanzlerkandidaten gekürt worden war. In dieser Funktion ließ er sein von verschiedenen Mitarbeitern verfaßtes Buch *Was jetzt zu tun ist* von Edzard Reuter präsentieren.

Dieser nutzte die Gelegenheit, um Rudolf Scharping – alles andere als ein Linker in seiner Partei – ein Paket deftiger Ratschläge mit auf den Weg zu geben: Raumfahrt wie Gentechnik dürften nicht länger »verteufelt«, der Jäger 90 müsse gebaut und die Vorstellungen eines Wohlfahrtsstaates hinterfragt werden. Umweltschutz lasse sich nur international verwirklichen. Alle wollten immer mehr Einkommen, mehr »sogenannte« Bürgerbeteiligung und mehr Freizeit, das aber gehe nicht.[33] »Reuter nutzte die Gelegenheit«, so *Spiegel*-Redakteur Dietmar Hawranek, »Grundzüge eines Regierungsprogramms vorzutragen«.[34]

Artig bedankte sich Scharping für Reuters »einfühlsame und kritische Würdigung«, die einer Lehrstunde in Sachen Wirtschaftspolitik, durch die Brille eines Managers gesehen, gleichgekommen war. Reuters rüdes Auftreten bei der Buchpräsentation im Haus der Deutschen Parlamentarischen Gesellschaft dürfte ganz nebenbei auch die beleidigte Antwort auf das kurz zeitgleich erfolgte Spektakel in seiner Heimatstadt Berlin gewesen sein. Dort hatte sich Reuter als Diepgen-Nachfolger ins Gespräch gebracht und sich dafür »schroffe Ablehnung«, so das Urteil des *manager magazins* im März 1995, in der SPD-Spitze eingefangen.[35] Zwei Wochen vor Scharpings Buchvorstellung verkündete SPD-Landes- und Fraktionsvorsitzende Ditmar Staffelt unmißverständlich seine Ansicht, wonach Reuters Kandidatur als Regierender Bürgermeister für die Sozialdemokraten »kein Thema« sei.[36]

Auch der Autor wird sich seinen Teil zum Verlauf der Buchpräsentation gedacht haben: Was Reuter praktizierte, war die Fanfare zur Kriegserklärung über den Kurs des Kanzlerkandidaten und seiner

Genossen – und das am 1. September, dem von den Gewerkschaften bundesweit begangenen Anti-Kriegstag.

Jahrelange Bande verbinden den langjährigen Daimler-Vorstandsvorsitzenden mit dem ehemaligen Bundeskanzler Helmut Schmidt, den Reuter seit ihrem ersten näheren Kontakt bei einem Disput über die Höhe von Aufsichtsratstantiemen kennen und später auch schätzen gelernt hat. Bis zum heutigen Tag belieben die beiden Sozialdemokraten, die innerhalb der SPD dem konservativen Wirtschaftsflügel angehören, engsten Kontakt zu halten. Wie im Falle der Autobiographie des ehemaligen Gesamtbetriebsratsvorsitzenden kann es da auch schon einmal geschehen, daß Helmut Schmidt von seinem »Freund Edzard Reuter« gebeten wird, »den Lebenserinnerungen von Herbert Lucy ein Vorwort voranzustellen«.[37] Und im Vorwort der Festschrift zum 60. Geburtstag des Daimler-Vorstandsvorsitzenden empfiehlt Schmidt: »Reden ist Silber, aber zuhören kann auch Gold wert sein. Möge Edzard Reuter Zuhörer haben!«[38]

Die geistige Nähe der beiden Wirtschaftsvertreter in den Reihen der Sozialdemokraten ist unverkennbar. So trat der langjährige Bundeskanzler wie kein anderer offensiv für Reuters Lieblingsprojekt ein: die Fusion von Daimler-Benz und Messerschmitt-Bölkow-Blohm (MBB), dem führenden Luft- und Raumfahrtkonzern. Um zur Umsetzung dieser Zielvorgabe beizutragen, suchte Helmut Schmidt die Öffentlichkeit. In ungewohnter Polarisierung warf der Ex-Kanzler den Gegnern der geplanten Mammutfusion vor, den Boden sachlicher Argumente zu verlassen und bis hin zur »Hysterie« Stimmung gegen die Gründung der größten Waffenschmiede Deutschlands zu betreiben.

Schmidt machte die »negativen Stimmen« insbesondere in Teilen der Daimler-Belegschaft, bei der IG Metall, den Bonner Oppositionsparteien, dem Bundeskartellamt sowie der Monopolkommission aus. Mit seinem knallharten Konfrontationskurs schockte

Schmidt nicht nur viele seiner Genossen, sondern brüskierte zudem auch die Präsidenten der Monopolkommission, Wolfgang Kartte und Ulrich Immenga. Ihnen warf der renommierte Sozialdemokrat vor, »in ihrer öffentlichen Polemik« gegen den FDP-Bundeswirtschaftsminister »bis an die Grenzen des für sie als Amtspersonen rechtlich Vertretbaren gegangen« zu sein.

Um die Kritiker in den eigenen Reihen auf den Konzernkurs einzustimmen, erinnerte Schmidt seine Parteifreunde explizit daran, wie die sozialliberale Koalition »den Ausbau der Airbus-Familie« betrieben und so die Gründung der Daimler-Tochter Dasa vorbereitet habe, um »die totale europäische Abhängigkeit von einigen wenigen sehr großen US-amerikanischen Konzernen« zu verhindern. Aus konservativer Position heraus unterstellte Helmut Schmidt den Gegnern des *take over*, alle Hauptargumente seien »ohne durchschlagendes Gewicht«. Den Vorwurf, mit der Daimler-MBB-Fusion entstünde in der Bundesrepublik ein machtvoller Systemführer, wischte er kurzerhand als »Krähwinkel-Argument« vom Tisch.

Dabei war sich der erfahrene Sozialdemokrat der Folgen seiner Intervention im Sinne des Konzerns vollauf bewußt: »Natürlich hat Daimler-Benz auch ein eigenes Interesse« an der Fusion, die mit den Verantwortlichen in Bonn bereits »en détail ausgehandelt« sei. So gehe »das Jahrhundert des Automobils als Motor des Wohlstandsfortschrittes« zu Ende, auch wenn das Auto weiterhin »das wichtigste langlebige Konsumgut« bleibe. Gewinne seien dagegen in den Sektoren »Elektronik« und »Massen-Luftverkehr« zu erwarten.

Schmidts flammendes Plädoyer für die gigantischste Firmenfusion in der Geschichte der Bundesrepublik gipfelte in einer Drohung an den FDP-Wirtschaftsminister – wohlgemerkt Mitglied einer christlich-liberalen Bundesregierung: Wenn Helmut Haussmann nunmehr dem öffentlichen Druck nachgebe und den Zusammenschluß verweigere, zeige er sich als »abermaliger Wackelpeter« und mache sich des »Wortbruchs« schuldig.[39]

Kaum je zuvor hat sich ein Sozialdemokrat derart freimütig für das Wohlergehen der deutschen Rüstungsindustrie stark und dabei die Interessen der Daimler-Benz AG zu seinen eigenen gemacht.

Subventionen kritisieren, Subventionen kassieren

»Sein Erfolg ist meßbar: Daimler erhält mehr Subventionen als jede andere Firma der Republik.« Spiegel-Titelgeschichte »Kämpfen und Kungeln«[40]

Die neue Vorsitzende des Forschungsausschusses des Deutschen Bundestags, Edelgard Bulmahn, zählt zu den engagiertesten Kritikern einer schier bodenlosen Politik finanzieller Zuwendungen an den größten und umsatzstärksten deutschen Konzern. Doch die SPD zeigt zwei einander diametral entgegengesetzte Gesichter, wenn es um finanzielle Zuwendungen für Deutschlands vermögendsten Konzern geht. Während die einflußreiche SPD-Bundestagsabgeordnete in Bonn gegen die Milliardengeschenke an Daimler gewettert hat, sorgte sich ein anderes einflußreiches SPD-Mitglied ebenfalls in Bonn darum, daß der bislang weit aufgedrehte Subventionshahn nicht zugeschraubt wird.

Seit 1991 leitet Alfons Pawelczyk die Konzernrepäsentanz der Daimler-Benz AG in der Bonner Friedrich-Ebert-Allee 26. Pawelczyk ist Nachfolger des ehemaligen stellvertretenden FDP-Bundesvorsitzenden in Daimlers Diensten, Dr. Jürgen Morlok, der bis 1990 für den direkten Draht des Konzerns zu den Bonner Bundespolitikern verantwortlich war.

Pawelczyks Politdrähte zahlten sich in der Vergangenheit für den Konzern bereits in einem Umfang aus, der selbst Bonner Beamte im Wirtschaftsministerium bei einer Bestandsaufnahme der finanziellen Zuwendungen hellhörig werden ließ. Das Ergebnis der Selbstkontrolle der staatlichen Finanzspritzen für Deutschlands

Industriegiganten spricht für sich: Der Daimler-Benz stach »als weitaus größter Empfänger mit einem Anteil von 70 Prozent« hervor.[41]

Diese Diskrepanz zwischen Anspruch und Wirklichkeit der Sozialdemokratie hinsichtlich der finanziellen Zuwendungen an den reichsten deutschen Konzern bleibt nicht ohne Widerspruch. Die Wirtschaftskenner Friedrich Bräuninger und Manfred Hasenbeck kritisierten nicht nur die in Politik und Wirtschaft vorherrschende Selbstbedienungsmentalität. Die beiden Buchautoren kommentieren auch die Doppelbödigkeit mancher Sozialdemokraten. Während die SPD »so sehr gegen die Vergabe von üppigen Subventionen an Konzerne« wettere, kümmere dies den früheren Hamburger Innensenator Alfons Pawelczyk wenig. Wie auch der Fall Pawelczyk belege, seien »selbst« bei der SPD »alle Berührungsängste mit dem großen Geld« längst verschwunden.[42]

Um eine erfolgreiche Lobbyarbeit auszuüben, empfiehlt der Subventionsexperte Philipp Graf von Walderdorff, der u. a. dem Wirtschaftsrat der CDU angehörte, »gute persönliche und vertrauensvolle Kontakte mit den entsprechenden politischen Stellen«.[43] Tatsächlich bringt SPD-Mitglied Pawelczyk einen reichen Fundus an Wissen in einem Ressort mit sich, das für Daimler-Benz von entscheidender Bedeutung ist: Als früherer Oberst der Bundeswehr und Staatssekretär im Bundesministerium für Verteidigung verfügt der Konzernrepräsentant über die Kontakte, die vor allem für den Hauptzuwendungsempfänger, das teilmilitärische Daimler-Unternehmen Dasa, so reichlich beansprucht werden. Wie die Zuwendungskritikerin Edelgard Bulmahn belegen konnte, kassierte kein anderer Konzern mehr Milliarden als die Münchener Daimler-Tochter. Pro Jahr summierten sich die Gelder auf bis zu 30 000 DM pro Dasa-Arbeitsplatz.

Und als Befürworter einer Politik der »freien Fahrt für freie Bürger« lehnt Pawelczyk nicht nur ein Tempolimit auf Deutschlands Autobahnen ab, sondern befürwortet auf der anderen Seite auch noch den Bau des Jäger 90. Der »trickreiche Strippenzieher«, so der *Spiegel* in seiner Analyse der Bonner Lobbypolitik deutscher Industriekonzerne, schwärmt unumwunden vom »Dialog mit der Politik« und organisiert dementsprechend für die Daimler-Vorstände die Termine mit den Regierungsgrößen der Republik.

Zu den Erfolgen des Lobbyisten dürften auch die Spenden von Daimler-Benz in Höhe von 400 000 DM zählen, die der Konzern allein 1993 auf das Konto der Sozialdempkraten überwiesen hat.[44] Zweifelsohne, Pawelczyks Arbeit ist ihr Geld wert.

Opel oder Erler?

»Mit der Realisierung des Plans gewinnen wir bei uns ausreichend Zeit für Entscheidungen über ein neues europäisches fliegendes Luftwaffensystem, denn der Jäger 90 wird das nicht sein.« Manfred Opel, Mitglied des Deutschen Bundestages, im Frühjahr 1992[45]

»Seit acht Jahren hat die SPD-Bundestagsfraktion und habe ich als Mitglied des Verteidigungsausschusses keiner einzigen DM zur Bewilligung des Projektes zugestimmt. Ich werde dies auch in Zukunft nicht tun.« Gernot Erler, Mitglied des Deutschen Bundestags, im Oktober 1994[46]

In der Eurofighter-Frage steht die SPD geschlossen wie selten zuvor. Unmißverständlich forderte die stellvertretende Fraktionsvorsitzende Ingrid Matthäus-Maier Anfang 1995, nach Ablauf der Entwicklungsphase dürfe der Eurofighter 2000 nicht in Produktion gehen.[47] Bereits in den Jahren zuvor hatte sich die SPD-Bundestagsfraktion eindeutig festgelegt und sich in mehreren Entschließungsanträgen im Verteidigungsausschuß »gegen die Fortsetzung der Entwicklung des Neuen Europäischen Jagdflugzeuges« ausgesprochen, weil es »im Rahmen des Auftrages der Bundeswehr keine ausreichende konzeptionelle Begründung« für das Vorhaben gebe.

Gernot Erler, bei den Sozialdemokraten Berichterstatter für den Einzelplan 14, Kapitel 1420 – bezüglich der Gelder für den Jäger light im Verteidigungshaushalt –, erhob im Zusammenhang mit dem Poker um das Jagdflugzeug schwere Vorwürfe gegen die Bundesregierung: So seien die Bonner Regierungsvertreter dem bereits im Juli 1992 ergangenen Auftrag auch nach drei Jahren nicht nachgekommen, »eine Konzeption für die künftige Luftverteidigung vorzulegen«.[48]

Derlei Entschließungsanträge führen im Verteidigungsausschuß alljährlich zum selben Ergebnis: Auch 1995 befürworteten die drei Oppositionsparteien geschlossen das SPD-Votum zum Ausstieg aus der NEFA-Entwicklung, die drei Regierungsparteien bügelten den Antrag mit ihrer Stimmenmehrheit ein weiteres Mal ab.

Schwierig wird die Situation für die Sozialdemokraten erst in dem Augenblick, da die SPD-Strategie Erfolg haben sollte. Wenn nämlich das Eurofighter-Projekt wider Erwarten gekippt wird, bahnt sich ein neuer innerparteilicher Konflikt an: die Auseinandersetzung über die Beschaffung eines militärischen Ersatzes für den zuvor verhinderten Jagdflieger.

Zwar zählt Manfred Opel, für die SPD Mitglied im Verteidigungsausschuß, zu den Gegnern des Jäger 90/Eurofighter-Programms. Doch der auf eigenen Wunsch beurlaubte Brigadegeneral der Luftwaffe erfährt andererseits für sein militärisches Engagement zuweilen Lob vom Verteidigungsminister: Er hoffe, Opel werde sich weiter im »Sinne der Streitkräfte und der Sicherheit unseres Landes« einsetzen, kommentierte Volker Rühe 1988 Opels Nachrücken in den Bundestag über die Landesliste Schleswig-Holstein.[49] Tatsächlich zählt der aus Husum stammende Offizier a. D. zu den Garanten einer starken deutschen Rüstungsindustrie. »Das Bekenntnis zur Bundeswehr«, urteilt Opel in der *Wehrtechnik*, »schließt das Bekenntnis zur nationalen Rüstungswirtschaft ein.«[50] Offensiv tritt Opel für eine optimale Bewaffnung der Bundeswehr – ohne Jäger light – ein. Dieser sei »nicht tarnkappenfähig« und könne dementsprechend von den gegnerischen Radarsystemen erfaßt werden. »Ein solches Flugzeug«, kritisiert Opel die technologischen Schwächen des Eurofighters, »würde sich selbst ankündigen, und daher wäre es unsinnig.«[51] Weniger unsinnig ist nach Opels Ansicht der Kauf von Jagdflugzeugen mit »den Fähigkeiten der MiG 29« für die Bundesluftwaffe.[52]

Einig ist sich die SPD in bezug auf ihr zukünftiges Vorgehen allenfalls darin, daß ein »Air Policing« – die Begleitung von fremden Flugzeugen über dem Territorium der Bundesrepublik – vonnöten sein werde. Dafür aber würden in den kommenden zwanzig Jahren durchaus die vorhandenen Phantom-Maschinen ausreichen, meint Gernot Erler. Der Vorsitzende des Unterausschusses für Rüstung und Rüstungskontrolle des Deutschen Bundestages sieht sich in dieser Position bestärkt, denn mittlerweile wurde die Phantom-Laufzeit bis zum Jahr 2015 verlängert.

An der Sicherheitsfrage aber werden die Sozialdemokraten Farbe bekennen und damit auch dem Systemführer der deutschen Luftfahrtindustrie ein klares Signal geben müssen. Gerade die Entscheidungsträger der Daimler-Benz Aerospace werden fragen, ob die SPD, im Sinne Erlers, sich vor allem einsetzt für die Förderung von »Umwelt- und Zukunftstechnologien, um möglichst viele qualifizierte Arbeitsplätze bei schrumpfender Rüstungsindustrie« zu erhalten. Und die Dasa wird wissen wollen, ob die Sozialdemokraten, im Sinne Opels, für »eine kleinere Armee mit hervorragender Ausrüstung« votieren wollen.[53] Die Antwort auf die friedenspolitische Gretchenfrage der Sozialdemokratie könnte die SPD in die nächste Zerreißprobe führen.

Saludos Amigos –
Der Konzern und seine Christdemokraten

Mit Messerschmitt und Mercedes

»*Keiner soll glauben, daß ich wegen einer solchen Angelegenheit irgendwo zu Kreuze krieche.*« Edmund Stoiber, Innenminister von Bayern[54]

»*Ja.*« Der stellvertretende CSU-Vorsitzende Gerold Tandler zur Frage, ob er dienstlich oder privat MBB-Flüge in Anspruch genommen habe[55]

»*Ich würde eher vermuten, daß es Flugnachfragen gegeben hat.*« Christian Poppe, MBB-Firmensprecher[56]

Offensiv wie sonst keiner seiner gleichfalls in die Amigoaffäre verstrickten Parteikollegen bekannte sich Edmund Stoiber zu den Vergünstigungen, die er von Messerschmitt-Bölkow-Blohm sowie den Automobilunternehmen BMW, Audi und Mercedes erhalten hatte. »Ich habe mich entschlossen«, so Bayerns Innenminister, »mich Ihren Fragen zu stellen. Ich lege Ihnen die Fakten auf den Tisch.« Auf der eigens einberufenen Pressekonferenz verlas der CSU-Politiker ein vorgefaßtes Statement, in dem er die gegen ihn gerichteten Vorwürfe vollauf bestätigte.

Bereits am Vortag hatte Stoiber gegenüber der *Süddeutschen Zeitung* in einem Schreiben eingeräumt, in seiner Funktion als Generalsekretär und Leiter der Staatskanzlei des bayerischen Ministerpräsidenten Franz Josef Strauß im Zeitraum von 1978 bis 1988 »an Flügen der Firma MBB teilgenommen« zu haben. Die Kosten für die Privat- und Diensttrips waren von Messerschmitt übernommen worden. Ohne jegliche Zurückhaltung äußerte Stoiber, er müsse sich nicht hinter dem langjährigen MBB-Aufsichtsrat Strauß »verstecken«, schließlich hätten die Gratisflüge auch in seinem »Interesse gelegen«. Er habe die Offerten der seit 1989 zur Dasa gehörenden Waffenschmiede MBB angenommen, »weil sie mir Zeitersparnis brachten und zusätzliche Einsatzmöglichkeiten boten«.

Die Liste der Daimler-Liaison war lang: Sie reichte von »mehreren Flügen mit Franz-Josef Strauß zu Veranstaltungen und Terminen im In- und europäischen Ausland« über fünf von MBB gesponserte Hin- und Rückflüge mit seiner Familie zu seinen und Franz-Josef Strauß' Urlaubsorten in Frankreich und Italien bis hin zu Urlaubsfahrten nach Österreich, Italien und Frankreich mit kostenlos zur Verfügung gestellten Fahrzeugen. »Im übrigen stellen die Firmen während Kundendienstreisen und Reparaturen an Dienstwagen in der Regel Ersatzwagen«, rechtfertigte sich Stoiber in bezug auf die Fahrzeugofferten von BMW, Audi und Mercedes.

Neben dem Innenminister mußte auch Bayerns Ministerpräsident Max Streibl einräumen, wiederholt MBB-Flüge in Anspruch genommen zu haben und damit tief in den Amigosumpf verwickelt zu sein. Im Gegensatz zu Stoiber war Streibl direkt für die Firmenpolitik der Waffenschmiede mitverantwortlich: Als MBB-Aufsichtsratsvorsitzender wurde Streibl von einem Unternehmen begünstigt, auf dessen Geschäftspolitik er direkten Einfluß besaß. Zehn Tage nach dem Stoiber-Geständnis mußte Streibl weitere Zuwendungen von Messerschmitt-Bölkow-Blohm bestätigen: Fünf Jahre zuvor hatte er sich auf Kosten von MBB eine Satellitenempfangsanlage installieren lassen.[57] Und auch der stellvertretende CSU-Vorsitzende Gerold Tandler kam nicht umhin, seine – als Chef der CSU-Landtagsfraktion und bayerischer Finanzminister in Anspruch genommenen – dienstlichen und privaten MBB-Flugreisen zu bestätigen. Längst hatte auch Streibl eingestehen müssen, »ähnlich wie bei der Lufthansa Flugmöglichkeiten dieser Firma auch privat unentgeltlich zu nutzen«.

Konfrontiert mit solchen Offenbarungen zeigte sich die MBB-Firmenleitung sichtlich geschockt und verweigerte jegliche Auskunft. Firmensprecher Christian Poppe äußerte Vermutungen über Flugnachfragen, ein »verbrieftes Recht« habe es aber nicht gegeben. Angesichts von Edmund Stoibers klaren Aussagen wirkte Poppes Geheimnistuerei allemal lächerlich. Dabei hatte der Rüstungskonzern bereits Jahre zuvor unumwunden eingestanden, Spendengelder direkt an Abgeordnete in den Wahlkreisen zu zahlen, in denen MBB-Werke ihren Sitz haben.[58] Allein 1986, als Stoiber noch die Vorzüge der MBB-Freiflüge genoß, ließ die Waffenschmiede der CSU 116 000 DM zukommen.[59]

Zweifelsohne hätte es der Firma besser zu Gesicht gestanden, sämtliche Vergünstigungen für ihre Politiker offenzulegen, anstatt sich weiterhin im Verschweigen und Vertuschen zu üben.

Konsequenzen aus dem handfesten Skandal wollten die Daimler-Günstlinge nicht ziehen. Edmund Stoiber lehnte es ab, »wegen der Annahme von Zuwendungen der Industrie zurückzutreten«. Stoiber gestand zwar ein, die Inanspruchnahme der MBB-Flugzeuge sei »ein Fehler« gewesen, zu Kreuze kriechen werde er aber nirgendwo. Er habe weiterhin »ein gutes Gewissen«, habe »nichts zu verbergen« und lasse sich »von niemandem in ein politisches Zwielicht rücken«. Bayerns Ministerpräsident Max Streibl mußte aufgrund seiner Verwicklungen in diesen und weitere Wirtschaftsskandale abdanken und konnte anschließend beruhigt einen Untersuchungsausschuß über sich ergehen lassen, in dem die CSU die Stimmenmehrheit besaß.[60] Dagegen hatte dem Daimler-Amigo Stoiber die Affäre im Endeffekt sogar zum Vorteil verholfen: Am 28. Mai 1993, gerade mal drei Monate nach dem Wirtschaftsskandal, wurde Stoiber von seiner Partei zum Streibl-Nachfolger ins Amt des bayerischen Ministerpräsidenten gehievt.[61] Im Freistaat Bayern gilt weiterhin die Devise: Freie Fahrt für die alten Mercedes- und MBB-Amigos.

Klotzen statt kleckern – Die Blüten des Spät(h)kapitalismus

»*besonders appellierte spaeth an die betroffenen bauern, ihre persoenlichen interessen nicht ueber die der gesellschaft zu stellen. die meisten menschen haetten ohnehin nie land besessen.*« Meldung der Nachrichtenagentur Reuter [62]

»*Was wir in Rastatt machen, das räume ich gern ein, ist eine Ausnahme. Die ist allerdings im Hinblick auf die Größenordnung der Investitionen und die Bedeutung für diese Region gerechtfertigt.*« Ministerpräsident Lothar Späth im *Spiegel*-Interview [63]

»*Wenn die Daimler-Benz AG in Stuttgart, der inzwischen umsatzstärkste Konzern der Bundesrepublik, eine Teststrecke in Boxberg bauen will, wenn der schwäbische Autohersteller die Mehrheit am Luft- und Raumfahrtkonzern Dornier erwirbt oder nun sein drittes Pkw-Montagewerk bauen will, ist einer immer mit dabei: Ministerpräsident Lothar Späth.*« *Süddeutsche Zeitung* [64]

Die Zeiten der Monarchie waren vorüber und in Baden-Württemberg dennoch gegenwärtig. Über ein Jahrzehnt herrschte der Lothar im Ländle nach Belieben, und nur wenige in den Reihen der Christdemokraten wagten es, den Kapitalismus à la Späth zu kritisieren. Um so leichter ließ sich der Monarch in Rage bringen, wenn seine offensichtliche Pro-Konzern-Politik attackiert wurde. Bei einer Veranstaltung in Boxberg im März 1979 wagte ein Zwischenrufer, den Ministerpräsidenten »als den Kapitalinteressen verpflichtet« zu bezeichnen. Späth reagierte »allergisch«, so die Agenturmeldung, und erklärte, daß Daimler mit Ausnahme der Steuervergünstigungen keinen Pfennig Subventionen erhalten werde.[65]
Je länger und heftiger der Streit um den Boxberger Bauernbesitz tobte, desto eher wagten CDU-Mitglieder an der Basis, ihren

Mißmut öffentlich zu artikulieren: »Wir waren gute CDU-Leut, und statt daß die große Bonze froh wären, sie hätten noch a bissle Fußvolk hinter sich, macht man praktisch den eigenen Anhang bewußt kaputt«, beschwerte sich einer der kämpferisch gestimmten Franken.[66] Die Boxberger Landwirte probten den Aufstand, und der *Spiegel* kommentierte: »Daimler-Benz liegt im Bauernkrieg.«[67]

Als das Cleverle seine Truppen im Herbst 1986 hinter sich versammelte, um über 100 Millionen DM für die Automobilbauer von Mercedes-Benz lockerzumachen, sah selbst die CDU-Mittelstandsvereinigung (MIT) schwarz. Deren Vorsitzender Gottfried Ruprecht und dessen Stellvertreter Klaus Bregger wandten sich im August 1986 direkt an Daimler-Benz und forderten den Konzern schriftlich auf, aus »ethisch-moralischen Gesichtspunkten« auf die 120 bis 140 Millionen DM Erschließungsbeihilfe seitens der CDU-Landesregierung zu verzichten. Die MIT-Sprecher begrüßten zwar das Daimler-Engagement in Rastatt, glaubten aber, der Konzern könne auch ohne die Zuschüsse im mittelbadischen Rastatt investieren.[68]

Der Widerstand gegen Späth und seinen Rastatt-Deal erfaßte den Südweststaat in erstaunlicher Breite. Von den Oppositionsparteien im Landtag über die Jungen Liberalen bis hin zu verschiedenen Naturschutzverbänden formierte sich der Widerstand gegen die Subventionierung des Konzerns, der im Vorjahr einen Jahresüberschuß von 1,68 Milliarden DM (1985) und im Jahr der Rastatt-Kontroverse 1,76 Milliarden DM (1986) bilanzieren konnte.[69]

Späth ließ sich durch die vehemente Kritik nicht aus der Fassung bringen. Es dauerte keinen Monat, bis der Ministerpräsident sämtliche parteiinternen Kritiker auf Linie gebracht hatte, und selbst die deftigen Vorwürfe der CDU-Mittelstandsvereinigung waren alsbald verstummt. Bei der Landtagsdebatte über die Millionenzuwendungen für den Konzern stimmten am 25. September 1986 ausnahmslos alle CDU-Parlamentarier für die Daimler-Zuwendungen. Mit der einhelligen Zustimmung zur finanziellen Unterstützung der Ansiedlung des bundesweit dritten, rund 1,8 Milliarden DM teuren Mercedes-Produktionswerks im badischen Rastatt konnte Späth einen neuerlichen Coup landen.

Am Ende wehrten sich einzig die Grünen geschlossen gegen die indirekte Millionenspende an Deutschlands reichsten und mächtigsten Automobilkonzern. Dabei wandte sich Späth heftig gegen den Vorwurf, den Konzern zu subventionieren, zumal die Staatshilfe lediglich in Form von Strukturmaßnahmen geleistet wurde: »Ich habe ja nicht gesagt, das Unternehmen kriegt 120 oder 140 Millionen, sondern Daimler-Benz übernimmt zu vereinbarten Bedingungen ein bebaubares Gelände.«

Nach Kräften und mit beachtlichem Erfolg sorgte der Ministerpräsident für das Wohlergehen der Wirtschaft im Ländle. Dabei hatte Späth seine schützenden Arme auch über die vermeintlich notleidende Rüstungsindustrie Baden-Württembergs gebreitet, die bis zum heutigen Tag neben der bayerischen zu den umsatzstärksten der Republik zählt. Er wußte, daß Waffenfertigung nur durch zusätzliche Einnahmen aus Rüstungstransfers und den damit verbundenen höheren Produktionszahlen bei gesenkten Herstellungskosten finanzierbar sein würde. Und so schuf Rüstungslobbyist Späth die aus seiner Sicht notwendigen Voraussetzungen: »Zunächst einmal muß dafür gesorgt werden, daß das wirtschaftliche Klima im Land stimmt«, verkündete der Ministerpräsident im Interview mit dem Militärmagazin *Wehrtechnik*. Zwar müsse der Export in Nicht-Nato-Länder »restriktiv gehandhabt« werden, doch es gehe »nicht darum, den Export von Rüstungsgütern in Länder außerhalb unseres Bündnisses zu verbieten«. Vielmehr sei »die Genehmigungspraxis weiterhin so zu handhaben, daß wir den Interessen unseres Landes, die sich an unseren vitalen Interessen zur Sicherung des Friedens orientieren, gerecht werden«.[70]

Die Folgen dieser Politik offen proklamierter Waffenexporte in alle Welt sind weithin bekannt. Profitieren konnte davon vor allem die Daimler-Benz AG, welche unter aktiver Mithilfe von Späth und seiner CDU-geführten Landesregierung zu Deutschlands Rüstungsriesen Nr. 1 avancierte.

Dabei war sich Späth zum damaligen Zeitpunkt nicht bewußt, daß ihm der Konzern nach und nach über den Kopf wuchs. Noch 1987, zwei Jahre nach der Übernahme des Luftfahrtunternehmens Dornier in Friedrichshafen und München, legitimierte Späth den Fehlschlag, der zu langanhaltenden internen sowie öffentlichen Konflikten mit den Anteilseignern Claudius und Silvius Dornier geführt hatte.

Späth begründete das massive Engagement der Landesregierung damit, daß »Gefahr für den Fortbestand, für die Wettbewerbsfähigkeit und damit für die Arbeitsplätze bei diesem traditionsreichen Unternehmen« bestanden habe. »Daß sich Daimler-Benz damals schnell entschied und die Chance ergriff«, betrachtete der CDU-Landesvorsitzende »nach wie vor als Glücksfall«. Dabei hatte sich auch das Land finanziell an dem Verkauf der Waffenschmiede an den Konzern beteiligt, wobei Späth versuchte, die Rolle Baden-Württembergs herabzuspielen: »Was die nur vierprozentige Beteiligung des Landes angeht«, so der Ministerpräsident, »so ist dies ausschließlich mit der Entwicklung der damaligen Verhandlungen zu erklären.« Gleichzeitig rühmte sich der baden-württembergische Regierungschef aber, die entscheidende Rolle in dem Dornier-Deal gespielt zu haben, denn »ohne das Angebot des Landes, mit 4 Prozent mit von der Partie zu sein, hätten wir damals den Durchbruch und die spätere Einigung nicht geschafft«.[71]

Anfangs noch breit in den Medien gefeiert, entwickelte sich der Dornier-Deal für Daimler alsbald zum Alptraum. Späth, auf dessen Moderation hin die Mehrheitsbeteiligung zustande kam, leistete »Geburtshilfe« und bescherte dem Konzern ein neues Tochterunternehmen, das in den Folgejahren durch den nimmer enden wollenden Machtpoker um die Mehrheitsverhältnisse sowie durch dunkelrote Bilanzen Negativschlagzeilen am Fließband produzierte.

In Baden-Württemberg war die Späthsche Rastatter »Ausnahme« von Zuwendungen an den Konzern längst zur Regel geworden. Und solange der Monarch regierte, galt die Devise: »Wenn schon, dann richtig. Lieber einmal klotzen als ewig kleckern.« Die Medien wußten Späths Rolle entsprechend zu würdigen: »Daß Daimler-Benz im Land bleibt (und neben Rastatt auch in Ulm expandiert), ist wohl nicht zuletzt den Aktivitäten von Ministerpräsident Späth zuzuschreiben«, analysierten Wirtschaftsredakteur Jörg Buteweg und viele seiner Kollegen zutreffend.[72] Späth selbst hatte keine Bedenken, sein konzernkonformes Handeln zu rechtfertigen: »Daimler hat verlangt«, so der CDU-Politiker über die Aufbesserung der Konzernbilanz durch den Rastatt-Deal, »daß, ähnlich, wie es beim Bau der Bremer Fabrik war, der Grund fix und fertig erschlossen übergeben wird. Und diese Leistung erbringen wir.«[73]

Am Ende aber wurde der findige Schwabe doch das Opfer seiner intensiven Geschäftskontakte zum Konzern und zu weiteren Unternehmen im Ländle und mußte zurücktreten. Etwa fünfhundert »dienstliche, private und parteibedingte« Reisen hatte Späth absolviert – »auf Kosten von Großunternehmen wie SEL, Daimler-Benz, Bosch oder von persönlichen Wirtschaftsfreunden«. So die Bilanz des Untersuchungsausschusses im Landtag zur »Unabhängigkeit von Regierungsmitgliedern und Strafverfolgungsbehörden«, in dem an vierzig Sitzungstagen rund 150 Zeugen vernommen worden waren.

Am Ende resümierte Gunter Schanz in der *Stuttgarter Zeitung*: Deutlich geworden sei »das Bild der Baden-Württemberg GmbH unter ihrem Chefmanager Lothar Späth: ein politisch-ökonomischer Komplex, in dem die Interessen und Tätigkeiten zu sehr verflochten waren, als daß demokratische Kontrolle gewährleistet gewesen« wäre.[74]

»Nach Schätzungen«, so Martin Born und Benno Bertsch über den Wert der Späth-Reisen, »hat sich der Ministerpräsident dienstliche Flugreisen in Höhe von rund fünf Millionen Mark in seinen zwölf Dienstjahren durch Sponsoren zahlen lassen.« Die beiden Rundfunkjournalisten glauben, daß rund 500 000 DM der »verdeckten Parteienfinanzierung« zuzuordnen seien: »Denn die Sponsoren«, zu denen eben auch Daimler-Benz zählte, hätten »sich nie darum gekümmert, ob die Flüge dem Ministerpräsidenten oder dem CDU-Landesvorsitzenden galten, auch steuerlich.« Späth operierte lange Zeit geschickt und baute in die Reisen auch Geschäftstermine ein. Insgesamt »zwei Jahresgehälter zahlten Sponsoren dem Ministerpräsidenten Späth«, resümieren die Autoren in ihrem Skandalbericht über die »Maultaschen-Connection«.[75]

Mittlerweile trifft Lothar Späth seine Entscheidungen als Vorstandsvorsitzender bei der Jenoptik GmbH mit altbekannter »beachtlicher Schnelligkeit und Härte«, wie Birgit Breuel, ehemalige Präsidentin der Treuhandanstalt und heutiges Mitglied des Daimler-Aufsichtsrats, feststellte. Sie bezog sich damit auf die Konsequenz und Rücksichtslosigkeit, mit welcher der Jena-Chef das zur Carl-Zeiss-Gruppe sowie dem Land Thüringen gehörende Unternehmen umstrukturierte.[76] Bereits 1992 gründeten das Jenaer Unternehmen und die Münchener Dasa ein gemeinsames Raumfahrtunternehmen, so daß der direkte Draht des Schwaben in Thüringen zu seinen alten Bekannten bestehen bleibt.[77]

Zum Teufel mit dem Konzern

»Es wird höchste Zeit, daß man sich ausdrücklich zur Auto-Mobilität bekennt.« Hermann Schaufler, Verkehrsminister in Baden-Württemberg [78]

»Die CDU-Landtagsfraktion dankt der Firma Daimler-Benz für die geplante Investitionsabsicht.« Erwin Teufel, Vorsitzender der CDU-Landtagsfraktion[79]

»Helmut Kohl oder Theo Waigel tauchen zwar öfter in der Tagesschau auf, mächtiger als Edzard Reuter sind sie jedoch nicht.« Hans Jürgen Jakobs [80]

Baden-Württembergs Ministerpräsident ist ein gern gesehener Mann in Friedrichshafen und Immenstaad am Bodensee. Dort, wo bei der Motoren- und Turbinen-Union MTU und bei der Dornier GmbH zivile wie militärische Güter entwickelt und gefertigt werden, traf sich Erwin Teufel mit Hubert Dunkler und Werner Heinzmann, den Vorsitzenden der beiden Dasa-Tochterunternehmen. In der Pressekonferenz lobte Teufel die »Hochtechnologie-Region par excellence«.[81] Solcherlei Kontaktbesuche zählen zum Pflichtprogramm eines christdemokratischen Ministerpräsidenten, der nach Kräften die Interessen der Rüstungsindustrie im Musterländle vertritt.

Schon zu Zeiten, als Erwin Teufel Vorsitzender der baden-württembergischen CDU-Landtagsfraktion war, wußte der gebürtige Rottweiler, wie man den mächtigsten aller Konzerne zu behandeln hat. Teufel wertete es als »großen Erfolg für das Land, daß Daimler-Benz weiter in Baden-Württemberg und nicht irgendwo investiert«.[82]

Auch ein anderer führender Parteikollege ist ein gerngesehener Gast am Bodensee: Im August 1994 besuchte der CDU-Fraktionschef Günther Oettinger mit mehreren Fraktionsmitgliedern die notleidende Daimler-Tochter Dornier. Da in der Konzernzentrale immer dann staatliche Unterstützung erbeten wird, wenn die Geschäfte schlecht laufen, sollte die Landesregierung vom Dornier-Vorstandsvorsitzenden Werner Heinzmann als »Start-Kunde« für neue Satelliten-Dienstleistungen gewonnen werden. Für niemanden überraschend gelang es dem Leiter der Dornier-Raumfahrtabteilung Franz Jakolla, die CDU-Parlamentarier von der »parzellenscharfen und zeitnahen« Aufnahmetechnik zu überzeugen. »CDU-Fraktionschef Günther Oettinger und seine Kollegen zeigten sich beeindruckt vom Stand der Satellitenentwicklung bei Dornier«, verbreitete der Korrespondent Klaus G. Wertel anschließend. Und Oettinger versprach, sich dafür einzusetzen, noch im Doppelhaushalt 1995/96 eine Anlauffinanzierung »für die Erprobung der alternativen Satellitenüberwachung und der kartographischen Dienste« unterzubringen.[83]

Im Dezember 1994 aber löste die Entscheidung des Daimler-Benz-Vorstandes, das Swatch-Mobil im lothringischen Hambach und nicht in Baden-Württemberg fertigen zu lassen, hektische Betriebsamkeit bei den baden-württembergischen Christdemokraten aus. Rainer Haungs, wirtschaftspolitischer Sprecher der Unionsfraktion, sowie Wolfgang Schäuble, Vorsitzender der CDU/CSU-Bundestagsfraktion, wandten sich in einem Schreiben an Nicolas Hayek, den Erfinder der Swatch-Uhren und des Swatch-Autos. Der Schweizer Industrielle besitzt 49 Prozent, Mercedes-Benz 51 Prozent der Anteile der Schweizerischen Gesellschaft für Mikroelektronik und Uhrenindustrie, die über die Standortfrage zu befinden hatte. Doch die Badener Lobbyisten blieben erfolglos.[84] Noch am Montag, dem Tag vor der Verkündung des Daimler-Vorstandsbeschlusses, versuchte Ministerpräsident Erwin Teufel in einem Gespräch mit Edzard Reuter die Wende zu erzwingen. Wie wichtig die Christdemokraten die Unterredung mit dem Daimler-Vorstandsvorsitzenden nahmen, belegte nicht zuletzt die Teilnahme von Bundeskanzler Helmut Kohl und Wolfgang Schäuble an dem Treffen. Kohl, selbst stolzer Besitzer einer gepanzerten 500 SEL-Limousine, wird vor allem dann konsultiert, wenn es darum geht, dem Konzern bei einem internationalen Geschäft den Weg zu ebnen. Beispielsweise sollte der Kanzler seine »Schubkraft« auch bei einem anderen deutsch-französischen Geschäft für die Interessen der Daimler-Benz AG einsetzen: Falls sich Bonn am französischen Satellitenprogramm *Helios* beteiligen würde, könnte die Dasa die Leitung der European Satellite Industries (ESI) übernehmen. So die Hoffnung der Daimler-Benz Aerospace beim Joint Venture mit dem französischen Luft- und Raumfahrtkonzern Aerospatiale für die 1995 anstehende Entscheidung.[85]

Doch die Daimler-Vorstände wissen ihre Macht gezielt einzusetzen. Gern hält man sich die Kontakte zu den regierenden Christdemokraten warm, vernimmt mit Freude die Lobeshymnen auf das Automobil seitens Verkehrsminister Hermann Schaufler und entscheidet ansonsten nach eigenem Gutdünken. So durfte Baden-Württembergs Finanzminister Gerhard Mayer-Vorfelder fünfmal mit – vom Konzern zur Verfügung gestellten – Mercedes-Fahrzeugen nach Südfrankreich in Urlaub fahren. Im Späth-Untersuchungsausschuß erklärte Mayer-Vorfelder später, daß er die Limousinen in seiner Funktion als Vorsitzender des VfB Stuttgart erhalten habe. Diese seien von Daimler-Benz als Sportsponsor für die Vereinsoberen bereitgestellt worden.[86]

Doch die relevanten Entscheidungen trifft die Konzernzentrale und nicht ein Erwin Teufel, Günther Oettinger oder Gerhard Mayer-Vorfelder. Während Kanzler Kohl die Dasa-Interessen gegenüber Aerospatiale vertreten durfte, lehnte der Konzernvorstand die Bitten des Kanzlers um die Vergabe des Swatch-Auftrags nach Deutschland kurzerhand ab. »Auch der Kanzler lenkt Swatch-Auto nicht um«, titelte Rolf-Peter Henkel in der *Frankfurter Rundschau* anschließend über die vergeblichen Anstrengungen der christdemokratischen Politprominenz.[87]

Kaum jemals zuvor hatten sich die Christdemokraten, ansonsten ein Herz und eine Seele mit dem Konzernvorstand, eine derartig deutliche Niederlage eingehandelt. Entsprechend gereizt reagierte Ministerpräsident Teufel und sprach von einem »Alarmsignal allererster Ordnung für Baden-Württemberg und Deutschland«. Die

Niederlage gegen den französischen Mitbewerber schmerzte um so mehr, als Teufel resigniert einräumte, Baden-Württemberg habe »jede nur mögliche Hilfe angeboten«.[88]

CDU-Mittelstandssprecher Klaus Bregger sprach gar von einem »nationalen Skandal«, zumal Daimler bisher das »Lieblingskind für Subventionen« gewesen sei.[89] Der Vorwurf richtete sich zwar an den Konzernvorstand, müßte aber in erster Linie an die eigene Partei adressiert werden. Waren es doch die Unionsfraktionen in den Landtagen und im Bundestag, die den Konzern über Jahrzehnte hinweg bestens mit finanziellen Zuwendungen versorgt hatten.

Erinnern wir uns: Schon 1982 beschrieb der CDU-Abgeordnete aus dem Boxberg-Wahlkreis Main-Tauber, Albert Reuter, zutreffend das Verhältnis zum Konzern: Mit Daimler-Benz habe man ein Unternehmen, das in der internationalen Konkurrenz stehe, das gesichert werden müsse und gesichert werden könne. Er habe Vertrauen in die hiesige Wirtschaft.[90] Dieses Vertrauensverhältnis blüht bis zum heutigen Tag, Baden-Württembergs CDU bleibt die Daimler-Partei.

Die Christdemokraten und ihr Eurofighter

»*Eines ist sicher, wir sind – und da sollte man sich nichts vormachen – jetzt an einem Punkt, von dem an wir das Vorhaben Eurofighter 2000 durchziehen müssen.*« Dr. Fritz Wittmann, Mitglied der CDU, bis Oktober 1994 Vorsitzender des Verteidigungsausschusses [91]

»*Woher soll die politische Unterstützung für die benötigten Milliarden aus dem Bundeshaushalt kommen?*« Klaus Rose, Mitglied der CSU, seit Oktober 1994 Vorsitzender des Verteidigungsausschusses [92]

Anfang des Jahres 1992 waren sich die politischen Entscheidungsträger in Bonn einig. Quer durch alle Fraktionen regte sich

Mißmut über die ins Unbezahlbare gestiegenen Kosten für den European Fighter Aircraft. An die Spitze der EFA-Gegner setzte sich überraschenderweise der neue deutsche Verteidigungsminister Volker Rühe, der den Jäger 90 für tot und den Kauf ausländischer Flugzeuge für denkbar erklärte.[93] »Der Tod des europäischen Jagdflugzeuges scheint mehr als ein Papiertiger zu sein«, deutete der *Behörden Spiegel* die unerwartete Wende in der christdemokratischen Beschaffungspolitik und sollte sich täuschen: Nicht einmal ein halbes Jahr später war die Welt wieder in Ordnung, und Rühe forderte weitere Milliardenunterstützung zur Entwicklung des Jäger light.[94]

Doch Rühes Sinneswandel beruhte keinesfalls auf geänderten finanziellen Rahmenbedingungen. Vielmehr bekam der Verteidigungsminister nach seinem forschen Vorpreschen wider jegliche christdemokratische Tradition die geballte Macht des militärisch-industriell-politischen Komplexes (MIP) in der Bundesrepublik zu spüren. Vier Monate nach dem Jäger-Memorial hatten ihn die Partei«freunde« wieder auf strammen Rüstungskurs gezwungen: Nunmehr werde ein »anderes Flugzeug« entwickelt, die Finanzmittel würden »einvernehmlich umgesteuert«, verkündete der arg gebeutelte Chef der Hardthöhe im November 1992.[95]

»Die Absicht, aus dem Vorhaben vorzeitig auszusteigen, wird von Verteidigungsminister Rühe nicht weiter verfolgt«, kommentierte die *FAZ* das kabarettreife Spektakel und erkannte die Devise der MIP-Vertreter: Der Jäger 90 solle »unter neuem Namen« gebaut werden, »um Rühe entgegenzukommen«.[96] So war der European Fighter Aircraft (EFA) zum New European Fighter Aircraft (NEFA) geworden – ein militärisches High-Tech-Flugzeug der 4. Generation, entwickelt von exakt denselben Firmen zu vergleichbaren Kosten, jedoch mit neuem Namen.

Die Meldung sorgte für Aufsehen, wollte sie doch ganz und gar nicht in das Bild passen, das die CDU/CSU-Bundestagsfraktion gewöhnlich präsentierte. Da stand Klaus Rose, der stellvertretende Vorsitzende des Haushaltausschusses des Deutschen Bundestages auf und äußerte unumwunden »Zweifel« an der Serienfertigung des neuen Jagdflugzeugs New European Fighter Aircraft.[97] Anlaß für die massive Kritik des CSU-Abgeordneten aus Passau war der Dritte Bericht des Bundesrechnungshofes (BRH) vom 7. Juli 1994 zum Eurofighter-Projekt und die darin erhobenen Vorwürfe. Der BRH hatte insbesondere die überteuerten Kosten und die mangelnde Leistungsfähigkeit des neuen Jägers kritisiert und zudem Einsparungen der »Haushaltsmittel in der Größenordnung von über 13 Mrd. DM im Betrachtungszeitraum 1994 – 2008« vorgeschlagen.[98]

Klaus Rose, nach der gewonnenen Bundestagswahl am 16. Oktober 1994 zum Vorsitzenden des Verteidigungsausschusses aufgestiegen, stand als einsamer Rufer in den Reihen der Christdemokraten. Bislang hatte die CDU/CSU-Bundestagsfraktion geschlossen für das teuerste Militärprojekt in der deutschen Geschichte votiert. Das Bild der Regierungspartei prägten Stellungnahmen wie die des Rose-Vorgängers im Verteidigungsauschuß, Dr. Fritz Wittmann. Noch im März 1994 hatte sich Wittmann unmißverständlich für den Eurofighter ausgesprochen: »Über die Stückzahl läßt sich reden«, aber schon aus »unserem militärischen und industriellen Selbstverständnis heraus« müsse das Jagdflugzeug beschafft werden.[99]

Wittmanns Wille war der seiner Fraktion im allgemeinen. Unverblümter noch als der vormalige Ausschußvorsitzende pflegte der Abgeordnete Heinrich Lummer seiner Meinung freien Lauf zu lassen. Seit 1987 Mitglied im Deutschen Bundestag, zählt Lummer zu den Hardlinern in Sachen Menschenrechts- und Friedenspolitik. Ein Kurde, der die Autobahn blockiere, habe »hier nichts zu suchen«, lautet Lummers Devise. Und das, obwohl gerade in Kurdistan von der Dasa produzierte Waffen seitens der türkischen Armee wiederholt bei Militäraktionen eingesetzt wurden und werden. Und Rüstungskritikern, wie dem Sprecher der evangelischen Kirchenorganisation Ohne Rüstung Leben (ORL), erklärte der Berliner Bundestagsabgeordnete 1995 zum Ausstieg aus dem Eurofighter-Projekt unmißverständlich: »Meine Zustimmung können Sie für Ihre Forderung nicht erhalten.«[100] Die Lummer-Ablehnung wundert wenig, denn die ORL-Aktivisten koordinieren zusammen mit Pax Christi sowie einer Vielzahl von Wohlfahrtsverbänden und Friedensinitiativen die bundesweite Kampagne gegen den Eurofighter 2000.

Auch Klaus Rose brauchte nicht lange, um wieder auf Linie gebracht zu werden. Im Februar räumte Rose sämtliche Zweifel an seiner Loyalität gegenüber der Luftwaffe und der Daimler-Benz Aerospace aus dem Weg: »Ein Jagdflugzeug gehört zum Gesamtsystem einer Luftverteidigung«, verkündete der Vorsitzende des Verteidigungsausschusses im ZDF-Magazin *Kennzeichen D*. Rose bezeichnete die gewünschte Eurofighter-Beschaffung als Vorsichtsmaßnahme vor potentiellen »Feinden« im nächsten Jahrtausend: »Wenn wir momentan meinen, keinen Gegner zu haben, dann sagt das nichts über die Jahre nach 2000.«[101] Die Eurofighter-Milliarden sollen der Dasa zugeschoben werden, damit für später zu findende Feinde ein entsprechend durchschlagendes Waffensystem zur Verfügung stehe. Diffuser hat in den vergangenen Jahren kein CDU/CSU-Politiker den Sinn des neuen Jagdflugzeuges erklärt.

Einer der Gründe für Roses Kurskorrektur liegt nahe: Im Jahr 1993 empfing die CDU Spenden in Höhe von 44 Millionen DM, die CSU wurde um 20,6 Millionen DM reicher. Beide Parteien erhielten ihre Zuwendungen vor allem von der deutschen Wirtschaft bzw. von Verbänden. Den größten Einzelerfolg konnte die CSU verbuchen, auf deren Konto von der bayerischen Metallindustrie 542 000 DM überwiesen wurden. An der Spitze der Spender stand Deutschlands einflußreichster Konzern. Die Daimler-Benz AG ließ der Christlich Demokratischen Union 480 000 DM zukommen, zudem flossen 230 000 DM in die Kassen der Christlich Sozialen Union. Im Februar 1995, keine zwei Wochen nachdem die Bundestagspräsidentin Rita Süssmuth ihren Rechenschaftsbericht veröffentlicht hatte, verkündete Klaus Rose seine Befürwortung der weiteren NEFA-Unterstützung. Wie wichtig dem Stuttgarter Konzern finanziell geförderte Kontakte zu den Christdemokraten in Bonn und Bayern sind, zeigt ein Vergleich mit der Magerkost der Bayerischen Motoren Werke. Mercedes-Konkurrent BMW spendete an die CSU mal gerade 116 160 DM.

Nicht zu verachten dagegen sind auch die Zuwendungen des größten Deutschen Bankhauses, das zugleich Hauptaktionär der Daimler-Benz AG ist, an die C-Parteien. Die Deutsche Bank, nach Daimler zweitgrößter Einzelspender der Wirtschaft, füllte 1993 die Kassen der CDU mit 490 150 DM und die der CSU mit 50 000 DM.[102]

Eine Hand wäscht die andere, möchte man meinen. Einerseits trifft die CDU/CSU-Bundestagsfraktion seit Jahren konzernkonforme Entscheidungen und macht Daimler-Benz damit um Milliarden reicher, andererseits dankt das Unternehmen in barer Münze.

Daimler und die christlichen Demokraten

»Argumentieren auch Sie, liebe Mitarbeiterinnen und Mitarbeiter, in Ihren Kreisen pro Technologiemotor Luft- und Raumfahrt – das wünscht sich Ihr Jürgen E. Schrempp.« Dasa-Firmenzeitschrift *aktuell* vor der Bundestagswahl im Oktober 1994

Der damalige Dasa-Vorstandsvorsitzende, seit Mai 1995 Vorsitzender des Daimler-Imperiums, nannte keine Namen und ließ dennoch keine Zweifel aufkommen, welche Partei zu wählen sei. In seinem Schreiben an die Beschäftigten der Deutschen Aerospace drängte Jürgen Schrempp im Firmeninfo *aktuell* deutlich auf die Fortsetzung einer Regierungspolitik Pro-Konzern.

Da das Unternehmen »in starkem Maße von Entscheidungen der Politik geprägt« sei, habe die Konzernführung den Meinungsaustausch zwischen Wirtschaft und Politik aufgenommen. Der Konzern stehe »mit allen Parteien und Institutionen, die Entscheidungen zum Wirtschaftsstandort Deutschland treffen«, im Dialog. Wie und mit wem die Dasa ihre Dialoge in der Vorwahlkampfzeit des Herbstes 1994 besonders intensiv pflegte, dokuemtierte die Redaktion der Oktobernummer der *aktuell* unmißverständlich. In der letzten Ausgabe vor der Bundestagswahl begleiteten die Leser, von einer einzigen Ausnahme abgesehen, durchweg renommierte Vertreter der beiden C-Parteien durch das Dasa-Monatsmagazin. Auf der Titelseite präsentierte die *aktuell* den Parlamentarischen Staatssekretär im Bundeswirtschaftsministerium, Dr. Reinhard Göhner, in Begleitung des Dornier-Vorstandsvorsitzenden Werner Heinzmann beim Treffen mit Vertretern hochrangiger chinesischer Partnerorganisationen. CDU-Mitglied Göhner, im militärischen Fachjournal *Interavia Aerospace World* treffend als »high tech lobbyist« tituliert, ist der Koordinator der Bundesregierung für die deutsche Luft- und Raumfahrtindustrie.[103] Als einer der aktiven Verfechter des Eurofighter-Programms und Initiator der Förderprogramme für die Luftfahrtindustrie leistet er für der Dasa auf Bundesebene wertvolle Unterstützungsarbeit.[104]

Während auf der folgenden *aktuell*-Seite 2 der SPD-Ministerpräsident Gerhard Schröder den Dasa-Vorsitzenden als »einen kompetenten und verläßlichen Geschäftspartner« würdigen darf, predigt Bundesforschungsminister Paul Krüger, Mitglied der CDU, die Vorteile von satellitengestützten Verkehrsleitsystemen. Krüger spielt auch im folgenden die zentrale Vertretung der Regierungspolitik, vom halbseitigen Interview (»Fünf Fragen an den Forschungsminister«) bis zur Beteiligung an der »Grundsteinlegung für neues Temic-Werk«. Ergänzend vertritt MBB-Amigo Dr. Edmund Stoiber, mittlerweile Bayerns Ministerpräsident, die Interessen der CSU-Landesregierung in der Manchinger Lehrwerkstatt. Die politische »Ausgewogenheit« zur bayerischen CSU gewährleistet die Delegation der CDU-Landtagsfraktion mit ihrem Besuch bei Dornier am Bodensee. Um das Gewicht jedoch nicht zu sehr auf die Landespolitik zu verlagern, erhält Bundesverkehrsminister Matthias Wissmann, Mitglied der CDU, die Gelegenheit, das vom Dasa-Produktionsbereich Sensorsysteme gelieferte Schiffsverkehrssicherheitssystem VSS »Elbe« in Betrieb zu nehmen. Der christdemokratische Bundesminister findet in *aktuell* die Möglichkeit, die »konsequente Anwendung der Hochtechnologie« durch das maritime Verkehrssicherheitssystem der Dasa zu lobpreisen. Das ausgewogene Bild runden die beiden Bundespolitiker, Dr. Paul Laufs, Parlamentarischer Staatssekretär im Bundesministerium für Post und Telekommunikationm, Mitglied der CDU, sowie der CDU-Bundestagsabgeordnete Dr. Andreas Schockenhoff mit ihrem Besuch bei Dornier in Friedrichshafen ab.

Alle diejenigen Dasa-Beschäftigten, die nach dieser wohlüberlegten Auswahl des *aktuell*-Teams noch unsicher sind, bei welcher Partei sie am 16. Oktober ihr Kreuzchen machen sollen, befreit Schrempp im »Editorial« von den letzten Zweifeln: »Für die Luftfahrt benötigen wir eine Gleichstellung mit dem internationalen Wettbewerb.« Die Leistungen der christlich-liberalen Bundesregierung werden gleich mitgeliefert: »Hier hat es in Bonn jetzt positive Weichenstellungen gegeben«. Rhetorisch geschickt verpackt, bezieht Schrempp scheinbar Stellung zwischen den beiden weitgehend verschiedenen politischen Modellen und steuert dennoch durch das Szenario drohenden Arbeitsplatzverlustes gezielt in die eine Richtung.

Kein Wort dagegen davon, daß die Umstellung der militärischen auf zivile Fertigung – von den Oppositionsparteien nachhaltig gefordert und von der IG Metall mit konkreten Konversionsmodellen aufgezeigt – völlig neue und zudem sinnvolle Arbeitsplätze schaffen würde. Statt dessen dürfte der Bereich der orbitalen Infrastruktur, gemeint sind die Satelliten- und Raumfahrtprogramme der Dasa, »nicht durch Streichung oder Streckung der restlichen staatlichen Förderung ein ganzer Technologiezweig sowie die Existenz von Kapazitäten und hochqualifizierten Arbeitsplätzen aufs Spiel gesetzt werden«.

Schrempps Taktik, deckungsgleich mit der überwiegenden Zahl der Repräsentanten der deutschen Wirtschaft, sollte am 16. Oktober 1994 einen weiteren Erfolg verbuchen.

Dersch, Deuschle und der Daimler-Sprecher – Die Rechte und der Konzern

Der Reuter-Vertraute und die Reichskriegsflagge

»Es ist noch nicht lange her, daß sich der Vorstand der Deutschen Aerospace AG (Dasa) von einem seiner Mitglieder trennte. Karl J. Dersch mußte ausscheiden, weil er im Garten seines Hauses eine Flagge gehißt hatte, die in der Öffentlichkeit als ›Reichskriegsflagge‹ bezeichnet wurde.« Bundeswehrzeitung *loyal* [105]

Die Hauszeitung der Bundeswehr zeigte sich empört: Zum einen über den Rausschmiß des Dasa-Vorstands Dersch, zum anderen über das »mangelnde Geschichtsbewußtsein der Deutschen«. Schließlich beinhalte die wirkliche Reichskriegsflagge das Hakenkreuz, während »in Derschs Garten die Kriegsflagge des Norddeutschen Bundes« geweht habe. [106] Die konservative Tageszeitung *Die Welt* ordnete der kaiserlichen Reichskriegsflagge derweil ihre heutige Bedeutung eindeutig zu: »Die Flagge ist in der jüngsten Vergangenheit zum Symbol von Hooligans, Skinheads und rechten Chaoten geworden.« [107] Auch wenn die Gewerkschaft *Handel, Banken und Versicherungen* (HBV) dem Dasa-Repräsentanten bescheinigt, er sei zwar »ein guter Deutscher«, aber »kein Sympathisant der rechten Terror-Banden«, so hat Dersch laut HBV die Flagge doch bereits »seit 15 Jahren« gehißt.[108]

Vor seinem Flaggen-Fauxpas hatte die Karriere des Konzernvorstands der Deutschen Aerospace steil nach oben gezeigt. Im Frühjahr 1992 war der in Wirtschaftskreisen beliebte »Karli« zum Nachfolger von Dr. Johann Schäffler als Präsident des *Bundesverbandes der Deutschen Luftfahrt-, Raumfahrt- und Ausrüstungsindustrie e. V. (BDLI)* gewählt worden. Als Mitglied des Aufsichtsrats der späteren Dasa-Töchter MBB GmbH in München und Telefunken Systemtechnik GmbH in Ulm hatte sich Karl Dersch für das neue Amt empfohlen. »Dersch gehört«, so die *wehrtechnik* in ihrer Würdigung, »seit mehr als 40 Jahren der Daimler-Benz AG in leitender Funktion an.«[109]

Selbst nach dieser Affäre wurde das Dasa-Vorstandsmitglied am 30. November 1992 in das Präsidium des *Bundesverbands der Deutschen Industrie (BDI)* gewählt. Schließlich habe, so der Verbandssprecher Peter Althammer, der Vorgang im Garten von Derschs Villa »wenig bis nichts zu tun« mit der Wirtschaftsorganisation. Dabei hatte Edzard Reuter gerade in diesen Tagen Grund genug zum Ärger: Anläßlich des 50. Jahrestages des erstes Abschusses einer Rakete vom Typ A-4 – einem Vorläufer von Hitlers »Wunderwaffe« V 2 – wollte Dasa-Manager Dersch nach Peenemünde fahren und dort an einer von ihm organisierten Gedenkveranstaltung teilnehmen.[110] Dabei störte sich Dersch nicht im mindesten daran, daß die Folgen der V 2-Fertigung katastrophal gewesen waren: »Bei der Produktion der V 2 waren in Nazi-Lagern 20.000 KZ-Häftlinge umgekommen.« Im Krieg töteten V 2-Raketen Tausende von Menschen in Großbritannien.[111] Erst der »massive Protest des Auslands« hatte Dersch von seinem Vorhaben abbringen können.[112]

Am Tag nach dem Peenemünder Jubiläum meldete die *deutsche presse agentur*, daß »der Aufsichtsrat der Deutschen Aerospace AG

(Dasa/München) das Rücktrittsangebot des Vorstandsmitglieds Karl J. Dersch angenommen« habe, wie derlei Vorgänge in Daimler-Deutsch bezeichnet werden.[113] Edzard Reuter versäumte dabei nicht zu versichern, er habe »volles Vertrauen in die politische Integrität von Dersch«.[114] De facto trennte sich der Konzern nur höchst ungern von einem seiner erfolgreichsten Vertriebsleiter. Schließlich hatte Dersch als Chef der Münchener Mercedes-Niederlassung die nötigen Kontakte in der bajuwarischen Landeshauptstadt geknüpft. Sein Intimfreund Franz Josef Strauß »bekam von der Mercedes-Vertretung kostenlos einen Geländewagen zur Verfügung gestellt; Dersch gelang es«, so die Recherche des *Spiegels*, »im Windschatten des Ministerpräsidenten oft, gewinnträchtige Aufträge für seine Firma zu ergattern«. Dank »großzügiger Geschenke und Rabatte« machte Dersch die Münchener Mercedes-Niederlassung zu einer der gewinnträchtigsten in der Republik und vervielfachte den Umsatz seiner Filiale von 300 Millionen auf 1,3 Milliarden DM.

Dabei sollen eine Vielzahl von Politikern mit einem Mercedes-Geländewagen bedient worden sein, darunter auch Edmund Stoiber. Bayerns Ministerpräsident hält heute noch die besten Kontakte auch zur Daimler-Benz Aerospace und bedankt sich auf seine Weise für die Unterstüzung aus dem Hause Mercedes: »Die Dasa als weltweit renommierte High-Tech-Firma ist zugleich ein Synonym für die Entwicklung des Landes vom Agrarstaat zum Hochtechnologie-Standort.«[115]

In seiner früheren Funktion als Finanzvorstand nutzte Edzard Reuter die Kontakte zu seinem Duzfreund Dersch, um beim MBB- und Dornier-Aufkauf den direkten Draht zu dessen Duzfreund Franz Josef Strauß herzustellen. Schenkt man den Aussagen Derschs Glauben, so will dieser sogar dazu beigetragen haben, daß Reuter Vorstandsvorsitzender bei Daimler werden konnte, indem er den bayerischen Ministerpräsidenten – und somit die mächtige deutsche Industrie – hinter sich brachte.[116]

Selbst ein in seiner Außenwirkung katastrophaler Vorfall wie das Hissen der Reichskriegsflagge muß bei Daimler nicht automatisch zum Karrierebruch führen. So meldete der *Spiegel* wenige Monate später, daß der Bayer »noch immer sein Büro bei der Dasa nutzt, als Lobbyist für Daimler-Chef Edzard Reuter. Auch über seine Sekretärin und einen Dienstmercedes nebst Fahrer kann Dersch weiter verfügen.« Damit nicht genug: Protegiert von Edzard Reuter, strebte Dersch längst wieder »einen Führungsjob im Konzern« an. Während er »oberster Vertriebschef bei der Autotochter Mercedes« werden wollte, schwebte Reuter vor, seinen Freund aus alten Tagen »am liebsten zum Koordinator für den Pazifikraum oder Südamerika« zu ernennen. Einzig die Tatsache, daß Dersch »auf jeden Fall wieder in den Vorstand einziehen« mochte und damit seine Ambitionen zu hoch ansetzte, verhinderte seinen Neueinstieg ein halbes Jahr nach dem Flaggenskandal.[117]

Mein Freund ist Republikaner

»*Die demokratischen Parteien und ihre Vertreter werden bewußt in teilweise diffamierender und verunglimpfender Weise angegriffen mit dem Ziel, das ganze parlamentarische System als unfähig, korrupt und unehrlich hinzustellen, das zudem gegen die Interessen des eigenen Volkes handele.*« Verfassungsschutzbericht 1993 des Landes Baden-Württemberg[118]

»*Während König loyal und brav seine Arbeit verrichtet, kehrt* ›*Deutschle*‹ *den Herrenmenschen heraus.*« Börsenmagazin *Broker* über die baden-württembergischen Landtagsabgeordneten König und Deuschle[119]

Der 1952 in Notzingen geborene Ulrich Deuschle ist für Daimler ein Mann der VIP-Loge. Als Vorsitzender des Verkehrsausschusses des baden-württembergischen Landtags ist Deuschle an politischen Entscheidungen beteiligt, die im Daimler-Stammland von immenser Bedeutung sind. Dabei laufen Deuschles Drähte zu Daimler mehr als nur heiß. Daimler hat sich Deuschles Motto aus seiner Selbstvorstellung der Landtagsfraktion, »Ein einfaches ›weiter so‹ reicht nicht mehr aus«, zu Herzen genommen.[120] Dabei ist der Diplom-Volkswirt 1992 nicht nur in der Hierarchie der Rechtsaußen-Partei der »Republikaner« zum geschäftsführenden Vorsitzenden der Landtagsfraktion, sondern zudem bei Mercedes zum Fachreferenten im Geschäftsbereich Nutzfahrzeuge aufgestiegen.[121] Bereits im April 1980, drei Jahre vor Gründung der »Republikaner«, wurde Deuschle im kaufmännischen Bereich der Mercedes-Benz AG übernommen. Seit er bei der Mercedes-Benz AG im Juni 1992 »wegen Mandatsübernahme« freigestellt ist, bleibt Deuschle für den Konzern eine der Achsen im Landtag. Dabei stört sich der Daimler-Vorstand nicht im mindesten daran, daß Deuschle schon seit langem bei den »Republikanern« zum Multifunktionär avancieren konnte: Neben seinem Landtagsmandat und seinem stellvertretenden Fraktionsvorsitz im Landesparlament ist Deuschle seit 1989 Kreisvorsitzender der Reps im Kreis Esslingen, seit 1991 Bezirksvorsitzender von Nordwürttemberg und Mitglied im baden-württembergischen Landesvorstand, zudem war Deuschle Kreisrat und stellvertretender Fraktionsvorsitzender der »Republikaner« im Kreis Esslingen.[122] Weder Deuschles Wahl in den Landtag im April 1992 noch sein Einzug in das neu geschaffene Regionalparlament des Großraums Stuttgart im Juni 1994 führten dazu, daß Mercedes sich von ihrem berühmt berüchtigten Rechtsaußen trennte.

Dabei läßt der Verfassungsschutzbericht 1993 des Landes Baden-Württemberg keine Zweifel darüber aufkommen, wo Deuschles Partei politisch steht. Dort heißt es, die »Republikaner« würden nicht nur den politischen Gegner diffamieren und verunglimpfen, sondern vielmehr »durch die Art der Auseinandersetzung mit dem politischen Gegner doch eine antidemokratische Grundhaltung«

offenbaren.[123] Unmißverständlich analysiert auch der Verfassungsschutzbericht 1993 des Bundesinnenministeriums im Kapitel »Rechtsextremistische Bestrebungen« die Sprache der »Republikaner«: »Im Vokabular, dessen sich die REP bedienten, finden sich Begriffe, die für rechtsextremistische Agitation typisch sind.«[124]

Selbst die undemokratischen und rechtsextremistischen Bestrebungen der »Republikaner« waren für die Daimler-Führung kein Grund zur Trennung vom Mercedes-Referenten Deuschle. Ebensowenig stört sich kaum einer an der Tatsache, daß der Daimler-Deuschle zusammen mit seinem Calwer Landtagskollegen Lothar König für ein Monatssalär von 3000 DM, zusätzlich zu seinem Abgeordnetengehalt, die Landtagsgeschäfte des Dr. Rolf Schlierer erledigte. Schlierer, auf dem Sindelfinger Parteitag im Dezember 1994 zum Bundesvorsitzenden der Reps gewählt und in der Wirtschaftspresse als »eiskalter Machtbesessener« charakterisiert, ist als Fraktionsvorsitzender der baden-württembergischen »Republikaner« Deuschles direkter Vorgesetzter. Schlierers Arbeit erledigt Deuschle – oder »Deutschle«, wie er auch genannt wird – und wirkt somit auf verschiedensten Entscheidungsebenen einflußreich mit:[125] bei Mercedes als freigestellter Sachbearbeiter für den Bereich »Hinterachse«, in der Landtagsfraktion der »Republikaner« und als Vorsitzender des Verkehrsausschusses als Achse zum mächtigsten Automobilkonzern der Republik und zudem als Achse zu Dr. Rolf Schlierer, dem mächtigsten Mann der »Republikaner« auf Bundesebene.

Kleinert im Kuratorium

»Die Erfahrung zeigt, daß ein gestaltender Einfluß auf die politische Entwicklung nur Kräften möglich ist, die ihre Position auch geistig-offensiv vertreten können.« Studienzentrum Weikersheim e.V.[126]

310

»*Weikersheim in Baden-Württemberg ist für Rechtskonservative mindestens einmal im Jahr eine Reise wert.*« Anton Maegerle in *Junge
Welt*[127]

»*Die Veranstaltung wird mit Mitteln des Hauses DAIMLER-BENZ
gefördert.*« Einladungsschreiben zur 3. Weikersheimer Hochschulwoche[128]

Matthias Kleinert zeigt sich besorgt. Auf eine Anfrage des Autors
zur Person Deuschles, nach rechtslastigen Tendenzen und in bezug
auf ausländerfeindliche Aktivitäten im Konzern, antwortet Kleinert
im Stile eines Staatsmannes. »Wie Sie aus Gesprächen mit uns
wissen, beobachten auch wir die Verstärkung extremistischer Tendenzen in unserem Landes mit Sorge und Aufmerksamkeit«, so der
Leiter des Daimler-Benz-Ressorts »Öffentlichkeitsarbeit und Wirtschaftspolitik«. Bei ausländerfeindlichen Handlungen ergreife die
Unternehmensleitung »die notwendigen Maßnahmen (wenn nötig
bis hin zur fristlosen Kündigung)«.[129]
Mit keinem Wort aber erwähnt Matthias Kleinert seine eigenen
Kontakte zum rechten Rand über das Studienzentrum Weikers-
heim.
Das Studienzentrum Weikersheim e. V., östlich der Autobahn
Stuttgart-Würzburg an der Tauber gelegen, wurde 1979 vom ehe-
maligen Marine-Stabsrichter der Nationalsozialisten und späteren
CDU-Ministerpräsident Dr. Hans Karl Filbinger gegründet.[130]
Filbinger war während der NS-Diktatur in seiner Funktion als
Marinerichter an Todesurteilen beteiligt. Selbst als der Weltkrieg
beendet war, verurteilte ein deutsches Kriegsgericht unter Filbingers
Vorsitz einen Gefreiten zu einer Haftstrafe, weil dieser Nazi-Emble-
me entfernt hatte. Nicht umsonst titulierte der Schriftsteller Rolf
Hochhuth Filbinger als »furchtbaren Juristen«.[131]
An Filbingers 80. Geburtstag hatten »über 100 Persönlichkeiten des
öffentlichen Lebens« die Hans-Filbinger-Stiftung ins Leben geru-

fen, die seither u. a. die Arbeit des Studienzentrum Weikersheim e. V. unterstützt. Der Gründungsaufruf wurde 1993 auch von Gerhard Mayer-Vorfelder gefördert, der seinerseits Kontakt zu Matthias Kleinert hält und politisch am äußersten rechten Rand der CDU steht. »Zustifter« der HFS müssen einen Betrag von mindestens 1 000 DM aufbringen.

Der »Filbinger-Verein« in Weikersheim hat sich die Aufgabe gestellt, die »Zusammenarbeit mit allen, die vom gleichen Willen beseelt sind, über die Grenzen der Ideologie, Parteien und der gesellschaftlichen Gruppen hinweg« zu fördern. Das Vorhaben gelang, wie schon oft zuvor, auch im September 1994, als eine wahrlich über alle Grenzen hinweg besetzte Referentenrunde den geistigen und politischen »Brückenschlag zwischen West- und Osteuropa« im Weikersheimer »Gewehrhaus« thematisierte. Da trafen sich Professor Dr. Klaus Hornung, Professor für Politikwissenschaft an der Universität Stuttgart-Hohenheim, Prof. Dr. Lothar Bossle und Hans Eschbach, Chefredakteur des *Unternehmer-Magazins* – Autoren in den »ultrarechten Postillen« *Junge Freiheit* bzw. *Criticón*. Sönke Braasch, Autor des Pressedienstes *blick nach rechts*, verweist auf die Rolle Eschbachs, der 1980 zum Vorsitzenden des *Ringes Freiheitlicher Studenten (r.f.s.)* gewählt worden war. »Der r.f.s.«, so das Urteil des Bonner Journalisten Braasch, »steht rechts des CDU-nahen Studentenbundes RCDS«. Dabei verweist Braasch auf die r.f.s.-Mitgliedschaften »einschlägiger Rechtsextremisten«: »Markus Beisicht, ehemaliger Funktionär der ›Republikaner‹ sowie inzwischen Landesvorsitznder der ›Deutschen Liga für Volk und Heimat‹ (DLVH) in Nordrhein-Westfalen, und Manfred Rouks, ehemaliger nordrhein-westfälischer Landesvorsitzender der ›Jungen Nationaldemokraten‹ und Funktionär der Republikaner« hätten dem r.f.s. angehört – Beisicht als r.f.s.-Bundesvorsitzender und Rouks als r.f.s.-Generalsekretär. Eschbach selbst,ehemaliger Funktionär der gescheiterten »Konservativen Aktion«, »schrieb in der Vergangenheit in der rechten Postille

›student‹«. Der r.f.s. ist laut Braasch als »extrem rechts« stehend einzustufen.[132]

Mit von der Partie beim »Brückenschlag« im Weikersheimer »Gewehrhaus« war auch Professor Dr. Hans-Helmut Knütter, dessen im Ullstein-Verlag erschienenes Buch *Die Faschismuskeule. Das letzte Aufgebot der deutschen Linken* von deutschen Rechtsextremisten in höchsten Tönen gelobt wird. Anton Maegerle, intensiver Beobachter der rechtsradikalen Szene, weiß die Funktion der »rechtskonservativen Denkschmiede« in seitenlangen Rechercheberichten eindeutig einzuordnen: »Das Scharnier zu den Neonazis funktioniert.«[133]

Im Kreis der erlesenen Hochschulrunde, die besetzt ist wie das politisch rechte »Who is who?«, befindet sich auch Pressesprecher Matthias Kleinert. Nicht als stiller Zuhörer, sondern als einer der Hauptreferenten.[134] Dabei referiert Kleinert, Mitglied im Daimler-Kuratorium, über »Die Geopolitische Mittellage Deutschlands in Politik, Wirtschaft und Geist«. »Der Rest«, so das Berliner *Antifaschistische INFO-Blatt* unter der Rubrik ›Neue Rechte – Kurzmeldungen‹, »der dann in Seminarabschnitten eine Woche lang folgte, war ein Sammelsurium alter Bekannter aus dem Braunzonenspektrum.«[135] Kleinerts Abneigung gegen »alles Linke einschließlich des ideologischen Tiefsinns« ist bekannt, wie Jörg Bischoff, der heutige Chefredakteur des *Schwarzwälder Boten*, in der *Stuttgarter Zeitung* feststellte. Kleinert antwortete auf eine Anfrage des Autors zur Parteimitgliedschaft Derschs, der Konzern würde »sich nicht in der Lage sehen, unsere Personenauswahl aufgrund parteipolitischer oder ideologischer Ausrichtungen vorzunehmen«.[136] Sehr wohl aber scheint Daimlers Pressemann in Weikersheim den politischen Nachwuchs zu sichten: »Es wäre darüber zu reden, wie Sie Botschafter eines großen deutschen Unternehmens werden können«, so Kleinert laut *Stern.* [137]

Um politisch arbeiten zu können, mußte die Filbinger-Filiale die Finanzen regeln, und so wurden in den vergangenen Jahren auch die staatlichen Kühe kräftig gemolken. Aus dem baden-württembergischen Wissenschaftsministerium erhielt das Studienzentrum in den letzten Jahren Zuwendungen zwischen 40 000 und 32 000 DM. Der Bund zahlt mehr – genau 454 128,58 DM flossen in den Jahren 1988 bis 1993 in die Weikersheimer Kasse, so Oliver Schröm im *Stern*.[138] Und als einziger offizieller Sponsor im Einladungsschreiben der 3. Weikersheimer Hochschulwoche wird ein Unternehmen ausdrücklich aufgeführt. Laut Aussage von Edzard Reuter »unterstützt und fördert« der Konzern die ausländischen Kolleginnen und Kollegen »mit allen zur Verfügung stehenden Mitteln«.[139] Zugleich aber unterstützt und fördert die Daimler-Benz AG die Weikersheimer Kaderschmiede mit durchschnittlich 50 000 DM – jährlich.

Kämpfer für Konzern, Volk und Heimat

»*Mit AUB-Tarnkappe kandidiert auch der Stuttgarter Mercedes-Benz-Betriebsrat Ulrich Ruth, 45, ein früherer NPD-Funktionär und Wahlkämpfer für die rechtsradikale Deutsche Liga für Volk und Heimat.*« *Der Spiegel* über den Mercedes-Benz-Betriebsrat Ulrich Ruth[140]

»*Nachdem die Wähler entschieden haben, wäre eine Koalition zwischen CDU und ›Republikanern‹ rein rechnerisch möglich und somit vom Wähler gewollt, da auch die Aussagen der ›Republikaner‹ zum Asylthema ganz ähnlich sind.*« Mercedes-Benz-Betriebsrat Ulrich Ruth in einem Leserbrief nach der Landtagswahl 1992[141]

»*Offener kann man seine ausländerfeindliche Gesinnung nicht zeigen, und es wird zum Skandal, wenn ein Betriebsrat, der alltäglich in einem multikulturellen Betrieb wie Mercedes arbeitet, genau diese Vielfalt ablehnt und damit ausdrückt, daß er Ausländer nicht als Menschen, sondern nur als notwendige Arbeitskräfte akzeptiert.*« Gerd Rathgeb, Betriebsrat der IG Metall, über Ulrich Ruth[142]

314

Die *Junge Freiheit* ist *das* Massenmedium der intellektuellen Rechts-außen-Szene. Sie wird seit Januar 1994 als Wochenzeitung mit einer Startauflage von rund 100 000 Exemplaren – so die Eigenangabe – vertrieben. Die Auflage sank mittlerweile allerdings deutlich. In der Selbsteinschätzung versteht sich die *Junge Freiheit,* als »ein zutiefst konservativ-revolutionär geprägtes Forum«.[143] Helmut Kellershohn und Anton Maegerle finden in ihrem Beitrag »Agitation von rechts – Das Projekt ›Junge Freiheit‹« deutliche Worte. So sei in dieser Zeitung »die ganze ideologische Spannbreite der ›Neuen Rechten‹« vertreten, das Blatt sei geprägt durch »nationalrevolutionäre, völkische, bündische, jungkonservative Elemente«.[144]

Der Firmensitz der *Junge Freiheit Verlag GmbH* war bislang Kirchzarten bei Freiburg in Baden-Württemberg, am 7. Oktober 1994 wurde die Kommanditgesellschaft *Junge Freiheit GmbH & Co.KG* im Potsdamer Handelsregister eingetragen. Einzig eingeschriebener Kommanditist ist »Ulrich Ruth, Ingenieur, Stuttgart«, für den im Handelsregister 10 000 DM zu Buche stehen.[145] Im Handelsregister nicht aufgeführt ist die Tatsache, daß Ulrich Ruth zudem noch als Betriebsrat bei der Mercedes-Benz AG fungiert. Am 2. Juni 1993 kandidierte Ulrich Ruth bei den Sozialwahlen auf der Liste der *Arbeitsgemeinschaft Unabhängiger Betriebsangehörige (AUB).* »Ruth, Betriebsrat bei Mercedes-Benz, fand nach seinem CDU-Austritt zuerst als Funktionär bei der NPD und dann als Wahlkämpfer für die ›Deutsche Liga für Volk und Heimat‹ eine politische Heimat«.[146] Tatsächlich war der Mercedes-Betriebsrat Ruth früher Kreisvorsitzender der NPD in Ulm gewesen. Seine Wahlkampfhilfe für die »Deutsche Liga für Volk und Heimat« stellte er derweil als Information über die Inhalte der rechtsradikalen Parteien dar. Allerdings suchte Ruth »nach einer rechten Gruppierung, die weniger verrufen ist als die Republikaner«. Die CDU, deren Mitglied er von 1990 bis 1992 im Ortsverein Bad Cannstatt gewesen war, schien ihm keine politische Heimat zu sein.[147]

Längst hatte auch der *Spiegel* vor verkappten Rechtsaußenkandidaten bei den Sozialwahlen 1994 gewarnt: »Möglicherweise wird ein Teil der Sozialversicherten, ohne es zu wissen, für Rechtsextreme votieren.« Zwei konkrete Fälle werden genannt: Neben Ruth noch der Kreisvorsitzende der bayerischen »Republikaner« in Starnberg, Wolfgang Hajek. Hajek ist seit 1990 Betriebsrat beim Panzerbauer Krauss-Maffei, für dessen Leopard 2-Panzer die Daimler-Tochter MTU die Motoren liefert. Hajek ist als strammer Militarist bekannt, der seine parteipolitische Zugehörigkeit bei Fernsehauftritten gern verschweigt.

Nach den Landtagswahlen im April 1992 hatte Mercedes-Mann Ruth offen für eine schwarz-braune Koalition votiert. Schließlich gäbe es nicht nur in der Asylfrage ähnliche Positionen, auch bei den Fragen der »Ablehnung der multikulturellen Gesellschaft, innere Sicherheit und christliches Weltbild u.a. ist ebenfalls Übereinstimmung vorhanden«.[148]

Allerdings spielten Ruth wie Hajek bei den Sozialwahlen am 2. Juni 1994, bei denen die AUB erstmals antrat, in bezug auf ihre Parteimitgliedschaft mit verdeckten Karten, wohl um eine höhere Stimmenzahl zu erreichen.[149]

Ulrich Ruths Taktik war von Erfolg gekrönt. Über die Alternative Liste für Angestellte (Alfa) wurde er in den Betriebsrat gewählt.

Räder nach Rechts?

»*Mercedes ist seit Jahrzehnten eine harmonische multikulturelle Familie.*« Helmut Werner, Vorstandsvorsitzender der Mercedes-Benz AG, vor dem *Council on Foreign Relations* [150]

»*Shouldn't a real Nazi drive a Mercedes or at least a Volkswagen?*« Rob Krott in seinem Beitrag »Fascist Freak Show« im Söldnermagazin *Soldier of Fortune* [151]

»Mercedes verkauft Autos auf der ganzen Welt, deshalb habe ich einen Rennwagen mit vielen Flaggen gemalt, der gegen Ausländerfeindlichkeit fahren soll.« Abbildung des Siegerbilds »Friedensaktion: Rennwagen gegen Ausländerfeindlichkeit« von Fabian Schweigel, acht Jahre alt, Teilnehmer des Mercedes-Malwettbewerbs für Rennwagen[152]

Der Konzern fördert die Ausländerfreundlichkeit, und das ist gut so. Deshalb darf der kleine Fabian auch seinen Friedensflitzer vom Typ DTM, Deutsche Touring-Meisterschaft, mit bunten Flaggen bemalen, um auf seine Art gegen Rassenhaß und für friedensbewegte Rennraser durch die Republik zu rattern. Und der große Helmut Werner verurteilt ausländerfeindliche Aktivitäten in Deutschland scharf. Vor dem wichtigsten US-amerikanischen Forum für Auslandsbeziehungen in New York nutzt Werner die Gelegenheit, die Mordanschläge gegen Türkinnen und Türken in Mölln und Solingen als »eine Schande für unser ganzes Land« anzuprangern: »Wir bei Mercedes lehnen jede Form der Gewalt ab und werden sofort durchgreifen, wenn ausländische Mitarbeiter bei uns verbal diskriminiert oder gar körperlich bedroht werden.«[153] Und Werners Chef Edzard Reuter gibt zusammen mit Karl Feuerstein als Chef des Konzernbetriebsrats einen »Aufruf gegen Ausländerfeindlichkeit – Für Menschenwürde und Weltoffenheit – gegen Fremdenhaß« heraus. Tenor: »Daimler-Benz ist auf ausländische Mitarbeiter angewiesen.«[154] Und auch der langjährige, inzwischen verstorbene Gesamtbetriebsratsvorsitzende Herbert Lucy verkündete in seiner Autobiographie mit verständlicher Genugtuung, in den Daimler-Werken sei es bislang nie »zu irgendwelchen Spannungen zwischen deutschen und ausländischen Mitarbeitern« gekommen.[155]

Doch Daimler läßt es nicht nur bei hohlen Worten bewenden: Die Stuttgarter Sternfahrt und den Autokorso von mehr als eintausend Taxifahrern gegen Ausländerfeindlichkeit, Motto: »Mein Freund ist Ausländer«, hat Mercedes-Benz Anfang 1993 aktiv mitorganisiert, so der ADAC in seiner Mitgliederzeitung *motorwelt*.[156]

Sympathiebekundungen aus der rechten Ecke, wie die in *Soldier of Fortune*, dem härtesten und skrupellosesten Söldnermagazin der Welt, oder von der *Jungen Freiheit*, sind bei Daimler eher unerwünscht. Dabei stoßen die Probleme des Rüstungskonzerns Dasa in dem Blatt der Rechten durchaus auf Verständnis: Die geplante Verlagerung von militärischen und später auch zivilen Produktionskapazitäten ins Nachbarland Österreich werden dort nachsichtig mit der »zunehmend irrealen Technikfeindlichkeit« in Deutschland begründet.[157]

Die offizielle Distanz von Daimler zur deutschen Rechten ist leicht nachvollziehbar. Nichts wäre schädlicher, als wenn die Derschs und Deuschles das äußere Erscheinungsbild des Konzerns prägen dürften. Ein Konzernsprecher Kleinert richtet, auch wenn er kein Rechtsradikaler ist, mit seiner Nähe zu Weikersheim schon Schaden genug an. Selbstverständlich stehen auch Edzard Reuter und Jürgen Schrempp keinesfalls dem Rechtsaußen-Lager nahe. Im Gegenteil: Sie nutzten wiederholt die Gelegenheit, um bei Gedenktagen und sonstigen feierlichen Anlässen die wohlwollende Haltung des Konzerns gegenüber ausländischen Arbeitnehmern zu betonen. Kein Wunder, schließlich stellen die Ausländer mehr als ein Fünftel der Mercedes-Belegschaft.[158] Mit 31 Prozent aller ausländischen Arbeitnehmer liegen die Türken deutlich vor den Menschen aus dem ehemaligen Jugoslawien mit 21,8, Griechenland und Italien mit je 11,0 sowie Frankreich mit 7,9 Prozent. Deutlich unter fünf Prozent liegt der Beschäftigtenanteil bei den österreichischen, spanischen, portugiesischen, britischen, US-amerikanischen, niederländischen sowie tunesischen Arbeitnehmerinnen und Arbeitnehmern.[159]

Auch nach dem Skandal um das Hissen der Reichskriegsflagge ließ Reuter keinen Zweifel daran, daß er Derschs Aktion »aufs Schärfste« mißbilligte.[160] Zudem sei Dersch ein »Waffennarr«, so der Vorwurf des damaligen Vorstandsvorsitzenden, der von militärischen Leistungen in der deutschen Vergangenheit schwärme, was nicht »zur Philosophie und Ausstrahlung« des Hauses Daimler-Benz passe.[161]

Vorurteilen gegenüber Ausländern, denen »mancherorts vorgeworfen wird, sich in Deutschland auf Kosten der Allgemeinheit ›einen schönen Lenz zu machen‹«, gemeint sind vor allem rechtsstehende Kreise der Christdemokraten sowie die »Republikaner«, erteilt die Redaktion des Daimler-Benz-Jahresmagazins *Einblick* eine klare Absage: »Die Vorurteile gehen an der Realität vorbei«, denn, so die *Einblick*-Redaktion, Ausländer brächten »weit mehr ein, als sie selbst an Leistungen empfangen«.[162]

Und doch ist die Konzernstrategie klar definiert: Nach außen werden Humanität, Völkerverständigung und Solidarität propagiert, konzernintern kommen auch die rechten Reihen nicht zu kurz. Dabei dürfte sich die Marketingabteilung des Hauses weniger an der Frage der politischen Positionen der Rechtsaußen im Konzern stören, als an der Tatsache, daß sich mit rechten Parolen nur bei einem begrenzten Kundenpotential Fahrzeuge verkaufen lassen. Der Mercedes-Chef hat erkannt, worum es in der Sache geht: »Die Schandtaten der vergangenen Wochen haben den Ruf Deutschlands tief erschüttert.« Helmut Werner weiß: »Wenn wir jetzt nicht handeln, setzen wir unseren Ruf als eine der erfolgreichsten Wirtschaftsnationen der Welt leichtfertig aufs Spiel.« Vornehmlich wirtschaftliche Erwägungen sind es also, die die Daimler-Führung handeln lassen. Dabei scheinen humanitäre Erwägungen in die zweite Reihe zu rücken. »Bekommen wir das Problem nicht in den Griff, dann sägen wir den Ast ab, auf dem wir sitzen«, äußerte Helmut Werner wohlwissend in der Mercedes-Hauszeitschrift *intern.*[163]

Firmeninternes Handeln gegen die Kontaktleute der Rechten zum Konzern unterbleibt. Verträte der Konzernvorstand konsequent eine humanistisch geprägte, ausländerfreundliche Linie, so hätte Weikersheim-Aktivist Kleinert kaum Konzernsprecher bleiben dürfen, Deuschle hätte spätestens mit seinem Beitritt zu den »Republikanern« einen Brief mit dem Hinweis auf dessen bedenkliche Parteimitgliedschaft und eventuelle Folgen erhalten müssen. Statt dessen warb Deuschles Rechtsaußenpartei ungestraft für »republikanische Grundsätze« im Landtagswahlkampf, die da hießen: »Millionen von Ausländern überfluten unser jetzt schon zu dicht besiedeltes Land. Deutschland ist aber kein Einwanderungsland!«[164]

Der Kern des Problems läßt sich nicht auf die Frage reduzieren, welche Personen rechte Parolen bei oder für Daimler vertreten, das Problem stellt die Strategie des Konzerns selbst dar. Nicht zufällig ist das Studienzentrum Weikersheim von Matthias Kleinert konsultiert worden. Kleinert hat in der Kaderschmiede der deutschen Rechten die Daimler-Interessen vertreten, die der Konzern alljährlich auch durch finanzielle Zuwendungen ausdrückt.

So muß sich der Konzern nicht nur die Frage gefallen lassen, warum er sich mit Ulrich Deuschle weiterhin einen der »Republikaner«-Führer in den eigenen Reihen leistet. Warum bleibt Matthias Kleinert so lange Pressesprecher des Gesamtkonzerns? Zentral aber ist die Frage: Warum finanziert Daimler das Weikersheimer Studienzentrum, obwohl sich dort unbestreitbar nicht nur Konservative, sondern auch die Szene der NPD-Funktionäre und Jungfaschisten tummeln?

Wo Daimler sinnvolle Sympathiebekundungen gegenüber ausländischen Mitbürgern sponsort, sprechen die halbjährlich erscheinenden *Weikersheimer Blätter* eine andere Sprache: Dort prangert die Hauszeitung die »Überschwemmung unseres Landes durch Rauschgift und Asylanten an«.[165] Der Daimler-Benz-Vorstand wird sein Verhältnis zum rechten Rand klären und in der Sache Weikersheim Farbe bekennen müssen. Denn deutlich blättert der Lack an den Limousinen mit dem Stern – und braune Flecken kommen zum Vorschein.

Liberale Chamäleons – Die FDP und der Konzern

FDP – F-ür D-aimler P-artei ergreifen

»*Die Firma Daimler-Benz erklärt ausdrücklich, daß sie keine Pläne hat, die vorhandene Streckenplanung auszuweiten.*« Dr. Wolfgang Weng zur Mercedes-Teststrecke in Boxberg[166]

»*Das Landesparlament hat damals mehrheitlich, auch mit Zustimmung der FDP/DVP-Fraktion, seinen Willen bekundet, daß die Boxberg-Teststrecke nach Abwägung aller Argumente pro und contra gebaut werden kann.*« Dr. Jürgen Morlok, FDP/DVP-Fraktionsvorsitzender[167]

Traditionell sollte eine Partei, die sich als Interessensvertretung des Mittelstands und der Besserverdienenden versteht, von sich aus Schwierigkeiten mit Begünstigungen für Deutschlands größten Industriekonzern haben. Dennoch kam es bislang nur in Ausnahmefällen zu Situationen, in denen die führenden Repräsentanten der Liberalen keine einheitliche Linie gegenüber dem Konzern verfolgt hätten.

So mußten die Freien Demokraten im Daimler-Stammland Baden-Württemberg aus der eher unerquicklichen Situation als Landtagsopposition agieren, während sie in Bonn mittlerweile seit mehr als zwei Jahrzehnten am Regierungsruder mitsteuern. Ende der achtziger Jahre kam es zu der schizophrenen Situation, daß sich die Landes-FDP im Südwesten der Republik vehement gegen neuerliche Millionenzuwendungen an den mächtigen Konzern wehrte, während die Bundes-FDP die Voraussetzungen dafür schuf, daß das Daimler-Imperium weiter wachsen, weitere Zuwendungen in Milliardenhöhe ergattern und seine Führungsposition unter den deutschen Industriekonzernen noch ausbauen konnte.

Im Musterländle meldete sich der damalige Vorsitzende der Landtagsfraktion, Hinrich Enderlein, zu Wort und forderte angesichts der 120-Millionen-DM-Zuwendungen an den Daimler-Benz-Konzern, dem »Subventionswettlauf der Länder« endlich ein Ende zu bereiten. Die CDU-Landesregierung hatte beschlossen, die Ansiedlung des neuen Pkw-Werkes im badischen Rastatt finanziell zu fördern, um Daimler damit im Ländle zu halten. Wütend wetterte Enderle über den »ordnungspolitischen Hammer« der Millionenspritze für den florierenden Großkonzern und warf den Christdemokraten vor, die mittelständischen Betriebe als »Feigenblatt« zu mißbrauchen. Doch damit die Worte nicht zu hart wirkten und den Konzern womöglich verprellten, stellte Enderlein zugleich klar, daß es keinen verantwortungsvollen baden-württembergischen Politiker gebe, der die 1,8 Milliarden DM Investition seitens Daimler-Benz nicht begrüße.[168]

Auch in Bonn stieß die Späthsche Förderungspolitik auf den Unmut der Freidemokraten. Wirtschaftsminister Bangemann, gerade damit beschäftigt, den maroden Staatsbetrieb Messerschmitt-Bölköw-Blohm GmbH an Siemens oder Bosch zu verramschen, verlangte einen »klärenden Bericht« über die Daimler-Zuwendungen aus dem Landesetat.[169]

Doch die FDP-Front zeigte Risse. Einer der einflußreichsten Freidemokraten hatte mit dem Konzern keine Probleme, machte sich die Konzerninteressen zueigen und stimmte im Landtag mit den Christdemokraten für den Bau der Boxberg-Teststrecke und die Rastatt-Millionen. Zum Dank für seinen konzernfreundlichen Kurs wurde Jürgen Morlok – kein geringerer als der Sprecher der FDP/DVP-Landtagsfraktion – 1990 mit der Leitung der Daimler-Konzernrepräsentanz in Bonn und 1992 mit der Führung des Fachbereichs Außenbeziehungen bei einem Jahressalär in Höhe von rund 400 000 DM belohnt.

Trotz dieses Ausreißers bemühte sich die Landes-FDP, ihrem Softkurs contra Konzern treu zu bleiben. Als der Daimler-Vorstand im Dezember 1994 seine Entscheidung verkündete, das Swatch-Mobil nahe der deutsch-französischen Grenze – aber eben im Nachbarland – produzieren zu wollen, ließ der amtierende FDP-Fraktionsvorsitzende Walter Döring im baden-württembergischen Landtag seinem Unmut freien Lauf. Heftig beklagte Döring die seiner Meinung nach gegen den »Wirtschaftsstandort Deutschland« gerichtete Entscheidung. Das Signal sei gefährlich, schließlich werde damit weithin sichtbar dokumentiert, daß die Produktion in Deutschland zu teuer und kaum mehr wettbewerbsfähig sei.[170]

Haussmann für die Elefantenhochzeit

»Ich bedaure, daß in letzter Zeit nicht zuletzt aufgrund von Äußerungen der interessierten Unternehmen der Eindruck vermittelt wurde, als sei eine Ministererlaubnis in dieser Sache bereits ausgemacht.« FDP-Wirtschaftsminister Helmut Haussmann im März 1989[171]

»Haussmanns Antwort war so wirklichkeitsfern wie Genschers Schlußfolgerung. Die Weichen waren im Dezember vergangenen Jahres, als dieser Dialog ablief, längst gestellt, der Daimler-Coup war gelaufen, die Ausnahmegenehmigung des Bonner Wirtschaftsministers zugesichert.« Der Spiegel im September 1989[172]

Die Grundlage für den Aufstieg der Daimler-Benz Aerospace zur Rüstungsexportmacht hatten die FDP-Politiker bereits Ende der achtziger Jahre gelegt. Für »den größten ordnungspolitischen Sündenfall in der Geschichte der Bundesrepublik«, so der Wirtschaftsredakteur Harald Schwarz in der *Frankfurter Rundschau*, zeichneten Martin Bangemann sowie dessen Nachfolger Helmut Haussmann verantwortlich; sie legten den Grundstock für die heutige Militärmacht des Daimler-Imperiums.[173] In der *Zeit* wies Klaus-Peter

Schmid die eigentliche Verantwortung Bangemann selbst zu, denn »richtig ist, daß Haussmanns Vorgänger Bangemann die Fusion betrieben« habe.[174]

Dabei hätte FDP-Wirtschaftsminister Helmut Haussmann im Poker politischer, wirtschaftlicher und militärischer Machtinteressen durchaus die Möglichkeit gehabt, begründet gegen den Konzern zu entscheiden. Nachdem das Bundeskartellamt die beantragte Fusion der damals größten Waffenschmiede der Republik, der Messerschmitt-Bölkow-Blohm GmbH in Ottobrunn, mit dem Daimler-Benz-Konzern aufgrund der marktbeherrschenden Stellung im Wehrtechnik-, Luft- und Raumfahrtbereich abgelehnt hatte, beantragte Daimler-Benz die Ministererlaubnis zur Aufhebung des Kartellamtsentscheids.

In den Sommermonaten des Jahres 1989 verging kaum ein Tag, an dem Konzern und Wirtschaftsminister nicht im Schußfeld heftiger Kritik standen. Haussmann wurde in den Medien vorgeworfen, »sein Okay« sei »so sicher wie das Amen in der Kirche«, der Minister spiele »Schattenboxen«, der FDP-Miniser werde »Bedigungen stellen, die Daimler locker verkraften kann«.[175] Und dennoch erging sich ein nimmermüder Helmut Haussmann in einer Litanei von Lippenbekenntnissen, seine Entscheidung stehe noch aus, die Ministererlaubnis sei längst noch keine ausgemachte Sache. Tatsächlich hätte Haussmann vor dem Hintergrund liberaler Grundpositionen die Verpflichtung gehabt, die MBB-Übernahme abzulehnen. In weiser Voraussicht hatte die Bundesregierung 1973 – mit den Stimmen der Freidemokraten – die Schaffung einer Fusionskontrolle beschlossen und damit begründet, daß »übermäßige Ballungen wirtschaftspolitischer Macht die Grundlagen unserer freiheitlichen Ordnung« zerstören würden. Marktwirtschaft und politische Demokratie seien »ohne Dezentralisierung der Macht nicht denkbar«, so die sozialliberalen Regierungsvertreter.

Im Herbst 1989 hatte Haussmann die einmalige Chance, als Wirtschaftsminister liberales Profil in der Frage der Machtdezentralisierung zu zeigen.

»Niemand redet so inbrünstig wie FDP-Funktionäre darüber«, so Peter Christ, damaliger Leiter der Wirtschaftsredaktion der *Zeit*, »daß der Wettbewerb zwischen den Unternehmen das konstituierende Element unserer marktwirtschaftlichen Ordnung« sei. Sollte Helmut Haussmann dennoch per Ministererlaubnis für die Daimler-MBB-Fusion votieren, so könne man »all die schönen und richtigen Lippenbekenntnisse liberaler Politiker ein für allemal im Poesiealbum der Marktwirtschaft abheften und dem Vergessen anheimgeben«. Peter Christ, der später in die Chefredaktion des *manager magazins* und im zweiten Quartal 1995 in den Chefsessel der *Badischen Zeitung* in Jürgen Schrempps Heimatstadt wechseln sollte, warnte zu recht vor den Folgen, welche »diese Mammutfusion anrichten würde«.[176] Und er warnte vergeblich, denn der Bruch der Liberalen mit ihren eigenen wirtschaftspolitischen Grundsätzen hätte nicht drastischer ausfallen können als bei der Jahrhundertentscheidung im September 1989.

Ein halbes Jahr später empfahl die Monopolkommission dem Wirtschaftsminister, der Daimler-MBB-Fusion unter Auflagen zuzustimmen und legitimierte somit Haussmanns spätere Bewilligung. Was sich hinter den Kulissen abspielte, beschrieb wieder einmal der *Spiegel*, der aufdeckte, daß die Entscheidung zugunsten der Daimler-MBB-Fusion längst im Dezember des Vorjahres gefallen war und daß das folgende Prozedere ausschließlich »zur Beruhigung von kritischen Bürgern und irritiertem Parteivolk« diene.[177]

Letzteres aber hatte sich lange Zeit heftig gewehrt und so wenigstens einen Hauch von innerparteilicher Glaubwürdigkeit zu retten versucht. Vor allem Nordrhein-Westfalen, der stärkste Landesverband, formierte sich unter der Führung des Landesvorsitzenden Jürgen Möllemann zum Sturm auf das Wirtschaftsministerium. Und auch FDP-Chef Otto Graf Lambsdorff zeigte Flagge und entwickelte sich zu einem der härtesten Fusionsverweigerer der Republik. »FDP-Spitze und Parteibasis im Konflikt« waren Presseberichte über den offen ausgetragenen Streit zwischen der programmgläubigen Mitgliederschaft und den Wirtschaftsführern der Liberalen. Derweil witterte die Führungsriege des baden-württembergischen Landesverbands die Chance, dem Konzern im eigenen Bundesland Gutes zu tun. Für ihren klaren Kurs zugunsten der Konzernfusion ernteten der Landesvorsitzende Friedrich-Wilhelm Kiel und der Fraktionschef Walter Döring wohlwollenden Zuspruch vom damaligen Staatssekretär im Wirtschaftsministerium und späteren CDU-Wirtschaftsminister Hermann Schaufler.[178] Man müsse »Ja sagen zur Fusion«, verkündete Döring lautstark auf dem FDP-Bundesparteitag im Mai 1989.[179]

Am Ende aber blamierten sich die Verteidiger hehrer liberaler Wirtschaftspositionen; am gründlichsten der Graf selbst, der letztendlich verkündete, man könne »von einem fahrenden Zug nicht abspringen« und müsse deshalb der MBB-Übernahme durch Daimler zustimmen.[180]

Und so durfte sich am 8. September 1989 niemand wundern, daß Helmut Haussmann die Ministererlaubnis erteilte und damit maßgeblich Mitverantwortung für den Aufstieg der Daimler-Benz AG und die Dasa-Gründung zum größten deutschen Rüstungsproduzenten und Waffenexporteur übernahm. Von der Schuld an dieser in der deutschen Wirtschaftsgeschichte einmalig folgenschweren Fehlentscheidung wird die FDP nicht mehr loskommen. In den Jahren nach der Fusion ist der Daimler-Benz-Konzern zu einem unkontrollierbaren, allesbeherrschenden 100-Milliarden-Giganten aufgestiegen, der für die zweite Hälfte der neunziger Jahre ein kräftiges Wachstum prognostiziert – selbst im militärischen Sektor.

Liberale Kontrolleure der Konzernexporte

»*Mit den jetzt beschlossenen umfangreichen Maßnahmen hat sie unterstrichen, daß illegale Geschäfte mit Waffen und militärischer Technologie mit entschlossenem Widerstand deutscher Behörden rechnen müssen.*« Wirtschaftsminister Jürgen Möllemann über Maßnahmen der Bundesregierung zur Verschärfung der Rüstungsexportkontrolle nach dem zweiten Golfkrieg[181]

»*Leo muß man auf arabisch von rechts nach links lesen – Oel!*« Wirtschaftsminister Jürgen Möllemann über deutsche Rüstungsexporte an zahlungskräftige Kunden[182]

»*So wenig Kontrolle wie nur möglich.*« Der Friedensforscher Dr. Hartwig Hummel über die Devise der FDP zur Politik ungebremster Rüstungsexporte[183]

Die FDP ist und bleibt *die* Partei der Besserfördernden, wovon ein Konzern wie Daimler-Benz nicht nur als Automobil-, sondern vor allem als Rüstungsgigant in den vergangenen Jahren nachhaltig profitiert hat. Und so darf es niemanden verwundern, wenn die Vertreter einer liberalen Rüstungsförderungspolitik und einer noch liberaleren Waffenexportpraxis kaum eine Gelegenheit auslassen, um sich mit den Entscheidungträgern des Luft- und Raumfahrtkonzerns zu treffen und ihr andauerndes Wohlwollen zu signalisieren.

In seiner Funktion als EG-Vizepräsident nutzte Dr. Martin Bangemann 1991 die Eröffnungszeremonie des Dasa-Verbindungsbüros in Brüssel dazu, dem damaligen Dasa-Vorstandsvorsitzenden Jürgen Schrempp seine Reverenz zu erweisen. Schrempp hatte für die Realisierung der »Visionen und Träume der Menschheit« geworben – und die dringend erhofften Milliardenzuschüsse für die Raumfahrtprojekte der Deutschen Aerospace gemeint. Auch drängte Schrempp massiv auf eine Angleichung – und damit de facto für die Aufweichung – der Rüstungsexportgesetze auf europäischer Ebene.

Unmißverständlich offenbarte die Dasa-Mitarbeiterzeitung *aktuell*, welche Wertschätzung der FDP-Politiker Schrempps Vorschlägen beimaß: »EG-Kommissar Dr. Martin Bangemann stellte sich in seiner Rede hinter den von Schrempp geforderten ständigen Dialog von Politik und Wirtschaft«, so die *aktuell*-Redaktion. Denn der FDP-Politiker betonte »das erfolgreiche Zusammenwirken« beim Einstieg von Daimler-Benz in die Luft- und Raumfahrtindustrie, woraus »eine erfolgreiche Überführung des Airbus-Risikos in private Hände« resultiert habe. Bangemann rundete sein Statement mit dem Hinweis ab, daß er »an einer Harmonisierung der nationalen Regeln für Waffenexporte arbeite«.[184] In der bayerischen Dasa-Zentrale werden derartige Förderer der Konzerninteressen auch in Zukunft weiterhin gerngesehene Gäste bleiben.

Die Politik der offenen Grenzen für Waffen, Rüstungs- und sowohl zivil wie militärisch einsetzbare Dual-Use-Güter der Dasa hat bei den Freidemokraten seit 1972, da die Partei den Wirtschaftsminister der Republik aus ihren Reihen stellt, eine mehr als zwei Jahrzehnte währende liberale Tradition. Auf Bangemann folgten die »liberalen« Rüstungsexporteure Helmut Haussmann und Jürgen Möllemann. Diese trugen als Wirtschaftsminister Verantwortung für die freizügige Genehmigungspraxis der obersten Bundeskontrollbehörde, das damalige Bundesamt für Wirtschaft in Eschborn. Noch heute werden beim Eschborner Bundesausfuhramt zuweilen beide Augen zugedrückt, wenn deutsche Waffen legal in Spannungsgebiete exportiert werden sollen. Der Genscher-Günstling Möllemann, der im Januar 1991 vom »glücklosen Haussmann« (*Handelsblatt*) das Wirtschaftsministerium übernahm, praktizierte Rüstungsexportpolitik in Reinkultur.[185] Möllemanns Devise, man müsse bei Waffentransfers in den Nahen Osten den Begriff »Leo« –

gemeint war der deutsche Kampfpanzer Leopard – rückwärts lesen, steht noch heute für die liberale Linie deutscher Exportpolitik bei Waffen, Rüstungs- und Dual-Use-Gütern.[186]

Mit der Gesetzesentschärfung zur Erleichterung von Dual-Use-Gütern leistete FDP-Wirtschaftsminister Günter Rexrodt – ganz in der unrühmlichen Tradition seiner Vorgänger – der Dasa einen weiteren unbezahlbaren Freundschaftsdienst. Zufrieden meldete Rexrodts Wirtschaftsministerium den Beschluß des Bundeskabinetts vom 7. Februar 1995: Gemäß dem Motto »Mehr Chancengleichheit für deutsche Exporteure von dual-use-Gütern« feierten die Liberalen einen weiteren Beitrag zur Politik der offenen Grenzen für zivil wie militärisch einsetzbare Güter.[187]

Nötig geworden war die Gesetzesänderungänderung aufgrund der seit dem 1. März 1995 EU-weiten Regelung zur »Harmonisierung« der Dual-use-Exportkontrollen. Rexrodts Ministerium feierte die Änderung des Außenwirtschaftsrechts als einen deutschen Erfolg, schließlich habe man »einen hohen Kontrollstandard« durchgesetzt. Gerade die Bedeutung der Dual-use-Exporte wird in der Öffentlichkeit weithin unterschätzt. 1990 betrug der Anteil dieser »sensiblen Technologien mit 20,6 Milliarden DM mehr als das 13fache« der legalen Rüstungsexporte, so die Feststellung der PDS/LL-Abgeordneten Dr. Ruth Fuchs bei einer Bundestagsdebatte Ende 1993.[188] Laut Aussage des Freiburger Fachmanns für Fragen der Verteidigungspolitik, Gernot Erler, ist der Anteil der Dual-use-Exporte 1993 gegenüber den Vorjahren noch deutlich gestiegen.[189]

Eine Stimme gegen den Eurofighter?

»*Daher wird der Jäger 90 eingespart.*« Jürgen Möllemann in seiner Funktion als Bundeswirtschaftsminister zur Frage der Jäger 90-Produktion[190]

»*Ich halte es für zynisch, im gleichen Bundeshaushalt einerseits Sozial-abbau in Milliardenhöhe bei den gesellschaftlich Ärmsten (Arbeitslosen, Sozialhilfeempfängern, Alleinerziehenden, Rentnern) durchzusetzen, auf der anderen Seite aber Milliarden an Subventionen für einen Rüstungskonzern und dessen überflüssiges Projekt zu beschließen.*« Olaf Feldmann, Mitglied des Deutschen Bundestages[191]

»*Ich vertrete die Auffassung, daß eine Produktion des Jagdflugzeugs aus heutiger Sicht so sinnlos ist wie ein Kropf.*« Olaf Feldmann, Vertei-digungsexperte der FDP-Bundestagsfraktion[192]

Nach langem Zaudern und nach entsprechend massivem Druck der Basis entschlossen sich die Entscheidungsträger, gegen das Projekt des European Fighter Aircraft einzutreten. Dem damaligen Bundes-wirtschaftsminister Jürgen Möllemann wuchsen 1992 die Jäger-Ko-sten über den Kopf. »Von Prestigeobjekten« müsse man sich zur Haushaltskonsolidierung »verabschieden«, forderte Möllemann und fand dabei Zuspruch bei Otto Graf Lambsdorff. Der Jäger 90 müsse überdacht werden, meinte auch der FDP-Bundesvorsitzen-de.[193] Möllemann und Lambsdorff befanden sich in bester Gesell-schaft, denn selbst Verteidigungsminister Rühe hatte das Projekt in Frage gestellt und war bei der FDP auf breite Zustimmung ge-stoßen. Die Freidemokraten begrüßten, »daß in der Frage der Beschaffung eines neuen Jagdflugzeuges für die Bundesluftwaffe im Verteidigungsministerium durch Minister Rühe ein Umdenken« beginne.[194]

Vorbehaltlos gab sich auch der Baden-Badener Bundestagsabgeord-nete Olaf Feldmann als EFA-Gegner zu erkennen: Der Jäger 90 sei sinnlos wie ein Kropf, und der Verteidigungsetat »nicht dazu da, um Managementfehler auszugleichen«. Damit zielte er vor allem auf die Deutsche Aerospace, die an dem Projekt aus der Zeit des Kalten Krieges unbeirrt festhielt. So müsse eine Industrie, welche »hochwertige Verteidigungsgüter« herstellen könne, zur Arbeitsplatzsicherung auch in der Lage sein, »hochwertige zivile Produkte« zu produzieren. Daß die Dasa genau diesen Weg im Bereich der militärischen Luftfahrt freiwillig nicht gehen wird, hat sie mit den neuen Rüstungsprojekten – die für den Out-of-Area-Einsatz der Krisenreaktionskräfte so dringend benötigt werden – nachhaltig bewiesen.

Der Jäger 90 ist nicht der Eurofighter 2000, und die FDP der Presseerklärungen nicht die der Bundestagsentscheidungen: Mitte der neunziger Jahre hängt die Frage der Beschaffung eines neuen Jagdflugzeuges für die Bundesluftwaffe maßgeblich von den Stimmen der Freien Demokraten ab, und es ist zu befürchten, daß die FDP der Eurofighter-Beschaffung und damit weiterer Milliardenzuwendungen für die Daimler-Benz Aerospace zustimmen wird.

Wie sinnvoll – aus der Sicht der Regierungsparteien – die Taktik war, den NEFA-Beschaffungsbescheid auf einen Termin nach den Bundestagswahlen zu verschieben, war, belegte nicht zuletzt das Ergebnis vom 16. Oktober 1994: Mit lediglich 0,3 Prozent Mehrheit errangen die Regierungsparteien den »kleinsten Vorsprung, der bisher bei Bundestagswahlen gemessen wurde«.[195]

Nachdem der Stimmenvorsprung der Regierungskoalition auf zehn Abgeordnete zusammengeschmolzen ist, kommt jeder Stimme der Liberalen um so mehr Gewicht zu. Dabei hat sich Jürgen Koppelin, FDP-Fachmann für Verteidigungsfragen, wiederholt kritisch gegenüber dem Programm des Eurofighters geäußert, insbesondere der Kosten wegen: »Unrealistisch und nicht akzeptierbar« nannte Koppelin die 1,3-Milliarden-Forderung zur Nachfinanzierung der Dasa-Ausgaben für die Umorientierung vom EFA zum NEFA. Als Mitglied im Haushaltsausschuß ist Koppelin Berichterstatter für den Einzelplan 14, den Verteidigungshaushalt. In dieser Funktion stellte der schleswig-holsteinische Abgeordnete selbst die Existenz des Gesamtprojekts in Frage: Sollte die Rüstungsindustrie auf ihrer Nachzahlungsforderung über 1,3 Milliarden DM beharren, sei das Ende des Eurofighters nicht mehr auszuschließen.[196]

Und doch trügt der Schein: Der FDP ging es bislang weniger darum, das größte Rüstungsprojekt in der Geschichte Deutschlands zu verhindern, sondern schlichtweg darum, die Kostenschraube anzuziehen. Der Preis müsse »wesentlich nach unten korrigiert werden«, meinte Olaf Feldmann 1992 und wußte dabei doch ganz genau, daß dies nicht geschehen wird.[197]

Sechs Jahre nach dem Desaster des Daimler-MBB-Zusammenschlusses eröffnet sich heute für die FDP die Chance, die Folgen der Jahrhundertfusion abzumildern. Wiederholt hat die SPD den Ausstieg aus der EFA-Entwicklung beantragt, im Februar 1995 hat die FDP im Verteidigungsausschuß erneut mit den Christdemokraten für die Fortführung des Eurofighter-Programms votiert. In den weiteren Abstimmungen in dieser 13. Wahlperiode könnte das Rennen spannend werden: Bei den 39 Mitgliedern des Verteidigungsausschusses verfügt die Regierungskoalition über die denkbar knappe Stimmenmehrheit von 20:19 Stimmen. Nur einer der FDP-Politiker Jörg van Essen, Günther Friedrich Nolting oder Dr. Rainer Ortleb müßte in der Eurofighter-Frage ausscheren. Doch alle drei Verteidigungsausschuß-Mitglieder gelten als stramme Eurofighter-Protagonisten.

Im Haushaltsausschuß, dem in der Frage der Jäger-Beschaffung vorentscheidenden Gremium, ist die Konstellation vergleichbar. Dort verfügen die drei Regierungsparteien bei einem Stimmenverhältnis von 21:20 ebenfalls über nur einen Sitz mehr. Und dort könnten Ina Albowitz, Dr. Wolfgang Weng oder vor allem Jürgen Koppelin Zünglein an der Waage spielen. Von Wolfgang Weng, der schon als baden-württembergischer Landtagsabgeordneter die Daimler-Interessen unterstützt hat, können die NEFA-Gegner kaum Unterstützung erwarten. Doch nähme der Bad Bramstedter Abgeordnete Koppelin seine eigenen Erklärungen zum Projekt eines neuen Jagdflugzeuges ernst, dann könnten die Milliardenzuwendungen an den umsatzstärksten und mächtigsten Konzern der

Republik schon im Haushaltsausschuß ein Ende finden. Ansonsten wird die Eurofighter-Entscheidung ins Plenum vertagt; die SPD hat für diesen Fall namentliche Abstimmung angekündigt.

Damit bei derlei entscheidenden Abstimmungen möglichst wenig Ausreißer in den Reihen der FDP auftreten, sponsern der Konzern und sein Hauptaktionär nicht nur die Christ- sondern auch die Freidemokraten: Allein 1993 durfte die FDP 160 000 DM von Daimler-Benz empfangen, die Deutsche Bank versüßte die liberale Politik mit weiteren 100 000 DM.[198]

Ob sich die notleidende FDP nach der Serie verlorener Landtagswahlen von den Konzernzuwendungen einspannen läßt, werden unter anderem die Abstimmungen über den weiteren Verlauf des Eurofighter-Programms dokumentieren.

Zwischen Fundamentalkritik und Minimalkonsens – Die Bündnisgrünen und der Konzern

Grüne auf Konfrontationskurs

»*Schon die schiere Größe des Konzerns bedeutet heute bereits eine Gefahr für die Demokratie. Demokratisch gewählte Parlamente und Regierungen wurden und werden daher zunehmend zum Ausführungsorgan von Konzernwünschen.*« Aus einem Antrag des Landesverbands der Grünen Baden-Württemberg[199]

»*Wie bringe ich es fertig, mich über die Wahlkampfversprechen, Koalitionsaussagen und Beschlüsse der Basis hinwegzusetzen, ohne dieselbe, meine Glaubwürdigkeit und Existenzberechtigung zu verlieren?*« Martin, Gegner der Mercedes-Teststrecke Papenburg über die Landtagsfraktion der Grünen Niedersachsen[200]

»*Wir wollen hier keine grünen Mogelpackungen anbieten.*« Matthias Kleinert über den Einsatz nachwachsender Rohstoffe bei Mercedes [201]

Auch die Grünen hatten es nicht leicht, ihr Verhältnis zum Konzern zu definieren. Bundespolitisch herrschte und herrscht zumeist breites Einvernehmen darüber, daß Daimler-Benz »die Weichen auf der ganzen Linie falsch gestellt« hat. »Eine Fehlentscheidung jagt die andere – von der S-Klasse bis zum Eurofighter 2000«, hieß es in einem Initiativantrag, der bei der 1. Ordentlichen Bundesversammlung der neugegründeten Partei Bündnis 90/Die Grünen im Mai 1993 fast einstimmig angenommen wurde. In ihrem Positionspapier kritisierten die Grünen-Mitglieder die Geschäftspraxis und die Zielvorgaben des mächtigsten deutschen Automobil- und Rüstungskonzerns. Statt der Rüstungsexporte »in Spannungs- und Bürgerkriegsgebiete« forderten die Delegierten des Leipziger Bundestreffens die Umwidmung der Rüstungskapazitäten auf »die dringend notwendige Entwicklung sinnvoller Produkte, z. B. im Bereich der alternativen Verkehrstechnik, der regenerativen Energietechnik, der Abfall-Vermeidungstechnik oder im medizinischen Bereich«. Deshalb müsse der Konzern »endlich die notwendigen Schritte zur Konversion einleiten«.[202]

Bereits fünf Jahre zuvor war die geplante Fusion von Messerschmitt-Bölkow-Blohm mit dem Daimler-Benz-Konzern auf vehementen Widerstand der Bundestagsfraktion gestoßen. Mit einer Serie von Bundestagsanfragen und -anträgen versuchten die Abgeordneten Christa Vennegerts aus Böblingen und Willi Hoss aus Stuttgart sowie der Berliner Mandatsträger Peter Sellin den MBB-Aufkauf zu verhindern.[203]

Nach dem Entscheid des Bundeskartellamts gegen die Daimler-MBB-Fusion hatten Christa Vennegerts und ihre Fraktion FDP-Bundeswirtschaftsminister Helmut Haussmann gedrängt, »keine Sondergenehmigung zu erteilen«.[204] In einem Entschließungsantrag forderte die Böblinger Wirtschaftsexpertin, »die geplante Beteiligung von Daimler-Benz an MBB zu untersagen«. Durch die Fusion, so die Warnung der heutigen Vizepräsidentin am Thüringer Rechnungshof, »würde es zu einer völligen Verschmelzung der Interessen des Unternehmens mit den Interessen des Staates« kommen.[205] Zwar blieben die Bemühungen der Grünen-Fraktion erfolglos, doch immerhin hatten sie in einer Vielzahl parlamentarischer Initiativen die Gefahren weiterer Machtanhäufung des Daimler-Imperiums und die drohende Verquickung von Konzern- und Regierungsinteressen thematisiert.

Im Musterländle Baden-Württemberg, dem Stammland des Konzerns, stießen die Grünen als Oppositionspartei zumindest in der Landespresse oft genug auf wenig Gegenliebe. Wilhelm Hölkemeier, damals Wirtschaftsredakteur der *Badischen Zeitung*, sah die Grünen mit ihrer eindeutig ablehnenden Linie gegen die Rastatter Millionenzuwendungen aus dem Landesetat »im Abseits«. Aufgrund ihrer konsequenten Haltung würden sie »in Späths Rastatt-Kalkül keine Rolle spielen«.[206] In der Landtagsdebatte zum Rastatt-Deal übte der damalige Landtagsabgeordnete und heutige Landesvorstandssprecher Winfried Hermann deutliche Kritik an der Politik des Fraktionsvorsitzenden Erwin Teufel und des Ministerpräsidenten Lothar Späth: »Für uns ist an dieser Stelle einmal mehr deutlich geworden, daß Sie das Staatsministerium inzwischen wirklich zu einer Art Maklerbüro, zu einer Marketing-Abteilung und zu einem Anschaffungsbüro für Daimler-Benz degradiert haben.«[207] Doch die Zeiten sind weitgehend passé, da die ehemaligen Kontrahenten »aneinander vorbei« geredet haben, wie Matthias Kleinert das Spannungsverhältnis vormals kennzeichnete. Im Sommer 1990 nutzte der Konzernsprecher einen Kongreß der Grünen zum Thema »Zukunft Ballungsraum Stuttgart«, um dem »bislang schärfsten Gegner« ein konkretes Angebot zur Zusammenarbeit zu machen: »Lassen Sie doch den großen Daimler und die kleinen Grünen im Landtag einmal ein gemeinsames Projekt im Forschungsbereich machen«, bot Kleinert überraschend an. Tatsächlich konnte Kleinert einen »Überraschungs-Coup« landen, wie die Landespresse dem Öffentlichkeitsreferenten des Konzerns anerkennend attestierte.[208]

Willi Hoss hatte sich bereits seit 1984 um die Rettung der Regenwälder in Brasilien verdient gemacht. Heftig prangerte er die Abholzung von 18 Prozent Primärwaldes an, »große Bereiche sind durch Straßenbau und Holzfällerschneisen bereits erschlossen«. Engagiert leistete Hoss Entwicklungsarbeit, indem er beträchtliche Spendengelder für Wasseraufbereitungs- und Entkeimungsanlagen sammelte.[209] Auf der anderen Seite engagierte sich Hoss in Brasilien für ein Projekt, mit dem sich der deutsche Automobilgigant Mercedes-Benz ein Ökoimage verpassen wollte. Als Gastprofessor der Universität von Pará betreut der Ex-Betriebsrat von Mercedes-Benz in Untertürkheim seit Anfang der neunziger Jahre ein Ökoprojekt seines vormaligen Arbeitgebers: Mit Fahrersitzen aus Kokosöl und Radkappen aus Rizinusöl sowie Motor-Innenhauben aus Jute will Mercedes-Entwicklungschef Ferdinand Panik »ökologisches Neuland« betreten.[210]

Matthias Kleinert bewertet die Verwendung nachwachsender Rohstoffe für die Lastkraftwagen und Luxuslimousinen des Konzerns als einen Sieg des globalen Denkens: Die Welt sei zum Dorf geworden, »wir alle leben in diesem Dorf«, so der Konzernsprecher. Entweder man würde »in eine gemeinsame Zukunft hineinleben oder untergehen«. Aus diesem Grund stellten Kleinbauern aus Praia Grande aus Wildpflanzen Lkw-Sonnenblenden oder Reifen aus Naturkautschuk her.[211] Bereits 1993 konnte das Anlaufen der Serienfertigung von Kopfstützen aus Kokosfasern gemeldet werden, welche in zwei genossenschaftlich organisierten Produktionswerkstätten hergestellt wurden. Ferdinand Panik feierte die vielseitigen Nutzungsmöglichkeiten nachwachsender Rohstoffe als Sieg über umweltfeindliche Kunststoffe.[212]

Papenburg ist nicht überall

»Wenn man gegen die Automobilgesellschaft vorgehen will oder gegen übermächtige Konzernstrukturen, so schafft man dies allerdings nicht dadurch, daß man an einer Stelle ein Projekt wie diese Strecke verhindert.« Thea Dückert, Vorsitzende der Landtagsfraktion der Grünen Niedersachsen, zu ihrer Zustimmung für die Mercedes-Teststrecke in Papenburg [213]

»Bei den örtlichen Parteimitgliedern können sie sich keinen freundlichen Empfang erhoffen, seit am Dienstag die rot-grüne Koalition in Hannover der Absicht des Automobilkonzerns Mercedes-Benz zugestimmt hat, südöstlich von Papenburg im Moor auf einem fast 1000 Hektar großen Gelände eine Teststrecke zu bauen.« Eckart Spoo in der *Frankfurter Rundschau* [214]

Der Widerstand gegen den Bau einer Teststrecke für die Luxuslimousinen der Mercedes-Benz AG weist eine lange Tradition auf. Die Grünen hatten sich Anfang der achtziger Jahre gerade erst zusammengefunden – im September 1979 war der Gründungsparteitag im Ländle – und mischten bereits kräftig mit im Konflikt der Boxberg-Bauern gegen den Mammutkonzern.[215] »Von ihnen kam stets guter Wille und Unterstützung für die Sache des Bundschuh«, resümierte der Ökoaktivist Horst Oellers Jahre später den Beitrag vieler Parteimitglieder im Kampf gegen die Mercedes-Teststrecke. Viele der Bundschuh-Bauern sympathisierten schon damals mit den Grünen und riefen zur Landtagswahl 1980 dazu auf, sie zu unterstützen.[216]

Im baden-württembergischen Landtag wetterten die Grünen-Abgeordneten heftig gegen die Späthsche Subventionspolitik für den reichen Großkonzern. »Hier ist es nämlich so, daß der brutale Kampf des Wirtschaftsgiganten Daimler-Benz gegen den wirtschaftlich Schwächeren geführt wird«, so der Vorwurf des damaligen Stuttgarter Landtagsabgeordneten Rezzo Schlauch, der den »bewundernswerten Einsatz« der Boxberg-Bauern gegen »den landfressenden Betonmoloch Daimler-Benz-Teststrecke« lobte.[217]

Kaum hatten die Bauern den Streit David gegen Goliath auf juristischem Wege für sich entschieden, sah sich der Bundschuh-Geschäftsführer veranlaßt, eine Mahnung an die niedersächsische Landesregierung zu schicken: »Was wir gegen eine mit absoluter Mehrheit regierende CDU erkämpft haben, sind die Grünen in Niedersachsen dabei zu verspielen.« Eindringlich erinnerte der Boxberger Teststreckengegner die Partei an ihre Entstehungszeit: »Waren die Grünen einstmals angetreten, als parlamentarischer Arm die außerparlamentarische Bewegung zu stärken, so hat sich dieses Wissen um die Ursprünge in Niedersachsen offenbar völlig verflüchtigt.«[218]

Historisch gesehen hatten die niedersächsischen Grünen als Mitglied der Landesregierung die bislang einmalige Chance, den Konfrontationskurs gegen den einflußreichen Automobilkonzern in Entscheidungen zugunsten der ökologischen Frage umzusetzen. Doch ausnahmslos alle grünen Landtagsabgeordneten stimmten auf Druck der SPD für den Bau der Mercedes-Teststrecke im Papenburger Moor.

Mitte des Entscheidungsjahres 1991 trat die grüne Landtagsfraktion öffentlich den Rückzug an: Da »die Ökobilanz der Teststrecke eher positiv« ausfallen würde und im Falle einer Volksabstimmung »eine Mehrheit für das Projekt« zustande käme, votierte Thea Dückert für den Daimler-Parcours. Die Fraktionsvorsitzende der Landtagsgrünen vertrat die Ansicht, daß die Koalitionsvereinbarung »auch die Möglichkeit geschaffen« habe, die Teststrecke vorzuprüfen: Dort hieße »es ja nicht schlicht, die Strecke wird in Niedersachsen nicht gebaut«.[219]

An der Basis löste die Entscheidung der Parteispitze größtes Unverständnis aus, und auch aus den Reihen renommierter Umweltorganisationen erfuhr die Partei heftigen Widerspruch. In der »Jugend-Aktion Natur- und Umweltschutz Niedersachsen« (JANUN) organisierte sich ein breites Bündnis, in dem auch die Jugendverbände des BUND und des Nuturschutzbundes mitarbeiteten. JANUN-Sprecher Ralf Hoopmann kritisierte die rot-grüne Landesregierung, schließlich sei die Teststreckenentscheidung mit der »Neuorientierung« der Landesregierung in der Verkehrspolitik unvereinbar«.[220] Für Manfred Reiners, Aktivist im Einsatz gegen die Mercedes-Teststrecke, steht fest, daß der Daimler-Benz-Konzern »auch seine militärisch nutzbaren Produkte im Papenburger Moor testen« werde.[221] Thea Dückert trat derartigen Vermutungen entgegen: »Gegen den Export von Rüstungsgütern kann man nichts durch die Verhinderung einer Teststrecke tun.« Dafür müsse man »die Produktion und den Export von Rüstungsgütern verbieten«.[222] Genau darauf aber hatten die Bündnisgrünen, 1991 im Bundestag lediglich als Gruppe mit den acht Abgeordneten aus den neuen Bundesländern vertreten, keinerlei Einfluß.

Vor Ort jedoch mühten sich die Grünen-Vertreter, das weithin angekratzte Bild der Ökopartei zu revidieren, und wurden für ihre klare Linie und den offenen Widerspruch zur Parteiführung abgestraft. »Der Grüne wieder«, hieß es abwertend im Papenburger Gemeinderat; »und weiter geht's mit der Debatte«, charakterisierte Michael Rensen vom AK Papenburg die aussichtslose Situation im Papenburger Gemeinderat.[223]

Im Unterschied zum Widerstand im württembergischen Boxberg, wo die baden-württembergischen Grünen aus der Landtagsopposition heraus in den achtziger Jahren engagiert mit den Teststreckengegnern paktiert hatten, konnte sich in Papenburg kein breites Bündnis gegen das Mercedes-Großprojekt gründen. Mit der Zustimmung der grünen Landtagsfraktion war den Teststreckengegnern eine der zentralen Stützen entzogen. Resigniert verkündeten die Aktivisten des AK Teststrecke, die Grünen seien »unter anderem mit dem Umweltschutzargument – als parlamentarischer Arm der

Umweltbewegung – in den niedersächsischen Landtag gewählt worden. Ein Anspruch, dem sie jetzt nicht mehr im entferntesten gerecht werden können.«[224]

Aufgrund ihrer Enttäuschung beschlossen die Teststreckengegner, das Fraktionsbüro zu besetzen. Im Landtag wurden die Protestler taktisch geschickt in einem Sitzungsraum empfangen, so daß – im Falle einer Besetzungsaktion – der Landtagspräsident und nicht die Fraktion für die Räumung zuständig gewesen wäre. Dennoch gelang es den »vorwiegend jugendlichen Demonstranten«, die Partei »an die Wahlversprechen zu erinnern«.[225] Nach der mißlungenen Besetzungsaktion verbrannten die Umweltschützer einen Pappsarg, um zu zeigen, daß die Partei mit dem Beschluß für die Mercedes-Teststrecke »ihr ökologisches Bewußtsein zu Grabe getragen« habe.[226]

Wollen die Bündnisgrünen auch in Zukunft ihre automobil- und rüstungskritische Linie bewahren, werden sie auch als Regierungspartei zuweilen unbequeme Entscheidungen treffen müssen. Das zunehmende Schielen auf neue Wähler in der politischen Mitte gefährdet das Profil und damit auch den Erfolg der Partei.

Von der Konfrontation zum konkreten Konzept

»*Um zu einer ökologischen Wende zu kommen, müßte aber eine regionale Kreislaufwirtschaft angestrebt werden, die durch Verkehrsvermeidung, Entschleunigung und Regionalorientierung als Eckpfeiler einer anderen Verkehrspolitik gestützt wird.*« Wilfried Telkämper, Mitglied des Europäischen Parlaments[227]

Trotz des Papenburger Kniefalls und manch seltsam anmutendem Flirt grüner Politprominenz mit Repräsentanten der Daimler-Führungsebene kann den Bündnisgrünen – als einziger der etablierten Parteien – eine erkennbar konzernkritische Haltung attestiert werden. Als sich Ende der siebziger Jahre vor allem die Basisgruppen der Ökologie-, Friedens- und Frauenbewegung zusammengeschlossen hatten, war der Protest gegen Daimler-Benz und die geplante Teststrecke eine der urgrünen Triebfedern aktiven Widerstands in Baden-Württemberg gewesen. Als Verfechter eines ökologisch verträglichen Verkehrssystems propagiert die Partei – von der Ebene der Ortsverbände bis hin zur bündnisgrünen Europafraktion – den Umbau und Ausbau des öffentlichen Personennahverkehrs sowie des Fernverkehrs und wendet sich damit auch gegen die weitere Produktion der Mercedes-Luxuslimousinen.

Auch in der für die Zukunft der militärischen Luftfahrtindustrie entscheidenden Frage des Eurofighter-Projekts, das für den deutschen Systemführer Daimler-Benz Aerospace ein Milliardengeschäft verspricht, bekennen die neuen bündnisgrünen Mitglieder im Verteidigungsausschuß, Angelika Beer, Christian Sterzing und Winfried Nachtwei, eindeutig Farbe: »Wir fordern den sofortigen Stop der weiteren Verschwendung von Steuergeldern«, so die Neumünsteraner Abgeordnete Angelika Beer über das »gerade auch wegen seines Bezugs zu den Krisenreaktionskräften friedenspolitisch gefährliche Rüstungsprojekt« im Februar 1995.[228]

Bereits im Dezember 1994 veröffentlichte der Freiburger Europaparlamentarier Wilfried Telkämper die von ihm in Auftrag gegebene Studie *SLOW* zum nachhaltigen Wirtschaften, zur Verkehrsvermeidung und Entschleunigung als »alternative Perspektive für Europa«. Die von den Verkehrsexperten Stephan Brückl und Dr. Walter Molt vom Süddeutschen Institut in Augsburg erstellte Studie setzt dem, auch von Daimler-Benz praktizierten, Beschleunigungsszenario *FAST* das Entschleunigungskonzept *SLOW* gegenüber. Am Beispiel der Region Dreyeckland im Dreiländereck von Deutschland, Frankreich und der Schweiz wird aufgezeigt, »daß eine verstärkte Regionalorientierung nicht nur aus den verkehrlichen Aspekten, sondern darüber hinaus aus ökologischen (Kreislaufökonomie) und wirtschaftspolitischen (v.a. beschäftigungspolitischen) Aspekten attraktiv erscheint«. Die Autoren kritisieren den »Weg in die totale Verkehrsgesellschaft« und widerlegen zugleich eines der zentralen Argumente des Konzerns für die stetige Ausweitung der Automobilproduktion.

Während die Mercedes-Benz-Vorstände in der politischen Diskussion nur allzu gerne das Arbeitsplatzargument gebrauchen, um die weitere Förderung des Automobilverkehrs zu forcieren, will Telkämper mit seiner Studie das Gegenteil belegen: Die gesamtwirtschaftliche Beschäftigungsbilanz der Automobilbranche sei negativ. In den vier Exportsektoren Straßenfahrzeug, Kunststoffwaren, Flugzeugbau und Feinmechanik seien 269 000 Arbeitsplätze geschaffen worden. Diesen würde die Verringerung der Beschäftigtenzahl in Höhe von 862 000 Arbeitsplätzen in den »durch Importkonkurrenz« bedrohten Sektoren Textil und Bekleidung, eisenschaffende Industrie und Leder gegenüberstehen. Der Beschäftigungseffekt aus Exporten und Importen bedeutet somit für Telkämper netto einen erheblichen Arbeitsplatzabbau. Nicht nur niedrigere Arbeitslöhne in ärmeren Ländern, sondern die viel zu billigen Transportkosten trügen erheblich zu einer Zunahme der automobilen Mobilität bei. Soziale und ökologische Folgen würden kaum bedacht. Daraus zieht der Europaabgeordnete den Schluß: Verkehrsvermeidung, Entschleunigung und Transportwiderstände müßten erhöht werden. Aus diesem Zusammenhang folgert der Parlamentarier, daß der Autobahnbau letztlich Arbeitsplätze zerstöre und fordert den sofortigen Stop des Baus neuer Trassen.[229] In der Konsequenz fordert der Europaabgeordnete, »keinen einzigen Kilometer Autobahn mehr zu bauen« und statt dessen das Schienennetz und die Schiffahrtswege auszuweiten.

Bei Mercedes werden Forderungen wie die der *SLOW*-Studie weithin ignoriert. Die Umsetzung des *SLOW*-Konzepts – das Kürzel steht für »Systematische Langsamkeit optimiert Wohlstand und Wirtschaftsentwicklung« – brächte das Unternehmen massiv in die

Bredouille, denn bislang profitierten die deutschen Autokonzerne nachhaltig von der Bonner Förderungspolitik. Daimler-Benz konnte seine Milliardengewinne bis zum heutigen Tag für seine eigenen Konzerninteressen reservieren, während eine automobilkonforme Bundespolitik den Unternehmen ein fast optimales Straßennetz zum Nulltarif errichtete.

Auch der verkehrspolitische Sprecher der bündnisgrünen Landtagsfraktion in Baden-Württemberg, Gerhard Stolz, fordert die Verkehrswende und schlägt hierzu Tempolimits, eine deutliche Umverteilung der Finanzmittel vom Straßenbau zum öffentlichen Verkehr, ein nachhaltig verbessertes Angebot beim öffentlichen Personennahverkehr sowie eine generelle Verteuerung des Autofahrens vor. Dementsprechend heftig kritisiert der Karlsruher Landtagsabgeordnete den im Juni 1994 von der CDU/SPD-Landesregierung vorgelegten »Generalverkehrsplan«, mit welchem die Landesregierung die Leitlinien bis zum Jahr 2010 festschreibt. Die Landesregierung unter Teufel und Spöri, so Stolz' Vorwurf, setze weiterhin auf den Ausbau von Straßen und Flughäfen.[230]

Tatsächlich profitiert Daimler-Benz als ein sowohl in der Automobil- wie auch in der Luftfahrtproduktion tätiger Konzern, nachhaltig vom neuen Verkehrswegeplan der großen Koalition im Stammland des Konzerns.

Die kommenden Jahre werden zeigen, ob es den Bündnisgrünen gelingt, den Spagat zwischen konsequenter Kritik an den Fehlentwicklungen des Daimler-Imperiums und der Erarbeitung konkreter Konversionsmodelle für die Produktlinie des Unternehmens zu bewältigen. Dabei läuft die Partei Gefahr, dem Konzern als entscheidendes Machtgefüge in der Republik nicht die nötige Aufmerksamkeit zukommen zu lassen. Gerade die Grünen sollten die strukturelle Macht der Daimler-Benz AG und deren Mißbrauchsmöglichkeiten hinterfragen und konkrete Lösungsansätze entwickeln. Verschiedene Repräsentanten der Partei neigen bereits dazu, sich auf der Ebene von ökologischen Alibiprojekten von Konzernsprecher Kleinert einspannen und instrumentalisieren zu lassen.

So war und ist die Unterstützung des Mercedes-Projekts im Amazonasgebiet in der Partei durchaus umstritten; verweist es doch auf einen urgrünen Dissens: Willi Hoss setzt sich für ein umweltfreundlicheres Auto ein und ist deshalb durchaus zur intensiven Kooperation mit dem Konzern bereit. Andere Parteimitglieder engagieren sich für die Entwicklung eines ökologisch verträglichen Verkehrssystems, bei dem das Auto aufgrund seiner katastrophalen Ökobilanz allenfalls eine untergeordnete Rolle als Restfahrzeug spielt. Mercedes-Benz darf sich derweil über den Widerstreit in der »Ökopartei« und über das ökologisch zurechtgeschminkte Renommee freuen.

Wer weiß, wo Mercedes-Benz seine Prioritäten setzt, der wird den Wert des Brasilienprojekts entsprechend einschätzen können: Allein für 1995 wurde der Etat für das Mercedes-Rennsportkonzept auf rund 150 Millionen erhöht.[231] Mit dem – für den 100-Milliarden-Konzern lächerlich geringen – Betrag von 1,7 Millionen DM, gestreckt auf drei Jahre, wird derweil das angekratzte Ökoimage des Sterns aufpoliert – und manche Grüne polieren kräftig mit.[232]

Noch aber sind die Grenzen zwischen den Grünen und dem Konzern derart deutlich gezogen wie bei keiner der drei Altparteien. In der Liste der Daimler-Spendengelder tauchten die Bündnisgrünen – wie im übrigen auch die PDS – nicht auf. Bei den 1,27 Millionen DM, die Daimler-Benz zum Dank für die Unterstützung der Konzerninteressen 1993 an CDU, CSU, SPD und FDP überwies, gingen die Bündnisgrünen leer aus – eine Tatsache, die bislang für die Partei spricht.[233]

Marionetten in den Händen des Konzerns

Landtage nach Belieben: zum Beispiel Baden-Württemberg

»*Der Landtag begrüßt nachdrücklich die Entscheidung der Daimler-Benz AG, in Rastatt ein Pkw-Montagewerk mit angestrebten 7 000 Arbeitsplätzen zu errichten.*« LT-Drs. 9/3493, Antrag der Fraktion der SPD[234]

»*Der Landtag begrüßt nachdrücklich das von der Landesregierung erreichte Verhandlungsergebnis und die Entscheidung der Daimler-Benz AG, in Rastatt ein Pkw-Montagewerk mit angestrebten 7 000 Arbeitsplätzen zu errichten.*« LT-Drs. 9/3578, Antrag der Fraktion der CDU[235]

»*Der Landtag möge beschließen, in Satz 1 des Antrags Drucksache 9/3578 die Worte ›das von der Landesregierung erreichte Verhandlungsergebnis und‹ zu streichen und im übrigen dem Antrag Drucksache 9/3578 zuzustimmen.*« LT-Drs. 9/3582, Antrag der Fraktion der SPD zum Antrag der Fraktion der CDU[236]

Als im August 1986 die Entscheidung des Konzerns gefallen und Rastatt von Mercedes-Benz zum dritten Pkw-Produktionswerk auserkoren worden war, jubelten drei der vier im baden-württembergischen Landtag vertretenen Parteien: »In ersten Stellungnahmen begrüßten Abgeordnete von CDU, SPD und FDP die Entscheidung von Daimler-Benz, in Rastatt zu investieren.« [237]
Zufrieden war auch der Ministerpräsident, der in den Jahren seiner Amtszeit kaum eine Gelegenheit ausgelassen hatte, Mercedes im Musterländle mit Millionenzuwendungen zu bedenken. Im Falle der Subventionierung des Rastatter Grundstücksverkaufs an den schwäbischen Autogiganten begründete Lothar Späth seine Unter-

stützung mit dem Argument, es handle sich um eine absolute »Ausnahme«, die »allerdings im Hinblick auf die Größenordnung der Investitionen und die Bedeutung für diese Region gerechtfertigt« sei. Inhaltlich wich die Unterstützungserklärung des CDU-Ministerpräsidenten nur in Nuancen von der Begründung des wirtschaftspolitischen Sprechers der FDP-Landtagsfraktion, Jürgen Morlok, ab. Der spätere Fachbereichsleiter bei der Daimler-Benz AG hatte seine Entscheidung für die Subventionen mit Steuergeldern im Plenum des Landtags begründet: »Was in Rastatt der Ausnahmefall ist und deshalb auch die Höhe der Aufwendungen rechtfertigt«, so Morlok, sei »die Größe des Geländes«.[238]

Am Ende stimmten die Landtagsfraktionen von SPD und FDP gegen die Vorlage der CDU, einzig der SPD-Abgeordnete Weyrosta – einer der vier Unterzeichner des SPD-Antrags – enthielt sich der Stimme. Jürgen Morlok votierte für die CDU-Linie. Dabei hatte sich das Scheingefecht der hochdotierten Politiker aus der Regierung und von der größten Oppositionspartei darauf konzentriert, ob das Verhandlungsergebnis von der CDU-geführten Landesregierung »erreicht« worden war oder nicht. Die Christdemokraten behielten dank der Mehrheitsverhältnisse die Oberhand. Da half es auch wenig, daß die Sozialdemokraten zu guter Letzt in ihrem Änderungsantrag zum konzernkonformen Antrag der Christdemokraten dem Landtag empfahlen, »im übrigen dem Antrag Drucksache 9/3578«, gemeint ist der CDU-Antrag, »zuzustimmen«.

Das blamable Parlamentsspektakel auf der Landtagsbühne war um so erstaunlicher, als seitens der Sozialdemokraten durchaus Anlaß zu vehementer Kritik bestanden hätte: In der Aussprache hatte Lothar Späth unumwunden eingestehen müssen, daß der Daimler-Vorstand ihm das Messer auf die Brust gesetzt und den Ministerpräsidenten mit Macht in die Knie gezwungen hatte. Auf die Frage, ob der Landeszuschuß Voraussetzung für die Rastatter Zusage gewesen sei, gestand Daimler-Gönner Späth ein: »Das war selbstverständlich die Bedingung.«[239]

Dennoch stellte sich der Ministerpräsident loyal hinter die Interessen des Konzerns: »Wenn ich Manager bei Daimler wäre, würde ich auch nicht den Krösus spielen, sondern für meine Aktionäre und mein Unternehmen das Beste herausholen.«[240]

Beim Spiel »Millionen für Mercedes« hat sich Lothar Späth zweifelsohne als Advocatus Daimler erwiesen. Schon in der Frage, wie die Mercedes-Teststrecke ins Musterländle geholt werden könne, erwies Subventionskünstler Späth dem Stuttgarter Großkonzern seine Gunst. Und das, obwohl Mercedes-Benz Eigeninteressen am Bau der Boxberger Testbahn hatte: Sollte das Projekt scheitern, mußte sich der Konzern nach geeignetem Gelände in einem anderen Bundesland oder im nahegelegenen Ausland umsehen. Deshalb war der Daimler-Vorstand bereit, für die Teststrecke vor der Haustür tief in die Tasche zu greifen: Für die in der Region neu zu bauenden Wege wollte Daimler-Benz 637 000 DM investieren. Zudem sollten die Kommunen für Flurbereinigungsmaßnahmen zwischen 370 000 und 420 000 DM erhalten.[241]

Dennoch nahm die Landesregierung dem Konzern jegliches Risiko beim Geländekauf für das Prüfareal ab. Erst Jahre später wurde publik, daß das Stuttgarter Kabinett bereits 1979 den Beschluß gefaßt hatte, die Grundstücke bei Boxberg und Assamstadt zu einem Preis von maximal 25 Millionen DM wieder zurückzukaufen, falls die Mercedes-Teststrecke dort nicht gebaut werden sollte. Zudem »gab es noch Subventionen der öffentlichen Hand, wenn für zehn Jahre eine Betriebsstätte angesiedelt wurde«, wie Horst Oellers, Geschäftsführer der Bundschuh Genossenschaft, zu berichten wußte.[242]

Späth begründete seine wohlwollende Daimler-Unterstützung mit dem erheblichen wirtschaftlichen Risiko für den Konzern. Der eigentliche Grund war jedoch ein anderer: So sei die Kaufzusage auch unter dem Aspekt des Steueraufkommens des Konzerns zu sehen, wie Späth bereits 1986 eingeräumt hatte.[243] Tatsächlich war

Daimler-Benz 1985 mit Steuerabgaben in Höhe von 4,3 Milliarden DM der größte Steuerzahler der Republik. Von 1984 auf 1985 hatte Daimler-Benz seinen Umsatz um fast neun Milliarden DM auf 52,4 Milliarden DM hochkatapultiert und 1985 einen Jahresüberschuß von 1,68 Milliarden DM erzielt. Und im Jahr 1979, als die Entscheidung für den Grundstücksrückkauf gefallen war, hatte der Konzern gegenüber dem Vorjahr ein Umsatzplus von über drei Milliarden DM zu verzeichnen; Daimlers Jahresüberschuß lag bei damals hervorragenden 540 Millionen DM.[244]

Als dann das Bundesverfassungsgericht den Bau der Boxberg-Prüfstrecke vereitelte, mußte das Land Baden-Württemberg das geplante Testgelände vom Konzern zurücknehmen. Landwirtschaftsminister Gerhard Weiser gestand ein, daß das 559,8 Hektar große Gelände auf der Grundlage der Zusage der Landesregierung für über 25 Millionen DM »nicht zurückgekauft, sondern erworben« – so der feine Unterschied – worden war.[245]

Wie unnötig die Millionenzuwendungen für den umsatzstärksten aller deutschen Konzerne sind, hat auch der »Fall Papenburg« belegt. Nachdem die Enteignung der Bauern in Boxberg seitens des Karlsruher Bundesverfassungsgerichts für unrechtmäßig erklärt worden war, mußte sich Mercedes im März 1987 nach einem Ersatzgelände für die geplante Hochgeschwindigkeits-Teststrecke seiner Luxuslimousinen umschauen. Gegen zahlreiche nationale sowie internationale Konkurrenz gelang es Gerhard Schröder, die Prüfstrecke nach Papenburg zu holen – ohne »eine müde Mark aus der Landeskasse« investieren zu müssen, wie die *Stuttgarter Zeitung* wußte.[246] Ganz nebenbei lieferte der sozialdemokratische Ministerpräsident somit den besten Beweis für die Tatsache, daß der Automobilkonzern Zuwendungen aus den Landesetats mit Freuden einstreicht, auf diese jedoch durchaus nicht angewiesen ist. Die maßlosen Millionen für Mercedes und andere Großkonzerne uferten in den vergangenen Jahren zuweilen derart aus, daß sie selbst in der Wirtschaftspresse kritisiert wurden: »Da die Subventionen lediglich mitgenommen werden, ohne die Investitionsentscheidung letztendlich zu beeinflussen, handelt es sich um die Verschwendung von Mitteln«, so *FAZ*-Redakteur Michael Heller im Dezember 1994.[247]

Schröders und Späths Sympathien für den Superkonzern stellen nur zwei kleine Mosaiksteine des in der ganzen Republik praktizierten Spiels »Wie helfe ich dem Konzern nach Kräften?« dar. Für die Gunst des Sterns lassen sich SPD- genauso wie CDU/CSU-Repräsentanten zu Interessenvertretern des Konzerns degradieren. Wenn um das Wohlwollen des Wirtschaftsgiganten geworben wird, geraten selbst politische Grenzen ins Rutschen und es kommt zu verblüffend gleichlautenden Aussagen der Vertreter aller Altparteien. Im Falle der Begünstigung der Mercedes-Ansiedlung in Rastatt und der damit verbundenen Aussicht, rund 7 000 Arbeitsplätze im Ländle zu schaffen, stellte Ministerpräsident Späth im *Spiegel* die rein rhetorische Frage: »Soll ich denn schwäbisch-kleinkariert auf meinen Prinzipien hocken und auf die nächste Rezession warten?«[248] Ähnlich äußerte sich in anderem Zusammenhang der niedersächsische Ministerpräsident Gerhard Schröder. Der Sozialdemokrat bewies bei seiner Zustimmung zur Lieferung von Kriegsschiffen an das menschenverachtende Regime in Taiwan die gleiche Flexibilität wie Späth: »In einem Abwägungsprozeß habe ich gegen meine Prinzipien verstoßen.«[249]

Wenn Daimler-Benz mit Großprojekten lockt, liegen dem Konzern die Landesregierungen zu Füßen. Arbeitsplätze über alles, lautet die Devise – bei Christ- wie Sozialdemokraten.

Radikale rot-grüne Hilfe

»Wir müssen sichern, daß die Politik nicht zum reinen Vollzugsorgan großkapitalistischer Forderungen wird und damit alles, was wir in der Arbeitsmarktpolitik, in der regionalen Strukturpolitik oder in der Ökologiepolitik wollen, auf der Strecke bleibt.« Ulrich Lang, Landes- und Fraktionsvorsitzender der SPD Baden-Württemberg, am 22. 8. 1986 [250]

»Wenn Rot-grün regiert, lassen sich derartige Eingriffe in die Natur offenbar leichter durchsetzen.« Eckart Spoo in der *Frankfurter Rundschau* [251]

Die SPD kämpft mit einem Problem, das zumindest ihren linken Flügel immer dann in die Defensive drängt, wenn die Sozialdemokraten in der Regierung vertreten sind oder diese gar alleine stellen. Die durchaus deutliche Kritik an der Wachstumsphilosophie aus dem Hause Daimler-Benz, aus der Opposition heraus formuliert, wird in dem Augenblick in den Hintergrund gedrängt, da die SPD an die Regierungsmacht kommt. Dann befällt Sozialdemokraten das typische Regierungssyndrom, das auch Repräsentanten der niedersächsischen Grünen nur zu gut kennen.

Vor lauter Sorge, jeden Anschein von Wirtschaftsfeindlichkeit zu vermeiden, der die SPD dem Kreuzfeuer christdemokratischer Oppositionskritik aussetzen könnte, ebnen sozialdemokratische Ministerpräsidenten und Wirtschaftsminister – zuweilen mehr noch als ihre CDU-Kollegen – dem Konzern den Weg. So kam es in den vergangenen Jahren zu der schizophrenen Situation, daß beispielsweise die Mercedes-Benz-Teststrecke in Boxberg im Spät(h)-kapitalistischen Baden-Württemberg verhindert, im rot-grünen Niedersachsen aber gebaut werden konnte. Wehrten sich die Bundschuh-Bauern zusammen mit den Grünen und vielen anderen Interessengruppen vehement gegen den Bau der Daimler-Teststrecke in der Hohenlohe, so wurde diese nur fünf Jahre später im rot-grün regierten Niedersachsen aus dem Boden gestampft – wohlgemerkt mit Zustimmung der grünen Juniorpartner. Diese verschanzten sich hinter mangelnden Einflußmöglichkeiten auf den großen Koalitionspartner: »Wir haben jetzt einfach gegenüber der SPD keine Argumente mehr gegen eine Einleitung der weiteren Planungsschritte, gegen die Einleitung der Umweltverträglichkeitsprüfung und des Raumordnungsverfahrens«, so die damalige Fraktionsvorsitzende der Landtagsfraktion der Grünen Niedersachsen, Thea Dückert.[252]

Dabei hätten die Grünen durchaus die Möglichkeit gehabt, den Bau der Mercedes-Teststrecke zu verhindern. In Punkt 25 der Vereinbarungen mit der SPD war festgeschrieben worden, »daß eine Prüfstrecke durch das Land Niedersachsen nicht gefördert wird« und »die Folgenutzung abgetorfter Flächen... vorrangig in Form von Naturschutz stattfinden« soll.[253] Zudem hatte die Verhandlungskommission der Grünen durchgesetzt, daß Beschlüsse der Koalitionspartner immer einstimmig gefaßt werden müssen. Doch anstatt in der zentralen Frage des Widerstands gegen die Mercedes-Teststrecke von ihrem Widerspruchsrecht Gebrauch zu machen, beugten sich die Landtagsgrünen dem Druck der SPD, die andernfalls mit der Auflösung der Koalition drohte. Im Sommer 1991 stimmte das rot-grüne Landeskabinett einstimmig dafür, »das mit dem Regierungswechsel in Niedersachsen unterbrochene Raumordnungsverfahren für die Teststrecke wiederaufzunehmen«.[254]

Nach der unvermuteten Allianz einer rot-grünen Landesregierung mit dem mächtigsten Konzern der Republik zeigte sich die *Stuttgarter Zeitung* überrascht von der Tatsache, daß auch eine rot-grüne Koalition »mit der Industrie gemeinsame Sache machen und den Unternehmen eine sichere Planungsgrundlage geben« könne.[255] Und die *Frankfurter Rundschau* kommentierte das Verhalten der rot-grünen Landesregierung mit größter Verwunderung: »Wäre in Hannover wie vor einem Jahr noch der Christdemokrat Ernst

Albrecht im Amt des Ministerpräsidenten, müßte er sich wegen dieser Entscheidung auf heftige Proteste gefaßt machen«, so Eckart Spoo. Der für Niedersachsen zuständige *FR*-Redakteur vermutete sogar, daß die Albrecht-Regierung »wahrscheinlich die Polizei mobilisieren müßte«. Mit Rot-grün ließen sich derlei Projekte leichter durchsetzen, »mögen auch einige Wählerinnen und Wähler irritiert sein«. Trocken resümierte Spoo, für Investoren sei »Rot-grün jedenfalls kein Schreckgespenst mehr«.[256]

Wie wenig die Mercedes-Manager den ökologischen Ansprüchen der Umweltschützer entgegengekommen waren, bilanzierte auch Mercedes-Vorstand Heiner Tropitzsch. Er machte klar, daß der Konzern in Fragen der Ökologie »keine besondere Verbeugung vor Niedersachsen gemacht« habe.[257]

Das teuerste Prestigeprojekt des Daimler-Konzerns, ein Großbau mit 178 000 qm Bürofläche, entsteht derzeit im Zentrum Berlins, wo Daimler-Benz über vier Milliarden DM am Potsdamer Platz investierte. Ein Turm von 22 Stockwerken wird ab 1997 auf 40 000 qm die debis-Zentrale beherbergen; die übrigen Flächen sollen vermietet werden. Das 61 710 qm große Grundstück hatte die Stadt Berlin dem Konzern für 1 505 DM/qm verkauft, gerade mal ein Sechstel des Marktwertes. Am 13. September 1990, zwei Monate vor dem Bruch der rot-grünen Koalition in Berlin, stimmten SPD und CDU für, die AL gegen den Deal. Vergeblich hatte Manuela Schreyer, alternative Senatorin für Stadtentwicklung und Umweltschutz, gegen den Schleuderpreis und die Gigantomanie der Planung gekämpft. Die EG-Kommission witterte eine unerlaubte Subvention und verpflichtete den Konzern, auf den Kaufpreis von 92,9 Millionen DM weitere 33,8 Millionen draufzulegen. Daimler-Sprecher Zanger erklärte: »Wir zahlen unter Protest.« So stieg der Quadratmeterpreis auf immer noch spottbillige 2 050 DM. Senatssprecher Kohlhoff verteidigte den Verkauf als wertvolles Ansiedlungsprojekt: »Notfalls hätten wir das Gelände auch für den symbolischen Preis von einer Mark verkauft.«[258]

Das Berliner Beispiel belegt ein weiteres Mal die Tatsache, daß die Daimler-Benz AG Politiker beherrscht. Und angesichts der Macht und des Einflusses dieses mächtigsten aller Konzerne beginnen die Farben der Parteien zu verblassen.

Letztlich erliegen viele von ihnen – ob schwarz oder rot, gelb oder grün – der Macht der Manager in der Konzernzentrale. Was die Daimler-Geschäftsführung erreichen will, das setzt sie durch – mit breiter politischer Unterstützung und oft genug gegen den Willen der Menschen vor Ort.

Fehlschläge hat der Konzern in den vergangenen Jahren locker weggesteckt. Was nicht gleich beim ersten Versuch geklappt hat, wird durch Macht und Einfluß revidiert. Und wer nicht mitspielen will, der wird geködert – mit Parteispenden, Freiflügen, Leihwagen für Urlaubsfahrten oder attraktiven Stellenangeboten.

Daimler diktiert die Politik

»*Der Lobbyist darf nicht nur als Bittsteller und Forderer auftreten, er muß Wissen mitbringen.*« Manfred Strauch, Gesellschafter und stellvertretender Aufsichtsratsvorsitzender der ESL European Strategy & Lobbying S. A.[259]

»*Meyer-Landrut soll von Moskau aus die Arbeit der Unternehmensbereiche in Rußland und in der GUS koordinieren und für Daimler-Benz die Beziehungen zur russischen Wirtschaft und Politik weiter ausbauen.*« Die *FAZ* zur Aufgabe des Leiters der neuen russischen Konzernrepräsentanz[260]

Emanuela Wilm: »*Bekommt die Wirtschaft durch derartige Kooperationen nicht eine ungeheure Macht gegenüber dem Staat?*« *Jürgen Schrempp:* »*Solche Szenarien gibt es nur in Romanen.*« Interview im *Zeit-Magazin*[261]

Längst hat Daimler-Benz dafür gesorgt, daß auch die Bundespolitik konzernfreundliche Entscheidungen fällt. Neben SPD-Mann Alfons Pawelczyk, zuständig für die Bonner Milliarden-Zuwendungen an den Gesamtkonzern, sorgen weitere Kontaktleute für die »richtige« Richtung der christlich-liberalen Regierungskoalition.

Auch der Konzerntochter Mercedes-Benz gelang ein Coup, als sie mit Erfolg versuchte, Alfred-Herwig Fischer in der vorigen Legislaturperiode in die Enquetekommission »Schutz der Erdatmosphäre« einzuschleusen. Dort war der Bereichsleiter für Verkehrspolitik zuständig für die Frage der Dependenz von Autoabgasen und der Klimakatastrophe. Verharmlosend kommentierte Fischer seine Rolle, er »mache hier praktische Politikberatung«, wie der *Spiegel* den Bundestagsberater in Daimlers Diensten zitiert. Daß diese Beratung Gewicht und Stimme hatte, belegt insbesondere die Tatsache, daß der Automobil-Lobbyist Alfred-Herwig Fischer Stimmrecht in der Enquetekommission hatte – im Gegensatz zur Bundestagsgruppe von Bündnis 90/Die Grünen.[262]

Nur mit Mühe konnte die SPD-Bundestagsfraktion erreichen, daß der »unabhängige Sachverständige« Fischer den Entwurf für den Verkehrsbericht wenigstens zusammen mit dem – von den Sozialdemokraten benannten – Wissenschaftler Prof. Dr. Eckart Kutter gemeinsam verfaßte. Laut Kutter konnten somit eine Reihe »dicker Böcke« aus dem Fischer-Papier beseitig werden, dennoch ist die Handschrift des – von der CDU in die Enquete-Kommission berufenen – Autolobbyisten unverkennbar: Der Fachjounalist Christoph Bals wirft dem Mercedes-Mann vor, den Treibhauseffekt zu verharmlosen, den Regierungsbeschluß zur Reduzierung des CO_2-Ausstoßes in Frage zu stellen, den Anteil des Verkehrs am Treibhauseffekt herunterzuspielen und die ökologischen Negativfolgen von Automobilen unseriös mit denen anderer Verkehrsmittel zu vergleichen. Fischer wehrt sich vehement gegen den Vorwurf des Lobbyismus, seine Herkunft sei »ja allseits bekannt«.[263]

Überhaupt ist die Lobbyarbeit des Konzerns weltweit bestens organisiert. Neben dem Bonner Lobbyisten Pawelczyk sind Peter Hans Keilbach in Berlin, Dr. Hanns R. Glatz in Brüssel, Benjamin Navon in Tel Aviv, Lothar Gleitze in Moskau, Rainer Jahn in Tokio und Richard H. Imus in Washington für die Lobbyarbeit im Zentrum der politischen Macht zuständig.[264] Dabei fällt den »Botschaftern des Konzerns« die Aufgabe zu, »die Unternehmenszentralen in Deutschland über wirtschafts- und gesellschaftspolitische Abläufe in aller Welt auf dem laufenden zu halten«. Konzernsprecher Matthias Kleinert sieht in den Konzernrepräsentanten »Mittler mit Beratungs-, Moderations-, Koordinations- und Gestaltungsfunktion zwischen Unternehmen und Öffentlichkeit vor Ort«. Was so wohlwollend klingt, bedeutet knallharte Lobbytätigkeit durch die hochdotierten Konzernrepräsentanten auf den Daimler-Absatzmärkten, von Kleinert als »länderübergreifendes Kommunikations- und Informationsnetzwerk« umschrieben. Dabei neigt der Leiter der Öffentlichkeitsabteilung dazu, die Rolle der Repräsentanten unter Wert darzustellen. So sollten die Daimler-Benz-Repräsentanzen »die nur vor Ort erhältlichen Informationen« sammeln und die »für unseren Konzern wichtigen Trends« identifizieren.

Tatsächlich sind die »Konzernbotschafter« ein zuweilen äußerst effektives Mittel zur Beeinflussung politischer und industrieller Entscheidungsträger vor Ort. Deutlicher wird Kleinert denn auch, wenn er in der alljährlich publizierten *Einblick*-Broschüre zur Rolle des Konzerns als global Player die Funktionen der einzelnen Büros umschreibt: In Washington unterstütze die Konzernrepräsentanz nicht nur »einzelne Gesellschaften bei besonders schwierigen Geschäften«, sondern stelle »die erforderlichen Kontakte ›auf Capitol Hill‹« her.

Die Tokioer Repräsentanz organisiere »regelmäßige Treffen« zwischen den in Japan ansässigen Daimler-Gesellschaften von Mercedes-Benz, der AEG, der Dasa, der debis sowie von TEMIC. Vorteil eines solchen Erfahrungsaustausches sei unter anderem das »gemeinsame Vorgehen gegenüber Behörden und Verbänden«. Ganz nebenbei beschreibt Kleinert – im Konzern zudem für Fragen der Wirtschaftspolitik – die Zielsetzungen seines Bereichs ÖWA, Öffentlichkeitsarbeit und Wirtschaftspolitik/Außenbeziehungen, in der Holding: So sei die ÖWA »für den Austausch von Informationen aus aller Welt und die Koordinierung der Konzernrepräsentanzen« zuständig. Weiterhin sei die ÖWA »auch Mittler zwischen Daimler-Benz und Regierungen, politischen Parteien, relevanten gesellschaftlichen Gruppen und Verbänden im In- und Ausland«. Daß der Konzern nicht ruht, seine weltweiten Connections und Einflußinstrumentarien auszubauen, scheint systemimmanent: »Im Sinne der weiteren Internationalisierung« erweitert Daimler sein Netz. Künftige »Knotenpunkte«, gemeint sind weitere Konzernrepräsentanzen, sollen in London, Paris, Rom, Madrid und Sao Paulo eröffnet werden. Zudem hat sich der Wirtschaftsgigant die Einflußerweiterung per Büros »in den osteuropäischen Reformstaaten sowie im südasiatischen Raum« als Zielvorgabe gesteckt. Und in Südamerika soll »die bestehende Präsenz zu einer echten ›Daimler-Benz-Botschaft‹« ausgebaut werden.[265]

1995 eröffnete der Konzern seine Moskauer Repräsentanz. Um der Daimler-Benz AG die Türen der einflußreichen russischen Politik- und Wirtschaftsspitze zu öffnen, hat der Konzern einen Profi eingekauft: Die Repräsentanz wird vom gebürtigen Estländer und ausgewiesenen Rußland-Kenner Andreas Meyer-Landrut geleitet. Fünf Jahre lang, von 1980 bis 1983 und von 1987 bis 1989, fungierte Meyer-Landrut als deutscher Botschafter in Moskau. In der Zwischenzeit arbeitete der promovierte Philosoph als Staatssekretär im Auswärtigen Amt, 1994 wurde er Chef des Bundespräsidialamts. Meyer-Landruts Aufgabe ist nunmehr, die Unternehmensbereiche Mercedes-Benz, AEG, debis und Dasa in Rußland und der Gemeinschaft Unabhängiger Staaten zu koordinieren und hierzu seine politischen Verbindungen auszuspielen. Der Politprofi ist dafür sicherlich der richtige Mann.[266]

Die Brüssler Repräsentanz, welche »regelmäßig umfassende Berichte über gesetzgeberische Vorhaben« auf EU-Ebene erstellt, mußte in den vergangenen Jahren Schwerstarbeit leisten. Mit Erfolg, wie sich 1995 erneut zeigte.

Es war schon ein Kunststück, Kässbohrer an die Wand zu fahren«, so Kurt Seitzinger, der ein Jahr lang an der Spitze von Kässbohrer gestanden hatte. Seitzinger machte bei seinem Abgang das frühere Management dafür verantwortlich, daß der »Marktführer für Reise- und Überlandbusse mit der anerkannt besten Technologie« pleite sei. Mercedes, Marktführer bei den Linienbussen, übernahm kurzerhand den Ulmer Bushersteller und die rund 3200 Mitarbeiter. Bis 1998, so versicherte Mercedes-Chef Werner, werde es keine betriebsbedingten Kündigungen geben. Zusammengenommen erreichen Mercedes und Kässbohrer in Deutschland eine fast monopolartige Stellung im Busbereich. Im Vorfeld der Fusionserlaubnis der EU hatte Wirtschaftsminister Rexrodt signalisiert, die deutsche Seite werde »ohne Wenn und Aber« zustimmen. Kartellamtspräsident Dieter Wolf war zu recht verärgert und verzichtete auf sein Votum bei der vorentscheidenden Sitzung des Wettbewerbsausschusses der Kommission in Brüssel – ein bislang einmaliger Vorgang in der Geschichte der Kontrollbehörde. Wie schon einige Jahre zuvor im Falle MBB, so stand auch hier die Zustimmung von vornherein fest. Wolf erklärte, eine Äußerung der Behörde wäre nach Rexrodts Vorpreschen nur noch eine »Farce« gewesen.[267]

Wer regiert die Republik – die Wirtschaft oder die Politik? Die Frage wurde ihm bereits unzählige Male gestellt, und so konnte Edzard Reuter sie längst nicht mehr hören. Der Daimler-Vorstandsvorsitzende beliebte derlei kritische Fragestellungen als »Gespensterschlachten« abzuwürgen. Dabei lieferte Reuter-Biograph Hans Jürgen Jakobs gleich die von Reuter sorgsam vermiedene Antwort mit: »Renditen und Konzepte werden in Konzernen gemacht, kosmetische Korrekturen in der öffentlichen Verwaltung.« Schuld an dem Ungleichgewicht zugunsten der Wirtschaft sei laut Jakobs die Tatsache, »daß lediglich die zweite oder dritte Garde der Universitätsabsolventen« staatliche Führungspositionen besetze.[268] Dabei ist die Macht der Wirtschaftsfunktionäre weithin bekannt. Der PDS/LL-Bundestagsabgeordnete Winfried Wolf hat errechnet, daß »allein die Autokonzerne, die Mineralölgesellschaften und die Reifen produzierenden Konzerne in Deutschland« über einen Jahresumsatz verfügen, der »größer ist als der gesamte Bundeshaushalt«. »Allein die Investitionen von Daimler-Benz«, so Wolf, »übersteigen die Investitionen der ›Deutschen Bundesbahn‹.[269]

Auch wenn Jakobs es bei seiner Analyse vermeidet, Reuters katastrophale Fehlentscheidungen in der zweiten Hälfte der achtziger Jahre näher zu beleuchten, so trifft sie auf die wirtschaftspolitischen Qualitäten und die Persönlichkeit eines Jürgen Schrempp durchaus zu. Der neue Daimler-Chef weiß aus seiner Zeit als Dasa-Vorstandsvorsitzender die Rolle des Konzerns als eines der mächtigsten Rüstungskonzerne Europas einzuschätzen und strategisch zu planen. Und so verwundert die Frage der Journalistin Emanuela Wilms wenig, ob Jürgen Schrempp nicht danach strebe, die »European Aerospace« zu gründen. Schrempp kennt die Probleme der europäischen Rüstungsindustrie und weiß, daß sein Konzern von Kooperationsgeschäften wesentlich einfacher und umfassender profitiert, als von einem unregierbaren Mammutkonzern. Als zweitgrößter europäischer Rüstungsgigant bereitet ihm die Dasa genug Sorgen. So antwortet er allgemein marktwirtschaftlich, der Wettbewerb sei »ein Garant für unsere Zukunft«.

Der Dasa-Vorstandsvorsitzende hat den globalen Markt im Auge und prognostiziert zwei potentielle Entwicklungen: Variante eins ist die totale gegenseitige Abhängigkeit, »dann wäre die Konfliktbereitschaft international viel geringer«. Globalpolitik als »ein Stück Sicherheitspolitik« interpretiert Schrempp als »positiv«, wohlwissend, daß die Vernetzung auf äußerst ungleichem Niveau, zu Lasten anderer und zum Nutzen des Konzerns erfolgen würde. Variante zwei sieht er in den »protektionistischen Bestrebungen in den Vereinigten Staaten, in Japan und in Teilen Europas«. Grund für derlei bedenkliche Ambitionen sei »die Tatsache, daß viele Länder den Anschluß an die neuen Technologien verschlafen« hätten. Das klassische imperialistische Denken des 20. Jahrhunderts wird im Sinne Schrempps ersetzt durch eine »Globalisierungsstrategie«, welche »wirtschaftlich und politisch auf mittlere und lange Sicht die richtigere« sei. Zumindest für die Interessen der Daimler-Benz AG dürfte die Analyse zutreffen. Daß diese Entwicklung jedoch auf Kosten ganzer Erdteile geht, verschweigt der Dasa-Chef. Unverblümt verrät Schrempp, »politische Entscheidungsprozesse sind in hohem Maße auch wirtschaftliche Entscheidungsprozesse«, und der Dasa-Vorstandsvorsitzende gesteht freimütig ein: »Die Politik ist weitgehend von der Wirtschaftskraft eines Landes abhängig«.[270]

6. Kapitel:
Daimler-Benz – Der Konzern im
Gleichschritt mit Militärs und Politik

Daimler kontrolliert die Kontrolleure

Out of Control

»Diese ablehnende Haltung wird von Aufsichtsratsmitgliedern damit begründet, daß Daimler-Benz erst seine eigenen Probleme – einschließlich AEG, Dornier und MTU – meistern müsse, ehe das Unternehmen sich neue unübersehbare Risiken aufhalse.« Kommentar zur Weigerung von Daimler-Benz, mit MBB zu fusionieren[1]

»Es ist daher nur konsequent, wenn als Beitrag zu dieser Strukturbereinigung eine Überführung der Messerschmitt-Bölkow-Blohm GmbH in privatwirtschaftliche Verantwortung und industrielle Führung angestrebt wird.« Begründung von Edzard Reuter für die Fusion mit MBB aus dem Daimler-Geschäftsbericht für 1988 [2]

»Die durch den Zusammenschluß gewonnene Marktmacht erhält durch die absolute Größe der zusammengefaßten Kapazitäten eine marktübergreifende Dimension, die ihrerseits die schwerwiegenden Auswirkungen dieser Marktmacht noch verstärkt.« Auszug aus der Fusionsverweigerung des Bundeskartellamts [3]

Der entscheidende Schritt von der militärischen Mittelmacht zum Rüstungsriesen der Republik vollzog sich Ende der achtziger Jahre, unter massiver Einflußnahme und Mithilfe der Bonner Regierungspolitik sowie der christ- und sozialdemokratischen Bundesländer

Bayern und Hamburg. Der Freistaat hielt über sieben Prozent der Anteile des Konzerns und war zudem über die LfA Gesellschaft für Vermögensverwaltung mbh mit über 48 Prozent an der Bayerisch-Hamburgischen Beteiligungsgesellschaft mbH im Geschäft. Diese wiederum besaß einen Anteil von über 35 Prozent an der Messerschmitt-Bölkow-Blohm GmbH. Die Hansestadt ihrerseits hielt über die Hamburger Gesellschaft für Beteiligungsverwaltung mbH einen knapp 52prozentigen Anteil an der Bayerisch-Hamburgischen Beteiligungsgesellschaft mbH.[4] Das Land Bremen hatte bereits 1985 seinen knapp 40prozentigen Aktienanteil an der Bremer Vulkan AG verkauft, welche über die ABM Beteiligungsgesellschaft mbH Mitbesitzer von MBB war.[5]

Noch heute gilt die Übernahme der Messerschmitt-Bölkow-Blohm GmbH als die folgenschwerste Fusion in der Geschichte der Bundesrepublik. Kaum jemals hatten die Repräsentanten des militärisch-industriell-politischen Komplexes (MIP) ihre Macht und ihren Einfluß derart schamlos eingesetzt, wie im Falle des Deals zwischen Daimler und MBB, der Regierungspolitik und den Militärs. Und am Ende des MBB-Pokers hieß der Sieger wieder einmal Daimler-Benz.

Über vier Jahre lang hatte sich die Suche der Bundesregierung sowie der beteiligten Landesregierungen nach einem »industriellen Führer« für die marode MBB GmbH in Ottobrunn hingezogen. Franz Josef Strauß setzte sich aus Eigeninteresse für die Übernahme des teilmilitärischen Luft- und Raumfahrtunternehmens durch die Bayerischen Motoren Werke ein. Doch selbst die Macht eines Franz Josef Strauß kannte Grenzen; sowohl bei BMW als auch beim MBB-Vorstand stieß er auf »gemischte Gefühle«. BMW-Chef Eberhard von Kuenheim lehnte die Fusion mit Messerschmitt in dem Wissen ab, Daimlers Einstieg sei »die beste Lösung«. Die intensiven Bemühungen des damaligen bayerischen Ministerpräsidenten, BMW für die MBB-Übernahme zu gewinnen, scheiterten

Perfektes Schauspiel um die Elefantenhochzeit: Der Öffentlichkeit gegenüber behaupteten die Daimler-Spitze und MBB, die Fusionsauflagen der Monopolkommission seien unannehmbar. In Wirklichkeit übergab der MBB-Vorstandsvorsitzende Hanns Arnt Vogels (li.) eine kerngesunde Waffenschmiede an den Konzern, dessen Vorstandsmitglieder Jürgen Schrempp und Gerhard Liener (re.) sich zu Recht freuen konnten.
(Foto: © dpa/Athenstädt)

letztendlich ebenso wie das Unterfangen von Bundeswirtschaftsminister Martin Bangemann, MBB bei Siemens oder Bosch unterzubringen. Thyssen sowie Krupp, ebenfalls MBB-Eigner mit kleineren Anteilen, stiegen gleich ganz aus dem bayerischen Unternehmen aus.[6]

Um MBB für potentielle Interessenten attraktiver zu machen, erklärte sich die Bundesregierung bereit, die milliardenschweren Verluste aus dem Airbus-Geschäft selbst zu tragen und damit das

Risiko für den kommenden Käufer zu minimieren. Die ersten Kontakte der Bonner Politik mit der Daimler-Zentrale gehen auf die erste Hälfte des Jahres 1987 zurück. Bei der Daimler-Hauptversammlung im Juli gestand Daimler-Chef Prof. Dr. Werner Breitschwerdt unumwunden das Drängen der Bundesregierung zur MBB-Übernahme ein. Am 21. Dezember 1988 stimmte der von Alfred Herrhausen geführte Aufsichtsrat in einer Sondersitzung, gegen die Stimmen der Arbeitnehmervertreter, dem Fusionsbegehren mit einer anfänglichen Beteiligung von 30 Prozent zu. Bis zum heutigen Tag darf darüber spekuliert werden, welche Rolle der freundschaftliche Draht von Herrhausen zu Bundeskanzler Helmut Kohl und dessen direkte Einflußnahme gespielt haben mögen. Gegen den Daimler-MBB-Deal machte vor allem Herbert Lucy, der Vorsitzende des Daimler-Gesamtbetriebsrats und stellvertretende Aufsichtsratsvorsitzende, deutliche Vorbehalte geltend. Vergebens, schließlich gibt beim Patt im zwanzigköpfigen Aufsichtsrat bekanntermaßen die Stimme des Vorsitzenden den Ausschlag – und Herrhausens Position für eine Fusion war hinreichend bekannt.

Die zentralen Entscheidungen aber sollten 1989 fallen: Am 20. April verwehrte das Bundeskartellamt unter der Leitung des Vorsitzenden der Beschlußabteilung, Stefan Held, in seiner Stellungnahme die Zustimmung. So sei »das angemeldete Zusammenschlußvorhaben zu untersagen«, denn die Daimler-Benz AG erlange »durch den Zusammenschluß einen beherrschenden Einfluß auf MBB«. Damit sei zu erwarten, daß »im Bereich der Wehrtechnik bestehende marktbeherrschende Stellungen der Unternehmensgruppe Daimler-Benz/MBB auf den Märkten für militärische Flugzeuge und Hubschrauber, für Lenkwaffen sowie Triebwerke verstärkt« würden. Zudem befürchtete die Berliner Kontrollbehörde das Entstehen »marktbeherrschender Stellungen der Unternehmensgruppe auf den Märkten für unbemannte Kleinfluggeräte (Drohnen) und für Wehrelektronik«. Unmißverständlich wies das

Bundeskartellamt auf die drohende Gefahr einer »im Rüstungsbereich dominierenden Unternehmensgruppe« hin, »deren Marktmacht wegen der besonderen Rahmenbedigungen der Rüstungswirtschaft nicht durch das Ausweichen auf ausländische Anbieter zu kontrollieren« sei. Die macht- und wirtschaftspolitische Kritik der staatlichen Fusionsgegner gipfelte in der Feststellung, dem Daimler-Benz-Konzern falle mit dem Zusammenschluß eine »Monopolstellung als Systemführer« zu, welche »den Wettbewerb auf der Ausrüsterebene erheblich beschränken« würde und das Bundesministerium für Verteidigung bei der Nachfrage nach Rüstungsgütern unausweichlich in eine Abhängigkeitssituation von Daimler-Benz brächte.[7]

Das Bundesverteidigungsministerium in totaler Abhängigkeit vom Daimler-Benz-Imperium – kein Konzernkritiker hätte die Entwicklung in den Folgejahren nach der Fusion stringenter auf den Punkt bringen können als die Staatskontrolleure des Kartellamts in ihrer über einhundert Seiten starken Stellungnahme. Dabei darf eines nicht vergessen werden: Politiker sind für ihr Handeln demokratisch legitimiert, zudem unterliegen sie der parlamentarischen Kontrolle. Konzerne dagegen sind lediglich ihren Aktionären verpflichtet. Wie scheindemokratisch Daimler mit dieser Verpflichtung umgeht, kann alljährlich bei den Hauptversammlungen erfahren werden.

Nach dem Urteil der Fusionswächter schien sich das Blatt zugunsten der Gegner des Zusammenschlusses gewendet zu haben. Was die Öffentlickeit jedoch nicht wissen konnte, war die Tatsache, daß zu diesem Zeitpunkt in vielfachen Geheimverhandlungen längst alle Entscheidungen zugunsten des Konzerns gefallen waren, was das Bundeskartellamt zur pseudodemokratischen Schauspieltruppe degradieren sollte.

Kontrollkommission für die Elefantenhochzeit

»Der Effekt der Elefantenhochzeit von 1989 – wettbewerbspolitisch der größte Sündenfall der bundesrepublikanischen Geschichte – war die Monopolisierung der Lieferungen von Militärware an eine Bundesregierung, die inzwischen weder das Geld noch besonders große Lust hat, Bestellungen aufzugeben.« Hans Jürgen Jakobs [8]

»Immenga war der einzige, der die Aufgabe der Monopolkommission ernst genommen hat; auf der anderen Seite hat die Monopolkommission in ihrer Mehrheit ihre Aufgabenstellung ins Gegenteil verkehrt: statt eine Monopolbildung dieser Größenordnung kritisch zu beurteilen, hat sie Minister Haussmann Rückendeckung gegeben und ist vor der Großindustrie zu Kreuze gekrochen.« Christa Vennegerts, Mitglied des Deutschen Bundestags [9]

Am 2. August 1989 schaltete sich die Monopolkommission mit der Veröffentlichung ihres Sondergutachtens zum Zusammenschlußvorhaben in die öffentliche Diskussion ein. Auf 160 Seiten begründete die Monopolkommisssion ihre Empfehlung für die Fusion unter Auflagen – eine intern durchaus umstrittene Position zur MBB-Übernahme. Trotz einer Vielzahl von Bedenken hielten vier der fünf Mitglieder »den Zusammenschluß gleichwohl für genehmigungsfähig«. Die Anregung einer »Trennung der Deutschen Bank von Daimler-Benz« hielt die Kommission für »wettbewerbs- und gesellschaftspolitisch wünschenswert«. Wie müßig eine derartige Forderung an den Daimler-Hauptaktionär allerdings war, erkannten auch die Mitglieder der Monopolkommission: »Die Möglichkeit, die Genehmigung des Zusammenschlusses mit einer solchen Auflage zu verbinden«, entfalle schon deshalb, weil die Deutsche Bank »am Zusammenschlußverfahren nicht direkt beteiligt« war.[10] In Frankfurt wird man derartige Hinweise mit Genugtuung quittiert haben.

Sechs Jahre nach der Fusion erreichte die Diskussion um Macht und Einfluß der Banken, insbesondere der Deutschen Bank, einen weiteren Höhepunkt. Auch wenn im Arbeitsprogramm der heutigen Bundesregierung die Bankenmacht weder thematisiert noch eine »Lex Bankeneinfluß« angekündigt worden ist, hat Wirtschaftsminister Günter Rexrodt dennoch einen Sechs-Punkte-Katalog zur »Macht der Banken« vorgelegt. Und Rainer Funke, Staatssekretär im Bundesfinanzministerium, hat die Parole ausgegeben: »Wir werden den Banken die Flügel stutzen«, so das Wirtschaftsfachblatt *Capital* im Februar 1995.[11]

Zeitgleich mit der Verkündung des Sondergutachtens zog Ulrich Immenga als Vorsitzender der Monopolkommission Konsequenzen aus der Tatsache, daß ihn die vier anderen Mitglieder überstimmt hatten, und trat zurück. In einem Sondervotum begründete Immenga seine ablehnende Haltung gegenüber der Daimler-MBB-Fusion vor allem mit dem »hohen Grad an Marktmacht« des neuen Großkonzerns, die im Wehrtechnikbereich teilweise zur »Alleinstellung« führe. Immenga hinterfragte aber auch die »Interessen der Bundesregierung an einer Stärkung der Luft- und Raumfahrtindustrie«, welche »die Initiative zu dem Zusammenschluß Daimler-Benz AG/MBB ergriffen« und die »finanziellen Voraussetzungen geschaffen« habe.

Unmißverständlich wies der Kommissionsvorsitzende der christlich-liberalen Bundesregierung massive Mitschuld und Beeinflussung zu. »Diese Mitwirkung der Bundesregierung muß das Verfahren belasten«, schreibt Immenga in seinem Sondervotum. Zudem gefährde sie »die Glaubwürdigkeit in die grundsätzlich von ihr verfolgte Wettbewerbspolitik«. Ulrich Immengas Kritik an den Regierungsvertretern gipfelte in der Feststellung, sogar Edzard Reuter habe geäußert, »daß eigentlich die Bundesregierung selbst den Antrag auf Ministererlaubnis hätte stellen müssen« – so sehr war diese in das Verfahren involviert.[12]

So sehr sich auch die vornehmlich von Wirtschaftsvertretern besetzte Monopolkommission mühte, ihre Position zur Fusion zu erläutern, so schädlich war die Stellungnahme in der öffentlichen Diskussion um das Mammutprojekt. Letztendlich erteilten vier der fünf Kommissionsmitglieder dem FDP-Wirtschaftsminister die Absolution, der Daimler-MBB-Fusion unter Auflagen zuzustimmen und legitimierten somit Haussmanns spätere Zusammenschlußbewilligung.

Zwar schien die nun folgende öffentliche Kritik wirkungslos zu verpuffen, doch aus den Reihen der Bundestagsfraktion der Grünen kam ein Vorschlag, dessen Umsetzung zumindest in zukünftigen Fällen Schlimmeres verhindern könnte. Christa Vennegerts, Obfrau ihrer Fraktion im Haushaltsausschuß, kritisierte nicht nur die »einseitige Zusammensetzung« der Monopolkommission, deren »Mehrheit aus Vertretern der Wirtschaft« nur formal als unabhängig einzustufen sei. Die Abgeordnete schlug zudem vor, die Monopolkommission zukünftig vom Parlament und nicht durch die Bundesregierung sowie den Bundespräsidenten berufen zu lassen. Durch weitere Vertreter von Gewerkschaften oder beispielsweise Verbraucherverbänden könne eine »pluralistische Besetzung« gewährleistet werden.[13]

Um derlei Vorstellungen Wirklichkeit werden zu lassen, bedarf es allerdings anderer parlamentarischer Mehrheitsverhältnisse in der Republik. Und im Falle des Daimler-Deals sind die Folgen der Haussmannschen Ministererlaubnis irreversibel.

Am Ende hing die Hoffnung der Fusionsgegner an dem dünnen Faden der FDP-Ministererlaubnis. Gemäß Paragraph 24 des Gesetzes gegen Wettbewerbsbeschränkungen, kann der Bundeswirtschaftsminister die Fusionsverweigerung des Berliner Bundeskartellamts aufheben, wenn »die gesamtwirtschaftlichen Vorteile« über den Wettbewerbsbeschränkungen anzusetzen sind oder wenn ein »überragendes Interesse der Allgemeinheit« geltend gemacht werden kann. Liegt nach Ansicht des betroffenen Konzerns ein solcher Fall vor, muß das Unternehmen innerhalb von vier Wochen nach dem Kartellamtsbeschluß den Antrag auf Ministererlaubnis einbringen.

Am 3. Mai, nur zwei Wochen nach dem »Nein« aus Berlin, beantragte Daimler-Benz die Ministererlaubnis in einem fünfzigseitigen Antragspapier, in dem das überragende Interesse der Allgemeinheit »stichhaltig« belegt werden sollte.

Umfassend stellte der Konzern die seiner Ansicht nach zentralen Argumente vor: von der Stärkung der internationalen Wettbewerbsfähigkeit über die Sicherung des Airbus-Programms bis hin zum langfristigen Subventionsabbau für den milliardenschweren Airbus.[14]

Zu guter Letzt lag die Entscheidung allein in den Händen von Wirtschaftsminister Helmut Haussmann. Hätte er seine Zustimmung verweigert, so wäre Daimler-Benz nicht zum größten deutschen Luft- und Raumfahrtkonzern geworden, sondern in erster Linie ein Automobilunternehmen geblieben.

Die lukrative Selbstkontrolle der Daimler-Strategen

»*Ich habe meine Entscheidung getroffen, ohne Rücksicht auf die Schmerzgrenzen der Antragsteller, so wie es mir von der Sache her geboten schien.*« Bundeswirtschaftsminister Helmut Haussmann in der *Wehrtechnik* [15]

»*Selten wohl bekamen die Verfechter der Stamokap-Lehre – der These vom staatsmonopolistischen Kapitalismus, wonach Staat und Konzerne prächtig miteinander kungeln – ein schöneres Beispiel geliefert.*« *Der Spiegel* im September 1989[16]

Im Wissen um die schwerwiegenden Folgen der Ministerentscheidung stellte der Parteivorsitzende Hans-Dietrich Genscher Haussmann im Parteipräsidium, noch wenige Tage vor dessen Nominierung zum Wirtschaftsminister, die entscheidende Frage: Ob sich Haussmann in bezug auf die Daimler-MBB-Fusion in seiner Entscheidung wirklich frei fühle, wollte Genscher wissen. Der Befragte bejahte unumwunden. Da mußten die alsbald folgenden Vorwürfe aus der *Spiegel*-Redaktion harter Tobak für Helmut Haussmann sein, dem das Wochenmagazin nachsagte, »nie ›frei‹, sondern von Anfang an ›festgelegt‹« gewesen zu sein.

Die Kungeleien hinter den Kulissen konnten die Öffentlichkeit sowie die Medienvertreter nur erahnen. So bewertete die *Frankfurter Rundschau* das Treffen am 22. August im Bonner Wirtschaftsministerium zu Recht als ein publikumsträchtiges »Stelldichein«. Dort sollten Konzernvertreter wie Spitzenverbände der Gewerkschaften und Industrie ihre Positionen zur Jahrhundertfusion darlegen. Doch das Treffen entpuppte sich im nachhinein als Flop, einige der entscheidenden Akteure des Schauspiels waren erst gar nicht nach Bonn gereist, wohl in dem Wissen um die wahren Hintergründe der gigantischen Firmenübernahme. »Seine Leute haben zuletzt wirkungsvolle Arbeit hinter den Kulissen geleistet«, vermutete *FR*-Wirtschaftsredakteur Harald Schwarz.[17] Doch die Wirklichkeit war viel schlimmer, wie der schonungslose *Spiegel*-Bericht im Herbst 1989 offenbarte. Das Hamburger Blatt meldete, »was der Wirtschaftsminister wohlweislich verschwieg«: Selbst die Auflagen, hernach vom Daimler-Vorstand als schwerlich zumutbar bezeichnet, »wurden in Team-Work von Ministerialen und Konzernstrategen gebastelt«. »Ein Konzern kontrolliert sich selbst, das Ministerium liefert zu«, stellte der *Spiegel* fest und berichtete von Geheimgesprächen, in denen dezidiert festgelegt worden war, was dem Konzern zugemutet werden konnte und wovon Haussmann tunlichst die Finger zu lassen hatte.[18]

Glaubt man den *Spiegel*-Recherchen über die Monate zuvor hinter den Kulissen erfolgten »Non-Gespräche«, dann war tatsächlich »alles Show«, wie das Magazin den Daimler-MBB-Deal zusammenfassend kommentiert. Und trifft es zu, daß – wie der *Spiegel* schreibt – »zahlreiche solcher Nicht-Gespräche« zwischen »Fachbeamten und Daimler-Experten« stattfanden, dann handelt es sich bei dem Fusionsgeschäft nicht nur um das größte und folgenreichste, sondern auch um das undemokratischste Täuschungsmanöver in der Geschichte der Republik.[19]

Helmut Haussmann wollte von derlei Vorwürfen nichts wissen und wischte jegliche Einwände kategorisch vom Tisch. »›Non-Gespräche‹ hat es nicht gegeben«, so der Wirtschaftsminister im Lobbyblatt der Militärs, statt dessen habe es sich um »ganz förmliche, gesetzlich vorgeschriebene Gespräche zur Gewährung rechtlichen Gehörs« gehandelt.[20] Eine andere Antwort war auch nicht zu erwarten gewesen, wäre zudem sie doch einem Schuldeingeständnis gleichgekommen.

Die Ministererlaubnis, mit der das Fundament zum Entstehen des »Rüstungsriesen Daimler-Benz« gelegt wurde, erläuterte der FDP-Politiker in der *Wehrtechnik* ganz so, als seien dem Stuttgarter Konzern schwerlich akzeptierbare Lasten auferlegt worden. Daimler müsse den 20prozentigen Anteil der Kreditanstalt für Wiederaufbau an der Deutschen Airbus GmbH schon zum 31. Dezember 1996 übernehmen, müsse vollständig aus der Marinetechnik aussteigen, müsse die bei MBB vorhandene Produktionskapazität für unbemannte militärische Fluggeräte (Drohnen) abgeben und sich aus dem Panzerbau zurückziehen. Zudem ordnete der Wirtschaftsminister den Rückzug von Daimler-Benz und MBB aus den militärischen Unterstützungsgesellschaften an, welche für den Bundesverteidigungsminister Studien erstellen, und erteilte das Verbot, in anderen Vorstands- oder Aufsichtsratsgremien rüstungsproduzierender Unternehmen tätig zu sein. Der Maßnahmenkatalog klang dramatisch, der Konzern protestierte ob der schier unzumutbaren Belastungen heftig, und dennoch herrschte hinter der Front eitel Sonnenschein.

In Wirklichkeit, so die Behauptung des Hamburger Nachrichtenmagazins, hatte Daimler-Benz dem Wirtschaftsminister unmißverständlich im voraus mitgeteilt, was zumutbar war und was die Übernahme tatsächlich unlukrativ gemacht hätte. Im Gespräch mit Staatssekretär Otto Schlecht hatte Daimler-Chef Edzard Reuter genügend Gelegenheit gehabt, alle Unannehmlichkeiten rechtzeitig zu bereinigen. Laut *Spiegel* hatte der Vorstandsvorsitzende des Daimler-Imperiums dem Staatssekretär im Bundeswirtschaftsministerium dabei klargemacht, daß er nicht bereit sei, den Bereich militärischer Triebwerke bei der Daimler-Tochter MTU auszugliedern.

Wie machtvoll Reuter in Bonn agierte, dokumentierte Helmut Haussmann wenige Wochen später, als er in der Darstellung der Ministererlaubnis verkündete, »in der Praxis« seien die Empfehlungen der Monopolkommission »teilweise gar nicht erfüllbar« gewesen. Haussmann nannte dabei explizit »die empfohlene Herauslösung militärischer Triebwerke«, die deshalb nicht umsetzbar gewesen sei, »da zivile und militärische Triebwerke untrennbar im gleichen Produktionsgang hergestellt werden«. Offen gestand der FDP-Politiker am Schluß seiner Ausführungen in der *Wehrtechnik* ein, ihm sei es »gerade nicht darum« gegangen, Wettbewerbsprobleme »mit einem ›Mäntelchen‹ von Auflagen« zuzudecken.[21]

Des Ministers Bemühungen waren tatsächlich von Erfolg gekrönt und seine Sorgen unbegründet, er hatte den Teppich für Daimler bestens ausgerollt. Am Ende konnte die Daimler-Benz AG eine neue Firmentochter begrüßen, die »pumperlgesund« war und keinerlei Probleme aufwies, wie der MBB-Chef schon vor der Fusion freudig verkündete. Hanns Arnt Vogels konnte eine schier makellose Bilanz ausweisen, der Umsatz war 1988 gegenüber dem Vorjahr um rund eine Milliarde DM auf nunmehr sieben Milliarden DM massiv angestiegen, MBB befand sich »in einer deutlichen Wachstumsphase«. In Anbetracht dieser Tatsachen schrieb der *Starnberger*

Merkur schon im Januar des Fusionsjahres, Daimler-Benz sei »problemlos in der Lage«, den auf rund 1,7 Milliarden DM veranschlagten Kaufpreis zu zahlen.[22]

Im nachhinein darf die Übernahme der Messerschmitt-Bölkow-Blohm GmbH durch den Daimler-Benz-Konzern getrost als Musterbeispiel für einen – bis zum heutigen Tag optimal funktionierenden – Komplex militärischer, industrieller und politischer Interessen gelten. Die Hauptakteure in dem Spiel um Macht und Milliarden hießen auf seiten der Militärs Hanns Arndt Vogels, in den Reihen der Industriellen Alfred Herrhausen und Edzard Reuter und auf politischer Ebene Franz Josef Strauß, Martin Bangemann, Helmut Haussmann und Helmut Kohl.

Lobbying für Luft- und Raumfahrt

Milliardenzuwendung für einen florierenden Konzern

»Ich glaube, daß bei dem Thema des Forschungs- und Entwicklungsetats nicht nur permanent Kraut und Rüben durcheinander gebracht wird, sondern daß wir schon relativ nahe an die Grenzen einer bewußten Irreführung herangekommen sind.« Dr. Manfred Bischoff als Vorstandsmitglied der Dasa[23]

»Mit 4,37 Mrd. DM floß jede fünfte Mark, die der Bund im Zeitraum von 1983 bis 1989 zur Förderung ziviler FuE in der gewerblichen Wirtschaft ausgab, an Unternehmen, die der Stuttgarter Stern mittlerweile unter seinem Dach vereinigt hat. Tendenz weiter steigend.« Edelgard Bulmahn, Mitglied des Deutschen Bundestages über Förderung von Forschung und Entwicklung (FuE)[24]

Die höchsten deutschen Repräsentanten in Wirtschaft und Politik jagten eine derartige Kanonade von Presseerklärungen durch die Republik, als stünde Deutschlands mächtigster Konzern kurz vor seinem Untergang. Heinz Riesenhuber, von 1982 bis 1993 Bundesminister für Forschung und Technologie, vertrat energisch die Ansicht, kleine und mittlere Unternehmen erhielten von seinem Ministerium im Schnitt acht Pfennig zusätzlich zu jeder selbst aufgebrachten Mark im Forschungsbereich, Großkonzerne dagegen lediglich vier bei vergleichbarer Leistung. Und auch Bundeswirtschaftsminister Jürgen Möllemann empörte sich über die Vorwürfe, schließlich habe er verschiedene Etats in Bonn nach Einsparmöglichkeiten durchforstet. In seinem Ressort habe er all diejenigen Zuwendungen in »erheblichem Maße« heruntergefahren, die »in Richtung Subventionen liegen« könnten.[25]

Schuld am bundesweiten Aufruhr im Mai 1991 war eine SPD-Bundestagsabgeordnete aus Hannover. Edelgard Bulmahn, damals stellvertretende forschungspolitische Sprecherin der SPD-Bundestagsfraktion, hatte in ein Wespennest gestochen, dessen Bewohner danach geschlossen zum Sturzflug gegen die Kritikerin der Zuwendungen für Großkonzerne ansetzten. Der kollektive Aufschrei von Politik und Wirtschaft resultierte aus der Veröffentlichung der Zahlen über die »einseitige Begünstigung weniger Großunternehmen durch die Forschungspolitik der Bundesregierung«, die Karl-Heinz Büschemann in einem Vorabdruck der *Zeit* am 10. Mai 1991 publizierte. Vier Tage später veröffentlichte der *Sozialdemokratische Pressedienst Wirtschaft* die fünfseitige Presseerklärung Bulmahns. Die Daimler-Benz AG, und mit ihr die Bundesregierung, standen von nun am im Kreuzfeuer gezielter Kritik. Vorbei waren die Zeiten, da Daimler-Pressesprecher Matthias Kleinert Vorwürfe einfach mit dem Hinweis auf andere Unternehmen abwälzen konnte, es gebe schließlich noch weitere Konzerne, welche noch mehr Geld aus Bonn kassieren würden als die Daimler-Zentralen in Möhringen und München.

»Kleinert wird sich umstellen müssen«, kommentierte Büschemann trocken, denn »der Geldsegen fällt einem reichen Unternehmen in den Schoß«. Umfangreiche Recherchen der SPD-Oppositionspolitikerin hatten ergeben, daß »entgegen allem Gerede von der Subsidiarität und der Mittelstandsorientierung« Großunternehmen aus dem Topf der Gelder für Forschung und Entwicklung (FuE) »besonders prächtig bedient« würden. Edelgard Bulmahn kam zur Überzeugung, daß sich der Forschungshaushalt »im Griff des Daimler-Benz Imperiums« befinde und der Konzern mit seinen neuen Tochterunternehmen im Jahre 1989 bereits über 24 Prozent aller zivilen FuE-Subventionen erhalte, »in etwa so viel wie alle klein- und mittelständischen Unternehmen zusammen«.

Vor allem bei den Bundesausgaben und -zuwendungen an Unternehmen für nichtmilitärische FuE-Projekte zeigte sich, wie sehr der Daimler-Benz-Konzern bzw. dessen zukünftige Tochterunternehmen vom Bonner Geldsegen profitierten: In den Jahren von 1983 bis 1989 erhielten die Daimler-Benz AG 65 000 DM, die Telefunken Electronic GmbH 81 700 DM, die Motoren- und Turbinen-Union GmbH (MTU) 153 876 DM, die Eurosatellite Gesellschaft für Satellitentechnik mbH 161 000 DM, die AEG AG 195 300 DM, die ERNO Raumfahrttechnik GmbH 239 000 DM, die Dornier-System GmbH 566 900 DM, die Messerschmitt-Bölkow-Blohm GmbH 657 705 DM sowie die Deutsche Airbus 2 252 824 DM. Zum Vergleich: Die Deutsche Bundesbahn wurde derweil mit mageren 89 200 DM unterstützt.

Alles in allem war Daimler Benz in den fünf Jahren von 1983 bis 1989 mit einer Summe von 4 373 305 DM gefördert worden, was einem Anteil von 20,18 Prozent entsprach. Im Jahr 1989 lag dieser Anteil sogar bei 26,36 Prozent, also einem Viertel des Gesamthaushaltes. Auf Platz zwei folgte, weit abgeschlagen, Siemens mit einem Anteil von 7,24 Prozent.[26]

Damit nicht genug: Addiert man zu diesen zivilen Zuwendungen auch die Unterstützung aus dem Bundesministerium für Verteidigung sowie den Rückfluß der Europäischen Raumfahrtorganisation ESA hinzu, verdreifacht sich der Betrag der Daimler-Unterstützung: Den 4 373 305 DM ziviler Projektförderung müssen dann weitere 8 617 214,80 DM sowie 2 103 750 DM ESA-Rückfluß hinzugezählt werden. Summa summarum ergibt sich ein Betrag von 15 094 269,80 DM für den Daimler-Benz-Konzern bzw. seine Tochterunternehmen, was einem Anteil von 38,47 Prozent an den FuE-Gesamtausgaben des Bundes für Unternehmen ausmacht. Dabei entfällt allein auf das Jahr 1989 ein Anteil von 44,90 Prozent auf die Daimler-Benz-Gruppe.[27]

Aufgrund dieser Tatsachen kam die SPD-Bundestagsabgeordnete zu dem Schluß, daß das »ganze Füllhorn des Bundes« für den Daimler-Benz-Konzern und seine Tochterunternehmen prall gefüllt sei.

Die Fachfrau für Forschungsfragen berief sich neben regierungsamtlichen Angaben und eigenen Untersuchungen auch auf die Verlautbarungen des Bundeskartellamts, »denen zufolge die Unternehmen des Konzerns 62,5 Prozent der von der ESA in die Bundesrepublik vergebenen Aufträge und 60,7 Prozent aller Entwicklungsvorhaben des Verteidigungsministeriums« erhalten hatten.

In ihrem vernichtenden Resümee kam die sozialdemokratische Bundestagsabgeordnete zu dem Schluß, daß Daimler-Benz in den Jahren von 1983 bis 1989 alles in allem 15,09 Mrd. DM an Forschungsgeldern erhalten hatte, was 38,5 Prozent aller FuE-Ausgaben des Bundes entsprach. Einzig das Bundesland Bayern hatte mehr Bundesmittel erhalten als der Stuttgarter Großkonzern, ansonsten würden »neben solchen Summen ganze Bundesländer« verblassen, so die SPD-Politikerin.[28]

Die Bemühungen der Bundesregierung und der Industrie, allen voran Daimler-Benz und die Dasa, die Argumente von Edelgard Bulmahn zu widerlegen, blieben bis zum heutigen Tag erfolglos. Den Vorwürfen der Forschungsfachfrau hatte der Konzern keine schlagkräftigen Argumente entgegenzusetzen, auch wenn Dr. Manfred Bischoff, seit dem 24. Mai 1995 neuer Dasa-Vorstandsvorsitzender, zu retten suchte, was nicht mehr zu retten war. Als damaliges Vorstandsmitglied der Deutschen Aerospace, zuständig für Finanzen und Controlling, versuchte Bischoff die Vorwürfe mit deftigen Bemerkungen über eine vermeintliche Kraut- und Rüben-Mixtur vom Tisch zu wischen. Fast beleidigt fügte Bischoff hinzu, der »relativ hohe Eigenanteil an der Forschung und Entwicklung von fast 800 Millionen D-Mark« sei ein »eindrucksvoller Beweis« für die Zukunftsorientierung als Hochtechnologieunternehmen. Der »hohe« FuE-Anteil sei »ein eindrucksvoller Beweis für das breite Vertrauen privater und öffentlicher Auftraggeber« in die »technologischen Fähigkeiten der Deutschen Aerospace«. Vergleicht man die 800-Millionen-Eigenleistung mit den Milliardenzuwendungen aus dem Säckel der Steuerzahler, so sprechen die Zahlen für sich und gegen Bischoff.

Jürgen Schrempp mußte im Interview mit Emanuela Wilm vom *Zeit-Magazin* eingestehen, daß die Dasa zur Zeit ihrer Gründung im Rüstungsbereich zu 50 Prozent von Staatsaufträgen abhängig war, bei der Raumfahrt lag der Grad der Staatsaufträge sogar bei 60 Prozent. Stolz verkündete Schrempp, dieser Anteil sei 1993 auf 27 Prozent gesunken. Doch dem Schritt in die richtige Richtung folgte postwendend der Rückzieher: Raumfahrt sei Grundlagenforschung. Aus diesem Grunde bestehe »eine staatliche Aufgabe, die Raumfahrt mitzufinanzieren – nicht durch Subventionen, sondern durch Beteiligungen«. Ziel sei, so die jahrelang gepflegte Standardformel, die Sicherung des Industriestandorts Deutschland.[29]

Deutlich kleinlauter angesichts der Staatszuwendungen in Milliardenhöhe gab sich da schon Matthias Kleinert. Der Sprecher des Gesamtkonzerns gestand, wohlwissend um die Realitäten des unrentabel produzierenden Zuschußbetriebs der Deutschen Aerospace, Daimler räume »dem Subventionsabbau höchste Priorität ein«.[30]

Ohne Wenn und Aber

»*Glauben Sie denn wirklich, daß wir in der Bundesrepublik für die Franzosen, für die Engländer, für die Spanier ernsthafte Kooperationspartner sind, wenn wir uns von der militärischen Luftfahrt abseilen? Ich nicht.*« Alois Schwarz, Gesamtbetriebsratsvorsitzender der Deutschen Aerospace AG [31]

»*Bei allem Verständnis für die berechtigten Beweggründe der Dasa, sich gegen die ILA zu entscheiden, begünstigt diese Haltung nationale Interessen in Frankreich.*« Kritik des Chefredakteurs des *Luftwaffen-Forums* an der Entscheidung der Dasa, nicht an der Luft- und Raumfahrtausstellung ILA 1994 teilzunehmen[32]

»*Die jüngste Kehrtwende wird unter anderem damit erklärt, daß die Bundesregierung die strategische Bedeutung der Luft- und Raumfahrt für die Zukunftssicherung des Standortes Deutschland inzwischen anerkenne.*« Die *Frankfurter Rundschau* zur Zusage der Dasa, an der Luft- und Raumfahrtausstellung ILA 1996 teilzunehmen[33]

Der Vorwurf steht und ist heute aktueller denn je. Keine ihrer inhaltlichen Aussagen mußte Edelgard Bulmahn zurücknehmen, und noch immer heißt der größte Empfänger von Zuwendungen aus dem Bundesforschungshaushalt Daimler-Benz. Nicht alle diese Mittel stellen Subventionen im klassischen Sinne dar, willkommen aber sind die Zuwendungen beim 100-Milliarden-Konzern allemal.

Doch damit der Rubel auch Mitte der neunziger Jahre weiterrollt, bedarf es eines funktionierenden militärisch-industriell-politischen Komplexes (MIP). Daß dieser auf Hochtouren läuft, hat nicht zuletzt das vom Bundeswirtschaftsministerium ausgerichtete »Forum für Luft- und Raumfahrt« auf dem Petersberg in Bonn bewiesen. Am 17. Januar 1994 trafen sich dort dreihundert Repräsentan-

Polyphem: Die richtige Technik zur richtigen Zeit.

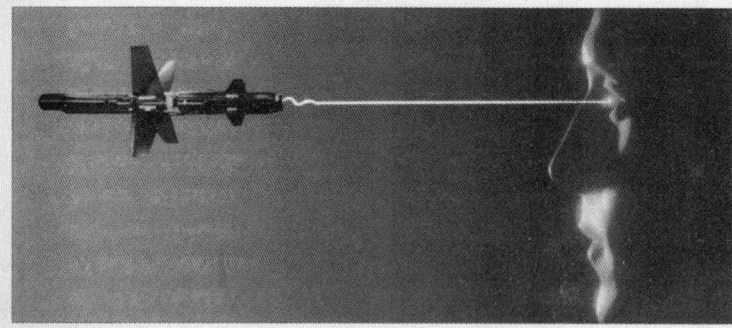

Das veränderte geopolitische Umfeld verlangt innovative Lösungen. Als integrierte Antwort auf das erweiterte Aufgabenspektrum der NATO-Streitkräfte. Vom Einsatz von Krisenreaktionskräften bis hin zu neuen Verteidigungssystemen. Ein Beispiel dafür ist unser lichtwellenleitergelenktes Flugkörpersystem "Polyphem". In internationaler Kooperation zwischen Deutschland, Frankreich und Italien entwickelt, ermöglicht dieses luftverladbare System bis zum letzten Zeitpunkt die Einbindung des Bedieners in der Bodenstation in den Entscheidungsprozeß der selektiven Punktzielauswahl. Bei einer Reichweite von bis zu 60 Kilometern nutzt "Polyphem" so die menschliche Intelligenz anstelle von teurer Technik genau dort wo sie benötigt wird und sorgt dennoch gleichzeitig für mehr Personenschutz. Die von der IR-Kamera in der Flugkörperspitze über den Lichtwellenleiter übertragenen Bilddaten eignen sich zudem zur Aufklärungsunterstützung und Verifikation.

Deutsche Aerospace AG
Abwehr und Schutz
81663 München

Tel. (089) 607 - 28507
Fax (089) 607 - 29292

 Deutsche Aerospace

Verteidigung und Zivile Systeme
Abwehr und Schutz

378

ten der Industrie, der Politik und der Medien, um dem erlesenen Kreis der Diskutanten zu lauschen. Entsprechend hochrangig war das Podium besetzt: Jürgen Weber, Vorstandsvorsitzender der Deutschen Lufthansa, durfte die Interessen der Luftfahrtunternehmen im allgemeinen vertreten; Hartmut Mehdorn, Alois Schwarz und Dr. Wolfgang Piller die der Deutschen Aerospace.

Mehdorn, Luftfahrt-Vorstand der Dasa, präsentierte einen Zehn-Punkte-Katalog, in dem er nicht nur »eine sehr viel bessere Abstimmung, Koordinierung und zielorientierte Forschungs- und Entwicklungspolitik« forderte. Vielmehr müßten bis zu 340 Millionen DM jährlich für die Luftfahrtindustrie zur Verfügung gestellt, die militärische Flugzeugwartung von der Bundeswehr mehr hin zur Industrie verlagert, das Programm des Jagdflugzeugs Eurofighter 2000 abgesichert sowie jährlich 25 Milliarden DM für das neue Transportflugzeug Future Large Aircraft bereitgestellt werden. Mehdorns Katalog las sich wie ein »Märchen aus tausendundeiner Nacht«, nur daß die milliardenschweren Märchen bei der Dasa bekanntlich wahr werden können.

Auch wenn Dr. Wolfgang Piller in seiner Funktion als Präsident des Bundesverbands der Deutschen Luft-, Raumfahrt- und Ausrüstungsindustrie (BDLI) auf dem Podium thronen durfte, dachte er geflissentlich für den Konzern mit. Entsprechend forsch forderte der BDLI- und Dasa-Repräsentant eine umfassende Hilfe für die von ihm vertretenen Unternehmen. Auch der Gesamtbetriebsratsvorsitzende der Deutschen Aerospace, Alois Schwarz, gab sich alle

Reaktion auf Krisenreaktionskräfte: Die Daimler-Benz Aerospace (Dasa) unterstreicht in Anzeigen ihre Kompetenz auf den neuen Absatzmärkten, die sich durch das erweiterte Aufgabenspektrum der NATO ergeben. Out-of-Area-Einsätze der Bundeswehr werden in Zukunft vor allem mit Dasa-Geräten der neuen Waffengeneration durchgeführt.
(Dasa-Anzeige in: *Multinationale Streitkräfte in der NATO*, St. Augustin 1994, S. 15)

Mühe, engagiert die Konzerninteressen zu vertreten: Er stimme »ohne Wenn und Aber als Gesamtbetriebsrat der Deutschen Aerospace mit dem Management überein«. Wer glaube, »auf ein einziges militärisches Flugzeug verzichten« zu können, um selbiges anschließend in den USA einzukaufen, der habe »mit der Luftfahrt nichts mehr im Sinn«.[34]

Das Beispiel ist eines unter vielen. Aber es zeugt von dem massiven Einfluß, den die Dasa heute im MIP-Komplex mit unbestreitbarem Erfolg ausübt. Die üppig fließenden Förderungsmittel für den reichsten und mächtigsten Luft- und Raumfahrtkonzern sind kein Zufall, sondern Produkt einer druckvollen und äußerst effizient funktionierenden Geschäftspolitik.

Wie gut die deutsche Luft- und Raumfahrtindustrie – allen voran Daimler-Benz – auch in den neunziger Jahren von der amtierenden christlich-liberalen Bundesregierung profitieren kann, belegt die neuerliche Finanzspritze des Forschungsministeriums. Auf dem Bonner Petersberg hatte Dasa-Vorstand Hartmut Mehdorn »eine Budgetbereitstellung für Technologievorhaben in Höhe von 300 bis 340 Millionen DM pro Jahr« gefordert, die der Luftfahrt, einschließlich der Hubschrauber- sowie der Ausrüstungsindustrie, zugute kommen sollte.[35] Bereits ein halbes Jahr später sprudelte der Geldsegen aus dem Bonner Etat. Der Parlamentarische Staatssekretär im Bundeswirtschaftsministerium, Dr. Reinhard Göhner, der das Petersberger Luft- und Raumfahrtforum im Januar organisiert hatte, konnte der Industrie die freudige Zusage unterbreiten, Fördermittel in Höhe von 600 Millionen DM zur Verfügung stellen zu können. Die Summe überraschte, denn selbst bei der Dasa dürfte man mit derart hohen Zuwendungen kaum gerechnet haben. Göhner hatte zudem versichert, daß das von 1995 bis 1998 laufende Bundesförderprogramm für die Luftfahrt nicht zu Lasten des Raumfahrtetats gehen werde.

In seiner Funktion als Koordinator der Bundesregierung für die

Luft- und Raumfahrtindustrie, gilt Göhner ebenfalls als großzügiger Gönner des Daimler-Benz-Konzerns. Der größte deutsche Luft- und Raumfahrtkonzern, die Daimler-Benz Aerospace, erhält damit weiterhin reichlich Zuwendungen aus der Raumfahrtförderung, deren weitere Fortführung auf dem Niveau des Jahres 1994 CDU-Mitglied Reinhard Göhner auch mittelfristig garantiert.

Zusätzlich zu den 600 Millionen DM Eigenmitteln erhalten die deutschen Industriebetriebe, allen voran die Dasa, ab 1995 denselben Betrag aus Steuergeldern geschenkt, um ihre Luftfahrtprodukte in punkto Energieeinsparung, Verminderung des Schadstoffausstoßes oder Lärmreduzierung weiterentwickeln – und die Innovation in bare Münze umsetzen zu können.[36]

Alles in allem ist und bleibt der 100-Milliarden-Konzern Daimler-Benz Deutschlands Zuwendungsempfänger Nummer 1. Daran ändert auch die Tatsache nichts, daß Daimler mit einem deutlichen Umsatzvorsprung von rund 16 Milliarden DM vor der Siemens AG das reichste Industriekonglomerat der Republik ist.[37]

Der Konzern weiß die ihm widerfahrende Wertschätzung zu würdigen. Noch 1994 hatte Daimler-Benz seine Teilnahme an der Internationalen Luft- und Raumfahrtausstellung (ILA) abgesagt und damit »die Diskussion über den Sinn der ILA intensiviert«, wie der Chefredakteur des Lobbyblatts *Luftwaffen-Forum* frustriert verkündete. Die Dasa mußte sich damals bitterböse Vorhaltungen machen lassen, bis hin zum Vorwurf, französische Interessen mit der Teilnahme an der dortigen Ausstellung zu begünstigen. Die ILA in Berlin dürfe nicht geschwächt werden, sie sei »untrennbar mit der Zukunft der Luft- und Raumfahrt verbunden«. Eine »glaubhafte Verteidigung« sei nur dann möglich, räsoniert Wolfdietrich Hoeveler, Chefredakteur des *Luftwaffen-Forums*, »wenn ein nationaler Zugriff auf die entsprechenden Technologien und die notwendige Ausrüstung ohne Einwirkung anderer gewährleistet« sei. Im Etat des Forschungsministers seien jedoch lediglich 65 Millionen DM für Luftfahrtforschung vorgesehen, so sein Vorwurf an die Bonner Politik.

Am Ende durften dann alle Beteiligten zufrieden sein. Die Bonner Regierungspolitik, da die Waffenschmiede ihre Zusage für die ILA 1996 gegeben, und der Dasa-Vorstand, da die Politik dem Konzern wieder einmal kräftig unter die Arme gegriffen hatte. Lob vor allem auch für die Bundesländer Berlin und Brandenburg, die ihre Anstrengungen für die ILA »nachhaltig intensiviert« hatten. Kaum beachtet blieb da die Feststellung der *Frankfurter Rundschau*, »drei große internationale Messen binnen zwei Jahren« würden allerdings die Luftfahrtindustrie »über Gebühr belasten«.[38]

No Future for Future Large Aircraft?

»*Mit der Eröffnung von gemeinsamen, alle Geschäftsbereiche des Unternehmens repräsentierenden Verbindungsbüros hat die Deutsche Aerospace für sich wichtige Interessenvertretungen an den wichtigsten Standorten für den Dialog zwischen Politik und Wirtschaft geschaffen.*« Dasa-Mitarbeiterzeitschrift *aktuell* im Dezember 1991[39]

»*Vor weniger als einem Jahr wurden durch das Inkrafttreten des Maastricht-Vertrags die Grundlagen für eine gemeinsame Außen- und Sicherheitspolitik der Europäischen Union gelegt. Und schon gibt es im Europäischen Parlament den ersten Vorstoß zur Finanzierung eines Langstrecken-Militärtransportflugzeuges der EU.*« Wilfried Telkämper, Abgeordneter des Europäischen Parlaments zum neuen Dasa-Transportflugzeug[40]

Den Grundstein für eine erfolgreiche Lobbypolitik in den Schaltzentralen der Macht hatte die Deutsche Aerospace bereits Ende 1991 gelegt, als sie im Rahmen der Umstrukturierungsmaßnahmen das Verbindungsbüro Bonn/Berlin eröffnete. Welche Bedeutung der neuen Einflußzentrale seitens der Regierungspolitik sowie der Militärs zubemessen wurde, davon zeugte die Teilnahme der Bundesprominenz an der Firmenfeier. Am 28. Oktober 1991 eröffnete der damalige Marketing-Vorstand Karl Dersch, der ein Jahr später wegen seiner Reichskriegsflaggen-Affäre sowie seiner offenen Sympathie für Hitlers Wunderwaffe V 2 als Dasa-Vorstand nicht länger gehalten werden konnte, die Feierlichkeiten. Zu den rund 600 prominenten Gästen zählten »zahlreiche Mitglieder des Bundestags, Staatssekretäre, Diplomaten, Vertreter des Bundesministeriums für Wirtschaft, des Bundesministeriums für Forschung und Technologie, des Bundesverteidigungsministeriums, der Bundeswehr und der Industrie«. Diese gaben sich, wie die Dasa zufrieden bemerkte, »auf dem Bonner Petersberg ein Stelldichein«.

Dasa-Vorstand Dersch wußte die Gunst der Stunde zu nutzen und »plädierte in seiner Rede für einen engen Schulterschluß zwischen Politik und Wirtschaft«. Vor den versammelten Repräsentanten des militärisch-industriell-politischen Komplexes sprach Dersch das aus, was Dasa-Vertretern wie Generälen die größten Sorgen bereitete: Die Luftwaffe benötige »ein neues, leistungsfähiges Jagdflugzeug«, dabei dürften finanzielle Erwägungen keine primäre Rolle spielen. Die Kosten des Milliardenprojekts »als Kriterium für das Bekenntnis zum Jagdflugzeug '90 zu nehmen, hieße Hunger abhängig vom Brotpreis zu machen«, so Dersch in seiner eindringlichen Mahnung an die Kritiker des größten Rüstungsprojekts in der Geschichte der Bundesrepublik Deutschland.

Derschs Worte stießen bei Politgrößen wie dem Staatssekretär im Bundeswirtschaftsministerium, Dr. Erich Riedl, oder dem Präsidenten der Gesellschaft der Luftfahrt in Deutschland e. V., Dr. Theodor Benecke, auf offene Ohren.[41] Die Dasa-Büros in Bonn und Berlin, anfangs unter der Leitung von Horst Moddemann bzw. Robert Vogel, erledigten in den folgenden Jahren ihre Lobbytätigkeit zur besten Zufriedenheit des Konzernvorstands, wie im nachhinein selbst Beamte aus dem Bundeswirtschaftsministerium bestätigten.

Auf europäischer Ebene kann Daimlers Lobbyarbeit wesentlich weniger Erfolge vorweisen als auf dem Bonner bzw. Berliner Parkett. Europas Politiker, selbst für den mächtigen Konzern aus Schwaben anscheinend schwerlich zu beeinflussen, verfahren mit dem deutschen Wirtschaftsgiganten deutlich kompromißloser als so mancher Regierungsvertreter in Bonn. Da half es auch wenig, daß der damalige Dasa-Vorsitzende Jürgen Schrempp nur einen Tag nach der Eröffnungsfeier des Bonner und des Berliner Büros zum Empfang ins neue Brüsseler Büro einlud. Dem Daimler-Ruf folgten insbesondere die Größen der deutschen Europapolitik, wie der EG-Vizepräsident Martin Bangemann, das EG-Kommissionsmitglied Peter Schmidhuber sowie der damalige Nato-Generalsekretär Manfred Wörner. Erneut reihte sich auch Erich Riedl, seit Jahren einer der aktivsten Vertreter der Interessen der süddeutschen Rüstungsindustrie und damit insbesondere der Deutschen Aerospace, in den Reigen der Dasa-Gratulanten ein.

Riedl hatte sich in den vergangenen Jahren gleich mehrfach in die Nesseln gesetzt: von der vorzeitigen Zustimmung zur Daimler-MBB-Fusion bis hin zu seinem Bestreben, »mit Gesinnungsfreunden«, so der *Spiegel*, den 50. Jahrestag der V 2-Rakete der Nationalsozialisten zu feiern.

»Mich Lobbyist zu nennen, ist total falsch«, wehrte sich der von 1987 bis 1993 als Parlamentarischer Staatssekretär im Bundeswirtschaftsministerium tätige Zögling von Franz Josef Strauß gegen den Vorwurf der Vorteilsnahme. »Doch an kaum einem anderen Bonner Politiker klebt dieses Etikett so fest wie an dem 58jährigen Bayer«, schrieb Karl-Heinz Büschemann 1991 in der *Zeit*. Büschemann wußte, wovon er sprach: Riedl, zugleich Koordinator der deutschen Luft- und Raumfahrtindustrie, nutzte die sich bietenden Gelegenheiten, der heimischen Rüstungsindustrie Aufträge zuzuschustern. Als die Bundeswehr zwanzig Sanitätshubschrauber in den USA kaufen will, »macht Riedl Rabbatz, damit der Auftrag an die Daimler-Tochter MBB und nach München geht«. Die Elefantenhochzeit war für den Staatssekretär bewilligt, bevor Helmut Haussmann seine Ministererlaubnis aussprach, und der Jäger 90 sollte in jedem Fall »nicht nur aus militärischen, sondern auch aus technologiepolitischen Gründen« angeschafft werden. Als Airbus-Fanatiker machte er sich auch für die Airbus-Produktion in deutschen Landen stark.[42] Von all diesen Projekten profitierte ein Konzern über alle Maßen: die Daimler-Benz AG in Stuttgart sowie ihre bayerische Tochter, die Dasa.

Im Oktober 1994 starteten die Rüstungslobbyisten in den Reihen der EU-Parlamentarier erstmals den Versuch, über den Haushalt des Europäischen Parlaments, ein ausgewiesenes Militärprojekt direkt mitzufinanzieren. In einem Änderungsantrag zum Haushalt 1995 empfahl der Ausschuß für Auswärtige Angelegenheiten, Sicherheit und Verteidigungspolitik die Einrichtung einer völlig neuen Haushaltslinie unter der Rubrik B7-011N.

Mit zehn Millionen DM sollte der sich gegenwärtig bei einem Konsortium unter Beteiligung der Daimler-Tochter Dasa in Entwicklung befindliche Militärtransporter Future Large Aircraft (FLA) subventioniert werden. Eingebracht hatte den Antrag der britische Labour-Parlamentarier Gary Titley, der die Zehn-Millionen-Zuwendung als einen »symbolischen Einstieg« verstanden wissen wollte. Titleys Antrag stieß gerade bei den französischen Abgeordneten unter Führung des ehemaligen Sozialisten Bernard Tapie auf Zustimmung, da Tapie sich für eine Außenpolitik mit militärischen Mitteln stark machte. So kam dem FLA-Antrag vor allem die Funktion zu, als Eisbrecher für weitere WEU-Rüstungsprojekte in den Folgejahren zu fungieren. Denn die anvisierten

zehn Millionen DM waren angesichts der Gesamtentwicklungs-
kosten von acht Milliarden DM eine vergleichweise geringe finanzielle Beteiligung.

Voller Optimismus zogen die Befürworter einer militärisch definierten Außenpolitik in die Abstimmung des EU-Parlaments, zumal der Außen- und Sicherheitsausschuß dem FLA-Zuschuß bereits
zugestimmt hatte. Daß es den Grünen im Europaparlament dennoch völlig überraschend gelang, eine Mehrheit gegen den Antrag
zur Unterstützung der Airbus-Industrie zu organisieren, lag vor
allem an der Intiative des Freiburger Grünen-Abgeordneten
Wilfried Telkämper. Der Vizepräsident der Europäischen Uni-
on/Afrika-Asien-Pazifik-Versammlung hatte den FLA-Befürwor-
tern schon im Vorfeld der Parlamentsentscheidung vorgeworfen, es
stelle einen »bodenlosen Zynismus« dar, mit einem humanitären
Einsatz des Militärtransporters zu argumentieren. »Von der Entwicklung eines Militärflugzeugs im Rahmen der Airbus-Industrie
ist es nicht mehr weit zum ersten Eurofighter«, kommentierte
Telkämper den Versuch, »die Militärhaushalte der Mitgliedsländer
aufzubessern«.[43]

Von EFA zu NEFA – die wundersame Verwandlung vom Jäger 90 zum Eurofighter 2000

Rühe greift an

»*Der Jäger 90 ist tot.*« Verteidigungsminister Volker Rühe im August
1992[44]

»*Ich glaube nicht, daß die Straßen von Birmingham mit Gold und
Silber gepflastert sind, und daß die Briten sich alles leisten können, was*

die Militärs haben wollen.« Verteidigungsminister Volker Rühe im Oktober 1992 [45]

»*Volker, du machst die Bundeswehr kaputt.*« Erich Riedl, CSU, Staatssekretär im Bundeswirtschaftsministerium[46]

»*Es ist im Grunde unvorstellbar: Allen Forderungen der Luftwaffe und der Rüstungsabteilung zum Trotz erklärt der frisch ernannte Verteidigungsminister, er sei gegen das Europäische Jagdflugzeug und fällt somit der gesamten Bundeswehrführung in den Rücken.*« Wolfdietrich Hoeveler, Chefredakteur des *Luftwaffen-Forum* [47]

Als Volker Rühe im Frühjahr 1992 zum Nachfolger von Gerhard Stoltenberg ernannt wurde, den der ungenehmigte Rüstungsexport von 15 Leopard-Kampfpanzern in die Türkei zu Fall gebracht hatte, konnte der Dasa-Vorstand die Folgen des Amtswechsels noch nicht erahnen. Mit der »Mehrzweckwaffe« in Gestalt des vormaligen CDU-Generalsekretärs hatte der Kanzler, nach Ansicht der *Stuttgarter Zeitung* einen Glücksgriff getan.[48] Denn mit Volker Rühe präsentierte er einen Verteidigungsminister, der endlich einmal länger als seine drei Vorgänger im Amt bleiben sollte.

Rühe erwies sich als Charakterkopf mit durchaus eigenen Ansichten. Der »liberale Falke«, so das *Handelsblatt*, holte umgehend zum großen Schlag aus und hatte dabei vor allem zwei Ziele im Visier: Zum einen sollte die Hardthöhe um eintausend Mitarbeiter abgespeckt werden.[49] Zum anderen warf der neue Chef der Hardthöhe die Frage auf, ob »man angesichts der veränderten sicherheitspolitischen Lage einen Supervogel« brauche.[50]

Beim Madrider Treffen der Verteidigungsminister der vier Kooperationsstaaten im August 1992 verkündete Rühe den Stop der Entwicklung des European Fighter Aircraft (EFA) – der Jäger 90 sei tot.[51]

Hardthöhen-Sprecher Hans-Dieter Wichter wehrte sich gegen den

Vorwurf, das Flugzeug solle später in einer billigeren Variante gefertigt werden. Derlei Berichte entstammten »dem Wunschdenken bestimmter interessierter Kreise«, die glauben würden, den »Jäger 90 retten zu können«. Rühe versprach noch im November 1992, »knallhart« zu bleiben, und erfuhr dabei Unterstützung bei den spanischen und italienischen Kooperationspartnern. In Spanien sahen Politiker damals den »sozialen Frieden« aufgrund der permanent steigenden EFA-Kosten gefährdet.[52]

Einzig auf der Insel stieß Rühe auf Granit. Am Rande des Nato-Ministertreffens im schottischen Gleneagles brüskierte er Verteidigungsminister Malcolm Rifkind: »Wie will mein britischer Kollege das seinen Bergleuten erklären«, entgegnete Rühe auf das Ansinnen der Briten, EFA womöglich im Alleingang zu fertigen.[53]

In Kreisen des militärisch-industriell-politischen Komplexes (MIP) lösten Rühes Zweifel am Sinn des Jäger 90-Programms helles Entsetzen aus. Schließlich hätte nichts Schlimmeres geschehen können, als daß der Verteidigungsminister selbst das Lieblingskind der Militär- und Rüstungslobby in Frage stellte.

Hinter den Kulissen, und vor allem innerhalb der CDU/CSU-Bundestagsfraktion, formierte sich die Front der Jäger-Fanatiker. Als einer der ersten preschte der Vorsitzende der CDU/CSU-Arbeitsgruppe »Verteidigung«, Paul Breuer, vor. Der Siegener Abgeordnete forderte ein »ordentliches Flugzeug«; die Weiterentwicklung des europäischen Jagdflugzeugs Jäger 90 sei Pflicht, »egal, wie es getauft« werde. Der Heidelberger CDU-Abgeordnete Udo Ehrbar, EFA-Berichterstatter seiner Fraktion, reihte sich in die Riege der Rühe-Kritiker ein: Dessen »Flying-Nonsens-Modelle« seien nicht realisierbar, die Forderung nach einem »neueren und leichteren Flugzeug« laufe auf ein »Flugzeug von minderer Qualität« hinaus, was sicherheitspolitisch nicht zu vertreten sei.[54]

Die Phalanx der Rühe-Feinde formierte sich von den Hardlinern der CDU/CSU-Fraktion über die militärkonformen Medienvertreter bis hin zu den betroffenen Betrieben in der Rüstungsindustrie. Das Fachmagazin *Luftwaffen-Forum* glaubte die Interessen der Soldaten vertreten zu müssen: Die seien »gewohnt zu gehorchen« und würden – bezogen auf den Jäger 90 – nicht »wagen zu sagen, was sie bedrückt«. Chefredakteur Wolfdietrich Hoeveler unterstellte Rühe, er fröne dem »blanken Populismus«, was von »offensichtlicher Ignoranz« zeuge. Und »der gesamtpolitische und wirtschaftliche Schaden, für den Volker Rühe persönlich verantwortlich« zu machen sei, kümmere ihn »offenbar ebenfalls nicht«.[55]

Selten zuvor hatte ein bundesdeutscher Verteidigungsminister derart unverblümt im Schußfeld der Kritik aus den eigenen Reihen gestanden. Doch für Rühe kamen die Kanonaden nicht unerwartet. Der vormalige CDU-Generalsekretär hatte den Sturm der Entrüstung in den Kreisen seiner Parteifreunde und bei den Militärmedien einkalkuliert. Schlichtweg unterschätzt aber hatte er die Macht des MIP-Komplexes – und vor allem die des Konzerns Daimler-Benz.

Der Konzern schlägt zurück

»*Es finden ständig Einzelgespräche mit allen wichtigen Politikern statt.*« Antwort der Daimler-Benz-Verwaltung vom Juni 1994 zu Maßnahmen der Eurofighter-Förderung [56]

»*Das Bundesverteidigungsministerium und die Daimler-Benz-Tochter Deutsche Aerospace (Dasa) teilen sich mit fast deckungsgleichen Argumenten die Aufgabe, Stimmung für EFA (European Fighter Aircraft/Jäger 90) zu machen.*« Thomas Küchenmeister in der *antimilitarismus information* [57]

»*Wenn ich den Anteil bis zum Jahr 1996 auf den Gesamtumsatz der Deutschen Aerospace projiziere, dann würde das Jagdflugzeug etwa*

5 Prozent des Umsatzes ausmachen.« Jürgen Schrempp in der *Stuttgarter Zeitung* [58]

Der Dasa-Vorstand erkannte die Gefahr frühzeitig und reagierte am konsequentesten. Nach der permanenten öffentlichen Kritik am EFA-Programm entwickelten Jürgen Schrempp und Edzard Reuter einen ausgefeilten Schlachtplan, der die politischen Entscheidungsträger ins Visier nahm.

Im November 1991 erreichte die Abgeordneten des Deutschen Bundestages sowie weitere Zielgruppen die Lobbybroschüre *8 gute Gründe für EFA*, worin die Deutsche Aerospace versuchte, die Bundestagsabgeordneten zugunsten des umstrittenen Milliardenprojekts zu beeinflussen. Dabei standen weniger sicherheits- als wirtschaftspolitische Gründe im Mittelpunkt der Dasa-Argumentation. Lediglich in den ersten drei Punkten wurden »sicherheits- und verteidigungspolitische Gesichtspunkte«, die Frage des »geänderten sicherheitspolitischen Umfelds« sowie »Bündnis- und Europa-Aspekte« betont.

Ganz im Denken des Kalten Krieges verhaftet, sang die Münchener Waffenschmiede das hohe Lied der Abschreckung: »Ohne militärische Luftverteidigung ist Souveränität nicht durchsetzbar.« Dabei machte die Dasa den Feind weiterhin im Osten aus. Das EFA-Leistungsniveau sei auf den Luftkampf mit Militärmaschinen der Sowjetunion ausgerichtet und zudem optimal für Kampfeinsätze out of Area geeignet. Ganz im Sinne der Luftwaffengeneräle unterstützte die Dasa, daß Deutschland »den Anteil der gemeinsamen Luftverteidigung« übernehmen solle. Damit der Weg zu einer politischen und verteidigungspolitischen Union mit einem »einheitlichen wehrtechnischen Markt« nicht »blockiert« werde, dürfe das europäische Kooperationsprogramm nicht abgebrochen werden.

Doch der Schwerpunkt der Broschüre zur Rettung des Milliardenauftrags für den Münchener Rüstungskonzern lag auf der wirtschaftspolitischen Argumentation: Im Ausland produzierte Flugzeuge zu kaufen, mache »volkswirtschaftlich keinen Sinn«. Außerdem würden die aufzuwendenden Steuermittel »in Form von Steuern und Abgaben in einer Höhe von insgesamt zwischen 40% und 60% wieder den Haushalten« in Deutschland zufließen. Da die Luft- und Raumfahrt »Spitzentechnologie« biete und Avionik, Antriebe und Werkstoffe »Schlüsseltechnologien« seien, führe der Jäger 90 insgesamt zu einem »Know-how-Gewinn«. Zivile und militärische Luftfahrt seien untrennbar miteinander verbunden: »Erfahrungen der Zellen-, Triebwerk- und Ausrüstungsindustrie bei Alpha-Jet, Airbus- und Hubschrauber-Programmen« würden eine »intensive Wechselwirkung zwischen militärischen und zivilen Anteilen« zeigen. Zudem würde durch das EFA-Projekt die deutsche Ausrüstungsindustrie gestärkt.

Alles in allem wollten die *8 guten Gründe für EFA* nur mehr oder weniger sanften Druck auf unschlüssige Abgeordnete ausüben. Schllecht verhohlen verbarg sich dahinter das egoistische Interesse, einer maroden Rüstungsindustrie weitere staatliche Zuwendungen zukommen zu lassen. Unter den acht Argumenten zeigte eines besondere Wirkung: Volkswirtschaftlich gesehen zwar unzutreffend, gelang es der Dasa dennoch, mit dem drohenden Arbeitsplatzverlust und scheinbar unvermeidlichen Werksschließungen das Primat der Politik zu brechen. In Punkt 7 forderte die Daimler-Tochter »Erhalt und Ausbau technischer Kompetenz und der wirtschaftlichen Position der deutschen Luftfahrtindustrie«. Diese werde durch das EFA-Programm gesichert, das einen immens wichtigen Beitrag zum Erhalt »hochwertiger und zukunftsorientierter Arbeitsplätze« leiste.[59] Angesichts eines fehlenden Feindes und knapper finanzieller Ressourcen hätte selbst manch ein Regierungsvertreter liebend gerne die EFA-Milliarden anderweitig verwendet, doch dem Druck aus Möhringen und München konnte kaum einer widerstehen.

Bekanntermaßen wissen Repräsentanten der Rüstungsindustrie das Arbeitsplatzargument gezielt einzusetzen. So hantierten MBB- und Dasa-Vertreter mit immer neuen und immer unseriöseren Zahlen, um Ängste bei Politikern und in der Öffentlichkeit zu schüren: Hanns Arndt Vogels bezifferte die Zahl »auf bis zu 20 000 Beschäftigte« sowie 5000 Entwicklungsingenieure, die von Arbeitslosigkeit bedroht seien, falls der European Fighter Aircraft nicht in Serie gehe.[60] Dieselbe Zahl stellte der ehemalige Dasa-Vorstand Karl Dersch, 1992 zugleich Präsident des Verbands der Deutschen Luftfahrt-, Raumfahrt- und Ausrüstungsindustrie, in den Raum.[61] Unerreicht blieben jedoch die Spekulationen von Georg Freiherr von Waldenfels, der als bayerischer Finanzminister und Dasa-Aufsichtsratsmitglied die Interessen der Landesregierung sowie des Unternehmens in Personalunion vertrat: Falls das EFA-Programm gestrichen werde, würden 30 000 Arbeitsplätze verlorengehen.[62]

Stark machte sich auch Alois Schwarz für den Eurofighter. Der Gewerkschafter äußerte unverhohlen Mißmut über die zögerliche Politik der Bundesregierung. Bis zu 8000 Arbeitsplätze – so die vergleichsweise realistische Prognose – stünden auf dem Spiel, beklagte der Gesamtbetriebsratsvorsitzende der Daimler-Benz Aerospace. Schon heute müsse die Dasa im militärischen Bereich »53-, 54jährige Ingenieure, die jetzt das nötige technische Knowhow besitzen, nach Hause in den Vorruhestand« schicken.[63] Daß selbst Alois Schwarz als Mitglied der IG Metall Partei für das größte deutsche Rüstungsprojekt aller Zeiten ergriff, offenbart nicht nur die Kluft unter Gewerkschaftern, sondern auch den Interessenskonflikt, wenn es um Arbeitsplätze in der Rüstungsindustrie geht.

Zunehmend versuchten die Vertreter des militärisch-industriell-politischen Komplexes ihren Druck auf die politischen Entscheidungsträger zu verstärken. Daß die Sachlage in Wirklichkeit ganz anders war, mußte selbst der Dasa-Vorsitzende Jürgen Schrempp eingestehen: Gerade einmal magere fünf Prozent des Umsatzes der

Deutschen Aerospace würden vom Eurofighter abhängen. Für einen derart finanzkräftigen Mobilitätskonzern wie Daimler-Benz wäre der Auftragsverlust durchaus verkraftbar gewesen – durch Umsteuerung auf die tatsächlichen Zukunftstechnologien, wie beispielsweise eine ökologisch orientierte Verkehrstechnik.

In einer Vielzahl von Einzelgesprächen nimmt der Konzern bis heute direkt auf die Bundestagsausschüsse Einfluß. So fanden mehrere Gespräche – unter anderem am 19. Mai 1994, dem Tag nach der Daimler-Benz Hauptversammlung – mit dem Verteidigungs- und Haushaltsausschuß statt, wie die Daimler-Hauptverwaltung auf eine Anfrage offenbarte.[64] Die Erfolge dieser Strategie der direkten Bearbeitung von Politikern sind offensichtlich.

Nur vier Monate hatten die Mächtigen des MIP-Komplexes benötigt, um Volker Rühe wieder auf Linie zu bringen. Am Ende stand der Bundesverteidigungsminister blamiert bis auf die Knochen da: Seine hochtrabenden Pläne vom Verzicht auf das Jagdflugzeug brachen wie ein Kartenhaus in sich zusammen. Im August 1992 hatte Rühe verkündet, daß »man langfristig nur das durchsetzen, was man gut begründen« könne, und damit den Jäger 90 in Frage gestellt.[65]

Im Dezember 1992 einigte sich Rühe mit den drei Partnerstaaten auf den Bau eines sogenannten »neuen« Jagdflugzeugs. Im Endeffekt hatte er jedoch nicht nur an Glaubwürdigkeit verloren; auch seine ambitionierten Pläne, Nachfolger von Kanzler Kohl zu werden, verspielte der ehemalige Topkandidat damit auf Jahre hinaus.

Trotz der völlig überholten Diskussionsgrundlage verkündete Daimler-Benz auf die Frage des Aktionärs Paul Russmann bei der Hauptversammlung im Sommer 1994, die acht guten Gründe für den Eurofighter seien »weiterhin gültig«.[66] Erstaunlich war dabei die Gleichsetzung der Argumente für den EFA und das Nachfolgemodell des NEFA. Noch erstaunlicher aber war, daß sich die Dasa –

drei Jahre nach dem Zusammenbruch der Warschauer Vertragsorganisation – noch immer nicht in der Lage sah, wenigstens eine revidierte Fassung vorzulegen und den Feind neu auszuloten. Erst im Februar 1995 bestätigte Wolfram Wolff vom Dasa-Produktionsbereich Militärflugzeuge, daß »diese Informationsschrift derzeit überarbeitet« werde.

Malaysia für MiG, Militärs gegen Palmöl

»*Zur Zeit verfügt Deutschland für diese Aufgabe nur über die 20 Jahre alte Phantom und 24 MiG 29. Diese Flugzeuge können die Aufgabe nur noch für eine begrenzte Zeit wahrnehmen.*« Jörg Schönbohm, Parlamentarischer Staatssekretär im Bundesverteidigungsministerium, über die MiG-Flugzeuge der Bundesluftwaffe [67]

»*Die Bundesluftwaffe ist neuerdings voll des Lobes für die zuvor ungeliebten sowjetischen MiG-29-Jagdflugzeuge, die sie voriges Jahr von der ehemaligen Volksarmee der DDR (NVA) übernommen hat.*« Der Spiegel im Juni 1991 [68]

»*Diese Daten machen deutlich, daß beide Flugzeuge bezüglich ihrer Dimensionen, Schubleistung, Kraftvorrat usw. durchaus vergleichbar sind; die für Agilität entscheidenden Werte, nämlich Endgeschwindigkeit, Beschleunigung, Anstellwinkel und Wendegeschwindigkeit sind aber bei der MiG 29 M deutlich besser.*« Dritter Bericht des Bundesrechnungshofes zum Jäger 90/Eurofighter 2000 [69]

Rühes Niederlage hatte zwar den Verteidigungsminister in den Kreis der Eurofighter-Befürworter zurückgeführt, nicht aber die Argumente gegen das NEFA-Projekt widerlegt.
Seit dem 3. Oktober 1990 verfügt die Bundesluftwaffe über 24 MiG-29-Flugzeuge, im Nato-Jargon »Fulcrum« genannt, die da-

mals beim Jagdgeschwader in Preschen nahe der deutsch-polnischen Grenze stationiert wurden. Das Flugzeug gilt als »eines der modernsten Jagdflugzeuge der internationalen Militärluftfahrt schlechthin«, urteilt das Militärfachblatt Soldat und Technik.[70]

Beim Test der 24 Flugzeuge der Nationalen Volksarmee (NVA) der DDR stellte Oberstleutnant Peter Bündgen, Leiter des Fliegerischen Dienstes der Wehrtechnischen Dienststelle für Luftfahrzeuge WTD 61 im bayerischen Manching fest: Die MiG 29 könne gut mit westlichen Systemen mithalten. »Der Gegner war besser, als Militärexperten dachten«, meldete die Neuburger Rundschau dementsprechend.[71] Und der SPD-Rüstungsfachmann Manfred Opel zitierte ehemalige NVA-Soldaten in der Wehrtechnik mit den Worten: »In der Luftwaffe fehle »ausgerechnet ein Jagdflugzeug von den Fähigkeiten der MiG 29«. Opel, Mitglied im Verteidigungsausschuß, meldete sich als Unterstützer zu Wort. Auch wenn die MiG 29 Schwächen habe, sei sie ein »militärisches Spitzenprodukt«.[72] Auch die Zeit erkannte im weiteren Erwerb von MiG 29-Flugzeugen durchaus »Charme«: »Der Ankauf von 200 Flugzeugen inklusive Ersatzteilen trägt zur Abrüstung in Rußland bei.« Die Luftwaffe bekäme ein anerkannt gutes Flugzeug, die Ersatzteile könnten sogleich miterworben werden.[73] Die genannten Schwächen sind mittlerweile beseitigt, mit der MiG 29 M – das »M« steht dabei für »modernized« – bietet die russische Rüstungsindustrie eine Weiterentwicklung des Jägers mit »verbesserter Luftangriffsfähigkeit« an.[74]

Entsprechend erfolgreich agiert die russische Rüstungsindustrie auf dem Weltmarkt: Ende 1994 konnte ein überraschender Coup gemeldet werden, als es gelang, in den bisher von westlichen Waffenschmieden beherrschten asiatischen Markt einzudringen. Trotz massiver Proteste der USA erwarb Malaysia 18 MiG 29 samt Bewaffnung mit Luft-Luft-Raketen inclusive Pilotenausbildung. Indonesien und Thailand bekundeten daraufhin ebenfalls Kaufinteresse an russischen Kampfflugzeugen – nicht zuletzt aufgrund der mit 550 Millionen Dollar im Vergleich zu den Flugzeugen der Nato-Staaten deutlich geringeren Kosten. Für diesen Preis hätte das malaysische Militär allenfalls halb soviel Eurofighter erwerben können – nach dem Jahr 2000 versteht sich.

Kleine Pointe am Rande: Malaysia will einen Teil der MiG-Millionen mit Palmöllieferungen begleichen. Vielleicht sollten die bundesdeutschen Steuerzahler rechtzeitig flächendeckend Palmölplantagen anlegen, um die fehlenden Milliardenlöcher des Eurofighters zu stopfen.

Der Bundesrechnungshof (BRH) beurteilte den russischen Jäger in seinem Dritten Bericht an den Haushaltsausschuß positiv: Auch die WTD 61 habe die Modernisierungsmaßnahmen »vor allem in den Bereichen der Reichweite, der Kampfkraft, des Wartungsaufwands und der Lebenswegkosten« gewürdigt.[75] So verfüge das russische Jagdflugzeug über »ein umfassendes Arsenal an Waffen, die ihm eine wirkungsvolle Bekämpfung von Bodenzielen« erlaubten. Die Luftwaffe dagegen hatte beim Eurofighter von vornherein auf die Luft-Bodenfähigkeit verzichtet, so daß ein Vergleich mit der Kampfkraft der MiG 29 in dieser Hinsicht schon gar nicht möglich war.

Dezidiert belegte der BRH die Vorteile der russischen Maschinen: Die MiG 29 sei »sehr robust und äußerst wartungsfreundlich«, die »Systemzuverlässigkeit um den Faktor zehn höher als z. B. beim Tornado«. Kritik übte der BRH dagegen an der kurzen Lebensdauer der MiG-Triebwerke. Doch ob der EF 2000 seine hoch angesetzten Werte erreichen würde, ließe sich »mit ausreichender Sicherheit erst im Verlauf der Nutzung bestätigen«.

Allein aufgrund seiner jetzt schon prognostizierbaren Mängel mußte sich der Jäger light massive Kritik seitens des BRH gefallen lassen. Der mit »hohen technischen und finanziellen Risiken verbundene Eurofighter-Entwurf eines aerodynamisch instabilen Flugzeuges« führe im Vergleich zu einem konventionellen Flugzeug – gemeint war die MiG 29 M – »nicht zu besseren Flugwerten«. Dabei hatte der BRH Daten zugrunde gelegt, die Mitte 1994 lediglich »Forderungen« für die Zukunft darstellten und noch nicht im mindesten realisiert waren. Selbst an diesen, für den Eurofighter hoffnungsfroh angesetzten Werten, hegte der BRH Zweifel, schließlich würde der »zu erwartende Gewichtsaufwuchs« zu »sinkenden Leistungswerten führen«.[76]

In der Zentrale der Daimler-Benz Aerospace sah man die Lobeshymnen für das russische Jagdflugzeug mit beträchtlicher Sorge. Entschiede sich die Bundesregierung für den Kauf neuer Fulcrum-Flugzeuge bei der Moscow Aircraft Production Group, dann hätte die Dasa das Gefecht um die Eurofighter-Milliarden verloren. Angesichts der neuen – nunmehr wirtschaftlichen – Bedrohung aus dem Osten, führten die deutschen Luftwaffengeneräle, der Dasa-Vorstand sowie Regierungsvertreter einen gemeinsamen Kampf für den Eurofighter. Dabei litt ihre Argumentation fortwährend unter dem Problem, daß man ein in technischen Werten gleichwertiges Flugzeug produzieren wollte, das jedoch in anderen relevanten Punkten schlechter abschnitt. Erschwerend kam hinzu, daß die MiG 29 M bereits auf dem Markt war und dort Punkte sammelte, während der Eurofighter frühestens ab dem Jahr 2002 zur Verfügung stehen würde. Dennoch ließen sich die MIP-Vertreter kaum auf eine inhaltliche Diskussion ein. Kurz und knapp wischte Jörg Schönbohm Gegenargumente vom Tisch: Alle »Alternativen wurden aus operativen, bündnispolitischen, finanziellen und industriepolitischen Gründen verworfen«, schrieb Schönbohm an den Vorsitzenden des Verteidigungsausschusses.[77]

Am treffendsten brachte Gernot Erler, Mitglied im Verteidigungsausschuß, das Problem der EFA-Befürworter auf den Punkt: Das

Jagdflugzeug stamme aus der Zeit des Kalten Krieges: »Der Jäger 90 sollte eine Antwort auf die Entwicklung der MiG 29 sein und eine Rolle im Offensiv-Verteidigungskonzept der NATO gegen eventuelle Angriffe aus dem Osten spielen.« So der Sozialdemokrat, der der Bundesregierung vorwirft, bis heute »keine überzeugende neue Aufgabendefinition für dieses teuerste Rüstungsprojekt der deutschen Geschichte vorgelegt« zu haben.[78]

Längst droht keine Gefahr mehr aus Osteuropa, die Warschauer Vertragsorganisation hat sich aufgelöst, die Bundesrepublik Deutschland ist – selbst aus der Sicht der Militärs – von befreundeten Staaten umgeben: Kein Land habe von den sicherheitspolitischen Entwicklungen in den vergangenen Jahren »so sehr profitiert wie Deutschland«, mußte sogar Bernd Wilz, Parlamentarischer Staatssekretär im Bundesverteidigungsministerium, eingestehen. Die Teilung Europas sei beendet und Deutschland »an allen seinen Grenzen von Partnern, Freunden und wachsenden Demokratien umgeben«.[79]

Wofür also benötigt ein Land, das rundum von Freunden und Partnern umgeben ist, ein Jagdflugzeug, das lediglich geeignet sein soll, angreifende Flugzeuge abzufangen?

Der Jäger 90 sei »so sinnlos wie ein Kropf«, hatte Olaf Feldmann, Fachmann für Abrüstungsfragen der FDP-Bundestagsfraktion, zu Recht festgestellt.[80] Drei Jahre später muß die Aussage generalisiert werden: Das Rüstungsprogramm eines Abfangjägers zum Schutz des Luftraums über der Bundesrepublik Deutschland müßte mangels einer feindlichen Luftwaffe sofort abgebrochen werden. Gäbe es nicht den einflußreichen und mächtigen MIP-Komplex, dann wäre nach dem Absturz des Jäger 90-Projektes keine weitere Mark an Steuergeldern für den Eurofighter 2000 an die Dasa verschwendet worden. Friedenspolitisch gibt es keinen Grund, den Eurofighter zu fertigen; und sicherheitspolitisch gibt es keinen Grund, der die Anschaffung der MiG 29 M rechtfertigen würde.

MIP-Komplex gegen das Primat der Politik

»*Der Eurofighter ist von Anbeginn ein ausgewogenes, leistungsfähiges Jagflugzeug der 4. Generation.*« Jörg Schönbohm, Parlamentarischer Staatssekretär im Bundesverteidigungsministerium[81]

»*Es war ein denkwürdiger Tag, der 4. Mai 1994, für die Luftstreitkräfte der vier am Programm beteiligten Länder, für die Industrien dieser Staaten und sicher auch für die Luftfahrt Europas, als der Eurofighter 2000 sein internationales Debüt gab.*« Jürgen Erbe, Chefredakteur der *Wehrtechnik* [82]

»*Aber ich bin überzeugt, daß das Primat der Politik sich seiner Verantwortung bewußt ist und Bündnisfähigkeit und Verteidigungsfähigkeit nicht einfach aufgrund wirtschaftlicher und konjunktureller Rezession in einen instabilen Zustand abgleiten läßt.*« Jürgen Schrempp als Dasa-Vorstandsvorsitzender [83]

Er kam drei Jahre zu spät und wurde gefeiert, als habe die Menschheit tatsächlich einen Schritt zur Lösung eines ihrer existentiellen Probleme getan. So brachen die am 4. Mai 1994 in Warton/England anwesenden Regierungsvertreter in Jubel aus, als der Eurofighter sein offizielles Flugdebüt gab. Der britische Verteidigungsminister Malcolm Rifkind, Italiens Fabio Fabbri, ein spanischer Rüstungsdirektor sowie Jörg Schönbohm sangen das Lied der militärischen Luftfahrt in höchsten Tönen. Nur einer fehlte: Der deutsche Verteidigungsminister Volker Rühe hatte sich entschuldigen lassen; aus »terminlichen Gründen«, wie er verlautbaren ließ.

Die Zufriedenheit der anwesenden Militärlobbyisten war durchaus nachvollziehbar. Nach der Katastrophe der schwedischen Konkurrenzmaschine vom Typ JAS 39 Gripen, deren zweiter Prototyp bei einem Flug über Stockholm außer Kontrolle geriet und abstürzte, hatte auch der Dasa-Chef allen Grund zur Freude.[84] Jürgen Schrempp genoß den Erfolg als einer derjenigen, die gezielt auf diesen Tag hingearbeitet hatten: Mit dem Eurofighter erhielten »die Luftwaffen der vier beteiligten Nationen ein Flugzeug, das die Luftverteidigungsfähigkeit dieser Länder« sichere. Der Jäger sei »ein Beweis für den hohen Technologiestand und die Wettbewerbsfähigkeit der europäischen Luftfahrtindustrie«, verkündete Schrempp.[85]

Genau das aber war das Flugzeug beim besten Willen nicht. Das NEFA-Programm hatte sich nicht nur um drei Jahre verzögert, wozu auch eine Vielzahl technischer Mängel beigetragen hatte. Vielmehr konnte es ausschließlich aufgrund der reichlich fließenden Milliardenzuwendungen aus den Verteidigungsetats der vier Kooperationsländer zustande kommen. So gesehen war der EF 2000 allenfalls ein fliegender Beweis dafür, wie spendabel die politisch Verantwortlichen auf den Druck von Verteidigungsindustrie und Militärs reagierten. Hätten die vier Rüstungskonzerne den Eurojäger mit eigenen Finanzmitteln entwickeln müssen, so wäre das Projekt erst gar nicht in Angriff genommen worden. Die am Tag des EFA-Erstflugs von Jürgen Schrempp vertretene These, der Eurofighter sei der erste Schritt in eine neue technologische Ära der Luftfahrt, gehört spätestens seit dem Dritten Bericht des Bundesrechnungshofs zum argumentativen Antiquariat. Die Rechnungsprüfer hatten ermittelt, »daß die MiG-29, also ein Flugzeug der dritten Generation, die gleichen aerodynamischen Leistungswerte aufweist (teilweise sogar besser) wie das EF 2000 als Flugzeug der vierten Generation«.[86]

Und auch Jürgen Schrempps Verweis auf die positiven Auswirkungen der militärischen Errungenschaften für die zivile Luftfahrt hat sich längst überlebt.[87] In Gesprächen mit den Vertretern des Dachverbands der Kritischen AktionärInnen Daimler-Benz in der Möhringer Konzernzentrale mußten die Dasa-Vertreter eingestehen, daß sich diese sogenannten »Spin-off-Effekte« längst ins Gegenteil verkehrt hatten: Mittlerweile profitiert die militärische Luftfahrt von den Entwicklungen im Zivilbereich und nicht umgekehrt – es tritt quasi ein »Spin-in-Effekt« auf.

Eurofighter oder Sozialstaat?

»Bin ich der einzige, der das Flugzeug noch haben will?« Vorwurf von Verteidigungsminister Volker Rühe an Jürgen Schrempp[88]

»Der Bundesrepublik droht kein Ärger mit den an der Entwicklung beteiligten Bündnispartnern, denn wir führen ja vertragsgemäß die Entwicklung zu Ende.« Der FDP-Verteidigungsexperte Olaf Feldmann zur Frage der Nichtbeschaffung des Eurofighters[89]

»Mindestens 50 Milliarden DM sollen für die Entwicklung und Herstellung eines neuen europäischen Jagdflugzeuges ausgegeben werden – für den in ›Eurofighter 2000‹ umgetauften ›Jäger 90‹. Gleichzeitig wird im Sozialbereich massiv eingespart.« Schreiben der Kampagne *Jäger 2000 stoppen – Soziale Sicherheit schaffen* an den Petitionsausschuß des Deutschen Bundestages

Ursprünglich war der Erstflug des EFA-Prototyps 01 für 1991 geplant. Im selben Jahr sollte die Serienvorbereitung beginnen, ein Jahr später der Erstflug mit dem eigentlichen EFA-Triebwerk stattfinden. Für 1993 war der Serienvertrag des ersten Flugloses angesetzt. Als sich der erste Prototyp dann endlich am 4. Mai 1994 in Großbritannien in die Lüfte erhob, war der im *Phasendokument MTWF* angesetzte Termin für die Auslieferung des ersten Serienflugzeuges nur noch reine Theorie, das Triebwerk RB 199 das des Tornado.[90] Die Dasa gab als Begründung für diese Lösung vor, »voll auf die Erprobung der Flugeigenschaften und der Systeme« Wert zu legen.[91]

Trotz Pleiten, Pech und Pannen blieb der Militärs liebstes Unternehmen von finanziellen Sanktionsmaßnahmen verschont: »Konventionalstrafen sind bei Entwicklungsverträgen dieser Art und Größenordnung weder national noch international üblich«, ließ das Bundesverteidigungsministerium lapidar verlauten.[92]

Der Rückendeckung durch die Hardthöhe sicher, reizte die Dasa das jahrelang erfolgreich praktizierte Spiel um die Milliarden aus dem Verteidigungsetat so weit aus, daß Spannungen unvermeidbar waren. Lange Zeit versuchte Schrempp die internen Konflikte unter der Hand zu regeln: Es gebe Bedarf für gewisse Klarstellungen »einer transparenten Verteilung der Aufgaben sowie Verbesserungen des Kleingedruckten«, verkündete der Freiburger im Mai 1993, wenn er zu dem Konflikt befragt wurde.[93]

Erst eineinhalb Jahre später machte eine Meldung die Runde in der Republik, die für allerhand Aufsehen sorgen sollte, da sie die bekannten Fronten auf den Kopf stellte. Entgegen dem jahrelangen argumentativen Dauerfeuer des Dasa-Vorstands – ohne den Eurofighter würden beim größten deutschen Luftfahrtkonzern sämtliche Lichter ausgehen –, drohte der Vorstandsvorsitzende nun seinerseits mit dem Ausstieg aus dem NEFA-Projekt.

Zwar hatten sich der Staatssekretär im Bundesverteidigungsministerium, Jörg Schönbohm, und der designierte Schrempp-Nachfolger für den Posten des Dasa-Vorstandsvorsitzenden, Manfred Bischoff, am 2. Dezember 1994 auf einen Kompromiß geeinigt: Die für den Konzern entstandenen Zusatzkosten – von der Dasa mit 1,3 Milliarden DM bewußt hoch angesetzt – sollten halbiert werden.

Doch das rief Volker Rühe auf den Plan, denn der Verteidigungsminister hielt auch diese Summe angesichts der sich formierenden Front der Eurofighter-Gegner im Parlament für nicht durchsetzbar: »Damit kann ich nicht in den Bundestag gehen«, urteilte der Verteidigungsminister.[94] Und Hans-Dieter Wichter, Sprecher

Rüstung statt Sozialstaat: Mitte der neunziger Jahre werden Sozialleistungen massiv abgebaut. Gleichzeitig werden milliardenschwere Rüstungsprojekte – allen voran der Eurofighter – finanziert.
(Foto: © Christa Schnepf, Stuttgart)

des Bundesverteidigungsministeriums, verkündete: Tatsächlich sei »nur ein Bruchteil dieses Betrages diskussionsfähig«.[95]
Für viele völlig überraschend brach die Einheitsfront von Verteidigungsministerium und Dasa auf. In dem »frostigen Gespräch« auf der Hardthöhe hatte Volker Rühe dem Dasa-Chef vorgeworfen, der Konzern verhalte sich ganz so, als ob er am Auftrag nicht weiter interessiert sei. Ob er der einzige sei, der noch Interesse am Eurofighter habe, fragte Rühe unumwunden.[96]
Rühe waren längst Überblick und Kontrolle über das Projekt verlorengegangen: Wiederholt konnte der Minister im Verteidigungsausschuß keine konkreten Zahlen in bezug auf die realen Kosten nennen.

»Rühe ist zum tollkühnen Blindflieger geworden«, höhnten die Medien im September 1994.[97]

Der Ausstieg aus dem NEFA-Projekt würde längst nicht so dramatisch verlaufen, wie es die Daimler-Benz Aerospace zuweilen darstellt. Dieser Ansicht ist Manfred Opel, Mitglied im Verteidigungsausschuß. Der Bundeswehroffizier a. D. bemängelt nicht nur die technologischen Schwächen des Eurofighters im allgemeinen, sondern auch die ungleiche Aufgabenverteilung unter den Kooperationspartnern: »Wir machen die Blecharbeiten, die Engländer die Hochtechnologie.«[98]

Längst hat der FDP-Bundestagsabgeordnete Olaf Feldmann klargestellt, daß es bei einem Verzicht auf die EFA-Beschaffung »keinerlei finanzielle Regreßansprüche« geben könne, da sich die Bundesrepublik lediglich zur Entwicklung, nicht aber zur Produktion eines Jagdflugzeuges verpflichtet habe. In seinem internen Schreiben an den vormaligen Vorsitzenden des Verteidigungsausschusses, Dr. Fritz Wittmann, bestätigte der Parlamentarische Staatssekretär im Bundesverteidigungsministerium im August 1994 diese Tatsache: Für die Beschaffungsphase bestünden »bisher weder Regierungsvereinbarungen noch Verträge«, erklärte Jörg Schönbohm. Nicht einmal die Arbeitsteilung sei bislang festgelegt.[99]

Dennoch wird es für die EFA-Gegner schwer, den Auftrag zur Serienfertigung zu verhindern. Hinter dem Milliardenprojekt steht die geballte Macht des militärisch-industriell-politischen Komplexes. Dessen Repräsentanten streiten sich mittlerweile immer offener über die bestmögliche Bewaffnung und einen akzeptablen Preis.

Bislang haben auch die berechtigten Verweise auf die sozialen Bedürfnisse der Menschen in der Republik nichts gefruchtet. »Angesichts von zwei Billionen Mark Staatsschulden haben wir schlicht und einfach kein Geld für den Jäger 90«, erkannte die Stellvertretende SPD-Fraktionsvorsitzende Ingrid Matthäus-Maier im Februar 1995. »Für einen einzigen Jäger 90«, so die Abgeordnete, »könnte ich eintausend Sozialwohnungen bauen – und wir haben Wohnungsnot in diesem Land.« Die bundesweite Kampagne *Jäger 2000 stoppen – Soziale Sicherheit schaffen*, in der sich über fünfzig zumeist bundesweit tätige Organisationen aus den Kirchen sowie dem Wohlfahrts- und Friedensbereich zusammengeschlossen haben, beklagt die wachsende Not in Deutschland: Mindestens vier Millionen Menschen seien arbeitslos, rund sieben Millionen Menschen lebten unter der Armutsgrenze. Deshalb müsse das Eurofighter-Programm gestoppt und die freiwerdenden Gelder dem Sozial- und Umwelthaushalt zugeführt werden.

Auch in den Städten und Gemeinden, denen für ihre dringendsten Bedürfnisse schlichtweg das Geld fehlt, regt sich Widerstand gegen die Verschwendungspolitik der Hardthöhe. Auf Initiative der Gemeinderäte Bruno Gebhardt-Pietzsch, Claudia Haydt sowie Gerhard Bialas beschloß die Stadt Tübingen im März 1995, die bundesweite Kampagne »Jäger 2000 stoppen – soziale Sicherheit schaffen« zu unterstützen.[100]

Bundesfinanzminister Theo Waigel besteht auf der NEFA-Beschaffung, weil die Übernahme eines amerikanischen oder russischen Flugzeugs wesentlich teurer käme, »als der Bau eines eigenen«. Angesichts des vom Bundesrechnungshof ermittelten Kostenvergleichs zeugt Waigels These entweder von Unkenntnis oder bewußter Täuschung der Öffentlichkeit. In seinem vertraulich eingestuften Dritten Bericht zum Jäger-Programm wies der BRH im Juli 1994 eindeutig nach, daß bis zum Jahr 2008 gut 13 Milliarden DM eingespart werden könnten. Dazu müsse die Kampfwertsteigerung der vorhandenen F4-F-Phantom auf 70 Flugzeuge sowie der Erwerb neuer Jagdflugzeuge auf eine Stückzahl von 36 begrenzt werden. Die Eurofighter-Beschaffung müsse verschoben und reduziert werden.[101]

Tobias Pflüger, einer der Sprecher des Dachverbands der Kritischen AktionärInnen Daimler-Benz, mißt dem Grundsatzbeschluß für oder gegen den Eurofighter entscheidende Bedeutung in der Frage »Sozialstaat oder neue Militarisierung?« zu: »Wird der Jäger 2000 gebaut«, so Pflüger, »so ist das eine grundsätzliche Weichenstellung für die Zukunft.« Die Sparmaßnahmen der amtierenden Bundesregierung gehen laut Pflüger »voll zu Lasten des Sozialbereichs«. Den Eurofighter in Serie zu fertigen und zugleich bei der Sozial- und Arbeitslosenhilfe sowie dem Wohngeld zu kürzen, sei »politischer Aberwitz«.[102]

So kommt es zu der – nur auf den ersten Blick – schizophren anmutenden Konstellation, daß der Finanzminister bei den Staatsausgaben im Militärbereich Vollgas gibt, während die Bundesregierung zugleich massiv Sozialabbau betreibt.

Ingrid Matthäus-Maier hat den Kern des Problems erfaßt: Theo Waigel unterstütze den Bau des Eurofighters vor allem deshalb, weil er zugleich CSU-Vorsitzender sei – »und der Jäger 90 soll in Bayern gebaut werden«.

Tatsächlich ist das Eurofighter-Programm mit Ausnahme von Hamburg allenfalls für den Süden der Republik im Hinblick auf das Arbeitsplatzsargument relevant. Die vier beschäftigungspolitisch am stärksten betroffenen Dasa-Werke liegen allesamt in Bayern: In Augsburg, Manching, München und Ottobrunn sowie einer Vielzahl weiterer weniger betroffener Standorte könnten bei der veranschlagten Stückzahl von 140 Eurofightern etwa 10 000 Arbeitsplätze geschaffen werden, davon rund 5300 in Bayern.

Die SPD-Finanzexpertin leitet aus Stoibers Lokalpatriotismus die Forderung ab: Es dürfe nicht länger sein, »daß der Finanzminister – nur weil er zugleich CSU-Vorsitzender in Bayern ist – dieses Land am Sparen hindert.«[103]

7. Kapitel:
Daimler-Benz herrscht überall

Das Daimler-Diktat im Reich des Sports

Nicht nur der Matt macht sich viele Feinde

»Der Sport muß nicht nur neue Strukturen finden, sondern auch seine Rolle zur Wirtschaft finden.« Matthias Kleiner [1]

»Oh, wie wären sie froh gewesen, die hohen Herren des Sports, wenn ihnen der Matthias Kleinert erspart geblieben wäre!« Josef-Otto Freudenreich [2]

Eines kann man Matthias Kleinert sicherlich nicht nachsagen: Er drücke sich unklar aus, was seine Anforderungen, und damit die der Wirtschaft, an den deutschen Sport seien. So läßt der Daimler-Sprecher keine Gelegenheit aus, den Sportoberen seine Meinung mitzuteilen – und die ist ausgesprochen funktionärskritisch. Auf der Berliner Tagung des Verbands Deutscher Sportjournalisten im Oktober 1994 nutzte der Pressesprecher des größten deutschen Industrieunternehmens das Forum, um zum wiederholten Male defizitäres Denken seiner Vertragspartner in den Vordergrund zu stellen. Kleinert beklagte »ein gestörtes Verhältnis in der Ehe Wirtschaft und Sport« und fuhr dabei schwere Geschütze auf: »Politiker und Wirtschaftsvertreter artikulieren sich zu Fragen der Zeit. Der Sport hat sich bisher nicht zu Wort gemeldet und definiert, wie die Rolle des Sports im vereinten Deutschland sowie im internationalen Bereich ausgefüllt wird.« So müßten sich die »Sportführer auch ihrer gesellschaftlichen

Verantwortung bewußt werden«.[3] Harter Tobak für eine elitäre Riege wohlsituierter Herren, die tatsächlich oft genug im Elfenbeinturm verharrt und sich zuallererst um die eigenen Pfründe schert. Aber daß die wenigsten der Sportfunktionäre angesichts des Diktats der Sportsponsoren das Netz von Sport und Wirtschaft noch enger gewoben haben wollen, ist nachvollziehbar.

Die Industrie wird in Zukunft nur dann zahlen, wenn ihre Bedingungen erfüllt werden; diese allerdings sind bis zum heutigen Tage nicht offen formuliert. Daß Deutschlands Sportfunktionäre es am liebsten gesehen hätten, wenn Kleinert von der neuen Schrempp-Generation abgelöst und durch einen kooperativen, sprich pflegeleichteren, Daimler-Sprecher ersetzt worden wäre, ist weithin bekannt. Kleinert aber erhielt im Herbst 1994 einen neuen Fünf-Jahresvertrag, den deutschen Funktionären steht garantiert weiterer Ärger mit ihrem größten Finanzpartner bevor.

Daimlers Bittsteller werden sich auf rauhere Zeiten einstellen müssen. Hatten sie doch in der Vergangenheit in Edzard Reuter einen Vorstandsvorsitzenden, der dem forcierten Sportsponsoring durchaus offen gegenüberstand und auch Golf, Reiten und Tennis mit Millionenbeträgen subventionierte. Doch die Tage, da »der sogenannte Sweatheart-Deal die Sponsorenszene« bestimmte und Edzard Reuter aus Sicht des Konzerns ineffiziente Sportarten förderte, endeten mit dem 24. Mai 1995. Jürgen Schrempp hängt die Meßlatte höher und fordert Marketingerfolge ein. Bislang habe der Konzern »auf zu vielen Hochzeiten getanzt«, und beim Sponsoring sei zuviel »Wildwuchs« entstanden.

Von nun an wird nur noch unterstützt, was Ruhm und Reichtum des Stuttgarter Riesen mehrt; was bisher zwar gutgeheißen, aber Spielerei war, wird aufgegeben. Dabei bleiben weitgehend die Organisationen auf der Strecke, die in den vergangenen Jahren mit Daimler gut gefahren sind. Dasa-Sprecher Detmar Grosse-Leege schockte das Internationale Olympische Komitee (IOC) mit der

Drohung, »eher kriegt Nelson Mandela Geld für Bolzplätze in Südafrika als das IOC eine Million fürs Museum«.[4]

Dabei ist Grosse-Leege nicht nur ein guter Bekannter des neuen Daimler-Chefs Jürgen Schrempp aus dessen Zeiten als Dasa-Vorstandsvorsitzender, sondern auch ein Kenner der deutschen Sportszene, was die Aussage für die Günstlinge des Sponsors um so bedrohlicher erscheinen läßt. Erst Ende 1994 verabschiedete die Deutsche Olympische Gesellschaft (DOG) ihren bisherigen Präsidenten Grosse-Leege, der – wohl aufgrund seiner gesundheitlichen Schwierigkeiten – auf eine weitere Kandidatur verzichtet hatte. Dabei vergaß Dr. Max Danz, Ehrenmitglied des Nationalen Olympischen Komitees, nicht, Grosse-Leege für sein Engagement zu danken, mit dem dieser sein Amt in »ungewöhlich kreativer und erfolgreicher Weise geführt« habe. Ob letztlich dem Dasa-Sprecher und Direktor für Kommunikation oder ganz nebenbei auch dem größten deutschen Sportsponsor die Auszeichnung zuteil wurde, bleibt Spekulation. Grosse-Leege erhielt jedenfalls die goldene Ehrennadel mit Diamanten, »eine Auszeichnung, die in der 42jährigen Geschichte der Gesellschaft erst einmal vergeben worden ist«, wie die Dasa-Firmenzeitung *aktuell* erfreut zu berichten weiß.[5]

Die deutschen Sportfunktionäre wissen nur zu gut, daß der Pragmatiker Schrempp zukünftig Gelder lediglich dort für die Förderung des Spitzensports einsetzen wird, wo Erfolge sichtbar sind. Ansonsten wendet sich Schrempp verstärkt dem Breitensport zu – eine Entwicklung, die noch zu Reuters Zeiten Konturen angenommen hat. In der Mercedes-Hauszeitung *intern* hat der Firmensport längst den Spitzensport überholt. Badminton, Volleyball, Bowling und Behindertenturniere sind nicht weniger wichtig als das Fußballturnier der 40 Mercedes-Niederlassungen im Stuttgarter Gottlieb-Daimler-Stadion.[6] So gesehen ist der Konzern auf dem richtigen Weg. Und doch sehen sich all diejenigen nachhaltig enttäuscht, die sich eine Abkehr von der unsinnigen Förderung ökologisch zerstörerischer Sportarten erhofft hatten.

Flop 2000 – Daimlers gescheiterte Olympia-Bewerbung

»Die Bewerbung Berlins ist für den Daimler-Benz-Konzern eine sich nur einmal bietende Chance, das weltweit anerkannte Friedensideal der Olympischen Spiele für eigene Zielsetzungen zu nutzen.« Aus einem internen Strategiepapier des Konzerns [7]

»Vollmundig hatte sich der Daimler-Benz-Konzern mit Edzard Reuter an der Spitze vor den Karren der unseriösen Olympia-Bewerbung Berlins für das Jahr 2000 spannen lassen – und damit auf der ganzen Linie Schiffbruch erlitten.« Rüdiger Liedtke, Journalist [8]

»Eines wird aber verdeckt bleiben: Die Wahrheit über die Bewerbung. Denn von der Untersuchung ausgeklammert sind die Praktiken der privaten Berlin 2000 Marketing GmbH.« Der Journalist Mathew D. Rose zu den Ergebnissen des Untersuchungsausschusses des Berliner Abgeordnetenhauses.[9]

In der Bundeshauptstadt hagelte es böse Kritik an dem unseriösen Olympia-Engagement des Automobil- und Rüstungskonzerns. Welche Garantien, so die Frage der Olympiakritiker, könne »ein Konzern für das Jahr 2000 und darüber hinaus überhaupt« geben, der seine Strukturkrise zu Beginn der neunziger Jahre lediglich »mit der Entlassung von Zehntausenden Beschäftigten beantworten konnte«? Der Münchner Wirtschaftsautor Rüdiger Liedtke störte sich vor allem an der Tatsache, daß der Großkonzern »auf der einen Seite Millionen ins Olympia-Sponsoring pulverte«, während er zeitgleich »die drastischsten Einschnitte seiner Geschichte« vollzog.[10] Mattias Kleinert benötigte »erst einmal einige Tage«, bis er sich vom Schock des desaströsen Ergebnisses erholt hatte und sein erstes Interview geben konnte. Kleinert hatte sich nach Kräften für Berlin als Olympiastadt eingesetzt und die Devise ausgegeben: »Ich hole die Spiele nach Berlin.« Hierzu hatte er Lutz Grüttke als Geschäftsführer der *Berliner Olympia GmbH* unterstützt und diesen dem Vorwurf ausgesetzt, »Grüttke sei bei Mercedes als Berater unter Vertrag«.[11] Die Vorhaltungen gipfelten in dem Verdacht, Grüttke sei lediglich eine »Marionette der Daimler-Benz AG«, so *sport intern*. Das Infoblatt zitierte Spekulationen aus dem Kreis des Nationalen Olympischen Komitees, wonach »Grüttke nur Statthalter von Mercedes-Sprecher Matthias Kleinert sei, der Grüttke in Berlin ablösen wolle, sobald sich das IOC für die ehemalige Reichshauptstadt entschieden habe«.[12] Über Jörg Schleyer, den Sohn des ehemaligen Arbeitgeberpräsidenten, konnte Daimler-Benz sogar unmittelbaren Einfluß aif die noch bedeutendere Olympia Berlin 2000 Marketing GmbH nehmen. Dort war Jörg Schleyer zuerst für »Unternehmenskontakte« und später für »Lizenzgeschäfte (Akqisition)« zuständig. Neben Kleinert entwickelte sich auch der gebürtige Berliner Edzard Reuter, den mit seiner Heimatstadt noch heute vielerlei enge Bande verbinden, zur Triebfeder von Daimlers Olympiaambitionen.

Doch im September 1993 widerfuhr der bundesdeutschen Hauptstadt die »Pleite von Monte Carlo«, wo die Metropole an der Spree nur läppische neun der 92 Stimmen für ihre Olympiakandidatur ergattern konnte, zwei davon steuerten die deutschen IOC-Mitglieder bei. Ursprünglich hatten Daimler und die Co-Sponsoren mit 45 IOC-Stimmen und einem deutlichen Sieg gerechnet. Im Interview mit Josef-Otto Freudenreich bestätigte Konzernsprecher Kleinert, daß Daimler »im Interesse des Unternehmens, der Hauptstadt und unseres Vaterlandes« alles getan habe, um eine Entscheidung pro Berlin zu begünstigen.[13]

Tatsächlich hatte sich Daimler-Benz nahe am »sponsoring overkill« bewegt, so die Kritik vielzähliger Konzernkritiker beim Anti-Olympia-Komitee sowie der bündnisgrünen Alternativen Liste (AL). Die Olympiagegner, welche nur noch von den »Daimler-Benz-Spielen« sprachen, veröffentlichten Auszüge aus einem internen Strategiepapier. In dem »detaillierten Schlachtplan« konzipierte der Konzern seine Vorgehensweise: von den Gefälligkeitsgeschenken (»Courtesy-Cars«) über den Transportservice für Regierungsmitglieder mit Hubschraubern bis hin zum Dasa-Privatjet für Juan Antonio Samaranch. Der IOC-Präsident war bereits im Januar 1993 von Edzard Reuter zum Mittagessen in der Daimler-Zentrale in Stuttgart empfangen worden.[14]

Auch in Berlin nahmen die Daimler-Aktivitäten konkrete Züge an. Der »Marketingservice für die komplette Bewerbung« sollte von der Daimler-Tochter debis erstellt werden. Insgesamt wollte sich der Konzern seine Spiele 15 Millionen DM kosten lassen.[15] Der Grund für das übermäßige Daimler-Interesse lag auf der Hand: Daimler-Benz war offizieller IOC-Partner, und Edzard Reuter hatte der deutschen Wirtschaft das Versprechen abgerungen, der Stadt eine Ausfallbürgschaft von einer Milliarde DM zuzusichern.[16]

Am Ende entwickelte sich Daimlers Olympia-Engagement dennoch zum Flop 2000, und die Bemühungen des Konzernsprechers, das Desaster zu übertünchen, wirkten eher lächerlich. Auf die Frage nach dem Sinn des für die Bewerbung investierten Geldes antwortete Matthias Kleinert eher kleinlaut: »Wir haben jede Mark sinnvoll investiert. Jede Mark hat unser Image gestärkt und langfristig Arbeitsplätze gesichert.«[17]

Noch heute ist das Olympiadesaster längst nicht beendet. Eine Kleine Anfrage im Abgeordnetenhaus, eingebracht von der agilen AL-Abgeordneten Judith Demba, brachte keine Klärung in bezug auf die Anzahl, die Namen und die Ausgaben der IOC-Repräsentanten. Der Regierende Bürgermeister Eberhard Diepgen weigerte sich, die Demba-Fragen zu beantworten. Jetzt soll ein einstimmig befürworteter parlamentarischer Untersuchungsausschuß Licht ins Dunkel des Polit- und Wirtschaftsskandals bringen. Selbst CDU und SPD trugen die Entscheidung, einen Untersuchungsausschuß einzuberufen, mit, obwohl »führende Mitglieder ihrer Parteien Nutznießer der verschwenderischen Praktiken der Olympia GmbH« waren, wie der Berliner Journalist Mathew D. Rose nach intensiven Recherchen behauptet. Daß die Daimler-Verwicklungen dabei voll und ganz aufgeklärt werden, war anfangs fraglich. Schließlich sollte der Konzern selbst nicht Gegenstand des Ausschusses sein, obwohl er über die Daimler-Mitgliedschaft in der Olympia Berlin 2000 Marketing GmbH, das Mercedes-Engagement im Förderkreis Olympia Berlin 2000 e. V. und die Mitgliedschaft von Edzard Reuter im Kuratorium tief in die Affäre verstrickt ist.[18] Doch Rose konnte einen beachtlichen Erfolg verbuchen: Unter anderem aufgrund seiner Recherchen und Publikationen im Stadtmagazin *zitty* sieht sich der Untersuchungsausschuß nunmehr doch gezwungen, auch die Verantwortung der Olympia Berlin 2000 Marketing GmbH – und damit auch die des Konzerns – zu hinterfragen.

Millionen von Mercedes für den Markt der Zukunft

»Die Mercedes-Vorstände, allen voran Helmut Werner und Jürgen Hubbert, machen klar: Motorsport macht nur Sinn, wenn er hilft, Autos zu verkaufen.« Bernd Ostmann in *auto motor sport* [19]

»Wir mußten uns den Erfolg in der Deutschen Tourenwagen-Meisterschaft 1994 hart erkämpfen. Sie können ihn jetzt kaufen. Der Name: C-Klasse ›Sport‹ DTM-Edition.« Firmenwerbung [20]

»Verkaufen wir mehr Autos?« Frage des Mercedes-Chefs Helmut Werner als Zielvorgabe für neue Sponsorenverträge [21]

Schweißtriefend drosch Steffi Graf vor dem Mercedes-Pavillon ihre Tennisgranaten auf den Stern an der Bande ein, anschließend bedankte sich die Finalverliererin Brenda Schultz artig beim Hauptsponsor aus dem Schwabenländle, während noch am selben Wochenende der Mercedes-Zögling Michael Schumacher den zweiten deutschen Sieg in der Grand Prix-Geschichte der Formel 1-Rennen in Monaco einfuhr. Den ersten hatte Manfred von Brauchitsch vor 57 Jahren im Fürstentum gewonnen, auf einem Mercedes, versteht sich.[22]

Der Daimler-Stern ist allgegenwärtig, im Rennsport wie beim Tennis. So zählt auch Boris Becker zu den Sportlern mit direktem Daimler-Kontakt. Bereits im Dezember 1992 wurde bekannt, daß der Spitzenspieler die freie Vertretung für Mercedes in Stralsund übernehmen und dort 20 Millionen DM investieren wird. Die Becker-Niederlassung in Mecklenburg-Vorpommern umfaßt eine Verkaufs- und Vertriebsabteilung. Der Coup kam nicht von ungefähr, verantwortlich zeichnete Beckers damaliger Manager Ion Tiriac.[23] Und der Rumäne zählt nicht nur hobbymäßig zur Mannschaft der Mercedes-Fahrer: In seinem Heimatland ist Tiriac Generalvertreter für den Stuttgarter Nobelkonzern. »Mercedes gibt mir Sicherheit«, so Tiriac zum *Spiegel*-Redakteur Klaus Madzia, »denn die Leute werden diese Wagen immer kaufen.« Allein 1992 hat der weltberühmte Sportmanager 400 Lkw und 250 Luxuslimousinen vertrieben. Wie wenig Skrupel Tiriac beim Geschäftlichen hegt, belegte der Mercedes-Generalvertreter, als er Späths Rücktritt mit Unverständnis quittierte: »Der Späth, das ist ein Macher, ein Gentleman, ein Mann.« Die Deutschen seien »verrückt«, wenn Späth »wegen 3 000 Mark und einer Reise im Daimler-Flugzeug« gehen müsse.[24]

Der Konzern hat sich zum Ziel gesetzt, an jedem der 365 Sporttage präsent zu sein. Die Daimler-Strategen haben erkannt, welche Wirkung sich mit 35 Millionen DM, so der jährliche Etat des größten deutschen Sportsponsors, erzielen lassen. Dabei sind die Formel 1-Gelder noch nicht einmal mit eingerechnet.[25]

Zuständig für das Rennsport-Geschehen ist die Motorsport-Spezialabteilung in Fellbach, wo Norbert Haug und seine Mannen die C-Klasse-Sportwagenversion mit einer »übergreifenden Liebe« zu verbessern suchen. Im Lobby-Bildband *Mythos Mercedes* wird Haug als »Machermensch« beschrieben, der »den Spruch glaubhaft werden läßt: Wir machen ein Auto, das wir lieben, und wir wollen ihm gute Dinge antun (gut = schnell, in diesem Segment der Werktätigen)«.[26]

Doch der Sportspaß vor Millionen um das Milliardengeschäft kennt durchaus ethische Grenzen, wie die Ereignisse vom Mai 1994 zeigen: Nach dem Tod der Nationalhelden Ayrton Senna und Roland Ratzenberger sowie dem schweren Unfall des österreichischen Teampiloten Karl Wendlinger vom Sauber-Mercedes-Team verkündete Sportchef Norbert Haug den Startverzicht des Rennstalls beim Formel 1-Grand-Prix von Monaco. Zumindest dieses eine Mal unterließen es die Sauber-Männer vom Mercedes-Team, ihr Leben für den guten Stern auf allen Rennstrecken zu riskieren.[27]

Dennoch wirken Daimlers Skrupel aufgesetzt, vor allem, wenn man weiß, wie gleichzeitig die kommende Rennfahrergeneration herangezogen wird. Während man in Monaco das Gewissen poliert, wird der Nachwuchs rekrutiert. Dabei scheut das Mercedes-Motorsport-Team auch nicht davor zurück, in der Hauszeitung *intern* einen Rennwagen-Malwettbewerb »für die Jüngsten« auszuschreiben. Zielgruppe sind die Möchtegernkunden von morgen, Kinder um die zehn Jahre. Der Erfolg ist beachtlich, mehr als 1100 »Kunstwerke junger Meister überfluteten die Redaktion«.[28] Das bunte Siegerbild (»Der neue Mercedes Raketen-Blitz 5008«) des elfjährigen Stefan wird im Sonderheft zum Mercedes-Rennsportengagement stolz unter dem Titel »Faszination Motorsport« präsentiert, frei nach dem Motto: Kluge Kinder kaufen Mercedes-Rennwagen.

Auch der Fußball gehört dem Konzern. In den Bundesligastadien von Mannheim bis Bremen regiert der Stern. Dabei besteht »zwischen Arbeitnehmerschaft und Betriebsführung eine einheitliche Philosophie«. Denn die Idee, das Mannheimer Stadion zum »Carl-Benz-Stadion« umzutaufen, stammte nicht vom Vorstandsvorsitzenden, sondern von Karl Feuerstein, dem Gesamtbetriebsratsvorsitzenden.[29]

»Der gute Stern über allen Stadien«, so die *Zeit*, leuchtet nunmehr auch im ehemaligen Stuttgarter »Neckarstadion«.[30] Im Zwei-Wochen-Turnus kicken Mayer-Vorfelders Mannen direkt neben dem Untertürkheimer Mercedes-Gelände im heutigen Gottlieb-Daimler-Stadion, dem früheren Neckarstadion. Die millionenschwere Investition zahlte sich schon in dem Moment aus, als nicht nur Stuttgart im Sommer 1993 über eine Woche im »Fieber« der Leichtathletikweltmeisterschaften lag: »Aus dem neu überdachten Stadion ging der Name Gottlieb Daimler um die Welt«, meldete das Mercedes-Magazin *intern* zufrieden. Akribisch genau bilanzierte die Redaktion, daß mehr als vier Milliarden Menschen in weltweit 1800 Stunden »die Werbebotschaft ›Mercedes-Benz‹, ›Daimler-Benz‹ und ›Gottlieb-Daimler-Stadion‹« sehen konnten, allein 343 Minuten auf Deutschlands Bildschirmen.[31]

Auch Bertis Bundeskicker tragen den Stern: Für satte zwölf Millionen DM trägt die deutsche Fußballnationalmannschaft Trikots mit dem Mercedes-Symbol – dank Franz Beckenbauer, dem vormaligen Kaiser in Mercedes-Diensten. Im September 1994 wurde der Kooperationsvertrag mit dem Deutschen Fußballbund um weitere vier Jahre verlängert. Sehr zum Leidwesen des japanischen Daimler-Geschäftspartners Mitsubishi, der sich ebenfalls um die Werbefläche auf der Brust der ehemaligen Weltmeister gerissen hatte.[32]

Die Litanei der tagtäglichen Omnipräsenz des Benz-Sterns ließe sich beliebig fortsetzen, zumal die Sportsequenzen in Fernseh- und Radiosendungen durch Werbeblöcke mit der neuesten S-Klassen-Variante oder den modisch gestylten Sportcoupés unterbrochen werden. Für Sportfans ist ein Leben ohne Daimler undenkbar. Ob sie es wollen oder nicht, der gute Stern in allen Stadien verfolgt die Zuschauer durch den Äther: »Unser aktuelles Sportstudio: Täglich im Ersten, Zweiten, Dritten, Vierten und Fünften«, so die Mercedes-Werbung im Firmenprospekt *Motorsport*. Auf 130 Seiten werden Rennsporterfolge auf nationalen wie internationalen Rennstrecken zelebriert, wird der PS-Gigantomanie gefrönt und werden Lobeshymnen der Automobillobby zum besten gegeben.[33]

Daimlers Motorsportwelt lebt nach ihren eigenen Gesetzen. Da ist die Frage der Luftverschmutzung nicht existent, gehört das Donnern der Mercedes-Motoren zum guten Ton, und die ganze Öko-diskussion ist sowieso der Rede nicht wert. Schon gar für Formel 1-Exweltmeister Niki Lauda, den der Konzern nach der *auto-revue* auch in der C-Klassen-«Sport«-Werbung schwärmen läßt: »Es ist in meinem Leben das erste Auto dieser Klasse, das ich selber haben und im Alltag fahren will.«[34] Die Werbestrategen wissen nur zu gut, wo der Rubel investiert werden muß, damit er rollt. Deshalb wird das Millionenpublikum rund um die Uhr mit der Mercedes-TV-Werbung berieselt. Die Daimler-Verkaufsstrategen kennen die Zuschauerzahlen und wissen, daß sich die Werbemillionen anschließend in barer Münze auszahlen. Allein zum 500 Meilen-Rennen von Indianapolis pilgerten eine halbe Million Menschen, die Deutsche Tourenwagen-Meisterschaft (DTM) verfolgten 92 000 Zuschauer in Hockenheim. Automobiler Rennsport bewegt die Massen, die Sieger fahren oft genug mit Mercedes-Motoren. Rund 776 000 TV-Zuschauer verfolgten den Mercedes-Sieg im Hockenheimer Tourenwagenrennen, die gesamte DTM-Meisterschaft erreichte in 96 Übertragungsstunden gut 220 Millionen potentielle Käufer am Bildschirm.

Daß Daimler seine Siege zu verkaufen weiß, ist unbestritten. So wägt das Unternehmen kühl die Bilanz der Rennsport- und der damit verbundenen Verkaufserfolge gegeneinander ab. Nach den Erfolgen der C-Klassen-Version »Sport« DTM-Edition resümierte das Unternehmen zufrieden: »Die C-Klasse avancierte aber nicht nur zum Siegertyp zwischen Start und Ziel, sondern auch zum Renner bei den Kunden.« So stehe den Motorsporterfolgen auch »der außerordentliche Markterfolg« mit 330 000 in aller Welt verkauften C-Klasse-Wagen gegenüber; eine Verkaufszahl, die das

Mercedes-Herz höher schlagen läßt. Die Devise »Auf den Rennstrecken neue Kunden gewinnen« geht voll auf – und der Umweltschutz im Röhren der Motoren unter.[35]

Mc Laren wäscht weißer als nur Sauber

»*Das halbherzige Engagement im Motorsport brachte Mercedes nur teure Pleiten. Ein Kurswechsel kostet noch mal 100 Millionen.*« Der Spiegel [36]

»*Makellos wie ein großer, ausgefuchster Rennfahrer hält sich Michael Schumacher auch in den letzten Runden die Jaguars vom Leib, und so gewinnt Mercedes das letzte Rennen einer Ära.*« Herbert Völker, in: Mythos Mercedes [37]

Noch hat Mercedes den Markt nicht total im Griff. Noch fehlt die Krone des Rennsports, noch gehört die Formel 1-Siegesserie der Konkurrenz. Und noch fährt Michael Schumacher für Benneton und nicht für Mercedes. Dabei läßt Daimler keine Gelegenheit aus, um an die seligen Zeiten zu erinnern, da der Kerpener noch ein Kind des Konzerns war, und erfährt dabei kräftige Unterstützung der automobilen Medien. So zählt auch das ADAC-Clubmagazin *motorwelt*, das mit 11,5 Millionen verkauften Exemplaren die Liste der auflagenstärksten Monatszeitschriften mit deutlichem Abstand anführt, zu den Sympathisanten des Daimler-Konzerns.[38] Das Starporträt des Michael S. in der Hauszeitschrift des weltweit größten Automobilclubs bleibt nicht ohne den deutlichen Hinweis darauf, daß »Schumacher von den Gruppe-C-Rennwagen des Weltkonzerns Daimler-Benz« kommt, »dem fliegenden Klassenzimmer der Stuttgarter«.[39] Daimler hat den »deutschen Michael«, so der nationalistisch angehauchte Titel eines Jubelberichts im Konzernmagazin *Motorsport*, für seine PR-Kampagne entdeckt. Heute muß sich das Rennsportteam des Konzerns eingestehen, daß mit dem Schu-macher-Wechsel zu Benneton das zugkräftigste Pferd den Rennstall verlassen hat. Schumachers Marktwert soll mittlerweile 25 Millio-nen DM betragen.[40] Und so bleibt nur die sehnsüchtige Feststel-lung, daß in »Deutschland längst die Schumanie« ausgebrochen und der heutige Formel 1-Weltmeister eigentlich »ein Mercedes-Mann« sei. Denn bekanntermaßen habe er »sein Handwerk als Mercedes-Benz-Junior« gelernt.[41]

Wenn Schmacher nach Stuttgart kommt, dann darf Jürgen Hub-bert »einen guten alten Bekannten begrüßen«, dessen »fahrerisches Talent«, so die Mitarbeiterzeitschrift *intern* gebetsmühlenartig, »im Mercedes-Junior-Team der Sportwagen-Weltmeisterschaft ent-deckt und gefördert wurde«. Dabei stört sich in der Konzernzentrale kaum einer an den politischen Positionen eines Michael Schuma-cher, der in der deutschen Heimat schon die »Asylanten in der S-Klasse« fahren sieht.[42] Erfreulich ist für die Verkaufsstrategen vielmehr: Der Mercedes-Vorstand durfte dem frischgebackenen Formel 1-Weltmeister »die Schlüssel zum neuen Privatvergnügen« überreichen: 381 Pferdestärken stecken in dem Acht-Zylinder-Mercedes SL 60 AMG. »Da lächelt Schumi«, schreibt *intern* zufrie-den.[43]

Mercedes will erkannt haben, daß Fragen des Umweltschutzes für viele deutsche Autofahrer sekundär sind. Was zählt, sind – nachdem der neue Formel 1-Weltmeister ein deutsches Daimler-Kind ist – die Pferdestärken unter der Kühlerhaube und die Frage, wie schnell das durchgetretene Gaspedal den Drang von Null auf Hundert umsetzt. Ideales Forum für die Daimler-Strategen soll die Formel 1 werden, nicht zuletzt, weil diese Rennklasse sämtliche Dimensionen sprengt. Mit knapp 200 Stunden Sendezeit und insgesamt 853 Millionen Zuschauern ist sie derzeit der Marktrenner.[44] Wer diesen Markt beherrschen will, der muß Gewinner präsentieren. Genau das aber ging bislang schief, allein in den achtziger Jahren verpulverte der Konzern 200 Millionen DM für die Weltmeisterschaft der Sportwagen.[45] Die Bilanz aber fällt selbst aus Sicht des Konzerns dürftig aus: Der zweimalige Gewinn der Sportwagen-Weltmeisterschaft sowie der Sieg beim 24-Stunden-Rennen von Le Mans sind zu wenig, um die bekanntermaßen hochgestecken Ziele zu erreichen.

Auch mit der Sauber-Connection hat Mercedes kräftig fehlinvestiert. 1993 und 1994 blieben die Erfolge weitgehend aus, dennoch unterstützte der Konzern den Rennstall, so daß »alle Rennen auf hohem technischem Niveau gefahren werden konnten«.

Den größten Fehlschlag leistete sich dabei Finanzvorstand Gerhard Liener, der sich mit Thomas Weber und Jörg Schlegel vom Börsenmagazin *Broker* einließ. Das Pfullinger *Broker Börsenmagazin*, gestartet als Monatsmagazin mit einer Auflage von 300 000 Exemplaren, mußte nach wenigen Ausgaben eingestellt werden. Dabei hatten Investoren bereits 70 Millionen DM in eine Kommanditgesellschaft für das Wirtschaftsblatt einbezahlt.[46]

Weber und Schlegel hatten beabsichtigt, das Formel 1-Team mit 33 Millionen DM zu sponsern, im Gegenzug sollte der Rennwagen das Broker-Schriftzeichen tragen. Bereits seit 1990 ermittelten Düsseldorfer Kripobamte gegen Weber und Schlegel wegen des Verdachts auf Anlagenbetrug. Dennoch ließ sich Liener mit den beiden Geschäftsleuten ein, die zur Formel 1-Finanzierung von der neuen Daimler-Aktie an der New Yorker Börse profitieren wollten. Die Geschäfte mit *Prudential Securities*, welche zusammen mit anderen Wertpapierhäusern Provisionen an Broker weiterleiten sollte, scheiterten. Am Ende erhielt auch der Formel 1-Rennstall das versprochene Geld nicht. *Broker*-Chefredakteur Weber, der sich gerne im Mercedes 600 SL ablichten läßt, und Geschäftsführer Schlegel wurden inhaftiert, und Liener war bis auf die Knochen blamiert.[47]

Für erfolgversprechend hält der Konzern sein zukünftiges Formel 1-Engagement. Seit 1995 arbeitet Mercedes als Motorenpartner mit

Mc Laren zusammen, der Vertrag läuft über fünf Jahre.[48] Der Grund ist eindeutig: Das Grand-Prix-Team aus Großbritannien bleibt mit 104 Siegen der Top-Rennstall, Mc Laren hat zudem in den letzten zehn Jahren siebenmal den Weltmeistertitel errungen. Damit auch der richtige Mann hinter dem Mercedes-Stern durch die Ziellinie donnert, verpflichtete der Mercedes-Mc Laren-Rennstall sogleich Formel 1-Superstar Nigel Mansell für ein Jahressalär von rund 14 Millionen DM. Ab 1996 soll dann Michael Schumacher wieder den Stern durch die Motodrome jagen. Mercedes strebt nach Höherem, und dafür sind die besten Partner gerade gut genug. »Drauf einen Williams«, kommentierte *auto motor sport* süffisant.[49] Schon im Oktober 1994 meldete Helmut Werner, das erweiterte Mercedes-Motorsportkonzept sei perfekt. Der Etat wird, - so die *Stuttgarter Zeitung* von geschätzten 100 auf rund 150 Millionen DM erweitert, der letzte Anspruch darauf, ökologisch zu denken, damit offiziell begraben. Wer zukünftig noch ernsthaft behauptet, der Konzern wolle »mit den uns zur Verfügung stehenden Ressourcen schonend umgehen« und diese Verantwortung »in allen Bereichen des Unternehmens« umsetzen – so Daimlers Leitbild –, täuscht die Öffentlichkeit. Edzard Reuters seit Jahren unermüdlich verbreitete Beteuerungen, er halte »aus ökologischen und gesellschaftspolitischen Gründen« nichts vom Formel 1-Einstieg, wirken angesichts der Tatsachen mehr als nur lächerlich.[50] Der Konzern predigt die Verantwortung gegenüber »den künftigen Generationen von Menschen« und produziert derweil mit Mc Laren die größten automobilen Dreckschleudern.[51] Verantwortlich für die fatale Formel 1-Fehlentscheidung aber ist nicht Edzard Reuter; der Schuldige heißt Jürgen Schrempp, der die Firmenpolitik der röhrenden Motoren fördert. »Entscheidend ist immer, ob sich's rechnet«, sagt Schrempp und glaubt, im Formel 1-Zirkus das richtige Medium für die Mercedes-Message von den besten Autos der Welt gefunden zu haben.[52] Und für die Umweltschäden muß der Konzern bekanntlich nicht aufkommen.

Kunst und Kultur gehören dem Konzern

Kunst und Kommerz ohne Tabus und Zensur

»Kunst in einem Technologieunternehmen: Was bedeutet das für die Menschen, an die sie sich richtet, was bedeutet das für unsere Mitarbeiterinnen und Mitarbeiter, für Unternehmer, Manager, Technologen?«
Edzard Reuter [53]

»Die Radikalität von Imi Knoebels Werk, in dem sich eine ›Haltung von seltener Reinheit‹ wiederspiegelt, gründet in der konsequenten Ablehnung des Tafelbildes als Illusionsträger.« Geschäftsbericht der Daimler-Benz AG 1991[54]

Die Kunst aus der Daimler-Sammlung darf alles. Sie darf »autonom« sein, darf Themen »unorthodox« und »geistreich« aufgreifen, darf »witzig persiflierend« wirken, darf »festgefahrene Seh- und Denkkonventionen aufbrechen und stets neu hinterfragen«. Dem Beuys-Schüler Knoebel und dem Franzosen Daniel Buren widerfährt die Ehre, 1991 den Geschäftsbericht der Daimler-Benz AG zieren zu dürfen. Dabei beschränkt sich Knoebels Exponat »Grace Kelly« aus der Sammlung Daimler-Benz darauf, ein Rechteck in sechs unterschiedliche Farben und Helligkeitswerte zu zerlegen. Germaid Ruck, ein dem Konzern wohlgesonnener Kunstrezensent, lobt Knoebels Werk im Katalog der Daimler-Sammlung *Von Arp zu Warhol* über alle Maßen und gibt dem Betrachter die Freiheit des Fühlens mit auf den Weg: »Nicht der Ratio, sondern der reinen Empfindung, der bewußten Wahrnehmung jener Einheit aus frei ausgeloteten Farb-Form-Relationen, bleibt die eigentliche Erschließung der Bilder vorbehalten.«[55] Frei jeglicher ästhetischen Betrachtung ließe sich auch formulieren, daß fast alle Exponate der Daimler-Kunstsammlung, ob abstrakt gehalten oder mit konkreten

Motiven ausgefüllt, extrem inhaltsarm bleiben. Der Konzern kauft bewußt derlei dekorative Kunst, denn sie erfüllt ihren Zweck: Edzard Reuter und Daimler-Direktoriumsmitglied Hansjörg Baumgart, zuständig für den Kunstbesitz des Konzerns, können einen dreihundertseitigen Kunstkatalog herausgeben, der die schönen Seiten des Lebens (und ganz nebenbei den Konzern) lobpreist. Nur in Ausnahmefällen werden die Verkaufsschlager des Konzerns, von der C- bis zu S-Klasse, selbst zum Gegenstand der Kunst. So darf Bertrand Lavier aus Aignay-de-Duc sein 430 x 180 x 140 Zentimeter großes Fahrzeug mit Acrylfarbe zukleistern und die »Frage nach Identität und Wahrheitsgehalt der Malerei in der Realität« stellen. Germaid Ruck würdigt Laviers Arbeit: »Obwohl Unterlage, Traggerüst der Malerei, bleibt der Mercedes-Benz 190 doch stets noch als Objekt erkennbar.« Sollte er auch, denn was wäre geschehen, hätte Lavier den Luxuswagen beispielsweise bis zur Unkenntlichkeit künstlerisch umgestaltet oder mit autokritischen Slogans coloriert? Da dies unterbleibt, darf Ruck als Kunstkenner der Daimler-Sammlung resümieren: »Dem Charakter des Automobils als vorgefundenem Readymade entspricht die betont unkünstlerische Übermalung durch Dritte, in der Regel durch handwerklich geschulte Restauratoren.«[56]

Kunstmäzen Edzard Reuter konzentriert sich angesichts der gewaltigen Exponatensammlung in der konzerneigenen Kunstgalerie auf die Frage des Verhältnisses von Kunst und Konzern: »Geht es immer noch um den Gegensatz zweier unterschiedlicher Welten, um das letztlich ideologische Spannungsverhältnis zwischen bürgerlicher Arbeitswelt, die Wirtschaft, Wissenschaft und Technik mit einschließt, und jener scheinbaren Gegenwelt der intellektuell-künstlerischen Avantgarde?« Die Frage bleibt rhetorisch. Längst nicht alle Künstler können ohne die Sponsorengelder der Wirtschaft existieren. Und so darf Reuter »auch dem Umstrittenen, Ungesicherten der Gegenwartskunst seine Chance geben«, zumindest solange diese im Sinne des Konzerns genutzt wird.

Die Daimler-Benz AG gehört zu den Industrieunternehmen, die Kunst und Künstler kaufen und von dem Geschäft in doppelter Hinsicht profitieren: Zum einen wird der gute Ruf des Hauses gemehrt, zum anderen kann Reuter seine Frage des Gegensatzes unterschiedlicher Welten zur eigenen Zufriedenheit beantworten: Zwar blieben die »Fronten unverändert bestehen«, aber das Mäzenatentum ermögliche einen ungehinderten Kontakt von Kunst und Kommerz »ohne Tabus und Zensur«. Und so habe »sich das Spannungsverhältnis von Wirtschaft und Kultur auf breiter Basis aufgelockert«. Reuter erkennt sehr wohl, »daß im selbstverständlichen Umgang miteinander« auch »das Risiko zum Mißbrauch, zur Manipulation, mitenthalten sein wird«.

Dabei ist die Gefahr, daß der Geldgeber manipuliert, ungleich größer, als die, daß er selbst beeinflußt wird. Reuter vermeidet jede konkrete Stellungnahme, wie der Konzern sich verhält, wenn Kunst tatsächlich radikal wird, tatsächlich Denkkonventionen aufbricht und nicht nur der Ästhetik der Geschäftspolitik dient.[57]

Statt dessen trifft sich Kunstkenner Reuter lieber am Sonntagmorgen mit der ihm wohlgesonnenen Szene zum »Kulturfrühstück«. Schon 1953 war Reuter bei einer auf private Initiative gestarteten Vereinigung zur Künstlerförderung Gründungsmitglied geworden. Anfang der achtziger Jahre förderte der Kunstliebhaber einen guten Freund, den Maler Günter Scharein, wie der Reuter-Biograph Hans Otto Eglau zu berichten weiß.[58] Aber die Kontakte bleiben nicht nur auf der Ebene privater Unterstützung. Mehrere von Schareins Werken werden Teil der Daimler Kunstsammlung und zudem im Geschäftsbericht 1992 veröffentlicht. Seit Reuter 1987 zum Vorstandsvorsitzenden berufen worden ist, publiziert der Konzernbericht jedes Jahr ein künstlerisches Ereignis bzw. zumindest eines, das dafür gehalten wird.[59]

Reuter-Freund Günter Scharein fügt sich nahtlos in die Reihe der zufriedenen Günstlinge ein. So zeigt sein 124 x 330 Zentimeter großes »Sehnsuchtstriptychon« aus den Jahren 1987 und 1988 absolut inhaltsleere Farbspiele, die durch einfachste Lichteffekte erzeugt werden könnten. Dennoch preist der Geschäftsbericht Schareins Ölgemälde in unüberbietbaren Lobeshymnen: »Lebendig pulsierende, gleichsam atmende Farbräume, die, scheinbar von irrealem Licht erfüllt, unmeßbare Tiefen ausloten, rufen jene mystisch meditative Qualität hervor« und führen zu den Erfahrungen eines »im höchsten Maße emotionalen Farberlebnisses«.[60] Mehr noch als von der finanziellen Förderung dürfte Günter Scharein von Daimlers Public Relation profitieren. Im Katalog zur firmeneigenen Kunstsammlung wird der in Berlin lebende Reuter-Freund von Marion Keiner auf eine Stufe gestellt mit dem weltberühmten französischen Intellektuellen der avangardistischen Malerei des Naiven, Henri Rousseau, dem »Wegbereiter einer neuen Realistik«.

Fazit: Um von Daimler gesponsort zu werden, sollte man möglichst abstrakt malen, gute Kontakte zur Vorstandsebene pflegen und sich ansonsten aus den konzernexternen Realitäten der Welt schlichtweg heraushalten.

Im Auftrag des Konzerns

»*Wenn Unternehmen Kunst fördern, sind die Spielräume für Mißverständnisse nahezu unerschöpflich.*« Edzard Reuter anläßlich der Ausstellung von Andy Warhols »Cars« in der Tübinger Kunsthalle [61]

»*Bei Mercedes war man von diesen Arbeiten entzückt, und im September kam ein Vertrag für die ganze Serie zustande.*« Fred Lawrence Guiles über Andy Warhols Siebdruckserie mit Automobilmotiven[62]

»*Auch Pablo Picasso hatte seine Freude in einem 300 SL.*« In: *Sterne Stars und Majestäten* [63]

In seltenen Fällen bricht Daimler mit dem Prinzip L'art pour l'art. So finden sich in der Kunstsammlung auch einige wenige Werke von Künstlern aus der Zeit des Dadaismus, der Neuen Sachlichkeit und der unter den Nationalsozialisten verbotenen »Entarteten Kunst«. Da darf auch das Gemälde »Im Romanischen Café« von Karl Hubbuch, der in Berlin auf den Gesellschaftskritiker George Grosz traf, in der Daimler-Sammlung hängen, obgleich das Bild »graue Freudlosigkeit und Armut« zeigt und »der ganze Zündstoff dieser Epoche offen zutage« tritt. Und Franz Radziwills Ölbild »Immer schneller fliegen« von 1938 zeugt vom seltenen Mut der Mäzene, auch selbstkritische Gedanken zu tolerieren und provokative Kunst zu zeigen. Zwei Figuren, die »Sinnbilder des Todes und seine unheilvolle Begleiterin«, blicken in eine Welt der Waffen und der Vernichtung durch Kriegsschiffe und Kampfflugzeuge. Mehr als ein halbes Jahrhundert später, nachdem die Daimler-Benz AG längst zum größten deutschen Rüstungsproduzenten und -exporteur avanciert ist, eröffnet Radziwills Gemälde eine gänzlich neue Interpretationsebene.[64]

Auch die anfangs konzerninterne und später öffentliche Auseinandersetzung des Daimler-Vorstands mit der nationalsozialistischen Vergangenheit des Konzerns hat eine erste sichtbare Spur künstlerischer Aufarbeitung zugelassen. Bernd Heiliger, laut Christoph Brockhaus der »Grandseigneur der deutschen Plastik der Nachkriegszeit«, durfte im Januar 1989 unter Mitwirkung des Vorstandsvorsitzenden Edzard Reuter seine zweiteilige Eisenskulptur »Tag und Nacht« auf dem Platz vor dem Daimler-Museum und dem Verwaltungshochaus des Firmengeländes in Untertürkheim aufstellen. Reuter, von dem Heiliger in den fünfziger Jahren mehrere Büsten gefertigt hat, charakterisiert den Künstler als einen »der ganz wichtigen Bildhauer«.[65]

Die Skulptur »Tag und Nacht« wird den Zwangsarbeitern gewidmet, wie eine Stahlgußplatte vermittelt: »In Erinnerung an die Zwangsarbeiter im Zweiten Weltkrieg und zur Mahnung, den

Frieden zu erhalten und die Würde freier Menschen zu verteidigen.«

Bedauerlicherweise vermittelt die abstrakt gehaltene Plastik keinerlei Einblick in die Thematik, und die Texttafel ist so angebracht, daß sie von den allerwenigsten Museumsbesuchern entdeckt wird. Das Mahnmal selbst rostet vor sich hin, sehr zum Unmut mancher Museumswächter, von denen einer die Auskunft erteilt, er hätte die Stahlträger anfangs für abgeladenen Bauschutt gehalten.[66] Mit der werksinternen Kunstkenntnis scheint es eher dünn bestellt zu sein. Dennoch könnte das Mahnmal vom Geist eines neuen Denkens in der Konzernzentrale zeugen. Im Bericht über das Geschäftsjahr 1988 gesteht das Unternehmen ein, daß »sich Daimler-Benz für die Last, die aus der Geschichte erwachsen kann, mitverantwortlich fühlt«.[67]

Doch Heiligers nachdenklich stimmende Großplastik bleibt eine der Ausnahmen. Anläßlich des »hundertjährigen Geburtstags des Automobils« erhielt Andy Warhol, die Personifikation des amerikanischen Traums, einen Auftrag zur visuellen Vergöttlichung der Mercedes-Mobile. Ein Vierteljahrhundert zuvor hatte sich Warhol schon einmal intensiv mit Autos beschäftigt, damals allerdings fertigte er Car-Desaster-Bilder, die in den USA großes Mißfallen erregten. Warhols »Death-and-Desaster-Bilder« konnte man sich nicht ins Wohnzimmer hängen, die Toten schreckten ab, und dennoch zählen gerade diese Werke aus den frühen sechziger Jahren heute zu seinen teuersten.[68]

Diesmal gelang es dem renommiertesten Künstler der Pop-Art, in einer Reihe von Siebdrucken und Zeichnungen das Auto zum Objekt der Begierde zu steigern. »Vom Fahren ist kaum die Rede«, meint Kunstexperte Werner Spies, »häufig läßt Warhol Schatten weg, es sind Wagen, die schweben.« In seinem Bildband interpretiert Spies die Siebdrucke Warhols unkritisch als wirkungsvolle Werbung, die das Fahrzeug als Ikone darbietet: »Er versetzte das Auto in den Himmel und machte aus ihm eine sinnlich lockende

Erscheinung.«[69] Germaid Ruck sieht in Warhols Arbeiten für den Automobilkonzern »die überzeugende Vermittlung der komplexen Aussage«, die, wie Ruck selbst erkennt, mit dem »suggestiven Mittel der Werbung« erzeugt wird.[70] Wie in mittelalterlichen Zeiten, als ganze Generationen von Porträtisten zu Vasallen des Hochadels verkommen waren, unterwirft sich Warhol seinen Auftraggebern aus der Automobilindustrie. Zufriedenheit bei Mercedes, denn »mit seinem besonderen Verständnis für Firmenidentität, schlug Andy vor«, so Warhols Biograph Fred Lawrence Guiles, »die Serie auf Autos aus der hundertjährigen Geschichte der Firma-Daimler Benz zu beschränken«.[71]

Am 22. Februar 1987 starb der Künstler völlig überraschend an Herzversagen, noch vor Vollendung der urspünglich 80 geplanten Bilder. Warhol hat 35 Bilder und 12 großformatige Zeichnungen zur »Cars«-Serie geschaffen, welche in 230 Motiven die Entwicklung vom Benz Patent-Motorwagen von 1886 über die Rennwagen der dreißiger Jahre bis zu den Mercedes-Versuchswagen von 1970 dokumentieren. Ein Jahr nach Warhols Tod werden die »Cars«-Exponate von Götz Adriani in der Tübinger Kunsthalle und später auch im Kunstmuseum Bern einer interessierten Öffentlichkeit dargeboten.

Edzard Reuter war sich der Gefahr bewußt, in die sich Mercedes mit den Sponsorengeldern für die Kunstausstellung begeben hatte: »Handelt es sich vielleicht darum, daß ein paar Kunstfreaks ihr persönliches Hobby auf Kosten der Firma oder als Politurmittel für das Unternehmensimage ausleben? Wäre das so, würde es wohl zutreffen, daß man die Künstler und ihr Publikum als Kulisse und wohlfeile Agenten mißbraucht.«

Wesentlich weniger kritisch als der Konzernvorsitzende zeigte sich der Tübinger Museumsdirektor Götz Adriani, der dem Konzern artig die Reverenz erwies: »Unser Dank für dieses Ausstellungsereignis gilt in erster Linie der Daimler-Benz AG sowie der Galerie Hans Mayer in Düsseldorf. Sie unterstützen das Projekt auf großzügige Weise.« Adrianis Thema war nicht das der Abhängigkeit der Kunst vom Kommerz, der Leiter der Tübinger Kunsthalle würdigte vielmehr den Auftraggeber, der »aufs engste mit dieser Erfindung und deren Entwicklung verbunden ist, die Daimler-Benz AG«.[72]

Doch Künstler sind nicht nur Empfänger mildtätiger Zuwendungen aus dem Hause Daimler-Benz. Etablierte und damit finanzkräftige Künstler fahren Mercedes. Selbst der spanische Maler Pablo Picasso, seit 1944 Mitglied der kommunistischen Partei Frankreichs, ließ sich voller Freude zusammen mit David D. Duncan, dem Fotografen des *Life*-Magazins, in dessen Mercedes 300 SL ablichten.[73] Duncan war es gewesen, der für Picasso 1957 einen Brief an den damaligen US-Vizepräsidenten Richard M. Nixon richtete, worin er um dessen Einladung in die USA bat, um für den Kommunisten »einen von den Bonzen dazu zu bringen, ihn für diesen Herbst als ›Blitzobjekt‹ zu lancieren«. Nixon lehnte ab, und Picasso arbeitete weiter für verschiedene kommunistische Parteien in Europa.[74]

Mercedes-Führung im Museum, Musik für Mechaniker

»Wo sonst die Anlagen für die Produktion der C-Klasse laufen und das Brummen der Maschinen die alltägliche Geräuschkulisse bildet, waren für einen Abend lang ungewohnte Klänge zu hören.« Mercedes-Mitarbeiterzeitschrift *intern* im Dezember 1994[75]

»Zu Hause steht bereits ein SL 600, jetzt galt sein Interesse dem S-Klasse-Coupé und einem Geländewagen.« Mercedes-Information zum Fahrzeugpark des Roxette-Sängers Per Gessle[76]

»Um die Rhein-Neckar-Region gezielt zu unterstützen, spendierte der Autohersteller insgesamt 3,5 Millionen DM, die für Sponsoring-Akti-

vitäten in den Bereichen Sport, Soziales und Kultur verwendet werden sollten.« Der *Mannheimer Morgen* im Januar 1995 [77]

Beim Daimler-Vorstand steht Kunstgenuß hoch im Kurs, und die Beschäftigten nehmen das Angebot gerne wahr. Beispielsweise dann, wenn bei freiem Eintritt für Mitarbeiter die »faszinierende Retrospektive des bedeutendsten deutschen Malers des 20. Jahrhunderts« besucht werden darf. Für die Beckmann-Ausstellung in der Stuttgarter Staatsgalerie werden sogar am Montag, dem traditionellen Ruhetag der Museen, kostenlose Führungen organisiert.[78]

Und auch konzernintern stehen die Türen für die Kunst offen. Siebzehn Neuerwerbungen wurden bei der Ausstellung zum 65. Geburtstag Edzard Reuters »an den weißen Wänden des Betriebsrestaurants in Stuttgart-Möhringen« präsentiert. »Thema und Material waren freigestellt«, schreibt das Mercedes-Magazin *intern*.[79]

Doch das Unternehmen hat auch seine musische Ader entdeckt und holt sich gleich ganze Orchester ins Werk. Rund 1200 Musikfans kamen ins Bremer C-Klasse-Werk, um »die Anziehungskraft des Symphonieorchesters« des Norddeutschen Rundfunks, geleitet von Carlo Rizzi, beim »romantischen Konzert« in »prosaischer Kulisse« zu genießen.[80] »Musik ist die Sprache, die jeder versteht. Wo die Sprache aufhört, fängt die Musik an«, verkündete Kleinert bei den Schwetzinger Festspielen. Dort hat Daimler-Benz die finanzielle Vorleistung erbracht, um in Koproduktion mit der Deutschen Oper Berlin und der Komischen Oper Berlin eine »weitere Uraufführung zu ermöglichen«. Kleinert nutzte die Gelegenheit, gleich auf die lange währende Zusammenarbeit mit dem Berliner Komponisten Siegfried Matthus hinzuweisen.[81]

Triebfeder für Kulturelles war über acht Jahre hinweg der Vorstandsvorsitzende Edzard Reuter. Als Mitglied in einer Vielzahl von Förderorganisationen für Maler und Musiker, wußte der Topmanager die reichhaltigen Sponsorengelder gezielt zu lenken. In der Konzernstadt Stuttgart ist Reuter Vorsitzender der »Freunde der

Staatsgalerie« und Mitglied des Vorstands der »Freunde der Württembergischen Staatstheater«. In der Vorstandsliste des »Förderkreises der Deutschen Oper Berlin e.V.« lesen sich die Namen der Deutschen Bank AG, der Bayer AG, der Allianz AG oder der Robert Bosch GmbH wie das »Who is who?« der deutschen Wirtschaft. Über ihnen thront nur ein Unternehmen: Die Daimler-Benz AG mit ihrem langjährigen Vorstandsvorsitzenden Edzard Reuter, der den intensiven Kontakt zu seiner Heimatstadt nicht missen möchte und seit 1985 den Förderkreis anführt.[82]

Warum sich der Konzern für Mitarbeiter und Öffentlichkeit derart engagiert, verrät der Pressesprecher. »Kunst und Technik verfügen über gemeinsame Wurzeln«, verkündet Matthias Kleinert, und nennt als solche »Kreativität, Ästhetik und Leistungswillen«.[83] So kauft sich der Konzern die Kultur in die Museen und die Musik in die Maschinenhallen – und den Leistungswillen seiner Beschäftigten dazu.

Die Kulturszene dankt dem Konzern auf ihre Art. Es ist müßig festzustellen, daß auch die High-Music-Society weltweit Mercedes fährt. Längst hat sich der Konzern einen festen Kundenstamm unter den Superstars geschaffen und verkündet stolz, daß nicht nur Klassiker, sondern auch erfolgreiche Rock- und Popinterpreten – von *Abba* bis *Roxette* – auf Mercedes stehen und bei Deutschlandaufenthalten die »Leute vom ›Stern‹« besuchen. So stattete der Sänger von Roxette, laut Mercedes die »männliche Hälfte des fetzigen Duos«, bei der »Crash Boom Bang«-Tour dem Konzern eine Stippvisite ab, um seinen Fuhrpark zu ergänzen.[84]

Allein 1994 ließ sich laut *Frankfurter Rundschau* die Daimler-Werbeabteilung das Sport- und Kulturspektakel rund 20 Millionen DM kosten. Von Daimlers Sponsoren- sowie Gewerbesteuergeldern profitieren ganze Städte. In der Mercedes-Stadt Sindelfingen existieren allein 21 Museen und 26 Theaterstätten, wie Wirtschaftsredakteur Erwin Single von der *tageszeitung* zu berichten weiß.[85] In der Mercedes-Stadt Mannheim »steht die Kultur buchstäblich unter einem guten Stern«. Laut *Mannheimer Morgen* unterstützt der Konzern die »Kurpfalzmetropole mit Vollgas«, denn »nicht nur das Waldhof-Werk und die hiesige Niederlassung lassen ›Stern-Taler‹ springen«. Auch aus der Daimler-Zentrale, so die Mannheimer Tageszeitung in ihrem Fünf-Spalten-Bericht, »fließen Gelder« in die zweitgrößte Stadt Baden-Württembergs. Manfred Eichhorn, Direktor der Mannheimer Fahrzeug-Niederlassung, weiß die Mercedes-Message bei einer Kunstausstellung Anfang 1995 zu transportieren: »Kunst steht für Qualität. Und Qualität ist auch der Leitgedanke von Mercedes-Benz.«[86]

Proteste gegen den Mißbrauch der Kunst für Konzernzwecke gibt es kaum, das Schweigen ist teuer erkauft. Dagegen kritisiert der freie Mitarbeiter der *Frankfurter Rundschau* Jan Jurczyk, daß der Konzern »für die Umwelt nur zwei bis drei Millionen springen« läßt. Öko-Sponsoring führe »selbst bei Daimler noch ein Mauerblümchen-Dasein«.[87] Womöglich ist das auch gut so. Denn gelänge es dem Konzern, auch noch die Ökoorganisationen einzukaufen, dann bräche der Widerstand gegen die Mercedes-Mammutprojekte wohl endgültig zusammen.

Schöne Frauen, schnelle Wagen, gute Kunden

Mercedes-Frauen

»Ich bin im fünften Jahr mit Mercedes verheiratet.« Ellen Lohr, Mercedes-Rennfahrerin im *Aktuellen Sport-Studio* [88]

»Das ultimative Auto zur Festigung jedweder Partnerschaft kommt hingegen zweifellos aus Stuttgart. Oder vielmehr: Dieses Auto wird ab

1996 aus Stuttgart kommen. Die endgültige und unschlagbare Beziehungskiste heißt: Mercedes Benz SLK.« Tim Hagen im Automagazin *Auto Focus* [89]

Es sind nicht so viele, aber es gibt sie – antiquierte Fotografien von Frauen aus den zwanziger und dreißiger Jahren, Mannequins, die freudig erregt vor dem Mercedes oder im Nobelauto posieren. Gemäß dem Motto »Elegante Damen mit Mercedes« demonstriert eine jede ihre Art der Liebe zum Traumauto. Als zwei »Preisgekrönte« titulieren Paul Simsa und Jürgen Lewandowski »die deutsche Schönheitskönigin Dorit Nitikowsky am Steuer eines offenen Mercedes-Benz Nürnberg, der bei der Schönheitskonkurrenz in Wien den ersten Preis und das Goldene Band erhielt«.

Auch wenn Autos Männersache sind, so muß die 1898 geborene Ernes Merck noch heute im Standardwerk über die prominenten Mercedes-Fahrer dafür herhalten, daß Frauen auch als Rennfahrerin berühmt werden und in die Männerdomäne des Motorsports hineinschmecken durften. Denn »schon in Urzeiten des Motorsports machten schnelle Damen von sich reden, Ausnahmen blieben sie aber aus mancherlei Gründen«. In einer Welt mit »von Männern bestimmten Traditionen« erkennen die beiden Autoren die Ursache für die Benachteiligung von Frauen. Selbst dann, wenn die zweieinhalb Tonnen schweren einsitzigen Rennboliden von »gut trainierten Damen« absolut beherrscht wurden.

In Wirklichkeit ging es um anderes als um die Liebe der Frau zum Auto. Aus der Liebe zum Mercedes sollte sich vielmehr eine lukrative Liaison entwickeln, denn Siegermeldungen gutaussehender Damen in attraktiven Autos ließen und lassen sich bestens vermarkten: »Die bekannte Filmschauspielerin Frau von Belajeff erhielt mit ihrem 3-Liter-Mercedes-Benz-Cabriolet einen ersten Preis auf der Schönheitskonkurrenz in Bad Saarow.« Der Mercedes Typ 300 von Frau von Belajeff war ein Kaufanreiz. Motto damals wie heute: »Schöne Frauen in eleganten Wagen paradierten bei den beliebten automobilistischen Schönheitskonkurrenzen.« Dabei kostete der Mercedes-Typ Nürnberg von Dorit Nitikowsky bereits in den zwanziger Jahren 12 500 Mark – eine Summe, von der eine deutsche Durchschnittsfamilie damals nur träumen konnte.[90]

Wenn Frauen nicht nur zur Schau Mercedes fahren wollten, ließen die gesellschaftlichen Bedingungen diesen Schritt nur in Ausnahmefällen zu. Heute dagegen ist so manche Grenze gefallen, mittlerweile sind »hinter dieser Frau am Wochenende Dutzende von Männern her«. Gemeint ist Ellen Lohr, die an einem der schnellsten Arbeitsplätze Deutschlands, so die Mercedes-Werbung, mit über 400 PS ihren Mann im C-Klasse-Benz fährt.[91] Beim Interview im Zweiten Deutschen Fernsehen erklärt die Rennfahrerin vom Mercedes-Team ihren Erfolg dadurch, daß sie als eine von wenigen »mit den Männern konkurrieren« könne. Dadurch habe sie »es geschafft, relativ weit nach oben zu kommen«.[92]

Doch Ellen Lohr ist die Ausnahme. Die Regel erläutert Gudrun Axeli-Knapp: »Das Auto«, so die Psychologin, »ist seiner Herkunft nach durch und durch männliches Projekt – wie sich auch im geschlechtstypischen Umgang mit dem Vehikel« zeige. Frauen seien in der automobilen Männerwelt bislang »als Objekt, als willenloses Unterworfenes, als ›Gegenstand ohne Eigenleben‹« instrumentalisiert worden.[93]

Doch im vergangenen Jahrzehnt hat sich eine Menge bewegt. Längst sind die Mercedes-Verkaufsabteilungen hinter neuen Kundinnen her, denn Ende des 20. Jahrhunderts ist »auch die Emanzipation eine Sache von Angebot und Nachfrage«. Die Analyse von *Auto Focus*-Redakteur Tim Hagen besagt, daß Frauen dann »weniger ernst genommen« werden, wenn sie keine Kunden sind. Im Umkehrschluß verkündet Hagen, »überall, wo Frauen Kunden sind, werden sie ernst genommen«. Dies lehre das harte Gesetz der »real existierenden Marktwirtschaft«, denn keine Kraft habe »das Bild der Frau nachhaltiger verändert als die Kaufkraft«.

Vermögende Männer dagegen plagen heute ganz andere Sorgen: »Welches Auto schenke ich der Frau an meiner Seite?« fragt *Auto Focus*-Herausgeber und Profi-Fotograf Peter Vann. Männern mit Moneten empfiehlt Auto-Journalist Tim Hagen »ganz unterschiedliche Methoden, sich bei Frauen beliebt zu machen«. Eine »erfolgversprechende« ist ein Mercedes SLK, der ab 1996 zu dezenten 60 000 DM »als Geschenk einen Hauch von Ruchlosigkeit verleiht«. Dabei teste der »Mercedes SLK ›Fashion‹ den geschmacklichen Grenzbereich«, die Serienversion, so Mercedes-Mann Hagen, dürfte schlichter ausfallen.[94]

Die Mercedes-Frau ist gern gesehen im Hause Daimler-Benz – nicht als Denkerin, sondern als Lenkerin ihrer für teures Geld neu erworbenen Mercedes-Limousine. Ansonsten bleibt die Mercedes-Welt männlich: Der Frauenanteil an der aktiven Belegschaft beträgt gerade mal 14,8 Prozent, wie der Sprecher des *Dachverbands der Kritischen Daimler-AktionärInnen*, Paul Russmann, dank seiner gezielten Fragen bei der Daimler-Hauptversammlung 1994 erfuhr. 39 811 Daimler-Beschäftigte sind weiblich, auch der mit 16,8 Prozent äußerst niedrige Frauenanteil an Auszubildenden läßt keine Änderung der Einstellungspraxis erkennen. Berechnungen über den Anteil von Frauen bei Neueinstellungen würden nicht separat erhoben, so die Konzernverwaltung. Einen kleinen Lichtblick stellen die Mentoringprogramme für Frauen in der Holding dar, in deren Rahmen Frauen »im Hinblick auf Führungsfunktionen« gefördert würden. Dabei, so die Daimler-Verwaltung, würden in verstärktem Umfang Hochschulabsolventinnen eingestellt. Der Frauenanteil in der internationalen Nachwuchsgruppe liegt bei rund 35 Prozent.

Noch erfolgloser sind Frauen, wenn es darum geht, sich bei Daimler-Benz Führungspositionen zu erkämpfen: Die Zahl von 2,8 Prozent Frauen auf der relevanten Entscheidungsebene spricht für sich und gegen den Konzern.[95] Damit liegt Daimler-Benz sogar noch unter dem Durchschnittswert, den der *Dachverband der Kri-*

tischen Aktionärinnen und Aktionäre bei den führenden deutschen Großunternehmen ermittelt hat. Der Kölner Dachverband errechnete bei seiner Befragungsaktion auf den Hauptversammlungen einen durchschnittlichen Frauenanteil unter den Beschäftigten von 20 Prozent, in Führungspositionen von nur 4,4 Prozent. »Die von Artikel 3 des Grundgesetzes garantierte Gleichberechtigung«, so der Dachverbandssprecher, »spielt offenbar keine Rolle«.[96]

Gründe für das Frauendefizit gibt es mehr als genug. Gudrun Bielmann, seit 1981 als Informationselektronikerin bei Daimler-Benz tätig, führt dabei die Probleme bei der Stellensuche über die für Frauen schwierige fortwährende Weiterqualifizierung bis hin zur »Angst der Frauen vor der Männerwelt« an. »Erst wenn es Frauen gelingt, die Aufteilung Männerindustrie/Frauenindustrie (gleich Niedriglohnbranchen) zu durchbrechen«, so die aktive Gewerkschafterin, »schaffen sie sich die Voraussetzung, vom Mann finanziell unabhängig zu werden und selbständig leben zu können.«[97]

Gruppenbild mit Dame

»Wir werden uns überflüssig machen – und zwar so bald wie möglich.« Birgit Breuel im *manager magazin* [98]

»Es gibt keine unternehmensübergreifende Stelle einer Frauenbeauftragten im Daimler-Benz-Konzern.« Stellungnahme der Verwaltung auf der Hauptversammlung 1994 [99]

»Bei den Vornamen seiner Kinder tobte sich mein Vater richtig aus. Alle, auch die Buben, hatten eine ganze Liste davon, am liebsten spanisch, und ›Maria de las Mercedes‹ (Maria von den Gnaden) kam bei allen Kindern vor, bei meiner Schwester eben als erster Name: Mercedes Adrienne Manuela Ramona.« Andrée Jellinek-Mercedes in *Mythos Mercedes*[100]

Die konzernrelevanten Entscheidungen werden von Männern getroffen. Der Anteil der Frauen im Daimler-Benz-Vorstand betrug 1994 glatte null Prozent: Die Herren Edzard Reuter (als Konzernvorsitzender), Dr. Gerhard Liener, Dr. Hans-Wolfgang Hirschbrunn, Prof. Hartmut Weule, Helmut Werner, Ernst Stöckl, Jürgen Schrempp und Dr. Manfred Gentz durften für die Frauen mitdenken. Kontrolliert wurde der Männer-Vorstand von den Herren des Aufsichtrats, welchem der Deutsche Bank-Chef Hilmar Kopper vorstand. Die Arbeitgeberseite hatte weiterhin Prof. Dr. Gerd Binning, Prof. Hubert Curien, Dr. Michael Endres, Martin Kohlhausen, Jürgen Sarrazin, Dr. Roland Schelling, Dr. Manfred Schneider und Prof. Dr. Johannes Semler zu Aufsichtsräten bestellt. Die Arbeitnehmer wählten Karl Feuerstein zum stellvertretenden Aufsichtsratsvorsitzenden, zudem Willi Böhm, Wolfgang Gabele, Manfred Göbels, Erich Klemm, Rudolf Kuda, Helmut Lense, seit dem 26. Oktober 1993 Walter Riester als Nachfolger für Franz Steinkühler, Peter Schönfelder und Bernhard Wurl – ausschließlich Männer. Voller Stolz kann der zwanzigköpfige Aufsichtsrat dennoch von sich behaupten, bei einem fünfprozentigen Anteil überproportional gut mit Frauen vertreten zu sein. Mit Birgit Breuel, von April 1991 bis Ende 1994 Präsidentin der Treuhandanstalt und seit Januar 1995 Generalkommissarin der Weltausstellung Expo 2000 in Hannover, stellt die Arbeitgeberseite eine Frau als Mitglied im Daimler-Aufsichtsrat. Die Fünf-Prozent-Frau Birgit Breuel mußte sich in Niedersachsen allerdings nicht nur »ökonomischen Sachverstand« aneignen und »ein ganzes Buch voller staats- und wirtschaftspolitischer Einsichten« verfassen, wie der Treuhandkritiker Otto Köhler schreibt.[101] Vielmehr, so die die *Deutsche Presse-Agentur*, bedurfte es erst des Renommees einer »knallharten Politikerin«, die als »bester Mann im Kabinett« bei Ulrich Albrecht und später in der Herrenwelt des Konzerns Karriere machen durfte.[102] Aber selbst der Dachverband der Kritischen AktionärInnen Daimler-Benz muß sich den Vorwurf gefallen lassen, bei der Hauptversammlung im Mai 1993 mit dem Berliner Dozenten für Friedens- und Konfliktforschung, Professor Ulrich Albrecht, einen kompetenten, jedoch ebenfalls männlichen Bewerber als Kandidaten für den Aufsichtsrat vorgeschlagen zu haben.[103]

Nach den »erschreckenden Ergebnissen« der Befragungsaktion zum durchschnittlichen Frauenanteil unter den Beschäftigten und in Führungspositionen deutscher Konzerne, wollen Liane Melzer und ihre Mitstreiter vom Kölner Dachverband der kritischen Aktionärinnen und Aktionäre »verstärkt den Kontakt zu Betriebsräten suchen«. Gemeinsam soll die Situation der weiblichen Beschäftigten verbessert werden. Laut Henry Mathews, geschäftsführender Dachverbandsvorstand, werden die kritischen Aktionäre in den kommenden Jahren »den Konzern'herren' in Sachen Frauenförderung noch energischer auf den Zahn fühlen«. Und Liane Melzer kündigte an, bei Daimler-Benz und anderen Konzernen in Zukunft »konsequent Frauen für Aufsichtsratsmandate« vorzuschlagen.[104]

Auch bei der IG-Metall hat man das Problem längst erkannt. Frauenfragen seien »ein Stiefkind in unserem Betrieb«, so die Gewerkschaftszeitung *Scheibenwischer* für die Beschäftigten von Mercedes-Benz und der debis am Standort Stuttgart im Sommer 1994. Im *Scheibenwischer* kündigen die Mitglieder der IG Metall deshalb die Durchführung einer Veranstaltungsreihe zu Frauenfragen an. Und deutlich sagen sie, wo der Kern des Problems zu suchen ist: »Es hängt von uns ab«, so die Gewerkschafterinnen, »was im Betrieb bezüglich Frauenpolitik läuft.«[105]

Wie dringend notwendig die Eigeninitiative von Frauen im Konzern ist, zeigt eine Bestandsaufnahme des Status quo. Die Daimler-Verwaltung, zuständig für die schriftliche Beantwortung der Fragen zur Jahreshauptversammlung, mußte eingestehen, nicht einmal eine unternehmensübergreifende Stelle einer Frauenbeauftragten eingerichtet zu haben. Dafür gebe es »in den größeren Standorten« des Unternehmens Projektbeauftragte, vor allem bei Mercedes-

Benz, wo seit 1992 auch einmal im Jahr ein Informations- und Erfahrungsaustausch stattfinde. »In Abhängigkeit der Themenstellungen« werde ein Dialog der Geschäftsleitung mit dem Betriebsrat geführt. Auch Fragen nach der Beratung schwangerer Frauen und der finanziellen Unterstützung von Betriebskindergärten werden nur unzufriedenstellend beantwortet. Die Schwangerschaftsberatung erfolge bei Daimler-Benz, Mercedes-Benz und der debis über den »Infokalender ›Mutterschutz-Erziehungsurlaub-Familienpause‹« sowie nach Bedarf in Einzelgesprächen. Die Betreuungseinrichtungen, die bereits bestünden, würden genauso unterstützt wie das Stuttgarter Kinderbüro.[106]

Von einer real vollzogenen Gleichberechtigung kann im größten deutschen Konzern kaum die Rede sein. Wir werden uns überflüssig machen, meinte Birgit Breuel, über ihre Arbeit bei der Treuhand in Berlin. Bezogen auf den Daimler-Benz-Konzern bekommt die Aussage der einzigen Frau mit Einfluß eine doppelte Bedeutung. In diesem Fall hieße sie: Wir Frauen sind, was die relevanten Entscheidungen anbetrifft, immer noch oder längst überflüssig.

Und beim in den letzten Jahren erstmals drastisch vollzogenen Stellenabbau »sind schnell wir Frauen dran mit der Begründung ›Doppelverdienerin‹ oder so«, wie Monika Müller-Bertrand die Situation bei Mercedes-Benz und der debis beschreibt. Die IG-Metall-Vertrauensfrau wirft dem Konzern und dem Staat vor, »kein Interesse an vielen Frauen in Vollzeitbeschäftigung« zu haben. Vielmehr würden Frauen »als Manövriermasse für Krisenbewältigungsprogramme« gebraucht. Die Zahlen, welche die IG Metall vorgelegt hat, sprechen dabei für sich. Der Anteil von Frauen in der aktiven Belegschaft bei Mercedes-Benz ist nicht nur erschreckend niedrig, er hat sich in den vergangenen Jahren auch nur marginal verändert. Von 1990 bis 1993 stieg der Anteil der weiblichen Angestellten bei der Mercedes-Benz AG in Deutschland von 6,5 auf 6,8 Prozent, im selben Zeitraum sank der Wert bei den Arbeiterinnen von 4,9 auf 4,3 Prozent. »Was ist geblieben«, so die Frage von

Monika Müller-Bertrand im *Scheibenwischer* vom Februar 1994, »außer schönen Worten?«[107]

Die allerdings gibt es seit ewigen Zeiten zur Freude der Mercedes-Frauen, welche kostenfrei als Beraterinnen der Konzernherren arbeiten dürfen: Schon der Motorenerfinder Karl Benz behielt trotz vieler Rückschläge »sein Selbstvertrauen, unterstützt von seiner Frau«. Und als in der Silvesternacht 1879 sein Zweitaktmotor nicht anspringen wollte, soll seine Frau nach dem Nachtessen gesagt haben: »Wir müssen doch noch einmal hinüber in die Werkstatt und unser Glück versuchen.«[108] Mutig, wie sie war, setzte sich Berta Benz 1888 auch selbst ans Steuer und fuhr in dem von ihrem Gatten konstruierten Motorkraftwagen von Mannheim nach Pforzheim.[109]

Die Berta-Benz-Tour findet sich seither in fast jedem Buch, das sich mit der Daimler-Historie beschäftigt. Auch heute sind Frauen gern gesehene Kundinnen in den Mercedes-Filialen, schließlich zahlt es sich für den Konzern aus, wenn die Lady eine Limousine als Zweit- oder Drittwagen fährt.

Und noch ein weiterer Trost bleibt Daimlers Damenwelt: Gnädig darf sie den mächtigen männlichen Automobilkonzern mit einem ihrer Namen zieren. 1889 erblickte Mercedes Jellinek als Tochter eines automobil- und geschwindigkeitsbesessenen Kaufmanns aus Leipzig das Licht der Welt. Am 21. März 1899, so der Historiker Dirk-Michael Conradt, gewann Jellinek mit seinem Daimler die Rallye von Nizza nach Magagnon und zurück. Das Fahrzeug trug den Namen seiner Tochter, »das Glück verheißende Pseudonym ›Mercedes‹«. Jellinek wurde zum Großkunden der Daimler-Motorengesellschaft DMG und ließ sich in deren Aufsichtsrat wählen. Im Jahr 1902 sorgte er dafür, daß »der Vorname der jungen Mademoiselle Jellinek zum weltweiten Markenbegriff« wurde, und seither genießt »Mercedes« als Wortmarke gesetzlichen Schutz.[110]

Dabei ist heute fast in Vergessenheit geraten, daß die Namenspatronin von einer persönlichen Katastrophe in die nächste stolperte, sich zweimal scheiden ließ und letztlich von der Gesellschaft isoliert lebte. »Daß die Automarke, die ihren Namen trug, mittlerweile ein Weltbegriff war, hatte keinerlei Bedeutung für sie«, schreibt Peter Vann. Schlimmer noch für alle Mercedes-Fans: Die berühmte Mercedes Adrienne Manuela Ramona, deren Name heute das mächtigste Autoimperium der Republik ziert, hatte zeit ihres Lebens niemals ein Automobil besessen.[111]

Die Mercedes-Medien – von der meinungsbildenden Macht des Konzerns

Bild, Boenisch und eine beeinflußte Berichterstattung

»60 Journalisten, je zur Hälfte aus dem In- und Ausland, alle dem Thema Auto verbunden, wurde Ende August der eineinhalb Millionen Mark teure Prototyp für Testfahrten überlassen.« Stefan Woltereck in der Mercedes-Mitgliederzeitschrift *intern* [112]

»In der Anzeige werden Namen dritter Personen (gemeint sind Reuter und Herrhausen) genannt. Eine Veröffentlichung wäre uns nur dann möglich, wenn von deren Seite aus eine Zustimmung erfolgt.« Begründung der *Süddeutschen Zeitung* für ihre ablehnende Haltung zur Veröffentlichung einer konzernkritischen Anzeige[113]

Wer verkaufen will, muß für sein Produkt werben. Mercedes hat dafür die Hamburger Werbeagentur Springer & Jacoby engagiert – mit Erfolg, denn der Laden läuft bei Mercedes.[114] Wer die Medienmacht hinter sich hat, verkauft mehr als andere. So bedarf es nicht nur einer erfolgreichen Werbeagentur, sondern auch der heißen Drähte in die Medienzentralen.

Die Öffentlichkeitsarbeiter von Mercedes haben die Zeichen der Zeit erkannt und deshalb zu einem Workshop eingeladen – speziell für Medienvertreter. »Bedauern bei den Presseleuten«, so der freie Journalist Stefan Woltereck, gab es einzig über den noch zu hohen Preis der Batterie für den Elektroantrieb. Ansonsten wurden die Pressevertreter von den Autobauern bestens betreut. Journalist Claus-Peter Elberth lobt denn auch das Konzept, das »die Fahreindrücke so überwältigend« mache. Und selbst Peter Klinkenberg, laut Woltereck ein als »kritisch bekannter Motor-Redakteur« der *Frankfurter Rundschau*, läßt sich überzeugen. »Den würde ich kaufen«, zitiert Woltereck seinen Kollegen Klinkenberg in der Mercedes-Firmenzeitschrift *intern*, die alle zwei Monate in einer Auflage von derzeit 219 000 Exemplaren für die Beschäftigten herausgegeben wird. An einem solchen Empfang ist wenig Anrüchiges, solange die Journalisten anschließend wohlabgewägte Beiträge publizieren, die Vorzüge des Produkts beleuchten und seine Schwächen kritisch hinterfragen. Stefan Woltereck allerdings gibt seine Zurückhaltung auf, schreibt nach dem Besuch den Artikel für das Mercedes-Firmenblatt, lobt dort den geänderten Stil des Hauses und das Objekt der Begierde dazu. Auch wenn es sich bei der »Studie A«, dem Vorläufer der A-Klasse, zweifelsfrei um ein sinnvolleres Produkt in der Palette der Mercedes-Limousinen handelt, sind die Grenzen zwischen objektivem Journalismus und Firmenwerbung in Woltereks Beitrag »Vorgeschmack« fließend, und es bleibt ein schlechter Beigeschmack.

In Zeiten, in denen üppig fließende Anzeigengelder dringender denn je benötigt werden und manch renommierte Zeitung oder Zeitschrift aufgrund der immens gestiegenen elektronischen Konkurrenz in existentielle Nöte geraten ist, sind die Printmedien mehr denn je auf die Zuwendungen der Großkonzerne angewiesen. Bereits Ende der achtziger Jahre hatten die Anzeigen der Automobilindustrie in den alten Bundesländern die Milliardengrenze überschritten. Laut Dieter Seifried, Autor im Themenbereich Verkehrsfragen, betrug der Werbeetat aller Automobilkonzerne im Jahr 1988 in der Bundesrepublik 1,1 Milliarden DM.[115]

So reicht der Einfluß des Konzerns auf die Medien so weit, daß selbst seriöse Tageszeitungen vor Anzeigen der Konzerngegner zurückschrecken. Zum 1. September 1989, dem bundesweit mit Friedensdemonstrationen begleiteten Antikriegstag, beabsichtigte die Kampagne »Produzieren für das Leben – Rüstungsexporte stoppen« aus dem hessischen Idstein, eine Daimler-kritische Anzeige in der *Süddeutschen Zeitung* sowie der *Frankfurter Rundschau* für gutes Geld zu veröffentlichen. Die Begründungen der beiden Zeitungen für ihre Weigerung, die Anzeige zu publizieren, waren nach Ansicht der Redaktion des *Kampagnen-Infos* schlichtweg »merkwürdig«. Reserviert hatte die *Frankfurter Rundschau* zurückgeschrieben, daß das Thema der Anzeige »Gegenstand unserer allgemeinen redaktionellen Berichterstattung war und ist«. Die Zeitung habe sich »grundsätzlich dazu entschlossen, keine Anzeige zu veröffentlichen, deren Inhalte Gegenstand unserer redaktionellen Berichterstattung« seien. Nach den Ablehnungsschreiben aus Frankfurt und München veröffentlichten die Rüstungsgegner ihre kritische Anzeige letztlich in der *tageszeitung* sowie im *Deutschen Allgemeinen Sonntagsblatt*.

Doch der Konzern weiß nicht nur so manche Chefredaktion hinter sich, auch bei den Journalisten selbst wird schon einmal mit Sonderangeboten aus dem Konzern nachgeholfen. Es ist Usus in der Branche, Medienvertretern Mercedeswagen verbilligt anzubieten: Bei Vorlage eines Journalistenausweises werden üblicherweise 15 Prozent Preisnachlaß gewährt, Mercedes ist da allerdings knauserig: Auf alle Typen und selbst bei Auslaufmodellen gewährt der Konzern seit Jahren zehn Prozent Rabatt für Journalisten.

Befördert wird die positive Grundstimmung in den Medienzentralen durch den massiven Einfluß konservativer Parteien und einer allmächtigen Automobillobby, hinter der sich auch die Macht von Mercedes verbirgt. Der Konzern weiß eine Wirtschafts- und Automobilpresse hinter sich, die die eigenen und ganz nebenbei auch die Konzerninteressen vertritt, auch wenn es dabei immer wieder einmal Ausnahmen gibt.

In seinem Gastbeitrag zum 150jährigen Todestag von Karl Benz in der *Zeit* analysierte der Ulmer Universitätsprofessor Hans-Eberhard Lessing das historisch gewachsene Verhältnis: »Presse und Automobil hatten schon früher eine symbiotische Beziehung entwickelt«, meint Lessing, der in dieser Symbiose den Grund dafür sieht, daß Tageszeitungen seit Generationen »eine Motorseite pflegen«. Die Zeitungsleser würden »ein Leben lang über Automobiljubiläen und -pioniere unterhaltsam« informiert, während die übrige Technikgeschichte »ein kaum beachtetes Nischendasein« friste. Um so mehr gibt sich Professor Lessing Mühe, seine Benz-Biographie im November 1994 nicht zum reinen Jubelbeitrag verkommen zu lassen. Benz habe nicht nur »saugrob« werden können, der Firmenmitbegründer war auch der festen Überzeugung, »daß die starken Wagen ein Malheur für den Automobilismus und überflüssig für die Menschheit« seien.[116]

Lessings ironische Benz-Zitate stellen die Ausnahme dar, die Regel ist der blanke Lobbyismus. Die positive Grundstimmung wird gezielt gefördert. Stuttgarter Pressekonferenzen, beispielsweise über die Konzernbeteiligung an der Formel 1, sind bestens besucht – »von Journalisten aus aller Welt«, wie das Unternehmen stolz verkündet. »Viel Sympathie« werde dem Mercedes-Engagement entgegengebracht, und »neue Freunde« würden gewonnen.[117] Im Endeffekt überbietet ein Journalist den anderen mit Jubelartikeln in den Automobil- und Wirtschaftsmagazinen.

Ganz vorne mit dabei findet sich das Springer-Blatt *AutoBild*. Dort werden Fußgänger pauschal verurteilt (»Wem gehört die Welt? Fußgängern. Glauben jedenfalls Fußgänger.«), und in derselben

Ausgabe eine Seite wird vorher das Luxusprodukt in Form der E-Klasse gepriesen: »Hoher Anspruch: Best Sport Art«, »Mercedes à la Best«. Nicht genug damit: Für *AutoBild*-Redakteur Manfred Kolbe ist die Tour im Mercedes »Autofahren in höchster Vollendung«.[118] Der frühere Mercedes-Freund Axel Springer verfügte nicht nur über ein breites Sortiment an Printmedien. Der Springer-Konzern ist zu 20 Prozent auch am Fernsehsender Sat 1 beteiligt, an dem Leo Kirch, bekanntermaßen ein enger Freund von Kanzler Kohl, sogar 43 Prozent der Anteile hält. Zudem ist Kirch zu 35 Prozent Mitbesitzer des Axel Springer Verlags. Am Deutschen Sportfernsehen, das bekanntermaßen keine Gelegenheit ausläßt, den automobilen Renn«sport« zu zelebrieren, sind die Kirch-Gruppe mit 24,5 sowie Springer mit 24,9 Prozent der Anteile vertreten.[119]

Daß die Chemie zwischen dem Imperium von Axel Springers Erben, dem Bundeskanzler und Daimlers mächtigen Managern stimmt, dafür hat unter anderem auch Peter Boenisch gesorgt. Bis 1970 war Boenisch Chefredakteur des Boulevardblatts *Bild*, danach Redaktionsdirektor der *Bild*-Zeitung und der *Bild am Sonntag*, zudem von 1978 bis 1981 Vorsitzender der Chefredaktion der Tageszeitung *Die Welt* und von 1986 bis 1992 Redaktionsdirektor der Zeitschrift *Bunte* des Burda-Verlags.[120]

Boenisch ist bekannt für seine »mit Hingabe gepflegten Feindbilder«. Jürgen Schreiber, Redakteur der *Woche*, porträtierte den Medienfürst als einen »Freund der Mächtigen«, der »schon zum Frühstück zwei Kommunisten« fresse. Von 1983 bis 1985 war Boenisch Presse-Staatssekretär im Kabinett Kohl, zuletzt im Bundestagswahlkampf 1994 als Berater des Kanzlers äußerst erfolgreich.[121] Und auch mit dem Mercedes-Konzern verbinden Boenisch jahrelang gefestigte Bande: Von 1973 bis 1981 erhielt Peter Boenisch meinungsbildende Finanzspritzen von über einer Million DM. Laut Münchener *Abendzeitung* hätten diese dazu gedient, die »Autofeindlichkeit in systemkritischen linken Teilen der Öffentlichkeit abzubauen«.[122] Boenischs Engagement für den Stuttgarter Nobel-konzern wirkte sich allerdings durch sein eigenes Verschulden eher zu dessen Nachteil aus. So mußte er sein Amt als Regierungssprecher wegen eines steuerrechtlichen Ermittlungsverfahrens aufgeben. Peter Boenisch hatte ein Beraterhonorar von Mercedes angenommen, es aber nicht versteuert, wodurch der Fall 1985 öffentlich publik wurde.[123]

Der politische Journalist Winfried Wolf, seit 1994 parteiloser Bundestagsabgeordneter der PDS aus Baden-Württemberg, sieht im Fall Boenisch nur die Fortsetzung einer alten Tradition. Denn bereits von 1972 bis 1977 soll *ZDF*-Autotester Rainer Günzler »hohe Zuwendungen« des Daimler-Benz-Konzerns erhalten haben.[124] Und noch 1985 sorgte sich der damalige Pressesprecher des Konzerns und heute zum für den Nutzfahrzeugbereich verantwortliche Mercedes-Vorstand aufgestiegene Bernd Gottschalk um den »guten Ruf« des Hauses. Der *Spiegel* zitierte Gottschalk mit dem Eingeständnis, »nach wie vor« gebe es »Beraterverträge zwischen Daimler-Benz und Journalisten«.[125]

Zumindest offiziell ganz ohne Beratervertrag wirbt Namensvetter Thomas Gottschalk für den Konzern mit dem Stern. Der TV-Entertainer in Diensten des seit 1993 meistgesehenen und zudem werbeträchtigsten deutschen Fernsehsenders RTL ist ein gern gesehener Gast im Hause Mercedes. »Wenn ich nach meiner Late-Night-Show vom Studio nach Hause fahre, brauche ich ein komfortables, sicheres und auch wintertaugliches Auto«, läßt die Mercedes-Mitarbeiterzeitschrift *intern* den RTL-Starmoderator Thomas Gottschalk werbeträchtig den Kauf eines C 220 Elegance verkünden.[126]

Tatsächlich ist es dem Konzern in den vergangenen Jahren gelungen, seine Medienmacht weiter auszubauen. Der Protest des ehemaligen Vorsitzenden der Gewerkschaft der Eisenbahner Deutschlands, Ernst Haar, greift längst nicht mehr weit genug. Haar hatte nach dem Bekanntwerden der Beraterverträge mit einzelnen Journalisten entrüstet gefragt, wieviele Journalisten »ihre Feder noch in das Tintenfaß« des Konzerns tauchen würden.[127] Heute müßte die Frage schärfer formuliert werden: Wieviele Zeitungen, wieviele Zeitschriften und wieviele Fernsehsender sind heute noch frei in ihrer Berichterstattung über die Macht in Möhringen?

In einem *Zeit*-Artikel fragt Marion Gräfin Dönhoff selbstkritisch, ob Journalismus zum »Beruf ohne Moral« geworden sei. Aber ihre Antwort fällt wenig zufriedenstellend aus: »Man kann doch nicht einen speziellen Bereich aus dem gesamtgesellschaftlichen Zusammenhang herauslösen und gesondert betrachten: Alles hängt ja mit allem zusammen«, meint die Herausgeberin der renommierten Wochenzeitung.[128]

Das Problem sollte grundsätzlicher angegangen werden, denn nicht nur das Verhältnis der Medienvertreter muß im Hinblick auf die Macht des Daimler-Benz-Konzerns untersucht werden. Tatsächlich sind Wirtschaft, Politik und Medien heute ein untrennbares Geflecht. Und ob eine Gesamtanalyse dieser Korrelationen so viel anders ausfallen würde als eine zum Verhältnis von Mercedes und den Medien, darf bezweifelt werden. Die Medienmacht des Konzerns stellt allerdings ein besonders drastisches Beispiel dar.

Kleinerts Kampf gegen seine Lieblingsfeinde

»Der Begriff ›Freiheit‹ gehört zu den großen Wörtern in unserem Lande. Konkretisierungen der ›Freiheit‹ sind unter anderem die Presse- und Meinungsfreiheit. Leider ist die ›Freiheit à la Daimler‹ eine bittere.« Richard Ackva nach der Pressezensur eines Daimler-kritischen Inserats[129]

»Die Misere begann am 29. Oktober 1983, einem Samstag, an dem sich Daimler-General Gerhard Prinz auf seinem Heimtrainer zu Tode

strampelte. Als Nachfolger empfahl sich dringend der Jurist Edzard Reuter...« Günter Ogger über »Daimlers Abstieg«[130]

»Das Prinzip wird Mercedes-Benz einholen: Viel Masse, wenig Hirn.« Franz Alt zur S-Klasse von Mercedes-Benz[131]

In den vergangenen Jahren ist ein dramatischer Stimmungsumschwung festzustellen: das Ansehen von Banken und Konzernen ist dramatisch gesunken. »Das Image der Banken war noch nie so schlecht wie heute«, schreibt das Fachmagazin *werben und verkaufen* und verkündet, beim Deutschen Kundenbarometer sei die Branche »gnadenlos« durchgefallen.[132] Aber auch die Führungskräfte der Konzerne stehen im Kreuzfeuer der Kritik. Noch nie seien in Deutschland »die Spitzenpolitiker und Manager in so viele Affären und Skandale verwickelt« und stünden »im Ruf von Abzockern, Beutelschneidern, Durchstechern und vorteilsheischenden Triebtätern«. So die Wirtschaftskenner Friedrich Bräuninger und Manfred Hasenbeck über die »Totengräber der Marktwirtschaft«.[133]

Immer häufiger sieht sich auch Daimler-Benz vehemter Kritik ausgesetzt, doch das Stuttgarter Unternehmen schlägt zurück, allen voran Matthias Kleinert. Der Herrhausen-Biograph Dieter Balkhausen kommentiert die Situation zutreffend, wenn er analysiert, Unternehmer und Journalisten hätten »oft genug ein gestörtes Verhältnis zueinander«.

Dr. Franz Alt gehört zu den Pressevertretern, die sich in Verkehrsfragen offensiv mit dem mächtigsten Konzern der Republik anlegen. Als Autor zahlreicher Bücher, Moderator einer Vielzahl von Fernsehsendungen und Leiter der Zukunftssendung *Zeitsprung* des Südwestfunks, hat sich der studierte Politologe bundesweit einen Namen als Zeitkritiker und zuweilen als Konzernkritiker gemacht. Um so genüßlicher nutzt der Konzern jeden sich nur bietenden Angriffspunkt seiner Gegner aus. So erntete Franz Alt nicht immer Zuspruch für seine Aktivitäten. Am 16. August 1988, in dem Jahr, als der Journalist nach sechsjähriger Mitgliedschaft die CDU verließ, strahlte die ARD im Politmagazin *Report* einen Beitrag von Franz Alt über die geplante Mercedes-Werksansiedlung in den Rastatter Auewäldern aus. Durch den Bericht fühlte sich der damalige Vorstandsvorsitzende der Mercedes-Benz AG, Werner Niefer, »gelinkt«. Niefer sah sich durch die Sendung persönlich diskreditiert und beschuldigte Alt eines unseriösen Journalismus.

Franz Alt hatte ankündigen lassen, er sende ein Streitgespräch zwischen Professor Thielke vom Bund für Umwelt und Naturschutz und Prof. Dr. Niefer. Im *Report*-Beitrag zeigte Franz Alt dann zwei unabhängig voneinander aufgezeichnete Interviews. Zudem hatte der Journalist, so der Vorwurf des Konzerns, Aufnahmen aus dem Naturschutzgebiet Taubergießen statt aus den Rastatter Rheinauen gezeigt. In einem Brief an Niefer ermahnte Alt den Mercedes-Vorstandsvorsitzenden daraufhin zu mehr »Lernfähigkeit, ökologischer Verantwortung und Gemeinsinn vor Betriebswirtschaft«. »Dabei würde ich gerne mithelfen«, schrieb der Fernsehjournalist, und handelte sich von den *Stuttgarter Nachrichten* den Vorwurf ein, »schulmeisterlich« zu agieren.[134] Dabei hatte Alt aber nichts anderes getan, als den bei Fernsehsendungen – schon aus Gründen der Finanzierbarkeit des Berichte und der Verfügbarkeit von Bildmaterial – üblichen Weg zu gehen. Bei Dokumentationen ist es Usus, zur Verdeutlichung der Inhalte passende Bildsequenzen einzuarbeiten, und auch das Gegenüberstellen kontroverser Aussagen gehört zum Genre. Zudem hatte Alt beiden Kontrahenten die selbe Sendezeit eingeräumt.

Tatsächlich ist Franz Alt mit seinen Vorträgen und Sendungen zum Thema »Mobil ohne Auto« nicht nur bundesweit ein begehrter sondern von Mercedes-Managern ein mißmutig beäugter Journalist. Mit seinen Vorhaltungen, die Luxuslimousinen seien »Dinosaurier auf Deutschlands Straßen« und die S-Klasse schlichtweg »idiotenhaft, da sie nicht in die Zeit« passe, macht sich Alt bei Kleinert und seinen Kollegen höchst unbeliebt.

Im persönlichen Gespräch läßt der Konzernsprecher kaum eine Gelegenheit aus, über seine Lieblingsfeinde in den Reihen der Publizisten und Fernsehjournalisten herzuziehen. *Monitor*-Moderator Klaus Bednarz wirft Matthias Kleinert einen unsachlichen Stil vor und ärgert sich vor allem über dessen Sendungen zur nationalsozialistischen Vergangenheit der Daimler-Benz AG. Wiederholt hatte *Monitor* die Rolle des Konzerns im Dritten Reich und die »schäbige Weise«, in welcher der Konzern Zwangsarbeiter behandelte, dargestellt.[135] Dabei dürfte sich Mann in Möhringen in Wirklichkeit weniger über unsachgemäße Berichterstattung als über die Inhalte ärgern, die den Konzern tatsächlich in einer Vielzahl von TV-Berichten kritisch beleuchteten.

Auf der Abschußliste ganz oben steht, neben Franz Alt und Klaus Bednarz, deren *Report*- und *Monitor*-Sendungen den Konzern wiederholt im Visier hatten, ein dritter Name: Dagobert Lindlau. Mit seinen Übersetzungen, zahllosen Features, Essays, Reportagen sowie als Buchautor hat er sich bundesweit einen Namen als Kritiker aktueller Fehlentwicklungen gemacht hat. Lindlau wird vom Daimler-Konzernsprecher gerade wegen seiner bissiger Zeitungskommentare gefürchtet. Kleinert und die Vorstände der Daimler-Benz Aerospace stehen beispielsweise dann im Schußfeld der Kritik Lindlaus, wenn dieser fragt: »Wieviele Leichen ist ein Arbeitsplatz wert? Wieviele verstümmelte Frauen und Kinder?« Dasa-Beschäftigte fühlen sich durch derlei kritische Fragen zutiefst verletzt. Vor allem dann, wenn Lindlau zum Handeln gegen Rüstungsexporteure auffordert und wütend hinterfragt, warum »keiner schreiend auf die Straßen« läuft, angesichts der Lieferungen von deutschen Waffen, die dann auch in den Kriegen weltweit zum Einsatz kommen. Die Passivität einer gegen die Rüstungsfolgen abgestumpften Gesellschaft analysiert er in seinem Kommentar in der *Woche*: »Maschinen bauen, die Menschen umbringen, ist Arbeit wie jede andere und Arbeit ehrt bekanntlich.« Genau diese Ehrbarkeit beklagt der Bayer in Bayern, denn dort sitzt mit der Daimler-Aerospace bekanntermaßen der größte deutsche Rüstungsproduzent und -exporteur.[136] Dabei wäre es falsch, dem ehemaligen Chefreporter des Bayerischen Rundfunks und Moderator des *Weltspiegels* zu unterstellen, er sei Pazifist. Im Falle des Balkankriegs forderte Lindlau schnelle militärische Lösungen.[137]

Die Zeiten, da mit Hofbericht-Biographien Interesse geweckt werden kann, neigen sich dem Ende entgegen. Schonungslos werden die Machenschaften im Mercedes-Management offengelegt, unter anderem auch die Deals des ehemaligen Münchener »Mercedes-Statthalters« Karl Dersch, dessen Motto »Wer gut schmiert, der gut fährt« entsprechend angeprangert wird.[138]

In jüngster Zeit hat sich ein weiterer Buchautor in die Reihen der Konzernkritiker eingereiht und damit sensationellen Erfolg erzielt. Seit Günter Ogger 1992 das Werk *Nieten in Nadelstreifen* und 1994 *Das Kartell der Kassierer* publiziert hat, stehen seine Bücher in den Top-Charts ganz obenauf, von der Sachbuch-Liste des *Spiegels* bis hin zu den Business-Bestsellern des Wirtschaftsmagazins *Capital*.[139] Oggers Urteil über den Erfolg des 1995 aus dem Amt geschiedenen Vorstandsvorsitzenden steht den Ansichten von dessen Biographen diametral entgegen: »Edzard Reuter schaffte den Sprung an die Daimler-Spitze, indem er seinen Aufsichtsräten einredete, Deutschlands erfolgreichster Autobauer müsse sich in einen ›integrierten Technologiekonzern‹ verwandeln. Also«, so Günter Ogger, »plünderte er die pralle Firmenkasse, um nacheinander die AEG, Dornier und MBB zu kaufen.« Der Wirtschaftsjournalist sieht Reuters Scheitern darin begründet, daß »die Daimler-Gewinne abstürzten, der Betriebsfrieden dahin war, der Konzern mehrfach umorganisiert werden mußte«.[140] Was Ogger 1992 nicht voraussehen konnte, waren die enormen Gewinne Mitte der neunziger Jahre.

Im Geschäftsjahr 1994 nahm der Konzern, nach der Einverleibung des niederländischen Luftfahrtunternehmens Fokker, erstmals mit einer deutlichen Umsatzsteigerung die 100-Milliarden-Hürde. Das heutige Problem ist weniger die Gesamtbilanz als die Frage, wie und auf wessen Kosten die Gewinne erzielt wurden. Wie das Umsatzplus und die Gewinnzuwächse ohne Reuters Mißmanagement und seine desaströsen Fehlinvestitionen ausgefallen wären, bleibt Spekulation.

Vielleicht trügt die Hoffnung, aber es sieht ganz danach aus, als könnten Matthias Kleinert und die Daimler-Pressestelle den Medienvertretern nicht länger nach Belieben Inhalte in die Sendungen und aufs Papier diktieren.

Beispielsweise holte sich Konzernsprecher Matthias Kleinert eine deftige Abfuhr ein, als er versuchte, direkten Einfluß auf den Süddeutschen Rundfunk (SDR) zu nehmen. Holger Rothbauer, einer der vier Sprecher des Dachverbands der Kritischen AktionärInnen Daimler-Benz, hatte beim SDR den Export von Mercedes-Unimogs mit Militärausrüstung in das Bürgerkriegsland Sudan angeprangert und anschließend gefragt, ob der Süddeutsche Rundfunk angesichts derart unzensierter Beiträge »nicht Schwierigkeiten mit dem größten Unternehmen des Landes« bekäme. SDR-Redakteur Christian Knapp entgegnete, der Sender würde das schon »durchstehen«, zumal Matthias Kleinert bereits während des zweiten Golfkriegs versucht habe, »auf unsere kritische Berichterstattung über Waffenlieferungen auch des Daimler-Benz-Konzerns an Saddam Hussein« Einfluß zu nehmen. Damals hatte der SDR einen zehnminütigen Beitrag zu deutschen Waffenexporten an den Irak gesendet – unter besonderer Berücksichtigung der Rüstungsexporte der Daimler-Benz AG.

Kleinert hatte direkt nach dem Bericht versucht, auf Sendung zu kommen, um seinen Kommentar aus Konzernsicht abzugeben. »Wir haben dies einfach abgelehnt«, erläuterte Knapp die konsequente Antwort der SDR-Redaktion. Als Rothbauer sich nach der Vorgehensweise des SDR angesichts der Sudan-Exporte von Mercedes erkundigte, erhielt er die zur Antwort, daß es auch »wegen der Sudan-Geschichte nicht anders« sein werde.[141]

Die Front derer, die die grundlegend verfehlte Geschäftspolitik des Konzerns, die Milliardenunterstützung durch eine spendable Bundesregierung und die Waffengier der Hardliner auf der Hardthöhe wohlwollend tolerieren oder nur schweigend hinnehmen, bricht langsam auf.
Das erste Jahrhundert hat Daimler-Benz hinter sich gebracht. Die nächsten Jahre werden zeigen, ob die Schrempps, Werners und Bischoffs weiterhin nach Belieben schalten und walten können oder ob der Widerstand wächst.

Die Ohnmacht der mächtigen Betriebsräte

Gerichte gewinnen, Gewerkschafter verlieren, Arbeitnehmer profitieren

»*Der Rückgang der Gesamtbelegschaft um rund 3% ist hauptsächlich auf Personalanpassungsmaßnahmen zurückzuführen, die aufgrund der angespannten Beschäftigungssituation notwendig geworden waren.*« Zur Situation der AEG Daimler-Benz Industrie im Geschäftsjahr 1993[142]

»*Schmerzhaft, aber unverzichtbar für diese Produktivitätsverbesserungen war die Realisierung von Personalanpassungsmaßnahmen.*« Helmut Werner, Vorstandsvorsitzender der Mercedes-Benz AG[143]

Bei geplanten Großprojekten des Daimler-Konzerns stehen Betriebsräte im Konflikt zwischen der sozialen Frage der Arbeitsplatzschaffung und -sicherung und der ökologischen Frage weiterer Zerstörung der natürlichen Restflächen. Im Widerstreit der sozialen und ökologischen Argumente neigen die Vertreter der Arbeitnehmerinteressen dazu, ihre Präferenzen im Bereich der sozialen Sicherheit und der Arbeitsplatzfrage zu setzen. Auch die Industriegewerkschaft Metall, die mit rund drei Millionen Mitgliedern mächtigste Einzelgewerkschaft weltweit, tat sich bislang schwer, ihre Linie in diesem Spannungsfeld auszuloten.[144]

So hagelte es beim Bau der Mercedes-Teststrecke im fränkischen Boxberg insbesondere für die Position des IG Metall-Vorsitzenden Franz Steinkühler heftige Kritik. Dieser unterstützte die Linie der CDU-Landesregierung, welche die Schaffung von 900 bis 1000 neuen Arbeitsplätzen als ein »Interesse dieses besonders strukturschwachen Raumes« ansah.[145] Steinkühler, so zitierte der *Spiegel* ein Mitglied des Boxberger Bundschuh, sage »eindeutig ›ja‹ zum Bau der Teststrecke«. Steinkühler wurde vorgeworfen, als Gewerkschaftsvertreter im Daimler-Aufsichtsrat sei er »mit den Daimler-Bossen so verfilzt, daß ihn die Interessen der Bundschuh-Bauern nicht kümmern«.[146]

Die Bauern von Boxberg und Assamstadt mußten sich im Kampf gegen Konzern- und Gewerkschaftsinteressen gleichermaßen durchsetzen. Dennoch gelang es den Bundschuh-Bauern dank des Urteils des Bundesverfassungsgerichts, die Enteignung ihrer Grundstücke und damit den Bau der Mercedes-Prüfstrecke in Baden-Württemberg zu verhindern. »Wann schon und in welchem Land«, so die treffende Frage der *Süddeutschen Zeitung*, »können einfache Bauern und Bürger einen solchen Sieg gegen die geballte Macht von Industrie und Staat erringen, auch noch gegen das Arbeitsplatzargument?«[147] Genaugenommen hätte die Formulierung auch »die geballte Macht der Gewerkschaften« miteinschließen müssen.

Bei den öffentlichen Debatten um die Ansiedlung der Mercedes-Autoprüfstrecke im niedersächsischen Papenburg traten Mercedes-

Gewerkschafter in der gesellschaftlichen Diskussion kaum in Erscheinung. Selbst der offensichtliche Deal von Papenburg, Arbeitsplätze gegen ökologische Zerstörung, ließ die Gewerkschafter in der bundesweit tobenden Diskussion weitgehend schweigen. Das Versprechen der Konzernleitung, im Emsland 300 Millionen DM zu investieren und für 300 Menschen Arbeit zu schaffen, sowie die Unterstützung der gewerkschaftsnahen niedersächsischen Sozialdemokraten verhinderten kontroverse Reaktionen.[148] Zudem entwickelte sich die Arbeitslosenquote von über 14 Prozent in der unter Abwanderung leidenden Stadt gerade für die Interessensvertreter der Arbeitnehmer zum Totschlagargument, obwohl offensichtlich war, daß lediglich die Hälfte der Fachkräfte aus dem Raum Papenburg kommen würde.[149]

Der Daimler-Benz-Vorstand dagegen maß dem Arbeitsplatzargument äußerst geringe Bedeutung zu, wie angesichts der fast zeitgleich verkündeten Schließung des Büromaschinenwerks der Daimler-Tochter AEG im ebenfalls niedersächsischen Wilhelmshaven deutlich wurde. Dort allerdings mühten sich Gewerkschafter und Betriebsräte nach Kräften, den Widerstand gegen die Werksschließung und die drohenden Massenentlassungen zu organisieren.

Rastatter Roulette

»Oder hat nicht vielleicht eher die Mercedes-Geschäftsleitung vorgemacht, wie heutzutage in dieser Republik nach der schwersten Rezession der Nachkriegszeit die Arbeitgeber mit den Betriebsräten wieder Jo-Jo spielen können?« Jürgen Klotz in der *Frankfurter Rundschau* [150]

»Mercedes-Benz sagt danke.« Werbung der Mercedes-Benz AG in der Sonderausgabe anläßlich der Eröffnung des Pkw-Werks in Rastatt [151]

»*In dieser Situation können wir das 160 Millionen-Geschenk an Daimler-Benz nur noch als Skandal bezeichnen.*« Schreiben der Plakat-Betriebsräte von Daimler-Benz an den baden-württembergischen Ministerpräsidenten[152]

Der Vorstand der Mercedes-Benz AG durfte stolz sein auf sich und seine Mitstreiter. Selten zuvor war es mit einer derart durchschaubaren Taktik gelungen, einen Betriebsrat so brutal und gnadenlos über den Tisch zu ziehen. »Und es hat sich gelohnt«, teilten die Werbestrategen anläßlich der Einweihung des dritten Pkw-Werks in Rastatt per Anzeige mit. Gemeint war der Streit »für die bestmögliche Lösung«, doch der Satz war doppeldeutig, wie sich bald herausstellen sollte. Denn gelohnt hatte sich der Deal um den Produktionsstandort der neuen A-Klasse vor allem für die Macher in der Konzernzentrale, auf der Strecke blieben die Interessen der Arbeitnehmerschaft. Deren Beteiligte am Verhandlungspoker sprachen schlichtweg von »Erpressung«.[153] Dennoch hatten die Beschäftigten keine andere Wahl, als sich dem Druck des Mercedes-Vorstandsvorsitzenden Helmut Werner zu beugen. Werner drohte unmißverständlich, die Fertigung des Sparmobils ins Ausland zu vergeben, falls seine Bedingung einer Kostenreduzierung in Höhe von 200 Millionen DM nicht angenommen werden würde. Gleichzeitig hatte Werner weitere Produktionsstandorte ins Gespräch gebracht und damit den deutschen Betriebsräten die Daumenschrauben angelegt. Im November 1993 drohte Mercedes-Benz-Vorstand Jürgen Hubbert: »Wenn die Tarifpartner so starr bleiben wie bisher, dann zwingt uns das, die neue A-Klasse nicht in Rastatt, sondern in England oder Frankreich zu bauen.«[154] Das Rastatter Roulette mit der Drohung der Auslandsverlagerung war wirkungsvoll und für den Konzern profitabel, zumal ein Standort außerhalb der Republik – wie der *Spiegel* aufdeckte – in Wirklichkeit »gar nicht geplant« gewesen war. Der Mercedes-Vorstandsvorsitzende Helmut Werner hatte sich zu der Aussage verstiegen, daß der Bau von

Rastatt, »damals beschlossen, heute richtig ist«. Werners Aussage, getroffen noch vor den Verhandlungen mit den Betriebsräten, war für den *Spiegel* Beweis genug, »daß die A-Klasse von Anfang an« in Rastatt produziert werden sollte.[155] Für die Vermutung des Politmagazins sprach vor allem auch die Tatsache, daß der eigentliche Alternativstandort in der Tschechischen Republik keiner war. Zudem deutete Werners Feststellung, der Automobilkonzern würde »keinen Volkswagen, sondern einen Mercedes machen«, eindeutig auf eine Fertigung in deutschen Landen hin.

Die Mercedes-Führung selbst wollte die Produktion in Rastatt, der Betriebsrat durfte nur noch zustimmen – zu denkbar schlechten Konditionen. Da half es wenig, wenn Karl Feuerstein, Vorsitzender des Gesamtbetriebsrats, den Mercedes-Managern vorwarf, sie würden die Wirtschaftskrise schamlos ausnutzen, und zugleich ankündigte, er werde »die Belegschaft auf die Straße rufen«. Die Drohung des IG Metall-Funktionärs, die Gewerkschaften würden »nicht zulassen, daß das Auto im Ausland gebaut wird«, konnte die Mercedes-Manager beruhigt schlafen lassen, schließlich hatten sie sich längst für Rastatt entschieden, die Gewerkschafter wußten es nur nicht.[156]

Der Poker um die Produktionsverlagerung nach Pilsen oder anderswo entpuppte sich im nachhinein als Seifenblase. Die Geschäftsleitung begründete ihre Entscheidung pro Rastatt schließlich mit der Kostenentlastung durch die Anrechnung in Höhe von je einem Prozent Tariferhöhung in den beiden Folgejahren 1995 und 1996 – und zwar auf die außertariflichen Bestandteile von Löhnen und Gehältern der Mitarbeiter in Deutschland. Für den Rastatter-Kompromiß, der in Wirklichkeit keiner war, mußten dementsprechend alle 163 000 Mitarbeiter im Inland Einschränkungen in Kauf nehmen. Immerhin gelang es den Gewerkschaftern, ihre Forderung auf Verzicht betriebsbedingter Kündigungen für den Zeitraum von eineinhalb Jahren durchzusetzen.

Daß die überwiegende Mehrheit der bundesdeutschen Medienvertreter dennoch ihre Achtung für die Streiter beider Seiten aussprach, lag schlicht und einfach in der Tatsache begründet, daß es gelungen war, »über 7000 sichere, moderne und humane Arbeitsplätze«, so eine Stellungnahme der Stadt Rastatt, in der Republik zu halten.[157] Selbst die *Frankfurter Rundschau* würdigte die »bemerkenswerte Bereitschaft der Arbeitnehmerseite, Mitverantwortung zu tragen und Konzessionen einzugehen«.[158]

Am Ende entwickelte sich der Rastatt-Deal für die Mercedes-Manager zum Erfolg auf der ganzen Linie. Und nachdem der Vorstand fast sämtliche Forderungen mit Macht durchgedrückt hatte, fand der Rastatter Betriebsratsvorsitzende Karlheinz Fischer sogar noch lobende Worte: »Wir sind unheimlich froh über diese Entscheidung.«[159]

Einzig die Plakat-Betriebsräte, eine kritische Gruppe von IG Metall-Aktivisten bei Mercedes-Benz, blieben konsequent bei ihrer Linie. So konsequent, daß sie selbst Subventionen der Landesregierung für »ihren« Konzern ablehnten. Was auf den ersten Blick seltsam anmutet zeugte von weitsichtigem Denken. Denn den Plakatlern ging es in ihrem Widerstand weniger um die eigene Haut. Wichtiger war ihnen das Schicksal derer, die durch den Konzern geschädigt oder sozial benachteiligt worden waren. Dementsprechend maßen sie Späths geplanter Finanzspritze von 160 Millionen DM geringere Bedeutung zu als der Weigerung der Daimler-Oberen, »Entschädigungszahlungen an die ehemaligen Zwangsarbeiter zu leisten«. Mit einem »Bruchteil dieser Millionen-Summe« hätte man »Hunderte von Arbeitslosen-Gruppen« unterstützen können, so der Vorwurf. Ihre Empörung »über die 160 Millionen DM öffentlicher Subventionen für das geplante Daimler-Benz Montagewerk in Rastatt« brachten Gerd Rathgeb und seine Mitstreiter der Plakat-Gruppe in einem offenen Brief an Lothar Späth zum Ausdruck.[160] Mit dieser deutlichen Stellungnahme machten sie sich weder bei der Landesregierung noch im Betrieb beliebt – nicht bei den Beschäftigten, nicht bei den Herren in der Konzernzentrale der schwäbischen Nobelfirma und auch nicht bei der IG Metall.

Diese schloß Willi Hoss und Hermann Mühleisen, Mitglieder des Betriebsrats sowie der Plakat-Gruppe, aus der Gewerkschaft aus; Mario D' Andrea erhielt für zwei Jahre ein »Funktionsverbot«. Grund waren die Kandidaturen bei der Betriebsratswahl im Mai 1972 auf einer eigenen Liste, »als feststand, daß den organisierten Betriebsangehörigen durch die betriebliche Gewerkschaftsführung praktisch das Recht genommen worden war, Kandidatenvorschläge für die gewerkschaftliche Liste zu machen«. So der Vorwurf einer Reihe namhafter Künstler und Schriftsteller wie Heinrich Böll und Günter Wallraff, die einen Aufruf zur Rücknahme der Ausschlüsse und des Produktionsverbots unterzeichneten. Die IG Metall reagierte scharf. Ihr Anfang 1995 verstorbener Vorsitzender Eugen Loderer bekannte sich damals nachdrücklich zum Prinzip der Einheitsgewerkschaft. In jedem Betrieb könne es »daher nur eine einzige Vertretung der Gewerkschaft geben«.[161]

Knapp zwanzig Jahre später, im Frühjahr 1990, einigten sich die Plakat-Mitglieder und die IG Metall wieder auf die Aufstellung gemeinsamer Listen zu den Betriebsratswahlen. Die Plakat-Vertreter erhielten aussichtsreiche Listenplätze.

Doch noch heute sieht Gerd Rathgeb die Notwendigkeit gegeben, nicht nur bei der Konzernführung, sondern auch bei der IG Metall mehr Transparenz zu fordern – was nicht alle Metallfunktionäre begrüßen. Zu sehr würde »eine Einheitsmeinung von oben nach unten durchgedrückt«, so Rathgebs Vorwurf, »und zu wenig Leben an der Basis ermöglicht«. Und noch heute zählen die Plakat-Aktivisten von damals zu den aktivsten Kritikern der Rüstung und der ökologischen Probleme »im Zusammenhang mit dem Autoverkehr«.[162]

Swatch off Betriebsrat

»Hier werden wohlfeil Argumente in der Öffentlichkeit preisgegeben, die ich für falsch halte, auch wenn man es so transportiert, für dumm halte.« Walter Riester, 2. Vorsitzender der IG Metall in der *ARD-Tagesschau*[163]

»Aber die Betriebsräte sollten letztendlich froh sein, daß es zu einer Neuauflage nicht gekommen ist, da die Glaubwürdigkeit der Arbeitnehmervertreter auch bei einem weiteren Kompromiß gewiß Schaden genommen hätte.« Michael Heller in der *FAZ* [164]

Der »Fall A-Klasse« ist symptomatisch für die heutige Schwäche deutscher Gewerkschaften und Betriebsräte, die gemeinhin als die mächtigsten der Welt gelten. Mit dem Drohargument, »Wenn Ihr nicht wollt, wollen andere«, wurden die Vertreter der Arbeitnehmerseite zu Mitspielern zweiter Klasse degradiert. Am Ende waren die Betriebsräte derart weichgeklopft worden, daß ihnen selbst der CDU-Ministerpäsident in bezug auf die Motorenfertigung in Untertürkheim und im Fall Rastatt bescheinigte, sie hätten sich außerordentlich entgegenkommend gezeigt.[165]

Und dennoch konnten die Verhandlungen von Rastatt aus der Sicht der Arbeitnehmerinteressen zumindest als Teilerfolg gewertet werden, denn genau ein Jahr später waren Gewerkschafter und Betriebsräte ganz aus dem Rennen. Kurz vor dem Weihnachtsfest 1994 meldete die ARD die Daimler-Vorstandsentscheidung zugunsten des Standorts Lothringen für das Swatch-Mobil. Rund 75 Bewerbungen hatten dem Konzern vorgelegen. In der Topmeldung des Tagesschau-Berichts stellte Thomas Klinghammer die erfolglosen Bemühungen, den Daimler-Vorstand für einen Standort in der Bundesrepublik zu gewinnen, in den Vordergrund: »Großer Wirbel um ein kleines Auto. Die Bemühungen von deutschen Politikern und Gewerkschaftern blieben ergebnislos.«

Der Vorstandsvorsitzende der Mercedes-Benz AG bezeichnete in seiner Stellungnahme vor allem die finanziellen Aspekte als entscheidend. Rund 500 DM pro Auto hätte der Kostenvorteil zugunsten des französischen gegenüber einem deutschen Standort betragen. Helmut Werner sah darin »eine ungeheuer große Differenz für ein so kleines, so wettbewerbsintensiv anzubietendes Produkt.«[166] In den später folgenden *Tagesthemen* nannte Helmut Werner Gründe, welche so manchen Gewerkschafter mit Mißmut erfüllten: So ließe sich nicht übersehen, daß man in Frankreich 275 Tage im Jahr arbeiten lassen könne, in Deutschland dagegen lediglich 240 bis 245 Arbeitstage. Außerdem sei das Lohnniveau von Lothringen »entsprechend niedriger, entsprechend auch die Lohnnebenkosten«.[167] Tatsächlich differieren die Lohnkosten im deutsch-französischen Vergleich deutlich: So wurden 1991 für eine Arbeitsstunde in der Automobilindustrie in Deutschland 44,47 DM, in Frankriech dagegen nur 25,76 DM berechnet.[168]

Die Mercedes-Führung betonte, daß das 750 Millionen DM teure Pkw-Werk mehr Arbeitsplätze in bundesdeutschen als in französischen Betrieben schaffe: Rund 200 000 Micro Compact Cars sollen jährlich gefertigt werden, womit insgesamt 8900 neue Arbeitsplätze entstehen sollen – davon 3900 in der deutschen Zulieferindustrie. Mit rund 20 Prozent werde die Fertigungstiefe lediglich die Hälfte des ansonsten üblichen Mercedes-Standards betragen.

Trotz dieser für das angrenzende Saarland günstigen Entscheidung löste der Daimler-Vorstandsbeschluß für Saargmünd-Hambach und gegen die beiden scheinbar aussichtsreichen baden-württembergischen Standorte in Lahr oder Villingen-Schwenningen besonders bei Gewerkschaftern Verbitterung und Wut aus. Auf die Frage von Ulrich Wickert, ob »dies nicht eine kluge Entscheidung« sei, das Swatch-Auto in Lothringen zu bauen, betonte Interviewpartner Walter Riester, 2. Vorsitzender der IG Metall, daß die Belegschaft »mit großer Kritik« reagiert habe. »Eine Belegschaft, die um 36 000 Arbeitsplätze vermindert ist und trotzdem in diesem Jahr hunderttausend Automobile mehr gefertigt hat«, sei enttäuscht, »wenn die erste Zukunftsentscheidung, die jetzt nach der Krise kommt, gegen die Belegschaft geht.« Der Vorstand, so IG-Metall-Funktionär Riester, setze »auf das Kurzzeitgedächtnis der Belegschaft«. Die Drohung des Gewerkschafters, möglicherweise täusche sich der Vorstand diesbezüglich, klang hilflos vor dem Hintergrund der bereits gefällten Entscheidung.

Arbeitszeitgründe, so Riester, könnten keinesfalls den Ausschlag gegeben haben. Schließlich habe der Mercedes-Vorstand in der Aufsichtsratssitzung selbst eingestanden, die Möglichkeit der Samstagsarbeit »auch in Deutschland unterstellt« zu haben. Damit sei das von Werner Niefer genannte Argument hinfällig geworden. Ebenso seien die Bedingungen für den Standort Deutschland längst nicht so schlecht, wie sie dargestellt würden. Bei Mercedes würden »über 90 Prozent der Tätigkeiten in Deutschland geleistet, über 60 Prozent der Produkte werden am Weltmarkt sehr erfolgreich verkauft«. Und auf den Vorwurf, die Lohnnebenkosten seien für Mercedes in Deutschland zu hoch, entgegnete der IG Metall-Vorstand, die 36 000 Beschäftigten, die Mercedes abgebaut habe, hätten »die Lohnnebenkosten ganz gewaltig hochgetrieben, denn die Menschen sind dann der Arbeitslosigkeit und später der Rentenversicherungsanstalt oblegen«. Mercedes sei also »beim Hochtreiben« der Lohnnebenkosten »kräftig mitbeteiligt«.[169]

Die Entscheidung für die Produktion des Swatch-Mobils in Lothringen war ein neuerlicher Beweis für den Machtverlust der ehemals so starke IG Metall. Gegen den Konkurrenten aus Frankreich waren die deutschen Standorte machtlos. Einer der maßgeblichen Gründe für die Entscheidung pro Hambach war die Tatsache, daß dort der »gewerkschaftliche Organisationsgrad erbärmlich und die Bereitschaft zur Sonntagsarbeit ausgeprägt ist«, so der baden-württembergische Korrespondent der *Frankfurter Rundschau*, Rolf-Peter Henkel.[170]

Schlimmer aber noch als die Entscheidung selbst war für Gewerkschafter wie Betriebsräte die Tatsache, daß sie erst gar nicht in die Verhandlungen einbezogen worden waren. In seiner ersten Pressekonferenz nach fünfjähriger Tätigkeit als Vorsitzender des Gesamtbetriebsrats ging Karl Feuerstein entsprechend hart mit dem Daimler-Vorstand ins Gericht. Die Entscheidung sei »falsch, unsozial und schadet dem Image von Mercedes«. Auch die Tatsache, daß die Konzernführung entsprechend dem Mehrfabriken-Konzept mögliche weitere Werke in Deutschland bauen werde, ließ den Betriebsratsvorsitzenden fragen: »Wenn die zweite Fabrik in Deutschland denkbar ist, weshalb dann nicht auch gleich die erste Produktionsstätte?« Die Entscheidung für das lothringische Hambach sei, so Feuerstein, ein »Schlag ins Gesicht« der Mercedes- und Daimler-Belegschaften.[171] »Voll Wut und Empörung« würden die Arbeitnehmer die Entscheidung aufnehmen, die »nicht mehr von der sozialen Verantwortung gegenüber der Belegschaft geprägt« sei.[172]

Harter Tobak war für die Belegschaft auch der Kommentar von Michael Heller in der Wirtschaftszeitung *FAZ*. Laut Heller sei das Verhandlungsergebnis zur A-Klasse aufgrund der Zugeständnisse der Belegschaft möglich geworden, doch der Weg zu international konkurrenzfähigen Arbeitskosten der Industrie könne »wohl kaum in einer Ansammlung von projektbezogenen Einzelvereinbarungen bestehen, erzwungen jeweils nur mit der Drohung einer Auslandsinvestition«.[173]

Nie zuvor wurden die Daimler-Betriebsräte derart offensichtlich entmündigt wie im Falle der Swatch-Entscheidung.

Good for some, bad for others

»Für Deutschland sprechen vor allem die politische Stabilität, das Angebot hochqualifizierter Arbeitskräfte, die gut ausgebaute Infrastruk-

tur sowie die hervorragende Zusammenarbeit mit den Zulieferfirmen.«
Prof. Werner Niefer anläßlich der Eröffnung des Pkw-Werks
Rastatt im Jahr 1992[174]

»*20 Stellen hatte Mercedes-Benz vor zwei Monaten in regionalen
Zeitungen ausgeschrieben, hauptsächlich für die zukünftige Fertigung
sowie für Betrieb und Wartung der Produktionsanlagen. Die Fülle der
Bewerbungen – 62 000! hatte selbst die Optimisten überwältigt.*«
Mercedes-Benz Mitarbeiterzeitschrift *intern* [175]

Mercedes baut ein Pkw-Werk in den USA. Mit Verspätung, denn
»Mercedes plant in Alabama, BMW war schneller«, so der ironische
Kommentar in *auto motor sport*[176] Im November 1994 ging das 400
Millionen Dollar teure BMW-Werk in Produktion. Fünfzehn
Fahrzeuge werden täglich dort gefertigt, 1996 werden es bereits 300
sein. Die neue Autofabrik steht in Spatanburg in South Carolina,
das die Bayern vor allem deshalb auserkoren haben, weil die Löhne
dort so niedrig liegen. Für zwölf Dollar die Stunde werden die
Arbeitskräfte eingestellt, ein gewichtiges Argument für die Produzenten der noblen Dreier-Serie.[177]
Und auch für die Schwaben waren die Low-Level-Löhne eines der
entscheidenden Argumente, das Industriegelände 20 Meilen vor
Tuscaloosa, einer Stadt mit 150 000 Einwohnern, auszuwählen.
Auch in Tuscaloosa sollen als Einstiegslohn pro Stunde gerade
einmal zwölf Dollar gezahlt werden. Der Durchschnittslohn der
Beschäftigten in der US-Autoindustrie liegt fast doppelt so hoch,
wie der deutsche Verband der Automobilindustrie in Frankfurt
meldet.[178] Laut Statistik wurde in der US-Autoindustrie 1993 ein
Durchschnittslohn von 37,56 DM pro Stunde gezahlt.
Das Engagement der beiden deutschen Autokonzerne im Süden der
USA wird auch mit der Totalpleite der Volkswagen AG im Norden
des Landes begründet. Ein Umstand, den die von Mitbestimmungs-
rechten wenig bis nichts haltenden Manager unter anderem den im

Norden besser organisierten Gewerkschaften in die Schuhe schieben wollen. Daß Mercedes an Verhandlungen mit Gewerkschaftsvertretern kaum Interesse zeigt, ist weithin bekannt. Personal- und Verwaltungschef der Mercedes-Benz U.S. International, Emmett Meyer, stellt es den Beschäftigten frei, sich bei den United Automobile Workers zu organisieren. Wer dies wolle, »der kann dies tun«, auch wenn Mercedes die Gewerkschaft nicht »einladen« werde.

Den Run auf die Mercedes-Arbeitsplätze – auf die ersten 20 ausgeschriebenen Stellen bewarben sich mehr als 62 000 Arbeitssuchende – verkündete die Deutsche Presse-Agentur bundesweit.[179] Bei Mercedes nahm man's mit Humor: Im Süden der USA seien die Menschen »meist heiter, passend zum Gemüt«. Manchem deutschen Gewerkschafter dürfte angesichts der Geschehnisse in Alabama das Lachen vergangen sein, zumal viele der 62 000 Bewerber lediglich den Wunsch geäußert hätten, bei Mercedes arbeiten zu wollen, wie Emmett Meyer mitteilt.

Der Konzern setzt verstärkt auf die Internationalisierung der Märkte und nutzt dabei die niedrigen Lohnkosten und die Schwäche der Gewerkschaften aus. Vollmundige Versprechungen vom gesicherten Standort Deutschland, wie die des ehemaligen Mercedes-Vorstands Werner Niefer anläßlich der Eröffnung des Pkw-Werks in Rastatt, verkommen dabei schnell zu leeren Floskeln. Und auch die Darstellungen von Dr. Dieter Zetsche stehen der Realität entgegen.

Nicht ohne Grund wurde das für den Pkw-Bereich zuständige Vorstandsmitglied im Mercedes-Mitarbeitermagazin *intern* gefragt, ob der Konzern nicht »mehr und mehr Kapazitäten aus Deutschland« abziehe. Antwort Zetsche: Da der Markt für das All Activity Vehicle sowieso in Nordamerika liege, bestehe »der Zusammenhang zwischen Stellenabbau in USA und Stellenabbau in Deutschland überhaupt nicht«. Vielmehr würden »zusätzliche Arbeitsplätze in Deutschland geschaffen«. Ein Blick in die aktuellen Geschäftsberichte genügt jedoch, um Zetsches Behauptungen zurechtzurücken.

Der drastische Personalabbau in den deutschen Werken ist nicht nur auf Rationalisierungsmaßnahmen, sondern eben auch auf Auslandsverlagerungen zurückzuführen. Schon bei der folgenden Frage bestätigte der Mercedes-Vorstand, daß sich in den USA »Kostenreduzierungen bis zu 30 Prozent« realisieren lassen würden.[180]

So werden bis zu 500 Millionen DM in das US-Werk zur Fertigung des All Activity Vehicle fließen, von dem dann wieder die Hälfte der Fahrzeuge exportiert werden – ein Teil zurück ins Stammland der Autobauer, in dem bei jeder Festrede die Mär vom starken Wirtschaftsstandort Deutschland heruntergebetet wird.[181]

Auch in den USA tobt hinter den Kulissen der Kampf um die Arbeitsplätze. Vordergründig lobt die Chefin der Public-Relations-Abteilung der US-amerikanischen Mercedes-Tochter, Linda Paulmeno, die zukünftige Kooperation. Als Beispiel nennt sie unter anderem die Einrichtung einer Cafeteria mit »gleichem Essen für alle«, wo »kein Unterschied zwischen Manager und Arbeiter« bestünde.[182]

Die Realität aber zeigt sich auf einer ganz anderen Ebene: Der Mercedes-Personalchef sucht sich seine Arbeiter in einem »aufwendigen Auswahlverfahren« aus. Bei 62 000 Bewerbern auf später insgesamt 1500 Stellen spielen dann nicht nur gesundheitliche Aspekte eine Rolle. In »Einzel- und Gruppengesprächen« werden die kommenden Mercedes-Beschäftigten kräftig gesiebt. Am Ende können dann diejenigen ausgewählt werden, die den Mercedes-Managern nicht nur beruflich am qualifiziertesten erscheinen, sondern auch voll und ganz auf Konzernlinie liegen.

Die überdimensionierte, sechs Meter hohe Werbetafel »Guten Tag Freunde« auf dem Bauplatz zeugte einst von der Erwartung der Menschen an Mercedes. Doch nicht alle sind zufrieden mit der Subventionierung des reichen Industriekonzerns aus dem fernen Deutschland. Howard Cranner ist Besitzer eines Hauses, vor dem die neue Fabrik aus dem Boden schießen wird. »Good for some, baaaaad for others«, meinte der Bergarbeiter im Gespräch mit Rolf Paasch, Redakteur der *Frankfurter Rundschau.*

Für wen das Werk gut oder schlecht sein wird, zeigen die kommenden Jahre. Eines aber scheint schon heute klar: Das Stadt-Land-Gefälle in den Südstaaten der USA wird durch Großprojekte wie das neue Mercedes-Werk nur noch verstärkt. Und mit den Mercedes-Millionen hätte sinnvollerweise das dringend benötigte amerikanische Bildungsprogramm finanziert werden können. Schließlich gibt es in Alabama Regionen, in denen bis zu 40 Prozent der Schwarzen ohne Arbeit sind. Genau diese aber haben gegen die aufstrebende Mittelschicht die geringsten Chancen, einen Arbeitsplatz in der High-Tech-Automobilindustrie zu ergattern.[183]

Der Fight um den Eurofighter

»Der vorigen Ausgabe der aktuell lag eine Werbebeilage bei, die in hohem Maße provokativ war.« Peter Follner, Oberpfaffenhofen, in der Weihnachtsausgabe 1994 der Dasa-Firmenzeitschrift *aktuell*[184]

»Und ich bin halt der Meinung: Ich halte nicht, wenn ich auf die linke Backe eine bekomme, die rechte hin und sage ›Danke schön‹. Sondern ich gebe sie dann zurück. Schlicht und einfach: Ich möchte mich verteidigen.« IG Metall-Betriebsrat Alois Schwarz über sein Engagement für den Eurofighter[185]

»Die Blindheit bei der Rüstungsorientierung der Dasa korrespondiert mit der Blindheit der bayerischen Staatsregierung.« Raimund Kamm, Bündnis 90/Die Grünen, über den bayerischen Finanzminister Georg von Waldenfels[186]

Verlockend klang das Angebot für die Beschäftigten der Daimler-Benz Aerospace allemal: »Endlich mal Weihnachtsgeschenke, die nach Weihnachten nicht gleich wieder umgetauscht werden.« Gemeint waren die Mercedes-MietCar-Modelle, einen Monat lang »schon für etwa 780,- DM« zu haben.[187] Doch die folgenden Reaktionen waren für manchen Mercedes-Manager eher ernüchternd. »Eure neue Geschenkidee ist leider von uns nicht finanzierbar«, gab Leserbriefschreiber M. Winkelmann von der MTU Ludwigsfelde zu bedenken. Deutlicher noch brachte Peter Follner aus Oberpfaffenhofen seine Sorgen zum Ausdruck: »Die Frage ist nicht, ob ich meiner Familie einen Mercedes zu Weihnachten schenken/leasen kann, sondern ob es morgen noch für einen japanischen oder italienischen Kleinwagen reicht.«

Ärgerlich verwies Follner auf die Probleme, unter denen Dasa-Beschäftigte zu leiden hätten: So werde die Werbung überwiegend an Leute verteilt, »die Angst um ihren Arbeitsplatz und ihre Existenz haben, massive finanzielle Einbußen hinnehmen mußten durch Steuererhöhungen, Streichung von Sozialleistungen, Streichung des Weihnachtsgeldes, Kürzung freiwilliger Zulagen...«. Wie Follner haben viele Arbeitnehmer der Daimler-Benz Aerospace »erhebliche Schwierigkeiten, ihren Lebensstandard zu sichern, die Miete zu bezahlen und die Kinder angemessen anzuziehen«, denn bei der Dasa wurde in den neunziger Jahren massiv Stellenabbau betrieben.[188]

Allein zwischen 1993 und 1996 schafft die Dasa an sechzehn Standorten mehr als 16 000 Arbeitsplätze ab, ganze Betriebsstätten sind in ihrer Existenz bedroht. Bayerns Finanzminister Georg von Waldenfels sorgt sich vor allem um seine heimischen Dasa-Werke in Manching und Augsburg, falls die Bundesregierung auf die Beschaffung des Eurofighter 2000 verzichten sollte. Die Zustim-

Steilflug oder Absturz? Der Eurofighter 2000 ist nicht nur das teuerste, sondern auch das umstrittenste Rüstungsprojekt in der Geschichte der Bundesrepublik Deutschland. Als Hauptauftragnehmer verdient die Dasa Milliarden am Jäger-Programm.
(Dasa-Anzeige in: *NATO's Sixteen Nations*, No. 3/4 1994, S. 32)

Eurofighter Take-off.

A new era commenced for air defence in Europe with the maiden flight of Eurofighter 2000 on March 27, 1994.

Deutsche Aerospace AG and its Military Aircraft Division take great pride in the success of the European co-operative programme. They contributed to the development and production of the aircraft and its systems together with the Eurofighter partner companies in Great Britain, Italy and Spain. The engines, too, were developed jointly by MTU, a Deutsche Aerospace subsidiary, and its European partners.

Deutsche Aerospace

Aircraft

Deutsche Aerospace AG
Military Aircraft
81663 Munich

mung zur Serienfreigabe 1995 und der Produktionsbeginn im Folgejahr seien »für weitere Dasa-Standorte überlebenswichtig«.[189] Das Engagement des CSU-Politikers »für eine wichtige Branche« war nicht uneigennützig: Dr. Georg Freiherr von Waldenfels ist nicht nur Bayerns Finanzminister, sondern zudem Mitglied im Aufsichtsrat der Daimler-Tochter Dasa. So betreibt der Dasa-Amigo Politik im Sinne des Konzerns und seines Bundeslandes zugleich. Spannend wäre allenfalls die Frage, wie sich Georg von Waldenfels im Falle von Interessenkollisionen entscheiden würde – falls es jemals zu solchen kommen sollte.

Um eine neue Technologie aufzubauen, brauche man zehn bis fünfzehn Jahre und müsse »viele Milliarden investieren«. Mit derlei Äußerungen signalisiert Jürgen Schrempp deutliches Desinteresse an konkreten Konversionsmaßnahmen.[190] Bei Alois Schwarz zeigt die Zermürbungstaktik seines Arbeitgebers Erfolg. Der Dasa-Gesamtbetriebsratsvorsitzende hat den Kampf für Konversion zur Arbeitsplatzsicherung aufgegeben und ist längst auf den Kurs der Konzernführung eingeschwenkt: »Die Chance, durch Konversion unsere Probleme bei der Dasa zu lösen und die Tausende von gefährdeten Arbeitsplätzen zu retten, sehe ich nicht«, resümiert Schwarz resigniert.
Noch vor Jahren pflegte der Gewerkschafter, der bis zum Sommer 1993 dem Dasa-Aufsichtsrat angehörte und mittlerweile von Erwin Hilbrink abgelöst wurde, konstruktiveres Denken: Anfang der Achtziger hatte er bei MBB »intensivst Konversion gefordert und verlangt, das Wissen aus der wehrtechnischen Forschung für die Entwicklung von zivilen Produkten zu nutzen«.[191] Nach anfänglichen Erfolgen aber waren seine Bemühungen an der Übernahme von MBB durch Daimler-Benz gescheitert: »Als MBB 1988 von Daimler-Benz übernommen wurde, kam das Aus«, erinnert sich der Gewerkschafter, und »jetzt sei es zu spät« für Konversionsmaßnahmen.[192]

Anspruch und Wirklichkeit der IG Metall

»Es trägt in hohem Maße zur Sicherung hochwertiger und zukunftsorientierter Arbeitsplätze für die deutsche Volkswirtschaft bei.« Begründung der Daimler-Tochter Dasa für die Entwicklung eines neuen Jagdflugzeugs[193]

»Es kann doch nicht sein, daß wir verteidigungstechnische Güter nur deshalb produzieren, um Arbeitsplätze zu schaffen oder um bestimmte Technologien zu beherrschen.« Der Dasa-Vorstandsvorsitzende Jürgen Schrempp über seine Kritik an der Art der Arbeitsplatzdiskussion[194]

»Was die konkrete Beschaffungsfrage anbelangt, so hat der Arbeitskreis schon vor Jahren die Position bezogen, daß die politische Entscheidung für oder gegen die Anschaffung einer neuen Generation von Jagdflugzeugen auch von den Beschäftigten akzeptiert werden muß.« Stellungnahme des Arbeitskreises »Luft- und Raumfahrtindustrie« der IG Metall[195]

Nirgendwo tritt das Dilemma der gewerkschaftlich organisierten Betriebsräte offener zutage als beim Disput für und gegen militärische Großprojekte. Der Dasa-Gesamtbetriebsratsvorsitzende Alois Schwarz läßt keine Zweifel darüber aufkommen, wie er zur Produktion von Waffen im allgemeinen und zum Jäger light im besonderen steht. Die Betriebsräte müßten sich fragen, wie die Entwicklungskapazitäten in der Luft- und Raumfahrtindustrie der Dasa zu halten seien. Die Antwort des IG Metall-Funktionärs ist eindeutig: Der Jäger 90 solle sofort gebaut werden, denn jeder, der »den Vorlauf in der Luftfahrtindustrie kennt, der weiß, daß dann das letzte Flugzeug im Jahr 2005 oder 2006 fertig sein wird«. Schon heute, so die Klage des Dasa-Gewerkschafters, müßte der Konzern im militärischen Bereich 54jährige Ingenieure, »die jetzt das nötige technische Know-how besitzen, nach Hause in den Vorruhestand« schicken.[196]

Voll und ganz auf Waldenfels-Linie, fordert Schwarz die Beschaffungszusage für die Eurofighter, schließlich seien 6000 bis 8000 Arbeitsplätze bedroht und die Schließung kompletter Werke ansonsten unvermeidlich. Die »Katastrophe« käme, wenn das Jagdflugzeug nicht von der Dasa gebaut werde.[197] Mit fast identischen Aussagen ziehen CSU und IG-Metall-Repräsentanten in Bayern an einem Strang. Dabei soll das Arbeitsplatzargument das hinbiegen, was sich nach Ende des Kalten Krieges mit friedenspolitischen Begründungen nicht mehr durchsetzen läßt – die Serienfertigung des teuersten deutschen Waffensystems aller Zeiten.

Hielte sich Alois Schwarz die Gesamtkosten des NEFA-Projekts vor Augen, so müßte er eingestehen, daß sich mit den Milliardenbeträgen eine ungleich höhere Zahl an Arbeitnehmern qualifiziert beschäftigen ließe: Neun Milliarden DM kostet die Eurofighter-Entwicklung letztendlich. Zusätzlich werden die Steuerzahler zehn Milliarden DM für die Serienvorbereitung aufbringen müssen. Für die Beschaffung der voraussichtlich 140 Jagdflugzeuge müssen jeweils rund 150 Millionen DM aufgewendet werden.[198]

Dem bayerischen IG Metall-Betriebsrat Schwarz die eigene Klientel näher als das absehbare gesamtwirtschaftliche und finanzielle Desaster, das durch die Eurofighter-Beschaffung verursacht wird.

Zweifelsohne zählt der Dasa-Gesamtbetriebsratsvorsitzende zu den Exponenten des rüstungskonformen Flügels der IG Metall. Dabei setzt sich Alois Schwarz nicht nur für die NEFA-Beschaffung ein. Anfang 1994 nutzte der Gewerkschafter die Gelegenheit zum Rundumschlag: Bei seinem Statement vor den Größen von Politik und Wirtschaft auf dem Bonner Petersberg drängte er die Bundesregierung zum Bau des Jäger light und zur »Harmonisierung« von Rüstungs- sowie zur Liberalisierung von Dual-use-Exporten.[199]

Schwarz steht in der ansonsten so auf Abrüstung und Konversion drängenden Gewerkschaft mit seinen Forderungen nicht alleine. Unter dem Diktat der Bonner Regierungspolitik brachen 1992 Grabenkämpfe in der IG Metall aus, als das gesamte EFA-Programm zur Disposition stand. Am 20. Mai des Jahres appellierte der MBB-Gesamtbetriebsrat einstimmig an Helmut Kohl und die Bundesregierung, endlich für das Jäger 90-Projekt zu votieren.[200] Eine Entscheidung gegen EFA sei »im Sinne der Zukunftssicherung eine echte Fehlentscheidung, die in ihren Dimensionen einmalig in der Bundesrepublik« sein werde.

Der massive Druck der bayerischen Betriebsräte und IG Metall-Vertreter führte zu heftigen Protesten innerhalb der Gewerkschaft. Margit Köppen, Wirtschaftsfachfrau in der Frankfurter IG Metall-Zentrale, beurteilte den Vorstoß ihrer Kollegen von Messerschmitt kritisch: »Über den Kreis der Betroffenen hinaus« werde die Meinung in der IG Metall »von kaum jemandem geteilt«. Dabei stand Frau Köppen Kritikern des Jäger-Projekts durchaus distanziert gegenüber: Niemand solle es sich »so einfach machen, sich auf den subjektiv pazifistischen Standpunkt zu stellen, von dem aus sich die Arbeitnehmer in der Rüstungsindustrie wohlfeil moralisch attackieren« ließen.[201]

In ihrem Plädoyer für »ein rein defensiv orientiertes Sicherheitssystem« bei gleichzeitiger Nutzung der »Übergangszeit zur Umstellung auf zivile Produktion«, verkannte Margit Köppen jedoch die Tatsache, daß sich längst nicht mehr nur friedensbewegte Menschen mit Macht gegen den milliardenschweren Auftrag für die süddeutsche Rüstungindustrie stemmten. Die Front der Kritiker des Jäger-Konzeptes reicht bis in die Führungsspitze der Hardthöhe.

Noch besteht Hoffnung, daß sich die Dasa-Betriebsräte auf die Realitäten im Konzern besinnen. Jürgen Schrempp selbst spricht vom »Mythos« der Rüstung: Stolz verkündete der Dasa-Chef, daß der Anteil der wehrtechnischen Produktion 1993 »gerade noch um etwa 27 Prozent« gelegen habe.[202]

Auch die IG Metall hat erkannt, daß »der Konzern zur Umstellung der Arbeitsplätze auf sinnvolle Produkte finanzkräftig genug sein müßte«. Nach Gewerkschaftsangaben könnten mit der Serienfertigung des Eurofighters insgesamt 9625 Menschen in 17 verschiedenen Unternehmen an 29 Standorten über Jahre hinweg beschäftigt werden. Davon befänden sich 7070 Arbeitsplätze in Dasa-Betrieben. In starkem Umfang von der Jäger-Entscheidung berührt seien das MTU-Werk in München-Allach mit 2145, das MBB-Werk in Augsburg mit rund 1000, das MBB-Werk in Manching mit 900 und das Dornier-Werk in München mit 700 betroffenen Beschäftigen. Gemessen an der Gesamtzahl der Arbeitnehmer liegt der Anteil bei den vom NEFA-Auftrag profitierenden Unternehmen – wie Daimler-Benz, Diehl und Liebherr – bei jeweils unter fünf Prozent der Beschäftigten.

Entsprechend forsch trat der IG Metall-Bezirksleiter Frank Teichmüller dem Dasa-Vorstand Hartmut Mehdorn entgegen: Dieser solle »das durchsichtige Spiel beenden, die Politik mit der Drohung von Arbeitsplatzvernichtung zu erpressen und mit der Existenzangst Tausender Arbeitnehmer zu spielen«. Mehdorn hatte angekündigt, zumindest zwei Dasa-Werke schließen zu lassen, falls das Jagdflugzeug-Programm gestrichen werde. Der Hamburger Gewerkschafter Teichmüller verwies auf die Chancen der Zivilproduktion und versprach: »Die IG Metall wird nicht zulassen, daß der nicht aufsteigende Vogel Jäger 90 Arbeitsplätze plattdrückt.«[203]

Angesichts schwindender Wehretats geraten die Dasa-Betriebsräte der IG Metall zusehends in die Mühlen der Militärs, des Konzerns und der Regierungspolitik – kurz des MIP-Komplexes. Teichmüllers Versprechungen von 1992 sind Makulatur. Inzwischen hat Jürgen Schrempp, bis zum Sommer 1995 Vorstandsvorsitzender der Dasa, kritisch das Totschlagargument der Arbeitsplätze eingesetzt. Und die IG Metall, einst agile Triebfeder einer Vielzahl sinnvoller Konversionskonzepte, kuscht vor dem Konzern, der diktiert, wo welche Werke geschlossen und wieviel tausend Beschäftigte mit Bedauern »freigestellt« werden. Den auf die Straße gesetzten Dasa-Mitarbeitern bleiben der Dank für die geleistete Arbeit und die warmen Worte ihres ehemaligen Finanzchefs. Der neue Vorstandsvorsitzende Manfred Bischoff zeigt nämlich zuweilen vollstes Verständnis für die Empfindungen der Betroffenen: »Neulich kam ein 55jähriger Familienvater zu mir, der freigesetzt wird, aber eigentlich lieber weiterarbeiten würde. Das geht unter die Haut«.[204] Schlußendlich steht zu befürchten, daß die IG Metall angesichts der arbeitsmarktpolitischen Relevanz auch in der Frage weiterer Milliardenaufträge für die Waffensysteme der Krisenreaktionskräfte vor dem Konzern und dessen Bündnispartnern in Bonn kapitulieren wird.

Nur mühsam können sich die Gewerkschafter auf einen Minimalkonsens einigen. Dabei ist die Schnittmenge an Gemeinsamkeiten bei den Exponenten der IG Metall-Flügel derart gering, daß Kompromißformeln stets wenig konstruktiv wirken. Nach zuweilen zähen Diskussionen im IG Metall-Arbeitskreis »Luft- und Raumfahrtindustrie« dokumentierte Margit Köppen in der Zeitschrift *Der Gewerkschafter* die Ratlosigkeit der in früheren Zeiten so mächtigen und wortstarken Interessenvertretung der Arbeitnehmer: Die Bonner Entscheidung müsse von den Beschäftigten akzeptiert werden.

Arbeiten wider die eigene Natur

»*Das Auto ist Umweltfeind Nr. 1? Es ist Umweltfeind Nr. 1, weil es schon bei seiner Produktion die Beziehung des Menschen zu seiner natürlichen und menschlichen Umwelt untergräbt.*« Jochen Sonn, Beschäftigter der Mercedes-Benz AG in Stuttgart-Untertürkheim[205]

»*Flexible Arbeitszeiten sollen die Arbeitnehmer immer mehr an die Erfordernisse der Produktion anpassen. Durch eine gerade erst in den*

letzten Tagen abgeschlossene Betriebrentenreform wird sich ein Großteil
der Arbeiter mit niedrigeren Betriebsrenten zufrieden geben müssen.«
Kritik der Plakat-Betriebsräte bei Daimler-Benz [206]

»*Wer Straßen sät, wird Arbeitslosigkeit ernten.*« Stephan Brückl vom
Süddeutschen Institut in Augsburg [207]

Die Schere könnte kaum weiter auseinanderklaffen: Viele der Arbeiter beim Automobilkonzern Mercedes-Benz wissen um die Problematik ihres Arbeitsplatzes, und doch sind die meisten von ihnen
stolz, gerade bei diesem Konzern zu arbeiten.
Dreizehn Jahre lang war Jochen Sonn Beschäfigter der Mercedes-
Benz AG. Im Betriebsrat, dem er sechs Jahre lang angehörte, wirkte
er bei der konzernkritischen Plakat-Gruppe mit. Die Zeit beim
Konzern sieht Sonn durchaus zwiespältig. »Zwischen der Umwelt-
feindlichkeit der Massenmotorisierung und der Umweltfeindlich-
keit der Massenfertigung«, so Sonn, »besteht ein unlöslicher innerer
Zusammenhang. In der Massenfertigung von Fahrzeugen verliere
der Mensch »einen ausgewogenen Umgang mit der Natur«. Als
praktisches Beispiel nennt er die hochspezialisierten Maschinensta-
tionen, über Fördereinrichtungen verkettet zu Hunderte von Metern langen Transferstraßen. Dabei klaffen die Meinungen über die
Arbeitsbedingungen beim reichsten deutschen Konzern weit auseinander. Im Rastatter Pkw-Werk schwärmen viele der Beschäftigten nicht nur über den neuen Arbeitsplatz als solchen, sondern vor
allem auch über die sozial verträglicher gestalteten Produktionspro-
zesse. Ganz anders sehen die Plakat-Betriebsräte im Untertürkheimer Mercedes-Werk die Arbeit beim Konzern. Gerd Rathgeb sagt
deutlich, daß auch die Beschäftigten in den von Daimler-Benz
abhängigen Zulieferbetrieben »unter dem ständig zunehmenden
Druck aus der Konzernzentrale zu leiden« hätten.[208]
Die Zahlenangaben schwanken gewaltig: Jeder siebte bis jeder 15.
Arbeitnehmer, letztere Angabe stammt vom Deutschen Institut für

Wirtschaftsforschung, bestreitet sein Einkommen durch das Auto. Der volkswirtschaftliche Nutzen von Arbeitsplätzen in der Autombilindustrie wird in der Bundesrepublik kontrovers diskutiert. Kritiker, wie der Kybernetiker Frederic Vester, fragen, ob die Konzentration auf eine »zukunftlose Technologie« nicht eine unsinnige Verschwendung von Ressourcen – Geld, Arbeit, Phantasie und Intelligenz – darstellt. Zudem zählen Arbeitsplätze in der Automobilindustrie, entgegen einem weithin verbreiteten Image, zu den unsicheren. Bei Mercedes-Benz wurden allein 1993 über 12 500 Beschäftigte entlassen.[209]

Und bis zum heutigen Tag, so der ehemalige *Spiegel*-Redakteur Peter M. Bode, sei nicht untersucht, »wieviele Menschen durch das Auto ihren Arbeitsplatz verloren« hätten. Beispielsweise habe die automobile Mobilität für eine Vielzahl von Einzelhändlern zum Arbeitsplatzverlust geführt.[210]

Womöglich liegt die Lösung aber auch in der Struktur der Großkonzerne begriffen, die sich in den vergangenen Jahren bundesweit zum Arbeitsplatzvernichter entwickelt haben. Kleine und mittelständische Unternehmen dagegen schufen nicht nur abwechslungsreichere Arbeitsplätze, sie schufen auch neue Arbeitsplätze. Bernhard Jagoda, Präsident der Bundesanstalt für Arbeit, stellte fest, daß im Zeitraum von Mitte 1993 bis Mitte 1994 rund 1,3 Millionen Arbeitsplätze bei Großbetrieben abgebaut wurden. Dagegen seien die im selben Zeitraum neu geschaffenen 700 000 Arbeitsstellen »fast ausschließlich in Betrieben mit bis zu 20 Beschäftigten« hinzugekommen.[211]

Und auch an einer ganz anderen Stelle krank die Mercedes-Argumentation vom großen Arbeitplatzbeschaffer. Schenkt man der Studie *SLOW* der Verkehrswissenschaftler Stephan Brückl und Walter Molt vom Augsburger *Süddeutschen Institut* Glauben, dann liegt der Konzern mit seinen jahrelang propagierten Behauptungen kräftig daneben. Brückl begründet seine Grundthese mit der »expandierenden Verkehrsinfarktstruktur« und damit verbundener Verlagerung der Produktion in Billiglohnregionen oder -länder. Aus diesem Umstand folgert der Verkehrsexperte, daß »die Erhöhung der Transportwiderstände das Gebot der Stunde« sei. Molt sieht die mittelständische Industrie gegenüber den Großkonzernen benachteiligt, welche ihre Produktion nach Belieben ins Ausland verlagern würden. Auch kleinere Betriebe erlitten massive Wettbewerbsnachteile, die dann auch nicht durch die Zulieferung an Großbetriebe aufgefangen werden können. Tatsächlich nutzt Daimler-Benz im Rahmen seiner Multi-Domestic-Strategie jede Gelegenheit, bei reduzierten Herstellungskosten neue Produktionsstätten im Ausland und auf den kommenden Absatzmärkten zu errichten.

Der grüne Europaparlamentarier Wilfried Telkämper setzt nach den Ergebnissen der von ihm finanzierten Studie auf die politische Umsetzung des *SLOW*-Konzepts, wobei das Kürzel für »Systematische Langsamkeit optimiert Wohlstand und Wirtschaftsentwicklung« steht. Auf den Punkt gebracht resümiert Telkämper: »Zur Sicherung von Arbeitsplätzen brauchen wir eine Entschleunigung des automobilen Verkehrs.«[212]

Wenn es um die Frage der Entlassung von Beschäftigten geht, zeigt sich der Mercedes-Vorstand ausgesprochen gefühllos, und so dürfte die frohe Weihnachtsbotschaft des Vorstandsvorsitzenden manchem Mitarbeiter bittere Festtage bereitet haben. Helmut Werner rechtfertigte die »Personalanpassungen« als »zwingende Voraussetzung, um das Kostenniveau« zu senken. Im nächsten Satz verkündet er stolz den »enormen Schub«, den die C-Klasse mit sich gebracht habe. Die Ansprache endet mit den inniglichen Wünschen für ein gesegnetes Weihnachtsfest.[213]

So kann nur einer sprechen, der nicht nur Arbeit hat, sondern als Manager zudem ein Spitzengehalt erhält. Tatsächlich steht die Entwicklung der Vorstandsgehälter dem Trend bei den Arbeitsplätzen diametral entgegen: Während bei Daimler-Benz in den vergangenen Jahren Zehntausende von Arbeitsplätzen vernichtet wurden, stiegen die Vorstandsgehälter im gleichen Zeitraum deutlich an. Allein von 1990 auf 1991 war ein Zuwachs um 13 Prozent von 6,3 Millionen DM auf 7,3 Millionen DM zu verzeichnen. Der immense Anstieg im Folgejahr auf 17 Millionen DM wurde durch die Zusammenfassung der MBB, TST und der Dasa sowie durch die Mehrheitsbeteiligung bei Fokker veranlaßt.

1993 sanken die Daimler-Vorstandsgehälter zwar auf 14,3 Millionen DM, was aber nicht mit der Erkenntnis zusammenhing, daß die überproportionale Bereicherung ein Ende haben müsse.[214] Dem Vorgang lag schlichtweg eine Verkleinerung der Vorstände zugrunde: So wurden der Daimler-Konzernvorstand von neun auf acht und der Mercedes-Vorstand von fünf auf vier Mitglieder reduziert. Allein 11,7 Millionen DM flossen an die Mercedes-Vorstände Helmut Werner, Bernd Gottschalk, Jürgen Hubbert und Heiner Tropitzsch sowie deren sieben Stellvertreter. Den hohen Herren des Konzerns werden zusätzlich zu ihren Spitzengehältern Vorschüsse und Kredite gewährt, zu denen beispielsweise auch – zinslos erteilte – Wohnbaudarlehen zählen.[215] Im Vergleich zu den Vorstandsgehältern anderer Großkonzerne und führender Bankhäuser nehmen die 14,3 Millionen DM der Daimler-Benz AG nicht nur den absoluten Spitzenplatz ein. Sie sind zudem in einer Zeit erzielt worden, da das Daimler-Benz-Ergebnis innerhalb eines Jahres von 1451 (1992) auf 615 Millionen DM (1993) dramatisch einbrach.[216]

So bleibt am Ende nur die – vor allem für die Opfer der Daimlerschen »Freistellungs«-Politik – bittere Erkenntnis, daß die Manager von Mercedes, Dasa, debis und AEG an sich selbst zuerst denken. Die Devise dieser – in Wirtschaftskreisen als »Moral Hazard« bezeichneten – Selbstbedienungsmentalität lautet wohl: Wer mehr Mitverantwortung für Massenentlassungen trägt, soll auch mehr Geld kassieren.

Nachwort

Quo vadis, Daimler-Benz?

»Wir sind jederzeit bereit, dieses Gespräch wieder aufzunehmen. Bitte setzen Sie sich doch einmal mit Herrn Schrempp in Verbindung, oder er wird es mit Ihnen tun.« Edzard Reuter auf der Hauptversammlung 1993 zu den Kritischen Daimler-Aktionären [1]

»Wir stimmen mit Ihnen überein, daß wir nicht übereinstimmen.« Dr. Wolfgang Piller beim Treffen mit den Kritischen Daimler-Aktionären im konzerneigenen Bildungszentrum Lämmerbuckel [2]

»Ich freue mich sehr, daß es offene und vertrauensvolle Gespräche waren. Wir sollten nun gemeinsam überlegen, wie wir unsere Kontakte weiterführen wollen, insbesondere sollten wir über Ihren Vorschlag beraten, ein gemeinsames Forum Daimler-Benz 2000 zu veranstalten.« Matthias Kleinert in einem Schreiben an die Kritischen Daimler-Aktionäre [3]

Sommer 1993: Edzard Reuter sah sich gezwungen, Konsequenzen zu ziehen. Nachdem die Kritischen Daimler-Aktionäre bei dieser wie bei den vergangenen Hauptversammlungen die Schattenseiten des Konzerns in Anträgen und Redebeiträgen thematisiert hatten, erkannte der Vorstandsvorsitzende die Notwendigkeit, das Gesprächsangebot der konzerninternen Kritiker anzunehmen. Nach einigem Zögern seitens der Daimler-Führung, kam es am 24. Januar 1994 zu einem ersten Treffen mit Matthias Kleinert in der Möhringer Konzertzentrale, weitere sollten folgen.
Die Intention dieser Zusammenkünfte war offensichtlich: Zielten die Vertreter des Dachverbands vor allem auf konkrete Schritte zum Umsteuern in Richtung Gesamtkonversion des Konzerns, so ver-

suchte der Daimler-Benz-Vorstand vor allem die – gerade auch in den Medien – unüberhörbar gewordene Kritiker durch interne Gesprächsrunden zum Schweigen zu bringen. Doch mit jedem weiteren Gespräch schien sich das Interesse der Vorstände an der Fortführung der Gespräche zu minimieren.

Grund dafür war unter anderem die konsequente Haltung der Kritischen Aktionäre, die sich auch durch die laufenden Gespräche nicht davon abbringen ließen, öffentliche Stellungnahmen zu den – aus ihrer Sicht falschen Weichenstellungen – der Daimler-Führung öffentlich zu äußern.

Bis zum heutigen Tag ist es der Konzernführung nicht gelungen, die Argumente der Kritischen Aktionäre zu entkräften. Und bis zum heutigen Tag steht der Vorwurf, Daimler-Benz setze trotz seines in der Republik einmaligen Know-hows im Fragen der Verkehrstechnik auf die falschen Produkte, die den Grundbedürfnissen der Menschen grundlegend entgegenstehen.

Dabei stehen sich die Konzernkritiker in ihrer Position gegen Luxuslimousinen und Waffen von einer Vielzahl gesellschaftlich relevanter Organisationen unterstützt. So bekannte auch die evangelische Kirche Farbe, als die Akademie Bad Boll mitten im Daimler-Land Württemberg Werkstatt-Tagungen zum »sozial-ökologisch verträglichen Verkehr« veranstaltete. Im Oktober 1993 einigten sich die Tagungsteilnehmer auf Kriterien für das »Auto der Zukunft«, die Abschied nehmen »von der bisher vorherrschenden Leitidee: Schneller, Höher, Weiter«. Im Vordergrund stand dabei nicht nur die »ökologische, soziale und ökonomische Produktverantwortung der Herstellers in der gesamten Produktlinie, ausgehend vom Rohmaterial bis zur Verwertung«. Entscheidend waren auch »die Umweltauswirkungen der Produktion, der Nutzung und der Instandhaltung sowie der Entsorgung von Kfz in einer möglichst umfassenden Lebenswegbilanz«. Die Autos der Zukunft sollten keine »alten Modelle im neuen Gewand« repräsentieren.[4]

Konversion oder Rüstungsexport? Der Dornier-Betriebsratsvorsitzende Oscar Pauli im Gespräch mit Jürgen Grässlin bei der Berliner Hauptversammlung im Mai 1994. Pauli vertritt eine Doppelstrategie: Neben der Stärkung ziviler Projekte sollen Rüstungsexportgesetze erleichtert werden, um die Dasa zu retten.
(Foto: © Dachverband KAD)

Genau diesen Forderungen entspricht nicht eines der - derzeit auf dem Markt erhältlichen - Mercedes-Modelle. Entsprechend vernichtend fällt das Urteil des Verkehrsclubs Deutschland e.V. (VCD) aus: »Leider gibt es im Westen nichts Neues«, lautet die Bilanz des VCD-Bundesvorsitzenden Rainer Graichen über die vergebliche Suche »nach den vielbeschriebenen und geforderten Öko-Autos«, zumal noch immer bei der Produktion »jede Menge Müll und Gift« entstünden. [5]

Alljährlich gibt der VCD seinen Ökovergleich für Fahrzeuge heraus. 1994 kamen die Verkehrsexperten zum Ergebnis der Vorjahre: »Auch im fünften Jahr empfiehlt der VCD mit seiner Auto-Umweltliste kein Automobil zum Kauf«, schließlich gebe es bislang noch kein Modell, das den Namen »Ökoauto« verdiene.

Besonders niederschmetternd ist das Ergebnis für den Konzern, der den Umweltschutz zum Leitziel erhoben und bislang keine Gelegenheit ausgelassen hat, auf die technischen Fortschritte seiner High-Tech-Fahrzeuge hinzuweisen: Mercedes-Benz schneidet durchweg katastrophal ab. Das »umweltfreundlichste« Auto der Stuttgarter Nobelfirma, der Mercedes C 200 Diesel, bringt es auf magere 120 Pluspunkte - etwa halb so viel wie die vergleichsweise akzeptablen Modelle Opel Corsa Eco 1. 2i, Polo Fox von VW, Ford Fiesta Basis oder die Fiat-Modelle Cinquecento, Panda 1. 0 L und Uno 1. 0 i. e.

Angesichts des drohenden Ökokollaps stellt der VCD die Umweltbilanz der Fahrzeuge sowie deren Herstellung und Recyclebarkeit in den Vordergrund. Dabei fährt die Mercedes-Benz AG ganz weit hinterher: Die Mercedes-Modelle C 180 und E 200 erreichen lediglich 85 bzw. 70 Punkte. Und der S 280 sowie der SL 280 stellen mit 15 bzw. 5 Pluspunkten die Ökokatastrophe auf Rädern dar.[6]

Angesichts von solcher Kritik verweisen Mercedes-Manager gerne auf die sogenannten Anforderungen des Marktes. Schließlich gehe es vielen Mercedes-Fahrern beim Kauf nicht um Ökoaspekte, sondern um die Pferdestärken unter der Kühlerhaube, die maximale Höchstgeschwindigkeit oder um das Statussymbol.

Die Mercedes-Benz Entwicklungsabteilungen haben auch Nutzfahrzeuge geschaffen, die »zur militärischen Auftragserfüllung« ein »lückenloses Fahrzeugprogramm« anbieten. Im Handbuch der

Bundeswehr und der Verteidigungsindustrie verspricht der Automobilkonzern »maßgeschneiderte Lösungen für jede Einsatzart und Nutzlastklasse«.[7]

Tatsächlich profitiert Mercedes-Benz wie kein anderer deutscher Automobilkonzern von den Lieferungen militärischer Fahrzeuge an die Armeen in aller Welt. Entsprechend offensiv wirbt Mercedes in der Fachpresse für die Fähigkeiten seiner Militärfahrzeuge: »A wealth of experience gained from applications under extreme conditions bears out not only the reliability, but also the economy of these vehicles«, so die Versprechung im Militärmagazin Nato's Sixteen Nations.[8]

Andere Autohersteller - wie die Volkswagen AG in Wolfsburg - zeigen, daß auch ohne Rüstungsproduktion eine erfolgreiche Geschäftspolitik betrieben werden kann. Im Gegensatz zu BMW und vor allem zur Dasa verzichtet VW auf die Entwicklung und Fertigung von Waffen bzw. deren Teilen. Im Wirtschaftsmagazin Capital hat das Prognoseinstitut Marketing Systems den Wolfsburger Autobauern für Mitte der neunziger Jahre optimale Verkaufszahlen bei einem 18prozentigem Umsatzplus vorausgesagt. Und für die Ingolstädter VW-Tochter Audi prognostizierte Marketing Systems einen deutlichen Umsatzschub bei 32 Prozent mehr verkauften Autos. Als einziger deutscher Autokonzern, so die Vorhersage des in Fragen der Automobilindustrie weltweit führenden Prognoseinstituts, wird Daimler-Benz seine Produktion in den kommenden Jahren herunterfahren müssen.[9]

Unter anderem wird dafür der zunehmende Imageverlust des Konzerns durch dessen Engagement in der Rüstungsproduktion und seine grenzenlose Waffenexportpolitik verantwortlich. Edzard Reuters Beschwörungen, die bisherigen Konzernkunden könnten Daimler-Benz »getrost treu bleiben«, denn das Unternehmen sei

»hervorragend für die Zukunft gewappnet«, können sich angesichts von Daimlers Militärengagement alsbald ins Gegenteil verkehren.[10]

Käuferinnen und Käufer von Mercedes-Fahrzeugen, die dem Rüstungs-Kurs des Konzernvorstands kritisch gegenüberstehen, könnten zur Konkurrenz getrieben werden.

1994 konnte sich die Deutsche Aerospace 1994 den Erfolg ans Revers heften, die sechs Jahre alten - von der amerikanischen Konkurrenz aufgestellten - Weltrekorde für Straßenfahrzeuge mit Solarantrieb trotz »vergleichsweise geringer Sonneneinstrahlung« gebrochen zu haben. Gleichzeitig wurde jedoch auch deutlich, in wie kleinen Schritten die Entwicklung im Bereich der Solarmobile in den letzten Jahren vorangegangen ist.

Trotz dieses Erfolgs versucht Mercedes-Benz nicht ernsthaft, auf dem Sektor der Solarmobile sowie anderer alternativer Antriebe als weltweit erstes Unternehmen in den Massenmarkt einzubrechen. Ökomobile zu einem akzeptablen Preis in Serie zu fertigen, damit könnte Mercedes sich einen großen neuen Kundenkreis erschließen. Doch wie so oft zeigt der Konzern zwar durchaus ansprechende Ansätze, ohne diese aber selbst ernstzunehmen.

»Meistens handelt es sich um Alibi- und Vorzeigobjekte«, befinden Ferdl Achter und Fred Schmid vom Münchener ISW-Institut für sozial-ökologische Wirtschaftsforschung, die dem Konzern vorwerfen, daß solche sinnvollen Aktivitäten bei Daimler-Benz »keine große Rolle« spielen. »Vom Produktionsvolumen her machen sie bei der Dasa gerade mal 4 Prozent aus«, so die Münchner Wirtschaftsforscher.[11]

Bei einem Treffen von Dasa-Repräsentanten mit Vertretern der Kritischen Daimler-Aktionäre im Donier-Werk in Immenstadt bei Friedrichshafen wurde den Vertretern des Dachverbands die Produktpalette der neu eingerichteten Profit-Center präsentiert.[12]

Allein die verschiedenen innovativen Ideen und förderungswürdigen Projekte in ökologisch definierten Zukunftsbereichen erreichen ein breites Spektrum: Die Dornier-Abwassertechnik umfaßt das »vollständige Programm für Recycling, Abwasserbehandlung und Wasseraufbereitung«. Von der Fertigung mobiler Trinkwasseraufbereitungsanlagen über schlüsselfertige Erstellung von Abwasser- und Recyclingssystemen bis hin zur Durchführung von Umweltverträglichkeitsprüfungen setzt Dornier in Immenstaad auf den Fortschritt im ökologischen Bereich. Mit der prozeßintegrierten Abwassertechnik soll »das reinste Wasser« im Sinne des Kreislaufgedankens ohne Zusatz chemischer Hilfsmittel erreicht werden.

Selbstsicher präsentierte das Unternehmen den Kritischen Aktionären auch die Fortschritte bei der Entwicklung ziviler Satellitensysteme. Gerade bei der Telekommunikation und der Entwicklung einer neuen Satellitengeneration rangiert Dornier weltweit in der Spitzengruppe. Mit einer Vielzahl verschiedener Erdbeobachtungssatelliten wird ein weltraumgestütztes Umweltüberwachungssystem installiert. Gleichzeitig sollen im Bereich der Leit- und Informationssysteme die Datenübertragung und -verarbeitung in Europa und darüber hinaus möglich werden.[14]

Doch diese unbestreitbaren Erfolge auf dem Feld der Zukunftstechnologien werden überschattet vom Erbe der Vergangenheit. So machen Entwicklung, Produktion und Export von Waffen bzw. deren Teilen aus Friedrichshafen - über Dornier oder Kooperationsfirmen - weiterhin ein wichtiges Standbein der Daimler-Tochter aus: vom militärisch nutzbaren Antennenmast über Panzerbrücken bis hin zu Elektronikbestandteilen.

Gänzlich verschwiegen wurde der Delegation der Kritischen Aktionäre bei ihrem Besuch im März 1994 die Tatsache, daß die Daimler-Tochter Dornier neuerdings auch bei den Helios-Satelliten in den Bereich militärischer Radarsysteme einsteigen und sich dabei Erfolge der zivilen Forschung zunutze machen will. Bei diesem spin-in-Effekt ist es geplant, gemeinsam mit den französischen Geschäftspartnern in der Aerospatiale reine Satellitengesellschaft zu gründen, deren Stammsitz in München und deren deutsche Niederlassung auf dem Werksgelände von Dornier am Bodensee sein soll.

In der Konzernzentrale sieht man Rüstung - dank der staatlichen Zuwendungen - weiterhin als ein profitables Feld und den zivilen Sektor als unsicheren Zuschußbetrieb an. Die vollmundigen Verlautbarungen eines Edzard Reuter, er sei »sofort bereit, den Waffenproduktionsanteil zugunsten ziviler technischer Produktionen zurückzunehmen«, erweisen sich angesichts der tatsächlichen Geschäftspolitik als Seifenblase.[15]

In Wirklichkeit war und ist die Konzernführung lediglich bereit, de Rüstungsproduktionsanteil auf die gewinnträchtigen Bereiche zurückzuschrauben. Offener hat das Jürgen Schrempp, damaliger Dasa-Vorstandsvorsitzender und ab Mai 1995 Chef des Gesamtkonzerns, schon im November 1991 verkündet, was Sache ist: »Ich habe von Anfang an gesagt: Es gibt keine Konversion. Davon zu reden ist Unsinn. Was es gibt und was unsere Aufgabe ist, ist Substitution.«[16]

Das zivile Geschäft soll also in den Geschäftsfeldern erweitert werden, die er als lohnend erachtet. Ebenso klar formuliert der Vorstandsvorsitzende den Anspruch der Dasa, die Produktionskapazitäten im Bereich der militärischen Luft- und Raumfahrt zumindest zu halten, wenn nicht gar auszubauen.

Diskussionen um Rüstungsproduktion und Waffenexperte sind den Daimler-Benz-Vorständen zuwider. Bei den Treffen mit den Kritischen Daimler-Aktionären betonten der Dornier-Vorstandsvorsitzende Werner Heinzmann, der BDLI-Präsident und der

Dasa-Vorstand Wolfgang Piller sowie Jürgen Schrempp, wie verschwindend gering der Rüstungsanteil an der Gesamtproduktion sei und daß der prozentuale Anteil dieses Bereichs beim Münchner Tochterunternehmen auf rund ein Viertel gesenkt werden konnte. Dabei verschweigen sie, daß dieser Rückgang weniger auf ihren ureigenen Willen, sondern auf die in erster Linie in der ersten Hälfte der neunziger Jahre erfolgte Senkung der investiven Ausgaben im Verteidigungsetat zurückzuführen ist. Daß sich der Rüstungsproduktionsanteil - 1991 wie 1992 - dennoch auf dem beachtlichen Niveau von sieben Prozent im Gesamtkonzern stabilisierte und nicht weiter sank, dokumentierte das Stockheimer Friedensforschungsinstitut Sipri eindrücklich.[17]

Dabei sind die Dual-Use-Exporte der Mercedes-Benz AG. beispielsweise die Vielzahl der Mercedes-Militärfahrzeuge mit sandfarbenem Tarnanstrich, Schießluke und vergitterten Fenstern noch gar nicht erfaßt.

Schon heute ist die Tendenz erkennbar, daß die kommenden Beschaffungsaufträge der neuen Waffengeneration den Abrüstungsschub der frühen neunziger Jahre wieder umkehren wird.

Äußerst ungern äußert Schrempp sich zu der Anschuldigung, Daimler-Benz habe dazu beigetragen, Bemühungen zur Umstellung von der militärischen auf die zivile Fertigung zu verhindern - ein Vorwurf, den der Dasa-Gesamtbetriebsratsvorsitzende Alois Schwarz erhebt. Dabei steht der Eurofighter-Befürworter nicht im mindesten im Verdacht, sich gegenüber der hauseigenen Rüstungsproduktion kritisch zu verhalten.

Doch noch in den achtziger Jahren galt der IG Metaller als einer derer, die sich aktiv für die Umstellung auf eine sinnvolle nichtmilitärische Fertigung einsetzten: Im MBB-Betriebsrat hatte er bereits Anfang des Jahrzehnts »intensivste Konversion gefordert und verlangt, das Wissen aus der wehrtechnischen Forschung für die Entwicklung von zivilen Produkten zu nutzen«. Im Interview mit Günter Heismann von der Woche nannte Alois Schwarz vor allem die Entwicklung umweltfreundlicher Faserverbundstoffe im MBB-Werk Ottobrunn für zivile Abnehmer als Beispiel. Mehr als zwei Jahre sei die Entwicklung vorangetrieben, knapp einhundert Millionen seien investiert und in Garching eine Probeanlage in Betrieb genommen worden. Die Übernahme von MBB durch Daimler-Benz habe zur »Stagnation« geführt, und »danach war es zu spät«, kommentierte Schwarz die gescheiterten Umstellungsbemühungen.

Heute, so die Kritik des Gewerkschaftlers, sei die Bürokratie »das eigentliche Problem«. Und auch die Abteilung für Grundatzfragen im Forschungsbereich liefere kaum Konversionsideen. Alles, was nicht in die vier Kernbereiche der Luft- und Raumfahrt, der Triebwerke sowie der Verteidigungstechnik hineinpasse, werde »ausgegliedert wie die Temic oder verkauft wie die Medizintechnik«. Tatsächlich leidet die Dasa unter dem Problem, daß vergleichsweise interessante Geschäftsbereiche wie die Chip-Entwicklung zugunsten der Automobilproduktion aus dem Raumfahrtbereich in das Daimler-Benz-Tochterunternehmen Temic verschoben worden sind.

Auch der Sektor der Medizintechnik sollte nicht ins Konzept des integrierten Technologiekonzerns eingepaßt werden. Zwar preist das Unternehmen den Fortschritt bei medizinischen Entwicklungen gemäß dem Motto »Extending the System«, in Wirklichkeit aber wurde versucht, den Sektor abzustoßen.[18]

Dabei war die von der Dasa anteilig übernommene Firma Dornier weltweit in der Spitzengruppe der Produzenten von Nieren- und Gallensteinzertrümmerer, MBB hatte Lasergeräte für Tumoroperationen entwickelt. Doch die Medizintechnik fuhr Verluste ein -, für die Dasa-Führung das Argument, den weitaus größeren Defizitbereich der Rüstungsproduktion zu stärken.«Jetzt ist die Medizintechnik der Dasa nicht mehr wettbewerbsfähig«, resignierte Alois Schwarz im Januar 1994.[19]

Diese zögerliche Haltung in bezug auf die Konversion der gesamten Produktlinie nach sozial-ökologischen Kriterien ist dadurch erklärbar, daß es Daimler-Benz bislang noch immer nicht gelungen ist, die gewünschten Entscheidungen auf politischer Ebene herbeizuführen. Daimler-Benz wirkt mit beachtlichem Erfolg daran mit, das vermeintliche Primat der Politik durch das der Industrie und des Militärs zu ersetzen. Der Einfluß einer starken Automobillobby und die ungebrochene Macht des militärisch-industriell-politischen Komplexes (MIP) erzeugen den Druck, der vonnöten ist, damit die politisch Verantwortlichen die Weichen zugunsten des Konzerns stellen. So werden die Rahmenbedingungen in der Daimler-Benz-Republik Deutschland auch Mitte der neunziger Jahre noch immer ganz im sinne der Schrempps, Werners und Bischoffs gesetzt.

Dabei wäre Umstellung auf eine sinnvolle Produktion tatsächlich machbar, wie die KOOVER-Studie der Europäischen Union »Potentialabschätzung für die Konversion von Militärelektronik auf Verkehrstechnik« im September 1994 am Beispiel der Region Ulm und des Alb-Donau-Kreises dezidiert belegen konnte. Gerade dort, wo wie Daimler-Benz Aerospace zu weit über 80 Prozent von der Rüstungsproduktion abhängig ist, zeigen die Autoren anhand einer Vielzahl von »Machbarkeitsvorschlägen« die Chancen der Entwicklung alternativer Verkehrssysteme und -mittel auf. [20]

Daß derlei Visionen durchaus wahr werden könnten, gestand selbst Jürgen Schrempp ein. Nach den potentiellen Geschäftsfeldern ziviler Fertigung befragt, zeigte der frühere Dasa-Vorstandsvorsitzende durchaus bedenkenswerte Alternativen zur bestehenden Produktionspalette der Waffenschmiede auf: »Die liegen in der Verkehrstechnik und in integrierten Verkehrsmanagementsystemen«, so Schrempp, der auch auf die Nutzungsmöglichkeiten »alternativer

490

Energie, hier sehr stark der Solartechnik und der Photovoltaik«, verwies. Und er ergänzte, die Chancen lägen »auch in der Umwelttechnik bis zur Munitionsentsorgung, um nur Beispiele zu geben.«[21]

Doch dieses Interview aus dem Jahr 1993 ist Makulatur, Daimler-Benz ist von seiner Linie kaum abgewichen. der Konzernvorstand scheint sich sicher zu sein, daß auch weiterhin alle Macht von München und Möhringen ausgehen wird. Bei einem »Arbeitsessen« mit Vertretern des Dachverbands der Kritischen Daimler-Aktionäre im April 1994 zeigte sich Jürgen Schrempp siegessicher. Auf die Frage, welche Folgen mit einem möglichen Regierungswechsel im Oktober 1994 verbunden seien, verkündete er: Auch auf die SPD sei Verlaß, er fürchte keine Negativfolgen, falls die Sozialdemokraten das Regierungsruder übernähmen.

In der vermeintlichen Erfolgsgewißheit steuert der Daimler-Vorstand den Konzern von einer strategischen Fehlentscheidung in die nächste. Die Misere im Kerngeschäft, von der Verkehrsforschung bis zur Entwicklung und Produktion von Fahrzeugen, wird durch das Versagen der Daimler-Strategien bei der AEG und der Dasa auf ganzer Linie verschärft. Nach dem Ende der Ost-West-Konfrontation und der Auflösung der Warschauer Vertragsorganisation erweist sich Edzard Reuters Konzept des integrierten Technologiekonzerns mit der Diversifikation in den Bereichen der zivilen wie der militärischen Luft- und Raumfahrt als verfehlte Vision aus den Zeiten des Kalten Krieges. Bei einer Vielzahl von Projekten fährt die Dasa auch Jahre nach ihrer Gründung noch immense Verluste ein. Als typisch mag das Beispiel der Do 328-Flugzeuge gelten: Statt der auf 750 Millionen DM veranschlagten Entwicklungskosten mußten 1.1 Milliarden DM aufgebracht werden, zudem erwirtschaftete die Dasa-Tochter Dornier 1995 mit jeder produzierten Turbopropmaschine ein Defizit von rund 500 000 DM. [22]

Als Ergebnis der Reuterschen Diversifikationspolitik ist ein Gemischtwarenladen entstanden mit zum Teil defizitären Tochterunternehmen, wie er widersprüchlicher nicht sein könnte. Die einzige erkennbare Linie besteht darin, daß es keine gibt. Da wird Umweltschutz propagiert, und zugleich werden S-Klasse-Limousinen, Roadster und Cabrios bis hin zu Regionalflugzeugen und Interkontinentalflugzeugen gefertigt und die Formel 1 gesponsert. Da wird Humanität gepredigt, und gleichzeitig wird eine völlig neue Waffengeneration für die Out-of-Aera-Einsätze der Krisenreaktionskräfte entwickelt. Waffentransfers werden direkt oder indirekt in Spannungsgebiete getätigt, Minen produziert und die Minenräume gleich mitgeliefert.

Der Konzern funktioniert nach den Gesetzen der Marktwirtschaft. Und diese verspricht sowohl Gewinne bei der Fertigung umweltbelastender Produkte wie auch bei der Herstellung von Überwachungs- und vermeintlichen »Reparaturgeräten« der ökologischen Katastrophe. So kommt es, daß der Konzern permanent Schritte in diametral entgegengesetzter Richtung vollführt. Wenn die Milliarden winken, ist die Konzernführung durchaus bereit, selbst ein finanzielles Risiko einzugehen. Bei einem Treffen in der Möhringer Konzernzentrale erklärte Jürgen Schrempp, daß das Unternehmen allein für den Eurofighter 2000 bereits rund eine Milliarde DM Vorleistung aufgebracht habe. Das erklärt auch die Verve, mit der er sich als Dasa-Vorstandsvorsitzender über Jahre hinweg für das Jagdflugzeug eingesetzt hat.[23]

Im Endeffekt ist Daimler-Benz nicht nur der mächtigste und einflußreichste Konzern der Republik, er ist auch der widersprüchlichste. Wer sich den aktiven Umweltschutz als Leitlinie setzt und zugleich eine ökologisch extreme problematische Produktpalette aufweist, wer sich der Humanität und weltweiter Gerechtigkeit verpflichtet fühlt und zugleich Deutscher Meister im Rüstungsexport ist, dessen Geschäftspolitik ist in höchstem Grad schizophren.

Auch die Bilanz der Gespräche der Dachverbandsvertreter mit der Konzernführung ist unbefriedigend, da Daimler-Benz nicht gewillt ist, konkrete Konversionsmaßnahmen in die Wege zu leiten. Die in begrenzten Diversifikationsaktivitäten sind, so die zutreffende Analyse des Münchner Konversionsexperten Ralf Hasler, auf »strukturell bedingte Nachfrageänderungen« zurückzuführen, »die das Unternehmen zu einer Ausweitung der Geschäftsaktivitäten förmlich zwingen«.[24]

Selbst das von den Kritischen Daimler-Aktionären erforderte Forum »Daimler 2000«, das zwischenzeitlich auch von Matthias Kleinert begrüßt worden war, ist auf Eis gelegt. Somit bleiben sämtliche Versuche, den Gesprächen konkrete Schritte folgen zu lassen, schon im Ansatz stecken.

Nach den Erfahrungen der internen Gesprächsrunden muß bezweifelt werden, daß es dem neuen Daimler-Benz-Vorstand gelingen wird, die ökologische und sozial verträgliche Fertigung zu forcieren und unökologische und sozial unverträgliche Produkte zu vermeiden. Eine Chance liegt allenfalls darin, daß Jürgen Schrempp wie kein anderer Topmanager in Deutschland auf die Optimierung der Geschäftsbilanz und die Erschließung neuer Märkte setzt. »Ich bestimme, was hier gemacht wird«, hatte er im November 1994 selbstbewußt verkündet.[25]

Jetzt liegt es an ihm, die richtigen Schritte in die Wege zu leiten. Die entsprechenden Signale aber müssen letztlich die Kunden geben - mit dem Verzicht auf schädliche und dem Kauf sinnvoller Produkte.

Kontaktadressen

Dachverband Kritischer AktionärInnen Daimler-Benz (KAD)
c/o Ohne Rüstung leben
Sophienstr. 19
70178 Stuttgart
Der KAD organisiert und koordiniert die Aktivitäten der Kritischen
Aktionärinnen, insbesondere im Zusammenhang mit den Daimler-
Hauptversammlungen

Rüstungs--Informationsbüro Baden-Württemberg e. V. (RIB)
Postfach 52 61
79019 Freiburg
Tel. und Fax 0 76 65 - 5 18 68

Das RIB verfügt über ein umfassendes Archiv zum Daimler-Benz-
Konzern und seinen Tochterunternehmen

Rüstungs-Informationsbüro Baden-Württemberg e. V. (RIB)
Außenstelle Tübingen
Burgholzweg 116/2
72070 Tübingen
Tel. und Fax 0 70 71-4 91 54

Die RIB-Außenstelle verfügt über Informationen zur Ausstattung
der neuen Bundeswehr mit Waffen der Daimler-Benz Aerospace

Danksagung

Von Herzen bedanken möchte ich mich bei meiner Frau Eva, für die unermüdliche Unterstützung,

bei Jürgen Heger, Martin Jung und Tobias Pflüger für das Gegenlesen des Textes bzw. die umfassende Materialbeschaffung aus den Universitätsbibliotheken,

bei dem Bonner Journalisten Sönke Braasch für die intensive Zeitungsrecherche;

bei Holger Rothbauer und Paul Russmann für die inhaltliche Zuarbeit,

bei Ginger Edwards-Menz, für die verstärkte Hilfe im Rüstungs-Informationsbüro Baden-Württemberg,

bei Jean und George Edwards, Martje Hansen, Traudel Haury, Jörg Huffschmid, Josef Kaiser, Andreas Körner, Gabi Müller und Sabine Rodewald sowie vielen anderen Menschen für ihre freundliche Mithilfe.

Ganz besonderer Dank gilt auch an den Mitarbeiterinnen und Mitarbeitern des Konzerns, die an dieser Stelle nicht genannt werden können.

Anmerkungen

Anmerkungen zum Vorwort

1 Institut der deutschen Wirtschaft, Stand 1993. Zitiert nach: Harenberg, Bodo: *Harenberg Lexikon der Gegenwart, Aktuell '95*, Dortmund 1994, S. 20. Im Geschäftsjahr 1994 überschritt Daimler-Benz erstmals mit einem Umsatz von rund 103 Milliarden DM die magische Grenze. Bayern und Baden-Württemberg wiesen 1993 einen Landesetat von 54,6 bzw. 52,6 Milliarden DM aus.
2 *Capital* 2/1995, S. 44 ff.

Anmerkungen zu Teil I

1 Zitiert nach *Frankfurter Rundschau* vom 5.7.1994

Anmerkungen zu Kapitel 1

1 Firmenwerbung Mercedes-Benz AG: Die S-Klasse von Mercedes-Benz, 20.1.1994, S. 2
2 *Daimler-Benz Geschäftsbericht: Das Geschäftsjahr 1993*, S. 1
3 Weinzierl, Hubert: *Ein hundertjähriger Krieg gegen die Schöpfung.* In: Bode, Peter M., Sylvia Hamberger und Wolfgang Zängl: *Alptraum Auto. Eine hundertjährige Erfindung und ihre Folgen*, München 1986, S. 166 ff.
4 Firmenwerbung Mercedes-Benz AG: Die S-Klasse von Mercedes-Benz, 20.1.1994, S. 2
5 *Daimler-Benz Geschäftsbericht: Das Geschäftsjahr 1993*, S. 1
6 »Daimler-Benz in Zahlen«. In: *Daimler-Benz Geschäftsbericht: Das Geschäftsjahr 1983*, S. 94
7 *Daimler-Benz Geschäftsbericht: Das Geschäftsjahr 1993*, S. 103
8 Liedke, Rüdiger: *Wem gehört die Republik? Die Konzerne und ihre Verflechtungen. Namen, Zahlen, Fakten '95*, Frankfurt a. M. 1994, S. 85, 121, 175, 336, 411, 470 und 494
9 *Daimler-Benz Geschäftsbericht: Das Geschäftsjahr 1992*, S. 18 f.
10 »Investitionen in die Zukunft«. In: *Die Zeit* vom 26.8.1994 und Das Geschäftsjahr 1993, S. 102
11 Business !Forbes 500. In: *!Forbes*, 7/1994, S. 76
12 *Die Wirtschaftswoche* vom 24.12.1992. In: Harenberg, Bodo: *Harenberg Lexikon der Gegenwart '94*, Dortmund 1993, S. 93
13 *Frankfurter Allgemeine Zeitung* vom 5.7.1994
14 *Süddeutsche Zeitung* vom 28.10.1994
15 *Die Welt* vom 28.10.1994
16 *Stuttgarter Zeitung* vom 28.10.1994
17 *Süddeutsche Zeitung* vom 28.10.1994
18 Liedke, Rüdiger: *Wem gehört die Republik? '95*, a.a.O., S. 412 Allerdings verminderte die Siemens AG im Vergleich zum Daimler-Konzern die Zahl ihrer Arbeitnehmer noch radikaler: Im Zeitraum 1991/1992 zählte der Elektrotechnik- und Elektronikkonzern noch 417 800 Beschäftigte. Die direkte Gegenüberstellung der Angaben über die Beschäftigten

bei Daimler-Benz und Siemens ist nur begrenzt möglich, da das Geschäftsjahr des Elektrokonzerns vom 1.10. – 30.9. berechnet wird. Das Daimler-Geschäftsjahr dagegen ist äquivalent mit dem Kalenderjahr.

19 *Daimler-Benz Geschäftsbericht: Das Geschäftsjahr 1993*, S. 102 f.

20 *Frankfurter Allgemeine Zeitung* vom 28.4.1993

21 *Frankfurter Allgemeine Zeitung* vom 21.2.1995

22 *Die Welt* vom 28.10.1994 und *Daimler-Benz Geschäftsbericht: Das Geschäftsjahr 1993*, S. 102

23 *Daimler-Benz Geschäftsbericht: Das Geschäftsjahr 1993*, S. 15 und 102

24 *die tageszeitung* vom 28.2.1995

25 *Badische Zeitung* vom 28.2.1995

26 *Der Spiegel*, 2/1995, S. 67

27 *Daimler-Benz Geschäftsbericht: Das Geschäftsjahr 1987*, S. 42 und S. 104

28 *Daimler-Benz Geschäftsbericht: Das Geschäftsjahr 1993*, S. 102 f.

29 *Capital* 2/1995, S. 44

30 Hoppenstedt – *Handbuch der Deutschen Aktiengesellschaften*, Lieferung 5/Jahrgang 1994/95: Daimler-Benz

31 Aufstellung des Anteilsbesitzes gemäß Paragraph 313 HGB zum Daimler-Benz Konzernabschluß vom 31.12.1993

32 Liedtke, Rüdiger: *Wem gehört die Republik? Die Konzerne und ihre Verflechtungen; Namen, Zahlen, Fakten*, Frankfurt am Main 1991, S. 106 f.

33 *Daimler-Benz Geschäftsbericht: Das Geschäftsjahr 1993*, a.a.O., S. 64

34 *Frankfurter Allgemeine Zeitung* vom 5.7.1995

35 »Business !Forbes 500«. In: *!Forbes*, 7/1994, S. 76

36 Jakobs, Hans Jürgen: *Edzard Reuter. Ein Portrait*, München 1991, S. 110

37 Kruk, Max und Lingnau, Gerold: *Daimler-Benz. Das Unternehmen*, Mainz 1986, S. 280.

38 Eglau, Hans Otto: *Edzard Reuter*, Düsseldorf und Wien 1993, S. 47 und S. 56

39 Kruk, Max und Lingnau, Gerold: *Daimler-Benz. Das Unternehmen*, a.a.O., S. 280f.

40 Liedtke, Rüdiger: *Wem gehört die Republik?*, a.a.O., S. 115 f.

41 *Süddeutsche Zeitung* vom 14.1.1995

42 *Daimler-Benz Geschäftsbericht: Das Geschäftsjahr 1993*, S. 62 ff. und S. 103

43 *Der Spiegel* 50/1993, S. 96 ff.

44 Antrag zur Daimler-Benz Hauptversammlung am 18.5.1994 in Berlin

45 *Der Spiegel* a.a.O.

46 14. außerordentliche Hauptversammlung der Daimler-Benz AG am 20.12.1993 in Berlin

47 *Badische Zeitung* vom 21.12.1993

48 *Stuttgarter Zeitung* vom 16.2.1995

49 *Frankfurter Rundschau* vom 29.4.1994

50 Mechler, a.a.O.

51 »Lokalisierung der Chancen«. In: Daimler-Benz: *Einblick '94*, Stuttgart ohne Datumsangabe, S. 28

52 *Badische Zeitung* vom 21.12.1994

53 *Frankfurter Allgemeine Zeitung* vom 23.1.1995

54 *Stuttgarter Zeitung* vom 21.12.1994

55 *Der Spiegel* 6/1994, S. 184

56 *Süddeutsche Zeitung* vom 12.12.1994

57 *Stuttgarter Zeitung* vom 21.12.1994

58 *Stuttgarter Nachrichten* vom 21.12.1994

59 *Badische Zeitung* vom 3.12.1994

60 *Die Welt* vom 21.12.1994

61 *Frankfurter Allgemeine Zeitung* vom 21.12.1994

62 *Stuttgarter Zeitung* vom 21.12.1994

63 *Frankfurter Allgemeine Zeitung* vom 23.1.1995

64 »Aktuelle Unternehmenslust in Europa«. In: *Einblick '94*, a.a.O., S. 11

65 Presseerklärung der *Katholischen Nachrichten Agentur (KNA)* vom 14.12.1994

66 *Business Week* 11.10.1993. S. 138

67 *intern* 6/1994, S. 8

68 *Süddeutsche Zeitung* vom 18.1.1995

69 *Süddeutsche Zeitung* vom 1.10.1993

70 *Business Week* a.a.O.

71 *Auto Focus* 1/1995, S. 52 f.

72 *Süddeutsche Zeitung* vom 18.1.1995

73 *Frankfurter Rundschau* vom 28.5.1994

74 *Journal of Commerce and Commercial* vom 12.1.1994

75 *intern* 6/1994, S. 58

76 Lamming, Richard: *Die Zukunft der Zulieferindustrie. Strategien der Zusammenarbeit: Lean Supply als Überlebenskonzept*, Frankfurt und New York 1994, S. 38

77 *Südwest Presse* vom 21.1.1994

78 *intern* 6/1994, S. 59

79 *Südwest Presse* vom 21.1.1994

80 *The Economist* vom 8.1.1994

81 *auto motor sport* 2/1995, S. 21

82 *Frankfurter Rundschau* vom 28.5.1994

83 *auto motor sport* 22/1994, S. 62

84 *intern* 3/1994, S. 4

85 Interview: »Ein Regionalflugzeug mit Jet-Eigenschaften«. In: Dasa-Firmenzeitung *aktuell*, *aktuell*-Extrabeilage »Großauftrag aus den USA« vom November 1994

86 »Daimler-Benz in Nordamerika«. In: *Einblick '94*, a.a.O., S. 76

87 *Daimler-Benz Geschäftsbericht: Das Geschäftsjahr 1993*, S. 59

88 *auto motor sport* 24/1994, S. 210

89 *intern* 1/1994, S. 4

90 Extrabeilage *aktuell* und *Einblick '94*, a.a.O., S. 76

91 *Einblick '94*, a.a.O., S. 84

92 *intern* 1/1994, S. 5

93 Lamming, Richard, a. a. O, S. 80 und S. 341

94 Mercedes-Mitarbeiterzeitschrift *intern* 6/1994, S. 5

95 *Süddeutsche Zeitung* vom 11.11.1994

96 »Die Neue Welt. Mit einem Blick auf die alte.« In: Daimler-Benz: *Einblick '94*, a.a.O., S. 74 f.

97 *intern* 3/1993, S. 20

98 *intern* 3/1993, S. 20

99 Harenberg, Bodo: *Harenberg Lexikon der Gegenwart '94*, Dortmund 1993, S. 569

100 *Der Spiegel* 2/1995, S. 73

101 *Süddeutsche Zeitung* vom 16.1.1995

102 »Indien: Aufgehende Sterne«. In: *Einblick '94*, a.a.O., S. 112

103 »Daimler-Benz und Mitsubishi«. In: *Einblick '94*, a.a.O., S. 108

104 *Der Spiegel* 6/1995, S. 106

105 *intern* 3/1994, S. 5

106 *Mannheimer Morgen* und *tageszeitung* vom 11.1.1995

107 *Badische Zeitung* vom 29.11.1994

108 *Süddeutsche Zeitung* vom 6.7.1994

109 »Daimler-Benz und Mitsubishi«. In: *Einblick '94*, a.a.O., S. 108 f.

110 »Tiger und Drachen auf dem Sprung«. In: Einblick '94, a.a.O., S. 95

111 *Der Spiegel* 6/1995, S. 106

112 !*Forbes* 11/1994

113 *die tageszeitung* vom 15.9.1994

114 *manager magazin* 2/1994, S. 80

115 *impulse* 9/1994

116 *manager magazin* 2/1994, S. 83

117 *Stuttgarter Zeitung* vom 18.10.1994

118 *die tageszeitung* vom 15.9.1994

119 *Der Spiegel* 6/1995, S. 108

120 *Starnberger Merkur* vom 15.10.1987

121 *die tageszeitung* vom 6.10.1988

122 *Süddeutsche Zeitung* vom 16.10.1987

123 *Frankfurter Allgemeine Zeitung* vom 16.10.1987

124 *Süddeutsche Zeitung* 16.2.1993

125 *Der Spiegel* 5/1995, S. 86

126 *Starnberger Kurier* vom 15.10.1987

127 *Frankfurter Rundschau* vom 31.10.1988

128 *Aviation Week & Space Technology* vom 19.10.1987

129 *Stuttgarter Zeitung* vom 9.11.1993

130 *intern* 3/1993 S. 44

131 *die tageszeitung* vom 15.9.1994

132 *intern* 6/1994, S. 7

133 *Geschäftsbericht Daimler-Benz: das Geschäftsjahr 1993*, a.a.O., S. 25 ff.

134 *die tageszeitung* vom 18.11.1994

135 Winfried Wolf vor dem Deutschem Bundestag, 13. Wahlperiode, Protokoll der 13. Sitzung am 20. Januar 1995, S. 810

136 *Der Spiegel* 6/1995, S. 106 ff.

137 *Badische Zeitung* vom 15.8.1994

138 *manager magazin* 2/1994, S. 80

139 *intern* 3/1994, S. 4

140 *intern* 3/1994, S. 5

141 *Daimler-Benz Geschäftsbericht: Das Geschäftsjahr 1993*, S. 59 und 100 f.

142 DaimlerBenz: *Einblick '93*, a.a.O., S. 30

143 *Daimler-Benz Geschäftsbericht: Das Geschäftsjahr 1993*, S. 5

144 *Südwest Presse* vom 21.1.1994

145 Daimler-Benz: *Einblick '93*, Stuttgart ohne Datumsangabe, S. 23

146 »Die Einkaufsstrategie des Konzerns«. In: *Einblick '94*, a.a.O., S. 25

147 *Mannheimer Morgen* vom 21.10.1994

148 *Soldat und Technik* 5/1994, S. 243
149 *Frankfurter Allgemeine Zeitung* vom 10.3.1994
150 *Süddeutsche Zeitung* vom 14.1.1995
151 *Mannheimer Morgen* a.a.O.
152 Vortrag vom 25.2.1995 in Stuttgart
153 Vgl. Jörg Huffschmid: *Wem gehört Europa*; Karin Bauer: »Weltwirtschaft. Das Risiko wächst«, in: *Friedensblätter*, Nr. 25, Februar 1995; sowie »Die Menschen. Die Welt. Die Wirtschaft.« In: Daimler-Benz: *Einblick '94*, a.a.O., S. 7
154 Ebda.

Anmerkungen zu Kapitel 2

1 Pohl, Hans, Stephanie Habeth und Beate Brüninghaus: *Die Daimler-Benz AG in den Jahren 1933 bis 1945. Eine Dokumentation*, Wiesbaden 1987, 2., durchgesehene Auflage, Vorwort, S. 2
2 Hamburger Stiftung für Sozialgeschichte des 20. Jahrhunderts (Hrsg.): *Das Daimler-Benz-Buch. Ein Rüstungskonzern im Tausendjährigen Reich*, Nördlingen 1987, S. 8
3 Hopmann, Barbara, Mark Spoerer, Birgit Weitz und Beate Brüninghaus: *Zwangsarbeit bei Daimler-Benz*, Stuttgart 1994, S. 9
4 *Die Daimler-Benz AG in den Jahren 1933 bis 1945*, a.a.O., S. 25
5 *Das Daimler-Benz-Buch. Ein Rüstungskonzern im ›Tausendjährigen Reich‹*, a.a.O.
6 *Daimler-Benz Geschäftsbericht: Das Geschäftsjahr 1985*, S. 8
7 *Die Daimler-Benz AG in den Jahren 1933 bis 1945*, a.a.O., Klappentext
8 *Die Daimler-Benz AG in den Jahren 1933 bis 1945*, a.a.O., S. 184
9 *Das Daimler-Benz-Buch. Ein Rüstungskonzern im Tausendjährigen Reich*, a.a.O., S. 8 f.
10 *Zwangsarbeit bei Daimler-Benz*, a.a.O., S. 15, 20 und S. 492
11 *Zwangsarbeit bei Daimler-Benz*, a.a.O., S. 9
12 Radiointerview in *Südwestfunk/SWF 1* vom 5.3.1995
13 Dasa-*aktuell*, 12/1994, ohne Seitenangabe
14 Kruk, Max und Gerold Lingnau: *Daimler-Benz. Das Unternehmen*, Stuttgart 1986, S. 314
15 Simsa, Paul und Jürgen Lewandowski: *Sterne Stars und Majestäten. Prominenz auf Mercedes-Benz*, Konstanz 1985, S. 141
16 Dasa-*aktuell*, 12/1994, ohne Seitenangabe
17 a.a.O. S. 79 f., S. 98 und S. 105 und *Badische Zeitung* vom 11.10.1989
18 *Daimler-Benz. Das Unternehmen*, ebda.
19 *Sterne Stars und Majestäten*, a.a.O., S. 78 und 142
20 *Der Spiegel* 26/1994, S. 80
21 *Badische Zeitung* vom 11.10.1989
22 *Badische Zeitung* vom 11.10.1989
23 *Sterne Stars und Majestäten*, a.a.O., S. 141 ff.
24 *Sterne Stars und Majestäten*, a.a.O., S. 7
25 Firmenwerbung Mercedes-Benz AG: Die S-Klasse von Mercedes-Benz, 20.1.1994, S. 3
26 *ADAC Spezial. Auto '95*, München 1994, S. 114
27 Worm, Dr. Oliver: *Unser Stern: viel zu kostbar für die neue S-Klasse*, Hamburg
28 *Sterne, Stars und Majestäten*, a.a.O., S. 16
29 *ADAC Spezial. Auto '95*, München 1994, S. 228 f.

30 *Cabrio & Sportcoupé* 4/1994, S. 75

31 Firmenwerbung Mercedes-Benz AG: *Die S-Klasse von Mercedes-Benz*, 20.1.1994, S. 6

32 Firmenwerbung Mercedes-Benz AG: *Die S-Klasse von Mercedes-Benz*, 20.1.1994, S. 3

33 Worm, Dr. Oliver: *Unser Stern: viel zu kostbar für die neue S-Klasse*, Hamburg

34 *Capital* 8/1994, S. 102

35 *ADAC Spezial. Auto '95*, München 1994, S. 114

36 *Badische Zeitung* vom 16.12.1993

37 *Frankfurter Rundschau* vom 21.12.1994

38 Andrea Meyer, Robin Wood in Bremen, Schreiben vom 20.12.1994

39 *Frankfurter Rundschau* vom 21.12.1994

40 *Daimler-Benz HighTechReport*, 4/1994, S. 21

41 Andrea Meyer, Robin Wood in Bremen, Schreiben vom 20.12.1994

42 *Daimler-Benz HighTechReport*, 4/1994, S. 22 f.

43 *Die Woche* vom 9.9.1993

44 *Greenpeace Nachrichten*: »Der Swatch-Mercedes: Ökomobil oder Ökolüge?«

45 *Die Welt* vom 21.12.1994

46 *Stuttgarter Zeitung* vom 21.12.1994

47 *Frankfurter Rundschau* vom 24.12.1994

48 Junginger, Walter: *Das BMW-Mercedes-Duell*, Düsseldorf 1991, S. 165

49 *auto motor sport* vom 30.12.1994, S. 7

50 *Badische Zeitung* vom 29.12.1994

51 *Badische Zeitung* vom 29.12.1994

52 *Capital* 1/1995, S. 45

53 Liedtke, '95, S. 85 und S. 116

54 *Capital* 8/1994, S. 103

55 *Capital* 1/1995, S. 151 ff.

56 Liedke, Rüdiger: '95, a.a.O., S. 81 f. und 116

57 *Capital* 8/1994, S. 100 ff.

58 *auto motor sport* vom 30.12.1994, S. 7 und S. 11

59 *Financial Times*, Companies & Markets, vom 19.12.1994

60 *Der Spiegel* 2/1995, S. 67

61 *Die Welt* vom 9.1.1995

62 Zitiert nach: *Sterne Stars und Majestäten*, a.a.O., S. 139

63 Firmenwerbung Mercedes-Benz AG: *Die S-Klasse von Mercedes-Benz*, 20.1.1994, S. 3

64 a.a.O. S. 140

65 *ADAC SPECIAL AUTO '95*, 228 f.

66 *auto motor sport* 3/1995, S. 8 ff.

67 *Die Zeit* vom 25.11.1994

68 *ADAC motorwelt* 9/1994 S. 23

69 Cabrio & Sportcoupé 4/1994, S. 33

70 *manager magazin* 5/1994, S. 130 f.

71 Shell-Studie, zitiert nach: *Die Woche*, 9.9.1993, Titelseite

72 *Cabrio & Sportcoupé* 4/1994, S. 32 f.

73 *Cabrio & Sportcoupé* 4/1994, S. 3

74 Firmenwerbung Mercedes-Benz AG: *Die S-Klasse von Mercedes-Benz*, 20.1.1994, S. 3

75 Worm, Dr. Oliver, Greenpeace-Broschüre: *Unser Stern: viel zu kostbar für die neue S-Klasse*, Hamburg

76 *Capital* 11/1994, S. 213

77 *Südwest Presse* vom 22.2.1995

78 *Capital* 8/1994, S. 116

79 *ADAC motorwelt* 8/1992, S. 2

80 *ADAC motorwelt* 6/1994, S. 14 ff.

81 *manager magazin* 5/1994, S. 130 f.

82 *WirtschaftsWoche* Nr. 41, 7.10.1994, S. 134 ff.

83 Kerner, Dr. Boris und Dr. Peter Konhäuser: »Der Stau aus dem Nichts.« In: *bild der wissenschaft* 11/1994, S. 86

84 *Südwest Presse* vom 11.2.1995

85 Häußermann, Peter: »Storm – Ein Projekt mit Modellcharakter für die europäischen Ballungsräume?« In: Verkehrsministerium Baden-Württemberg (Hrsg.): *Verkehrsmanagement. Zukunftsweisender Beitrag zur Lösung unserer Verkehrsprobleme*, Tagungsband des Symposiums vom 19. – 21.8.1993 in Stuttgart, S. 23 ff.

86 Werner, Helmut: »Am meisten hat mich VITA begeistert.« In: *Daimler-Benz HighTech-Report*, 4/1994, S. 16 f.

87 »Das europäische Forschungsprogramm Prometheus«. In: *Daimler-Benz HighTechReport*, 4/1994, S. 10

88 »Das Auto lernt das Denken«. In: *Daimler-Benz HighTechReport*, 4/1994, S. 6 ff.

89 Krostitz, Boris und Dietmar Köthner: *Die 'intelligente Straße' – auch mit High-Tech auf dem ökologischen Irrweg*, Freiburg 1993

90 *Daimler-Benz HighTechReport*, 4/1994, S. 17

91 *Das Neueste vom Erfinder des Autos: die neue S-Klasse*, S. 18

92 *Der Spiegel* 7/1995, S. 87

93 *intern* 5/1994, S. 5

94 *Das Neueste vom Erfinder des Autos: die neue S-Klasse*, ohne Datumsangabe, S. 21

95 a.a.O., S. 6

96 Vann, Peter: *Mythos Mercedes*, Reutlingen 1994, S. 191

97 *Badische Zeitung* vom 12.1.1980

98 *Das Neueste vom Erfinder des Autos: die neue S-Klasse*, S. 6

99 *Das Neueste vom Erfinder des Autos: die neue S-Klasse*, S. 18

100 *Das Neueste vom Erfinder des Autos: die neue S-Klasse*, S. 19

101 *Berliner Morgenpost* vom 24.5.1994

102 Mercedes-Benz Eigenwerbung: *Die S-Klasse von Mercedes-Benz*, 1994, S. 28

103 *Unser Stern: viel zu kostbar für die neue S-Klasse*, a.a.O.

104 Felser, Gerd: »Das jährliche Ritual« und Dr. Dorka, Volker: »Der Wald stirbt leise, aber sicher«. In: *Natur und Umwelt*, BUNDmagazin für Ökologie und Umwelt, 4. Quartal, 4/1994, S. 21 ff.

105 Gussfeld, Klaus-Peter: *Kommt die Umwelt unter die Räder? Probleme und verkehrspolitische Leitvorstellungen aus der Sicht des BUND*, Bonn 1993, S. 1

106 Krug, Andreas: Was ist schuld am Waldsterben? In: *Natur und Umwelt*, BUNDmagazin für Ökologie und Umwelt, 4. Quartal, 4/1994, S. 27

107 Daimler-Benz AG: *Umweltbericht '93*, Stuttgart 1994, S. 3

108 *Frankfurter Rundschau* vom 24.2.1995

109 *Junge Welt* vom 24.2.1995

110 *Berliner Morgenpost* vom 24.2.1995

111 *Süddeutsche Zeitung* vom 16.1.1986

112 Flugblatt »*Bundschuh zwingt Daimler in die Knie*« vom April 1987

113 *Badische Zeitung* 5.6.1981

114 *Badische Zeitung* vom 16.1.1986

115 *Süddeutsche Zeitung* vom 16.1.1986

116 Oellers, Horst: »Der Kampf des Bundschuh gegen die Daimler-Benz-Teststrecke in Boxberg«. In: AK Teststrecke Oldenburg (Hrsg.): *Moor unter dem Stern, Informationen zur geplanten Mercedes-Teststrecke im Papenburger Moor*, Oldenburg 1993, S. 64

117 Landtag von Baden-Württemberg, Kleine Anfrage des Abgeordneten Winfried Kretschmann, Fraktion Die Grünen, zu: »Besitzverhältnisse und Kosten im Zusammenhang mit der nicht realisierten Daimler-Benz-Teststrecke in Boxberg«, LT-DrS. 10/5045 vom 10.4.1991, S. 4

118 *Stuttgarter Zeitung* vom 25.3.1987

119 *Frankfurter Rundschau* vom 10.9.1994

120 *Der Spiegel* 45/1986, S. 119

121 *Badische Zeitung* vom 18.11.1987

122 Zitiert nach *Badische Zeitung* vom 3.4.1987

123 *Stuttgarter Zeitung* vom 5.6.1987

124 Die Südwest-Star verfügt ihrerseits über einen 25prozentigen Anteil bei der Stella Automobil-Beteiligungsgesellschaft GmbH, München, welche insgesamt 12,5 Prozent der Daimler-Aktien hält. In: Liedtke, Rüdiger: '95, a.a.O., S. 115

125 *Personal und Wirtschaft*, Ausgabe Süddeutschland, Nr. 52, 1. Jahrgang vom Dezember 1994

126 *intern* 2/1994, S. 5

127 Deutsche Projekt Union GmbH (dpu): »Gutachten zu den eigenständigen Entwicklungsmöglichkeiten im Raum Papenburg und den Auswirkungen des geplanten Mercedes-Benz-Prüfgeländes«, Essen August 1991. Zitiert nach: AK Teststrecke Oldenburg (Hrsg.): *Moor unter dem Stern*, a.a.O., S. 53 ff.

128 Abwägungsvorschlag von Manfred Reiners zum Bebauungsplan Nr. 145 der Stadt Papenburg

129 *Badische Zeitung* vom 8.5.1991

130 fairkehr 6/1991, S. 13

131 Deutsche Projekt Union GmbH (dpu), a.a.O.

132 Deutsche Projekt Union GmbH (dpu), a.a.O.

133 Speck, Andreas: Der Bluff mit der positiven ökologischen Gesamtbilanz. In: AK Teststrecke Oldenburg (Hrsg.): *Moor unter dem Stern*, a.a.O., S. 53 ff.

134 *Ems-Zeitung* vom 14.12.1994

135 *auto motor sport* 24/1994, S. 194

136 *die tageszeitung* vom 10.1.1995

137 *Badische Zeitung* vom 8.5.1991

138 fairkehr 4/1991, S. 12

139 Zitiert nach: »Das Moor – viel zu kostbar für die neue S-Klasse. Informationen zur geplanten Teststrecke im Papenburger Moor, Flugblatt des Arbeitskreis Teststrecke, verteilt auf der Daimler-Benz-Jahreshauptversammlung am 26.5.1993

140 Bilin, Sylvia und Imke Kreusel: »Auswirkungen der Teststrecke«. In: AK Teststrecke Oldenburg (Hrsg.): *Moor unter dem Stern*, a.a.O., S. 48

141 Arbeitskreis Teststrecke Papenburg (Hrsg.): 5. Rundbrief gegen die Daimler-Benz-Teststrecke, 1994, S. 32

503

142 *Neues Deutschland* vom 10.1.1995

143 *Süddeutsche Zeitung* vom 9.1.1995

144 *Frankfurter Rundschau* vom 18.1.1995

145 *Süddeutsche Zeitung* vom 13.1.1995

146 Zitiert nach: »Das Moor – viel zu kostbar für die neue S-Klasse«, a.a.O.

147 *die tageszeitung* vom 10.1.1995

148 *Daimler-Benz High Tech Report* 1/1995

149 Faltblatt der Mercedes-Benz AG zum Bau des Pkw-Werks in Rastatt
vom 22.6.1992

150 Pressemitteilung *Ötigheimer Wald gerettet* von Gunter Kaufmann von der Aktionsgemeinschaft Natur- und Umweltschutz Baden-Württemberg, Oktober 1987, ohne Datumsangabe

151 *Badische Neueste Nachrichten* vom 25.5.1992

152 *Frankfurter Rundschau* vom 9.9.1987

153 *Badische Zeitung* vom 12.5.1987

154 Bernd Kappler und Rainer Haendle in den *Badischen Neuesten Nachrichten* vom
25.5.1992

155 *Badische Zeitung* vom 14.10.1987

156 Beschluß des Landtags von Baden-Württemberg: »Leistungen des Landes für den Bau eines Pkw-Montagewerks der Daimler-Benz AG in Rastatt«, LT-Drs 9/3578 vom
25.9.1986

157 a.a.O. und *Stuttgarter Zeitung* vom 11.9.1987

158 *Badische Zeitung* vom 12.9.1987

159 Presseinformation von Dr. Emil Dister, Leiter des WWF-Auen-Institut, »Prüfung von
Alternativstandorten für die Ansiedlung der Fa. Daimler-Benz im Raum Rastatt-Karlsruhe« vom 11.5.1987 und »Standortuntersuchungen zur Ansiedlung des dritten Pkw-Werkes der Fa. Daimler-Benz im Raum Rastatt-Karlsruhe« vom Mai 1987

160 *Staatsanzeiger für Baden-Württemberg* vom 16.5.1987

161 *Stuttgarter Zeitung* vom 10.9.1987

162 *Badische Zeitung* vom 7.10.1987

163 *Badische Zeitung* vom 14.10.1987

164 *Badische Zeitung* vom 7.10.1987

165 *Der Spiegel* 18/1987, S. 104

166 Pressemitteilung »*Ötigheimer Wald gerettet*« von Gunter Kaufmann von der Aktionsgemeinschaft Natur- und Umweltschutz Baden-Württemberg, Oktober 1987

167 Pressemitteilung Gunter Kaufmann, a.a.O.

168 Faltblatt der Mercedes-Benz AG zum Bau des Pkw-Werks in Rastatt vom 22.6.1992

169 *Die Zeit* vom 18.9.1987

170 Interview im *Süddeutschen Rundfunk*, zitiert nach *Badische Zeitung* vom 22.9.1987

171 Faltblatt der Mercedes-Benz AG zum Pkw-Werk in Werk Rastatt vom 22.6.1992

172 *Die Zeit* vom 18.9.1987

173 »Der Stern über Rastatt«, Beilage *Badische Neueste Nachrichten* vom 25.5.1992

174 *Die Zeit* vom 18.9.1987

1 Vortrag in Tübingen am 30.1.1995

2 *Daimler-Benz: Das Geschäftsjahr 1992*, S. 32

3 Dasa-*aktuell*, a.a.O.

4 Dasa-*aktuell* März 1994, S. 16

5 *Daimler-Geschäftsbericht für das Geschäftsjahr 1993*, a.a.O., S. 2

6 *Handelsblatt* vom 1.3.1994

7 *WirtschaftsWoche* 3/1995, S. 8

8 Dasa-*aktuell* März 1994, S. 16

9 Kampagne »Produzieren für das Leben – Rüstungsexporte stoppen« (Hrsg.): Anatomie eines RüstungskonzernS. In: *Tatort Stuttgart: Rüstungsriese Daimler-Benz*, Idstein 1990, S. 7

10 *Frankfurter Allgemeine Zeitung* vom 5.7.1994

11 Stockholm International Peace Research Institute (Sipri): *Sipri Yearbook 1994*, New York 1994, Table 13A: »The 100 largest arms-producing companies in the OECD and developing countries, 1992«, S. 504 ff.

12 Stockholm International Peace Research Institute (Sipri): *Sipri Yearbook 1993*, New York 1993, Table 10A: »The 100 largest arms-producing companies in the OECD and developing countries, 1991«, S. 470 ff.

13 Vortrag von Matthias Kleinert am 30.1.1995 in Tübingen

14 *Sipri Yearbook 1993*, a.a.O., S. 472

15 *Sipri Yearbook 1994*, a.a.O.

16 Interview: »Ein Regionalflugzeug mit Jet-Eigenschaften«. In: Dasa-Firmenzeitung *aktuell*, *aktuell*-Extrabeilage »Großauftrag aus den USA« vom November 1994

17 Bund für Umwelt und Naturschutz Deutschland (Hrsg.): *Argumente Luftverkehr-t. Letzter Aufruf vor dem Abflug in den Klimakollaps*, Bonn 1994, S. 7

18 *Die Woche* vom 20.1.1994

19 Dasa-*aktuell*, a.a.O.

20 Pressemitteilung der BUND Regionalverbände Hochrhein und südlicher Oberrhein: »Zusätzlicher Flug?« vom 25.10.1994

21 BUND: *Argumente Luftverkehr-t*, a.a.O., S. 6 und 11

22 *Flug-Revue* 4/1991, S. 86

23 *Badische Zeitung* vom 8.10.1994

24 *die tageszeitung* vom 28.5.1994

25 *Flug Revue* 4/1991, S. 86

26 *manager magazin* 11/1994, S. 324 ff.

27 *Die Woche* vom 20.1.1994

28 *Luftwaffen-Forum* 2/1991, S. 66

29 Große Anfrage der Abgeordneten Christa Vennegerts, Peter Sellin, Willi Hoss und der Fraktion Die Grünen: »Beteiligung von Daimler-Benz an Messerschmitt-Bölkow-Blohm (MBB) – II -«, BT-DrS. 11/3398 vom 18.11.1988

30 *Wehrtechnik* 3/1987, S. 74

31 Nassauer, Otfried: »Eine kurze Geschichte des Jäger 90«. In: Komzi Verlags GmbH (Hrsg.): *Tatort Spezial. Jäger 2000*, Idstein 1994, S. 5

32 *Tatort Spezial. Jäger 2000*, a.a.O., S. 5 f.

33 *Wehrtechnik* 6/1994, S. 16

34 Schreiben von Jörg Schönbohm vom 31.8.1994, 2: Den Entwicklungsgeldern liegt der Preisstand vom Dezember 1987 zugrunde.

35 Die historischen Ausführungen basieren auf dem sechzehnseitigen internen Schreiben Jörg Schönbohm vom 31.8.1994

36 Dabei wurde vom Preisangebot der beteiligten Konzerne mit Stand vom April 1992 ausgegangen.

37 *Tatort Spezial. Jäger 2000*, a.a.O.

38 Deutsche Aerospace (Hrsg.): *new-tech news 1994*, S. 38 f.

39 Bundesrechnungshof: *Dritter Bericht an den Haushaltsausschuß des Deutschen Bundestages zum Rüstungsvorhaben Jagdflugzeug 90/Eurofighter 2000*, Frankfurt a.M., vom 7.7.1994, S. 8 f.

40 Zweites Deutsches Fernsehen: *Kennzeichen D* vom 22.2.1995

41 *Die Welt* vom 19.5.1992

42 Deutsche Aerospace (Hrsg.): *new-tech news 1994*, S. 39

43 Bundesrechnungshof: *Dritter Bericht an den Haushaltsausschuß zum Rüstungsvorhaben Jagdflugzeug 90/Eurofighter 2000*, vom 7.7.1994, S. 6 und 9

44 Vertrag vom 21.6.1993

45 Schreiben von Jörg Schönbohm vom 28.11.1994, S. 19 f.

46 Vgl. z.B. *Mannheimer Morgen* vom 30.1.1995

47 *Junge Welt* vom 31.1.1995

48 Pressemitteilung Bündnis 90/Die Grünen, Bundestagsfraktion: »Ausstieg aus dem Euro-Jäger« vom 15.2.1995

49 Schreiben von Jörg Schönbohm an Fritz Wittmann vom 31.8.1994, S. 4

50 Schreiben von Walter Kolbow vom 12.9.1994 und Antwort von Jörg Schönbohm vom 28.11.1994, S. 8 und 12

51 Meldung der *associated press* vom 26.7.1994

52 Zweites Deutsches Fernsehen: *Kennzeichen D* vom 22.2.1995

53 Dasa-Firmenzeitschrift *aktuell*, Oktober 1994, S. 12

54 Rühe, Volker: *Die Verteidigungspolitischen Richtlinien (VPR)* vom 26.11.1992, Punkt 18

55 Bundesministerium der Verteidigung (Hrsg.): *Weißbuch 1994. Weißbuch zur Sicherheit der Bundesrepublik Deutschland und zur Lage und Zukunft der Bundeswehr*, Bonn 1994, Punkt 201

56 *Süddeutsche Zeitung* und *Die Welt* vom 9.12.1994

57 *Frankfurter Allgemeine Zeitung* vom 10.2.1995

58 Dasa-Firmenzeitschrift *aktuell*, Oktober 1994, S. 12

59 *VPR*, a.a.O., Punkt 8.8 und 18

60 *VPR*, a.a.O., Punkt 25

61 »Das neue Strategische Konzept des Bündnisses«. In: *NatoBrief: Der Gipfel in Rom. Die Nato im Wandel*, 6/1991, Punkt 13, S. 26

62 *VPR*, a.a.O., Punkt 5

63 Pressemitteilung des Rüstungs-Informationsbüros Baden-Württemberg vom 24.2.1995

64 *Weißbuch 1994*, Punkt 568, 572 und 573

65 *Weißbuch 1994*, a.a.O., Punkt 583

66 *Wehrtechnik* 3/1994, S. 23

67 *Weißbuch 1994*, a.a.O., Punkt 583

68 *Weißbuch 1994*, a.a.O., Punkt 581

69 *Handelsblatt* vom 18.5.1994

70 *antimilitarismus information* 2/1995, S. 7

71 *Wehrtechnik* 2/1995, S. 37

72 *Wehrtechnik* 6/1994, S. 44

73 *Wehrtechnik* 2/1995, S. 35

74 Deutsche Aerospace: *GEHOC. German Hakw Operations Center*, S. 2

75 Deutsche Aerospace: *Short-range Radar SystemS. Military Applications*, S. 1 ff.

76 *Soldat und Technik* 12/1994, S. 654

77 Dornier/Deutsche Aerospace: Mast. Mobiler Antennen- und Sensor-Träger, Firmenprospekt, S. 1

78 *Soldat und Technik*, ebda.

79 *Soldat und Technik* 12/1994, S. 652

80 *Europäische Sicherheit* 11/1994, S. 556 f.

81 *Truppenpraxis* 6/1994, S. 508

82 Deutsche Aerospace: *Short-range Radar SystemS. Military Applications*, S. 7 f.

83 *antimilitarismus information* 2/1995, S. 6

84 *Wehrtechnik* 12/1991, S. 63

85 Presseerklärung des Dachverbands der Kritischen AktionärInnen Daimler-Benz sowie weiterer Friedensgruppen: »Stoppt neue Waffenlieferungen von Daimler an die Türkei« vom 15.4.1994

86 *Frankfurter Allgemeine Zeitung* vom 5.5.1993

87 Dasa-*aktuell* 12/1994, S. 12

88 *Wehrtechnik* 3/1992, S. 36 und *Wehrtechnik* 10/1994, S. 55

89 *Wehrtechnik* 10/1994, S. 54 f.

90 Deutsche Aerospace: *C-Band Radar Family*, S. 2 f.

91 Deutsche Aerospace: *Avionic Systems*, S. 2, 4 und 6

92 Deutsche Aerospace: *Electronic Warfare. Passive SystemS. Aircraft and Helicopters*, S. 2 ff.

93 Deutsche Aerospace: *Radar EloKa-Systeme*, S. 5

94 Deutsche Aerospace: *Radio Communication in Defence and Security Applications*, S. 1, 4 und 14 ff.

95 Bundesdeutscher Trägerkreis der Kampagne gegen Landminen (Hrsg.): *Das Bild der Welt als kontrollierter Explosivkörper*, Frankfurt a. M. 1993, Anhang S. 138

96 *Soldat und Technik* 6/1994, S. 330

97 *Military Technology* 1/1993, S. 80 f.

98 *Weißbuch 1994*, a.a.O., Punkt 581

99 *Soldat und Technik* 6/1994, S. 330

100 *Soldat und Technik* 1/1995, S. 38

101 *Behörden Spiegel* September 1992, S. B XIV

102 *Südwest Presse* vom 2.12.1994

103 *antimilitarismus information* 2/1995, S. 26

104 Strobach, Uwe: »Auf dem Weg zu einem aggressiven Kampfsystem«. In: *Das Bild der Welt*, a.a.O., S. 39 ff.

105 *Wehrtechnik* 9/1992, S. 38 f.

106 »Minengeschäfte der Dasa«, Schreiben von Thomas Küchenmeister vom 7.3.1995

107 *Wehrtechnik* 8/1994, S. 51

108 *Soldat und Technik* 6/1994, S. 330

109 *Soldat und Technik* 12/1994, S. 652

110 *Military Technology* 8/1994, S. 21

111 *Flug-Revue* 1/1995, S. 60

112 *interavia* 5/1994, S. 28

113 Dasa-*aktuell*, 12/1994, S. 23

114 *Dornier Post* 3/1993, S. 30

115 *Soldat und Technik* 12/1994, S. 641

116 *Wehrtechnik* 12/1991, S. 38

117 *Europäische Sicherheit* 11/1994, S. 589 und *Soldat und Technik* 12/1994, S. 642

118 *Soldat und Technik* 11/1994, S. 566

119 *Frankfurter Allgemeine Zeitung* vom 23.1.1995

120 *Wehrtechnik* 6/1994, S. 57

121 *Weißbuch 1994*, Punkt 581

122 *antimilitarismus information* 2/1995, S. 9 (zu Anm. 122,- siehe auch S. 505)

122 Wolfdietrich Hoeveler spricht in der *Flug-Revue* vom Januar 1995 sogar von 212 PAH 2/UHU.

123 *antimilitarismus information*, ebda.

124 *Flug-Revue* 1/1995, S. 60

125 *Soldat und Technik* 12/1994, S. 650

126 *Sipri Yearbook 1993*, a.a.O., S. 473

127 *Sipri Yearbook 1994*, a.a.O., S. 505

128 Dasa-Firmenzeitschrift *aktuell*, Oktober 1994, S. 11

129 *Flug Revue* 2/1995, S. 51 f.

130 *Süddeutsche Zeitung* vom 6.9.1994

131 *Weißbuch 1994*, a.a.O., Punkt 582

132 *Luftwaffenforum* 4/1994, S. 10

133 Dasa-*aktuell* 10/1994, S. 13

134 *Frankfurter Allgemeine Zeitung* vom 6.9.1994

135 Schreiben vom 31.8.1994 an Dr. Fritz Wittmann, S. 6

136 Deutsche Aerospace (Hrsg.): *8 gute Gründe für EFA*, Punkt 1, München, November 1991

137 Schreiben von Gernot Erler an Rolf Kannen, Pax Christi Freiburg, vom 11.10.1994

138 Panavia Tornado: *IDS/ECR/ADV. Allwetter Kampfflugzeug*, Firmenprospekt, S. 2

139 *antimilitarismus information* 2/1995, S. 8

140 *Weißbuch 1994*, Punkt 582

141 Schreiben von Jörg Schönbohm vom 31.8.1994, S. 6

142 Deutsche Aerospace (Hrsg.): *8 gute Gründe für EFA*, Punkt 2, München, November 1991

143 Schreiben von Jörg Schönbohm vom 31.8.1994, S. 9

144 *Wehrtechnik* 10/1994, S. 6

145 Nassauer, Otfried: »Eine kurze Geschichte des Jäger 90«. In: KOMZI Verlags GmbH (Hrsg.): *Tatort Spezial. Jäger 2000*, Idstein 1994, S. 12 f.

146 Deutsche Aerospace (Hrsg.): *8 gute Gründe für EFA*, Punkt 2, München, November 1991

147 Schreiben von Jörg Schönbohm vom 31.8.1994

148 Zweites Deutsches Fernsehen: *Kennzeichen D* am 22.2.1995

149 Schreiben von Jörg Schönbohm vom 31.8.1994, S. 15 ff.

150 *Weißbuch 1994*, Punkt 569 und 591

151 Weißbuch 1994, Punkt 581

152 Zitiert nach *Frankfurter Allgemeine Zeitung* vom 25.4.1989

153 *antmilitarismus information* 2/1995, S. 5

154 Dasa-*aktuell* Januar/Februar 1994, S. 3

155 Landtag von Baden-Württemberg: Antwort der Landesregierung auf die Große Anfrage der Fraktion Grüne: *Rüstungsindustrie, Rüstungsexport und Rüstungskonversion in Baden-Württemberg*, LT-DrS. 11/4636 vom 19.9.1994, S. 40

156 Dasa-*aktuell* 3/1994, S. 12

157 *Military Technology* 8/1994, S. 22

158 *Flug Revue* 2/1995, S. 22 f.

159 Deutsche Aerospace: *Radio Communication in Defence and Security Applications*, S. 13

160 *Handelsblatt* vom 18.5.1994

161 Dasa-*aktuell* 3/1994, S. 12

162 *wehrtechnik* 2/1994, S. 6

163 *die tageszeitung* vom 15.11.1994

164 *Die Welt* vom 15.2.1993

165 *Focus* 8/1993, S. 22

166 Grässlin, Jürgen: Die unendliche Geschichte der Daimler-Rüstungsexporte. In: *Ergänzungen zum Geschäftsbericht 1992 des Rüstungskonzerns Daimler-Benz. Daten und Fakten.* Vorgelegt zur Hauptversammlung am 26. Mai 1993 in Stuttgart, S. 13

167 *Luftwaffen-Forum* 5/1994, S. 56

168 Ecker, Michael: Jäger 2000 im Sonderangebot. In: *Tatort Spezial. Jäger 2000*, a.a.O., S. 18

169 Grässlin, Jürgen: *Den Tod bringen Waffen aus Deutschland*, München 1994, S. 222 f.

170 *Wehrtechnik* 10/1994, S. 62

171 MTU-Werbung in *Nato's Sixteen Nations*, Nr. 3/4 1994, S. 5

172 *Wehrtechnik* 3/1994, S. 23

173 *Süddeutsche Zeitung* vom 12.12.1994

174 *aktuell* 1/1992, S. 2

175 Antwort der Bundesregierung, BT-DrS. 12/6512 vom 28.12.1993, S. 3 auf die Kleine Anfrage des Abgeordneten Dr. Klaus Kübler u.a. sowie der SPD-Bundestagsfraktion, BT-DrS. 12/6133 zum Thema: »Waffenlieferungen, insbesondere Kriegswaffenlieferungen, an Indonesien«

176 *Daimler-Benz Geschäftsbericht: Das Geschäftsjahr 1993*, S. 100

177 *Süddeutsche Zeitung* vom 14.1.1995

178 Daimler-Benz AG, Konzernressort Personal: *Einblick '94*, Stuttgart 1994, S. 112

179 Dasa-Firmenzeitschrift *aktuell*, Oktober 1994, S. 12

180 *Die Woche* vom 18.2.1993, Watch Indonesia, Rundbrief vom Februar 1993, S. 11 ff. und *Wehrtechnik* 5/1990, S. 67

181 *Military Technology*: World Defence Almanach 1993-94, S. 226

182 *Military Technology* a.a.O. und Mierzwa, Roland: *Bundesdeutsche Rüstungsexporte in die Dritte Welt.* Verzeichnis nach Empfängerländern, Firmen/Institutionen und Waffensystemen, zweite, unveränderte Auflage, Bad Vilbel 1989, S. 63

183 Watch Indonesia, Rundbrief 1/1995, S. 30

184 Jung, Erika und Agus Setiawan: »Forschungsminister Jusuf Habibie: Symbolfigur für indonesische Hochtechnologie und Brückenkopf für die deutsche Wirtschaft«. In: BUKO-Kamapagne »Stoppt den Rüstungsexport« (Hrsg.): *Schattenseiten Südostasiens*, August 1994, S. 49 ff.

185 Kampagne »Produzieren für das Leben – Rüstungsexporte stoppen« (Hrsg.): *Ihre Götzen sind Silber und Gold*, Idstein 1991, S. 12

186 Mierzwa, a.a.O., S. 62 ff.

187 *Wehrtechnik* 5/1990, S. 3 und 67

188 *Wehrtechnik* 3/1987, S. 5

189 *Die Woche* vom 18.2.1993 und Mierzwa, a.a.O., S. 62 ff.

190 *aktuell* Januar 1992, S. 2 und Mierzwa, a.a.O., S. 65

191 Watch Indonesia, Rundbrief vom Februar 1993, S. 13

192 Watch Indonesia, Rundbrief vom Februar 1993, S. 5

193 BT-DrS. 12/6512, a.a.O., S. 1 f.

194 *Frankfurter Rundschau* vom 23.11.1993

195 *die tageszeitung* vom 8.1.1994

196 *Junge Welt* vom 23.9.1994

197 amnesty international: Jahresbericht 1994, Frankfurt a. M. 1994, S. 237

198 *die tageszeitung* vom 2.7.1991

199 Schreiben des Leitenden Oberstaatsanwalts Fürhäußer der Staatsanwaltschaft Ansbach vom 21.11.1994

200 Kampagne »Produzieren für das Leben – Rüstungsexporte stoppen« (Hrsg.): *Rüstungsexport und Flüchtlinge. Arbeitshilfe zum Gebetstag am Tag der Menschenrechte am 10.12.1994*, Idstein 1994, S. 10 f.

201 amnesty international vom 28.7.1993. Zitiert nach *Rüstungsexport und Flüchtlinge*, a.a.O., S. 10

202 BT-DrS. 12/6512, a.a.O., S. 6

203 Ihre Götzen sind Silber und Gold, a.a.O., S. 11

204 Schreiben vom 21.11.1994

205 Watch Indonesia, Rundbrief vom Februar 1993, S. 5

206 Schrempp, Jürgen: »Rüstung und Verantwortung – ein unlösbarer Konflikt?«. In: Dernuth, Alexander (Hrsg.): *Konfliktmanagement und Umweltstrategien, manager magazin 1992*, S. 63

207 Interview mit Jürgen Schrempp im *Stern* vom 9.1.1991

208 »Klar zum Gefecht«: Interview mit Jürgen Schrempp *manager magazin* vom 26.9.1989

209 *Der Stern* vom 9.1.1991

210 *Sipri Yearbook 1994*, a.a.O., S. 504

211 *Der Stern* vom 9.1.1991

212 *Focus* 8/1993, S. 22

213 *Der Stern* vom 9.1.1991

214 *manager magazin* vom 26.9.1989

215 Siehe hierzu: Grässlin, Jürgen: *Den Tod bringen Waffen aus Deutschland*, Kapitel 19: »Der Tod ist ein Meister aus Deutschland«, München 1994, S. 222 ff.

216 *Der Stern* vom 9.1.1991

217 *Hamburger Abendblatt* vom 23.1.1993

218 Dasa-*aktuell* Januar/Februar 1994, S. 3

219 Bundesministerium für Wirtschaft: »Mehr Chancengleichheit für deutsche Exporteure von dual-use-Gütern«, Tagesnachrichten vom 9.2.1995

220 Beratung der Großen Anfrage »Rüstungsexport-Kontrollpolitik« der Bundestagsfraktion der SPD, 12. Wahlperiode, 182. Sitzung vom 21.10.1993, Protokoll S. 15748

221 *Das Parlament*, Nr. 3/1994 vom 21.1.1994

222 *Der Stern* vom 9.1.1991

223 *Der Stern* am 9.1.1991

224 Strafanzeige gegen Daimler-Benz wegen des Verstoßes gegen das Außenwirtschaftsgesetz (AWG)

225 Einstellungsverfügung 147 Js 31 928/94 der Staatsanwaltschaft Stuttgart vom 30.6.1994, Seite 6

226 *Handelsblatt* vom 25.4.1991

227 Mercedes-Benz AG: MBAG-Richtlinie Nr. 5 vom 14.7.1993

Anmerkungen zu Teil II

1 *Schwäbische Zeitung* vom 7.9.1994

Anmerkungen zu Kapitel 4

1 *manager magazin* 3/1995, S. 37

2 Jakobs, Hans Jürgen: *Edzard Reuter*, a.a.O., S. 52 und 80 f.

3 *Badische Zeitung* vom 29.12.1994

4 *Capital* 2/1995, S. 46

5 *Stuttgarter Zeitung* vom 17.12.1994

6 *Der Spiegel* 50/1993, S. 96

7 Jakobs, Hans Jürgen: *Edzard Reuter*, a.a.O., S. 15

8 *Der Spiegel* 35/1994, S. 59

9 Eglau, Hans Otto: *Edzard Reuter*, a.a. O., S. 238

10 *Der Spiegel* 38/1994, S. 124

11 *manager magazin* 3/1995, S. 47

12 *Stuttgarter Zeitung* vom 3.9.1994

13 *Der Tagesspiegel* vom 2.9.1994

14 *zitty* 18/1994, S. 14 f.

15 *Badische Zeitung* vom 1.3.1995, *Die Welt* vom 23.9.1989, und *Stuttgarter Nachrichten* vom 17.3.1995

16 Auszug aus dem Redeprotokoll des Aktionärs Tobias Pflüger von der 98. ordentlichen Hauptversammlung am 18. Mai 1994 in Berlin, S. 164

17 Antrag der Management- + Informationssysteme GmbH (M.I.S.) zur 98. ordentlichen Hauptversammlung am 18. Mai 1994 in Berlin

18 *Stuttgarter Zeitung* vom 26.8.1994

19 *Capital* 2/1995, S. 44

20 *Frankfurter Allgemeine Zeitung* vom 23.4.1992

21 *Der Spiegel* 35/1994, S. 97 f.

22 *Capital* 11/1994, S. 29

23 *Der Spiegel* 43/1994 im Rückspiegel

24 *Die Welt* vom 23.10.1994

25 *Die Zeit* vom 28.10.1994

26 *Der Stern* vom 27.10.1994

27 *Die Welt* vom 23.10.1994

28 *auto motor sport* 3/1995, S. 7

29 *manager magazin*, 1/1995, S. 11

30 *Stuttgarter Zeitung* vom 22.10.1994

31 Antrag zur Daimler-Benz-Hauptversammlung vom 18. Mai 1994

32 *manager magazin* 3/1995, S. 37

33 *Der Spiegel* 26/1994, S. 87

34 *Der Spiegel* 38/1994, S. 124 und *manager magazin* 3/1995, S. 47

35 *Badische Zeitung* vom 6.11.1990

36 *Badische Zeitung* vom 4.6.1994

37 *!Forbes* 11/1994, S. 23

38 *Badische Zeitung* vom 24.11.1975. Dersch war von 1972 bis 1975 Chef der Freiburger Mercedes-Niederlassung und übernahm anschließend die Führung von Mercedes in München. Nachfolger Derschs wurde Gerhard Donth, der bis dahin die Niederlassung in Schweinfurt geleitet hatte.

39 Information der Deutschen Aerospace vom 30.10.1990 und *Badische Zeitung* vom 5.11.1993

40 Presseinformation der Mercedes-Benz AG Stuttgart vom 25.10.1993

41 *Badische Zeitung* vom 4.6.1994

42 Landtag von Baden-Württemberg, Antrag der Fraktion Grüne: »Geplanter Bau der Daimler-Benz-Teststrecke bei Boxberg« vom 26.8.1985, LT-DrS. 9/2051, S. 1 und Landtag von Baden-Württemberg, Aussprache zum Antrag »Geplanter Bau der Daimler-Benz-Teststrecke«, 9. Wahlperiode, 35. Sitzung am 9.10.1985, Plenarprotokoll 9/35, S. 2626

43 *Badische Zeitung* vom 15.10.1994

44 *Badische Zeitung* vom 9.4.1983 und *Badische Zeitung* vom 4.6.1994

45 *Schwäbisches Tagblatt* vom 11.11.1994

46 *aktuell* 12/1992, Titelseite

47 *Schwäbisches Tagblatt* vom 11.11.1994

48 Zitiert nach Jakobs, Hans Jürgen: *Edzard Reuter*, a.a.O., S. 71

49 *Schwäbische Zeitung* vom 7.9.1994

50 Dasa-*aktuell* Januar/Februar 1994, Titelseite

51 *aktuell* 12/1992, Titelseite

52 *Der Stern* 40/1993, S. 269

53 *Stuttgarter Zeitung* vom 10.6.1994

54 *Hamburger Abendblatt* vom 23.1.1993

55 *Deutsche Presse-Agentur/dpa* vom 29.6.1994 und *die tageszeitung* vom 29.6.1994

56 *Rhein-Neckar Zeitung* vom 11.6.1994 und *Die Woche* vom 12.1.1995

57 *Der Spiegel* 26/1994, S. 87

58 Anti-Apartheid-Bewegung in der Bundesrepublik e.V. (Hrsg.): *Daimlers Rüstung für Südafrika*, Eigenverlag, Stuttgart, 2. Auflage 1982, S. 35

59 *Frankfurter Allgemeine Zeitung* vom 22.8.1994

60 *Neues Deutschland* vom 1.7.1994

61 *Der Spiegel* 26/1994, S. 86

62 Daimlers Rüstung für Südafrika, a.a.O., Vorwort

63 *Mannheimer Morgen* vom 28.6.1994

64 *Schwäbische Zeitung* vom 7.9.1994

65 *Badische Zeitung* vom 1.6.1992

66 »Mercedes in Südafrika«. In: Daimler-Benz: *Einblick '94*, Stuttgart ohne Datumsangabe, S. 70 f.

67 Interview mit Jürgen Schrempp in der *Bunte* vom 22.12.1994

68 *die tageszeitung* vom 19.11.1994

69 *Der Spiegel* a.a.O.

70 *Frankfurter Allgemeine Zeitung* vom 22.8.1994

71 *manager magazin* 11/1994, S. 156 ff.

72 *Badische Zeitung* vom 16.8.1994

73 *amnesty international* Jahresbericht 1994, Frankfurt 1994, S. 155

74 *Frankfurter Allgemeine Zeitung* vom 9.7.1994

75 *Frankfurter Allgemeine Zeitung* vom 9.7.1994

76 *Süddeutsche Zeitung* vom 3.11.1992

77 *Der Spiegel* 27/1994

78 *die tageszeitung* vom 7.7.1994

79 amnesty international Jahresbericht 1994, Frankfurt 1994, S. 34 und S. 155

80 *Badische Zeitung* vom 9.7.1994

81 *die tageszeitung* vom 9.7.1994

82 Presseerklärung des Dachverbands der Kritischen AktionärInnen Daimler-Benz zu Li Peng in Deutschland vom 8.7.1994

83 *Süddeutsche Zeitung* vom 6.7.1994

84 *Süddeutsche Zeitung* vom 9./10.7.1994

85 *die tageszeitung* vom 9.7.1994

86 *impulse* 9/1994, S. 91

87 *Capital* 8/1994, S. 210

88 *Capital* 11/1994, S. 303

89 *Badische Zeitung* vom 9.7.1994

90 *die tageszeitung*, zitiert nach: *Süddeutsche Zeitung* vom 9./10.7.1994

91 Bräuninger, Friedrich und Manfred Hasenbeck: *Die Abzocker. Selbstbedienung in Politik und Wirtschaft*, Düsseldorf 1994, S. 138

92 Presseerklärung des Dachverbands der Kritischen AktionärInnen Daimler-Benz vom 8.7.1994

93 *Top Business* 12/1994, S. 10

94 *Focus* 31/1994, S. 152

95 *Der Spiegel* 25/1994, S. 80

96 Schrempp-Interview in der *Bunten* vom 22.12.1994

97 *Schwäbisches Tagblatt* vom 11.11.1994

98 *Süddeutsche Zeitung* vom 30.6.1994

99 *Die Woche* vom 16.12.1993

100 *Der Spiegel* 25/1994, S. 80 f.

101 *manager magazin* 1/1995, S. 10 ff.

102 *intern* 6/1993, S. 8 f.

103 *manager magazin* 3/1995, S. 44

104 *auto motor sport* 21/1994, S. 26

105 *Der Stern* 51/1994, S. 193

106 *Schwäbische Zeitung* vom 21.10.1994

107 *Wehrtechnik* 4/1993, S. 14 f.

108 *auto motor sport* 21/1994, S. 26

109 *Süddeutsche Zeitung* vom 8.12.1994 und *Der Stern*, 51/1994, S. 193

110 *Focus* 31/1994, S. 152

111 *Frankfurter Allgemeine Zeitung* vom 7.12.1993

112 *Der Spiegel* 5/1995, S. 86

113 *Handelsblatt* vom 31.10.1994

114 *WirtschaftsWoche* vom 21.10.1994, S. 81 f.

115 *Deutsche Aerospace Geschäftsbericht: Das Geschäftsjahr 1993*, München 1994, S. 59

116 *manager magazin* 10/1994, S. 60

117 *Wehrtechnik* 4/1993, S. 14 f.

118 *Luftwaffen-Forum* 2/1994, S. 10

119 *Schwäbische Zeitung* vom 21.10.1994

120 *Stuttgarter Zeitung* vom 7.11.1987

121 *Deutsche Presse-Agentur* vom 26.7.1992

122 *Die Zeit* vom 14.9.1979

123 *Badische Zeitung* vom 1.5.1987

124 *Stuttgarter Zeitung* vom 12.5.1987

125 *Die Welt* vom 2.9.1989

126 *Stuttgarter Zeitung* vom 6.11.1987

127 *Deutsche Presse-Agentur* vom 26.7.1992

128 *Stuttgarter Zeitung* vom 9.6.1994

129 Landtag von Baden-Württemberg, Aussprache zu den »Leistungen des Landes für den Bau eines Pkw-Montagewerks der Daimler-Benz AG in Rastatt«, 9. Wahlperiode, 55. Sitzung am 25.9.1986, Plenarprotokoll 9/55, S. 4438

130 *Die Zeit* vom 8.11.1991

131 *Badische Zeitung* vom 28.8.1991

132 *Stuttgarter Zeitung* 28.6.1986

133 Landtag von Baden-Württemberg, Aussprache zum Antrag »Geplanter Bau der Daimler-Benz-Teststrecke«, 9. Wahlperiode, 35. Sitzung am 9.10.1985, Plenarprotokoll 9/35, S. 2623

134 *Badische Zeitung* vom 10.7.1986

135 Landtag von Baden-Württemberg, Aussprache zu den »Leistungen des Landes für den Bau eines Pkw-Montagewerks der Daimler-Benz AG in Rastatt«, 9. Wahlperiode, 55. Sitzung am 25.9.1986, Plenarprotokoll 9/55, S. 4439

136 *Die Welt* vom 9. Mai 1987

137 *Die Welt* vom 9. Mai 1987

138 *Geschäftsbericht Daimler-Benz: Das Geschäftsjahr 1989*, S. 4

139 *Die Zeit* vom 8.11.1991

140 *Badische Zeitung* vom 24.10.1989

141 Schreiben von Dr. Jürgen Morlok vom 30.6.1992

142 Morlok wird nochmals im Geschäftsbericht 1991, S. 4, als Konzernrepräsentant erwähnt; mit seinem Wechsel zu Matthias Kleinert nach Stuttgart übernahm Alfons Pawelczyk die Leitung der Bonner Repräsentanz des Automobil- und RüstungskonzernS. *Geschäftsbericht Daimler-Benz: Das Geschäftsjahr 1991*, S. 4

143 *Südwest Presse* vom 24.8.1994

144 *Badische Zeitung* vom 24.10.1989

145 *Badische Zeitung* vom 24.10.1989

Anmerkungen zu Kapitel 5

1 *Badische Zeitung* vom 26.9.1986

2 Zitiert nach *Badische Zeitung* vom 22.11.1994

3 *Badische Zeitung* vom 5.8.1986

4 *Stuttgarter Zeitung* vom 22.8.1986

5 *Stuttgarter Zeitung* vom 26.9.1986

6 Antrag der Abgeordneten Hasenclever u. a. Grüne: »Einsetzung eines Untersuchungsausschusses ›Geplante Teststrecke der Firma Daimler-Benz in Boxberg‹«, Landtag von Baden-Württemberg, 8. Wahlperiode, LT-DrS. 8/2773 vom 16.6.1982 und *Badische Zeitung* vom 25.6.1982

7 *Staatsanzeiger Baden-Württemberg* vom 7.7.1982

8 Landtag von Baden-Württemberg, Antrag der Fraktion Grüne: »Geplanter Bau der Daimler-Benz-Teststrecke bei Boxberg«, LT-DrS. 9/2051 vom 26.8.1985

9 Änderungsantrag der Fraktion der SPD vom 8.10.1985, LT-DrS. 9/2193

10 Landtag von Baden-Württemberg, Aussprache zum Antrag »Geplanter Bau der Daimler-Benz-Teststrecke«, 9. Wahlperiode, 35. Sitzung am 9.10.1985, Plenarprotokoll 9/35, S. 2619 ff.

11 *Böblinger Bote* vom 9.1.1995

12 *Badische Zeitung* vom 22.11.1994

13 *Frankfurter Rundschau* vom 21.12.1994

14 *Badische Zeitung* vom 22.11.1994

15 *Badische Zeitung* vom 14.5.1994

16 Dieter Spöri in der *ARD-Tagesschau* am 20.12.1994

17 Pressemitteilung von Reinhard Hackl, MdL, Fraktion Bündnis 90/Die Grünen: »Baden-Württemberg ist flächendeckend Rüstungsproduktionsland« vom 7.1.1995 und *Böblinger Bote* vom 9.1.1995

18 Presseerklärung des Dachverband der Kritischen AktioärInnen Daimler-Benz: »Stoppt neue Waffenlieferungen von Daimler an die Türkei« vom 15.4.1994

19 Große Anfrage der Fraktion Grüne: »Rüstungsindustrie, Rüstungsexport und Rüstungskonversion in Baden-Württemberg«, LT-DrS. 11/4075 vom 31.5.1994 und Antwort der Landesregierung, LT-DrS. 11/4636 vom 19.9.1994, S. 15 ff.

20 Schröder, Gerhard: »Automobilindustrie in Niedersachsen – Industriepolitische Gestaltungsräume zur Überwindung der Krise.« In: Peren, W. Franz (Hrsg.): *Wohin steuert die deutsche Automobilwirtschaft*, Frankfurt a. M. 1994, S. 147

21 *Die Zeit* vom 1.5.1987

22 *Die Woche* vom 12.1.1995

23 Meldung der *Deutschen Presse-Agentur*: »Daimler-Benz spendete fast 1,3 Millionen DM an politische Parteien« vom 9.2.1995

24 *Badische Zeitung* vom 8.1.1986

25 *Badische Zeitung* vom 6.11.1981

26 Geschäftsbericht der Daimler-Benz AG: Das Geschäftsjahr 1993, a.a.O., S. 102 f.

27 *Die Zeit* vom 28.7.1989

28 Festschrift: *Die Grenzen sprengen. Edzard Reuter zum Sechzigsten*, Siedler Verlag, Vorwort, S. 15 f.

29 Eglau, Hans Otto: *Edzard Reuter*, a.a.O., S. 18, 28 und 227

30 Schmidt, Helmut: *Was wird aus Deutschland?* Stuttgart 1994, S. 56

31 *Süddeutsche Zeitung* vom 19.8.1988

32 Jakobs, Hans Jürgen: *Edzard Reuter*, a.a.O., S. 15 und 98

33 *Badische Zeitung* vom 2.9.1994

34 *Der Spiegel* 38/1994, S. 126

35 *manager magazin* 3/1995, S. 47

36 *Berliner Zeitung* vom 15.8.1994

37 Lucy, Herbert: *Kämpfen – ein Leben lang*, München 1993, S. 7 ff.

38 *Festschrift*, a.a.O.

39 *Die Zeit* vom 28.7.1989

40 *Der Spiegel* 43/1993, S. 50 ff.

41 *Der Spiegel* 43/1993, S. 56

42 Bräuninger, Friedrich und Manfred Hasenbeck: *Die Abzocker. Selbstbedienung in Politik und Wirtschaft*, Düsseldorf 1994, S. 39 und S. 255

43 Strauch, a.a.O. S. 168 und S. 279

44 Meldung der Deutschen Presse-Agentur: »Daimler-Benz spendete fast 1,3 Millionen DM an politische Parteien« vom 9.2.1995

45 *Die Zeit* vom 10.4.1992

46 Schreiben von Gernot Erler an Rolf Kannen, Pax Christi Freiburg, vom 11.10.1994

47 *Junge Welt* vom 31.1.1995

48 Entschließungsantrag von Walter Kolbow und Gernot Erler sowie der Fraktion der SPD im Verteidigungsausschuß vom 7.2.1995

49 *Wehrtechnik* 4/1993, S. 2

50 *Wehrtechnik* 9/1993, S. 11

51 *Südwest Presse* vom 21.11.1992

52 *Wehrtechnik* 10/1990, S. 48 ff.

53 Schreiben Gernot Erler vom 11.10.1994 und *Südwest Presse* vom 21.11.1992

54 *Badische Zeitung* vom 13.2.1993

55 *Süddeutsche Zeitung* vom 12.2.1993

56 *Süddeutsche Zeitung*, ebda.

57 *Frankfurter Allgemeine Zeitung* vom 23.2.1993

58 *Die Zeit* vom 22.1.1982

59 *AZ* vom 26.11.1987

60 *Süddeutsche Zeitung* vom 12.2.1993

61 *Süddeutsche Zeitung* vom 12. und 13.2.1993

62 Reuter vom 16.3.1979

63 *Der Spiegel* 33/1986, S. 24

64 *Süddeutsche Zeitung* vom 7.8.1986

65 Reuter a.a.O.

66 *Süddeutsche Zeitung* vom 20.8.1981

67 *Der Spiegel* vom 1.10.1979, S. 71

68 *Badische Zeitung* vom 30.8.1986

69 *Daimler-Benz Geschäftsbericht: Das Geschäftsjahr 1987*, S. 105

70 Lothar Späth: »... haben wir mit unserer Luft- und Verteidigungsindustrie

Impulsgeber für den gesamten technologischen Fortschritt...«
In: *wehrtechnik* 3/1987, S. 16

71 ebda., S. 17

72 *Badische Zeitung* 5.8.1986

73 *Der Spiegel* 33/1986, S. 24

74 *Stuttgarter Zeitung* vom 20.2.1992

75 Born, Martin und Benno Bertsch: *Die Maultaschen-Connection. Die außerparlamentarische Wirtschaftspolitik der CDU in Baden-Württemberg*, Göttingen 1992, S. 192

76 *Frankfurter Allgemeine Zeitung* vom 9.7.1994

77 *Flug Revue* 1/1992, S. 21

78 *Stuttgarter Zeitung* vom 28.10.1994

79 *Süddeutsche Zeitung* vom 6.8.1986

80 Jakobs, Hans Jürgen: *Edzard Reuter*, a.a.O., S. 12

81 *Dasa-aktuell* 12/1992, Titelseite

82 *Süddeutsche Zeitung* vom 6. 8.1986

83 *Badische Zeitung* vom 29.8.1994

84 *Stuttgarter Zeitung* vom 21.12.1994

85 *focus* 1/1995, S. 138

86 Bräuninger, Friedrich und Manfred Hasenbeck: *Die Abzocker. Selbstbedienung in Wirtschaft und Politik*, Düsseldorf 1994, S. 45 f.

87 *Frankfurter Rundschau* vom 21.12.1994

88 *Stuttgarter Nachrichten* vom 21.12.1994

89 *Frankfurter Rundschau* und *Stuttgarter Zeitung* vom 21.12.1994

90 *Staatsanzeiger Baden-Württemberg* vom 7.7.1982

91 *Wehrtechnik* 3/1994, S. 4 f.

92 *Stuttgarter Zeitung* vom 9.8.1994

93 *Frankfurter Rundschau* vom 1.7.1992

94 *Behörden Spiegel* Bonn und Berlin, September 1992

95 *Frankfurter Allgemeine Zeitung* vom 26.11.1992

96 *Frankfurter Allgemeine Zeitung* vom 14.11.1992

97 *Stuttgarter Zeitung* vom 9.8.1994

98 Bundesrechnungshof: Dritter Bericht zum Rüstungsvorhaben Jagdflugzeug 90/Eurofighter 2000, vom 7.7.1994, S. 14

99 *Wehrtechnik* 3/1994, S. 4 f.

100 Heinrich Lummer am 13.2.1995

101 Zweites Deutsches Fernsehen: *Kennzeichen D* vom 22.2.1995

102 Meldung der *Deutschen Presse-Agentur*: »Daimler-Benz spendete fast 1,3 Millionen DM an politische Parteien« vom 9.2.1995

103 *Interavia Aerospace World* 10/1993, S. 9

104 *Frankfurter Allgemeine Zeitung* vom 7.9.1994 und *Süddeutsche Zeitung* vom 8.7.1994

105 *Loyal* 3/1993, S. 1

106 *loyal* 3/1993, S. 1

107 *Die Welt* vom 11.12.1992

108 *Blickfeld*, Zeitschrift der Gewerkschaft Handel, Banken und Verkehr, 1/1993, S. 2

109 *wehrtechnik* 5/1992, S. 2

110 *Badische Zeitung* 2.12.1992

111 *die tageszeitung* vom 3.12.1992

112 *Antifaschistische Informationen gegen die Junge Freiheit*, Winter 1993/94, S. 31

113 *Badische Zeitung* vom 3.12.1992

114 *Die Welt* vom 11.12.1992

115 Dasa-Firmenzeitschrift *aktuell*, Oktober 1994, S. 5

116 *Der Spiegel* 50/1992, S. 125 f.

117 *Der Spiegel* 25/1993

118 Innenministerium Baden-Württemberg (Hrsg.): Verfassungschutzbericht Baden-Württemberg 1993, Stuttgart 1994, S. 45

119 *Börsenmagazin Broker*, Pfullingen, August 1994, S. 39

120 Selbstvorstellung Die Republikaner. Fraktion im Landtag von Baden-Württemberg

121 WER IST WER? DAS DEUTSCHE WHO'S WHO? XXXIII. Ausgabe, Lübeck 1994, S. 230

122 Holzapfel, Klaus-J. (Hrsg.): Volkshandbuch. Landtag von Baden-Württemberg: 11. Wahlperiode, 1992 – 1996, Darmstadt 1993, S. 38

123 Verfassungsschutzbericht Baden-Württemberg 1993, ebda.

124 Bundesministerium des Innern (Hrsg.): Verfassungsschutzbericht 1993, Bonn 1994, S. 137

125 *Börsenmagazin Broker*, Pfullingen, August 1994, S. 39

126 Faltblatt des Studienzentrum Weikersheim e. V.: Einladung zur 3. Weikersheimer Hochschulwoche, 25. – 30.9.1994

127 *Junge Welt* vom 10.5.1994

128 a.a.O.

129 Schreiben des Autors vom 4.11.1994 und Antwortschreiben von Matthias Kleinert vom 22.12.1994

130 Selbstvorstellung der *Hans Filbinger Stiftung (HFS)*

131 Müller, Ingo: *Furchtbare Juristen*, München 1987, S. 13, 196 und 216

132 Schreiben von Sönke Braasch vom Februar 1995

133 *Junge Welt* vom 10.5.1994

134 Maegerle, Anton: Lieberknecht und Schabowski unter den Referenten. 3. Weikersheimer Hochschulwoche zum Brückenschlag zwischen West- und Osteuropa. In: *Parlamentarisch-Politischer Pressedienst/PPP-Korrespondenz*, 45. Jahrgang, 18.8.1994, S. 3

135 »Mit Daimler-Benz und alten Bekannten zum Europa unter Deutschlands Führung«. In: *Antifaschistisches INFO-Blatt* Nr. 28, November/Dezember 1994, S. 26

136 Briefwechsel Grässlin/Kleinert ebda.

137 *Der Stern* 45/1994, S. 44 und *Stuttgarter Zeitung* vom 9.6.1984

138 *Der Stern*, 45/1994, S. 42 und Maegerle, Anton: Weikersheim: Kongreß des StudienzentrumS. In: *Parlamentarisch-Politischer Pressedienst/PPP-Korrespondenz*, 44. Jahrgang, 13.4.1994, S. 1 ff.

139 Daimler Benz: Einblick '93, Stuttgart ohne Datumsangabe, S. 55

140 *Der Spiegel* 19/1993, S. 110

141 *Stuttgarter Zeitung* vom 29.4.1993

142 *Scheibenwischer* Nr. 91, Februar 1993, S. 7

143 *Junge Freiheit* vom 7.10.1994

144 In: *blick nach rechts* 5.10.1993

145 Auszug *Handelsregister* Potsdam HRA 1245 vom 7.10.1994

146 *blick nach rechts*, 11. Jahrgang, 8.11.1994, S. 8 f.

147 *Esslinger Zeitung* vom 18.5.1993

148 Leserbrief von Ulrich Ruth in der *Stuttgarter Zeitung* vom 29.4.1994

149 *Der Spiegel* 19/1993, S. 110

150 Mercedes-Hauszeitschrift *intern* 4/1993, S. 62

151 *Soldier of Fortune*, 10/ 1993, S. 58

152 Mercedes-Benz Motorsport (Hrsg.): Motorsport. Stuttgart 1994, Vorwort S. 3

153 Mercedes-Hauszeitschrift *intern* 4/1993, S. 62

154 DaimlerBenz: Aufruf gegen Ausländerfeindlichkeit vom März 1992

155 Lucy, Herbert: *Kämpfen – ein Leben lang*, München 1993, S. 193

156 *ADAC motorwelt* 2/1993, S. 10

157 *Junge Freiheit* vom 11.11.1994

158 Osswald, Richard: *Lebendige Arbeitswelt. Die Sozialgeschichte der Daimler-Benz AG von 1945 bis 1985*, Stuttgart 1986, S. 318

159 Einblick '93, a.a.O., 54

160 *Der Stern* 51/1992, S. 20

161 *Der Spiegel* 50/1992

162 Einblick '93, a.a.O., S. 54

163 Mercedes-Hauszeitschrift *intern* 4/1993, S. 62

164 Maegerle, Anton und Patrik A. Hauns: *Rechtsextremismus in Baden-Württemberg. Eine Einführung*, Karlsruhe 1993, S. 47

165 *Der Stern* 45/1994, S. 46

166 Landtag von Baden-Württemberg, 8. Wahlperiode, 49. Sitzung vom 23.6.1982

167 Landtag von Baden-Württemberg, Aussprache zum Antrag »Geplanter Bau der Daimler-Benz-Teststrecke«, 9. Wahlperiode, 35. Sitzung am 9.10.1985, Plenarprotokoll 9/35, S.2622

168 *Badische Zeitung* vom 28.8.1986

169 *Badische Zeitung* vom 16.8.1986

170 *Süddeutsche Zeitung* vom 12.12.1994

171 Zitiert nach: *Die Zeit* vom 4.8.1989

172 *Der Spiegel* 36/1989, S. 116

173 *Frankfurter Rundschau* vom 22.8.1989

174 *Die Zeit* vom 4.8.1989

175 *Frankfurter Rundschau* ebda.

176 *Die Zeit* vom 28.4.1989

177 *Der Spiegel* 36/1989, S. 116 f.

178 *Badische Zeitung* 18.5.1989

179 *Badische Zeitung* vom 27.5.1989

180 *Badische Zeitung* vom 21.4.1989

181 Möllemann, Jürgen: »Neues Außenwirtschaftsrecht der Wirtschaft und Öffentlichkeit erläutern«. In: Bebermeyer, Helmut (Hrsg.): *Deutsche Ausfuhrkontrolle 1992. Rechts- und Verfahrensvorschriften für den Export von Rüstungsgütern*, Bonn 1992, S. 7

182 *die tageszeitung* vom 24.12.1992

183 *Südwest Presse* vom 22.2.1991

184 *aktuell* 12/1991, S. 3

185 *Handelsblatt* vom 26.3.1992

186 *die tageszeitung* vom 24.12.1992

187 Bundesministerium für Wirtschaft: »Mehr Chancengleichheit für deutsche Exporteure von dual-use-Gütern«, *FDP-Tagesnachrichten* vom 9.2.1995

188 Beratung der Großen Anfrage »Rüstungsexport-Kontrollpolitik« der Bundestagsfraktion der SPD, 12. Wahlperiode, 182. Sitzung vom 21.10.1993, Protokoll S. 15748

189 *Das Parlament*, Nr. 3/1994 vom 21.1.1994

190 *Die Welt* vom 27.5.1992

191 Ohne Rüstung leben, *Rundbrief* Nr. 68 vom 2. Quartal 1994, S. 10

192 *Schwäbische Zeitung* vom 30.5.1992

193 *Die Welt* vom 27.5.1992

194 *Badische Zeitung* vom 8.5.1992

195 Jung, Matthias und Dieter Roth: »Kohls knappster Sieg. Eine Analyse der Bundestagswahl 1994«.In: *Aus Politik und Zeitgeschichte. Beilage zur Wochenzeitung Das Parlament*, B 51-52/94 vom 23.12.1994, S. 3

196 *Junge Welt* vom 31.1.1995

197 *Schwäbische Zeitung* vom 30.5.1992

198 Meldung der *Deutschen Presse-Agentur*: »Daimler-Benz spendete fast 1,3 Millionen DM an politische Parteien« vom 9.2.1995

199 Hermann, Winfried u. a.: Entschließungsantrag *Daimler-Benz-Rüstungskonzern ist eine Gefahr für Frieden, Umwelt und Demokratie*, 24. Landesdelegiertenkonferenz der Grünen Baden-Württemberg vom 30.6. – 2.7.1989 in Freudenstadt

200 AK Teststrecke (Hrsg.): *Rundbrief zur Mercedes-Benz-Teststrecke im Papenburger Moor*, Nr. 2, April/Mai 1993, S. 4

201 *Der Spiegel* 24/1992, S. 251

202 Initiativantrag V 22 *Entrüstet Daimler*, 1. Ordentliche Bundesversammlung von Bündnis 90/Die Grünen, Leipzig, Messegelände, 14. – 16.5.1993

203 Große Anfragen zur *Beteiligung von Daimler-Benz an Messerschmitt-Bolköw-Blohm*, BT-DrS. 11/3397 und 11/3398 vom 18.11.1988

204 Entschließungsantrag zur *Erklärung der Bundesregierung zur künftigen Regierungsarbeit*, BT-DrS. 11/4423 vom 26.4.1989, S. 1

205 Entschließungsantrag zur *Beteiligung von Daimler-Benz an Messerschmitt-Bolköw-Blohm*, BT-DrS. 11/4641 vom 31.5.1989

206 *Badische Zeitung* vom 26.9.1986

207 Landtag von Baden-Württemberg, Aussprache zu den *Leistungen des Landes für den Bau eines Pkw-Montagewerks der Daimler-Benz AG in Rastatt*, 9. Wahlperiode, 55. Sitzung am 25.9.1986, Plenarprotokoll 9/55, S. 4411

208 *Stuttgarter Nachrichten* vom 25.6.1990

209 *Grüne Zeitung NRW*, 2/1993, S. 37

210 *Der Spiegel* 24/1992, S. 250

211 Daimler-Benz HighTech: *Blick durch Wissenschaft und Umwelt* 9/1992, S. 14 f.

212 Hutter, Claus-Peter: »Poema – gemeinsam für den Regenwald«. In: *ECOregio* 10/1993, S. 15

213 *die tageszeitung* vom 6.5.1991

214 *Frankfurter Rundschau* vom 10.5.1991

215 Hermann, Winfried und Wolfgang Schwegler-Rohmeis (Hrsg.): *Grüner Weg durch schwarzes Land. 10 Jahre Grüne in Baden-Württemberg*, Stuttgart 1989, S. 269

216 Oellers, Horst: »Der Kampf des Bundschuh gegen die Daimler-Benz-Teststrecke in Boxberg«. In: AK Teststrecke Oldenburg (Hrsg.): *Moor unter dem Stern. Informationen zur geplanten Mercedes-Teststrecke im Papenburger Moor*, Oldenburg 1993, S. 62 ff.

217 Landtag von Baden-Württemberg, Aussprache zum Antrag *Geplanter Bau der Daimler-Benz-Teststrecke*, 9. Wahlperiode, 35. Sitzung am 9.10.1985, Plenarprotokoll 9/35, S.262

218 Oellers, Horst, a.a.O., S. 64

219 *die tageszeitung* vom 6.5.1991

220 *Frankfurter Rundschau* vom 10.5.1991

221 Abwägungsvorschlag zum Bebauungsplan Nr. 145 der Stadt Papenburg

222 *die tageszeitung* vom 6.5.1991

223 Arbeitskreis Teststrecke Papenburg (Hrsg.): *5. Rundbrief gegen die Daimler-Benz-Teststrecke*, 1994, S. 22

224 AK Teststrecke (Hrsg.): *Rundbrief zur Mercedes-Benz-Teststrecke im Papenburger Moor*, Nr. 2, April/Mai 1993, S. 5 ff.

225 *Frankfurter Rundschau* vom 11.5.1993

226 AK Teststrecke (Hrsg.): *Rundbrief zur Mercedes-Benz-Teststrecke im Papenburger Moor*, Nr. 3, Sommer 1993, S. 6 ff.

227 Pressemitteilung Wilfried Telkämper vom 26.4.1994, zur »Konferenz zum Verkehrskonzept SLOW am 6. Mai im Europäischen Parlament«

228 Pressemitteilung der Fraktion Bündnis 90/Die Grünen, Nr. 093/95: *Ausstieg aus dem Euro-Jäger* vom 15.2.1995

229 Brückl, Dipl. Oec. Stephan und Dr. Walter Molt: *SLOW. Nachhaltiges Wirtschaften, Verkehrsvermeidung & Entschleunigung – eine alternative Pespektive für Europa*, Augsburg 1994, Einleitung und S. 32

230 *Stuttgarter Zeitung* vom 22.12.1994

231 *Der Spiegel* 39/1994, S. 196

232 *ECOregio* 10/1993, S. 14

233 Meldung der *Deutschen Presse-Agentur*: »Daimler-Benz spendete fast 1,3 Millionen DM an politische Parteien« vom 9.2.1995

234 Antrag der Fraktion der SPD: *Leistungen des Landes für den Bau eines Pkw-Montagewerks der Daimler-Benz AG in Rastatt*, Landtag von Baden-Württemberg, LT-DrS. 9/3493 vom 12.9.1986

235 Antrag der Fraktion der CDU: »*Leistungen des Landes für den Bau eines Pkw-Montagewerks der Daimler-Benz AG in Rastatt*«, Landtag von Baden-Württemberg, LT-DrS. 9/3578 vom 25.9.1986

236 Landtag von Baden-Württemberg, Änderungsantrag der SPD-Fraktion, LT-DrS. 9/3582 vom 25.9.1986

237 *Badische Zeitung* vom 5.8.1986

238 Landtag von Baden-Württemberg, Aussprache zu den »Leistungen des Landes für den Bau eines Pkw-Montagewerks der Daimler-Benz AG in Rastatt«, 9. Wahlperiode, 55. Sitzung am 25.9.1986, Plenarprotokoll 9/55, S. 4439

239 *Stuttgarter Zeitung* vom 26.9.1986

240 *Der Spiegel* 33/1986, S. 24

241 *Der Spiegel* 45/1986, S. 117

242 *Moor unter dem Stern*, a.a.O., S. 62 ff.

243 *Frankfurter Rundschau* vom 16.7.1986

244 *Daimler-Benz Geschäftsbericht: Das Geschäftsjahr 1993*, a.a.O., S. 94 f. und 102 f.

245 Kleine Anfrage des Abgeordneten Winfried Kretschmann, Grüne, zu: *Besitzverhältnisse und Kosten im Zusammenhang mit der nicht realisierten Daimler-Benz-Teststrecke in Boxberg*, LT-DrS. 10/5045 vom 10.4.1991, S. 2

246 *Stuttgarter Zeitung* vom 8.5.1991
247 *Frankfurter Allgemeine Zeitung* vom 21.12.1994
248 *Der Spiegel* 33/1986, S. 24
249 Grässlin, Jürgen: *Den Tod bringen Waffen aus Deutschland*, München 1994, S. 198
250 *Stuttgarter Zeitung* vom 22.8.1986
251 *Frankfurter Rundschau* vom 8.5.1991
252 *die tageszeitung* vom 6.5.1991
253 Zitiert nach: AK Teststrecke Oldenburg (Hrsg.): *Moor unter dem Stern. Informationen zur geplanten Mercedes-Teststrecke im Papenburger Moor*, Oldenburg 1993, S. 29
254 *die tageszeitung* vom 8.5.1991
255 *Stuttgarter Zeitung* vom 8.5.1991
256 *Frankfurter Rundschau* vom 8.5.1991
257 *die tageszeitung* vom 8.5.1991
258 *Stuttgarter Zeitung* von 29.10.1994, *Die Zeit* vom 3.8.1990 und *Handelsblatt* vom 27.10.94
259 Strauch Manfred: »Der Lobbyist in Bonn«. In: Strauch, Manfred (Hrsg.): *Lobbying. Wirtschaft und Politik im Wechselspiel*, Frankfurt a.M. 1993, S. 49 und S. 278 f.
260 *Frankfurter Allgemeine Zeitung* vom 10.2.1995
261 *Zeit-Magazin* vom 20.8.1993, S. 50
262 *Der Spiegel* 43/1993, S. 56 und 58
263 Bals, Christoph: »Mercedes-Benz, die Klima-Enquete-Kommission und der Treibhauseffekt«. In: Bultmann, Antja und Friedemann Schmithals (Hrsg.): *Käufliche Wissenschaft, Experten im Dienst von Industrie und Politik*, München 1994, S. 29 ff.
264 Der Geschäftsbericht 1993, a.a.O., S. 99
265 *Daimler-Benz: Einblick '93*, Stuttgart, ohne Datumsangabe, S. 23 f.
266 *Frankfurter Allgemeine Zeitung* vom 10.2.1995
267 *Frankfurter Rundschau* 11.2.1995, *Stuttgarter Nachrichten* 16.2.1995, *Südwestpresse* 15. und 18.2.1995
268 Jakobs, Hans Jürgen: *Edzard Reuter*, a.a.O., S. 9
269 Wolf, Winfried: *Eisenbahn und Autowahn. Personen- und Gütertransport auf Schiene und Straße. Geschichte, Bilanz, Perspektiven*, Hamburg und Zürich 1992, erweiterte Neuausgabe, S. 689
270 *Zeit-Magazin* vom 20.8.1993, S. 50 f.

Anmerkungen zu Kapitel 6

1 *Die Welt* vom 19.11.1987
2 Geschäftsbericht der Daimler-Benz AG: Das Geschäftsjahr 1988, Stuttgart 1989, S. 5
3 Zitiert nach *Frankfurter Allgemeine Zeitung* vom 25.4.1989
4 Zusammenschlußvorhaben der Daimler-Benz-AG mit der Messerschmitt-Bölkow-Blohm-GmbH: Sondergutachten der Monopolkommission gemäß § 24 b AbS. 5 Satz 7 GWB, Band 18, Baden-Baden 1989, S. 23
5 Angerer, Jo und Erich Schmidt Eenboom: *Rüstung in Weiß-Blau. Politik und Waffenwirtschaft in Bayern*, Starnberg 1988, S. 40
6 *Die Welt* vom 22.7.1987
7 *Frankfurter Allgemeine Zeitung* vom 25. April 1989

8 Jakobs, Hans Jürgen: *Edzard Reuter*, a.a.O., S. 52

9 Pressedienst Die Grünen im Bundestag: »Zum Rücktritt Immengas vom Vorsitz der Monopolkommission« vom 2.8.1989

10 *Zusammenschlußvorhaben*, a.a.O., S. 129

11 *Capital* 2/1995, S. 68

12 Sondergutachten der Monopolkommission: »Sondervotum des Kommissionsmitglieds Immenga«. In: *Zusammenschlußvorhaben*, a.a.O., S. 133 ff.

13 Die Grünen im Bundestag: »Gravierende Fehlentscheidung der Monopolkommission«, Pressemitteilung Nr. 632/89

14 *Süddeutsche Zeitung* vom 3.5.1989

15 *Wehrtechnik* 10/1989, S. 10 f.

16 *Der Spiegel* 36/1989, S. 116

17 *Frankfurter Rundschau* vom 22.8.1989

18 *Der Spiegel* 36/1989, S. 116 f.

19 *Der Spiegel* a.a.O.

20 *Wehrtechnik* a.a.O.

21 *Wehrtechnik*, a.a.O.

22 *Starnberger Merkur* vom 23.1.1989

23 Dasa-Bilanzpressekonferenz 1991

24 »Milliardensubventionen für florierende Großunternehmen«. In: *Sozialdemokratischer Pressedienst Wirtschaft*, 46. Jahrgang/37/14. 5.1991, S. 4 ff.

25 *Frankfurter Rundschau* vom 24.5.1991

26 Edelgard Bulmahn nennt folgende Quellen für ihre Tabelle 3: »Angaben und Zuwendungen des Bundes für zivile FuE-Projekte an Unternehmensgruppen 1983 – 1989 in TDM« in der Publikation »Milliardensubventionen für florierende Großunternehmen«: Bundesbericht Forschung 1988, Die Förderung von Forschung und Entwicklung in der Wirtschaft BT-DrS. 11/6193, Faktenbericht 1990 sowie Mitteilungen des BMFT vom 19.2.1991 und 24.4.1991

27 Edelgard Bulmahn nennt folgende Quellen für ihre Tabelle 4: »Die Ausgaben des Bundes für FuE an die Unternehmen der Daimler-Benz-Gruppe 1983-1989 in TDM« für die Zuwendungen des Bundesministerium für Verteidigung sowie für den ESA-Rückfluß: Schätzung laut Beschluß des Bundeskartellamts vom 17.4.1989. Die Berechnung erfolgte inclusive des ESA-Rückflusses, jedoch ohne die Steuerminderein-nahmen.

28 Milliardensubventionen für florierende Großunternehmen. In: *Sozialdemokratischer Pressedienst Wirtschaft*, 46. Jahrgang/37/14.5.1991, S. 4 ff.

29 *Zeit-Magazin* vom 20.8.1993, S. 50

30 *Die Zeit* vom 10.5.1991

31 *Luftwaffen-Forum* 2/1994, S. 10

32 *Luftwaffen-Forum* 1/1994, S. 4

33 *Frankfurter Rundschau* vom 18.1.1995

34 *Luftwaffen-Forum* 2/1994, S. 10

35 *Luftwaffen-Forum* 2/1994, S. 10

36 *Süddeutsche Zeitung* vom 8.7.1994

37 *Die Zeit* vom 26.8.1994

38 *Frankfurter Rundschau* vom 18.1.1995

39 *aktuell* 12/1991, S. 3

40 Pressemitteilung Wilfried Telkämper, MdEP: »Das Ende der zivilen EU?« ohne Datumsangabe

41 *aktuell* a.a.O.

42 *Die Zeit* vom 8.11.1991

43 Pressemitteilung Wilfried Telkämper, MdEP: »Das Ende der zivilen EU?« ohne Datumsangabe

44 *Handelsblatt* vom 5.8.1992

45 *Süddeutsche Zeitung* vom 22.10.1992

46 *Der Spiegel* 24/1992, S. 26

47 *Luftwaffen-Forum* 2/1992, S. 24

48 *Stuttgarter Zeitung* vom 1.4.1992

49 *Handelsblatt* vom 31.3.1992 und *Frankfurter Allgemeine Zeitung* vom 6.4.1992

50 Meldung des Deutschen Presse-Agentur in der *Badischen Zeitung* vom 8.5.1992

51 *Süddeutsche Zeitung* vom 5.8.1992

52 Meldung der Deutschen Presse-Agentur im *Mannheimer Morgen* vom 2.11.1992 und *Frankfurter Allgemeine Zeitung* vom 23.9.1992

53 *Süddeutsche Zeitung* vom 22.10.1992

54 *Frankfurter Allgemeine Zeitung* vom 12.11.1992

55 *Luftwaffen-Forum* 2/1992, S. 24

56 Stellungnahme der Daimler-Benz Verwaltung vom 22.6.1994 zur Frage Nr. 16 des Aktionärs Paul Russmann vom 18.5.1994

57 *ami* 22. Jahrgang, 5/1992, S. 37

58 *Stuttgarter Zeitung* vom 30.5.1992

59 Deutsche Aerospace (Hrsg.): *8 gute Gründe für EFA*, Punkt 4 bis 8, München, November 1991

60 *Die Zeit* vom 28.10.1988

61 *Süddeutsche Zeitung* vom 22.5.1992

62 *Die Zeit* vom 3.4.1992

63 *Luftwaffen-Forum* 2/1994, S. 10

64 Stellungnahme der Daimler-Benz Verwaltung vom 22.6.1994 zur Frage Nr. 16 des Aktionärs Paul Russmann vom 18.5.1994

65 Meldung der Deutschen Presse-Agentur in der *Badischen Zeitung* vom 8.5.1992

66 Stellungnahme der Daimler-Benz Verwaltung vom 22.6.1994 zur Frage Nr. 16 des Aktionärs Paul Russmann vom 18.5.1994

67 Schreiben vom 31.8.1994

68 *Der Spiegel* vom 17.6.1991

69 Bundesrechnungshof: *Dritter Bericht an den Haushaltsausschuß des Deutschen Bundestages zum Rüstungsvorhaben Jagdflugzeug 90/Eurofighter 2000*, Frankfurt a. M. vom 7.7.1994, S. 74 f.

70 *Soldat und Technik* 3/1991, S. 190

71 *Neuburger Rundschau* vom 26.11.1990

72 *Wehrtechnik* 10/1990, S. 48 ff.

73 *Die Zeit* vom 10.2.1992

74 *Wehrtechnik* 1/1993, S. 54

75 BRH: *Dritter Bericht*, a.a.O., S. 71 f.

76 BRH: *Dritter Bericht*, a.a.O., S. 75 ff.

77 Schreiben vom 31.8.1994

78 Schreiben von Gernot Erler an Rolf Kannen, Pax Christi Freiburg, vom 11.10.1994

79 *Wehrtechnik* 2/1994, S. 9

80 *Schwäbische Zeitung* vom 30.5.1992

81 Schreiben vom 28.11.1994, S. 11

82 *Wehrtechnik* 6/1994, S. 16

83 Dasa-*aktuell* Januar/Februar 1994, S. 3

84 *interavia* 9/1993, S. 54

85 *Wehrtechnik* 6/1994, S. 16

86 BRH: *Dritter Bericht*, a.a.O., S. 79

87 *Wehrtechnik* 6/1994, S. 16

88 *Der Spiegel* 5/1995, S. 16

89 *Schwäbische Zeitung* vom 30.5.1992

90 BRH: *Dritter Bericht*, a.a.O., S. 24

91 Deutsche Aerospace: *new-tech newS. Das Aerospace-Magazin*, Ausgabe 1994, S. 40

92 Schreiben von Jörg Schönbohm vom 28.11.1994, S. 4

93 *Focus* 5/1993, S. 14

94 *WirtschaftsWoche* 3/1995, S. 8

95 Meldung der Deutschen Presse-Agentur im *Mannheimer Morgen* und der *Frankfurter Allgemeine Zeitung* vom 30.1.1995

96 *Der Spiegel* 5/1995, S. 16

97 *Badische Zeitung* vom 7.9.1994

98 *Focus* 5/1993, S. 14

99 Schreiben von Jörg Schönbohm vom 31.8.1994

100 Antrag an den Gemeinderat der Stadt Tübingen vom November 1994

101 BRH: *Dritter Bericht*, a.a.O., S. 80 f.

102 *Amtsblatt* der Stadt Stuttgart vom 2.9.1994

103 Zweites Deutsches Fernsehen: *Kennzeichen D* am 22.2.1995

Anmerkungen zu Kapitel 7

1 *Stuttgarter Zeitung* vom 21.10.1994

2 *Stuttgarter Zeitung* vom 12.11.1994

3 *Stuttgarter Zeitung* vom 21.10.1994

4 *Stuttgarter Zeitung* vom 12.11.1994

5 Dasa-*aktuell*, 12/1994, S. 23

6 Mercedes-Firmenzeitung *intern* 4/1993, S. 57

7 »Ohne Konzern keine Medaillen«. In: Anti-Olympia Komitee (Hrsg.): *Volxsport statt Olympia*, Berlin 1993, S. 22 f.

8 Liedtke, Rüdiger: *Wem gehört die Republik? Die Konzerne und ihre Verflechtungen; Namen, Zahlen, Fakten '95*, Frankfurt am Main 1994, S. 125

9 Rose, Mathew D.: »Die Umverteiler«. In: *zitty* 3/1995, S. 22 ff.

10 Liedtke, '95, a.a.O., S. 125

11 *sport intern* vom 15.10.1991

12 *sport intern* vom 30.5.1991

13 *Stuttgarter Zeitung* 5.10.1993

14 *sport intern* vom 27.1.1993

15 »Ohne Konzern keine Medaillen«, ebda.

16 *Süddeutsche Zeitung* vom 19./20.6.1993

17 *Stuttgarter Zeitung* vom 5.10.1993

18 Zitiert nach: Rose, Mathew D.: »Eberhards Selbstbedienungsladen. Der Finanzskandal um die Berliner Olympiabewerbung«. In: *zitty* 22/1994, S. 18 ff.

19 *auto motor sport* vom 21.10.1994, S. 5

20 Mercedes-Benz Firmenwerbung in: *Die Woche* vom 28.10.1994

21 *werben und verkaufen*, a.a.O.

22 TV-Sportberichte in *ARD* und *ZDF* am 15.5.1994 und *Frankfurter Rundschau* vom 16.5.1994

23 *die tageszeitung* vom 9.12.1992

24 *Der Spiegel* 40/1993, S. 140 und 145

25 *W & V/werben und verkaufen* 47/1994, S. 67 f.

26 Vann, Peter: *Mythos Mercedes*, Reutlingen 1994, S. 196

27 *Badische Zeitung* vom 14.5.1994

28 Mercedes-Benz Motorsport (Hrsg.): *Motorsport*. Stuttgart 1994, Vorwort S. 3

29 *Stuttgarter Zeitung* vom 5.10.1993

30 *Die Zeit* vom 3.2.1989

31 *intern* 5/1993, S. 54 f.

32 *W & V/werben und verkaufen* a.a.O.

33 Mercedes-Benz Motorsport (Hrsg.): *Motorsport*. Stuttgart 1994

34 Mercedes-Benz Motorsport, a.a.O, S. 82

35 *intern* 6/1994, S. 58 f.

36 *Der Spiegel* 39/1994, S. 196 f.

37 Vann, Peter: *Mythos Mercedes*, Reutlingen 1994, S. 195

38 *Der Spiegel* 50/1994, S. 87

39 ADAC *motorwelt* 12/1992, S. 75

40 *Tango* 47/1994, 17.11.1994

41 Mercedes-Benz Motorsport, a.a.O., S. 116 und S. 3

42 *Süddeutsche Zeitung* vom 5./6.11.1994

43 *intern* 6/1994, S. 29

44 *auto motor sport* vom 21.10.1994, S. 4

45 *Der Spiegel* 39/1994, S. 196

46 *Reutlinger Generalanzeiger*. Zitiert nach *Broker Börsenmagazin* 8/1994, S. 58

47 *Der Spiegel* 35/1994, S. 97 f. und *Broker Börsenmagazin* 8/1994, S. 4

48 *Stuttgarter Zeitung* vom 26.10.1994

49 *auto motor sport* 3/1995, S. 7

50 *Stuttgarter Zeitung* vom 26.10.1994 und *Der Spiegel* 39/1994, S. 196

51 Daimler-Benz: »Wissen und Erfahrung zu Neuem verbinden. Dem Fortschritt der Menschen verantwortlich dienen« vom 27. Oktober 1992

52 *Stuttgarter Zeitung* vom 12.11.1994

53 Sammlung Daimler-Benz: *Von Arp zu Warhol*, Stuttgart 1992, S. 5

54 *Das Geschäftsjahr 1991*, S. 68

55 Sammlung Daimler-Benz: *Von Arp zu Warhol*, Stuttgart 1992, S. 154 f.

56 a.a.O. S. 166 f.

57 a.a.O. Vorwort S. 5 f.

58 Eglau, Hans Otto: *Edzard Reuter*, Düsseldorf und Wien 1993, S. 270

59 *Daimler-Benz Geschäftsbericht: Geschäftsjahr 1987*, S. 78

60 *Daimler-Benz Geschäftsbericht: Das Geschäftsjahr 1992*, S. 84 f.

61 Spies, Werner: *Andy Warhol CarS. Die letzten Bilder*, Stuttgart 1988, S. 6 f.

62 Guiles, Fred Lawrence: *Andy Warhol. Voyeur des Lebens*, München 1989, S. 393

63 Simsa, Paul und Jürgen Lewandowski: *Sterne Stars und Majestäten. Prominenz auf Mercedes-Benz*, Konstanz 1985, S. 124

64 Sammlung Mercedes-Benz, a.a.O. S. 142 f. und 212 f.

65 Eglau, Hans Otto: *Edzard Reuter*, a.a.O., S. 214

66 Besuch des Autors im Untertürkheimer Daimler-Museum und Gespräch mit dem Wachpersonal am 21.8.1994

67 *Daimler-Benz Geschäftsbericht: Das Geschäftsjahr 1988*, S. 64

68 Bockris, Victor: *Andy Warhol*, Düsseldorf 1989, S. 196 ff.

69 *Andy Warhol CarS. Die letzten Bilder*, a.a.O., S. 11

70 *Sammlung Daimler-Benz*, a.a.O., S. 284 ff.

71 Fred Lawrence Guiles: *Andy Warhol*, a.a.O.

72 *Andy Warhol CarS. Die letzten Bilder*, a.a.O. 1988, S. 6 ff.

73 *Majestäten*, a.a.O., S. 124

74 Diederich, Reiner und Richard Grübling (Hrsg.): *Picasso. Grafik gegen den Krieg*, Weinheim und Basel 1982, S. 7

75 *intern* 6/1994, S. 61

76 *intern* 6/1994, S. 29

77 *Mannheimer Morgen* vom 4.1.1995

78 Dasa-Firmenzeitschrift *aktuell*, Oktober 1994, S. 4

79 *intern* 3/1993, S. 39

80 *intern* 6/1994, S. 61

81 Kleinert, Matthias: »In der Musik wird die Sprache zum Symbol«. Einführung zu den Schwetzinger Festspielen vom 24.4. – 13.6.1992

82 Deutsche Oper Berlin, Informationsschrift zur Spielzeit 1991/1992

83 Schwetzinger Festspiele, a.a.O.

84 *intern* 6/1994, S. 29

85 *die tageszeitung* vom 13.11.1993

86 *Mannheimer Morgen* vom 4.1.1995

87 *Frankfurter Rundschau* vom 1.3.1994

88 Das aktuelle Sport-Studio, Zweites Deutsches Fernsehen, am 7.1.1995

89 *Auto Focus* 1/1995, S. 31

90 *Majestäten* S. 36 ff., S. 48, 51 f. und S. 77

91 *manager magazin* 1/1995, S. 14 f.

92 Das aktuelle Sport-Studio, ebda.

93 Axeli-Knapp, Gudrun: »Auto-Erotik: Sexualisierung und Sexismus«. In: Kraus, Jobst, Horst Sackstetter und Willi Wentsch (Hrsg.): *Auto, Auto über alles? Nachdenkliche Grüße zum Geburtstag*, Freiburg 1987, S. 106

94 *Auto Focus* 1/1995, S. 5 und S. 28 ff.

95 Russmann, a.a.O.

96 Schreiben von Henry Mathews zur »Frauenförderung«, *Dachverband der Kritischen Aktionärinnen und Aktionäre*, Köln, vom 8.12.1994

97 Bielmann, Gudrun: »Frauen in einem Männerbetrieb«. In: *Auto, Auto über alles?*, a.a.O., S. 96 ff.

98 *manager magazin* 11/1994, S. 12

99 Stellungnahme der Daimler-Benz-Verwaltung vom 22.6.1994, S. 4 f., zu den Fragen des Aktionärs Paul Russmann bei der Daimler-Benz-Hauptversammlung am 19.5.1994

100 Vann, Peter: *Mythos Mercedes*, Reutlingen 1994, S. 202

101 Köhler, Otto: *Die große Enteignung*, München 1994, S. 167 f.

102 *Deutsche Presse-Agentur/dpa*, zitiert nach *Badische Zeitung* vom 19.9.1994

103 Antrag zur Daimler-Hauptversammlung am 26.5.1993 in Stuttgart

104 Pressekonferenz des Dachverbands der Kritischen Aktionärinnen und Aktionäre zum Thema »Frauenfragen«, am 13.12.1994 in Bonn

105 *Scheibenwischer* Nr. 107, Juli-August 1994, S. 4

106 Stellungnahme der Daimler-Benz-Verwaltung vom 22.6.1994

107 *Scheibenwischer* Nr. 102, Februar 1994, S. 7

108 Simsa, Paul: Karl Benz. In: Frank-Planitz, a.a.O., S. 16 f.

109 Bastian, Till und Harald Theml: *Unsere wahnsinnige Liebe zum Auto. Thema: Verkehr*, Weinheim und Basel 1990, S. 36

110 Conradt, Dirk-Michael: »Wie der Name Mercedes entstand« und »Mercedes wird zum weltweiten Markenzeichen«. In: Frank-Planitz: *Kleine Geschichten für Mercedes-Fahrer*, 2. Auflage, Stuttgart 1988, S. 52 ff. und S. 60 f.

111 Vann, Peter: *Mythos Mercedes*, Reutlingen 1994, S. 207

112 *Mercedes-Benz intern*, 5/1994, S. 22

113 *Süddeutsche Zeitung*. Zitiert nach: *Kampagnen Info*, Dezember 1989, a.a.O.

114 *Capital* 8/1994, S. 101

115 Seifried, Dieter: *Gute Argumente: Verkehr*, München 1988, S. 95

116 *Die Zeit* vom 25.11.1994

117 Mercedes-Mitarbeiterzeitschrift *intern* 6/1994, S. 58

118 *AutoBild* vom 19.11.1994, S. 14 f. und S. 68 ff.

119 Harenberg, Bodo: *Harenberg Lexikon der Gegenwart. Fakten, Trends, Hintergründe '94*, Dortmund 1993, S. 346 f. und *'95*, Dortmund 1994, S. 308

120 *WER IST WER? DAS DEUTSCHE WHO'S WHO?* XXXIII. Ausgabe, Lübeck 1994, S. 127

121 *Die Woche* vom 24.2.1994

122 *Abendzeitung* vom 18.6.1985. Zitiert nach: Wolf, Winfried: *Eisenbahn und Autowahn. Personen- und Gütertransport auf Schiene und Straße. Geschichte, Bilanz, Perspektiven*, Hamburg 1986, S. 197

123 Bräuninger, Friedrich und Manfred Hasenbeck: *Die Abzocker. Selbstbedienung in Wirtschaft und Politik*, Düsseldorf, Wien, New York, Moskau 1994, S. 174

124 Wolf, Winfried: *Eisenbahn und Autowahn*, a.a.O.

125 *Der Spiegel* vom 1.8.1985

126 *intern* 6/1994, S. 29

127 Seifried, Dieter: *Gute Argumente: Verkehr*, a.a.O., S. 95

128 *Die Zeit* vom 28.10.1994

129 *Kampagnen-Info* der Kampagne Produzieren für das Leben – Rüstungsexporte stoppen, Idstein, Nr. 26/27, Dezember 1989, Titelseite

130 Ogger, Günter: *Nieten in Nadelstreifen. Deutschlands Manager im Zwielicht*, München 1992, S. 37

131 Telefonat mit Franz Alt vom 14.2.1995

132 *W & V/werben und verkaufen NEWS* 47/1994, S. 5

133 Bräuninger, Friedrich und Manfred Hasenbeck: *Die Abzocker. Selbstbedienung in Wirtschaft und Politik*, a.a.O., S. 12 und 14

134 *Stuttgarter Nachrichten* vom 30.9.1988

135 Telefonat mit Klaus Bednarz vom 14.2.1995

136 *Die Woche* vom 13.1.1994

137 *Die Woche* vom 24.2.1994

138 Bräuninger, Friedrich und Manfred Hasenbeck: *Die Abzocker. Selbstbedienung in Wirtschaft und Politik*, a.a.O., S. 325 f.

139 *Capital*, Ausgabe 8/1994, S. 120, führt die beiden Bücher auf Platz 1 und 2.

140 Ogger, Günter: *Nieten in Nadelstreifen*, a.a.O., S. 11

141 Schreiben von Holger Rothbauer vom 18.2.1995

142 Daimler-Benz Geschäftsbericht: Das Geschäftsjahr 1993, S. 28

143 *intern* 6/1994, S. 2

144 Nur die chinesische »Staats«gewerkschaft sowie ähnliche Organisationen dürften mitgliederstärker, aber kaum einflußreicher sein.

145 Landtag von Baden-Württemberg, Antrag »Geplanter Bau der Daimler-Teststrecke bei Boxberg« vom 26.8.1985, LT-DrS. 9/2051, S. 2

146 *Der Spiegel* 45/1986, S. 115

147 *Süddeutsche Zeitung* vom 25.3.1987

148 *Badische Zeitung* vom 8.5.1991

149 *auto motor sport* 24/1994, S. 194

150 *Frankfurter Rundschau* vom 16.12.1993

151 »Der Stern über Rastatt«, Beilage *Badische Neueste Nachrichten* vom 25.5.1992

152 Offener Brief von Gerd Rathgeb und anderen Plakat-Betriebsräten bei Daimler-Benz an Lothar Späth vom 13.2.1987

153 *Stuttgarter Zeitung* vom 10.10.1993

154 *Badische Zeitung* vom 15.11.1993

155 *Der Spiegel* 20.12.1993, S. 81

156 *Stuttgarter Zeitung* vom 10.12.1993

157 Informationsschrift der Stadt Rastatt: »Zur Sache: Das geplante Montagewerk von Daimler-Benz in Rastatt: Daten, Fakten, Hintergründe«, ohne Datum

158 *Frankfurter Rundschau* vom 16.12.1993

159 *Der Spiegel* 20.12.1993, S. 81

160 Offener Brief von Gerd Rathgeb und anderen Plakat-Betriebsräten bei Daimler-Benz an Lothar Späth vom 13.2.1987

161 Schreiben von Manfred Esser für die Plakat-Gruppe und Antwort von Eugen Loderer, Vorstand der IG Metall, vom November 1972. In: Hamburger Stiftung für Sozialgeschichte (Hrsg.): *Das Daimler-Benz-Buch. Ein Rüstungskonzern im »tausendjährigen Reich«*, Nördlingen 1987, S. 639

162 *die tageszeitung* vom 8.6.1989

163 *ARD-Tagesschau* am 20.12.1994

164 *Frankfurter Allgemeine Zeitung* vom 21.12.1994

165 *Stuttgarter Nachrichten* vom 21.12.1994

166 *ARD-Tagesschau* am 20.12.1994

167 *ARD-Tagesthemen* am 20.12.1994

168 In: *Harenberg Lexikon der Gegenwart '94*, a.a.O., S. 93

169 *ARD-Tagesthemen* am 22.12.1994

170 *Frankfurter Rundschau* vom 21.12.1994

171 *Stuttgarter Nachrichten* vom 14.12.1994

172 *Süddeutsche Zeitung* vom 14.12.1994

173 *Frankfurter Allgemeine Zeitung* vom 21.12.1994

174 »Der Stern über Rastatt«, Beilage *Badische Neueste Nachrichten* vom 25.5.1992

175 *intern* 6/1994, S. 8

176 *auto motor sport* 24/1994, S. 218

177 *Der Spiegel* 43/1994, S. 128

178 Verband der Automobilindustrie: »Lohnkosten in der Automobilindustrie«. In: Harenberg, Bodo: *Harenberg Lexikon der Gegenwart. Fakten, Trends, Hintergründe. Aktuell '95*, Dortmund 1994, S. 85

179 In: *Süddeutsche Zeitung* vom 4.10.1994

180 *intern* 3/1993, S. 18 f.

181 *Süddeutsche Zeitung* vom 1.10.1993

182 *intern* 6/1994, a.a.O.

183 *Frankfurter Rundschau* vom 28.5.1994

184 Dasa-*aktuell*, 12/1994, S. 22

185 Zweites Deutsches Fernsehen: *Kennzeichen D* am 22.2.1995

186 *Südwest Presse* vom 22.10.1993

187 Firmenzeitschrift Dasa-*aktuell*, 12/1994

188 Firmenzeitschrift Dasa-*aktuell*, 12/1994, S. 22

189 *Südwest Presse* vom 22.10.1993

190 *Zeit-Magazin* vom 20.8.1993, S. 50

191 *Frankfurter Allgemeine Zeitung* vom 13.7.1993

192 *Die Woche* vom 20.1.1994

193 Deutsche Aerospace (Hrsg.): *8 gute Gründe für EFA*, Punkt 6, München November 1991

194 »Klar zum Gefecht« in *manager magazin* vom 26.9.1989. Zitiert nach: Schrempp, Jürgen: Interviews 1989-1993, S. 48

195 *Der Gewerkschafter* 10/1992, S. 36

196 *Luftwaffen-Forum* 2/1994, S. 10

197 *Die Welt* vom 8.1.1992

198 BRH: Dritter Bericht vom 7.7.1994, Anlage 12, S. 5

199 *Luftwaffen-Forum* 2/1994, S. 10

200 *Die Mitbestimmung* 11/1992, S. 6

201 *Der Gewerkschafter* 10/1992, S. 36 ff.

202 »Ich kämpfe um den Technologie-Standort Deutschland«, in: *Südwest Presse* vom 8.12.1993. Zitiert nach: Schrempp, Jürgen: *Interviews 1989-1993*, S. 254

203 *Schwäbische Zeitung* vom 11.6.1992

204 *WirtschaftsWoche* vom 21.10.1994, S. 82

205 »Maschinenwelt der Großbetriebe«. In: Bode, Peter M. u. a., a.a.O., S. 168 ff.

206 Offener Brief von Gerd Rathgeb und anderen Plakat-Betriebsräten bei Daimler-Benz an Lothar Späth vom 13.2.1987

207 *Badische Zeitung* vom 9.5.1994

208 Sonn, Jochen: »Maschinenwelt der Großbetriebe«. In: Bode, Peter M. u.a., a.a.O., S. 168 ff.

209 Daimler-Benz Geschäftsbericht: Das Geschäftsjahr 1993, a.a.O., S. 102

210 Bode, Peter M., Sylvia Hamberger und Wolfgang Zängl: Alptraum Auto. Eine hundertjährige Erfindung und ihre Folgen, München 1986, S. 39

211 Die Welt vom 24.12.1994

212 Brückl, Dipl. Oec. Stephan und Dr. Walter Molt: SLOW. Nachhaltiges Wirtschaften, Verkehrsvermeidung & Entschleunigung – eine alternative Pespektive für Europa, Augsburg
1994

213 intern 6/1994, S. 2

214 Daimler-Benz Geschäftsberichte der Geschäftsjahre 1990 (S. 97), 1991 (S. 100) und 1992
(S. 78)

215 Mercedes-Benz Geschäftsbericht: Das Geschäftsjahr 1993, S. 6 und S. 65 und Daimler-Benz
Gechäftsbericht: Das Geschäftsjahr 1993, S. 7, 91

216 Der Spiegel 30/1994, S. 68

Nachwort

1   Stellungnahme von Edzard Reuter bei der 97. Hauptversammlung der Daimler-Benz AG
am 26.05.1993 in Stuttgart, Protokoll S. 175 f.

2   Treffen im Daimler-Benz-Bildungszentrum Lämmerbuckel am 25.03.1994

3   Schreiben von Matthias Kleinert an den Autor vom 13.04.1994

4   Evangelische Akademie Bad Boll: Mindestanforderungen für autos der Zukunft. Ein Beitrag
für einen sozial-ökologisch verträglichen Verkehr. Ergebnisse der Werkstatt-Tagung vom
Oktober 1993.

5   Verkehrsclub Deutschland e V., VCD, (Hrsg.): Auto-Umweltliste '94, Bonn 1994, S. 2

6   Auto-Umweltliste '94, a.a.O., S. 3, 8 und 12

7   Sadlowksi, Manfred: Handbuch der Bundeswehr und der Verteidigungsindustrie
1990/1991, Bonn 1990, S. 537

8   Nato's Sixteen Nations 3/1992, S. 63

9   Capital 1/1995, S. 41 ff.

10 Daimler-Benz Geschäftsbericht: Das Geschäftsjahr 1993, S. 5

11 Achter, Ferdl und Fred Schmid: Dasa. Von der »Zukunftsindustrie« zur Krisenbranche, isw-
wirtschaftsinfo extra Nr. 15, 12/1993, S 15

12 Treffen im Dornier-Werk in Immenstaad am 18.03.1994

13 Dornier Deutsche Aerospace: Dornier Abwassertechnik, Mobile Trinkwasseraufberei-
tungsanlage. Typ: META-400, Ingenieur- und Dienstleistungen für die
Umweltverträglichkeitsprüfung. Das reinste Wasser. Mit prozeßintergrierter Abwassertechnik. Firmenprospekte.

14 Dornier Post 2/1993, S. 7 ff.

15 Zitiert nach Hans Jürgen Jakobs: Edzard Reuter, a.a.O., S. 73

16 Die Zeit vom 15.11.1991

17 Sipri Yearbook 1993, New York 1993, Table 10A: »The 100 largest arms-producing companies in the OECD and developing countries. 1991«, S. 470 ff. und Sipri Yearbook
1994, New York 1994, Table 13A: »The 100 largest arms-producing companies in the
OECD an developing countries, 1992«, S. 504 ff.

18 Dornier Deutsche Aerospace: Dornier Lithotripter MPL 9000 X-Ray Locating System,
Firmenprospekt, S. 2 und Dornier Post 4/1993, S. 26

19 *Die Woche* vom 10.01.1994
20 Steierwald Schönharting und Partner GmbH Beratende Ingenieure: Potentialabschät-
    zung für die Konversion von Militärelektronik auf Verkehrstechnik am Beispiel der Ar-
    beitsplatz- und Produktionsstruktur für Ulm und den Alb-Donau-Kreis im Rahmen der
    Initiative Konver der Europäischen Union, Stuttgart 1994
21 *Süddeutsche Zeitung* vom 12.11.1993
22 *WirtschaftsWoche* vom 16.02.1995
23 Treffen in der Konzernzentrale in Stuttgart-Möhringen am 11.04.1994
24 Hasler, Dipl.-Ing., Ralf: Konversion von Rüstungsunternehmen. Ein technologie- und
    marktorientierter Ansatz, München 1994, S. 114
25 *die tageszeitung* vom 19.11.1994

Personenregister

Abmayr, Hermann G. 63

Abs, Hermann Josef 30

Achter, Ferdl 485

Ackva, Richard 447

Adler, Brigitte 270

Adriani, Götz 428, 429

AEG (siehe AEG Daimler-Benz Industrie)

AEG Automation 47

AEG Daimler-Benz Industrie 12, 17, 26, 27, 28, 40, 51, 61, 67, 191, 194, 218, 265, 355, 356, 374, 453, 455, 479, 491

AEG Transportation Systems Inc. 68

Aerospatiale 134, 170, 174, 176, 297, 487

Aga Khan, Karim 76

Airbus-Industries 60, 133, 171, 386

Akademie Bad Boll 481

Albowitz, Ina 332

Albrecht, Ernst 351

Albrecht, Ulrich 182, 232, 437, 438

Alcatel 134

Alenia 145, 173, 176

Allianz AG 431

Alt, Franz 448, 449, 450

Althammer, Peter 306

Amerongen, Otto Wulff von 243

Antrecht, Rolf 28, 213, 220

Arianespace 134

Arifin, Admiral 196

Asbeck Armored Vehicles GmbH 79

Asbeck, Frank 79

Asbeck, Marc 79

Audi AG 81, 286, 484

Aviapribor 156

Avtrokon 155

Axeli-Knapp, Gudrun 434

Baden-Wrttembergische Bank AG 31

Baentsch, Wolfram 38

Balkhausen, Dieter 448

Bals, Christoph 354

Bangemann, Martin 322, 323, 324, 327, 328, 362, 372, 384

Bauer, Helmuth 72

Bauer, Karin 70

Bauer, Siegfried 228

Baufeld, Michael 140

Baumgart, Hansjörg 423

Bayer AG 431

Bayer, Wolfgang 215

Bayerisch-Hamburgische Beteiligungsgesellschaft mbH 361

Bayerische Motoren Werke AG (BMW) 20, 81, 92, 93, 94, 95, 104, 286, 302, 361, 464, 484

Bayern-Chemie Gesellschaft fr Flugchemische Antriebe mbH 172

Beckenbauer, Franz 416

Becker Automotive Systems 101

Becker, Boris 414

Beckmann, Max 430

Bednarz, Klaus 450

Bedsole, Ann 44, 45

Beer, Angelika 152, 154, 341

Beerstecher, Hans 267, 268

Beisicht, Markus 312

Below, Wedig von 119

Benda, Heike von 266

Benecke, Theodor 383

Benz, Berta 440

Benz, Carl 16, 98, 440, 444

Berg, von Hans-Henning 57

Berliner Olympia GmbH 411, 412

Bertsch, Benno 294

Bialas, Gerhard 405

Bielmann, Gudrun 436

Bierich, Marcus 73

Binning, Gerd 437

Bischoff, Jrg 256, 313

Bischoff, Manfred 249, 251, 252, 253, 255, 372, 376, 402, 453, 475

Blthmann, Heinz 221

Blume, Georg 62

Bode, Peter M. 477

Böhm, Willi 437

Böll, Heinrich 459

Böndel, Burkhard 102

Boenisch, Peter 445, 446

Bokassa, Kaiser 80

Born, Martin 294

Seit Jahren engagiert sich Jürgen Grässlin
gegen Waffenexporte, und – er hat Erfolg.
Wirtschaftsmanager von Heckler & Koch
bis Daimler-Benz haben seine Aktivitäten
ebenso fürchten gelernt wie ihre dienstbaren Geister
aus der Politik. Dies ist die Geschichte seines Kampfes,
bei dem er sich der Waffe des Verstandes bedient.
Es ist die Geschichte von der Macht des einzelnen.

Knaur

Jürgen Grässlin

Den Tod bringen Waffen aus Deutschland

Von einem, der auszog, die Rüstungsindustrie das Fürchten zu lehren

(80029)